Max Hinsche
Wildes Kanada

SEVERUS Verlag

Hinsche, Max: Wildes Kanada. Leben als Trapper und Jäger im 20. Jahrhundert. 2021
Neuauflage der Ausgabe von 1938
ISBN: 978-3-96345-347-2

Korrektorat: Ronja Rademacher, Anny Mohr
Satz: Ronja Rademacher, Sarah Schwerdtfeger
Ergänzendes Vorwort: Ronja Rademacher (© SEVERUS Verlag)

Umschlaggestaltung: Annelie Lamers, SEVERUS Verlag

Bibliografische Information der Deutschen Nationalbibliothek: Die Deutsche Nationalbibliothek
verzeichnet diese Publikation in der Deutschen Nationalbibliografie; detaillierte bibliografische
Daten sind im Internet über https://dnb.de abrufbar.

Der SEVERUS Verlag ist ein Imprint der Bedey & Thoms Media GmbH,
Hermannstal 119k, 22119 Hamburg

_____

SEVERUS Verlag, 2021
http://www.severus-verlag.de
Gedruckt in Deutschland
Der SEVERUS Verlag übernimmt keine juristische Verantwortung oder irgendeine Haftung für
evtl. fehlerhafte Angaben und deren Folgen.

Max Hinsche

Wildes Kanada
Leben als Trapper und Jäger im 20. Jahrhundert

Editorische Notiz:
Der Text der vorliegenden Edition beruht auf der Ausgabe:
Max Hinsche: Kanada wirklich erlebt. Neun Jahre als Trapper und Jäger. Verlag J. Neumann-
Neudamm, Berlin 1938. Die Orthographie wurde behutsam modernisiert, grammatikalische Ei-
genheiten bleiben gewahrt. Die Interpunktion folgt der Druckvorlage. Der Inhalt ist im histori-
schen Kontext zu lesen.

Inhalt

Vorwort

Denkt man an Kanada, so kommt den meisten wahrscheinlich Folgendes in den Sinn: unberührte Natur, hohe Berge, reißende Flüsse und stille Einsamkeit. Das zweitgrößte Land der Welt gilt immer noch als eines der beliebtesten Reiseziele, wenn es um völlige Abgeschiedenheit und einen Blick in unberührte Natur geht. Anfang des 20. Jahrhunderts waren viele Gebiete Albertas und des Yukon Territoriums im Nordwesten Kanadas noch immer von westlichem Einfluss unberührt und teilweise unerschlossen. Die tausende Meter hohen Berge, unwegsamen Wälder und Täler sowie die arktisähnliche Kälte im Winter machten es für Menschen fast unmöglich, in diesen Gebieten des Landes den Naturgewalten zu trotzen. Wo heute praktisch jeder mit der richtigen Ausrüstung eine Expedition in die eisige Kälte unternehmen kann, waren es in vielen Gebieten einzig die einheimischen Tiere, die die Schneedecke im Winter brachen und sich erbitterte Kämpfe unter dem flackernden Polarlicht lieferten. Es ist schwer vorstellbar, dass man zur damaligen Zeit nur wenig darüber wusste, welche Wildtiere überhaupt in diesem Teil der Erde zu Hause waren. Um genau diesen Umstand zu erforschen, erteilten die „Staatlichen Museen für Tierkunde und Völkerkunde Dresden" 1926 den Auftrag, dass nach seltenen Säugetieren und Vögeln im weit entfernten Kanada gesucht und geforscht werden sollte. Der damals 30-jährige Max Hinsche nahm sich der waghalsigen Aufgabe an und startet seine 9-jährige Expedition in die Wildnis.

Hinsche, der am 2. Mai 1896 im sächsischen Radeberg auf die Welt kam, galt schon früh als ungewöhnlich intelligenter Junge, der sich für alles interessierte, das mit der Natur zu tun hatte. Seinen Eltern jagte er regelmäßig Schrecken ein, wenn er mal wieder die heimatlichen Obstbäume mit angenagelten Fellen von Mäusen zierte, die zum Präparieren getrocknet werden mussten. Da seine Eltern aber, wie es damals oft der Fall war, kein Geld für eine Ausbildung zum Förster und Jäger aufbringen konnten, entschied sich Hinsche mit 18 Jahren stattdessen für den sicheren Beruf des Glasmachermeister. Obwohl dies eine Arbeit war, für die er nicht wirklich brannte, widmete er sich seiner Jagdleidenschaft von nun an nur noch in seiner Freizeit. Trotzdem keimte in dem jungen Hinsche langsam ein Traum auf: einmal in das weit entfernte Kanada, von dem er bis dahin nur Geschichten gelesen hatte, zu reisen und dort das tun zu können, wofür sein Herz wirklich schlug.

1915 änderten sich dann aber seine Pläne schlagartig, als Hinsche unfreiwillig aus seinem beschaulichen Leben herausgerissen und zum Kriegsdienst in den

Ersten Weltkrieg eingezogen wurde. Sein späteres offenes Weltbild, welches sich immer wieder in seinem Buch widerspiegelt, wurde stark von den schrecklichen Erlebnissen an der Westfront geprägt. Nach der monatelang andauernden Schlacht an der Somme, eines der größten Gefechte des Ersten Weltkrieges, hatte Hinsche Glück im Unglück und gehörte zu den wenigen Überlebenden, die verletzt in die Heimat zurückgebracht wurden. Nach seiner Genesung wendete sich dann aber das Blatt für ihn, er heiratete und freute sich im Dezember desselben Jahres über seine erste Tochter. Doch obwohl er sich ein Leben aufgebaut hatte, konnte und wollte Hinsche seinen Traum von der Freiheit in Kanadas Wildnis nicht aufgeben.

Nach dem Ersten Weltkrieg suchte er deshalb den Kontakt mit den, nur eine halbe Stunde von seiner Heimatstadt entfernten, „Staatlichen Museen für Tierkunde und Völkerkunde Dresden". Da er schon damals als begabter Jäger bekannt war bekam er bald den Auftrag zur Erforschung seltener Tiere in Kanada und stürzte sich kopfüber in die Vorbereitungen für seine Reise. Er bekam Englisch-Unterricht und wurde mit allgemeinmedizinischen und chirurgischen Grundkenntnissen ausgestattet. Seine Pläne sprachen sich währenddessen herum und der ebenfalls natur- und jagdbegeisterte gelernte Bäcker Georg Naumann (im Buch „Partner N." genannt) meldete sich bei Hinsche, um ihn bei seiner Reise zu begleiten. Am 26. Mai 1926 machten sich die beiden jungen Männer dann auf den langen Schiffsweg mit der „RMS Empress of France" von Hamburg nach Quebec. Hinsche ließ seine Frau Frieda sowie seine gerade eingeschulte Tochter Lieselotte, Georg Naumann seine Verlobte zurück. Beide träumten davon, ihre Liebsten irgendwann nach Kanada nachzuholen.

Auch wenn Max Hinsche aufgrund seiner einfachen Lebensweise während seiner Zeit in Kanada oft als „Wilderer" abgestempelt wurde, gilt er heute als anerkannter Präparator, Großwildjäger, Trapper, Naturwissenschaftler und Schriftsteller. Seine Berichte und Erzählungen über die Wildnis Nordwestkanadas werden noch heute in Vorträgen und wissenschaftlichen Beiträgen von Professoren der University of Calgary und auch in Museen in Edmonton und Whitehorse zitiert. Und das nicht ohne Grund. Hinsches Beobachtungen der Wildnis, seiner Jagd und der Interaktion von Wildtieren mit dem Menschen über 9 Jahre hinweg machen es heute möglich, auf Veränderungen in den Umweltbedingungen und das Verhalten der Tiere Rückschlüsse zu ziehen. Die Säugetiere und Vögel, die er präparierte, sind heute zum Teil in Kanada ausgestorben. Tagelang ohne jegliche Nahrung, einige Male fast verhungert, kämpfte er sich immer weiter vom Athabasca Fluss in Alberta über das Yukon Territorium bis nach Alaska. Er trotze dabei Gefahren nicht nur durch wilde Tiere und Naturgewalten, sondern auch durch Menschen. Bei unvorstellbarer Kälte und komplett abgeschieden von jeglicher Zivilisation verlor er dabei aber nie seinen Auftrag oder die Liebe zur Natur aus den Augen. Mit „Wildes Kanada" wollte Hinsche dem Leser sein geliebtes freies Leben im Einklang mit der Natur näherbringen, das, wonach er sich ganzes Leben gesehnt hat.

Leider wurde ihm am Ende aber genau dies zum Verhängnis. Durch die extreme körperliche Belastung, unmenschliche Kälte und wochenlang einseitige Ernährung, die er in Kanada erlebte, wurde Hinsches Körper stark geschwächt und er entwickelte ein Magenleiden. Obwohl ihm Ärzte zu einer Operation drängten, überraschte es niemanden, dass er 1939 der Einladung eines Freundes in die Steiermark folgte, um als Revierförster zu arbeiten. Nachdem er in Kanada jeden Tag sein Leben riskiert hatte, was sollte schon passieren? Getreu seiner waghalsigen Lebensart und der Lebensphilosophie, die er sich in den Jahren allein aneignet hatte, sollte diese Operation ihn nicht daran hindern, das einzige Tier zu erlegen, das in seiner Sammlung noch fehlte: eine Bartgams. Am 23. November 1939 ging Max Hinsche dann schließlich zum letzten Mal auf die Jagd, bevor er an einem Magendurchbruch im Alter von nur 43 Jahren in den Bergen starb. Mit seinem letzten Schuss erlegte er aber noch die Bartgams, die sein Lebenswerk komplett machen sollte.

Ronja Rademacher

SEVERUS Verlag

Einleitung

Betrachtungen eines Urwaldjägers

Gleich manch anderen Autoren muss auch ich bekennen, dass es sehr schwierig ist eine Jagdreife so zu schildern, dass sie der Leser auch in allen Einzelheiten miterleben kann. Es gelingt wohl, eine solche Reise in ihrem mehr oder weniger großen Rahmen verständlich zu machen, nicht aber – oder nur kümmerlich – ist es möglich, alle die unendlich vielen guten und schönen Dinge, die zwischen den einzelnen Handlungen liegen, die „gefühlten" Feinheiten, die ein solches Unternehmen mit sich bringt und die schließlich den zauberhaften Reiz verleihen, zu vermitteln.

Gerade der Jäger, dem es vergönnt war, eine erlebnisreiche Jagdreise zu machen, zumal wenn sie in Länder führt, die nur wenige Jäger berührt haben, hat den Wunsch, sie auch anderen Waidmännern mitzuteilen. Wenige Jäger kommen in die Lage, ähnliche schwierige Jagdexpeditionen zu unternehmen. Auch in diesem Sinne soll man sozialistisch handeln; man soll seine Mitmenschen teilnehmen lassen am großen und schönen Erleben. Von diesem Gedanken wurde auch ich beseelt, als ich mich endlich entschloss, an die zweifellos schwierige Arbeit heranzugehen, mein langes Wildnisleben in einem Buche zusammenzufassen. Gestärkt wurde ich in diesem Vorhaben noch dadurch, dass im Vergleich zu anderen Ländern über das zum großen Teil unerforschte Kanada nur wenige deutsche Bücher vorhanden sind.

Und auch noch ein anderer Gedanke zwang mich förmlich, mein hartes, aber auch erfolgreiches Jägerleben der Öffentlichkeit zu geben. Der glückliche Jäger, dem es vergönnt ist, im schönsten Jagdparadies der Welt zu waidwerken, wird einmal genügend Mittel haben müssen, um überhaupt dorthin zu kommen, dann aber braucht er auch genügend Hilfe, wie Führer und Pferde, damit er in den meist völlig unberührten Urwaldwildnissen vorwärtskommt. Eine solche Reise wird dann aber immer den Charakter einer kostspieligen Jagdexpedition annehmen.

Es steht zweifellos fest, dass auch eine solche Jagdreise hohe Anforderungen an den Mann stellt und oftmals Mut und Kaltblütigkeit verlangt. Aber dort stehen immer mehrere Personen den vorkommenden Gefahren gegenüber und wenn die Not am größten ist, ist die Hilfe auch immer am nächsten!

Wie viel schwerer ist es aber, wenn der einzelne Mann allen Widerwärtigkeiten und Gefahren, die das Leben in jungfräulicher Wildnis mit sich bringt, allein gegenübersteht! Es bedarf großer Kaltblütigkeit, dem sagenhaften Grizzlybären und dem größten Raubtier der Erde, dem Alaskabraunbären, trotz des begleitenden Führers gegenüberzutreten. Diese Gefahr erhöht sich aber ganz gewaltig, sobald ein einzelner Mann sich diesem Wagnis unterstellt.

Aber die Gefahren, die eine solche Jagdreise mit sich bringt, sind viel weniger von Seiten angriffslustiger Tiere zu erwarten, als von Naturgewalten. Nebel im Hochgebirge, reißende Gebirgsbäche, Stromschnellen, Sand- und Schneestürme, Eisgang und große Kälte sind die wirklichen Gefahren und die ständigen Begleiter des Jägers, die leider nicht nur oft einen Erfolg unmöglich machen, sondern zuweilen auch Menschenleben fordern. Die „Expedition" wird nur wenig mit derartigen Gefahren zu tun haben und wenn, dann ist gegenseitige Hilfe immer vorhanden.

Der einzelne Mann dagegen hat sich allein zu helfen – hat sich mit allem abzufinden und ist dazu schließlich nur imstande, wenn er erfahren genug ist, diesen meist unbekannten, zumindest unterschätzten Gefahren entgegenzutreten.

Mir standen keinerlei Mittel zur Verfügung, um mit Helfern jene Urwaldwildnisse zu durchforschen und meiner Jagdleidenschaft zu frönen. Ich ging hinaus, vertraute mich der Natur an und nahm den Kampf mit ihr auf, um mir von ihr eine Existenz abzuringen. Und wie schwer ein solcher Kampf ist und welche Proben bestanden werden müssen, lernte ich sehr bald. Erst als sich Geist und Gemüt umgestellt, aus dem „Kultur-" einen „Naturmenschen" gemacht hatten, fand ich das Leben erträglich und schließlich empfand ich dieses Leben auch als das wundervollste Geschenk, das einem Menschen im irdischen Dasein zuteilwerden kann.

Und so nehme ich an, dass sich dieses Buch doch von vielen anderen auf diesem Gebiete wesentlich unterscheiden wird. Der erste Grundsatz, den ich mir für dieses Werk festlegte, heißt „Wahrheit"! Wenn man erst selbst draußen gewesen ist und die Wirklichkeit gesehen und erlebt hat, so erinnert man sich nur ungern der verschwendeten Stunden, die man unwirklicher und fantastischer Lektüre gewidmet hat.

Von diesen neun Jahren in der Wildnis – sieben davon ganz allein – stand ich acht volle Jahre in den Urwäldern am nördlichen Athabaskastrom, trotzte dem mörderischen Klima harter und langer Winter; ich war mein eigener Träger, Koch, Bäder, Schneider, Waschfrau, Gerber und in einigen Fällen auch mein eigener Arzt.

Viele Trapper fristen ihr hartes, einsames, gesundheitsraubendes Leben in den furchtbaren Einöden des nördlichen Kanada, wenn sie erst einmal die Feuerprobe bestanden haben! Ein nur recht geringer Prozentsatz bleibt in dieser herrlichen Gefahrenwelt, der größte Teil, wenn er erst die „Nase hineingesteckt" hat, tritt den Rückweg an. Aber so mancher wurde auch ein Opfer der unerbittlichen Natur! Wollte ich auf diese harten Jahre meines Trapperlebens den Anspruch einer absonderlichen Leistung erheben, so wäre das falsch. Viele stehen draußen gleich mir!

Während ich als Trapper in den Regionen am Athabaska doch immerhin ein geregeltes Leben führte – ich hatte ein Blockhaus, wohin ich immer zurückkehren konnte – so spielte sich der größte Teil meines Jägerlebens wesentlich gefahrvoller und anders in der Wildnis des Yukon Territory ab.

Diese letzten 3500 Kilometer Hochwildpürsch führten mich in zum Teil völlig unerforschte Gebiete, durch Sommer, Herbst und Winter. Einen Frühling gibt es dort oben nicht. Ich nomadisierte ganz allein durch jene wilden Gebirge und fand es schon einen Genuss, wenn mir das ofenlose Zelt von Zeit zu Zeit Schutz gewährte. Zu jeder Jahreszeit war nur zu oft der prächtige, nordische Himmel mein „schützendes Dach"!

Im Oktober und November 1934 stand ich am Südostrand des größten, mehr als 5000 Quadratkilometer umfassenden Malaspinagletschers, inmitten von Bergesriesen, die zum großen Teil noch ohne Namen sind. Diese gewaltige Gebirgsbarriere, die als unübersteigbar gilt – Berge von mehr als 4000 Meter Höhe – ist die Heimat der prächtigen Schneeziege. Dort, wohin noch nie ein weißer Jäger vorgedrungen, dort fand ich den mysteriösen Zauber völlig unangetasteter, uriger Bergwildnis!

Später als der Winter in voller Härte sein Regiment angetreten, folgte ich mit Schlittenhunden Hunderte von Kilometer wandernden Rentierherden nach und so kam ich wieder in unbekannte Gebiete. Diese „lange Pirsch" brachte unsäglich schwere Strapazen infolge großer beschwerlicher Märsche und gefährlicher Kletterei in schwindelnder Höhe mit sich. Dazu kamen furchtbare Kälte, grausame Stürme und wochenlanges Darben und nicht zuletzt gehörten geradezu übermenschliche Anstrengungen dazu, die schweren Beutestücke zu bergen, so dass ich oftmals der Verzweiflung nahe war. Aber schließlich überstand ich auch dies. Idealismus und die Jagdpassion, gepaart mit der dem Menschen eigenen Willenskraft siegten!

Der hohe Einsatz von Leib und Leben für das Gelingen stand in keinem Verhältnis zu dem materiellen Erlös. Aber wenn wir Jäger Materialisten wären, dann wäre es auch um die Poesie des Waidwerks geschehen! Wo blieb die Romantik fantastischer Abenteuer, die man als Schulbub mit wahrem Heißhunger verschlang? Sie besteht auch nicht. Und wurde auch gar nicht erwartet, als man später erst fähig war als gereifter Mensch verständig zu denken! Aber etwas viel Wichtigeres, etwas viel Gewaltigeres und Schöneres trat dafür ein! Wem schlüge nicht das Herz höher, wenn er nur daran denkt, dass es noch urige Wildnis gibt, Gebiete, wo noch kein Mensch verunstaltend eingriff – und wer wünschte nicht, dort einmal wandeln zu dürfen!

Vom Standpunkte des fernen Betrachters, muss jene Wildnis verheißend locken. Aber wie anders ist ihr Antlitz, wenn man ihr erst nahekommt! Düster und finster, kalt und unheilverkündend streckt sie uns ihre abwehrenden Arme entgegen. Besonders die Bergwildnis versteht es meisterhaft, sich dem Neugierigen schreckend in den Weg zu stellen. Und oft las oder hörte ich von Reisenden, die ähnliche Gebiete besuchten, dass sie wohl den Zauber verstünden, die herbe Schönheit sahen – und doch schaudernd, ehrfurchtsvoll und ängstlich dieser Macht göttlicher Schöpfung entgegenschauten. Es reichen nicht Wochen, es reichen nicht Monate des Werbens um diese wilde Schönheit aus – es gehören Jahre dazu, sich mit der machtvollen Urwildnis zu verbinden, um ihre Gunst zu erlangen und ihre Geheimnisse zu erlauschen!

Wenn ich aber jetzt auf diese langen Jahre zurückblicke, so steht der schwere

Anfang mit seinen harten Schlägen und Misserfolgen leuchtend im Vordergrund. Und weil jene Zeit die schwerste war, deswegen wurde sie mir zur lehrreichsten. Auf den dort gesammelten Erfahrungen baute sich der spätere Erfolg auf und öffnete mir das Tor der Verheißung in die Wildnis. Der Nordwesten Nordamerikas, das Yukon Gebiet, ist schon seit langem als das Hochwildparadies bekannt, das nur seinesgleichen in einigen Teilen Afrikas findet, wo aber der herbe nordische Reiz, die grobe Wildheit fehlt. Und dieser Nordwesten, das Paradies des Jägers, verspricht nicht nur – er hält es auch, sofern man es nicht an Mühe und Geduld fehlen lässt.

Wohl dem Jäger, dem als schönstes Patengeschenk in die Wiege gelegt und damit in die Seele geschrieben wurde, dass Liebe und Verstehen der Natur die ersten und auch die letzten Eigenschaften eines Forschers sein müssen. – Zierde und Glorienschein des wahren Jägers! Dann wird auch der, der von einer Kette von Missgeschicken verfolgt wurde – wie das nur zu oft in solchen rauen Ländern vorkommt – und auch materiell nicht auf seine Kosten kam, trotz geringer Trophäenzahl beglückt und dankbar in seine alte Heimat zurückkehren.

Auch ich hatte nicht immer den erhofften materiellen Erfolg, aber schließlich, auf dieses fast ein Jahrzehnt lange Wildnisleben zurückblickend, muss ich gestehen, dass mir dieses Unternehmen doch viel mehr einbrachte, als ich mir erträumt hatte. Damals, als ich hinauszog, da stand die Wildnis nur „beschrieben" vor meinen Augen – jetzt, nachdem ich sie selbst kennengelernt und ihre Geheimnisse erfahren habe, da weiß ich, welche großen Schätze ich aus der wundervollen unberührten Natur mit nach Hause brachte. Dieser große Erfolg konnte leider photographisch nicht immer festgehalten werden. Einmal bin ich kein Meister auf diese Gebiete, oftmals musste selbst der kleine Apparat fortgelassen werden, wenn es galt, weite und hohe Touren zu machen, denn dann spielte selbst ein so geringes Gewicht eine große Rolle. Leider boten gerade dann sich wundervolle photographische Gelegenheiten.

Wenn ich nun endlich nach dieser Einleitung meine verehrten Leser einlade mir auf meinem langen, viel gewundenen Wechsel durch Urwälder, Urgebirge, durch Stromschnellen, über Seen und durch Schneestürme zu folgen und Sie an Jagdfahrten auf Bären, Wölfe, Luchse, Elche, Hirsche, Rentiere, Bergschafe, Schneeziegen usw. teilnehmen lasse, so bitte ich es mir nicht zu verübeln, wenn des Öfteren Wiedergänge gemacht werden müssen, die notwendig sind, um manches verständlich zu machen.

Zu diesem Pirschgang wünsche ich meinen verehrten Waidgenossen ein kräftiges Waidmannsheil! Und allen denen, die sich nicht als Jäger bekennen, möge dieses schlichte Buch die gewaltigen Naturschönheiten und die Wunder der Tierwelt näherbringen!

In den rumänischen Karpaten im Winter 1936/37

Der Verfasser

1. Teil

Als Jäger, Trapper und zoologischer Sammler in den Urwäldern
am nördlichen Athabaskastrom im Nordwesten Kanadas

Vorbereitung

Als die ersten Wildgänse Anfang September über die schier endlosen Prärien Manitobas zogen, da war es aus mit meiner Arbeitslust auf der Farm. Gar oft erwischte mich der Boss, wenn ich, anstatt Weizengarben auf mein Gespann zu laden, auf die Heugabel gestützt, mit sehnsüchtigen Augen den Vögeln im weiten Äther[1] nachschaute.

Und die Zeit kam, wo auch ich mich so frei fühlte wie jene, die ungehemmten Fluges dem Süden zusteuerten. Mein Partner N. und ich zogen dem Lande unserer Jugendträume entgegen!

Am 22. September, abends 10 Uhr, standen wir mit Kisten und Kasten, mit Koffern und gepackten Rucksäcken in strömendem Regen als die einzigen Passagiere im Dunkel der Nacht am Ende der Bahnlinie. Athabaska, das frühere Tor nach dem Norden, hatte ich mir anders vorgestellt! Kein Wartesaal – nichts war vorhanden, wo wir wenigstens unser Gepäck vor dem Regen hätten schützen können. Beim Scheine glimmernder Zigaretten zählten wir unser Barvermögen – und siehe da, es kamen immerhin noch 50 Cent zusammen! Das konnte vielleicht für ein Bett in einem kleinen Hotel reichen. Wir gingen und fluchten. Nach langem Umherirren und Befragen der wenigen Leute, die in dem Hundewetter in der nur spärlich beleuchteten „Stadt" anzutreffen waren, fanden wir schließlich ein, wenn auch nicht gerade einen guten Eindruck machendes, „Hotel". Die sehr freundliche Wirtin – eine Französin –, die so lang wie breit war, sah es uns an, dass wir nicht mehr als 50 Cent besitzen konnten. Über enge, quietschende Holztreppen führte sie uns in ein unsauber aussehendes Zimmer, in dem ein Bett stand und bestimmt hatten die Deckenbezüge einmal weiß ausgesehen! Aber was kümmerte uns das. Wir hatten ein Dach über dem Kopfe und es gelang uns schließlich auch das Bett so zu stellen, dass es uns nicht auf den Kopf regnete. Das „Essen" verschoben wir notgedrungen auf den nächsten Tag. Wir hatten viel von der nordischen Gastfreundschaft gehört

---

1   Anm. des Verlags: Himmel.

11

und sollte sich diese bewahrheiten, dann gab es vielleicht doch einen Zufall, der uns beiden den immer hungrigen Magen füllte. Waren wir erst in der Wildnis, dann brauchten wir keine „Dollars und Cents" mehr und auch nicht für ein Bett zu zahlen.

Unruhig verbrachten wir die Nacht. Es juckte hier und es krabbelte dort. Als das erste Tageslicht in das mit keiner Beleuchtung versehene Zimmer drang, erhoben wir uns und der erste Jagdzug im Lande der unbegrenzten Möglichkeiten begann. Wir machten gute Beute! Wenn auch meine „insekteriologischen" Kenntnisse gering waren, so konnte ich doch feststellen, dass diese rotbraunen „Vampire" Wanzen waren, die in nichts von den Europäischen abweichen.

Strahlender Sonnenschein folgte der regenschwangeren Nacht. Unten im Gastzimmer wartete ein deutscher Farmer auf uns, der die 400 Einwohner zählende Stadt mit Milch versah. Er bat uns, doch ein paar Tage unsere Reise in die Wildnis zu verschieben. Er hatte noch Weizen zu dreschen, dabei sollten wir ihm doch helfen. Gern sagten wir zu, zumal ein jeder 4 Dollar je Tag verdienen konnte. Das „Essen", das eigentlich schon am Vorabend hätte stattfinden müssen, verschoben wir noch einmal. Zu Mittag bei den freundlichen deutschen Farmersleuten wurde es Wirklichkeit!

Fünf Tage halfen wir beim Dreschen und die verdienten „Dollars" halfen uns ganz gewaltig. Außer noch notwendigen Bekleidungstücken kauften wir einen Sack Mehl – etwa 88 deutsche Pfund –, sowie 20 Pfund Zucker, 10 Pfund Fett, 2 Pfund Tee, genügend Tabak, Streichhölzer und andere notwendige Dinge.

An einem schönen Sonntagmorgen standen wir unten am Ufer des Athabaskastromes und hielten Umschau nach starkem Schwemmholz, aus dem wir uns ein Floß bauen wollten, um damit die Reise weiter fortzusetzen. Da lag ein großes *Skow* – ein roh aus Brettern gezimmertes Frachtboot – neben einem kleinen Motorboot. Scheinbar war es der Eigentümer, der dort am Motor hantierte. Kurz entschlossen ging ich auf den Mann zu und sprach ihn an. Die Unterhaltung ergab, dass dieser Irländer etwa 400 Kilometer nordwärts nach einer Telegraphenstation wollte. Wir baten ihn, uns mitzunehmen. Mit Freuden willigte er ein, uns bis zu dem Platz, den N. und ich anhand der Karte erwählt hatten, mitzunehmen.

FREI VON JEDEM ZWANGE IN DER WILDNIS

Glücklich ist der Mensch, der das eigenartige Gefühl kennt, das über einen kommt, wenn man sich losgelöst weiß aus dem Heer der Verpflichtungen, die uns Menschen aufgebürdet werden. Glücklich der, der es zu schätzen weiß, dass der Weg zurück zum Natürlichen der gesündere ist.

Als erst die letzten Käufer und die letzten Rauchfahnen der nordischen Stadt dem Gesichtskreis entschwunden waren, da atmete ich auf. Heraus aus dem gedrängten Gemeinschaftsleben – heraus aus dem Hasten der Zeit!

Langsam gondelten wir auf dem verhältnismäßig noch trägen Strome abwärts. Das kleine Motorboot war seitlich am *Skow* befestigt. Der Motor, der neue Lager erhalten hatte und nur schwer – manchmal gar nicht ansprang, wurde noch geschont. Er sollte erst später an den Stromschnellen und anderen gefährlichen Stellen in Tätigkeit treten. Bill, so hieß der freundliche Irländer, saß im Motorboot, während N., ich und noch ein Reisegefährte von Bill im *Skow* blieben. Am hinteren Ende des schwer mit Fracht beladenen Kahnes war ein langes *sweep*, ein Steuer aus einem Baum gehauen, angebracht. An diesem hing abwechselnd einer von uns dreien und steuerte die Flottille. Alle vier waren wir nicht wenig stolz, dass der erste Kahntag ohne jeden ungewollten Aufenthalt verlaufen war. Alle Hindernisse im Strome wurden geschickt umgangen.

Am flackernden Lagerfeuer saßen wir bis Mitternacht und die Unterhaltung drehte sich zum größten Teil um Jagd und Pelztierfang. N. und ich als „Greenhorns[2]" mussten natürlich schweigen, dafür lernten wir aber aus der Unterhaltung der beiden sehr viel. In jener ersten Nacht in der Wildnis konnte ich nicht schlafen. Lange Zeit lag ich wach auf meinem Lager von grünem Fichtenreis in Decken gerollt und starrte in den prächtigen nordischen Sternenhimmel, während die anderen um die Wette schnarchten. Überall riefen die Uhus. Raubvögel sind seit jeher meine besonderen Lieblinge und es schien mir wert, den Königen der Nacht meinen Schlaf zu opfern.

Kaum war die Nacht dem Tag gewichen, da saßen wir wieder in den Booten und ließen uns abwärtstreiben. Es war ein höllisch kalter Morgen, alles war dick bereift, am Ufer formte sich das erste Randeis. Bill empfahl uns, das Zelt im *Skow* aufzustellen und den kleinen Blechofen darin aufzubauen. Dort drin saß es sich gut und jeder war froh, wenn er das *sweep* wieder dem nächsten übergeben konnte, Bill hatte vorsorglich Feuerholz an Bord genommen, das für den Tag ausreichte. Am Abend konnten wir es wieder ergänzen. Auch dieser Tag verlief ohne jeden Unfall.

Der Himmel hatte sich in düstere Wolken gehüllt, kein Stern war zu sehen. Bill prophezeite Schnee und tatsächlich, am nächsten Morgen war alles in einen 10 Zentimeter starken weißen Mantel gehüllt. Der Indianersommer, wie man dort den meist prächtigen Spätherbst nennt, war vorüber. So sehr man sich als Jäger an der ersten „Neuen" erfreut, für uns war es höchst ungemütlich. Es war empfindlich kalt geworden, auch kamen wir nur selten zu dem Vergnügen, uns am kleinen Blechofen zu erwärmen. Der Strom hatte ein anderes Gepräge angenommen! Kleine Stromschnellen, Untiefen, Sand- und Steinbänke mussten mit Schnelligkeit umgangen

---

2   Anm. des Verlags: Anfänger, Neuling.

werden und das gebrauchte „Alle Mann" am Steuer. Auch Bill war auf der Hut, hielt den Motor warm, um im kritischen Moment eingreifen zu können. Eben hatten wir mit aller Kraftanwendung eine gefährliche Steinbank mitten im Flusse umgangen und glaubten uns in Sicherheit, als ein starker Ruck das Gefährt durchlief, das *Skow* sich rechts etwas seitwärts legte und wir festsaßen. Bill kam aus dem Motorboot zu uns herüber und fluchte nicht wenig. Ich war damals sehr erstaunt, dass die englische Sprache eine ganz besonders reiche Auswahl an Flüchen hat! Aber keiner von uns war an dem Unglück schuld. Die riesige Steinplatte in der Untiefe konnte keiner bemerken. Zwei Stunden lang mühten wir uns ab, von diesem „Magnet" loszukommen, umsonst! Bill gab Anweisungen. Danach sollten wir drei Mann mit zwei starken Stangen vom *Skow* aus abdrücken, während er „über Bord" gehen wollte. Und ehe wir es uns versahen, war Bill über Bord gesprungen, stand bis über die Hüften im eiskalten Wasser und hob das Boot mit einer starken Handspeiche an. Wir mühten uns alle redlich ab, bis wir endlich abglitten.

Am Abend erreichten wir das Pelican-Settlement. Als Settlement ist es zumindest auf der Karte verzeichnet, es ist aber weiter nichts, als ein Handelsposten und zeitweilig, besonders im Winter, leben dort nur ein bis zwei Indianerfamilien. Wir wurden nach echter nordischer Sitte freundlich aufgenommen und ganz gehörig mit Elchsteaks traktiert. Dort war nur ein Trapper anwesend, der am nächsten Tage mit Bill weiterwollte. Wir freuten uns, dass wir noch eine Hilfe bekamen; denn von nun ab begann der Strom wirklich ernst zu werden. Es ist wohl angebracht, schon hier über den tückischen Athabaska-Fluss einiges zu sagen. Dieser gewaltige Strom, der in früheren Jahren der einzige Weg war, vom Inland nach dem Nördlichen Eismeer zu gelangen, hat so viel Opfer an Menschen und Frachtgut gekostet, dass die Regierung sich entschloss, wenn auch mit großen Geldkosten, weiter östlich eine Bahn von Edmonton nach Fort Mc. Muray zu bauen. Besondere Gefahren bieten die Pelican-, dann die *Stony, du juli Fou, Wheel, Grand rapids*, große und kleine Cascadecrooded und *Boiler* Stromschnellen. Die *Grand rapids*, die wirklich grandios sind, besonders wenn man vom Ausgange hinaufschaut, sind noch nie beschifft worden. Das Wasser hat ein so großes Gefälle und eine so rasende Geschwindigkeit, dass es absolut unmöglich ist, mit irgendeinem Fahrzeug die Fahrt zu wagen. Heute liegt der Athabaska bis Fort Mc. Muray tot. Nur einige Trapper sind es, die sich mit kleinen Fahrzeugen, oftmals unter viel Mühe und Gefahren, durchmogeln.

Unsere Gefährten besprachen die Weiterfahrt, da ein besonders niedriger Wasserstand die Fahrt gefährlich machte. Am nächsten Tage schon, in aller Frühe, war Bill mit seinem Motor beschäftigt. Und um 10 Uhr war alles zur Weiterfahrt bereit und der Motor funktionierte. Mit – put – put – put und später mit gleichmäßigem Schnurren sang die Maschine ihr Lied in den kalten Morgen. Nach halbstündiger schneller Fahrt wurde das Wasser „lebendig". Bald hörten wir gurgelnde Wassermassen und nur wenig später, um eine Flusskrümmung kommend, sahen wir in der Ferne die weiß-giftigen Wellenkämme und die viel Unheil verkündenden, düster aussehenden, mehr oder weniger großen Felskegel im Flussbett. Die Boote fingen bald ganz bedenklich an zu schaukeln und mit rasender Schnelligkeit näherten wir uns den gefährlichen Pelican-Stromschnellen. Wasser spritzte über Bord, ein Zittern lief durch das *Skow*, die starken Planken bogen sich, wir waren mitten in den Stromschnellen! Bill stand aufrecht im Motorboot, eine Hand hielt das Steuerrad, mit der anderen hielt er sich am Bootsrand. Wir anderen arbeiteten aus Leibeskräften am *sweep* und gaben uns redlich Mühe, die Boote in dem Hauptkanal zu halten. Und alles ging gut. Die zwei Kilometer langen Pelican-Stromschnellen lagen hinter uns. Bills Gesicht nahm den üblichen freundlichen Zug wieder an. Jetzt waren es N. und ich, die anfingen auf-geregt zu sein. Wir kamen unserem Ziele nahe. Dort, dort war die große Flussbie-gung, die wir uns anhand der Karte erwählt hatten. Wir steuerten darauf los, und mit Leichtigkeit konnten wir landen. Alle Mann halfen unser Gepäck an das Ufer zu befördern. Noch eine gemeinsame Mahlzeit – dann verließen uns unsere Gefährten. Wir standen am Ufer und schauten den Kameraden so lange nach, bis sie uns um eine Flussbiegung entschwanden. Da waren wir also! 220 Kilometer entfernt von jeder Zivilisation, mitten im Urwalde! Als erstes galt es, einen provisorischen Unterschlupf zu schaffen, bis wir ein Blockhaus erbaut hatten. Im Laufe des Nachmittags hatten wir eine kleine Hütte aus Fichtenreisern errichtet, die gerade für zwei Liegestätten und das Gepäck ausreichte. Der nächste Tag war ein Sonntag, den wir nicht gleich mit Arbeit beginnen wollten; er wurde zu einem gemeinsamen Pirschgang benutzt. Am Nachmittag sahen wir etwa 100 Meter unter uns einige Alttiere der Gattung Lang-ohrhirsch, die nach uns sicherten. Aus unbegreiflichen Gründen schoss ich auf diese kurze Entfernung glatt vorbei, während N. sein Tier sofort im Feuer streckte. Als wir herunterkamen, war das Stück schon verendet. Wir zerwirkten es und hängten alles Wildbret, soweit wir es in unseren Rucksäcken nicht verstauen konnten, hoch in die umstehenden Bäume und verblendeten es gut mit Fichtenreisern. Die erste Sorge war behoben, für einige Zeit hatten wir zu leben. Mit strahlenden Gesichtern mühten wir uns mit der schweren Last auf dem Rücken wieder zurück zum *camp*. Anderntags begann sofort der Bau eines Blockhauses. Es war kein Mangel an Holz, im nächsten Umkreise standen die schönsten schlanken Fichten. In einem halben Tage hatten wir alle Bauhölzer zu den vier Wänden geschnitten und N. begann sofort, als Holzfach-mann, die Stämme zu behauen. Während mein Partner am Bauen war und ich nicht gebraucht wurde, schlug ich mit der Axt im Walde Dachsparren, besorgte die Koche-rei und machte mich nach Möglichkeit nützlich. Drei Tage arbeiteten wir fieberhaft. Am fünften Tage beschlossen wir, erst mal das restliche Wildbret einzuholen. Als wir am Spätnachmittag mit schwer gepackten Rucksäcken flussaufwärts kamen, hörten wir oberhalb das Schnurren eines Motors und richtig, ein kleines Motorboot kam uns entgegen. Wir setzten uns am Ufer nieder und warteten. Bald kam das Boot in unsere Höhe, schwenkte herum und landete bei uns. Zwei Weiße und ein keck aussehender Indianer waren die Insassen. Mit ernsten Gesichtern – mir kam es sogar vor, als wenn es mehr als vorwurfsvolle Gesichter gewesen wären – richteten sie an uns die Frage: „Wo ist Bill?" Erschrocken sah ich auf meinen Partner und antwortete den Männern: „Vor vier Tagen hat uns Bill fünf Kilometer oberhalb von hier an Land gesetzt und ist sofort mit den anderen beiden Kameraden weitergefahren." Wortlos stiegen die drei Mann wieder ins Boot und fuhren weiter. N. und ich sahen uns erschrocken an. War dem guten Bill etwas passiert? Er hätte schon längst am Ziele sein müssen! Und woher wussten diese Leute, dass Bill noch nicht „daheim" war? Na, das Motorboot würde ja wieder zurückkommen und wir würden dann Näheres erfahren.

LANDSCHAFTSBILD AM ATHABASKA-FLUSS

Nach fast drei Tagen hatten wir das Blockhaus beendet. Jetzt kam auch das Boot und brachte uns unsere Schneeschuhe, die wir auf dem *Skow* hatten liegenlassen. Vor allem brachte es uns den Bescheid, dass Bill nun „daheim" sei. Bill war mit seinen Kameraden „nur drei Tage!" auf einem Stein hängengeblieben, von wo ihn erst der sich hebende Wasserspiegel hob! Diese armen Teufel! Alle Kisten, in denen Lebensmittel verstaut waren, hatten sie für Feuerholz zerhackt, um sich damit Tee kochen zu können und sich wenigstens einigermaßen warm zu halten. Wir tauschten gegen Wildbret noch zwei Brote ein, dann fuhren die Männer wieder ab.

DAS ERSTE JÄGERHEIM DES VERFASSERS AN DER
WESTSEITE DES ATHABASKASTROMES

BLICK AUF DIE WILDREICHEN UFERWÄLDER DES ATHABASKASTROMES

Wieder war es ein Sonntag! Einzugsschmaus im kleinen, aber warmen Blockhaus! N. hatte als gelernter Bäcker einen fabelhaft guten Streuselkuchen gebacken! Ja, der Ofen, den wir aus Uferschlamm und Steinen gebaut hatten, war gut! Nur fraß er wahnsinnig viel Holz. Fortwährend war ein Mann beim Holzkleinmachen. Aber davon gab es ja eine Menge. Die Betten hatten wir aus Fichtenstangen übereinander gebaut und ich, als der Älteste, schlief im ersten Stock, während N. jeden Abend erst eine Kletterpartie zu machen hatte. Einige Tage brauchten wir, um im Hause alles in Ordnung zu bringen. Dann kamen die ersten Erkundungsgänge. Wild gab es genug, überall standen Hirschfährten, nur Elchwild fehlte ganz. Von Raubwild waren nur Hermelin und im weiten Umkreise nur ein einziger Kojote zu spüren. Alle unsere Hoffnung auf einen guten Pelztierfang schien gleich im Anfang in ein Nichts zu zerrinnen. Tag für Tag waren wir auf den Beinen. In allen Himmelsrichtungen auf der Westseite des Flusses suchten wir nach guten Fangplätzen und nach dem natürlich dazugehörigen Raubwild. Hoch über den Uferbergen, entlang an alten Biberdämmen, erschien es uns am günstigsten. Dort fanden wir sehr viele Hermelinspuren, sonst aber auch nichts. Doch vertrösteten wir uns für später; stärkere Schneefälle und das Zufrieren des Flusses würden wahrscheinlich Raubwild bringen. So verging fast der Oktober.

Hunger tut weh – das Unglück schreitet schnell

Längst hatte sich das Packeis im Flusse festgeschoben. Am 15. November überquerten wir zum ersten Male den breiten Eisrücken und legten auch drüben Eisen aus. N. hatte seine Eisenlinie in den Ostbergen und mein Revier war die Westseite. Ab und zu fing sich nur ein Hermelin. Außer dem Kojoten, der alle Kunst und Kniffe zunichte machte, spürte nichts an den Eisen.

Unsere Lebensmittel waren so arg zusammengeschmolzen, dass es an der Zeit war, Rationen einzuteilen. Längst war das Wildbret aufgezehrt und trotz aller Mühen gelang es nicht, irgendein größeres Stück Wild zu erlegen. Elche fehlten, Rentiere gab es zurzeit keine in den schier endlosen *Muskegs* (bestockten Sümpfe). Langohrhirsche standen genug in den dichten Windbrüchen der Uferberge, aber es wollte eben nicht klappen! Ansitz auf dieses Wild kam nicht in Frage, da es weder Wechsel noch Zeit hält. Zu jeder Tageszeit konnte man es antreffen. Ab und zu schossen wir ein Buschhuhn, das uns schließlich auch aus der größten Not half.

So verging auch der November. Das tägliche Herumlaufen in den Bergen, noch dazu bei dieser schmalen Kost, hatte uns arg heruntergebracht. Wir mussten uns gegenseitig Schwächeanfälle zugestehen, die sonst auf keinen Fall, trotz härtester

Strapazen, bei nur einigermaßen ausreichender Atzung[3], entstanden wären. Am Morgen des 1. Dezember gab ich meinem Partner den Auftrag, doch den leeren Mehlsack noch einmal gründlich auszukratzen. Das Mehl hatte während der viertägigen Fahrt auf dem Flusse Feuchtigkeit angezogen und eine papierdünne harte Kruste war am Sack hängengeblieben. Aus dieser Kruste sollte N. versuchen eine Suppe zu kochen. N. blieb zu Hause, führte den Auftrag prompt aus und als ich am Abend von wiederum erfolgloser Pürsch zurückkam, zeigte mir mein Leidensgenosse in einem Topf trübes Wasser, in dem blechharte Mehlstücke schwammen. Aber – Hunger tut weh – und wie hungrige Wölfe verschlangen wir dieses Gebräu – und es hat uns auch nicht geschadet.

Muskeg. Typisches Landschaftsbild des kanadisch bewaldeten Nordens.

Am nächsten Morgen, es war absolut nichts mehr zu beißen im Hause, beschloss ich, noch einmal eine Pirsch zu versuchen. N. blieb zu Hause, da er zu schwach war. Es mochte gegen 2 Uhr nachmittags sein, als ich auf dem Rückwege, kaum 400 Meter vom Hause entfernt, in einem Windbruch vor mir ein Rumpeln hörte. Ganz mechanisch glitt der Drilling[4] von der Schulter und gerade war ich fertig, als 100 Meter vor mir auf einer kleinen Anhöhe ein Alttier mit Kalb verhoffte. Beide Stücke standen völlig frei – und im Knall brach das Kalb zusammen und rollte herunter. Das Tier

3   Anm. des Verlags: Nahrung.
4   Anm. des Verlags: Jagdwaffe, die drei Gewehrläufe in einer Waffe kombiniert.

hielt nicht aus, sondern flüchtete sofort. Alle Mattigkeit war vergessen, mit Freudensprüngen wie ein gieriges Raubtier sprang ich auf die Beute zu. Wo blieb all die waidmännische Erziehung? Wo blieb das Gefühl für die Kreatur? Hier kam das Gebot der Notwendigkeit an erster Stelle! Fleisch! Heraus aus der Not! Ich brach das Stück auf und mit einer kurzen Leine, die ich stets auf Pirschen in der Wildnis mit mir führte, schleifte ich es zum nahen Flusse. Als ich mit der schweißtriefenden[5] Leber des Wildkalbes durch die kaum meterhohe Tür des Blockhauses trat, da erhellte sich auch das seit langem finstere Gesicht meines Partners. Zuerst „fraßen" wir die Leber nur mangelhaft gebraten auf – dann brachten wir noch am selben Abend das Kalb ein. Das Hoffnungsbarometer war ganz beträchtlich gestiegen! Die folgenden drei Tage blieben wir im Bau – aßen und aßen – und wir bildeten uns tatsächlich ein, wieder die alten Kräfte erlangt zu haben.

JUNGER KOLBENHIRSCH

Um zehn Zentimeter am Tode vorbei!

Am Morgen des 6. Dezember grüßte uns eine prächtige Neue. Da durften wir nicht zu Hause bleiben! N. ging in die östlichen Uferberge und ich pirschte nordwärts in den Westbergen. Hier und dort standen frische Hirschfährten, die mich aber wenig reizten. Ich hoffte auf Besseres. Gegen 1 Uhr mittags stieß ich auf die frische Fährte eines Elchschauflers. Immer nordwärts ging die Reise. Und da – drei starke Waldwölfe – deren Fährten dem starken Elch folgten. Eine Stunde mochte vergangen sein. Vor mir gähnte eine tiefe Schlucht, in die der Elch und auch die Wölfe gezogen waren. Den geladenen Hahndrilling über der linken Schulter hängend, folgte ich. Schon war ich halbwegs die steile Lehne hinunter, als ich plötzlich ins Rutschen kam und recht unsanft unten landete.

Mein Gesicht war im Schnee vergraben, der Drilling lag unter meiner Brust. Als ich wieder auf die Beine kam, verspürte ich es heiß und nass an der linken Hand. Ich zog den Elchlederhandschuh ab und es gab mir einen nicht geringen Schreck, als ich den Mittelfinger in Fetzen an der Hand baumeln sah. Schmerzen hatte ich vorerst überhaupt nicht. Ich gehöre nun gerade nicht zu denen, die bei jeder Kleinigkeit den Kopf verlieren, so behielt ich auch in diesem Falle meine Ruhe. Auf einen liegenden Baumstamm legte ich den Rucksack, setzte mich darauf und musterte die schadhafte Pranke. Tief an der Hand war der Mittelfinger abgerissen, hing nur noch an Hautfetzen, selbst der Mittelhandknochen war verletzt. Auch der Finger war buchstäblich zerschlitzt. Ich nahm den Drilling, öffnete ihn und stellte fest, dass sich der rechte Schrotlauf gelöst hatte. Aber wie? Beim Sturz in die Tiefe schlug ich sicherlich gegen einen Baum, der rechte Hahn musste sich beim Aufprall geöffnet haben und der Schuss ging los. Komisch ist nur, dass ich überhaupt keinen Knall gehört habe, das wohl seinen Grund darin hat, da der Schuss erst unter der 30 Zentimeter hohen Schneedecke losging. Einen weit größeren Schreck bekam ich, als ich eingehend das „Schneebild" gemustert hatte. Wie schon bemerkt, war ich mit der Brust auf die Läufe des Drillings gefallen und die Mündung ragte etwa nur zehn Zentimeter über der linken Halsseite heraus!

Die Hand schweißte bedenklich stark, auch stellten sich bald die ersten Schmerzen ein. Mit einem Stück starken Bindfaden schnürte ich nach Möglichkeit das Handgelenk ab, klemmte den zerfetzten Finger zwischen die gesunden und schob die Hand in den zerfetzten und blutgetränkten Handschuh.

Auf dem acht Kilometer langen Marsche zurück zum Blockhaus gingen mir so allerhand Gedanken durch den Kopf! Das war Glück im Unglück! N. war noch nicht zurück. Mit einer Hand musste ich Feuer machen und brachte es auch fertig, einhändig eine leidliche Zigarette zu rollen, die mir die erste Beruhigung bot. Mit

Anbruch der Dunkelheit kam auch mein Partner, und zwar trat er mit den Worten durch die kleine Tür: „Du hast halt wieder Dusel gehabt!" Auf mein „Warum?" sagte er mir: „Ich bin einen Kilometer unterhalb auf deine Spur gekommen und sah Schweiß!" Ich antwortete nicht. Er brannte die kleine Petroleumlampe an und als er mein scheinbar sehr blasses Gesicht sah, fragte er erschrocken: „Was ist los mit dir!"

Nach dem Essen saßen wir am Tische, hatten Pinzetten und Skalpelle sauber gekocht, steriles Verbandszeug lag bereit. Ich machte den Vorschlag, den Finger völlig abzutrennen – aber N. sagte scherzhafterweise: „Lass ihn dran, vielleicht braucht der Arzt Haut davon!" Das war auch recht! Ich überlegte hin und her, ob ich die ganze Operation nicht selbst machen könnte – nein, das ging nicht! Der Mittelhandknochen war gerissen, es fehlte mir an Handwerkszeug, ich musste mich wohl oder übel in ärztliche Behandlung begeben. Wäre nur der Finger zerfetzt, hätte ich diese Amputation auf alle Fälle selbst vorgenommen!

Die Nacht verlief für uns beide schlaflos. N. rollte Zigaretten und kochte Tee. Zweimal musste ich den sterilen Verband wechseln, es wollte nicht aufhören zu bluten. Als um 9 Uhr morgens der Tag graute, da waren wir schon auf dem wüsten Packeis des Flusses. Bergauf – bergab ging es, über die oft viele Meter hohen Eisblöcke. N. trug für mich zwei Decken und einen Mantel, während ich ohne jedes Gepäck vollauf zu tun hatte folgen zu können. Die Schmerzen wurden immer stärker. Am späten Nachmittag erreichten wir das Pelican-Settlement. Nach langem Hin und Her wurden wir mit dem Fellaufkäufer – einem Halbindianer – einig, dass er mich am nächsten Morgen mit seinen fünf starken Schlittenhunden nach Athabaska bringen würde.

Nach einer wiederum fast schlaflosen Nacht kam der ersehnte Morgen, an dem die Reise angetreten wurde. Nun folgten vier schwere Tage. Ich saß in Decken gehüllt im geräumigen Hundeschlitten, während Jimmy meist hinter dem Gespann rennen musste, da das Eis so wüst durcheinandergeworfen war, dass er fortwährend die Handhaben des *Tobogans* halten musste, um ein Umkippen zu vermeiden. Mit unverminderter Geschwindigkeit trabten die braven Tiere dem Süden zu. Ein jeder der Hunde hatte auf dem Rückengurt des Geschirres drei verschiedene Schellen. Fünfzehn Schellen in allen Tonarten, das ergab eine herrliche Musik, die so recht in den kalten Wintertag passte!

Wir legten im Durchschnitt etwa acht bis neun Kilometer in der Stunde zurück und richteten es immer so ein, dass wir die Nacht bei einem Trapper am Flusse nächtigen konnten. Am dritten Marschtage schlug plötzlich das Wetter um, es fing an zu regnen. Der Schlitten klebte auf dem Schnee und die braven Hunde hatten alle Mühe mich vorwärtszubringen.

Aber auch das Ende des an sich schönen 220 Kilometer langen Marsches auf dem breiten Eisrücken des Athabaska-Flusses kam. Am 11. Dezember, abends 11 Uhr, fuhren wir vor das Hospital. In wenigen Minuten war der im Ort wohnende junge Arzt zur Stelle. Jimmy blieb über Nacht in Athabaska, um am anderen Tage die Rückreise nach dem Pelican allein zu machen.

Mein Arm, besonders die Achseldrüsen, war so stark geschwollen und durch den großen Blutverlust war ich so geschwächt, dass der Arzt die Operation auf den nächsten Nachmittag verschieben musste.

Nun folgten sechs, zum Teil recht langweilige Wochen bis zur Genesung.

Ich glaube, in allen Gefahren und bei allen größeren und kleineren Nöten umschwebte mich ein Schutzpatron. Sobald ich am tiefsten in Not war, kam die Rettung und so war es immer.

So auch im folgenden Falle! Mein gesamtes Barvermögen trug ich immer bei mir – und das war ein einziger Cent! Was sollte ich damit anfangen. Als starken Raucher traf es mich sehr schwer, dass ich oft tagelang nichts hatte. Oft wurde ich von deutschen Farmern zu einem Glase Bier eingeladen, bei dem es dann auch die vermaledeiten Glimmstengel gab und das war dann ein Festtag für mich. Ich brachte es einfach nicht fertig, von jemandem etwas zu verlangen.

An einem Nachmittag war ich wieder mal in „trüber Raucherstimmung". Ich wanderte auf dem Eise eines kleinen Baches entlang. Schuljungen hatten dort kleine Eisen für das Hermelin ausgelegt. In einem der Eisen hing auch einer dieser kleinen weißen Räuber. Ich nahm das tote Wiesel aus den Bügeln und stellte das Eisen wieder fängisch. Auf dem Rückwege zur Stadt, als ich eben um eine scharfe Biegung des Baches kam, da kam mir ein braunes Etwas entgegen, das sich bald als eine starke Bisamratte entpuppte. Rettung aus der Not! Ich stand gut gedeckt hinter einer großen Wurzel und als der Pelzträger auf zwei Meter heran war, schlug ich ihn tot und heimste „eineinhalb Dollar" ein! Ein Pfund feinsten Tabaks!

Der Januar 1927 ließ sich gut und kalt an. Der Schnee reichte schon bis über die Knie und ich konnte es dem Arzt gar nicht übelnehmen, dass er mich für verrückt erklärte, als ich sagte, dass ich morgen zu Fuß zum kleinen Blockhause in der Wildnis zurückginge! All sein Reden half nicht!

An einem kalten Morgen nahm ich den alten Kartoffelsack, in dem etwa 40 Pfund verstaut waren, auf und wanderte allein auf dem Eise zurück in die Wildnis.

Könnten diese sechs Martertage, die ich bis zum Pelican marschierte, aus meinem Gedächtnis gestrichen werden, ich würde froh sein! Der Leser wird sich leicht denken können, dass es, selbst für den Strapazen gewöhnten Mann, keine Kleinigkeit ist, Tag um Tag in weit mehr als knietiefem Schnee auf dem zerrissenen Packeis zu marschieren. Ich erinnere mich noch gut, es war am fünften Marschtag, als ich schlapp zu machen drohte. Die Sonne war schon hinter den Uferbergen, tiefe Schatten lagen im Flussbett. Ich hockte weit draußen auf dem Eise, die Beine drohten den Dienst zu versagen. Es flimmerte mir vor den Augen und wie zum Hohn heulte oben in den Bergen eine starke Rotte Wölfe. Nein, es konnte nicht mehr weit sein bis zu den beiden Schweden, die schon jahrelang ein Einsiedlerleben führten. Noch einmal raffte ich mich auf und wankte weiter. Bald sah ich auch in der Ferne einen schwachen Lichtschein – das war das Blockhaus. Und ich erreichte es. Die beiden Trapper waren sehr erstaunt, dass ich allein und zu Fuß das Wagnis unternommen hatte. Ich war froh, dass die beiden daheim waren. Ich hatte mir sehr gut eingeprägt, wo die wenigen Trapper am Flusse ansässig waren und hatte es an den vorhergegangenen Tagen gut einzurichten gewusst, dass ich am Abend zu einem dieser Jäger kam. Aber nie traf ich jemand an, sie waren im Revier, um Fallen zu stellen oder sie nachzuprüfen. Doch immer fand ich deren Blockhäuser unverschlossen. Ich half mir mit allem was ich darin vorfand, hinterließ eine kurze Notiz und setzte meinen Marsch weiter nordwärts fort.

Am sechsten Tage, spät am Abend, kam ich im Pelican an – und endlich, am siebenten Tage, kam mein bescheidenes Jägerheim in Sicht – und da, dort um eine Flussbiegung, kam N. Er war bei der Eisenrevision, gewahrte mich bald, kam mir eilig entgegen und nahm mir die Last ab. Die Freude war auf beiden Seiten groß! Wenn ich auf mein neunjähriges Trapper- und Jägerleben zurückblicke – so weiß ich, dass dieses eine einzige Strapaze war. Wenn ich an all die einzelnen schweren Märsche denke, so muss ich sagen, keiner war so brutal wie der siebentägige, 220 Kilometer-Marsch auf dem Packeis des Athabaska-Flusses!

NEUE SORGEN – NEUE SCHMERZEN

Ich war froh, dass ich wieder im „Eigenheim" war! Nur eines enttäuschte mich stark – und das war die lächerlich geringe Raubwildstrecke, die ich bei N. vorfand, die nur aus Hermelinen bestand. Als ich N. verließ, da hatten wir zusammen 16 dieser weißen Pelzträger. Nach den langen sechs Wochen, die ich abwesend war, waren es sage und schreibe nur 19 Stück geworden! Daran war nun nicht mein Partner schuld, sondern einzig und allein die plötzlich eingetretene Kälte. Diese kleinen Räuber jagen dann unter der Schneedecke und zeigen sich nur recht selten. Also mussten wir wärmeres Wetter abwarten. Auf meine Frage, ob denn der Kojote noch da sei, antwortete er mit ja und erzählte mir folgendes: Am zweiten Weihnachtsfeiertag schoss er einen uralten Elch. Nach tagelanger Arbeit hatte er das meiste Wildbret auf dem Rücken zum Bau geschleppt. Da keine sonstigen Lebensmittel im Hause waren, sah er sich gezwungen, nur von dem zähen Wildbret zu leben. Auf die Dauer bekam ihm das nicht, es stellte sich ein recht hartnäckiger Durchfall ein. Was Wunder, wenn er bei der Eisenrevision dann recht oft ein möglichst windfreies Plätzchen am Flusse aufsuchen musste. Der Kojote, der scheinbar eine derartige

Schweinerei nicht ausstehen konnte, gab sich redliche Mühe, der jungfräulichen Wildnis ihr ursprüngliches Aussehen zurückzugeben! „Und du großer Esel bist nicht auf den Einfall gekommen ein Eisen mitzuführen und dann, sobald du eine windstille Ecke gefunden hast, in deiner kauernden Stellung sauber einzubetten?" Das war meine Antwort auf seine an sich recht interessante Erzählung.

Auch am Elchaufbruch hatte er noch kein Eisen gelegt, das wurde jedoch schon am nächsten Tage gemeinsam ausgeführt.

Am nächsten Morgen war das Eisen zugeschlagen – ein glatter Fehlfang. Ich bettete das Eisen an der anderen Seite des Aufbruches ein. Es verging fast eine Woche, bis er endlich wieder in der Nähe des Aufbruches zu spüren war. Eines Morgens komme ich zum Fangplatz – das Eisen war fort. Die Schleppe führte talwärts. Ich war der Ansicht, dass der Wolf mit dem Eisen und dem starken Anker in den vielen Windfällen nicht weit kommen könne. Doch es verging eine halbe Stunde, es wurde eine Stunde Nachsuche. Eben saß ich auf einem starken, gefallenen Baum, als mir ein Ton in die Ohren kam, der durchaus Ähnlichkeit mit anschlagendem Eisen hatte. Ich griff nach dem Drilling. Nun kam alles so schnell, wie es sich nicht erzählen lässt. Auf 20 Meter erscheint der Kojote, erhält versehentlich aus dem rechten Lauf Nr. 5 aufgebrannt, steht Kopf und im nächsten Moment rennt er auf mich zu. Auf 10 Meter erhielt er Nr. 1 und das warf ihn im Knall zusammen. Das war ein kapitaler Bursche! Und wie ich vermutet hatte, der Ring am Kettenwirbel nächst dem Eisen war gerissen. Am nächsten Tage fand ich auch am Fangplatz die Kette am festgefrorenen Anker. – N. war ebenso erfreut über den ersten Erfolg wie ich.

Es vergingen wieder zwei Wochen. Wir lebten fast ausschließlich nur von Wildbret und diese einseitige Kost wollte uns, da wir es nicht gewöhnt, durchaus nicht bekommen. Wir beschlossen mit unserer gesamten Beute von 1 Wolf und 21 Hermelinen nach dem Pelican zu gehen, vielleicht hatte der Fellaufkäufer Lebensmittel zum Tausch.

Wir wussten damals noch nicht, dass dort ständig Lebensmittel zum Tausch und Kauf lagern.

Mit dem kleinen Handschlitten, den N. gebaut hatte, zerrten wir denn auch die nötigsten Lebensmittel, die wir gegen die Felle eingetauscht hatten, nach unserem Bau.

Der Februar war ein rechter Schneemonat und als es endlich mal aufgehört hatte zu schneien, setzte ganz empfindliche Kälte ein. Es hielt uns aber nicht im Bau, sondern mindestens vier Tage in der Woche waren wir draußen. N. hatte schon bedenkliche Frostschäden, besonders an der Nase und an den Zehen. Bisher war ich noch verschont geblieben und wie gewöhnlich, man erteilt dann gern gutgemeinte Ratschläge – vielmehr, man fängt an Flug zu reden. Aber auch ich blieb für die Dauer nicht verschont. An einem windstillen Tage bei etwa 45 Grad Celsius revidierte

25

ich die Eisen in den Westbergen. Schon im Laufe des Vormittags fraß die Kälte an meinen Zehen. Ich achtete aber weniger darauf, denn wer hätte als Jäger nicht schon kalte Füße gehabt. Schließlich fühlte ich nichts mehr, vermeintlich steckten die Füße gut und warm in den Schuhen. Am späten Nachmittag kam ich zurück ins Blockhaus. N. war noch nicht da. Wie üblich wurde sofort der Ofen geheizt – dann folgte der unvermeidliche heiße Tee. Nach etwa einer halben Stunde schmerzten die Zehen bis zum Wahnsinnigwerden. Als ich die Mokassins und Strümpfe herunter hatte, bekam ich einen nicht geringen Schreck! Acht Zehen waren nicht nur angefroren, sondern bis fast zu einem Viertel schwarz. Abgestorben! Hätte ich sofort nach meiner Rückkehr nachgesehen, vielleicht hätte ich durch Reiben mit Schnee alles in Ordnung bringen können! Was nun? Selbst als Laie machte ich mir klar, dass die schwarzen Zehenspitzen mit abgestorbenem Blut gefüllt sein müssen – und das müsste auf alle Fälle und möglichst schnell entfernt werden. Da ich keinerlei Gefühl in den gefrorenen Gliedmaßen hatte, verspürte ich auch nicht das geringste, als ich mit dem Skalpell in jede der gefrorenen Zehen einen kleinen Schnitt machte. Dann kamen die Füße in gut warmes Wasser, das ja bekanntlich zieht und genau wie errechnet, das gesunde rote Blut presste das tote schwarze heraus! Das liest sich doch schön und fachlich verehrter Leser! Aber die Schmerzen, die ich noch in den folgenden Stunden auszustehen hatte, die sind unbeschreiblich. Jedoch die Füße waren gerettet!

In den letzten Februartagen setzte etwas wärmeres Wetter ein und wir dehnten unsere Streifzüge weiter aus. Bei einer dieser Streifen stießen wir auf einen tief und hart in den Schnee getretenen Luchswechsel. Und schon sahen wir im Geiste den kapitalen, silberfarbenen Luchs auf dem Spannbrett, der unsere zerrütteten Finanzen um mindestens 75 Dollar erhöhen würde. Anderntags wurde fein säuberlich ein deutsches 11B-Eisen in die Spur gebettet. Täglich wurde von beiden das Eisen revidiert. Endlich! Schon ehe wir an den Platz kamen, sahen wir die Spuren von drei Luchsen. Und – mit hängenden Köpfen standen wir beide an dem halb zugeschlagenen Eisen. Ganz präzise war der Luchs auf den Teller des Eisens getreten. Wir hatten einen Bogen weißes Papier über das Eisen gelegt und dann alles fein säuberlich mit Schnee eingeebnet, der natürlich festfror und das Eisen nur halb zuschlagen ließ.

Hätten wir damals schon die Erfahrung gehabt, die wir später hatten, dann hätten wir das Eisen gar nicht verblendet. Der Luchs ist so lächerlich leicht zu fangen. In den allermeisten Fällen geht er in völlig unverblendete Eisen! – Jedenfalls war der Luchs fort und kam auch nicht wieder. Der Luchs, der sehr genau Wechsel hält, ist zur Ranzzeit sehr unstet. Meilenweit wandert er dann umher. Und die Ranzzeit hatte eben ihren Anfang genommen. Nach meinen Aufzeichnungen beginnt die Ranzzeit des Luchses so pünktlich, wie wohl bei kaum einer anderen Tierart. Zwischen dem 24. und 28. Februar beginnt der Luchs zu „rennen" und dies hält fast den ganzen März an.

Mein Partner hatte eine ansehnliche Ladung Brot gebacken, das für den geplanten Zwei-Wochen-Marsch bestimmt ausgereicht hätte. Am 19. April, in aller Frühe, überquerten wir mit mehr als schwer gepackten Rucksäcken den Athabaska. An beiden Uferseiten floss schon etwa zehn Meter breit Tauwasser, durch das wir hindurchwaten mussten. Mit Karte und Kompass ging es am ersten Tage in genau östlicher Richtung. In den meilenweiten Muskegs, die wir zu queren hatten, war verhältnismäßig gutes Fortkommen, da dort der Schnee gefroren war. Um so schlechter erging es uns im Walde. Dort lag noch reichlich Schnee und oftmals war ein derart wüstes Durcheinander von Windbruch, dass wir manchmal doch den Mut verloren, den Marsch überhaupt fortzusetzen. Aber schließlich schafften wir es doch und erreichten am ersten Abend, nachdem wir auch oft auf überstehende Bäume geklettert waren, um vor uns liegende Gebiete übersehen zu können, den House River.

Am folgenden Tag streiften wir in der dortigen Gegend umher, um das Gelände genau kennenzulernen. Dann folgten drei Arbeitstage. Wir errichteten ein kleines Blockhaus, das uns für den kommenden Winter Unterschlupf bieten sollte. Wir waren es damals noch nicht gewöhnt im Freien zu kampieren und so fanden wir es auch höchst ungemütlich, nachts bei 10 bis 15 Grad Celsius auf Fichtenreisern und mit ungenügenden Decken unter einer uralten Fichte zu schlafen. Dann kamen wiederum zwei Marschtage in nordöstlicher Richtung nach den Stony Mountains. Auf einer Anhöhe, die dicht mit Schwarzkiefern bewachsen war, lagerten wir. Das war also das „Gebirge", von dem die Trapper so viel zu erzählen wussten! Dort sollte es Luchse, Wölfe und Füchse in Mengen geben. Wir fanden auch die Spur eines Luchses, ebenso vom Fuchs und Wolf. Von der Westseite her „trappten" aber nur Indianer, da das Gelände schwer zugänglich sein sollte. Und so war es auch! Meilenweit verfilzte Sümpfe und Windbrüche. Durch dieses Chaos musste erst ein Steig gehauen werden, um im Winter nur einigermaßen bequem vorwärtszukommen.

Dort oben auf dieser Schwarzkiefernhöhe sollte nun am kommenden Tage der Bau des zweiten kleinen Blockhauses begonnen werden. Wasser gab es dort nicht, aber wir würden ja doch nur im Winter dorthin kommen und dann gab es ja Schnee, den man schmelzen konnte. Wir waren ganz begeistert von unserer Leistung, in dieses sagenumwobene Gebiet vorgedrungen zu sein. Erhöht wurde unsere Begeisterung noch dadurch, dass wir dort oben zum ersten Male das langgezogene a-hu u u u eines Timberwolfes hörten. Das Blockhaus sollte etwas größer als das am House River gebaut werden, da wir dort oben sicher längere Zeit verweilen wollten.

N. schnarchte wie eine alte Kreissäge und es dauerte geraume Zeit, bis auch ich ins Traumland unter dem blanken Sternenhimmel hinüberschlummerte. Und ich träumte wirklich! Der Traumdeutung nach soll blankes Feuer Glück bringen – aber, als mein Traum zu Ende war und ich ruckartig auffuhr – da stand unser Lagerplatz in hellen Flammen! Durch unsanftes Wecken meinerseits fuhr auch N. auf. Zu spät! Brot, Tee, Zucker, Tabak, zwei Paar Strümpfe und eine halbe Schlafdecke waren futsch. Alle unsere Pläne in Bezug auf den Blockhausbau waren zunichte gemacht! Keine Lebensmittel mehr – nicht einmal ein Gewehr hatten wir mit! Und mehr als 50 Kilometer von unserem Bau am Athabaska ab!

DIE KLEINE BLOCKHÜTTE AM HOUSE RIVER

Am Morgen fanden sich noch einige angekohlte Brotreste, die bei starker Rationierung für einen Tag ausreichten. Nach zwei langen Tagesmärschen gelangten wir 1 ½ Kilometer von unserem Ausgangspunkt entfernt an den Athabaska-Fluss. Und dort fanden wir neues Unheil! Ausgerechnet an diesem Tage musste die Eisdecke auf dem Flusse brechen. In schmutzig gelben Fluten schossen die gewaltigen Eisblöcke abwärts. Haushoch lag das Packeis an den Ufern, an vielen Stellen bis weit in den Wald hinein. Urwaldriesen hatten das von Hunderttausenden von Pferdekräften getriebene Eis gebrochen wie Streichhölzer!

Wir gingen im Uferwalde abwärts bis zum gegenüberliegenden Blockhause. Drüben – nur einige hundert Meter von uns – hing Wildbret – wir konnten es verblendet an einer Fichte sehen – dort waren Lebensmittel und dort war auch Tabak! Und wir mussten auf alle diese schönen Dinge warten, bis das Treibeis hinab war – vielleicht Tage!

Schließlich vergingen auch die drei langen Hungertage und die drei kalten Nächte, die wir ausharren mussten, bis das Treibeis nur noch in vereinzelten Schollen kam. Mittlerweile hatten wir uns ein Floß aus drei etwa sechs Meter langen Stämmen gebaut und eines Morgens stießen wir vom Ostufer ab. Um Haaresbreite wäre auch die Landung am Westufer unmöglich gewesen. Dort lagen die Eisberge hoch aufgetürmt und wir verdankten es nur dem Glück, dass wir in eine Eisnische geworfen wurden.

Nun folgten zwei Tage, an denen wir nur aßen und schliefen. Wir hatten es bestimmt auch nötig!

Am 5. Mai trafen wir verabredungsgemäß im Pelican-Settlement ein, um mit dem Fellaufkäufer in dessen Motorboot nach Athabaska zu fahren. Der erste Winter in der Wildnis war vorüber. Unsere gemeinsame Pelztierbeute betrug 1 Wolf und 51 Hermeline, für die wir 74,05 Dollar einlösten. Wenn unser Gewinn auch gleich Null war, so sammelten wir doch so viele Erfahrungen und auf diese gestützt konnten wir es getrost wagen, im kommenden Winter wieder hinauszuziehen.

Ich halte es für unwichtig von der Arbeit auf der Farm, zu der wir beide den Sommer hindurch gezwungen waren, zu erzählen. Auch dort auf den Farmen hatten wir manch kleines Erlebnis. Eine kleine Episode ist mir noch recht gut in Erinnerung geblieben. N. war auf einer anderen Farm beschäftigt. Dort war er noch mit einigen anderen Kameraden zusammen. Eines Nachts wird einer seiner Kumpane krank. Der arme Patient stöhnt und jammert und klagt besonders über heftige Kopfschmerzen. N. kann sich das nicht mehr mit anhören, steht kurz entschlossen auf, rührt eine halbe Tube Zahnpasta in ein Glas Wasser ein, reicht sie dem Kranken – der hatte natürlich nicht gesehen, was N. zusammenbraute – und siehe da, der Mann war sofort gesund, schlief bis zum nächsten Morgen und fühlte sich weiterhin sehr wohl! Ich erzähle das nur deshalb, weil vielleicht der eine oder andere in ähnliche Lagen kommen und dieses Rezept zur Nachahmung empfehlen kann!

Farmarbeiter waren seinerzeit sehr gesucht und infolgedessen hatten wir einen recht guten Verdienst. Am 1. Oktober 1927 hatte jeder einige hundert Dollar, für die wir uns reichlich mit Lebensmitteln und sonst Nützlichem eindecken konnten. N. hatte sich sogar ein Gespann mit drei Schlittenhunden anschaffen können.

So sah nämlich das „Boot" aus – es sollte nun einmal eins sein –, das mein guter Partner gebaut hatte. Während er das Ding fabriziert hatte, konnte ich von der Farm nicht abkommen, konnte also nicht sehen, was da unten am Ufer des Athabaska vor sich ging. Erst am Abfahrtsmorgen sah ich zuerst eine Menge Leute am Ufer stehen und ehe ich noch dorthin kam, fragte mich ein Neugieriger: „What is that for?" (Für was ist das?) Er meinte damit unser „Schiff". Da stand es, das stolze Gefährt! Ein rechteckiger, etwa 6 Meter langer, 5 Meter breiter und 1,20 Meter hoher Kasten, dessen „Bootswände" absolut senkrecht waren. Mitten im „Schiffsrumpf" stand ein ziemlich großer, eiserner Herd, den wir für billiges Geld erstanden hatten – und qualmte aus Leibeskräften. Es sah eben aus wie ein Panzerkreuzer. „Volldampf voraus!" Alles hatte der pflichteifrige N. schon verladen, nur die Hunde, die wir mitbrachten, lagen noch am Ufer, für sie war auch scheinbar kein Platz mehr. Der alte Toni, ein erfahrener Bootsmann, empfahl uns, an jede Seite unseres Frachters einen entsprechend starken Stamm zu hängen, die als „Schwimmer" ein Kentern vermeiden würden. Das wurde sofort gemacht. Und es ging! Nur war der Kahn viel zu voll, er stand kaum zehn Zentimeter über dem Wasserspiegel. Da kam der Fährmann zu Hilfe! Er bot ein altes, aber noch gutes Ruderboot für sieben Dollar an. Das wurde gekauft und dort hinein kam eine entsprechende Ladung „Fracht" und ich selbst. N. „dampfte" mit den Hunden und ich übernahm die Vorhut im kleinen Kreuzer. Bei der Abfahrt klang mir noch in die Ohren: „Those crazy Germans." (Diese verrückten Deutschen!) Aber was kümmerte uns das? Wir waren uns – Gott sei Dank – wieder allein überlassen.

Kilometer um Kilometer verging, eine Flussbiegung um die andere wurde „genommen". Tagsüber nahmen wir uns nicht die Zeit an Land abzukochen. Am dritten Reiseabend blieben wir über Nacht bei einem Trapper. Dort ging es durchaus nicht trocken her. Selbst am Morgen mussten wir noch „einen nehmen".

Dicker Nebel lag im Flusstal. Der Trapper redete uns zu, bei ihm zu bleiben, wahrscheinlich wäre am nächsten Tage besseres Wetter. Wir hielten es jedoch für ratsamer, unsere Reise fortzusetzen, denn es wurde schon empfindlich kalt. Das Randeis war schon mehr als 1 ½ Meter breit und so viel hatten wir schon gelernt, dass man im Lande der unbegrenzten Möglichkeiten mit allem rechnen muss, auch mit der Möglichkeit, dass innerhalb von 24 Stunden in dieser vorgeschrittenen Jahreszeit Treibeis kommen konnte. Ich war, wie in den Tagen zuvor, die „Vorhut". Aber weit sollte ich nicht kommen. Kaum eine Stunde später blieb mein Partner mit seinem tiefgehenden Kahn auf einer Sandbank hängen, auch dort musste ich zu Hilfe kommen. Nachts über blieben wir im Pelican-Settlement, um am nächsten Morgen den Rest, und zwar den gefährlichsten Teil unserer Bootsfahrt, fortzusetzen. Wir hatten verabredet, nicht im Big Channel – im großen Kanal – der Pelican-Strom-schnellen durchzufahren, denn dort war zu hoher Wellengang. Außerdem hatten wir noch nicht genügend Erfahrung dieses wilde Wasser zu meistern. Mit einigem Geschick konnte man auch im kleinen Kanal an der linken Seite durchkommen. Ich muss offen gestehen, es war uns nicht so einerlei, als wir in Sicht der Stromschnellen und deren weißschäumenden hohen Wellen kamen. Später sind wir dann ungezählte Male mit den verschiedensten Fahrzeugen auch im Hauptkanal durchgefahren und es ist bei weitem nicht so schlimm, als man anfangs annehmen muss. Doch die große Gefahr bleibt trotzdem. Schaufelnd schoss mein kleines Boot hindurch und ohne Unfall landeten wir beide glücklich in der Nähe unseres Blockhauses.

BLOCKHAUSLEBEN

Dieses gestaltete sich im Winter 1927/28 ganz anders als im Vorjahre. Wir hatten, ehe wir das kleine Heim verließen, noch ein Zimmer angebaut, das uns als Schlafraum diente. Auch hatten wir die Stämme beider Räume geschält, damit nicht, wie vordem, sich dickes Eis ansetzte, wenn nicht gerade direkte Ofenwärme dies verhinderte. Schliefen wir doch im ganzen vorhergegangenen Winter an der Wandseite an einer mehr als 20 Zentimeter dicken Eiskruste, die durch das Schwitzen der grünen Stämme gebildet wurde. Im Laufe des Sommers war der Bau gut ausgetrocknet, ein zweites Fenster hatten wir mitgebracht und im Schlafraum eingesetzt, ebenso einen richtiggehenden, eisernen Ofen mit Backröhre. Kurz, wir konnten nun in aller Bequemlichkeit leben. Was aber schließlich die Hauptsache war, wir hatten Lebensmittel zur Genüge. Auch Feuerholz hatten wir für den ganzen kommenden Winter zerkleinert.

Gleich am ersten Tage baute N. drei geräumige Hundehütten, damit auch unsere nunmehrigen Kameraden sich wohlfühlen konnten. Sider, Brandy und Bjugle waren wirklich ausgezeichnete, starke Hunde. Besonders Sider erwies sich als ganz erstklassiger Leithund, während die anderen beiden nicht eine Ahnung von dem schweren Leitdienst hatten, dafür aber nur Arbeit kannten. Und diese wurde geleistet, solange eben noch Kraft in den braven Körpern steckte.

Es waren noch einige Wochen Zeit, ehe wir mit dem Raubzeugfang anfangen konnten. Die Pelze waren unserer Meinung nach noch nicht „prima". N. fertigte aus zwei Birkenbrettern, die er aus einem grünen Stamm mit der Axt schlug und dann mit dem Hobel zu entsprechender Stärke herunterarbeitete, einen 3 Meter langen *tobagon* – Hundeschlitten.

Dort zu Lande ist es unmöglich mit einem Kufenschlitten zu fahren, da der Schnee meist einen Meter und noch höher den ganzen Winter über liegt. Zudem ist der Schnee in der strengen Kälte wie Pulver. Nur in großen, offenen Flächen liegt der Schnee hart gepackt. Die Hauptarbeit aber, die uns bevorstand, war, dass wir einen Steig durch den Wald hauen mussten, um überhaupt mit dem Gespann vorwärtszukommen. In einigen Tagen hatten wir bei harter Anstrengung diesen auch bis zu den offenen Sümpfen in östlicher Richtung fertig. Weiter konnten wir vorerst nicht, da eine etwa zehn Kilometer breite Tundra, ohne jeden Baumwuchs, noch nicht zugefroren war. Diese offene Fläche, die ich später so oft verwünschte, war ein scheinbar bodenloser Morast, in den sich in der offenen Jahreszeit auch kein Wild hineinwagen konnte.

Mittlerweile machten wir es uns „zu Hause" bequem. Bald legten wir die ersten Eisen am Flusse aus, auch in den Westbergen und dahinter an einem See an alten Biberdämmen entlang. Gleich am Anfang hatten wir recht gute Erfolge – aber von Großraubzeug war nicht eine einzige Spur zu finden.

Ich finde es an der Zeit hier dem Leser zu erklären, warum jegliches Großraubwild fehlte. Schuld daran war das vorläufige Fehlen der Schneehasen. Im vergangenen Winter sahen wir, sage und schreibe, drei Spuren von Schneehasen! Und im Winter 1927/28 waren es auch noch nicht viel, doch hatte sich die Zahl mindestens verhundertfacht. Der Schneehase ist für Fuchs, Luchs und Kojote fast der einzige Fraß. Gibt es also keine Hasen, dann wandert das Raubwild schon im Herbst in Gegenden ab, in denen es reichlich Hasen gibt. Zu den vielen, zum Teil noch ungelösten Rätseln, die ich in der Tier- und Vogelwelt in Kanada fand, gehört auch die Biologie des Schneehasen. Der Hase ist dort absolut bodenständig. Bei seiner enormen Fruchtbarkeit und bei der zu allen Jahreszeiten überreichlichen Äsung[6] nimmt es nicht wunder, dass er sich in nur wenigen Jahren zu einer solchen Menge vermehrt, dass eine Inzucht, verbunden mit Seuchen, nur natürlich ist. Und der vielfach sich wiederholenden Inzucht zufolge, beginnt dann das Absterben so gründlich, dass man oft tagelang laufen kann, um nur eine einzige Hasenspur zu finden. In dieser Zeit befanden wir uns gerade. Die Hasen waren im Winter 1924/25 ausgestorben. Sind aber die Hasen in voller Menge vorhanden, so hat der Trapper seine Qual. Es ist vollständig ausgeschlossen, im Walde oder auch dort, wo nur ein paar Sträucher stehen, Eisen für Raubwild auszulegen. Kaum hat man den Platz verlassen, so sitzt auch schon einer dieser weißen „Laputze"[7] drin. Sobald er verendet und gefroren ist, wird er von Artgenossen „aufgefressen." Warum? Das ist die Sucht nach dem Salz! Ist der Schneehase gesund, so denkt er nicht daran Fleisch anzunehmen. Erst wenn die allgemeine Erkrankung beginnt, dann ist nichts vor ihm sicher. Liegen Fuchs, Luchs, Wolf und auch Hermeline längere Zeit verendet auf dem Fangplatz, dann nagt er auch diese auf. Andere Trapper und auch ich haben Versuche gemacht, was der Hase alles annimmt, wenn er krank ist. Einfach alles, und wenn es Petroleumlappen sind!

6   Anm. des Verlags: Nahrung.
7   Anm. des Verlags: Wildkaninchen.

Mit Vorliebe sind es solche Dinge, die man selbst in den Händen hatte, weil dort, selbst bei geringsten Schweißablagerungen, Salze hängen bleiben. Aber eins gibt es doch, was der Hase nicht mag – und das ist Hundekot! Darauf werde ich noch später zu sprechen kommen. In welchen Mengen die Hasen vorkommen, davon kann sich der Leser kaum ein Bild machen. Der Wald ist dann einfach voll von diesem Wild! Man hat seine liebe Not, wenn man gezwungen ist, aus geschmolzenem Schnee abzukochen, weil eine Menge Hasenlosung in dem mühsam gewonnenen Wasser zu finden ist. Aber der Trapper gewöhnt sich auch an diese Dinge. Er fischt die „Bohnen" heraus und ich wüsste nicht, dass es mir oder auch anderen jemals geschadet hätte.

MIT DEN SCHLITTENHUNDEN INS INLAND

Anfang Dezember war die Tundra gefroren. Mit einer Riesenladung – darunter zwei kleine Blechöfen und viele Eisen – „pullten" wir aus. Wir waren erstaunt, welch große Lasten Hunde zu ziehen vermögen. Wir hielten unsere vierbeinigen Kameraden aber auch sehr in Schuss. In den vergangenen Wochen hatte ich zwei Hirsche und einen alten Elchschaufler geschossen und von diesem Wildbret wurden auch die Hunde gefüttert. Es war bereits stockfinster, als wir am kleinen Blockhaus am House River ankamen. Als erstes wurde ein Ofen aufgestellt und sofort auch für die Hunde windgeschützte Reisighütten gebaut. Am nächsten Tage suchten wir die Gegend gemeinsam nach Raubwildspuren ab. Ein einziger Fuchs und einige Hermeline waren das Resultat. N. fuhr wieder zurück zum Athabaska, während ich drei Tage allein blieb, um Eisen auszulegen und einen Steig über die stark bewaldeten bergigen Ostufer des House River zu hauen.

Es wurde plötzlich ganz empfindlich kalt. Wenn ich mich recht erinnere, waren es in jener Zeit 40 bis 45 Grad Celsius[8]. Schon längst hatte ich mein Abendbrot, bestehend aus Elchwildbret und Brot, verzehrt und wartete auf meinen Partner. Es war heller Vollmond und ich war sicher, dass er bestimmt kommen würde. Er kam auch, ich hörte ihn vielmehr rufen. Ich ging ihm entgegen und half ihm durch wüsten, neuen Windbruch hindurch. Er jammerte über Schmerzen an den Zehen und im Blockhause stellten wir fest, dass seine vom Vorjahre noch nicht geheilten Glieder wieder stark angefroren waren. Nun blieb N. drei Tage, während ich mit den Hunden zurückfuhr. N. machte einen Steig in den Westufern. Als er damit fertig war, kam er zu Fuß zurück nach dem Athabaska.

Vierzig Hermeline hatten wir bereits gefangen, aber von Großraubwild keine Spur.

---

8   Anm. des Verlags: Minusgrade.

Wir beschlossen nun endlich den lange geplanten „Trip" in die Stony Mountains zu machen. Am 12. Dezember fuhren wir mit vollgepacktem Schlitten los. Die Kälte hielt noch immer an, die Hunde, die dann am besten arbeiten, trotteten unaufhaltsam, als wir erst über die schwierigen Uferberge waren. Einen Tag blieben wir am House River und revidierten unsere Eisen. Nur zwei Hermeline waren der Erfolg. Es war ausgeschlossen in jener Gegend nordöstlich nach den Stonys vorzustoßen, in der wir im Frühjahr den „Trip" gemacht hatten. Dort waren stellenweise so viele Windbrüche und verfilzter Muskeg, dass es erst langer Arbeit bedurfte einen Steig zu hauen. Wir hatten aber erkundet, dass weiter nördlich am House River Indianer den Fluss vom Süden kommend kreuzten und nach den von uns ausgesuchten Gebieten mit Hundegespannen zogen. Diesen „Weg" benutzen wir. Nicht etwa, um dort Eisen auszulegen, sondern nur um bis in die Stony Mountains zu gelangen und um dann in südlicher Richtung unsere eigenen Pfade zu ziehen. Auf dem frischen „Trail" der Indianer kamen wir schnell und bequem vorwärts. Tagelang folgten wir den Spuren der Rothäute, sahen deren Luchsfangplätze, Kleineisen für Hermelin und fanden auch einmal eins, das wir aus dem Eisen nahmen, es wieder fängisch stellten, den weißen Pelzträger aber hoch in einen nahen Weidenstrauch hängten. Von Großraubwild sahen wir keine Spur, außer einer Wolfsmama mit ihren drei Sprösslingen, die frischen Waldrentierfährten folgten. Wir bekamen bald das planlose Umherirren satt, die Lebensmittel wurden knapp und vor allen Dingen ging das mitgeführte Wildbret für die Hunde zu Ende. Die Nächte, die wir zuweilen in den Muskegs im Freien bei dieser Hundekälte verbringen mussten, waren alles andere als angenehm.

Auf demselben Wege, auf dem wir gekommen, zogen wir zurück.

Am Heiligen Abend kamen wir im Blockhause am House River an. Ein etwa dreipfündiges Brot war alles, was an Genießbarem geblieben war. Die Hunde, die recht abgearbeitet waren und am vergangenen Abend nichts bekommen hatten und auch vorher zwei Tage nur knapp gefüttert werden konnten, erhielten auch ihr Teil. Drei Pfund Brot wurden in fünf gleiche Teile geschnitten und durch fünf hungrige Kehlen verschwand diese winzige Atzung.

Das war Weihnachten in der Wildnis!

Die letzten 25 Kilometer am nächsten Tage zum Athabaska fielen uns leicht, da wir ja wussten, dass am Abend die Futterkrippen winkten. Selbst die Hunde schienen davon überzeugt zu sein, denn schweifwedelnd trotteten sie mit dem langen Schlitten voran.

Um nicht Gefahr zu laufen zu langweilen, will ich nun nicht mehr die einzelnen „Trips" aufzeichnen, denn meist waren sie erfolglos. Sobald wir von unseren Revisionen zurückkamen, widmete ich mich der Jagd, um endlich mit Sicherheit auch an Wild heranzukommen. Besonders schwer fiel es uns, an Langohrhirsche zu kommen, wiewohl davon ein großer Bestand war. Da kam mir ein Zufall zu Hilfe.

N. war an den Ostbergen pirschen und hatte dort sehr viele Fährten gefunden. Am nächsten Tage ging ich in jene Gegend. Bald fand ich auch die Spuren von meinem Partner und die Fährten. Zunächst ging ich mit schlechtem Winde in einen großen Windbruch und als ich etwa einen Kilometer gegangen war, schlug ich mit gutem Winde einen Bogen. Dieses Rückwärtspirschen geschah aber mit größter Vorsicht und ehe ich überhaupt recht wusste, was los war, prasselten vor mir neun Stück Kahlwild fort, wovon ich eines auf 40 Meter im Feuer zusammenwarf.

Bei meinen späteren Jagden habe ich ähnliches oft mit Erfolg wiederholt. Auf alle Fälle wusste ich nun, wie ich dieses Wild jagen musste. Die Pirschjagd „auf Sicht" kommt dort höchst selten in Frage, da man im Walde nur recht beschränktes Gesichtsfeld hat. Der Fährte folgen war die Parole. In der offenen Jahreszeit ist es bedeutend leichter, dieses äußerst feinsinnige Wild zu erlegen, da es dann gern am Flusse oder in Pappelhängen steht, die man meist gut einsehen kann. Im Winter aber steht es in dichten Fichtenwindbrüchen, wo es Äsung an Bartmoosen findet. In jenem Winter schien ich von besonderem Dusel beglückt zu sein. Selten hatte ich eine Fehlpirsch. N. hatte in diesem Winter Pech – er bekam nichts. Die Hunde wollten gefüttert sein und das tut der Trapper im Winter meist mit rohem Wildbret. Also hieß es für mich „Fleisch machen"!

Wieder einmal war Schmalhans Küchenmeister. Über Nacht war neuer Schnee gefallen, den ich unbedingt nützen wollte. Das Elchwild kommt meist erst im späten Januar bis zum Eisgang in die hohen Uferwälder, da in den Sümpfen der Schnee hoch liegt und oft eine harte Kruste hat, auf der die Wolfsrotten ein leichtes Fortkommen haben und die Elche stark vermindern.

Im Walde, in dem noch reichlich Windbruch ist, wo der Schnee vom Winde nicht hart gepackt liegt, ist es für den Wolf schwerer Elche zu reißen. – Es war Mitte Januar, Elchwild fährtete sich nur vereinzelt in den Uferwäldern und ich war erfreut, als ich auf eine sehr starke Elchfährte vom Abend stieß. Ich war sicher, dass ich diesen Elch bekommen würde, denn er zog talwärts zur Äsung. Ich folgte der Fährte auf dem Kamme etwa drei Kilometer durch Dick und Dünn. So gelangte ich an den Fluss an eine Stelle, die genau unserem Blockhause gegenüberlag. Dort hatte der Elch an roten und gelben Weiden geäst. Und nicht weit davon stieß ich auf das warme Bett – ich hatte ihn hoch gemacht. Es war schon 2 Uhr nachmittags, es war keine Zeit zu verlieren. Ob ich in der einen Stunde Büchsenlicht noch an den Elch kam, war sehr fraglich. Im Stechschritt war der Urwaldriese über meine Spur vom Morgen bergwärts gezogen, blieb des Öfteren stehen und hatte nach Elchart immer genäst. Im hohen Weißpappelbestande wurde er vertrauter und zog langsam weiter hinauf. Die 50 Zentimeter hohe Schneelage am Boden nahm jedes Geräusch, das trotz aller Vorsicht meinerseits entstand. Da war es mir, als ob ich vor mir an der steilen Berglehne irgendeine kleine Bewegung bemerkt hätte. Ich blieb stehen und strengte meine

Augen an. Alle Bäume über der weißen Schneedecke erschienen grau und grau war auch der Fleck, welcher 50 Meter vor mir zwischen zwei uralten Pappeln stand. Beim genauen Mustern entdeckte ich schließlich eine feine graue Linie, die nach unten eine silbergraue Färbung annahm. Es war schon bedenklich dunkel geworden. Jetzt – oder nie! Der graue Fleck zwischen den Stämmen musste das Körperteil sein, wo das kleine Gescheide lag. Es war durchaus kein Kunststück, das 8 x 57-Geschoss aus dem Drilling auf diese einzige freie Stelle des Elches zu setzen. Im Knall brach der grauschwarze Riese hinter seiner Baumschanze hervor, war aber sofort wieder gedeckt und ich konnte ein Flintenlaufgeschoss nicht mehr loswerden. Ich wusste, dass der Schwerkranke nicht mehr weit ziehen würde, um sich niederzutun. Der Wind stand gut, der hohe Pulverschnee gestattete ein lautloses Heranpirschen. Keine zehn Minuten später sah ich den Elch etwa 80 Meter vom Anschuss stehen. Ich sah nur Kopf und Träger. Dort, wo die ersten Halswirbel liegen, setzte ich das Geschoss hin, im Feuer brach der 1,90 Meter hohe Riese krachend zusammen. Es war ein alter Elch in auffallend dunkler Färbung. Seinen Kopfschmuck hatte er schon abgeworfen und so bot dieses kraftstrotzende Wild eigentlich nicht den gewaltigen Anblick.

Aber hier stand ich vor der Notwendigkeit „Fleisch", alles andere Waidmännische musste zurücktreten. Der Kampf um die Existenz war wichtiger als die waidmännische Freude über die Trophäe. Ungezählte Male stand ich in meinem langen kanadischen Jägerleben vor erlegtem Wilde, bei dessen Anblick ich völlig „kalt" blieb und nicht das geringste verspürte was sonst im Jäger vorgeht, wenn er endlich vor „seinem Wilde" steht. Nur deswegen, weil ich gezwungen war, Wild zu schießen, um Mensch und Tier zu erhalten.

Ich brach den Elch sauber auf, was bei einem so schweren Wilde immerhin gelernt sein muss, besonders wenn die „Arbeit" sauber ausgeführt werden soll, und begab mich in der bereits eingetretenen Dunkelheit bergab.

Wieder einmal war die Not behoben!

Eichornjagd – Wer sich in Gefahr begibt, kommt nicht immer darin um

Ende Februar gingen wir nach dem Pelican und verkauften unsere gesamte Beute an Pelztieren. Die 58 Hermeline brachten uns 87 Dollar also schon eine kleine Verbesserung gegen den vorigen Winter. Wir erfuhren vom Aufkäufer, dass die roten Eichhörnchen (*Sciurus hudsonicus*) gesucht seien und das Stück bereits 15 Cent koste, der Preis aber im April noch höher kommen könne. Also, Eichhornjagd war das nächste! Diese roten Nager gab es zu Tausenden. Jimmy wollte nach Athabaska.

Bei dieser Gelegenheit baten wir ihn, uns eine automatische Büchse Kaliber 22 mitzubringen, die wir auch Mitte März bekamen. Zwei Wochen waren wir fast täglich am Athabaska auf Eichhornjagd und hatten bereits 900 Stück zusammen. Dann kam wärmeres Wetter. Von dem kleinen Blockhaus am House River aus jagten wir dann in den dortigen Wäldern und brachten wieder einige Hundert zusammen.

Im Vorjahre hatten wir einen Nachbarn, etwa 12 Kilometer nördlich von uns, der im Laufe des Sommers die Gegend verlassen hatte. Zunächst gingen wir hinunter zu dem verlassenen Blockhause und suchten den „Trail", der ebenfalls nach dem House River führen sollte. Wir fanden auch diesen Steig.

Mit Lebensmitteln für drei Wochen und etwas Hundefutter übersiedelten wir zu dem kleinen Blockhause des abgewanderten Trappers. Dort gab es unheimlich viele Eichhörnchen. Es war bereits April geworden, das Wetter war warm, die Paarzeit der roten Nager in vollem Gange – kurz, es war das schönste Jagdwetter. 20 bis 30 Stück je Mann hatten wir täglich. N. übertraf mich ganz gewaltig, da er die automatische Büchse hatte, während ich mit dem Einzellader, der nur bis zu 15 Meter einigermaßen genau schoss, vorliebnehmen musste. Diese Jagdtage waren geradezu herrlich. Oft verwünschten wir diese „Kleintierarbeit", denn bei einem Wachslicht hatten wir allabendlich 50 bis 60, oft auch noch mehr, Eichhörnchen zu balgen und auf die Spannbretter zu bringen. Es waren ungezählte Scharen von Flöhen, die, ihrer Wirte beraubt, sich an uns gütlich tun wollten. Wenn auch diese Flöhe, die eine bedeutend höhere Körpertemperatur als beim Menschen gewöhnt sind, nicht bleiben, so können sie immerhin zur Qual werden.

Es war ein besonders schöner Apriltag und unser „Geschäft" ging gut. N. befand sich „hunting" am Ufer und ich blieb oben. Beide gingen wir in südlicher Richtung. Gegen Mittag hörte ich N. des Öfteren aufgeregt rufen: „Bist du hier unten gewesen? Ein Stück weiter oben sah ich eine Mokassinspur." Wir gingen hin und beim Ansichtigwerden der „Spur" fing ich laut an zu lachen. Mein Partner, der sich vorher nicht die Mühe genommen hatte, die „Spur" genau zu mustern, lachte nun mit und wie aus einer anderen Welt kam das erstaunte „Bäär"! Ja, es war eine nagelfrische Fährte eines guten Mittelbären! Der amerikanische Schwarzbär, auch des Öfteren „Baribal" genannt, ist ein sehr empfindlicher Bursche. Schon bei den ersten Dauerfrösten und bei geringer Schneelage wintert er sich ein, um erst sehr spät im Frühjahr wieder aus seinem Lager zu kommen.

Unser Bär wurde wohl durch die ewige Knallerei mit dem Kleinkaliber zum vorzeitigen Verlassen seiner Höhle gezwungen. Wir folgten der Fährte nicht, die wir ohnehin nicht halten konnten, da im dichten Walde der Schnee schon fort war. Über Nacht schlug plötzlich das Wetter um. Ein eisiger Wind herrschte den ganzen Tag über und die Eichhörnchen steckten fast alle in ihren Erdbauen. Ich machte mich schon zeitig auf den Rückweg und kam dabei an eine tiefe, ziemlich steile Mulde, in der wohl einst ein kleiner Bach seinen Weg gebahnt hatte. An der gegenüberliegenden Lehne fiel mir ein viele Quadratmeter großer dunkler Fleck auf. Beim genauen Hinsehen stellte ich fest, dass dort alles Moos und Laub fehlte. Hinter einer starken Fichte war auch deutlich ein großes Loch zu sehen. Sofort fiel mir ein, ob das wohl nicht eine Bärenhöhle sein könnte, vielleicht gar die des gestern gefährteten Bären. Ich stieg hinunter, hielt mich aber in respektvoller Entfernung von dieser Burg. Auf einem kleinen Hügel, der etwa 30 Meter davon ab war und von dem ich den Platz gut einsehen konnte, musterte ich die Gegend genauer. Überall standen alte und frische Bärenfährten. Schließlich fing ich laut an zu brüllen, aber in der Höhle rührte sich nichts. Wäre ein Bär drin gewesen, hätte er sich mindestens zeigen müssen. Mit dem fertigen Kleinkaliber ging ich drauf zu und schaute hinein. Nichts war zu sehen. Mit einer langen Gerte stocherte ich in dem dunklen Schlunde herum. Der Bär war fort! Schließlich zwängte ich mich selbst hinein und untersuchte den Innenraum. Dort lagen Unmengen von trockenem Moos und Pappellaub. Der Eingang der Höhle hatte einen Durchmesser von etwa 60 Zentimeter, führte ungefähr zwei Meter in die Berglehne und war dort zu einem geräumigen Kessel erweitert. Der penetrante Bärengeruch lag nicht nur noch im Innenraum, sondern auch außen konnte man es riechen. Die Kratzspuren des Bären, die er im Herbst beim Einschleppen des Mooses und Laubes hinterlassen hatte, erzählten genau, wie er gearbeitet hatte. Von allen Seiten her hatte er das Material zusammengebracht, um auch den Eingang bis auf ein vielleicht faustgroßes Luftloch zu verstopfen.

N. war schon im Lager als ich kam, auch er hatte nur wenig geschossen. Der Himmel bekam am späten Abend eine graugelbe Färbung. Wir wussten, dass wir am Morgen einen anständigen Schnee haben würden. Und so war es auch. Als wir vor die kleine Blockhaustür traten, lag 40 Zentimeter nasser Neuschnee. Für uns war es Zeit, dass wir ohnehin an den Rückweg dachten. Unsere Lebensmittel waren fast aufgebraucht. Die Hunde hatten sich während ihrer Faulenzerwochen einen schönen Feist von den vielen Eichhornkadavern zugelegt, nur bei uns war es umgekehrt, wir rannten ihn ab während der an sich sehr schönen Jagdtage. Schnell waren unsere Sachen zusammengepackt und der Schlitten geladen. Die Hunde winselten und jaulten, sie freuten sich, dass sie wieder traben konnten. Auch wir waren froh, endlich wieder mal „zu Hause" alles in Ordnung zu bringen. Um 5 Uhr morgens fuhren wir los. Die Hunde gingen, wie die Besessenen, so dass wir nur mit Mühe folgen konnten. Solange wir im Hochwalde waren, ging alles gut. Anders wurde es, als wir in den Muskeg kamen. Der Steig, den der abgewanderte Trapper während seines Dortseins getreten hatte, war im sumpfigen Moosboden 60 Zentimeter und auch tiefer. In den vergangenen beiden Wochen war es warm, der Schnee schmolz und dieser tiefe Steig hatte sich in einen Bach umgewandelt. Es blieb uns weiter nichts übrig, als den Schlitten schwimmen zu lassen und Mann und Hund mussten in diesem eisigen Schneewasser vier bis fünf Stunden waten. Unsere Beute an Eichhornfellen betrug etwa 1200 Stück. Nicht nur wir, sondern auch die Hunde waren froh, als wir erst aus den Sümpfen herauskamen und hohen Wald erreichten. Gegen Mittag hielten wir auf dem Kamm der Uferberge am Athabaska. Durch Waldlücken war tief unten der große Strom zu sehen, flussabwärts zeigte sich Packeis. Wir bekamen beide einen Schrecken bei dem Gedanken, dass der Fluss schon Eisgang haben könne. Es war am 26. April, also die Zeit, wo der Athabaska nicht mehr verlässlich war. Wir ließen die Hunde am Schlitten und begaben uns allein hinunter, um uns über die Sachlage zu vergewissern. Die Eisdecke war gebrochen. Etwa acht Kilometer oberhalb musste sich das Eis in dem engen Tal der Stony-Stromschnellen festgepackt haben. Von dort aus, bis ein Kilometer unterhalb wo wir standen, war offenes und ruhiges Wasser. Die Packeismauer, die sich unterhalb quer über den Fluss zog, war haushoch. Es gab nur zwei Möglichkeiten, wenn wir den Fluss kreuzen wollten. Entweder wir versuchten möglichst schnell mit einem rasch zusammengezimmerten Floß über das offene Wasser an die andere Flussseite zu gelangen oder wir mussten den gefahrvollen, schwierigen Weg über die Packeismauer antreten. Ich machte den Vorschlag, die Hunde mit dem Schlitten zu holen. Während dieser Zeit wollte ich Umschau nach angeschwemmten Stämmen für ein Floß halten. N. wollte von diesem Vorschlag, noch weniger aber von dem, dass wir zu Fuß über das Packeis gingen, nichts wissen. Er war der Meinung, dass es oben von unserem Blockhause aus, einen sicheren Weg zum Kreuzen des Flusses gäbe. Ich suchte ihm zu erklären, dass dort, inmitten zweier Stromschnellen, es erst recht unmöglich wäre. So stritten wir hin und her, was endlich zu dem Resultat führte, dass ich voller Zorn zu ihm sagte: „Da geh zum Teufel!" N. ging wieder hinauf und wollte im Walde nordwärts wieder unsere Blockhäuser erreichen. Mochte er seinen Dickkopf aufsetzen. Für mich war der Sperling in der Hand besser als die Taube auf dem Dache. Ich sah immerhin die Möglichkeit hinüberzukommen. Eine Axt hatte ich nicht bei mir, deshalb schied ein Floßbau aus. Ich ging hinunter bis zum Eis und übersah die Lage genau. Sechs bis acht Meter hoch lag das wüste Packeis in der Flusskrümmung. Ich suchte mir jetzt eine lange feste Stange und watete zuerst durch eine sechs Meter breite Strömung bis zum Eis. Das Wasser reichte mir bis an die Hüfte, aber mit zusammengekniffenen Lippen ertrug ich auch diese eisige Kälte. Mit Hilfe der Stange wanderte ich bergauf und bergab über das wüst durcheinandergeworfene Packeis. Hundert Meter mochte ich vorwärts geklettert sein als ich bereute, dass ich dieses Wagnis unternommen hatte. Das ganze Eisfeld zitterte, gurgelndes Wasser unter mir. In den tiefen, oft breiten Spalten und Löchern brodelte Wasser und es war oft sehr schwer einen Übergang bis zum nächsten Eisberg zu finden. Kein Zurück – sagte ich mir! Dicht an der Wassergrenze der anderen Seite waren die Eisberge am höchsten und über diese setzte ich meine Reise fort. Drei Viertel des Eisweges hatte ich zurückgelegt. Ich merkte ganz deutlich ein leichtes Heben und Senken der weißen Eismassen. Unwillkürlich ging mir der Gedanke durch den Kopf: „Was dann, wenn unter donnerndem Geknirsche die Eismasse in Bewegung kommt!" Doch „denken" brachte mich nicht hinüber – nur „handeln". Nach einigen noch recht schwierigen Manipulationen stand ich zehn Meter vom anderen Ufer entfernt auf dem hohen Eisrande. Eben war ich von der Eismauer hinunter und setzte den rechten Fuß ins Wasser, als die Eisnabe, auf der der linke Fuß stand, brach und ich ganz und gar ins Wasser glitt und schwimmend am anderen Ufer ankam. Dieses unbeschreiblich gefährliche Wagnis war gelungen.

Kälte verspürte ich nicht mehr, die Sonne meinte es gut. Nur unbequem fühlte ich mich in den glitschigen Kleidern. Drüben, auf dem etwa 400 Meter entfernten Ufer, hatten sich mehrere hundert Wildgänse zur Rast niedergelassen. Draußen im Flusse schwammen viele Schellenten und einige nordische Taucher und dichter am Ufer gründelten Stockenten. Das herrliche Bild war so friedlich, dass ich vergaß, in welcher Gefahr ich mich noch vor kurzer Zeit befunden hatte. Plötzlich kamen Nebelschwaden das Flusstal abwärts. Dieser Nebel war aber springendes Wasser. Das Packeis kam! Der „Nebel" lichtete sich, ein weißer hoher Berg, vermischt mit Baumstämmen, wälzte sich mit ungeheurem Donnern und Krachen heran. Deutlich konnte ich sehen, wie hier und dort ein Weidenstrauch, ein Baum oder ein am Ufer liegender Felsblock vorwärts gerissen wurden. Erst als der Boden unter mir erzitterte „erwachte" ich und riss mich los von dem faszinierenden Naturschauspiel. Es war auch höchste Zeit, dass ich jetzt die Flucht vor diesen wildgewordenen Elementen ergriff.

Nach einer halben Stunde beruhigten sich die Elemente.

„Ob mein Partner über den Fluss gekommen ist?", ging es mir immer wieder durch den Kopf. Zwei Stunden waren seit jener Zeit vergangen, als wir uns trennten.

Mein Magen stellte die Frage an mich, ob es nicht besser wäre, den gut mit Lebensmitteln versehenen Bau aufzusuchen. Ich fing in den durchnässten Kleidern an zu frieren und gehorchte dem Gebote der Gesundheit.

Leer stand das gemütliche kleine Blockhaus. N. war nicht herübergekommen. Er musste aber bald an der anderen Seite des Flusses erscheinen, damit vertröstete ich mich. Als der Ofen anheimelnde Wärme spendete und ich die Kleidung gewechselt hatte ging ich daran, ein lukullisches Essen aus Elchwildbret anzurichten.

Die Nacht war unterdessen hereingebrochen. Ein zunehmender Halbmond stand am sternenblassen Himmel. Ich hatte die Petroleumlampe gelöscht, saß am Fenster und schaute hinunter auf die deutlich erkennbaren Eismassen. Plötzlich erscholl drüben am anderen Flussufer ein lautgezogenes „Mäc"! Ich rannte heraus mit dem Gedanken, meinen Partner drüben zu entdecken. Ich schrie in die Nacht seinen Namen. Nichts meldete sich. Ein dunkler Schatten löste sich drüben vom Walde, der König der Nacht – ein Uhu – kam mit lautlosem Flügelschlage in nur geringer Höhe herüber und genau über mir erscholl das – määg. Lachend schrie ich hinauf: „Jawohl, das bin ich!" Es war ein Uhuweibchen und ließ den Paarruf hören.

Lange lag ich noch wach auf meinem Lager. Der vergangene Tag war so voller Ereignisse, dass ich trotz aller Müdigkeit nicht wie gewöhnlich sofort in festen Schlaf verfiel. Aber schließlich verlangte der in den letzten Wochen stark angestrengte Körper sein Recht und traumlos schlief ich bis in den nächsten späten Vormittag. In unverminderter Stärke rann das Treibeis. Im Hause gab es so viel zu tun, dass ich nicht müßig sein konnte. Strümpfe, Hemden und Taschentücher wurden gewaschen. So verging die Zeit. Am Spätnachmittag, ich machte gerade eine Pause und schaute zum Fenster hinaus, erschien drüben am jenseitigen Ufer mein Partner. Und noch ehe ich unten am Ufer war, schrie er schon herüber. Die Freude war auf beiden Seiten groß. Nun kam eine schwere, nur stückweise Unterhaltung. Eine Unterhaltung über 300 Meter ächzendes Packeis! Aber ich wusste nun, dass N. am nächsten Morgen mit einem Floß übersetzen wollte.

¾ 5 Uhr stand ich bereits vor dem Hause mit einer langen und starken Leine in der Hand, die vielleicht sehr nützlich sein konnte. Aus dem dunklen Walde trat mein Freund, die Hunde folgten ihm mit ihren Packtaschen auf dem Rücken. Alle vier begaben sich jetzt auf das Floß, lagen aber auch sofort im Wasser. Schnell krabbelten sie heraus und verschwanden im Walde. All mein Rufen war umsonst. Die Bühne war geschlossen und ich, als der einzige Zuschauer, begab mich wieder in meine „Loge"! Mein guter Partner war verschwunden und blieb es für drei Tage! Am Nachmittag saß ich müßig im Blockhaus, als ich draußen in dem monotonen Rieseln im Strauchwerk ein scharfes Rascheln hörte. N. kam mit finsterer Miene zur kleinen Tür hereingekrochen, die Hunde folgten ihm pudelnass und mit hängenden Köpfen. Fluchend warf N. seinen Rucksack in eine Ecke. Gemeinsam nahmen wir, ohne ein Wort zu reden, den braven Hunden ihre Lasten ab. Dann sahen wir uns zufällig an. N. war der erste, der grinsend sein Gesicht verzog und schließlich lachten wir beide laut!

Dann kam eine lange Erzählung von N. Nachdem das Übersetzen mit dem Floß missglückt war, fand er zufällig ein altes Boot oben am Hause und dichtete es mit alten Kleiderfetzen ab. Getreu folgten ihm seine Hunde. Das „Boot", das infolge seiner überreichlichen Besatzung ohnehin beträchtlichen Tiefgang hatte, legte sich immer tiefer, je näher er in die reißende Strommitte kam. Die Hunde, die er törichterweise festgekettet hatte, löste er, damit sie, sollte das Boot wirklich sinken, so gut wie auch er schwimmend das Ufer erreichen konnten. Das Boot nahm durch die vielen kleinen Risse, die N. bei der Reparatur übersehen hatte, zusehends Wasser auf, das den Hunden schon bis an den Bauch reichte. Aber glücklich lotste sich N. durch alle Gefahren bis ans Ufer.

Nachdem auch ich berichtet hatte, wie ich mit dem Leben gespielt hatte beim Übergang über das Packeis, kamen wir auf ein anderes Thema. Nicht, wie früher geplant, wollten wir diese Gegend verlassen und andere Jagdgründe aufsuchen, denn diese stillen Wälder waren uns so ans Herz gewachsen, dass wir schon längst beschlossen hatten zu bleiben. Aber trennen wollten wir uns aus wirtschaftlichen Gründen! Die Gelegenheit war insofern günstig, als unten das leere Blockhaus stand, das nur einer Renovierung bedurfte. Dort sollte mein Partner sein Heim aufschlagen, während ich am alten Platze bleiben wollte. Schon an diesem Abend teilten wir uns in das Riesengebiet, damit wir uns nicht gegenseitig in die Quere kommen konnten.

Zwei Rasttage nahmen wir uns, dann ging ein jeder seine eigenen Wege. N. ging an seine neue Eisenlinie und schuftete wie ein Besessener, ich tat es auch an der meinigen. Wir hatten verabredet, uns in einer Woche wieder im Hauptbau zu treffen. Allein war ich mir nun überlassen. Als wir wieder zusammen waren, schufteten wir tüchtig, legten neue Fallensteige an, verbesserten die alten und ich baute mir noch ein kleines Blockhaus zwölf Kilometer in nordöstlicher Richtung vom House River. Auch noch darüber hinaus machte ich einen mehrere Kilometer langen Pfad. Wir halfen uns gegenseitig für den Hauptbau Feuerholz für den kommenden Winter zu machen und als dieses innerhalb von sieben Tagen getan war, gingen wir zu Fuß zurück nach Athabaska. Dieser ziemlich strapaziöse, 220 Kilometer lange Marsch quer durch die Wildnis war an sich schön, leider regnete es an den letzten Tagen unaufhörlich. Wir waren froh, dass wir am späten Abend Athabaska erreichten. Wenn wir uns auch durch die vielen Eichhörnchen ein schönes Stück Geld verdient hatten, so konnten wir noch mehr gebrauchen, zumal wir wieder Neuanschaffungen machen wollten. Auch hatte ich meine Hospitalrechnung von 187 Dollar zu begleichen! So begaben wir uns wiederum, und zwar zum letzten Male, in das Joch der ungewohnten und vielleicht auch uns wenig interessierenden Farmarbeit. Die Farmer waren mit uns zufrieden und wir mit der recht guten Bezahlung neben ganz erstklassiger Kost. Beiden Parteien war geholfen – und das war die Hauptsache!

Besonders ich hatte einen ganz ausgezeichneten Arbeitsplatz bei einem deutschen Farmer aus Polen gefunden. Er war zuerst Farmer in Montana. Dann versuchte er als Zimmermann in den Staaten sein Heil. Später war auch der Sohn so weit, dass er sich als ein erstklassiger Automechaniker Geld verdienen konnte. Selbst die Hausfrau scheute sich nicht, in einer Gummifabrik zu arbeiten, nur um in Gemeinschaft mit ihrem Gatten und dem erwachsenen Sohn Geld zu ersparen, um wieder mit der gewohnten Arbeit als Farmer von neuem zu beginnen. Und es gelang. Familie Schafrik kam in das fruchtbare Athabaska-Farmland, fasste Fuß und blieb! Aus der einfachen, nur einmal bewohnten Heimstätte – auf der nur zehn Acker urbar waren, entstand eine Farm! Und eine Musterfarm! Die ganze Familie schuftete auf dieser – man kann ruhig sagen „Tag und Nacht"! Nun steht sie oben auf den Bergen und schaut herunter auf die kleine Stadt Athabaska – deutschen Fleiß und deutsche Arbeit verkündend. Im Kreise dieser Familie fühlte ich mich wohl – sie wurde mir eine zweite Heimat. Am Tage wurde fleißig gearbeitet, des Sonntags aber fuhren wir mit dem Sohn im Wagen zu dem 18 Kilometer langen Baptiste Lake, um mit

Spinnern vom Ruderboot aus zu fischen. Der Wagen war in der ganzen Umgegend bekannt. Ein alter Fordwagen, von dem eigentlich nur der Rahmen mit Rädern, Motor und Kühler übrig war, ein Fahrzeug, mit dem man tatsächlich die Nachbarschaft schon seines wilden Aussehens wegen in Unruhe versetzen konnte!

Noch ein deutscher Farmer wohnte in der Nähe. Auch bei dieser Familie Schulte aus Westfalen verkehrten wir gern.

ALLEIN IN DER WILDNIS

Gemeinsam hatten wir ein Boot gebaut und waren auch ohne jeden Unfall Ende September wieder an meinem Blockhause gelandet. Meine Lebensmittel für ein Jahr und andere Dinge waren bald ausgeladen und N. fuhr mit seinen Sachen allein weiter bis zu seinem neuen Heim. Auf Wiedersehen zu Weihnachten! Dann war ein jeder sich selbst überlassen. Als ich in den vergangenen Wintern mit N. zusammen war, hätte ich von ihm im Kochen und Backen manches lernen können. Doch warum sich vorzeitig anstrengen? Die zwei Kochbücher, die mir meine immer bedachte Frau mitgab, sollten ja nicht nur eine Gepäckbeschwerung sein – nein!, sie sollten mich lehren, wie man es machen muss! Also, gleich am ersten Abend nahm ich eines dieser Bücher und studierte bis Mitternacht und erfuhr, dass selbst das einfachste Rezept 15 Dinge braucht. Sinnend überflog ich meine Lebensmittelauswahl. Nein, das ging nicht! So viele Dinge hatte ich ja gar nicht! Immer hieß es, „man nehme", aber woher? Es ging aber auch ohne vorherige Lehrzeit und auch ohne diese zwei Kochbücher. Die Not lehrt am besten! Das erste selbstgebackene Brot fiel ganz ausgezeichnet aus. Später ist aber noch manches schief gegangen. Sogar Kuchen backen lernte ich. Ebenso erging es mir mit dem Kochen. Ich will es offen gestehen, oftmals stand ich lächelnd vor dem Topf, in dem ich etwas zusammengebraut hatte – doch es schmeckte.

Der Herbst 1928 war so, wie man ihn eben nur im Norden erwarten kann. Tagsüber wurde der sprichwörtlich „goldig-sonnige Tag" zur Wahrheit und des Nachts gab es schon recht empfindliche Fröste. Kräftig ockerfarben war das Laub der urigen Schwarzpappeln, in etwas hellerer Tönung das der Weißpappeln. Das „goldene" Laub der Birken schmiegte sich prächtig in das tiefe Grün der Fichten und in die noch tiefere Färbung der Tannen. Auch im Unterholz sah es aus, als wenn ein Maler wahllos seine Farben auf der Palette ausgeschüttet hätte. Das Laub der drei verschiedenen Strauchweiden prangte vom hellen Gelb bis zum tiefen Rot. Würgekirschen, Saskatuns, wilde Stachelbeeren und Wildrosen standen mit ihren leuchtenden Farben nicht zurück. Aus dem bunten Blättermeer des Unterholzes ragten die schwarzen, silbergrauen, braunen, roten und schwarzweißen Stämme der Urwaldriesen und von dem abgestorbenen Astwerk hingen die langen grauen Bartmoose. Kurz, es war eine Pracht, wie ich sie nie in meinem Leben geschaut! Auch in der Tundra und in den Sümpfen fehlte es nicht an Farbenpracht. Aus dem grün bemoosten Boden der Muskegs ragten die düster schwarzgrauen Stümpfe abgestorbener Bäume und unter dem bunten Beerenblättermeer in der Tundra leuchtete unheilverkündend der trügerische giftgrüne Moosboden. Jedes Jahr, jeder Tag, jede Stunde, die ich früher im Herbst im deutschen Walde war, haben mich gefangen genommen; aber nie hat mich diese Pracht so gefesselt und in mir so tiefe Bewunderung hervorgerufen, als in jenem prächtigen ersten Herbst, den ich allein in der Wildnis verlebte.

All diese bunte Pracht wurde eines Morgens erhöht durch den auf der Landschaft liegenden fingerstarken Raureif.

In wenigen Tagen war das Laub gefallen. Düster schauten die Uferwälder aus. Der Fluss brachte das erste, dünne Treibeis! Und damit war der Bann gebrochen! Morgen schon ging es hinaus in die weiten, stillen Wälder. Anstatt der großen Unruhe kam Besonnenheit. Ich weiß nicht, zum wievielten Male ich das bereitstehende Gepäck übersah, damit auch alles Nötige da war.

In aller Frühe fuhr ich mit meinem kleinen Boote durch das noch dünne Treibeis zur anderen Seite des Flusses. Zuerst ging es über die stark bewaldeten Uferberge und dann in weitem Bogen durch Muskegs um den südlichen Ausläufer der Tundra. Am späten Abend erreichte ich das kleine Blockhaus am House River. Ich fand es aber nicht so vor, wie wir es im Frühjahr verlassen hatten. Es war unser Grundsatz gewesen, ein Haus, gleich ob für kurze oder lange Zeit, in peinlich sauberem Zustande zu verlassen! Hier aber war jemand, der deutscher Sauberkeit ein anderes Bild geben wollte. Noch ehe ich ein mitgebrachtes Wachslicht angezündet hatte, stand ich mit einem Fuße in etwas „Weichem". Bei näherer Beleuchtung entpuppte sich dieser Riesenhaufen, der mitten im Hause lag, als ziemlich frische Bärenlosung. Der kleine Blechofen war umgeworfen und eingebeult, Angelhaken und Kleinkaliber-Patronen sowie Eichhorn- und Hermelinspannbretter lagen verstreut umher. Eine jede der vier großen Blechbüchsen, die zum Aufbewahren von Lebensmitteln dienten, war geschickt, wenn auch etwas zerdrückt, geöffnet! Und aus einer dieser hatte Petz[9] vier Wachskerzen gefressen. Ich nahm es dem starken Bären nach der Fährte gar nicht übel, dass er in meinem Bau nach Genießbarem gesucht und es auch genommen hatte. Das ist nun einmal das ungeschriebene Gesetz der Wildnis. Bist du hungrig, so nimm dort, wo du etwas findest. Das gilt für Mensch und Tier! Und dafür verlangt man ja auch gar keinen Dank. Zumindest erwartet man aber auch nicht Undank! Trotz bester Reinigung des Haufens blieb der penetrante „Bärengeruch" noch diese Nacht im Bau. Der House River war schon gefroren und auf dem, von einem Frosthauche überzogenen Eise waren Fuchs, Nerz und vor allem Wolfsspuren zu sehen. Das ermutigte ganz gewaltig!

---

9   Anm. des Verlags: Fabelname für den Bär.

An einem Tage wurde ich fertig, alle Großeisen, die für dieses Gebiet bestimmt waren, auszulegen. Später legte ich auch am Athabaska-Fluss Eisen aus. In zwei Tagen war ich auch dort fertig. Einen Rasttag füllte viele Hausarbeit aus. Eben war ich fertig mit backen, da fiel zufällig mein Blick durch das Fenster auf den Fluss. Drüben am jenseitigen Ufer trollten zwei Elchschaufler unschlüssig auf und ab, die wahrscheinlich herüberschwimmen wollten und sich nicht in das Treibeis wagten. Schnell war ich mit dem Drilling aus dem Hause, die Entfernung betrug etwa 350 Meter. Aber es musste gehen. Mit meiner Waffe war ich so verwachsen, dass ich mir eines Erfolges sicher war. An einer Pappel anstreichend, visierte ich den stärksten der Elche an. Deutlich sah ich das Silberhorn hinter dem Blatt und der Schuss war heraus! Die beiden Elche warfen nicht einmal auf, als dieser Fehlschuss heraus war. Der Kugellauf des Drillings war stark geölt, der Schuss musste also drunter hinweg gegangen sein. Wieder saugte sich das Silberhorn hinter dem Blatt fest, diesmal aber um geringes höher. Im Knall brach das schwarze Urwild zusammen. Der andere, der sich dicht am Wasser befand, kam die Böschung herauf und stand, auf seinen Partner äugend, einen Moment, um schließlich im Troll nach dem nahen Uferwald zu flüchten. Aber noch ehe er diesen erreichte, bannte auch ihn mein Geschoß auf den Platz. Der zuerst beschossene Elch schlug mit den Läufen und fortwährend kam der schaufelbewehrte Kopf in die Höhe, um sofort auch wieder zurückzufallen. Laut schlugen dabei die Schaufeln auf die Ufersteine. Ich war mir sofort klar, dass das Geschoss keine edlen Teile gefasst hatte, sondern vermutete einen Rückgratschuss, der sich anderntags auch bestätigte. Die zwei Patronen, die ich noch in der Tasche hatte, schickte ich auch noch hinüber, jedoch mit negativem Erfolg. Der Elch lag in einer seichten Mulde, es war nur die Rückenlinie zu sehen, nur sekundenweise wurde der Hals sichtbar, sobald der Elch versuchte hoch zu werden. Ich holte aus dem Hause eine Schachtel Kugelpatronen und nun begann ein wahres Schnellfeuer. Einmal kam ich mit meinem Schusse zu früh, dann wieder zu spät. Endlich, die elfte Patrone war die, die gerades Pulver hatte. Regungslos blieb nun der Schaufler liegen. Ich ging hinunter zum Fluss und schob das kleine Boot ins Wasser. Das Treibeis kam jedoch so dicht, dass die Überfahrt zur Unmöglichkeit wurde und so musste ich notgedrungen die Überfahrt auf den nächsten Morgen verschieben. Eine gewisse Bangigkeit, ob es wohl überhaupt möglich sein würde, wich den Rest des Tages nicht von mir. Fortwährend schaute ich zum Fenster hinaus auf meine beiden Elche. Es wäre mir nicht eingefallen diese jungen Schaufler zu schießen, wenn ich nicht meinem früheren Partner versprochen hätte, ihm nach Möglichkeit beim „Fleischmachen" behilflich zu sein. Leider ist man dazu gezwungen, wenn man Hunde hat!

Am nächsten Morgen war tatsächlich geringer Eisgang. Ich ruderte in den Eislücken in den Strom hinaus. Mehrmals prallten recht starke Eisblöcke gegen das Boot, so dass ich sofort aus der Richtung geschlagen wurde. Dann musste ich das Boot treiben lassen, bis wieder eine Lücke kam und ich das Manöver fortsetzen konnte. Schließlich kam ich fast zwei Kilometer unterhalb in einer Buhne an. Ich zog das Boot auf das Ufer und ging hinauf zu den beiden Elchen. Es waren etwa vierjährige Schaufler mit nur mäßiger Schaufelbildung. Einer der beiden war an Wildbret ein wahrer Riese, der sicher gegen 1,90 Meter Schulterhöhe hatte. Den schwächeren Elch zerwirkte ich vollständig, während der andere, nur aufgebrochen, vorläufig liegen bleiben sollte, um etwa in der Nähe vorbeikommendes Raubzeug anzuziehen. Das Wildbret konnte nicht verderben – es wurde schon empfindlich kalt – und konnte später von N. jederzeit für seine Hunde eingebracht werden. Mit dem schwerbepackten Rucksack, in dem Lebensmittel für fünf bis sechs Tage verstaut waren, ging ich am Flusse entlang zu N., der aber nicht zu Hause war. Auch am Abend kam er nicht, ich vermutete ihn an seiner Eisenlinie am House River. Ich blieb über Nacht in seinem Hause um am nächsten Morgen, nachdem ich ihm einen kurzen Bericht über Abholung des für ihn bestimmten Elches geschrieben hatte, meinen Marsch zu meiner Eisenlinie fortzusetzen.

Gleich der erste Tag der Eisenrevision war erfolgreich. Im ersten, auf einer flachen Uferbank ausgelegten Eisen saß ein prächtiger Rotfuchs – ein Fuchs, wie ihn eben nur der kalte Norden Kanadas produzieren kann. Lang und seidig hing das knallrote Haar am Balge, die mächtige Lunte war mit einer fast 20 Zentimeter langen, weißen Blume geziert. Ich glaube, als ich als Sechzehnjähriger meinen ersten Fuchs im Eisen hatte, war die Freude nicht so groß wie bei meinem ersten kanadischen Fuchs! In Deutschland gab es – und gibt es – so viele Füchse, dass es eben nichts Besonderes ist, wenn man einen Rotrock nach mehr oder weniger Mühen gefangen hat! Aber zu jener Zeit waren die Füchse dort selten. Ich ließ diese „zwanzig Dollar" an einem Baum hängen, um sie auf dem Rückwege mitzunehmen. Das letzte Eisen, das an einem besonders günstigen Platz in diesem Tannenunterwuchs unweit des Ufers lag, war verschwunden. Schnee lag noch nicht, ich konnte daher eine Schleppe nicht sehen. Anstatt der unbequemen Anker benutzte ich, wie auch alle anderen Trapper, einen trockenen, entsprechend starken Holzknüppel. Schnee wäre auch nicht notwendig gewesen, um die Schleppe sehen zu können. Überall war in einer bestimmten Richtung das Holz zerbissen. Sollte das ein Fuchs tun? Das musste etwas Größeres sein! Etwa 20 Meter folgte ich der „Bissspur", dann hörte ich es toben und vernahm Laute, einem Hundebellen nicht unähnlich. Bald sah ich auch den Urheber. Ein hochkapitaler Kojote, der so stark wie ein großer Schäferhund war, saß zwischen den unerbittlichen Eisenbügeln! Ich trat etwas zurück und gab ihm den Fangschuss aus dem Schrotlauf auf den Kopf. Er hörte den Knall nicht und es war auch notwendig, dass ich schnell gehandelt hatte. Mit nur zwei Zehen hing dieser kapitale Wolf im Eisen. An Ort und Stelle streifte ich den schönen grauen Balg und warf den Kern hinunter zum kleinen Fluss. Das Eisen bettete ich, nachdem ich es mit Tannennadeln gut abgerieben hatte, am Fangplatz wieder ein. Dort versprach ich mir noch mehr Erfolg. – Mit dieser Tagesstrecke konnte ich in Anbetracht des wenigen vorhandenen Raubwildes zufrieden sein. Am Abend im kleinen Blockhaus streifte ich auch den kleinen Rotfuchs, rollte beide Bälge zusammen und ließ sie im Hause hängen. Und ließ sie auch hängen, als ich am nächsten Morgen meinen Weg nach den Stony Mountains fortsetzte. Gott sei Dank gibt es noch ein Fleckchen auf der Erde, wo nicht gestohlen wird! Und das ist in der entlegenen Wildnis in Kanada. Nicht nur einmal waren Weiße und Indianer in meinen Blockhäusern, sie fanden auch Werte vor, aber gestohlen wurde nichts! Die Eisen bleiben jahraus – jahrein entlang des „Trails" hängen, niemand stiehlt sie! Und so fand ich es auch höchst bequem, dass ich am anderen Tage die Eisen nur aus Bäumen zu nehmen brauchte, um sie an entsprechenden Plätzen fängisch zu stellen. In den Sümpfen stellte ich eine Menge Kleineisen für Wiesel, im Walde große Eisen für Wolf, Luchs und Fuchs. Zwei Tage verbrachte ich in den Stony Mountains, um alle Eisen zu stellen, dann trat ich meinen Rückweg wieder an.

WIE DER DEUTSCHE FUCHS HAT AUCH DER
„KANADIER" EIN SPITZBÜBISCHES GESICHT

Es war spät geworden. Ein blanker Vollmond strahlte über der menschenleeren Wildnis. Uhus riefen und in der Ferne heulte ein Wolf. Es war unschwer, selbst im Urwalde meinen Weg hinunter zum Flusse zu finden. In dem dunklen Flusstal, in das der Mond nicht direkt hineinschien, sah es gespenstisch aus. Teufel noch mal, fluchte ich – ist es denn so kalt, dass sich in wenigen Tagen das Eis so verstärkt hat? Nicht die geringste Unterbrechung war in dem Eis zu bemerken – als einzige dichte weiße Masse schob es sich langsam vorwärts. Mit einer Stange stellte ich fest, dass es auch schon sehr stark war. Eben kam von rückwärts der Mond über die Uferberge und beleuchtete am anderen Ufer mein bisher nicht erkennbares Blockhaus. Ach, wenn ich bloß hinüberkönnte! Seit dem Morgen hatte ich nichts mehr gegessen und verspürte ziemlichen Hunger. Mein Boot lag zwei Kilometer unterhalb, dorthin ging ich zunächst, dort sah es günstig für eine Überfahrt aus. Ab und zu teilte sich die ganze Eisfläche. Eben entstand ein Spalt, der immer größer und breiter wurde. Schnell zerrte ich mein Boot heran, schob es über das bereits 20 Zentimeter starke Ufereis, war mit einem Satze im Kahn und ruderte aus Leibeskräften und versuchte mich im Eisspalt zu halten. Es ging gut – bis etwa in die Mitte des Flusses. Ich war eingeschlossen. Mitten im Packeis stand mein Boot. Anfangs hob und senkte sich der Kahn. Eis knirschte an den Bootswänden. Bald war alles ruhig – auch das Eis! Das Packeis stand still! Und mittendrin saß ich verzweifelt in meinem Boot. Nichts zu essen – nichts, womit ich hätte ein Feuer machen können, um meine erstarrten Glieder zu wärmen. Mit einem Ruder stieß ich auf das Eis, um zu prüfen, ob es wohl ginge zu Fuß hinüberzulaufen. Ausgeschlossen! Das Eis bestand nur aus kleinen Stücken – kleine Schollen! Sitzenbleiben war die Parole!

Es ist eigentümlich, was einem für Gedanken durch den Kopf gehen, sobald man sich in bewusster Gefahr befindet! Aber niemals sieht man das Ende. So oft ich auch in großer Lebensgefahr mit Mensch, Tier und Naturgewalten war, niemals sah ich – oder glaubte ich an das Ende. Immer schießen blitzartig rettende Gedanken durch mein Hirn. Aber dort auf dem Eis konnte ich vorerst nicht handeln. Wie lange ich mich, in mich zusammengekauert, hungernd und frierend in dieser fatalen Lage befand und wie viel Mal ich den armen Mond beschimpfte, weil ich glaubte, dass er mich mit seinem feixenden runden Gesicht noch verhöhne – das weiß ich nicht! Eine halbe Stunde, wahrscheinlich aber noch mehr, verging, bis ein Ereignis kam, das mich handeln ließ. Plötzlich zogen ganz langsam die steilen Uferwände der Seite, an die ich wollte, an mir vorüber. Gar nicht weit flussabwärts rauschten dumpf und unterdrückt die „Stonys". Mir gab es einen nicht geringen Schrecken, als ich mich den Stromschnellen zugetrieben sah. Ohne dass ich etwas gemerkt hatte, war das Packeis in Bewegung gekommen. Und schon entstand ein schwarzer Spalt – der nach dem Ufer, zu dem ich gelangen wollte, zeigte. Kälte und Hunger waren vergessen! Handeln! Was die Arme nur hergeben wollten schwang ich die Ruder. Krachend schlug das Boot an das feste Ufereis. Mit einem Satze war ich heraus – und landete im Wasser, da mich die Bootsleine, die ich in der Hand hatte, beim Sprunge zurück-zerrte. Aus Leibeskräften hielt ich an der starken Bootsleine. Einige Schritte wurde ich geschleift, dann lockerte sich die Leine, das Boot wurde vom Treibeis hochgeho-ben und kam von selbst herüber ans Ufer. Wieder einmal gerettet! Vielleicht schon einige Minuten später wäre ich in die Stromschnellen hineingetrieben worden und hätte sicherlich den Tod gefunden. Das Boot zog ich die steile Uferböschung hinauf, dann ging es schnell am Ufer entlang dem drei Kilometer entfernten Bau zu. Aber bald verlangsamten sich ungewollt meine Schritte. Die durchnässte Kleidung war bis zum Bauche blechhart gefroren und auch die linke Seite des Oberkörpers, die bei dem Fall auf das Ufereis ebenfalls nass wurde, war in diesen Eispanzer gehüllt. Endlich erreichte ich mein Heim. Dort lag Feuerholz so bereit, dass ich nur ein Streichholz zu nehmen brauchte, um es im Ofen anzuzünden. Erst musste ich, dicht am Ofen stehend, die Kleider auftauen, um sie überhaupt herunterzubekommen. Schließlich gelang auch das und der heiße Tee und Tabak halfen tüchtig mit, mein Wohlbehagen zurückzubringen. Dann kleidete ich mich frisch ein und ging daran, ein lukullisches Abendmahl aus Hirschwildbret und Kartoffeln anzurichten.

Ich hatte mir fest vorgenommen am nächsten Tage eine Pause zu machen. Als ich aber am Morgen vor die Tür trat und eine schwache Neue sah, hielt es mich nicht, ich wollte es auch nicht bereuen. Am diesseitigen Ufer hatte ich einige Großeisen stehen, die wollte ich revidieren. Sechs Fangplätze waren unbesucht. Ein Eisen lag noch etwa zwei Kilometer weiter unten in der Nähe einer Bachmündung in dem Fluss. Eben bog ich um einen riesigen Schwemmholzhaufen, als kaum 50 Meter von mir entfernt der graue Rücken eines Wolfes sichtbar wurde. Einen Moment blieb ich stehen, der Drilling glitt langsam von der Schulter, während ich den Wolf beobachtete, der sich mit irgendetwas im Schwemmholz beschäftigte. Auf einmal machte Isegrimm[10] einen gewaltigen Luftsprung, der aber jäh auf halbem Wege unterbrochen wurde. Von dem einen Vorderlaufe hing etwas herunter und beim zweiten Satze bemerkte ich, dass der Wolf etwas nachschleppte. Ich hatte gar nicht daran gedacht, dass dort, wo der Wolf herumschnüffelte, ein Eisen lag. Ich hatte das seltene Schauspiel gesehen, wie ein Wolf ins Eisen tritt! Das kommt bestimmt nicht oft vor – mir ist es jedenfalls niemals wieder passiert. Unaufhaltsam zog der Wolf weiter dem Eise zu. Dann blieb er eine Zeitlang ruhig stehen und bemusterte mit schiefem Kopfe eingehend das Anhängsel. Plötzlich biss er wütend auf das Eisen los, als auch das ihn nicht mehr befreite fing er an zu winseln wie ein Hund, wenn er mit sich unzufrieden ist. Ich ging jetzt direkt, ohne jede Deckung auf ihn zu. Er bemerkte mich aber erst, als ich auf 30 Schritt an ihn heran war, da warf ihn mein rauer Schuss auf das Ufereis. Beim Bergen meiner Beute brach ich durch das

---

10   Anm. des Verlags: Fabelname für den Wolf.

dünne Eis, war bis über die Knie nass und kam wiederum „hartgefroren" im Bau an. Aber ich hatte meinen Wolf! Ich hatte aus diesem Vorfall gelernt. Alle Fangeisen am Flusse und anderen großen Gewässern festmachen! So habe ich es dann später immer getan und dabei auch kein Stück verloren. Den alten Kojoten, der aber höchstens 40 Pfund wog, schleppte ich ganz im Rucksack nach Hause.

Die Temperatur sank am Abend bis auf 10 Grad Celsius. Am nächsten Morgen war das Eis immer noch in Bewegung und so machte ich einen Pirschgang in die Uferberge. Vorgenommen hatte ich mir, nur auf einen guten Elch oder Hirsch zu schießen; denn Wildbret hatte ich vorläufig genug. Der wenige Schnee, der in der vorigen Nacht gefallen war, reichte nicht bis auf den Waldesboden und so konnte ich die Fährte nur im Moos ablesen. Ich fand nur alte Bärenfährten. Anders wurde es im Weißpappelbestande. Dort fand ich viele frische Hirschfährten und dabei waren einige ganz kapitale Schaleneingriffe. In dem an sich lichten Bestande, in dem nur manchmal Himbeer- und Stachelbeergesträuch bis Mannshöhe stand, war oft bis zu 100 Meter zu sehen. Ich brauchte mir nicht allzu viel Mühe zu geben lautlos zu pirschen, da der starke Wind die kleineren Bodengeräusche aufnahm und so kam ich schnell vorwärts. Am Rande eines steil abfallenden Erdrisses blieb ich stehen und suchte mit bloßem Auge die vielen Rücken, Mulden und Hügel ab. Nirgends war etwas zu sehen. Ich musste über einen wahren Berg umgefallener Baumriesen. Das ging aber nicht lautlos und in diesem „Krach" mischte sich drüben auf dem jenseitigen Schluchtrande ein kurzes prasselndes Geräusch. Zwei starke Hirsche standen dort mit geweihschweren Köpfen. Aufmerksam äugten sie herüber, waren sich aber bestimmt nicht klar, was das Aufbrechen zu bedeuten hatte. Äugen konnten sie mich nicht und der Wind stand gut. Ich befand mich in denkbar schlechtester Lage, um schießen zu können, da mir ein armstarker Ast eines der gefallenen Bäume zwischen den Beinen lag und über mir hing noch so ein Urwaldriese, dessen unteren Rand ich gerade noch mit dem Kopfe erreichen konnte. Gerade als der Schuss ertönte, war der Wind so stark, dass der Knall kaum merkbar war. Im Feuer brach der 80 Meter von mir entfernte Hirsch zusammen und rührte sich nicht mehr. Der andere, der scheinbar nicht wusste was los war, trat unruhig hin und her und als ich eine neue Kugelpatrone im Lauf hatte, stand er genau direkt hinter dem erlegten. Auch er brach im Feuer zusammen und blieb verendet liegen. Ich musste unwillkürlich lachen, in so einer verrückten Stellung zwischen Himmel und Erde eine Dublette auf kapitale Hirsche zu machen!

Die wirklich kapitalen Langohrhirsche lagen dicht beieinander ausgerichtet, als ob sie auf der „Strecke" lägen! Beides waren gerade Zwölfer mit starken Stangen. Die Kopf-Halsdecke sowie den Schädel trennte ich ab, während die sauber aufgebrochenen Feisthirsche gut verblendet gegen Raubzeug liegen blieben. N. hat sie dann später beide geholt. Die Last der beiden Köpfe drückte gewaltig auf die Schultern, als ich am späten Abend zum Blockhause zurückkam. Aber ich tat es gern!

EIN „KÜCHENHIRSCH"

DOUBLETTE. WIE ZUR STRECKE GELEGT, LAGEN SIE DA …

In der Nacht wurde ich jäh geweckt. Draußen im Flusse donnerte und knirschte es – die Blockhauswände zitterten. Weit hinaus aus den Ufern wurde das Packeis geworfen, hoch auf spritzte das Wasser, sobald große, oft haushohe Eisblöcke krachend aneinandergerieten.

Ich war kaum wieder im Bett, als es draußen ruhig wurde. Das Eis lag fest – für fast sechs Monate! Gott sei Dank – stöhnte ich noch beim Einschlafen. Morgen geht es zu Fuß über den River.

Schon lange vor Anbruch des Tages beschäftigte ich mich im Blockhaus. Brot, Mehl, Zucker, Tee, Salz, Backpulver, Verbandzeug, Tabak, Streichhölzer, Nähzeug und andere kleine Dinge wurden im Rucksack verstaut, der mit all diesen Dingen gefüllt etwa 40 Pfund wiegen mochte. Schlafdecken brauchte ich nicht zu schleppen, da einige dauernd in den kleinen Blockhäusern an der Eisenlinie blieben. 15 Grad Celsius zeigte das Thermometer, als ich mein Heim verließ. Etwas oberhalb vom Hause hatte sich das Eis besonders hoch aufgetürmt und auf dieser hohen Eismauer kam ich gut über den Fluss. Schon auf dem Wege nach dem House River konnte ich neun Hermeline aus den Eisen nehmen. Es war bereits dunkel, als ich in die kleine Hütte trat. Das Erste war Feuermachen. Holz lag stets bereit. Eben hatte ich den Deckel von dem kleinen Blechofen genommen und stellte Holz hinein, als ich von irgendetwas „angekeckert" wurde. Für den ersten Moment erschrak ich und wusste nicht, wer der Urheber war. Ich zündete eine Wachskerze an und leuchtete in und hinter den Ofen. Im Ofen war nichts, aber dahinter lag ein Fichtenhuhn und als ich dieses aufheben wollte, verbiss sich in dieses ein sehr starkes Hermelin, das bisher unter dem Ofen gelegen hatte. Mit der Hand schlug ich leicht auf den weißen Räuber, dass er absprang und keckernd hinter dem Ofen rumorte. Sobald ich mit den Füßen Bewegungen machte, kam dieser angriffslustige Räuber auf mich los, biss aber nicht zu. Nun kam ein Spiel, an dem ich meine helle Freude hatte! Langsam ließ ich das Fichtenhuhn hinter dem Ofen herunter. Mit einem Satze saß das Wiesel daran, fest verbissen ließ es ein zartes Knurren hören. Sobald ich das Huhn wieder in die Höhe zog und mit einem Stück Holz an den vermeintlichen Besitzer stieß, sprang er ab und so spielten wir mindestens zehn Minuten. Das Hermelin hatte diese Neckerei satt bekommen, stattdessen brachte es noch ein Fichtenhuhn hinter dem Ofen hervorgezerrt und damit in der Hausecke kauernd, ließ es sich nicht nahekommen. Als ich den Versuch machte dorthin zu gelangen, hätte mich der tapfere kleine Kerl um Haaresbreite gebissen. Mit einer Gerte schlug ich das Hermelin nieder, worauf es verendet liegen blieb. Die beiden Fichtenhühner, die das Wiesel so hartnäckig in Besitz zu nehmen versuchte, gehörten in Wirklichkeit mir. Ich hatte jene am Morgen, als ich das kleine Haus verließ, dort geschossen und sie an einem Bindfaden an der Decke aufgehängt. Wie das Wiesel dort hinaufgelangt war, ist ein Wunder. Scheinbar ist es mit einem Riesensprung vom Bett aus an eins der Hühner gesprungen und hat den Bindfaden durchbissen. Und das musste erst kurz vor meinem Eintreffen passiert sein, denn angeschnitten waren die Vögel noch nicht. Die Raubgier und Dreistigkeit der an sich sehr interessanten Großwiesel ist ja bekannt, dass sie aber so frech auftreten, war mir neu.

Es sei mir gestattet, ein ähnliches Erlebnis zu erzählen. Es war im zweiten Winter in der Wildnis, als ich mit meinem Partner noch zusammen war. Ich hatte einen Hirsch geschossen und kam spät abends mit der frischen Leber zum Blockhaus. N. hatte das Abendbrot fertig. Ich setzte mich sofort an den Tisch, nachdem ich die steinhart gefrorene Leber etwa ein Meter hinter mich an die Innenwand gelegt hatte. Lautlos waren wir mit der interessanten „Kauarbeit" beschäftigt, als dort, wo die Leber lag, leises Keckern und dann scharfes Nagen hörbar wurde. Wir drehten uns um und sahen ein Hermelin auf der Leber sitzen. Sobald wir uns bewegten, fuhr es zeternd zurück, kam aber ohne Scheu sofort wieder. N. holte von draußen ein kleines Wieseleisen, klebte auf den kalten Teller der Falle ein Stückchen angewärmte Hirschleber. Wir verhielten uns sehr ruhig – und es dauerte keine Minute, bis der gierige Räuber hervorkam und sofort mit dem Fang auf das Stückchen Leber auf dem Tellereisen griff. – Das Spiel war zu Ende.

Der erste Schnee war gefallen. 30 Zentimeter hoch lag die prächtige Neue, als ich aus dem kleinen Hause trat. Danach hatte ich mich gesehnt. Auf der verschneiten Eisdecke des schönen Flusses laufend, revidierte ich die Fangplätze. Nirgends war etwas „los". Aber noch war ein Eisen nachzusehen – dort, wo ich letztmals den kapitalen Kojoten fing. Ich hatte große Hoffnungen auf jenen Platz gesetzt. Ich kroch die steile Uferböschung hinauf, um vom Rande derselben den Fangplatz zu übersehen. Etwas großes Silbergraues bewegte sich dort und als ich mich etwas nach rechts geschoben hatte, schaute ich in ein nur 6 Meter von mir entferntes prächtiges Luchsgesicht. Mein erster Luchs! Ich war so gebannt von dem herrlichen Anblick dieser großen silbergrauen Katze, dass mir vor Staunen und Bewunderung der Mund offen stehen blieb. Ich rührte mich auch lange Zeit nicht – auch nicht der Luchs! Wir starrten uns „in die Augen" und ich weiß nicht, wer von uns beiden der Erstauntere war. In geduckter Stellung lag dieser prächtige Räuber im Schnee, sprungbereit. Die pinselgezierten Gehöre waren nach hinten gelegt. Der Gesichtsausdruck war so böse, wild und vorwurfsvoll, wie ich ihn bei keiner der vielen Katzenarten sah. Und wie die großen, kreisrunden, gelben Seher funkelten! Volle fünf Minuten nahm ich dieses herrliche Bild, vor allem aber das ausdrucksvolle Gesicht in mich auf. Fest prägte ich mir die Gesichtszüge des herrlichen Tieres ein. Meinem Berufe als Präparator war das Gesehene so überaus wertvoll! Auch die allerbeste Photographie hätte mir nicht das zeigen können, wie diese Studie am lebenden Tier. Jegliche schnelle Bewegung vermeidend, stahl ich mich etwa 30 Meter weg. Leise, nach echter Katzenart knurrend, verfolgte mich mit starrem Blicke der Luchs. Dann kam das Hässliche, der Schuss, der alles Schöne zerstörte. Regungslos blieb die große Katze liegen. Ich trat heran und wagte nicht mit der Hand danach zu langen. Der Luchs war verendet, er konnte mir nicht mehr gefährlich werden, aber beschämende Scheu hielt mich zurück! Wieder einmal ging das in mir vor, was eben nur der wahre Jäger kennt! Erst die große Aufregung vor dem „Erringen", dann das tiefe Bedauern mit der Kreatur!

Es währte geraume Zeit, bis ich die alte prächtige Luchsfähe aus den Bügeln des Eisens löste. An drei Zehen hing sie nur und war nach dem Fang ganz ruhig liegen geblieben. Auch nicht die geringste Beschädigung war zu sehen. Nicht einmal die Kette mit dem daran hängenden Knüppel hatte sie vom Platze gezogen.

Das Eisen stellte ich wieder fängisch – hatte dort aber in jenem Winter kein Waidmannsheil mehr. Die Luchsfähe, die etwa 40 Pfund wog (ein Kuder bringt es bis zu 75 Pfund), verstaute ich im Rucksack und balgte sie erst im kleinen Blockhause ab. Heute ist sie im Besitze des Dresdner Zoologischen Museums.

Am anderen Tage setzte ich meinen Marsch fort. Auf halbem Wege nach dem Blockhause in den Stony Mountains an einem kleinen, dicht mit Weiden bestandenen Bache hing ein tadelloser Rotfuchs im Eisen. Es war Mittagszeit und so machte ich unweit des Fangplatzes ein Feuer, kochte Tee und verzehrte mein Brot und Hirschwildbret. Nach dem „Dinner" streifte ich den Fuchs und hing ihn zusammengeschnürt hoch in einen Baum, um ihn nicht herumschleppen zu müssen. Dann ging es weiter. Etwa 200 Meter war ich gekommen, als es dicht vor mir laut in den Weidensträuchern prasselte. Deutlich sah ich schaukelnd einen Elch fortbrechen. Er verhoffte und in dem Moment kam das Blatt frei. Eine sagenhaft mächtige Schaufel konnte ich ansprechen, mehr sah ich nicht. Ich zögerte nicht einen Moment, riss den Drilling herunter und dicht hinter dem Blatt abkommend berührte ich den Drücker. Im Feuer brach der nur 50 Meter von mir entfernte Elch zusammen. Herrgott war ich froh. Einen Kapitalelch und noch dazu „Fleisch". Nun brauchte ich kein Wildbret mehr vom Haupthause für meine Atzung mitzuschleppen. Meine freudige Erregung bekam aber einen argen Dämpfer, als ich an den Urwaldriesen herantrat. Es war, wie angesprochen, ein hochkapitaler Elch – aber fast eine ganze Schaufel fehlte. Dieses prächtige Geweih hatte Doppelschaufelbildung, aber rechts war die ganze obere Schaufel abgekämpft. 36 Enden hätte dieser Elch gehabt. Ich überlegte hin und her, ob dieses mächtige Elchgeweih Wert für mich hätte, kam aber doch zu dem Entschluss, mich nicht der mühseligen Arbeit des Transportes bis zum Athabaskafluss zu unterziehen. Man hätte wohl den fehlenden Teil plastisch nachbilden können – aber es blieb Flickarbeit. Nachdem der Elch aufgebrochen war, streifte ich von einer Seite die Decke und schnitt aus einer Keule etwa 8 Pfund Wildbret, die ich mitnahm.

Zwei Tage verbrachte ich in den Stonys. An Großraubzeug hatte sich nichts gefangen, dafür aber eine ganze Anzahl Hermeline. Auf dem Rückweg kam ich wieder zu dem erlegten Elch, um Wildbret auch für das Haus am House River mitzunehmen. Ich stand am Platze, wo der Elch einmal war. Nur der mächtige Kopf mit dem verstümmelten Geweih lag als letzte Erinnerung da. Eine Bärin mit ihren beiden Jungen hatten alles Wildbret, soweit sie es nicht an Ort und Stelle aufgefressen hatten, verschleppt. Nicht ein Knochen war dageblieben. Es wäre nicht schwer gewesen den Spuren zu folgen. Weit konnte deren Winterunterschlupf nicht sein. Ich wunderte mich ohnehin, dass in dieser vorgeschrittenen Jahreszeit der Bär noch auf den Läufen war. Erstens hatte ich wenig Zeit und dann wollte ich auch keine Bärin mit Jungen schießen. Ich gönnte ihnen dieses Fest. Nun stand ich als der „Geleimte" in den weiten Muskegs!

ÜBERNACHTUNGSBLOCKHAUS IN DEN STONY MOUNTAINS

Am übernächsten Tage langte ich zufrieden am Haupthause am Athabaska-Fluss an. Die Strecke war den mageren Zeiten entsprechend gut. 37 Hermeline, 2 Füchse, 1 Luchs und ein – oder auch kein Elch, befriedigten mich voll und ganz.

Der Rest des langen Winters verlief ähnlich wie der Anfang. Als der Schnee höher lag, lief ich auf indianischen tennisschlägerartigen Schneeschuhen, die ein bequemes Fortkommen gestatteten. Das Weihnachtsfest wurde in Gemeinschaft mit dem früheren Partner in meinem Hause gefeiert. Um dem schönen Feste in der stillen Wildnis den richtigen Anstrich zu geben, hatte N. Kuchen und Stollen gebacken und davon einen ansehnlichen Teil mitgebracht.

Ende des Monats März war die eigentliche Fangzeit vorüber, da aber die Eichhörnchen noch gut im Preise standen, wurde die Jagd auf diese Nager noch den

55

ganzen April hindurch geübt. Endlich war auch da Schluss. Meine Gesamtstrecke aller Pelztiere war immer noch eine bescheidene und bestand aus Folgendem: 1 Luchs, 5 Kojoten, 53 Rotfüchse, 279 Hermeline und 1100 Eichhörnchen. N. hatte weniger Glück gehabt. An Großraubzeug konnte er nichts fangen, dafür übertraf er mich aber stark an seinen Pelztieren. Soweit ich mich noch erinnere, hatte er einen Nerz, weit über 300 Hermeline und über 2000 Eichhörnchen.

DIE ERSTEN ERFOLGE IN EINEM SCHNEEHASENARMEN WINTER

Am 27. April brach die Eisdecke auf dem Flusse. An diesem Tage legte ich etwa 2 Kilometer vom Hause entfernt ein Eisen für den Bär aus. Als Köder wurde ein Elch-kopf so mit Knüppeln und Stämmen verbarrikadiert, dass Petz nur von einer Seite dazu konnte. Jeden Morgen ging ich den steilen Berg hinauf, um das schwere Eisen zu revidieren. Endlich, am fünften Tage war das Eisen mitsamt der 25 Zentimeter star-ken und 3 Meter langen Stange, die in Ermangelung eines Ankers an der Kette hing, verschwunden. Deutlich war die Schleppspur zu sehen und führte in eine seichte

Mulde, in der ein kleiner Wasserlauf zu Tal führte. Petz war dort unten an einer doppelt armstarken Tanne hängengeblieben und hatte diesen Baum fast vollständig weggebissen. Vom Bär war aber nichts zu sehen. An der anderen Seite der Mulde war so dichter Unterwuchs, dass ich es für klüger fand, dorthin vorerst nicht zu folgen. Womöglich „rannte" ich auf den Bären, der unter Umständen schlecht hängen konnte, um sich bei meinem Anblick mit letzter Kraftanstrengung loszureißen. Ich folgte am Rande der Schlucht etwas abwärts und hielt Ausschau. Doch kaum war ich 30 Schritt vorwärts, als drüben etwa 10 Meter von mir hinter einem Windwurf der Bär hoch wurde und auf den Hinterläufen stehend zu mir herüberäugte. Mit dem respektablen Gebiss schnappend und schnaubend, wobei die lächerlich kleinen Lichter so tückisch verdreht wurden, dass sie mir vollständig „weiß" erschienen, bot der Bär ein herrliches Bild. Da ich nicht wusste, was er im nächsten Moment tun würde, beeilte ich mich mit dem Schuss. Direkt auf die Drossel bekam er das Geschoss und brach mit zerschmetterter Wirbelsäule zusammen. Ich ging hinüber und stand vor meinem ersten Bären. Es war kein kapitaler, aber doch ein sehr starker männlicher Schwarzbär und wog, durch den langen Winterschlaf stark abgekommen, etwa 3 Zentner, während es kapitale und feiste Schwarzbären bis über 4 Zentner bringen. Die herrliche, glänzende, tiefschwarze, langhaarige Decke war wirklich eine Pracht. Er konnte erst vor wenigen Tagen aus seinem Winterlager gekommen sein, denn in der Unterwolle hing noch Sand. Der Bär war mit einer Hinterpranke in das Eisen geraten und hing nur an zwei Zehen. Wer weiß, ob er sich nicht befreit hätte, wenn ich unvorsichtig ihm zu nahegekommen wäre. Ein Bär im Eisen ist ein nicht zu verachtender Gegner! Mir hätte es einmal fast das Leben kosten können – als ich der Schleppspur eines gefangenen Bären folgte. Es war mehrere Jahre später – und da ich im weiteren Verlauf meiner Erzählung nicht alle Einzelfälle aufführen will, um den Leser nicht zu ermüden, so erzähle ich dieses kleine Abenteuer am besten schon hier. – Mein „Wigwam" stand damals an der anderen Seite des Flusses. Eines Morgens, Anfang Mai, es war erst 4 Uhr, trat ich vor die Tür, um in der Nähe Kleinvögel für meine Sammlung zu schießen, da hörte ich oben in den Bergen an der anderen Seite des Flusses einen Bären anhaltend klagen. Ich war mir sofort klar, dass der Bär in mein Eisen geraten sein musste. Schnell vertauschte ich die Vogelflinte mit dem 8-Millimeter-Steyrstutzen und fuhr mit dem indianischen Birkenrindenkanu über den Fluss. In einer guten halben Stunde war ich dann am Fangplatz. Richtig! Das Eisen war fort. Zuerst brachte ich den Fotoapparat in Ordnung, um endlich mal eine Aufnahme eines lebenden Bären zu haben. Dann folgte ich der Schleppspur, die bald ganz aufhörte. Nur hier und da zeigten Bisse in den Bäumen die Richtung an, in der der Bär fortgezogen war. Kreuz und quer ging es durch den Wald. Eine halbe Stunde war ich bereits gefolgt, als ich schon von weitem über einen Windbruch hinweg einen großen Platz sah, wo der Bär alles um sich zerbissen hatte. Mit dem fertigen Stutzen in der Hand ging ich näher heran. Nirgends war etwas vom Bären zu sehen und zu hören. Vor mir lagen vier starke Fichten, die mitsamt dem Erdreich, in dem ihre Wurzeln steckten, übereinanderlagen. Über diese Mauer musste ich, um weiterzukommen. Eben wollte ich den gesicherten Stutzen umhängen und über dieses Hindernis klettern, als genau 2 ½ Meter – ich habe es nachher gemessen – vor mir blitzschnell ein starker Bär auffuhr. Er stieß dabei einen unbeschreiblichen dumpfen Laut aus, dem das übliche Klappen mit dem Gebiss folgte. Mit einem Riesensatz sprang ich zurück und mit einer Schnelligkeit, die ich mir selbst nicht zugetraut hätte, lag der Stutzen im „Gesicht". Mit durchgeschossenem Genick sank der Bär ebenso schnell zurück, wie er erschienen war. Das hätte beinahe ein Loch gegeben! Ich konnte nicht einmal sagen, wo ich abgekommen war. Den Genickschuss vermutete ich nur. Im großen Bogen ging ich herum und fand den Bären verendet. Der Schuss saß so wie ich vermutet hatte. Dieser Bär hing mit einer Hinterpranke so fest, dass er kaum entkommen wäre. Das war wieder mal eine Lehre. Es war ein starker männlicher Bär, der ein Schmuckstück auch für den verwöhntesten Geschmack sein konnte.

In manchem Leser mag der Gedanke aufgekommen sein, warum ich für Bären Eisen legte und nicht mit der Büchse dem Petz zu Leibe rückte. Dafür eine Erklärung. Es ist im Frühjahr, wenn der Bär seine beste Jacke hat, äußerst schwer, in dieser Gegend einen Bären zu schießen. Der Bär ist um diese Zeit unstet. Wohin man auch gehen mag, alles ist dichter Wald, mit Ausnahme der Sümpfe und der Tundren, in denen der Bär nicht zu finden ist. Es ist nur reiner Zufall, wenn man einen Bären antrifft. Anders ist es im Sommer, dann kann man entlang des Flusses zu jeder Tageszeit Bären beobachten, aber deren Decke ist dann unbrauchbar. Seit einigen Jahren ist nun das Eisenlegen für Bären in der Provinz Alberta verboten. Und dem ist gut so. Schuld daran bin ich wahrscheinlich. Im Laufe eines Sommers war ich in Edmonton, um von dort aus eine Sammlung von Säugern und Vögeln nach Deutschland zu senden. Dazu musste ich persönlich beim „Game commissionar", das ist der Chef des Jagdwesens einer Provinz, im Ministerium vorsprechen. Nicht zum ersten Male saß ich dem äußerst liebenswürdigen und jagdlich erfahrenen Herrn gegenüber, wir unterhielten uns über Jagd und was damit zusammenhing. Unter anderem fragte er mich, ob ich unter den fünf zu exportierenden Bären, die in der Sammlung waren, auch Bärinnen hätte. Ich bejahte das und sagte ihm, dass eine Bärin dabei sei. Er versuchte ein ernstes Gesicht zu machen und fragte mich, ob ich nicht wisse, dass es verboten sei, Bärinnen zu erlegen. Auch das bejahte ich und sagte trotzdem: „Herr Chef, es ist ja bekanntlich sehr schwer, beim Bären selbst auf kurze Entfernung das Geschlecht zu erkennen und wenn schon, dann will ich den Mann sehen, der, wenn er weiß, dass er eine Bärin im Eisen hat, sie unter Ermahnungen, das nächste Mal vorsichtiger zu sein, wegschickt!" Ich sehe heute noch das lächelnde Gesicht des mittlerweile verstorbenen alten Herrn. Unsere Unterredung hatte aber den Erfolg, dass in der im nächsten

Jahre neu erschienenen „Game regulation" das Eisenstellen für Bären verboten wurde, was bisher nicht der Fall war. Und da es auch dem Kommissionär einleuchtete, dass das Ansprechen des sich in Freiheit befindlichen Bären auf Geschlecht beim Bären fast unmöglich ist, stand in der neuen Verordnung: „Es ist verboten, eine führende Bärin zu schießen" – und das mit Recht. Jeder Mann weiß, wenn er einen Bären in Gesellschaft mit Kleinen sieht, dass das ein Muttertier sein muss!

Mein früherer Partner kam am Nachmittag zu mir und war nicht wenig erstaunt, diese prächtige Bärendecke bei mir zu finden. Noch am selben Tage gingen wir hinauf an den Platz, wo ich den Bären gestreift hatte und holten das Fleisch für die Hunde, die es später auch in gekochtem Zustande mit dem größten Behagen verzehrten.

ZERSCHELLT IN DEN PELICAN-STROMSCHNELLEN

Von dem fabelhaften Fischreichtum Kanadas kann sich der Laie kaum eine Vorstellung machen. Wenn man Finnland das „Land der tausend Seen" nennt, so kann hier ruhig gesagt werden: „Kanada, das Land der hunderttausend Seen!" Bei einem so großen Wasserreichtum ist es nicht verwunderlich, dass auch ein großer Fischreichtum vorhanden ist, zumal nicht einmal zwei Zehntel aller Binnengewässer befischt werden. So war es auch am Athabaska-Fluss. Dort, wo er durch mehr oder weniger zivilisierte Gegenden fließt, finden sich auch einige Sportangler ein, die sich nach Herzenslust Petri Heil[11] verschaffen. In der Wildnis aber sind es nur einige Trapper, die Fische für sich selbst und ihre Hunde fangen. Vorwiegend sind es Barben und Hechte, die in den größeren Flüssen zu finden sind. Auch der Wels, der aber kleiner als sein europäischer Vetter ist, ist in ruhigerem Wasser häufig. Weißfische, Goldaugen, Pickerell und Binnenseeforellen (*Lake trout*) sind meist nur in Seen zu finden. Anfang Mai, nur wenige Tage nach Freiwerden des Eisganges, steigen Barben und Hechte von größeren Strömen und kleineren Gewässern hinauf in die Seen, um zu laichen. Das ist die Zeit, wo der Trapper sein Sommerfutter für die Hunde holt. Auch der Bär beteiligt sich am Fischfang. Mit N. hatte ich schon längst besprochen, dass wir am Pelican-Fluss, der etwa 8 Kilometer oberhalb meines Hauses in den Athabaska mündet, nach Fischen sehen wollten. Am 10. Mai kam N. auch mit seinen Hunden zu mir. Noch am selben Tage gingen wir zu dem reißenden Pelikan und fanden diesen buchstäblich vollgestopft von Fischen. An seichten Uferstellen drängten sich die Schuppenträger aus dem Wasser und es plätscherte allerorten von Fischen. Unaufhaltsam drängten die laichfreudigen Scharen in die Mündung und strebten aufwärts. Wir hatten so etwas noch nicht gesehen und begreiflicherweise

---

11   Anm. des Verlags: Gruß der Angler und Anglerinnen.

waren wir ganz benommen von diesem herrlichen Schauspiel. Ohne das geringste übertreiben zu wollen, so stark roch es nach Fisch in der ganzen Umgebung, dass der Geruch ganz natürlich die Bären aus weiter Umgebung anlocken musste. Bei dieser Menge von Fischen war es vollkommen ausgeschlossen durch das reißende Wasser zu waten, um an die andere Seite zu gelangen. Und notgedrungen mussten wir an das andere Ufer, da an der Seite, an der wir uns befanden, meist Steilufer waren, von dem aus nur schwer gefischt werden konnte. Nur wenig aufwärts stand eine starke Schwarzpappel, die wir mit der Axt fällten und die sich ganz programmmäßig über das reißende Wasser als Brücke legte. N. machte den Anfang, dann folgten die drei Hunde mit ihren Packtaschen und ich bildete den Schluss über diese Naturbrücke. Wir gingen wieder der Mündung zu, an der seichtes Wasser und flache Uferbänke waren. Dort war auch in der Nähe des Ufers das Wasser nicht so reißend. Eine Barbe stand neben der anderen und dazwischen drängten sich klotzige Hechte. Wenn wir, dicht am Ufer stehend, einmal eine zu hastige Bewegung machten, suchten die Fische, die uns gerade bemerkten, flussaufwärts zu entkommen. Dabei mussten sie über ihre „Vordermänner" hinweg, weil einfach kein Platz mehr im Wasser war. Wenn eine solche Flucht stattfand, spritzte allemal das Wasser hoch auf und gleich wieder war die Lücke in dem Fischhaufen von nachdrängenden anderen Barben gefüllt. Das war wirklich ein Anblick, der einem jeden das Herz höherschlagen lassen musste, gleichviel, ob er „fischinteressiert" war oder nicht. Noch mehr als dieses dichte Fischgewimmel erstaunte uns die gigantische Größe mancher Hechte. Wie Klötzer lagen sie im Wasser und wurden manchmal von den schneller aufwärtsstrebenden Barben in die Höhe gedrückt. Wir machten sofort einen Fangversuch. Ein jeder suchte sich eine günstige Stelle, bald knieten wir 5 Meter auseinander und mit der rechten Hand warfen wir die Schuppenträger hinter uns aufs Land. Oftmals „zappelte" auch wieder einer zurück in sein Element. Innerhalb einer halben Stunde hatten wir einen ganzen Berg Fische hinter uns und wenn ich mich recht erinnere, waren es 268 Stück! Wir unterschieden zwei verschiedene Arten, und zwar die großgeschuppte Flussbarbe (River sucker) und die kleingeschuppte, an beiden Rumpfseiten mit einem leicht karminroten Streifen versehene, Seebarbe (Lake sucker). Die ersteren waren die stärksten, im Gewicht bis zu 6 Pfund, während die letzteren kaum über 4 Pfund kamen. Einige Hechte hatten wir auch mit herausgeworfen, die aber nur gering waren. Die Kapitalen konnten wir mit der Hand nicht halten. Diese „Handfischerei" war hochinteressant und bedurfte durchaus keiner großen Kenntnisse. Unsere Lehrer in der deutschen Heimat wussten, dass wir es schon damals zu einer großen Fertigkeit gebracht hatten. Nach den großen Schulferien ging es immer mit Bangen zum ersten Unterricht; denn es war todsicher, dass wir gleich in der ersten Unterrichtsstunde den Hosenboden straffgezogen bekamen und mehr als ein Rohrstock wurde darauf zerhauen, weil wir wieder ohne Erlaubnis gefischt hatten. N. hatte ein kleines Zelt mit, das wir aufstellten, da er längere Zeit dortbleiben wollte. Am Abend ließ die Zahl der Fische um weniges nach, aber am nächsten Morgen war der Fluss bis zur äußersten Grenze damit angefüllt. N. betrieb schon in früher Morgenstunde den Barbenfang mit der Hand, während ich etwas flussaufwärts mit einer starken Drahtschlinge den großen Hechten zu Leibe ging. Die um den Raubfisch dichtstehenden Barben musste ich erst mit dem Stockende, an dem die Schlinge befestigt war, wegschieben. Im Verlaufe von zwei Stunden hatte ich 28 Hechte und dabei waren Burschen bis zu 20 Pfund! Nach unseren deutschen Gesetzen und Begriffen ist das Fischen mit der „Dohne[12]" verboten und nicht fischwaidgerecht. Das ist auch richtig, denn erstens haben wir leider keinen großen Fischreichtum, dann wird bei uns entweder die Fischerei als „Sport" betrieben und das muss dann auch „Sport" bleiben, oder in großen Gewässern wird die gewerbsmäßige Fischerei mit dem Netz und mit Reusen[13] betrieben. Anders ist das in der Wildnis. Dort ist man oft gezwungen, mit den primitivsten Dingen den Zweck zu erreichen. Ich halte jedenfalls die „Dohne" für viel humaner als die verpönte Angel. Schnell und schmerzlos kommt der Fisch aufs Land und wird dort abgetan. Der Mann nimmt in der Wildnis auch nur das, was er braucht.

Am Mittwoch kam eine Indianerin zum Fluss. Die alte Agnes war uns beiden schon gut bekannt. Sie war ein Hünenweib, zählte 60 Lenze – sie selbst wusste es nicht, wie alt sie war. Mit ihrer Kleinkaliberbüchse kam sie an. Nach der üblichen kurzen Begrüßung der Rothäute legte sie die Büchse ab, kniete am Wasser neben meinem Partner und warf die Fische mit erstaunlicher Schnelligkeit hinter sich. Agnes hatte schon über hundert Fische an Land, als sie ging. Die Hunde wurden jetzt mit den Fischen gefüttert und hatten es bald begriffen, dass frischer Fisch etwas sehr Bekömmliches war. N. verhandelte mit Agnes. Er wollte sie für zehn Tage zum Fischschlachten anwerben und versprach ihr die entsprechende Vergütung in Lebensmitteln. Beide wurden schnell einig, Agnes wollte bei ihm bleiben. Im Laufe des Nachmittags ging ich wieder zurück zu meinem Bau, und zwar mit den drei Hunden von N. Er wollte die Hunde nicht am Pelican lassen, da sicher noch mehr Indianer kommen würden, und er befürchtete mit Recht ein arges Beißen mit den verwahrlosten Indianerhunden. Ich war froh, dass ich diese guten Tiere um mich haben konnte. Eines jeden Packtasche war gefüllt mit ausgeschlachteten Barben, soviel sie nur zu tragen vermochten. Sie trugen ihren Proviant für eine Woche, ich hatte zehn Hechte im Rucksack, die für mich bestimmt waren. Die eine Woche war vorüber, die für mich durchaus nicht zum Faulenzen ausersehen war. Ich schoss seltene Zugvögel und balgte sie für meine Vogelsammlung. Das Hundefutter war zu Ende, auch mich gelüstete es nach frischem Hecht. So zog ich mit den drei Hunden wieder zum Pelican. N. war bereits fertig mit seiner Fischerei. 3200 Fische hingen zum Trocknen an Stangen.

---

12   Anm. des Verlags: Fangschlinge, die in Deutschland bis ins 20. Jahrhundert als Vogelfalle Verwendung fand.
13   Anm. des Verlags: Sackartiges Netz, mit dem bestimmte Fischarten gefangen werden.

N. erzählte mir voller Begeisterung, dass er das Doppelte hätte haben können. Nun waren nur noch wenige Fische da. Die Barben waren den Fluss hinauf, um im August vereinzelt wieder herunterzukommen. Hechte standen aber noch genügend und in einer Stunde hatte ich soviel ich brauchte. N. hatte seine Fische, die für Hundefutter bestimmt waren, sehr sauber behandelt. Dem Fisch wurde der Kopf abgeschlagen, Gescheide und Laich entfernt. Schließlich wurde er mit dem starken Jagdmesser vom Genick bis an den Schwanz gespalten und dann über eine Stange gehängt, so dass die Schuppenseite nach innen kam. Ein leichtes Rauchfeuer hielt die Fliegen ab. In einem Tage war der Fisch so weit übertrocknet, dass ihm Fliegen nichts mehr anhaben konnten. Er konnte dann in Luft und Sonne weitertrocknen. Rum hingen sie da, 3200 Stück in Reih und Glied. Der Leser wird glauben, dass es nicht richtig ist, den Fisch in der Laichzeit zu fangen. Er mag recht haben – aber wiederum muss ich sagen, in der Wildnis ist es eben etwas anderes, ganz abgesehen davon, dass der „Sucker" in Kanada ein völlig wertloser Fisch ist und keinerlei Marktpreis, selbst in dicht besiedelsten dortigen Gegenden, hat. An der Küste Alaskas und auch im Inlande wird der Lachsfang in der Laichzeit zum Teil von der Regierung betrieben. Bei diesem enormen Reichtum fällt das wenige, was genommen wird überhaupt nicht ins Gewicht. Was tut es, wenn von einer Million Fische zehntausend genommen werden? Auf alle Fälle war N. froh, dass für seine Hunde gesorgt war und er in der warmen Jahreszeit kein Wild zu schießen brauchte. Wir berieten nun den Abtransport. N. wollte ein großes Floß bauen und alles nach seinem Bau fahren und das war auch für mich der einzige richtige Weg. Es war Sonntag und mein Partner sagte mir, dass ich ihn am Mittwochnachmittag an meinem Haus erwarten sollte. Er hatte erfahren, dass der Fellaufkäufer im „Settlement" mit Lebensmitteln aus Athabaska zurück sei, dort wollte er versuchen, alte Säcke zu kaufen, um in diesen die Fische zu verladen. Bei dieser Gelegenheit trug ich ihm auf, mir einige Dutzend Eier und 10 Pfund Zucker mitzubringen. Alles war besprochen und ich ging mit den Hunden wieder zurück.

Der besprochene Mittwoch kam, aber es verging der ganze Tag, ohne dass N. gekommen wäre. Sooft ich auch an den Fluss hinausging, die Sicht des zu erwartenden Floßes blieb aus. Ich machte mir keine Sorge und nahm an, dass N. nicht fertig geworden sei. Es war mindestens 11 Uhr abends, als ich mich zu Bett legte. Ich lag tief im Schlaf, als plötzlich die Hunde wütendes Gebell anfingen. Draußen wurden Schritte hörbar und das Hundegebell hörte sofort auf. Noch ehe ich aus dem Hause trat, kam N. pudelnass durch die kleine Tür. Ich machte Feuer, setzte Tee an, brachte Hofe und Hemd von mir und dann erst ging es an das Befragen. In der niedergeschlagensten Stimmung erzählte er Folgendes: Er hatte sich, wie verabredet, ein Floß gebaut und war mit diesem schon am frühen Nachmittag 2 Kilometer vor den Pelican-Stromschnellen auf einem im Wasser stehenden Felsen hängengeblieben. Alle Versuche, das Fahrzeug von dort wegzubringen, blieben erfolglos. Er war ins Wasser gestiegen, hatte angehoben, alles ohne Erfolg. 10 ½ Uhr abends wurde es ihm dann so kalt, dass er beschloss, zum 75 Meter entfernten Ufer zu waten, um zu mir zu kommen. Das Wasser war dort, wo das Floß hing etwa 1 Meter tief. Bei dieser Erzählung schielte ich auf den Rucksack vom Partner, in dem ich meinen gewünschten Zucker und die Eier vermutete. N. hatte das bemerkt und sagte: „Ja, alles ist futsch!" Der Zucker war natürlich verloren, aber von den drei Dutzend Eiern waren mehr als die Hälfte ganz geblieben. Na, das war das wenigste. Die Hauptsache blieb, das Floß zu retten. Vorläufig blieb uns nichts weiter übrig, als den Tag abzuwarten und zu hoffen, dass das Wasser nicht steigen möchte und das Floß abgetrieben wird. Wir schliefen einige Stunden und um 5 Uhr morgens befanden wir uns schon auf dem Wege zur Unglücksstelle. Schon von weitem sahen wir das hochbepackte Floß, das sich in aller Gemütlichkeit mit sanften Drehungen auf dem Felsen amüsierte. Wir gingen 1 Kilometer noch über das Floß hinaus. Dort lagen angeschwemmte Stämme am Ufer und es dauerte keine Stunde, bis wir drei 6 Meter lange Stämme vereint hatten. Ich hatte große Nägel mitgenommen und meine gute Axt beschleunigte die Arbeit. Wir schoben das Ding ins Wasser und gondelten auf das große Fahrzeug zu. Dort angekommen, sprangen wir über und schoben das kleine Floß ab, das auch sofort seinen eigenen Weg ging. Es ging alles programmmäßig. Zuerst wurde vom Floß aus versucht loszukommen. Nach langen Versuchen gaben wir das jedoch auf. Wortlos entkleideten wir uns völlig und stiegen, jeder mit einer starken Stange ausgerüstet, in das eiskalte Wasser. Bis über die Hüften standen wir drin und drückten mit den langen Stangen von den beiden hinteren Enden. Sobald das Floß erst einmal hinten etwas hoch wurde, half auch das Wasser nach und langsam glitt es über den Felsen. Für uns ging das eigentlich viel zu schnell, denn mit knapper Not konnten wir noch aufspringen. – Langsam gondelten wir ab. Wir hatten aber durchaus keine Zeit zu verlieren. Nur 2 Kilometer weiter unten waren die Stromschnellen. Es kostete große Mühe, das ungelenke Floß in den „Strom" zu bringen und es im eigentlichen Fahrwasser zu halten. Viel schneller als wir vermutet kamen wir dem weißen Wellenkamm, der sich quer über den Fluss zog, näher. Immer schneller strebte das schwere Fahrzeug dem Eingang in die Stromschnellen zu. Bald fing es an zu schaukeln, dann wurde es wieder hinten von dem schon stark bewegten Wasser in die Höhe gehoben. Die meisten Felsblöcke waren vom tobenden Wasser überspült. Diese gefährlichen Steine konnten wir nicht sehen und überall lauerte Gefahr. Nur ein riesiger Felsblock, der mitten im Strome stand, wurde ab und zu sichtbar, sobald die hohen Wellen zurückfielen. Und auf diesen Stein mussten wir Richtung halten. Dicht links von diesem führte der „Big Channel" – der große Kanal – vorbei. Jeder erfahrene Steuermann weiß, dass er in solchem wilden Wasser direkt auf diese Wellenbrecher zu steuern hat, sobald nicht ein anderer Kanal hindurchführt. Sobald nämlich das Fahrzeug, gleich welcher Art es auch sein mag, dem Hindernis nahekommt, wird es von dem dort sich brechenden Wasser seitlich abgetrieben. Die weitere Kunst besteht nur darin, dass dann das Fahrzeug auch gehalten werden kann, d.h. dass es sich nicht drehen darf. So werden die Flussdampfer durch die gefährlichen Stromschnellen am Yukon-Flusse hindurch gelotst und so war es auch früher am Athabaska. Das alles wussten wir bereits. – Mit gespreizten Beinen standen wir auf dem auf und nieder schaukelnden Floß, damit wir festen Halt hatten. N. arbeitete aus Leibeskräften am Seitensteuer, während ich am hinteren Ruder leichte Mühe hatte. 200 Meter vor uns tauchte der unheilverkündende schwarze Felsen aus dem weißen und grünen Wasser. Über „Berg und Tal" ging es weiter. Der schwarze Felsen kam außer Sicht, sobald wir im Tale waren, und zeigte sich, wenn wir wieder oben auf dem Wellenkamme ritten. Wie aus einem Munde erscholl der Ausruf von beiden: *look out*! – pass auf!

Alles war aus. Infolge des enorm starken Wasseranpralls hing zitternd nur ein Floßrest an dem Felsen. Und auf dem aus dem peitschenden Wasser ragenden „Bug" hockten wir blutend, an einer Querlatte festklammernd. Mehrere hundert Meter breit war dort der Fluss und in dieser ganzen Breite, ½ Kilometer aufwärts und 2 Kilometer abwärts, wogte das wildaufgepeitschte Wasser und mittendrin in diesem Toben der Elemente hockten wir hilflosen Geschöpfe. – Es dauerte geraume Zeit, bis wir wieder so weit waren, überhaupt klar zu denken. „Siehste Dicker", sagte ich zum Partner, „diese verfluchte ,dreizehn'!" Dreizehn Stämme hatte das Floß, sieben davon sind fort und auf diesen sechs hockten wir nun. N. hatte krampfhaft fünf getrocknete Fische in der linken Hand – alles, was von aller Habe auf dem Floß geblieben war. Bekleidung, Äxte, Schlafdecken, Kochgeschirr, eine Kleinkaliberbüchse und 3195 getrocknete Fische hatten die Wogen mit fortgerissen. Wie es möglich war, dass N. diese fünf Fische in die Hand bekam, ist und bleibt ein Rätsel. Alles ging so schnell, dass mir nur noch der starke Ruck und die hohen Wasserberge in Erinnerung blieben. Keiner von beiden sah Floß und Ladung verschwinden. Wäre das Floß lang und schmal gewesen, dann wären wir mit Bestimmtheit an diesem Felsen vorbeigeglitten. Unsere Hautabschürfungen an den Armen und Gesicht hatten splitternde Kreuzlatten verursacht. Das war Glück im Unglück! Die abgehenden Baumstämme hätten uns totschlagen können, zumindest aber in die Fluten werfen können. Wir gehörten nicht zu den Leuten, die in ähnlichen Lagen sogleich den Mut verloren. Wenn uns auch nicht zum Lachen war, so konnten wir nicht hindern, unsere Gesichter zu einem „Grinsen" zu verziehen, als wir uns ansahen. Wir müssen auch ein zu ergötzliches Bild abgegeben haben. Wie schon erwähnt, wir hatten keine Zeit uns zu bekleiden. Immer wieder muss ich lachen, im Gedenken an den Anblick, den N. bot, der nur ein kurzes Hemd anhatte. Ich war wenigstens „anständig" gekleidet und hatte die Hosen an. – Wenn wir auch die Kälte von der Zeit der Abfahrt bis zum Unglück nicht gewahr wurden, fühlten wir uns jetzt höchst unbehaglich. Das eine Kleidungsstück das wir trugen war völlig durchnässt, dazu strich ein kalter Wind über den Fluss. Nun kam die schwierige Lösung des Problems – wie herauskommen! Anfangs planten wir, schwimmend das Ufer zu erreichen. N. wollte zum rechten Ufer, weil dort sein Haus stand, ich wollte zum linken, da dort mein Bau war. Bei normalem Wasser wäre es auch kein Kunststück gewesen, das zu tun. Aber wir hielten es beide für ausgeschlossen, in diesem wilden Wellengang über Felsen und Steine unser Ziel zu erreichen. N. war der erste, der einen anderen Ausweg fand. Zwischen der uns nahen Verbindungslatte, die die restlichen sechs Stämme zusammenhielt, hing ein reichlich meterlanges Stück einer Stange. Die zogen wir heraus und versuchten gemeinsam, mit Hilfe der kurzen Latte zwischen Stein und Floß wuchtend, loszukommen. Alle Bemühungen schienen erfolglos zu sein, da der Wasserdruck zu stark war. Es blieb uns aber weiter nichts übrig, als immer wieder dasselbe Manöver zu wiederholen. Einen anderen Ausweg gab es nicht. Ich weiß nicht, zum wievielten Male wir es schon wiederholt hatten, dann kam etwas, das ebenso schnell und unsichtbar kam, wie der Anprall. Ein starker Ruck – das Wasser ging über uns hinweg –, im nächsten Moment waren wir wieder „oben" und trieben mit den hohen Wellen weiter. Sofort war ich mir klar, dass wir auf dem restlichen Floß „glitten". In wenigen Minuten waren wir aus den Stromschnellen heraus und trieben ganz von selbst in die tiefe Buhne, an der mein Blockhaus stand. Mit der kurzen Stange, die uns geblieben war, „paddelten" wir dann völlig hinüber zum Ufer und landeten auch gut bei meinem Hause. Die Hunde machten einen fürchterlichen Spektakel, als sie uns die ins Erdreich gehauene Treppe heraufkommen sahen. Sie erkannten uns nicht. In dieser „Aufmachung", in der wir kamen, hatten sie ihre Herren noch nicht gesehen. Sie beruhigten sich aber bald, nachdem sie unsere Stimmen hörten. So wie wir waren, gingen wir zunächst zu den Hunden und begrüßten sie. Wir standen mitten unter ihnen, während alle drei, auf den Hinterläufen stehend, sich an uns lehnten und jeder wollte zuerst über den Kopf gestreichelt sein. Du, N., fragte ich, was wäre wohl aus diesen armen Kerlen geworden, wenn wir in den Stromschnellen zum Teufel gegangen wären. Keiner von beiden sagte ein Wort. Ein jeder wusste, was mit diesen Tieren geworden wäre. Nach langer Zeit hätte man vielleicht deren Skelette an den Hütten gefunden. Sie waren an starken Ketten angelegt und wären dem Hungertode geweiht gewesen. Solche Fälle sind unzählige Male vorgekommen und einer davon ist mir sehr gut bekannt. Ein alter schwedischer Trapper, den ich und auch N. sehr gut kannten, hatte seinen Sitz über 100 Kilometer südlich von uns. Mitte Juni im Jahre 1928 kam der Fellaufkäufer mit dem kleinen Motorboot den Fluss herunter und bei jedem Trapper „stoppt" Jimmy. Er kam auch zu Old John, der aber nicht, wie gewöhnlich, beim Nähern des Bootes am Flusse stand. Nichts Gutes ahnend, ging Jimmy hinauf zum Hause. Alles war ruhig, auch die Hunde waren nicht zu hören. Als er die stets unverschlossene Tür aufstieß, drang ihm ein bestialischer Geruch entgegen. Old John lag auf dem

Bett – tot! Er war schon seit längerer Zeit tot. Jimmy ging hinter das Haus zu den dort gelegenen Hundehütten. Die armen Tiere lebten noch, waren aber schon so schwach, dass sie nicht die Köpfe heben konnten. Der Halbindianer zog seine Pistole heraus und erlöste diese armen drei Geschöpfe von ihren Qualen. Jimmy fuhr sofort wieder zurück nach Athabaska und kam nach einigen Tagen mit einem Arzt und einem Polizisten zu dieser Unglückstätte zurück. Die Verwesung der Leiche war schon so weit fortgeschritten, dass der Arzt nichts mehr feststellen konnte. An Ort und Stelle, dicht hinter dem Hause, begrub man Old John und auch die Hunde. Leider hat man diese vier Leichen nicht in einem Grabe vereint, so wie es sich gehört und es sich sicherlich auch der gute John gewünscht hätte. – Noch im selben Jahre errichteten zwei Landsleute des Verstorbenen ein schlichtes Kreuz auf dem Erdhügel und ich habe später einige Male vor diesem Kreuz gestanden! Old John war 71 Jahre alt und ein bekannter, guter Trapper. Auch als Mensch war er ein edler Charakter. Und was mich so tief traf, war, dass N. und ich ihn noch etwa drei Wochen vor seinem Tode auf dem Fußmarsch nach Athabaska gesprochen hatten. Viele solcher Grabstätten gibt es in der menschenleeren Wildnis! Und wie viele solcher Männer mögen ihr arbeitsreiches und hartes Leben beschlossen haben, von denen niemand etwas weiß!

Im Hause wurde es bald gemütlich warm und beim heißen Tee fühlten wir uns wieder gekleidet behaglich. N. jammerte um den großen Verlust, was ich auch sehr gut verstand. Der meinige war nicht groß. Eine Mütze, Jacke, Hemd, Mokassins und Axt waren zu verschmerzen. Mein Partner gewann aber bald wieder Mut, besonders nachdem ich ihm ausmalte, was Schlimmeres hätte passieren können. Wir hätten den Tod finden oder, was noch schlimmer war, mit gebrochenen Gliedern irgendwo ans Ufer geschwemmt werden können. Wir waren Gott sei Dank gesund und das war die Hauptsache!

Noch am selben Tage fuhren wir mit den drei Hunden an Bord nach N.s Behausung. Ohne Schwierigkeiten sind wir durch die Stony-Stromschnellen gekommen. Das nun richtige Floß ließ sich tadellos steuern. Am nächsten Tage setzte mich N. mit seinem kleinen Boot über den Fluss und ich lief am Ufer entlang zu meinem Bau zurück.

HOCHZEIT IM WALDE

Nicht so wie bei uns in Deutschland, wo der Frühling nur zaghaft dem Winter folgt, ist es in jenen nördlichen Breiten. Kaum ist das Eis aus den Flüssen heraus, beginnt es mit einem Male warm zu werden. Sichtlich schwindet der Schnee – es ist Sommer geworden! Von einem eigentlichen Frühling ist nicht die Rede. Dieser fast unnatürlich schnelle Übergang von der strengen Herrschaft des langen Winters in den kurzen Sommer übt auf den Menschen, scheinbar auch auf manche Tiere, eine sonderbare

Erscheinung aus. Man fühlt sich in den ersten Wochen matt und muss sich zu regelmäßiger Arbeit zwingen. Auch die Hunde liegen völlig apathisch in ihren Hütten, auch auf sie bleibt dieser schnelle Temperaturwechsel nicht ohne Folgen. Sind erst zwei Wochen vergangen, kommt der Mensch in sein altes Gleichgewicht zurück.

Von all diesem schienen aber alle Lebewesen, die in den Bäumen und Sträuchern, am Boden und im Wasser lebten, nichts zu wissen. Es war ein Zwitschern, ein Singen und Kreischen, dass man seine helle Freude daran haben musste. Draußen am und im Flusse war reges Leben. Schellenten flogen klingelnd auf und ab, die prächtigen Erpel umschwammen ihre Enten. Überall sah man die Liebesspiele der Löffel-, Stock-, Berg-, Krick- und Knäkenten. Die Gänsesäger hielten sich abseits von diesen Entenvögeln. Möwen flogen kreischend auf und ab und hoch über ihnen konnte man sich der herrlichen Paarungsspiele der Rotschwanzbussarde erfreuen. Uhu und Schwarzkopfhabicht hatten ihre Flitterwochen schon hinter sich und die Weibchen aßen bereits auf den Gelegen. In nur mäßiger Entfernung vom Blockhaus hatte ich bereits drei besetzte Uhuhorste gefunden.

Regenpfeifer und Strandläufer trippelten auf den Sand- und Steinbänken am Ufer – überall reges Leben. Aber auch im Walde ging es lebhaft zu. Am Boden und im Strauchwerk huschten die vielen verschiedenen Ammern hin und her. Purpurfinken und Wanderdrosseln sangen ihren „Frauen" die schönsten Melodien vor. Alle Arten Spechte trommelten an trocknen Ästen, auch sie ließen ihre wenig melodischen Liebesrufe hören. Eine große Menge von Kleinvogelarten war gleichfalls von dem alljährlich wiederkehrenden Frühlingszauber ergriffen. – Hochzeit im Walde! – Und das alles kam so schnell – so überraschend wie der „Frühlings-Sommer" selbst! Nicht nur das Wachsen, Grünen und Blühen erstand in wahrer Treibhausschnelle – auch die Tier- und Vogelwelt schien sich zu beeilen. Nicht einmal in der sehr kurzen Nacht war Ruhe. Einige Kleindrosselarten schienen dort unsere Nachtigall vertreten zu wollen, nur der Gesang reichte bei weitem nicht an diese heran. Es ist mir aufgefallen, dass bei dem dortigen Vogelreichtum wohl sehr buntfarbige Arten zu finden sind, während es aber an wirklich guten Sängern mangelt.

Auch im Bett fand ich keine Ruhe. Kaum war ich eingeschlafen, als auch schon ein Zirpen und Zwitschern begann. Die Spitzmäuse feierten ebenfalls Hochzeit. Auf und nieder am Balkenwerk, am Boden hin und her jagten sie, diese winzigen Mäuse. Mein Bett hatten sie sich scheinbar als „Hauptbrunftplatz" auserkoren. Die weiche, aus Schneehasenfellen von Indianern gewirkte Decke musste besondere Anziehungskraft ausüben. Und wenn die Aufregung am größten und die Freude der kleinen Geschöpfe am höchsten war, dann ertönte der feine zirpende „Brunftschrei" – auch aus meinen langen Haarmähnen! Ich konnte ruhig mit der Hand nach ihnen schlagen, es störte sie wenig. Der „Brunftplatz" wurde für kurze Zeit talwärts auf die Decke verlegt, um schließlich bald wieder aufgesucht zu werden.

Wäre ich nur Trapper gewesen, so hätte ich jene herrliche Zeit in beschaulicher Ruhe dahinleben können. Ich ging aber nicht nur als Pelztier- und Großwildjäger nach Kanada, sondern wollte mich vielmehr dem Studium der dortigen Tier- und Vogelwelt widmen. Und dazu gehörte, dass ich alles Erreichbare für das Dresdener Zoologische Museum sammelte, das mir in liebenswürdigster Weise bei der kanadischen Regierung die dazu nötige Erlaubnis erwirkt hatte. Arbeit war also die Parole für mich! Mit dem Drilling und der kleinen 9-Millimeter-Vogelflinte streifte ich im Walde, am Flusse, an Seen, Tümpeln und Sumpf umher. Es war für mich, da ich die dortige Vogelwelt noch wenig kannte, nicht immer leicht, die gewünschte Art zu erlegen. Besonders die kleinen Vögel, die nur in hohen Bäumen zu finden und nur an den Stimmen auszumachen waren, machten allerhand Schwierigkeiten im Ansprechen. Es passierte mir mehrere Male, dass ich gewaltig dabei irrte und Arten schoss, die ich schon hatte. Was viel unschöner war, war die große Eile, mit der ich arbeiten musste. Es waren einige Arten, die nur sehr kurze Zeit eine Gastrolle abgaben und deren Erlegung nicht immer leicht war. – Einem jeden Naturfreund muss das Herz wehe tun, wenn er leider sehr oft Vogelbälge aus den verschiedensten Ländern sieht, die unfachmännisch und unansehnlich präpariert sind. Sie sind zu nichts weiter zu gebrauchen, als dass sie dem Wissenschaftler einen Anhalt über Färbung und dergleichen geben können. Zu erhalten sind solche Mumien meistens nicht! Man mache sich zum Grundsatz, nicht mehr zu schießen, als man verarbeiten kann. Eine Haut vom Vogel abzuziehen kann schließlich ein jeder erlernen, eine andere Frage ist es, ob er den Vogel aber weiter so behandelt, dass er von dauerndem Wert bleibt!

Es würde niemals einem anständigen Jäger einfallen, sein Wild zu schießen, um es schließlich dem Verderben preiszugeben. Und von dem Gedanken des Erhaltens und der Nutzbarmachung muss auch der Sammler beseelt sein. Der Komfort, mit dem daheim gearbeitet werden kann, fehlt leider nur zu oft in der Wildnis. Das Trocknen der Häute bei schlechtem Wetter bereitet Schwierigkeiten, besonders, wenn es sich um große Säugetiere handelt. Mäuse und Ratten können zur Plage werden – kurz, es bedarf großer Umsicht und erst wenn die Sammlung an ihrem Bestimmungsort ist, zeigt es sich, ob der Ausführende etwas verstand oder nicht!

Es war etwas stiller im Walde geworden. Die Paarzeit in der Vogelwelt war vorüber – die Weibchen saßen bereits auf den Gelegen. Auch bei mir setzte ein beschaulicheres Leben ein. Mein bescheidenes Heim war in knapp drei Wochen in ein Miniatur-Museum verwandelt. Der Mäuse wegen hatte ich im Inneren des Hauses Drähte gespannt, damit diese Nager nicht zu den wertvollen Schätzen gelangen und dort arge Verwüstung anrichten konnten. An diesen Drähten hing oder lag auf Brettchen und Pappdeckeln meine Arbeit. Über hundert Vögel und einige Kleinsäuger trockneten dort. Falten, Habichte, Sperber und Steinadler, Enten, Möwen, Sumpfvögel und sehr viele Kleinvogelarten – eine buntgemischte Sammlung. Ich hatte meine helle Freude an diesen Bälgen und war nicht wenig stolz, dass ich diese große Anzahl in der sehr kurzen Zeit sammeln und erhalten konnte. Das zu erreichen, ging auf Kosten des immerhin notwendigen Schlafes! In dieser ganzen Schaffenszeit schlief ich nur von 11 bis 2 Uhr nachts, alle übrige Zeit war ich entweder draußen auf der Suche nach Vögeln oder im Hause mit dem Balgen beschäftigt. Nun lag diese schwere und arbeitsreiche Zeit hinter mir. Niemals hätte mich jemand dazu bringen können, diese Arbeitsleistung für irgend jemand gegen Bezahlung zu tun. Es wäre einfach nicht möglich gewesen! Der große Idealismus aber, mit dem ich an die Arbeit ging – er schaffte alles!

DIE VOGELWELT NORDWEST-KANADAS

Ich hielt es bis jetzt für empfehlenswert, den verehrten Lesern die Jahre 1926 bis 1929 in einer doch etwas tagebuchähnlichen Art zu schildern. Auf alle Fälle sollen meine Aufzeichnungen den Zweck haben, zu beweisen, wie schwer es ist, sich in der menschenleeren Wildnis, weitab vom komfortablen Getriebe der Zivilisation, zu behaupten. Wollte ich meine Erzählung in dieser Art fortsetzen, so würde das ein Buch ohne Ende werden. Der folgenden zwei Jahre sei hier nur mit wenigen Worten gedacht. Mit derselben Zähigkeit und mit demselben Fleiß betrieb ich im Winter den Pelztierfang und in der übrigen Jahreszeit trachtete ich danach, meiner wissenschaftlichen Sammlung größeren Umfang zu geben, was mir auch sehr gut gelungen ist. Da sich meine Eisenlinie von Jahr zu Jahr verlängerte, brachte das natürlich auch größere Strapazen. Viele Tage lief ich allein auf Schneeschuhen in der Wildnis umher. Der Erfolg wurde von Jahr zu Jahr besser, die Raubwildstrecke steigerte sich ganz gewaltig.

Ehe ich auf die letzten drei Jahre als Trapper zu sprechen komme, sei es mir gestattet, erst über die Vogelwelt und anschließend auch über die Tierwelt zu berichten.

Die Raubvögel in der Heimat waren von frühester Jugend meine besonderen Lieb- und Schützlinge. Diese herrlichen Geschöpfe bildeten mein Steckenpferd. Nicht umsonst „ritt" ich auf diesem weiter – über den großen Teich. Dort in Kanada fand ich das, wonach ich mich sehnte: Unendliche Weiten – in denen ganz natürlicherweise „meine" Raubvögel nicht fehlen konnten. Und ich hatte mich nicht getäuscht. Raubvögel gab es viele. Der Stein- und der Seeadler waren überaus häufige Erscheinungen, auch an kleineren Arten mangelte es nicht. Was mich aber am meisten anzog, war der König der Nacht – der Uhu! Wenn er auch in den ersten Jahren meines Dortseins nicht überaus häufig war, so nahm er aber später, als die Schneehasen, die seine Hauptatzung bilden, sich vermehrten, sehr stark zu und fiel den Trappern sehr lästig. Sobald ein Hermelin, Bisam oder Nerz in ein Eisen geriet, war in vielen Fällen ein Uhu sofort an Ort und Stelle, der die Beute für sich beanspruchte. Der amerikanische Uhu wird in eine Menge geographischer Rassen eingeteilt. Die Art, von der hier die Rede ist, behandelt den prächtigen virginischen Uhu (*Bubo virginianus subarcticus Hoy.*). Man scheint sich nicht im Klaren zu sein, ob nicht mehrere Arten dort vorkommen. Den Grund dazu geben die sehr verschiedenartig gefärbten Exemplare. Wenn auch im Osten und Westen des Riesenreiches die Farbe des Uhus vorherrschend hell und dunkel ist, so gehen im Nordwesten am Athabaska-Fluss alle diese Färbungen ineinander über. Im Laufe der Jahre stellte ich fest, dass die mittlere Färbung vorherrschend ist. Alle diese verschieden gefärbten Uhus gehören aber sicher zu der einen Art. Der Uhu war der Vogel in meiner Sammlung, der am zahlreichsten vertreten war. Und hätte ich einen jeden, den ich sah und der auch in Schussweite war, erlegen wollen, so wären viele hundert zusammengekommen. Mit diesen herrlichen Vögeln habe ich köstliche Erinnerungen eingeheimst! In sehr kurzer Zeit erlernte ich den Ruf der großen Eule und auch den Paarungsruf des Weibchens, ein langgezogenes „Wäääk". Ich weiß nicht, wie viele Uhus ich, zum Teil aus großer Entfernung, anlockte, gleich ob ich sie haben wollte oder nicht. – Als ich den zweiten Sommer auf der Farm zu arbeiten gezwungen war, saßen der Sohn des Hauses sowie zwei Reichsdeutsche und ich bei schon starker Dunkelheit auf einer Bank vor dem Hause. Weit in der Ferne rief ein Uhu. Ich ahmte seinen Ruf nach – dem bald Antwort wurde. Der Verlauf eines Gespräches mit meinen Freunden ergab, dass ich garantierte den Uhu heranzuholen, worauf die zwei deutschen Besucher um einen Kasten Bier wetteten. Der Uhu kam auch bald, setzte sich direkt über uns in eine Linde und wurde prompt vom Farmersohn vorbeigeschossen! Der Uhu kam also – aber ich bekam nie mein Bier!

Ein noch viel schöneres Erlebnis hatte ich mit einem starken Uhuweibchen am Blockhause. Es war ein verhältnismäßig warmer Abend Anfang April. Die Paarzeit des Uhus war fast zu Ende. Draußen vor dem Blockhaus rief ein Uhu. – Im Inneren des Hauses ahmte ich den Ruf nach. Eine Minute später meldete der Uhu von der anderen Seite des Hauses. Wieder antwortete ich, drehte mich dabei aber um, so dass der Ruf vom hinteren Hause zu kommen schien. Prompt stand die große Eule dorthin zu. Während „Sie" mit den allen Eulen eigenen, auf und nieder nickenden Bewegungen in einer hohen Pappel nach dem vermeintlichen „Gatten" suchte, schlich ich mich zur Tür, öffnete diese ein wenig und schrie dort hinaus. Kaum hatte ich die Tür vorsichtig wieder zugeschoben, als auch schon der hohle Doppelruf draußen erschallte. Vom Fenster aus konnte ich den Uhu beobachten. Da ich sah, dass es ein ausnahmsweise schönes und dunkles Exemplar war, entschloss ich mich es zu schießen. Als ich mit dem Drilling aus dem Hause kam, strich der Uhu ab. Ganz in der Nähe stand eine uralte Schwarzpappel, auf die ich zuging, um, an deren starken Stamm gelehnt, meinen Ruf zu wiederholen. Nur wenige Minuten später stand das liebestrunkene Weibchen wieder zu und als es direkt über mir in der Krone des Baumes rufend stand, warf es mein Schuss herunter. Das besonders schöne Exemplar hängt heute präpariert in meinem Jagdzimmer. – Der Uhu verdient seinen Namen „König der Nacht" mit Recht. Alles, was er zu überwältigen vermag, oder zumindest glaubt überwältigen zu können, greift er an. Des Öfteren sah ich Uhus, wie sie ausgewachsene Schneehasen über den breiten Fluss zu Horste trugen.

Der große Bartkauz ist über das gesamte nördliche Nordamerika verbreitet, soweit sich Nadelhölzer erstrecken. Dieser herrliche Vogel in seinem nebelgrauen Gefieder mit den dunklen Längsflecken über Brust und Bauch war jedoch in meiner Gegend nicht häufig. Nur wenige Exemplare konnte ich sammeln.

Die Schnee- oder Polareule ist in jener Gegend nicht Brutvogel, kommt aber im Frühwinter regelmäßig, zuweilen auch in kleineren Flügen auf dem Zuge durch. In manchen Wintern, besonders wenn es viele Schneehasen oder Schneehühner gibt, bleibt dieser herrliche Vogel, oft auch in größerer Anzahl, den ganzen Winter über. Diese Eule ist im hohen Norden in den unendlichen Tundren zu Hause. Sie ist ein Bodenbrüter und auch außer der Brutzeit scheint sie die Hauptzeit des Tages auf dem Boden zuzubringen.

In den weiten Muskegs, in denen vereinzelte abgestorbene Bäume stehen, sieht man den Vogel auch auf den toten Stangen sitzen. Meist aber wird man sie in den großen ausgedehnten Weiten, z.B. in offenen Sümpfen und auf dem Eise großer und kleiner Seen ganz plötzlich vor den Füßen hochmachen. Das weiße Gefieder gibt ihr eine prächtige Schutzfarbe im Schnee und auf dem Eise. Diese prächtige Eule ist ein ebenso aggressiver Vogel wie der Uhu. Alles, was sie zu überwältigen glaubt, greift sie an. Sie jagt jedoch ebenso gut am Tage, wie auch in der Nacht und mit Vorliebe schlägt sie Schneehühner, seltener Schneehasen. Weit häufiger als in der Wildnis habe ich diese Eule im Winter in der Nähe von Siedlungen und Farmen gesehen. Im Januar 1931, als ich mit der Bahn nach Edmonton fuhr, zählte ich nicht weniger als 24 Schneeeulen, die verstreut auf hohen Strohmieten saßen und im Tageslicht auf Beute lauerten. Jedoch schon im März, wenn noch alles tief verschneit ist, tritt sie ihre Rückreise in ihre eigentliche nordische Heimat an. Ich habe mehrere Exemplare gesammelt, habe aber nicht ein einziges reinweißes Stück erlegen oder beobachten können. Es wird oftmals angenommen, dass es bestimmt reinweiße Exemplare gäbe, ich bezweifle dies jedoch stark. Im Jugendgefieder ist auf weißem Grunde die schwarzbraune Fleckenzeichnung vorherrschend und verschwindet bis zu einem gewissen Grade mit zunehmendem Alter.

Außer Sumpfohreule, Sperbereule und noch zwei anderen Kleineulenarten ist besonders die kleinste unter allen, die Zwergeule, (*Claucidium genoma pinicola Nelson*), englisch *pigmy owl*, bemerkenswert. Dieser herrliche Vogel ist dort oben im Norden nicht häufig, scheinbar aber in südlichen Lagen. Von dem Vorhandensein dieses Zwerges wusste ich lange nichts, bis mir ein Zufall zu Hilfe kam. Ein anhaltendes lautes „Güük – güük" machte mich stutzig und lange musste ich suchen, bis ich

71

den Urheber in den allerhöchsten Fichtenkronen entdeckte. Aber auch dann wusste ich noch nicht, was für ein Vogel das eigentlich sei – bis ich ihn endlich nach einer Reihe von Fehlschüssen auf große Entfernung schoss. Ob dieser Vogel, ebenso wie andere Eulenarten, bei Tage raubt, vermag ich nicht zu sagen, da ich zu wenig Gelegenheit hatte, die dort seltene Eule zu beobachten. In der Paarzeit aber, die in den Monat April fällt, ist am Tage und auch in hellen Nächten sein lauter Ruf zu hören.

Das erste, was wohl den einsamen Wanderer in jenen Gefilden fesseln muss, sind die Adler. Im Frühjahr und Herbst sind diese regelmäßig zu beobachten. Wenn ich diese Herren der Lüfte auch dort nicht so häufig beobachten konnte wie später im Yukon, so waren sie immerhin nicht selten. Am häufigsten sieht man den amerikanischen Seeadler (*Haliacetus leucocephalus alascanus Townsen*). Er ist jedoch dort nicht Brutvogel. Die Exemplare, die man im späten Frühjahr beobachtet, sind solche, die noch nicht brutreif sind. Die eigentliche Heimat dieses amerikanischen Wappenvogels sind die Riesenbinnenseen des Inlandes, aber mehr noch die Küsten des gesamten amerikanischen Festlandes. Er ist bedeutend kleiner als der europäische Seeadler. Besonders fesselnd ist sein Bild, wenn heller Sonnenschein auf den sehr dunklen Rumpf und beim alten Vogel auf den vollständig weißen Kopf, Hals und Stoß fällt.

Sein königlicher Vetter, der Steinadler (*Aquila chrysaetus),* ist der Raubvogel, dem der Reisende seinen ersten Blick widmen wird. Gleich dem Seeadler sind auch die Steinadler, die im späten Frühjahr, zum Teil auch im Sommer beobachtet werden, nicht brutreif. Die Steinadler, die mit den europäischen vollkommen identisch sind, schreiten ja bekanntlich erst zur Brut, wenn sie das dritte Lebensjahr erreicht haben – selten früher. Die Adler, die vom späten Frühjahr bis in den Spätsommer dort in der großen ebenen Waldwildnis zu finden sind, sind Jungvögel. Nur selten findet sich darunter ein alter Adler. Sobald aber die Jungen den Horst verlassen haben, der in den allermeisten Fällen in den ausgedehnten Gebirgen des nordamerikanischen Kontinents stand und der Spätherbst herankommt, streichen alt und jung in jene tiefere Lagen. Wenn es viel Schneehasen gibt, bleiben die Adler auch den Winter über und sind dann eine häufige und tägliche Erscheinung.

Immer und immer wieder habe ich meine Blicke den Steinadlern widmen müssen. Es war immer wieder ein bezaubernder Anblick, den aufgeblockten Adler in seiner königlichen Haltung und ernster Würde sitzen zu sehen. Und wie oft habe ich träumend gesessen und den deutschen Wappenvögeln im weiten Äther zugeschaut! Und je mehr ich mich in das unbeschreiblich schöne Flugbild vertiefte, je mehr ich mich der Bewunderung ihrer majestätischen, schwimmenden Bewegung hingab, umso kleiner und unbeholfener kam ich mir vor! Wie hoch dünken wir Menschen uns über die Kreatur und doch wie klein sind wir unbeholfenen Geschöpfe jenen gottbegnadeten „Freien" gegenüber!

Die Erlegung eines Steinadlers glaube ich meinen Lesern nicht vorenthalten zu dürfen.

Es war ein verhältnismäßig warmer Tag Anfang Oktober. Im Morgengrauen verließ ich das Blockhaus, um meinem früheren Partner in seiner entlegenen Klause einen Besuch zu machen. Ich traf ihn auch an und als erstes erzählte er mir, dass außer anderen Adlern ein alter Steinadler des Öfteren in die Nähe seines Hauses käme. An diesem Tage ließ er sich aber nicht sehen. Am frühen Nachmittag, als wir uns gegenseitig die Haare geschnitten hatten, was auch der Zweck des Besuches war, verließ ich sein Haus und ging am Flussufer zurück. Etwa 2 Kilometer vor meinem Heim kam ein Adler über die Uferberge der anderen Seite im eleganten Gleitfluge herüber. Ich duckte mich hinter einem Schwemmholzhaufen und machte mich mit dem 8-Millimeter-Steyrstutzen fertig. Der Adler sah mich natürlich und kreiste in 70 bis 80 Meter Höhe eine ganze Zeit. Ich konnte mich jedoch nicht entschließen zu schießen, da ich ihn vielleicht, wenn er in den Fluss fiel, nicht bergen konnte. So erfreute ich mich an den verschiedensten Flugbildern des alten Steinadlers. Am nächsten Morgen, etwa gegen 6 Uhr, trat ich aus dem Hause. Ich war barfuß und nur mit Hemd und Unterhose bekleidet. Da sah ich einen dunklen Schatten huschen. Ohne jede Hast drehte ich mich um und gewahrte in einer Entfernung von etwa 120 Metern einen alten Steinadler hoch oben in einer uralten abgestorbenen Schwarzpappel. Er kehrte mir den Rücken zu und nestelte in seinem Bauchgefieder. Langsam schob ich mich wieder zurück durch die offenstehende Tür und steckte eine Kugelpatrone in den Drillingslauf. Dicht an die Hauswand gedrückt, strich ich mit dem Drilling an und als das Silberkorn deutlich in der dunklen Schulter stand, ließ ich fliegen. Wie ein Stein stürzte der große Vogel prasselnd auf das trockene Unterholz. In langen Sätzen rannte ich in meiner „Frühmorgentoilette" hin, mit der einen Hand die viel zu weiten Unterhosen festhaltend. Den Drilling ließ ich zurück. Nun begann eine wilde Hetzjagd durch dick und dünn und ich bedauerte, dass der Drilling zurückgeblieben war. Ich konnte auch nicht die Waffe holen, denn der links hoch geflügelte Adler trachtete mit unglaublicher Behändigkeit zu entkommen. Wäre ich nach meinem Gewehr gelaufen, wäre der Adler in dem Fallholz und in den wilden Rosen- und Stachelbeersträuchern, die ich mit schmerzenden nackten Füßen „durchrennen" musste, entkommen. Hin und her ging die aufregende Hast, bis ich endlich den stolzen Vogel an zwei, durch Erdreich zusammengehaltenen Bäumen in der Enge hatte. Nach rückwärts weit zurück auf den gefächerten Stoß gelehnt, erwartete mich der Adler mit seinen kampfbereiten respektvollen Fängen. Diesen stolzen Vogel mit dem scharfen und zornigen Blick in dieser Stellung dicht vor mir zu sehen, ergab ein wundervolles Bild. So schön dieser hasserfüllte und stolze Blick dieses edlen Vogels auf mich einwirkte, der große Vorwurf, der daraus hervorschaute und mich zum Meuchelmörder stempelte, gab am Ende doch dem anfangs mit Freude ersehnten Waidmannsheil einen sehr bitteren Beigeschmack. – Mit schnellem Griff fasste ich nach den äußersten Schwungfedern des gefunden Flügels und riss den Adler hoch. Ohne jeden Befreiungsversuch von seinem Widersacher ließ sich der Adler tragen, nur die gewaltigen Fänge mit den dolchartigen Klauen griffen krampfhaft auf und ab. Auf geradem Wege ging ich dem Hause zu, legte den Adler vor der Tür nieder und als ich mit dem geladenen Kleinkaliber heraustrat, erwartete der stolze Vogel, wie es sich für einen kampferprobten Helden geziemt, still den Tod. Ich machte dem Drama schnell ein Ende. Es war mir ein Trost, dass ich am Ende doch noch dem Herrscher der Lüfte ein waidmännisches Ende bereiten konnte. Auch wir und alle anderen Sterblichen werden einmal am Ende des oft viel gewundenen Weges stehen.

Zunächst machte ich einen heißen Tee und setzte mich dann mit dem Adler auf die erhöhte Türschwelle vor das Haus, um trinkend und Zigaretten rauchend Siesta zu halten. Die liebe Oktobersonne, die sich Mühe gab, den nun beginnenden Indianersommer zu einem der schönsten zu gestalten, lächelte auf mich, den einsamen Mann in der unendlichen Wildnis, hernieder. Sie schaute mir zu, wie ich mit einer gereinigten Nähnadel die unheimliche Menge von Rosen- und Stachelbeerdornen, die in der Haut saßen, wieder ans Tageslicht beförderte! Bis hoch hinauf in die Oberschenkel hatten sich diese teuflischen Dinger eingefunden. Ich war mit mir selbst zufrieden, es waren wieder mal jene Stunden, in denen ich mich weitab von der Welt gerückt sah und nur meinem eigenen „Ich" lebte und keine Rücksicht auf Menschen zu nehmen hatte.

Heute steht auch dieser stolze Vogel in meiner Jägerklause und wenn ich nach dem alten Steinadlermännchen schaue, zwingt er mir immer Bewunderung ab.

Der Wanderfalk, der sich in nichts vom Europäischen unterscheidet, ist nicht gerade häufig. Als Brutvogel kommt er dort nicht vor, er liebt felsige Gegenden und große Wasserflächen, die dort fehlen. Im Frühjahr, besonders aber im Herbst, erscheint er regelmäßig und es ist mir auch gelungen, von diesen edlen Falken einige Exemplare zu erlegen und meiner Sammlung einzuverleiben. Der kleine Merlin, auch als Steinfalk bekannt, ist im Frühjahr und Herbst während des Zuges ein häufiger Gast.

Viele schöne Beobachtungsstunden brachte mir der kleine Kobold unter den Falken, der amerikanische Sperlingsfalk (*Falco sp. sparverius [L]*). Warum der Amerikaner diesen sehr nahen, aber um bedeutendes kleineren Verwandten unseres Turmfalken als „Sperlingsfalken" bezeichnet, ist eigentlich nicht recht verständlich. Es gibt kaum einen harmloseren und nützlicheren Raubvogel als gerade diesen. In der Nähe meiner Blockhäuser hatte ich in jedem Jahre einige Pärchen und es war höchst interessant, wie sie im Frühjahr gleich nach ihrem Erscheinen den größeren Spechtarten die Nisthöhlen streitig machten. Dieser zierliche Falke ist ein Höhlenbrüter und ernährt sich und die Brut in der Hauptsache von allerhand Käfern, Schwärmern, zum Teil auch von Mäusen. Es muss schon Schmalhans Küchenmeister sein, wenn er sich an kleinen Vögeln vergreift. Ja, ich beobachtete sogar, dass letztere keinerlei Scheu zeigten, sobald dieser kleine Falke in der Nähe war, während beim Erscheinen von Sperber und Merlin alles davonstob.

Der Sperber ist nicht selten, aber weit häufiger ist sein größerer Vetter, der amerikanische Hühnerhabicht, bekannt als Schwarztopfhabicht.

Im Äußeren unterscheidet er sich merklich von unserem *Astur palumbarius*, in seinem Wesen und Treiben aber in gar nichts. Er ist genauso ein tollkühner, verwegener und auch frecher Räuber, wie unser Habicht.

Ich habe es zu einer Fertigkeit gebracht, den Sterbegesang Meister Lampes[14] auf der Hand nachzuahmen. Und von dieser Kunst machte ich natürlich auch „drüben" sehr viel Gebrauch, der auch recht oft belohnt wurde. Der Uhu stand sehr oft zu – noch mehr aber der Habicht. Leider konnte ich auf diesen Räuber nur im Walde quäken, während der Uhu auch ins Freie kam. So ging sehr oft der Schuss auf den Habicht daneben; denn so urplötzlich er kam, verschwand er auch ebenso schnell wieder, sobald er die geringste Bewegung entdeckte. Aber „geklappt" hat es doch oft.

An Weihen kommt nur die amerikanische Kornweihe (*Circus cyaneus hudsonius*) vor, ist aber in den offenen Sümpfen eine häufige Erscheinung und dort auch Brutvogel.

Die Rotschwanzbussarde, die würdig unseren Mäusebussard vertreten, aber in viel größerer Anzahl, sind sehr zahlreich.

Der kleine nordische Raufußbussard ist im Herbst und Frühjahr als Zugvogel häufig zu beobachten, und ich sah nicht selten Flüge bis zu 50 Stück zusammen.

Eines Sonntags, als ich im zweiten Frühsommer auf der Farm arbeitete, fuhren der Farmer, dessen Sohn und ich mit dem Auto „spazieren". Immer hatte ich bei solchen Fahrten meinen Drilling mit; denn es gab oft Gelegenheit, meine Sammlung um diesen oder jenen Schatz zu bereichern. Wir waren schon auf dem Heimwege und näherten uns der Farm, als wir auf einem Zaunpfosten des Nachbarn einen mir im Äußeren noch unbekannten Raubvogel sitzen sahen. Ich öffnete die Wagentür und als auf 40 Meter vom Vogel das Auto stoppte, krachte auch schon mein Schuss aus dem Wagen. Ich war nicht wenig erstaunt, als ich einen dort oben sehr seltenen Gast aufhob. Es war der sehr kleine, zierliche Breitflügelbussard (*Buteo pl. platypterus [V]*). Ich weiß nicht, ob dieser Vogel, dessen Heimat viel weiter im Süden liegt, dort häufig ist. Der bekannte amerikanische Ornithologe Tavern schreibt in seinem bekannten Buche „*Birds of western Canada*", dass dieser kleine Bussard seine nördlichste Verbreitung etwa am 55. nördlichen Breitengrade hat und auch dort nur eine sehr rare Erscheinung ist. Wir befanden uns nur wenig unter dem 55. Breitengrade

---

14 Anm. des Verlags: Fabelname für den Hasen.

und so bildete die Erlegung immerhin eine große Seltenheit! Nur wenige Jahre später überflügelte ich auch diese noch.

Es war Anfang Mai und dieser herrliche Tag wird mir immer in Erinnerung bleiben. Im Laufe des Vormittags hatte ich zwei Kornweihen, einen Rotschwanzbussard, einen Schwarztopfhabicht, einen Merlin und vier Bergenten beim Pirschgang um einen großen, mit Schilf umränderten See geschossen. Am Nachmittag auf dem Heimwege begriffen, sah ich drei dieser kleinen Bussarde, die mir auch sofort auf das Quäken auf der Hand zustanden und prompt geschossen wurden. Nach dem Balgen stellte ich fest, dass zwei dieser interessanten Raubvögel Weibchen waren und je ein legereifes Ei bei sich trugen! Damit konnte ich beweisen, dass dieser Bussard als Brutvogel bis zum 56. Breitengrade vorkommt, während er früher nur als seltenster Irrgast bis zum 55. Breitengrade bekannt war!

Es zeigt sich eben immer wieder, dass irren menschlich ist und genaueste Beobachtungen notwendig sind. Gerade dort oben in dem fast völlig unbewohnten Riesenlande wird der Ornithologe noch manche Gelegenheit finden, Rätsel zu lösen.

Wenn der Jäger oder Reisende in jene abgelegenen Gebiete gelangen will, wird er, wenn nicht ein Flugzeug vorgezogen wird, meist längere Zeit auf Wasserwegen verbringen müssen. Außer Enten und Strandvögeln werden ihn Raubvögel in erster Linie fesseln müssen, sofern er nicht „dösend" im „Kahne" sitzt und im Geiste schon angreifende Bären, kämpfende Brunftschaufler und sich von blutrünstigen Wölfen umzingelt sieht. Diese Dinge lassen sehr lange auf sich warten und werden nur selten oder auch nie zur Wirklichkeit.

Im Frühjahr und im Herbst wimmelt es oftmals von Enten an den größeren und kleinen Gewässern. Die seltensten nordischen Gäste sind darunter zu finden. Im Sommer jedoch sind es vorwiegend nur Schell- und Stockenten, die an den Flüssen ihr Brutgebiet haben, während viele andere Arten an entlegene Seen und Tümpel gezogen sind. Als hauptsächlichste Standvögel kommen in Frage: Stock-, Spieß-, Schell-, Krick-, Knäk- und Löffelente.

In großen, mit breiten Schilfgürteln umgebenen Seen ist die große Rohrdommel sehr häufig und es war mir immer ein Hochgenuss, wenn ich in den Abendstunden und auch in der Nacht im Frühjahr dem *pumpe* lauschen konnte.

Taucherarten in den verschiedensten Variationen kommen an tiefen Seen vor. – Den Fischreiher findet man so hoch im Norden nicht. Kormorane und Pelikane sind nur an sehr großen Seen zu finden, an die ich aber nicht kam.

Das Erhebendste dort zu Lande ist der fabelhafte Gänse- und Kranichzug! Millionen von Quadratkilometern völlig unbewohnter Flächen im Norden geben diesen Vögeln eine Heimat. Unübersehbare Marschen, Tundren, Sümpfe und Seen besiedeln diese Vögel als fast einzige Bewohner. Niemand tut ihnen etwas zuleide, nur, dass einige Raubvogelarten und auch einige Raubtiere ihren Tribut holen.

Zweimal alljährlich müssen diese Millionen Vögel über den nördlichen Kontinent fliegen. Besonders stark ist der Zug im Herbst, während im Frühjahr einige Arten ihren Weg entlang der Küste nehmen. An klaren Herbsttagen und hellen Nächten beobachtete ich, wie manchmal viele Tage und Nächte ununterbrochen Gänse und Kraniche zogen. Bekanntlich sind ja die meisten größeren Flüsse sogenannte Vogelzugstraßen und der Athabaska-Fluss scheint diesen Vorzug zu haben. Wenn man die gewaltige Ausdehnung des nördlichen Nordamerikas von Ost nach West in Betracht zieht und annimmt, dass in dieser Breite und auch entlang beider Küsten ebenfalls Millionen dieser Vögel ziehen und ich nur an einer guten Zugstraße den Zug beobachten konnte, bekommt man erst einen Begriff von dem ungeheuren Reichtum dieser herrlichen Geschöpfe!

Auf mich machte der Zug der Gänse und Kraniche stets einen gewaltigen Eindruck. Immer starrte mein Blick nach oben, sobald nur das „Gik – Gak" der Gänse und der weithin hörbare, quarrende Laut der Kraniche zu vernehmen war.

Nicht jedes Jahr ist der Zug der beiden Vogelarten gleich stark, in manchem Jahre beobachtete ich verhältnismäßig wenig Züge, während im anderen Jahre wieder für lange Zeit ein Keilflug nach dem anderen vorüberzog. Die hier bezeichnete Kranichart ist der eigentliche kanadische Kranich (*Grus canadensis [L]*), während sein um ein geringes stärkerer Vetter, der amerikanische Kranich, nur in weit geringerer Anzahl vorkommt. Die häufigste Wildgans, von der hier die Rede ist, ist die kanadische Gans (*Branta c. canadensis [L]*), die zugleich die größte aller Wildgansarten ist. Auch die kleinere Form *Branta canadensis leucopareia* (Brandt), die dort zu Lande meist unter dem Namen „Weavy" bekannt ist, während die große Art als „Honker" bezeichnet wird, ist nicht selten. Sie zieht aber in gesonderten Flügen.

Erst in den besiedelten Gebieten, wo riesige Getreideschläge sind, rasten die Gänse längere Zeit, was ihnen aber durchaus nicht immer gelingt. Sobald die ersten Flüge Wildgänse ankommen, sind dauernd „Jäger" in Autos auf der Lauer, die dann rastlos von einem Einfallplatz zum andern den Gänsen folgen.

Der Kranich unterliegt weniger der Verfolgung, da er gesetzlich geschützt ist. Und doch werden alljährlich von ganz Unwissenden – oder von solchen, die es nicht wissen wollen – viele geschossen unter der Bezeichnung „*Wild turkey*". Ich selbst kam mit alten Trappern zusammen, die fest behaupteten, diese Kraniche seien wilde Truthähne. Alle meine Belehrungsversuche nützten nichts.

Eine angenehme Abwechslung für den Jäger ist die Jagd auf Waldhühner, deren es genug gibt, ja in manchen Jahren sind sie geradezu massenhaft. Nicht nur, dass diese Hühner dem Jäger viele Jagdfreuden bringen, sie können unter Umständen auch zu großer Wichtigkeit werden. Wenn man auf wochenlanger Streife in den unendlichen Wäldern ist, die Lebensmittel ausgehen und es durchaus nicht „klappen" will ein Stück Wild zu erlegen, sind diese Hühner das einzige, wovon man leben kann. Sie sind meist sehr leicht zu erlegen; besonders dumm benimmt sich das Fichtenhuhn, englisch *Spruce pardridge – Canchites c. canadensis (L)*. Unter den meisten Trappern ist es als *„foolhen"*, zu deutsch „dumme Henne", bekannt. Und dieser Name ist auch sehr gut getroffen. Nie sah ich einen dümmeren Hühnervogel als gerade dieses Fichtenhuhn. Wenn im Herbst die jungen Hühner noch zusammenhalten und man ein Gesperr hochmacht, werden sie meist nicht weit fliegen und oft niedrig über dem Boden in einem Baum einfallen. In den allermeisten Fällen kann man dann Stück um Stück bis zum letzten Vogel mit der Kleinkaliberbüchse herunterholen. Sobald ein Huhn herunterkommt, schauen die übrigen mit langen Hälsen dem fallenden Kameraden nach, wobei dann manchmal ein etwas unwilliges „Gock – Gock" hörbar wird. Auch der alte Vogel benimmt sich meistens so dumm. Natürlich wird der anständige Jäger nur dann einen solchen Massenmord begehen, wenn er diese Vögel braucht. Und „Not" kennt ja bekanntlich kein „Gebot", zumal in der Wildnis. Aber noch eine andere Jagdart ist interessant genug, um erwähnt zu werden. Wenn Indianer ohne Gewehr im Walde sind und ein Fichtenhuhn haben wollen, machen sie eine dünne Schlinge. Wenn kein Draht zur Hand ist, nehmen sie ein Stück Schnur, oftmals die aus Elchleder gefertigten Schnürriemen ihrer Mokassins und reiben sie so gut mit Harz ein, dass die Schlinge „steht", also steif wird. Letztere wird dann an einer entsprechend langen Stange befestigt und die Rothaut legt behutsam die Schlinge über den Kopf des Vogels. Mit kurzem Ruck wird diese um den Vogelhals zusammengezogen und das Huhn ist gefangen. So märchenhaft es klingt, es ist volle Wahrheit. Mir hatte man von dieser „Jagdart" erzählt und ich glaubte natürlich nicht daran, bis man mir es vorgeführt hat. Dann habe ich es selbst versucht und es gelang. Es ist nicht ratsam, diese Vögel dann zu schießen, wenn erst einmal Schnee liegt, sie sind dann fast ungenießbar. Das Fleisch ist derb und von harzigem Geschmack, da das Fichtenhuhn im Winter fast ausschließlich „nadelt". Im Herbst aber ist es sehr wohlschmeckend und zart, auch das der älteren Hühner.

Das weitaus häufigste Waldhuhn ist das *Ruffed grouse (bonasa umbellus togata [L])*. Dieser Vogel ist stärker als das Fichtenhuhn und auch nicht so dumm. Aber es ist durchaus nicht schwer, auch dieses wohlschmeckende Huhn zu erlegen.

Noch ein Waldhuhn ist zu erwähnen, das aber nicht direkt im Walde, sondern in Sümpfen und Muskegs zu Hause ist, besonders dort, wo die Sumpflerche, englisch *tamarak*, wächst. Dieser Vogel ist scheuer als die vorgenannten Arten und ist am wohlschmeckendsten. Dieses schöne Waldhuhn wird dort allgemein als „Präriehuhn" bezeichnet, was aber falsch ist. Das eigentliche Präriehuhn (*Tymbanuchus cupido americanus [Rbch.]*) ist viel weiter im Süden beheimatet und kommt in Kanada nur in der wirklich trockenen Prärie der südlichsten Teile vor. Unser Vogel, von dem hier die Rede ist, ist das Schweifwaldhuhn (*Pedioecetes ph. phasianellus [L]*), englisch *sharptailed grouse*.

Schneehühner sind in den von mir besuchten Gebieten im Athabaska-Distrikt keine Brutvögel, kommen aber in manchen Wintern dort zahlreich vor, dann fehlen sie wieder einmal völlig. Es handelt sich hier um die größte Art, das Weidenschneehuhn, englisch *Willow Ptarmigan*, das unserem Moorschneehuhn ähnelt. Die kleinste Form, das Felsenschneehuhn, englisch *Rock Ptarmigan*, kommt nur auf dem Zuge in diese Gegenden. Es ist ein reiner Gebirgsvogel. Dieses herrliche Schneehuhn habe ich später auf meiner Reise im Yukon zu hunderttausenden beobachten können. – Es wären noch viele Vogelarten einer Erwähnung nötig. Aber dieses Werk soll kein Lehrbuch sein, deren es einige sehr gute gibt. Ich habe nur die Arten kurz skizziert, die dem neu eintreffenden Jäger oder Reisenden bald auffallen müssen.

GROSSWILD

Von diesem ist nicht sehr viel zu sagen. Und doch hielt ich es für richtiger, in einem besonderen Abschnitt dieses kurz zu beschreiben, da es nicht immer angebracht ist, während der Erzählung abzuschweifen, die einzelnen Wildarten zu besprechen.

Der imposanteste Vertreter aller Cerviden[15] auf dem nordamerikanischen Kontinent ist wohl der Elch. Hunderte von Jägern aus den verschiedensten Ländern kommen alljährlich, um ihn zu bejagen, sie scheuen weder Zeit noch Geld, ja oftmals auch nicht ihre Gesundheit. Manchem Jäger geht seine Passion durch, dass er alles andere um sich vergisst und nur von dem einen Gedanken beseelt ist, einen guten Elch zu strecken. Ich kann es verstehen. Ich wüsste kein Tier nordischer Länder, das auf mich einen so tiefen Eindruck gemacht hätte, wie gerade das Elchwild. Einmal ist es die klotzige, ungeschlachte Erscheinung und dann die oftmals geradezu erstaunliche Gleichgültigkeit, die diese Tiere dem Menschen gegenüber zeigen. Das Wild erinnert an graue Vorzeiten, wo der Mensch dem Tiere noch wenig als gefährlich bekannt war. Es ist mir erinnerlich, irgendwo gelesen zu haben, dass Elche auch in „großen Rudeln" stünden. Dem ist nicht so! Meine Beobachtungen erstrecken sich auf neun Jahre. Ich bin im Athabaska-Distrikt weit herumgekommen und habe später im Yukon immerhin einige tausend Kilometer durchstreift – aber nirgend habe ich gesehen, dass Elchwild in größeren Rudeln steht. Im Winter kommt es vor, dass mehrere ältere Schaufler, nachdem sie ihren Kopfschmuck abgelegt haben, zusammenstehen, doch noch nie sah ich mehr als zehn bis elf beieinander. Und so ist es auch mit den Elchtieren, zu denen sich auch junge Schaufler gesellen. In der übrigen Jahreszeit aber stehen sie einzeln, ganz besonders die alten Schaufler. Höchstens, dass dort, wo Elchwild sehr häufig ist, zur Brunft mehrere Stücke in unmittelbarer

---

15   Anm. des Verlags: Wissenschaftlicher Name für den Hirsch.

Nähe beisammenstehen. Aber auch dann kann man nicht von einem „Rudel" spre-chen. Die Brunft des Elches vollzieht sich ganz anders als die des Hirsches. Bei Letz-teren ist man gewohnt, dass um den Platzhirsch die Beihirsche und entsprechend viel Kahlwild stehen. Der Elchschaufler ist jedoch immer auf den Läufen, kaum wird er lange an einem Platze verweilen. Ist sein Lieblingstier nicht mehr brunf-tig, so sucht er nach einem anderen, oder auch die Tiere suchen den Schaufler! In mir erweckte es immer den Anschein, als wenn die Tiere während der Brunft eine ungleich wichtigere Rolle spielten als die Schaufler. – Die herrlichen Eifersuchts-szenen, die die Rothirschbrunft so wundervoll gestalten, gibt es eigentlich beim Elch nicht. Sobald er sein Tier bei sich hat, ist ihm alles gleich, was neben ihm die jüngeren Schaufler tun. Natürlich, sobald ein anderer Schaufler wagen wollte, ihm sein Tier streitig zu machen, scheut er sich nicht, in einen Kampf auf Leben und Tod einzugehen. Verendete, verkämpfte Schaufler sind des Öfteren gefunden worden.

Auch scheint im Allgemeinen eine vollkommen irrige Ansicht über das Gewicht dieses urigen Wildes zu herrschen. Da ist schon viel „gefaselt" worden über 2000 pfündige Elche usw. – so etwas gibt es nicht.

Wenn der Neuling vor seinem ersten Schaufler steht, so wird er beim Anblick die-ses großen Tierkörpers leicht zu einer großen Gewichtsüberschätzung neigen. Wer aber erst einmal viel Elchwild zerwirkt und teilweise auch gewogen hat, wird bald mit den „Zentnern" sehr tief heruntergehen müssen. Im Laufe der Jahre sind von mir viele Stücke zerwirft und auch teilweise gewogen worden. Ich lernte, dass ein alter Schaufler in der Feistzeit unaufgebrochen ein Durchschnittsgewicht von etwa 1000 bis 1400 Pfund hat und nur in seltensten Ausnahmefällen ein höheres erreicht wird. Ein Winterelch mit 1200 Pfund ist schon ein an Wildbret kapitales Stück.

Beim Bären ist es gerade umgekehrt. Diese Burschen wiegen meist mehr als man annimmt.

Gleich vielen anderen Jägern bin auch ich zu der Überzeugung gekommen, dass der Elch doch relativ sehr wenig „Blei" gebraucht, um zur Strecke zu kommen, sofern die Kugel edle Teile gefasst hat und man nur einigermaßen der alten Jägerre-gel: „Nach dem Schuss Zeit lassen" huldigt. Der Elch wird nicht weit gehen und tut sich nieder. Gezwungenerweise bin ich dann manchmal sofort an das Wild herange-treten, um den Fangschuss zu geben. Dabei saßen öfters die Schüsse so, dass anderes Wild sich überhaupt noch nicht niedergetan hätte, viel weniger den Schützen hätte herantreten lassen. Auch hier scheint Gleichgültigkeit dem Menschen gegenüber zu herrschen. Diese Riesen sind sich ihrer Kraft bewusst und glauben, dass es außer ihnen nichts Stärkeres gibt! – Dass Elchwild annimmt, ist bekannt. Doch dieses „Annehmen" unterliegt einer hochprozentigen Übertreibungspolitik. Ein Schaufler wird in den allerseltensten Fällen den Menschen angreifen, es sei denn, wenn man ihn zur Brunft mit dem Ruf reizt und mit einem Stock in Strauchwerk schlägt, so dass der herantrollende Elch einen Nebenbuhler vor sich zu haben glaubt. Sobald man sich aber rechtzeitig zu erkennen gibt, wenn man den Schuss nicht vorzieht, verschwindet er ebenso schnell, wie er kam. Es mag Ausnahmen geben, die mir aber unbekannt sind. Anders verhalten sich führende Tiere! Schießt man ein Kalb, so heißt es auf der Hut sein. Aber auch nur einmal hatte ich da ein persönliches Erlebnis. Ich brauchte dringend Wildbret. Nirgends war Wild auszumachen. Plötzlich stand ein Elchkalb im Jungpappelwalde auf und äugte mich auf etwa 40 Meter an. In Anbetracht der „Fleischnot" konnte ich nicht wählerisch sein und warf es mit dem 8-Millimeter-Geschoss um. Im nächsten Moment stand das Alttier dicht hinter dem bereits verendeten Kalbe, äugte auf mich herüber und deutlich sah ich, wie sich das Rückenhaar sträubte, die Luser[16] sich langsam hintenüber legten und wie der Lecker[17] in kurzen Abständen aus dem unförmlichen Ufer hervorschoss. Einem jeden Menschen ohne jede jägerische Erfahrung hätte dieser Anblick sagen müssen – jetzt nimmt der Elch an. Und so glaubte auch ich. Langsam ging der Stutzen „ins Gesicht" und ehe noch die berechtigt erzürnte Elchdame zum Angriff kam, erhielt sie das Geschoß auf den Stich und brach verendet zusammen.

Dass Elche aber auch sehr schreckhaft sein können, beweist folgender Fall. Ende März kam ich bei sehr hoher Schneelage, ziemlich viel Geräusch machend, auf meinen Schneeschuhen den House River entlang. Ich hatte nur die Kleinkaliberbüchse bei mir, da ich Eichhörnchen schießen wollte. Als ich um eine der sehr vielen und kurzen Flusskrümmungen ging, kam mir ein etwa dreijähriger Elchschaufler entgegen. Ich gab mir alle Mühe, durch möglichst lautes Aufschlagen meiner Schneeschuhe auf den krustigen Schnee, mich dem vor sich hindösenden und langsam auf mich zukommenden Elch erkenntlich zu machen. Endlich, als er bis auf 20 Meter heran war, blieb er stehen und glotze mich mit kolossal gelangweiltem Ausdruck an. Momentan verhielt ich mich ruhig, um zu sehen, was er weiter beginnen würde. Ich schien ihm herzlich wenig zu imponieren. Langsam ließ er den Kopf, den er phlegmatisch gehoben hatte, wieder in die dem Elchwilde so typische Tieflage sinken und kam unbeirrt weiter auf mich zu. Jetzt schrie ich auf ihn ein. Ruckartig blieb er stehen und äugte auf mich. Ich nahm die Pelzmütze vom Kopf und warf sie mit einem lauten Juchzer dem Elche zu. Mit einem Riesensatz sprang er zur Seite und erreichte damit das rechte Flussufer. Als wenn alle Teufel hinter ihm her wären, preschte er weiter durch den ausgedehnten Windbruch. Lange Zeit hörte ich den Elch fortbrechen. Lachend über dieses interessante kleine Erlebnis holte ich meine Pelzmütze und ging in den Windbruch, durch den der Elch geflüchtet war, um auf Eichhörnchen zu jagen. Ich sah, dass er armstarke Stangen bei seiner kopflosen Flucht zertrampelt hatte.

---

16   Anm. des Verlags: Äußeres Ohr bei wilden Huftieren und beim Haarwild.
17   Anm. des Verlags: Zunge des Wildschweins.

Der Elch ist über das gesamte Kanada verbreitet, nach Norden so weit der Wald reicht und er Weichhölzeräsung findet. Auch in den Vereinigten Staaten kommt er in manchen Ländern noch vor, ja er verbreitet sich dort neuerdings, wo man ihm Schonung angedeihen lässt. Der amerikanische Elch ist in mehrere geographische Rassen eingeteilt. Die Art, die hier besprochen wurde, ist *Alces americanus*. Im Osten und Süden Kanadas und in den Vereinigten Staaten wird die geringste Schaufelbildung erreicht, die aber immer noch den besten europäischen Elch übertrifft. Je weiter man nach dem Nordwesten Kanadas kommt, um so gewaltiger werden die Ausmaße der Schaufeln, auch das Gewicht des Wildes erhöht sich etwas. *Alces gigas*, das ist der Elch, der im Inselgebiet Westalaskas, in Südalaska und im Südost-Yukon-Gebiet vorkommt. Es ist die stärkste Form und nur um dieser Riesen allein ist es wohl wert, eine Jagdreise dorthin zu machen.

Das Waldrentier (*Rangifer caribou)* ist in den meisten Provinzen seltener geworden, während seine Vettern, das Gebirgsrentier (*Rangifer osborne)* reichlicher und das kleine Tundraren (*Rangifer arcticus*) noch sehr häufig auftritt. Nur die erstere Art kommt in den ausgedehnten Muskegs im Athabaska-Distrikt vor. Noch um das Jahr 1900 war es ein sehr häufiges Wild, es nahm zusehends ab und alte Jäger erzählten mir, wie dann der Elch und auch der Maultierhirsch ganz rapide zunahmen. Ob die Abnahme dieser schönen Rentierart lediglich auf zu starken Abschuss zurückzuführen ist, ist schwer zu sagen. Auf jeden Fall steht fest, dass tatsächlich wahre Schlächtereien, besonders von Indianern, unter diesem Wilde stattgefunden haben. Bei der allen Rentierarten eigenen Dummheit, besonders bei den kleinen Tundrarens, war es auch leicht, diese Tiere sogleich zahlreich abzuschießen. Jahraus, jahrein stehen alle Rentierarten in mehr oder weniger großen Rudeln zusammen. Bei der kleinen Tundraform erreichen solche Verbände oftmals Zehntausende! – Sobald das Leittier abgeschossen wird, hält es nicht schwer, eine große Anzahl der führerlosen Tiere umzulegen. Manchen Jäger hörte ich sagen, dass das Rentier kein schönes Wild sei, plumpes Aussehen hat, einen kuhartigen Gesichtsausdruck, unregelmäßige Geweihform usw. Das alles stimmt auch – und doch zählt es für mich außer Elch, Bergschaf und Schneeziege zu den schönsten Schalenwildarten, die ich jagen durfte. Einmal ist es die überaus große Bescheidenheit dieser Tiere und dann der herrliche Anblick, der mich reizt. Der dunkle, bis schokoladenfarbige Rumpf des Rens mit den hellen Läufen und die lange hellsilbergraue Halsmähne, ein herrlicher Anblick! Wenn auch die Geweihe nicht die edle Form aufweisen wie manche Hirscharten, so können aber doch die vielverästelten Geweihe mit den langen, wiederum vergabelten Augsprossen nicht unschön genannt werden. Das Wild ist sehr zäh und geht mit schlechten Schüssen weit, oft solange es die Läufe zu tragen vermögen.

Der Maultier- oder Langohrhirsch, englisch *Mule deer* (*Odocoileus hemionus*), ist im Athabaska-Distrikt ein sehr häufiges Wild und scheint sich immer mehr nach dem Norden zu verbreiten. Diese interessante Wildart wird im Vergleich zu anderem Großwild, z.B. zum Elch, von den Trappern verhältnismäßig wenig erlegt. Einmal wegen des geringen Gewichtes; denn die in der Wildnis sitzenden Pelztierjäger und Goldsucher jagen ihr Wild in der Hauptsache nur des Fleisches wegen, und dann ist das Wildbret des Elches schmackhafter. Man kann nicht behaupten, dass das Wildbret des Hirsches unschmackhaft wäre, aber wenn man gezwungen ist, in der Hauptsache davon zu leben, wird es leicht zum Überdruss, während man Elchwildbret dreimal täglich und das ganze Jahr hindurch essen kann, ohne dass man es satt bekäme. Das ist nicht nur meine Behauptung, sondern auch die der vielen Einsamen, die dort ihr Leben fristen. Aber noch ein Grund ist es, warum diese Wildart seltener als der Elch erlegt wird. Während der Elch leicht zu erlegen ist, ist es beim Maultierhirsch gerade das Gegenteil. Wo viele offene Stellen im Walde, kleine Wiesen, Seen und dergleichen sind, fällt es nicht schwer, dieses Wildes habhaft zu werden. Aber in ausgedehnten Waldungen mit großen Windbrüchen, in denen es mit Vorliebe steht, braucht es einen Meister der Pirsch. Ich kenne kein anderes Schalenwild, das an Schlauheit diesem gleichkäme. Während viele andere Schalenwildarten sofort flüchtig werden, sobald sie den Menschen wahrnehmen, denkt der Maultierhirsch in den meisten Fällen gar nicht daran abzuspringen. Er versteht es meisterhaft sich zu drücken und sein fabelhaftes Sehvermögen verrät ihm zeitig genug, ob der pirschende Jäger wirklich auf ihn zukommt oder ob er ahnungslos vorbeilaufen wird. Besonders die alten Hirsche und Alttiere benehmen sich außerordentlich schlau. Unzählige Male habe ich dies beobachtet.

Im wirklichen Urwalde kann der Jäger jeden Moment vor Wild stehen, sofern er mit gutem Winde und nicht hustend, schniefend, keuchend, ästebrechend oder mit einem Partner sich unterhaltend, pirscht. Während im Hochgebirge nur das Auge angestrengt wird, kommt es bei der Pirsch im dichten Urwalde auch auf das Ohr an. Ich entsinne mich vieler solcher Pirschgänge, von denen ich mit argen Kopfschmerzen zurückkehrte, weil ich acht bis zwölf Stunden ununterbrochen angestrengte Arbeit geleistet hatte. Aber gerade, weil es so schwer ist, darum ist es auch viel interessanter. Wenn man dann vor dem gestressten Hirsch steht, dem zuliebe man den ganzen langen Tag mit tierischem Feinsinn im dichten Urwalde folgte, dann ist der hohe jägerische Genuss eben der Gipfel aller waidmännischen Begriffe. Der volkstümliche Ausdruck „Mancher lernt es nie" ist auch hier am Platze. Mancher Jäger wird die schwierige Urwaldpirsch erlernen, viele aber auch nicht. Und erlernen muss es der Jäger, wenn ihm nicht der Zufall zu einer guten Trophäe verhilft. Im Sommer ist es leicht, dieses Wild zu erlegen, da es infolge der Fliegenplage gern an großen Wasserläufen auf freien erhöhten Plätzen liegt. Wenn man nur früh genug den knallroten „Fleck" gewahrt, so ist die Möglichkeit für einen Schuss auch nahe. Doch um diese Zeit haben die meisten Hirsche noch nicht gelegt. Ist das Geweih

Ende August, Anfang September erst „blank", dann ist der Hirsch bereits grau, hat den dichten Wald wieder aufgesucht und ist der heimlichste unter allen Hirscharten in der Feiste. Die Brunft fällt in den Monat November und geht völlig lautlos vor sich. Der Hirsch meldet nicht, doch steht er ebenso wie der Rothirsch beim Rudel. Der Maultierhirsch ist ein sehr zähes Wild und verträgt bei weitem mehr als der Elch. Die Trophäe ist nicht so edel wie beim Rothirsch, aber jede Trophäe ist ja schließlich nur ein „Andenken", bleibt „Knochen", die Erlegung des Tieres selbst ist die Hauptsache. Ein schönes Geweih, ein gutes Gehörn, können schließlich auch einen Dritten erfreuen. Aber was weiß der „Dritthändler" mit dem „Erleben", das die betreffende Trophäe umgibt, anzufangen? Nichts!

Und darum soll der wirkliche Jäger nicht nach „Knochen" jagen, sondern nach schönen Erlebnissen. So braucht es also nicht immer „großes" Wild zu sein, was wirkliche Waidfreuden bringt, nein, auch kleineres und unscheinbareres kann ein hoher Erfolg sein, wenn als erste Grundbedingung das „Drum und dran" das wirklich Jägerische ist.

PELZTIERE

Der Schwarzbär oder Baribal (*Euarctos americanus*) gilt, wie auch die anderen Bärenarten, nicht als eigentliches Pelztier. Einmal ist der Preis einer Bärendecke dort drüben sehr gering und in manchen Landesteilen ist sogar der Handel damit verboten. Letzteres hat seinen Grund einfach darin, weil alle Bärenarten lächerlich leicht zu fangen sind und man mit dem Handelsverbot, vielleicht auch mit den niedrig angesetzten Preisen, die Arten schützen will. Das ist eine sehr weise Verfügung. Kanada sowohl als auch die Vereinigten Staaten Nordamerikas haben auf tier- und vogelschützlerischem Gebiete in den letzten Jahrzehnten prachtvolles geleistet. Das beweisen die riesigen Nationalparks. Allein in Kanada werden alljährlich tausende von Bisons, die in den Parken überzählig geworden sind, an entsprechenden Plätzen in Freiheit gesetzt und bei der Dankbarkeit dieses anspruchslosen Wildes wird es nicht mehr viele Jahrzehnte währen, bis ein jeder Jäger wieder einen „Buffalo" schießen kann. Die Wapitis und die Gabelantilopen, die vor nicht allzu langer Zeit stark zusammengeschmolzen waren, sind heute schon wieder Dank der strengen Schonung zu gemäßigtem Abschuss freigegeben worden.

Der Bär ist im Durchschnitt in ganz Nordamerika nicht selten, wiewohl er in dichtbesiedelten Gegenden nicht gerade häufig ist. Ist man aber erst weit genug von der Zivilisation ab, so wird man überall auf die interessanten Trittsiegel des einsamen Sohlengängers stoßen. Im Athabaska-Distrikt ist der Schwarzbär häufig anzutreffen.

Der Grizzly kommt nur in dem Felsengebirge der Provinz Alberta vor. Wiewohl es nicht weit vom Athabaska-Fluss bis ins Gebirge ist, ist mir nicht bekannt, dass Grizzlys in den Ebenen erlegt worden sind. Der Schwarzbär kommt bekanntlich in allen Schattierungen vor, vom hellen Graubraun bis zum glänzenden tiefen Schwarz. Die letztere Färbung ist die häufigste, daher der Name. Der Schwarzbär hat immer eine hellbraune „Maske" über dem Fang, die der Grizzly nie hat. Außerdem hat letzterer sehr lange, nur wenige gebogene Klauen, während der Schwarzbär sehr kurze, stark gebogene hat. Die beiden Bärenarten sind sehr leicht auseinanderzuhalten. Während der Grizzly die Zivilisation flieht, scheint sich der Schwarzbär sehr wenig daraus zu machen. Nicht selten erbricht er Blockhäuser, entlegene Farmen und andere Heimstätten. Er ist ein sehr geschickter Einbrecher, eine verschlossene Tür hält ihn nicht ab, wenn er durchaus in das Haus will. Wie oft schon sind solche Hütten vom Eigentümer mit teilweise abgehobenem Dach gefunden worden. Meister Petz weiß sich Rat; geht es nicht durch Tür und Fenster, dann bestimmt durch das niedere Balkendach. Unbeaufsichtigte Zelte werden häufig von diesen Spitzbuben demoliert. Er ist der kleinste der nordamerikanischen Bärenarten und ein ziemlich harmloser Geselle. Jedoch eine führende Bärin oder ein angeschweißter Bär sind immerhin ernst zu nehmen.

Der Luchs ist in entlegener Wildnis keine Seltenheit und tritt dann häufig auf, sobald es viel Schneehasen gibt. Er ist aber bei weitem nicht mehr so zahlreich wie früher. Fing doch mancher Trapper über hundert in einem einzigen Winter. Dort, wo die Fänger leicht hinzukommen vermögen und auch viele Trapper ansässig sind, ist diese interessante Katze schon seltener geworden, ja in vielen Landesteilen schon völlig ausgerottet. Seine schwache Vermehrung – eine Fähe führt meist zwei, selten drei Junge, ferner die späte Geschlechtsreife, wahrscheinlich erst im dritten Lebensjahre – und vor allem aber die große Dummheit, die den Luchs auf fast jeden Fangplatz liefert, sind die Gründe für den starken Rückgang. Wenn der Luchs auch kein großer Wanderer ist, durchwandert er jedoch zur Ranzzeit, die Ende Februar ihren Anfang nimmt und den ganzen März hindurch anhält, weite Gebiete.

Der Wald- oder Timberwolf (*Canis Iyceon*) ist allerorten reichlich vertreten. Mögen noch so viele Trapper dieser Geisel des Hochwildes nachstellen, an eine Abnahme ist nicht zu denken, wenigstens so lange nicht, bis nicht das Land noch weiter erschlossen wird. Seit dem Jahre 1922 ist in Kanada das Auslegen von Gift zum Zwecke des Raubwildfanges verboten. Nur in wenigen Ausnahmefällen wird eine besondere Erlaubnis erteilt. Und es war höchste Zeit, dass dieses Verbot kam, hatte doch früher ein jeder Mann das Recht, Gift auszulegen. Überall an Fallensteigen, Flüssen und Seen lagen die Giftbrocken umher und sobald der Schnee schmolz, wurden Füchse und andere wertvolle Pelztiere oft kilometerweit von den Giftplätzen verludert gefunden. Und wie mancher Trapper büßte bei dieser Schweinerei seine eigenen Hunde ein. Der Wolf nimmt nur Luder an, sobald er hungrig ist, wenn nicht, geht er achtlos daran vorüber. Der Fuchs jedoch nimmt in den meisten Fällen die Giftbrocken auf – und verschleppt sie. Nicht nur meine, sondern auch die Meinung anderer Fänger ist, dass von allen vergifteten Füchsen kaum mehr als 25 Prozent sofort gefunden werden. Trotz des Verbotes sind drüben noch viele Trapper, die heimlich mit Strychnin den Wolf zehnten. Keinem würde es einfallen, den Kollegen zu verraten. Er freut sich insgeheim, dass wieder mal eine Rotte dieser Biester dran glauben musste. Wenn der Wolf auch dem Menschen nicht gefährlich wird, so kann er dem Trapper doch recht lästig werden. Einmal kann eine Rotte Wölfe ein großes Revier in kurzer Zeit wildrein hetzen und der Trapper gerät in Not; sein hauptsächlichster Unterhalt, das Wildbret, fehlt ihm! Ebenso schwerwiegend ist es, wenn Wölfe über die Eisenlinie des Trappers kommen und ihm die mühselig erbeuteten Edelpelze zerreißen. Ich betone ausdrücklich „zerreißen", denn oftmals werden Füchse und Nerze nicht gefressen, sondern buchstäblich zerfetzt und liegen gelassen. Wenn dann der Trapper heimlich zum Gift greift, so kann man das nicht nur verstehen, sondern man muss es begrüßen. Nur wenige Trapper geben sich die Mühe, Eisen speziell für Wölfe auszulegen. Einmal müssen solche Fanggeräte stark und schwer sein und dann bedeutet der gefangene Wolf nur einen Einzelerfolg. Der Rest der Rotte ist gewarnt und plündert weiter. Ist jedoch der Giftplatz gut und mit vielen festgefrorenen Brocken angelegt, so liegt unter Umständen die ganze Rotte auf dem Platze. Der kanadische Wald- oder Timberwolf ist ganz erheblich stärker als sein europäischer Vetter. Die Behaarung ist – bedingt durch die große Kälte und den langen Winter – sehr lang und weich. Über das Gewicht des Waldwolfes gehen sagenhafte Gerüchte um. Ein wirklich kapitaler kanadischer Waldwolf ist ein schwerer Bursche, aber über 160 Pfund wiegt er schwerlich.

Der Kojote oder Präriewolf (*Canis latrans*) ist erst in den letzten Jahrzehnten im nördlichen Athabaskagebiet bekannt geworden. Er scheint sich dauernd weiter nach Norden zu verbreiten und wird dort auch bedeutend stärker als in seiner südlichen Heimat. Aber mir scheint, dass die Qualität des Pelzes im Norden nicht so gut ist, wie die der Kojoten, die sich weiter südlich in den Prärien aufhalten. Dieser kleine Wolf, der etwa die Größe eines mittleren Schäferhundes erreicht, ist ein überaus schlauer Bursche und ein alter Rüde oder eine Fähe sind viel schwerer auf das Eisen zu bringen als der größere Vetter, der Timberwolf. Und trotzdem werden jährlich im gesamten Kanada hunderttausende von Kojoten gefangen und auf den Markt gebracht, während die Zahl der in Eisen gefangenen Timberwölfe nur gering ist. Einmal geben sich, wie schon oben erwähnt, nur wenige Trapper Mühe, den letzteren im Eisen zu fangen, weil die dazu nötigen teuren Wolfseisen schwer ins Inland zu bringen sind. Der Kojote dagegen braucht nur ein kleines Fuchseisen und wird vor allem festgehalten. Der Waldwolf gerät ebenfalls oft in für Fuchs gelegte Eisen, aber in Anbetracht seiner Kraft zerrt er sich meist aus den Bügeln oder schlägt das

Eisen in Stücke, um seine Freiheit wiederzuerlangen. Der Präriewolf rudelt sich nicht wie sein größerer Vetter, da er meist kleineres Wild reißt.

Rot-, Kreuz- und Silberfuchs sind je nach Anzahl der Schneehasen mehr oder weniger reichlich vertreten oder fehlen auch ganz, sobald seine Hasen vorhanden sind.

Blau- und Weißfuchs kommen nur im hohen Norden in Tundren und völlig offenen Hochländern vor.

Der Skunk oder auch Stinktier genannt (*Mephitis mephitis*) ist in den dortigen waldreichen Gegenden nur selten anzutreffen. In den ersten Jahren meines Dortseins war er überhaupt nicht zu finden, nahm aber in späteren Jahren etwas zu, blieb jedoch noch verhältnismäßig selten. Der Skunk ist kein ausgesprochenes Waldtier, sondern liebt mehr abwechselndes Gelände mit Wald, Wiesen und Wasser. Seine Heimat ist der Süden Kanadas bis weit hinein in die Vereinigten Staaten, er ist am häufigsten in der Nähe menschlicher Siedlungen anzutreffen. Dort macht er sich zum Teil nützlich als eifriger Mäusevertilger, wird aber auch ungemein schädlich, da er ganz besonders ein Eierräuber ist und, wo er nur kann, auch schwaches Jungwild nimmt. Die Farmer sind ihm nicht sonderlich gut gesonnen. Auf alle Fälle stellt der Skunk einen hohen Prozentsatz auf dem kanadisch-nordamerikanischen Pelzmarkt dar. Neuerdings züchtet man ihn auch in Farmen. Er soll sehr anspruchslos sein, was ja auch verständlich ist, da er, wiederum ähnlich dem Dachs, Allesfresser ist. Außerdem ist der Skunk sehr fruchtbar und bringt oft bis zu acht und noch mehr Junge zur Welt.

Der Nerz oder Mink (*Mustela vison*) ist in manchen Gegenden, wo viele kleinere fischreiche Flüsse und Seen vorkommen, nicht selten. Er ist, wie alle Marderarten, leicht zu fangen und aus diesem Grunde ist er dort, wo viele Trapper sitzen, schon selten geworden oder überhaupt verschwunden.

Der Baum- oder Edelmarder fehlt in der ganzen Provinz Alberta fast vollständig. Die wenigen Exemplare, die jährlich gefangen werden, lassen es nicht berechtigt erscheinen, dass man den Marder als Standwild bezeichnet. Während noch im vorigen Jahrhundert viele Trapper in einem Winter mehrere Hundert dieser edlen Pelzträger fingen, muss heute der Fänger zufrieden sein, wenn er nur einige aufs Spannbrett ziehen kann. Der nordamerikanische Baummarder ist am leichtesten von allen Pelztierarten zu fangen und wenn nicht noch rechtzeitig Einhalt geboten wird, wird er bald verschwunden sein.

Hermeline sind zu Zeiten, wenn es keine Schneehasen gibt, öfters die einzige Beute des Trappers.

An größeren Seen, die genügend Tiefstand und reiche Ufervegetation haben, ist die Bisamratte noch häufig. Und da der Balg der Ratte im Preise nicht so großen Schwankungen unterworfen ist als die übrigen Pelztiere, kann der Trapper glücklich sein, der in seinem Gebiet genügend Wasser und somit ein sicheres jährliches Einkommen hat.

Der Fischotter ist nicht gerade häufig, doch kommt er an allen Flüssen und Seen vor. Ein guter kanadischer Otterbalg ist viel schöner als ein europäischer. Das Haar ist länger, vom tiefsten dunkelbraun bis schwarz und dann ist der Otter an sich auch stärker.

Noch zwei Pelzträger sind zu nennen, die aber so selten sind, dass man sie nicht zum Standwild zählen kann.

Der edelste aller nordamerikanischen Marderarten, der Fischer oder Pekan (*Martes pennanti*), dessen eigentliche Heimat die Ostprovinzen Kanadas als auch Britisch Kolumbien sind, ist im Athabaskagebirge schon gefangen worden. Warum man diesen Marder „Fischer" nennt, ist nicht recht erklärlich. Er ist ein echter Marder, beträchtlich stärker als der Baummarder und wiewohl er gern in der Nähe von Wasserläufen ist, raubt er nur auf dem Lande.

Ebenso selten wie der Fischer, ist der Wolverin oder Vielfraß (*Gulo luscus*) in der Provinz Alberta. Seine Heimat sind die entlegenen nordischen Hochländer und die Gebirge. Ich fand Spuren dieses starken Räubers im St. Eliasgebirge in der Nähe der Küste Alaskas in über 5000 Meter Höhe. Und daraus kann man wohl mit Sicherheit annehmen, dass er dort auch den Bergschafen gefährlich wird. Der Vielfraß ist ein arger Plünderer der Eisenlinien. Er folgt dem Trapper mit erstaunlicher Hartnäckigkeit, stiehlt ihm die ausgelegten Fangbrocken und, was aber noch schwerwiegender ist, er raubt alle Pelztiere aus den Eisen, die er bewältigen kann. Er legt Eisen bloß, nässt auf diese, so dass sie für längere Zeit infolge des penetranten Geruches außer Gebrauch bleiben müssen. Es ist sogar schon vorgekommen, dass Eisen überhaupt von diesen niederträchtigen Spitzbuben verschleppt und niemals wiedergefunden wurden. Dabei ist dieser Bursche schwer zu fangen. Nur mit Gift ist ihm mit gutem Erfolg beizukommen.

Kanada steht an erster Stelle mit seiner Pelzausfuhr und da neigt man wohl leicht anzunehmen, dass dort nun die Pelztiere in Massen vorhanden wären. Dem ist nicht so! Während ich in meiner Heimat im dicht besiedelten Sachsen in einer 2 Quadratkilometerzone in jedem Winter durchschnittlich 15 Füchse fangen konnte, so kamen in der entlegensten Wildnis in Kanada auf diesem Komplex etwa nur die Hälfte! Ich habe einen Durchschnitt gewählt, da ja in den Jahren, in denen es nur wenig Schneehasen gibt, sehr wenig Füchse vorhanden sind. Es gibt innerhalb Kanadas günstige Gebiete, die den Fuchs in allen Jahren in entsprechender Anzahl aufweisen und andere, wo er seltener ist. Nimmt man den Durchschnitt des gesamten Kanadas, so kann man sagen, dass es dort auf keinen Fall mehr Füchse gibt als in Deutschland, so unglaublich es auch klingen mag.

Der Fuchs hat sich in den letzten Jahrhunderten dem Menschen gut anzupassen vermocht, was bestimmt zu seinem Vorteil gereicht. Der Fuchs hält sich gern in der Nähe menschlicher Siedlungen auf, da er dort mehr für seinen immer hungrigen Magen findet als in entlegener Urwildnis. Die bestellten Felder bieten den Mäusen ein Schlaraffenland, alles Niederwild wird in stark zivilisierten Ländern „gezüchtet", kurz und gut, der Fuchs findet immer gedeckten Tisch, selbst im strengen Winter. Anders ist das in völlig unbewohnten Gegenden, wo Mäuse und Kleinwild fehlen. Im Winter 1927 sah ich einige von Indianern gefangene Jungfüchse, die einen erbarmen konnten. Diese bedauernswerten Geschöpfe waren nicht stärker als viertelwüchsige Hauskatzen und buchstäblich nur Haut und Knochen. Ich sah einige Altfüchse, einen fing ich in dem Schneehasenlosen Winter, der tatsächlich nur ein mit struppigem Balg überzogenes Skelett war. In solch mageren Jahren werden die Jungfüchse aber meist von der Fähe gar nicht erst aufgezogen, sondern nach erfolgtem Wurf aufgefressen. Fuchs und Kojote handeln ebenso in Gegenden, wo kleineres Wild fehlt. Der starke Waldwolf dagegen wird meist für seine Jungen sorgen können, weil er allein imstande ist stärkeres Hochwild zu reißen. Zurzeit gibt es in vielen Länderstrichen Nordkanadas erschreckend viele Wölfe, aber wer weiß, wann die weise Mutter Natur mit starker Hand die Räude oder eine andere Krankheit unter die grauen Räuber säen wird. Dann wird es wieder viele Jahre dauern, bis wieder von einer Wolfsplage die Rede sein kann. Immer, wenn eine Tier- oder Vogelart überhandzunehmen droht, wusste sich die Natur von selbst zu helfen. Entweder trat eine Abwanderung in andere Gebiete ein, oder aber eine Seuche raffte sie bis auf ein Minimum hin. Als gute Beispiele dafür gelten die Schneehasen, Lemminge, Wanderratten und zeitweise wohl auch Schneehühner. Und so wird es auch mit dem roten Freibeuter, dem interessanten Fuchs, im stark zivilisierten Mitteleuropa sein! Niemals wird er zur „wirklichen" Plage werden. Überhegte Reviere werden immer den Fuchs anziehen, wenn auch der Schaden, den er dort anrichtet, bei weitem nicht so groß ist wie immer gefabelt wird.

Wenn wir nun an dem großen Räderwerk der Natur, wo ein Zahn in den anderen greift und alles „natürlich" ordnet, rütteln und den sonst weisen Naturhaushalt in Unordnung bringen, wie z.B. durch überhegte Reviere, so müssen wir eben dafür einen Tribut zahlen. Ist doch auch der Fuchs vom hohen volkswirtschaftlichen Wert. Millionen werden alljährlich für diese schönen Pelzwerke ausgegeben und wenn wir sie im eigenen Lande erzeugen können, um so besser.

Wenn Kanada an erster Stelle auf dem Weltmarkte mit seiner Pelzausfuhr steht, so kommt das auf Kosten des riesigen Landes und auf die Artenreichheit der Pelztiere. Und wenn schließlich mancher Trapper dort drüben in guten Wintern eine Riesenstrecke zu verzeichnen hat, so muss man sich immer vergewissern, dass dieser Mann seine Pelztiere auf einer 100, 200 oder noch größeren kilometerlangen Eisenlinie fing.

Alles in allem zusammengefasst: In allen nordischen, völlig unbewohnten oder nur spärlich besiedelten Ländern gibt es weniger Füchse als im stark zivilisierten Mitteleuropa. Nicht nur meine eigene lange Erfahrung in Kanada hat mich das gelehrt, sondern auch die gewissenhaften Aussagen meiner Bekannten aus Schweden, Finnland, Russland und Ostsibirien.

Um die Weihnachtszeit 1930 verließ ich die Urwälder am Athabaska und trat eine Urlaubsreise nach der Heimat an. Als ich jene, mir in den vergangenen fünf Jahren bereits Heimat gewordene Gegend verließ, herrschte dort ein richtiger nordischer Winter. Am 16. Januar verließ mein Dampfer New York; kaum waren wir in See, als ich ernstlich krank wurde – das erste Mal in meinem Leben! Am 25. Januar am Nachmittag kam ich zu Hause an und noch am selben Abend trug man mich in hoffnungslosem Zustande und besinnungslos in das Krankenhaus. Eine schwere Lungenentzündung, hervorgerufen durch den zu schnellen Klimawechsel, stellte der Arzt fest. Wiewohl auch in der Heimat Winter herrschte, war dieser mit der nordischen Kälte nicht zu vergleichen. Hunderterlei Gefahren hatte ich in den vergangenen fünf Jahren im Urwalde getrotzt, oftmals dabei an Grabes Rande gestanden – und hier in der Heimat sollte es beinahe auch ernst werden. Doch mein gesunder Körper widerstand auch diesem Anprall. Die politischen Unruhen des Jahres 1931, Parteihass und -hader waren keinesfalls dazu angetan, mir den Urlaub zu verschönen. Ich war froh, als der 5. Juni herankam, wenn auch der Abschied von den Meinen schmerzlich war. Ich war froh, wieder auf der Reise nach meinen geliebten stillen Wäldern zu sein.

Im Juli stand ich denn wiederum am gewaltigen Athabaska-Fluss und übersah noch einmal die Ladung auf dem „Skow". Mit Lebensmitteln für zwei Jahre an Bord stieß ich vom Ufer ab und rief manch lieben Bekannten „Auf Wiedersehen in zwei Jahren" zu.

Ein älterer norwegischer Trapper, der ebenfalls den Fluss hinunterfuhr und seine wenigen Lebensmittel in kleinen Ruderbooten nicht fortbringen konnte, hatte mich gebeten, ihm zu helfen und davon einiges in einem Frachtboot zu verstauen. Er selbst saß im eigenen Boot, das wir an mein größeres Fahrzeug seitlich befestigt hatten. Dieser bedauernswerte Mann, der fast 30 Jahre lang in stiller Abgeschiedenheit gelebt hatte, war derart vom „Nordlandskoller" befallen, dass man seine Krankheit schon nicht mehr „Koller" nennen konnte, sondern eher irrsinnig. In jedem Menschen sah er einen Feind, der ihn umbringen wollte. Ich war froh, dass ich meinen bedauernswerten Reisegenossen nach zweitägiger Fahrt an seinem Platze absetzen konnte. Damals habe ich mich sehr gewundert, dass die *Mounted Police* auf diesen Mann noch nicht aufmerksam wurde. Doch zwei Jahre später habe ich dann bei der Polizei selbst Meldung gemacht. Folgender Vorfall zwang mich dazu. Von 1931 bis 1933 hatte ich eine größere Sammlung an Naturalien zusammengebracht und hatte mit dem Fellaufkäufer verabredet, dass er mich mit dem ganzen Kram nach Athabaska bringen sollte. Im Motorboot war für die umfangreiche Sammlung kein Platz und es musste ein *Skow* mit hinausgeschoben werden. Eines Sommertages gegen Abend kamen wir mit „Vollgas" den Fluss herauf und in die Nähe der Behausung des Norwegers. Eben drehten wir bei, um zu landen, als auch schon der irrsinnige Mensch mit fertigem Gewehr aus dem Hause trat und auf uns fluchte und schimpfte. Doch wir landeten. Was nun folgte, ist in Worten nicht wiederzugeben. Die grässlichsten Fluchworte in wirrem und sinnlosem Durcheinander flogen uns Unschuldigen ins Gesicht. Außer dem Fellaufkäufer waren noch zwei Trapper an Bord und da diese eine lächerliche Miene aufgesetzt hatten, so hatte es der irre Man besonders auf diese abgesehen. Er wollte jeden erschießen, der seinem Hause zu nahekäme. Der Mann beruhigte sich, wir verließen den Platz und fuhren weiter. In Athabaska habe ich die Sache dann gemeldet. Der Mann wurde auch beobachtet und da er noch kein Unheil angerichtet hatte, blieb er. Solche armen Männer gibt es viele unter den Trappern, die ein Opfer ihres harten Berufes geworden sind. Ich glaube, ein hoher Prozentsatz dieser Zivilisationspioniere opfert die geistige Gesundheit. Selbst die härtesten und stärksten Männer werden oft von dieser Krankheit befallen, sofern sie nicht ganz und gar mit der Natur verbunden sind. Diese unbeschreibliche Stille in der Natur, in der man nur immer wieder die eigenen Schritte hört, immer und immer wieder nur sich selbst sieht, das ist für den, der nicht alle Eigenschaften zum Naturmenschen in sich hat, ein langsamer Selbstmord. Zumindest Mord des Geistes.

KURZ VOR VERLASSEN ATHABASKAS ZU ZWEIJÄHRIGEM WILDNISLEBEN

91

Viel zu tief ist schon seit Jahrtausenden der „Herdentrieb" in den allermeisten Menschen eingewurzelt. – Der Leser verzeihe mir diese kleine Abschweifung.

Am Abend des dritten Reisetages machte ich halt bei einem jungen deutschen Trapper, der noch nicht lange im Lande war. Mit ihm hatte ich schon im Vorjahre vereinbart, dass er meine Eisenlinie übernehmen sollte, sobald ich die Gegend verließ. „Karl" war bereit zu mir zu kommen und beim Bau eines neuen geräumigen Blockhauses behilflich zu sein. In aller Morgenfrühe verließ ich seinen Bau. Ein langer Tag lag noch vor mir und ich wollte noch vor Dunkelheit durch die Pelican-Stromschnellen. Es gelang mir auch sehr gut, allein durch diesen wilden Wasserstrudel hindurchzufahren. Als ich um die große Flusskrümmung kam, die unterhalb der Stromschnellen ist, da grüßte mich von weitem am westlichen Ufer mein kleines Blockhaus, von hohem Himbeerwuchs und Brennnesseln umwuchert, so dass nur das Dach herausschaute. Weit unten stand ein Hirsch am Wasser, ein starker Schwarzbär verließ eben das Ostufer und trabte in den Wald zurück. Zwei alte Seeadler zogen in nicht allzu großer Höhe über mir ihre herrlichen Spiralen. Möwen umflogen kreischend mein Fahrzeug und Schellenten flogen klingelnd den Fluss herauf. Alles liebe Bekannte, die mir ihr Willkommen brachten.

Einen Kilometer oberhalb meines alten Blockhauses, aber am gegenüberliegenden Ostufer, landete ich und machte das *Skow* mit einer starken Leine fest. Dann ging ich die steile Uferböschung hinauf auf das große Plateau und richtig, der gute N. hatte, wie er mir versprochen, 45 starke und schlanke Weißpappeln schon im April, ehe der Saft ins Holz trat, geschlagen. Das schönste Bauholz für das neue Blockhaus lag bereit. Schon zwei Jahre dachte ich an dieses Unternehmen, das aber unterblieb, weil ich mir nicht recht klar war, ob ich noch länger in dieser stillen Gegend bleiben würde. Die Lage für mein neues Heim war geradezu herrlich. Hohe alte Weiß- und Schwarzpappeln, viele Birken und drei verschiedene Weidenarten umstanden meinen Platz. Über diese Bäume ragten einige riesige tote Schwarzpappeln, deren dürre Äste alle Raubvögel, die dort vorüberkamen, zum Aufblocken einladen mussten. Unweit zog sich ein mehrere Kilometer langer, mehrfach gegabelter Wiesenstreifen hin, durchsetzt von Waldinseln, in denen die rote Weide üppig wucherte – ein Dorado für Elche und, solange es Gras gab, auch für Hirsche.

Aus zwei größeren Zeltleinen errichtete ich zwei kleine Zelte, deren eines zum vorläufigen Kampieren bestimmt war, während in dem anderen die Lebensmittel regensicher untergebracht wurden. Im Scheine des klaren Mondes, der die kurze nordische Urwaldnacht magisch erleuchtete, beendete ich schließlich auch das Entladen des *Skows*. Auf grünem Fichtenreis, das ich mir aus der Umgebung heranholte, lag ich unter dem zeltartigen Dach. Doch ich fand keinen Schlaf und als in der dritten Morgenstunde die Sperlingsfalken ihr zartes gig – gig – gig – gig als Morgengebet ihrem Schöpfer darbrachten und einige Uhus mit schlaftrunkenem Doppelruf ihre nächtliche Jagd als beendet erklärten, erhob ich mich, machte ein kleines Feuer und kochte einen strammen Tee. Als ich den stärkenden Trunk einnahm, machten mich eigentümlich kratzende Laute im Nebenzelte aufhorchen. Ein sehr starkes Baumstachelschwein (*Erethizon dorsatum*) versuchte eben, nachdem es in dem großen Vorrat schon herumgesucht hatte, einen Sack Mehl aufzukratzen. Als dieser freche Eindringling mich gewahrte, ging er sofort in Abwehrstellung über. Dieser Baumstachler, der vielleicht 30 Pfund wiegen mochte, zog nach Igelart den Kopf ein und richtete drohend den kräftigen Stachelpanzer, der besonders lang am Hinterkörper und Schwanz ist, und erwartete seinen Feind. Da ich aus Erfahrung wusste, dass man diese den Menschen überhaupt nicht scheuenden Tiere kaum abhalten kann, sobald sie erst mal was ausgekundschaftet haben, erschlug ich es und grub es ein. Diese Stachler sind eine ganz hervorragende Witterung für Fuchs, Luchs und Kojoten und ich war gar nicht böse, dass ich zu meinem nötigen Brockenbedarf den Anfang machen konnte.

EIN GROSSER BAUMSTACHLER (YUKON) IN ABWEHRSTELLUNG

Gegen 4 Uhr verließ ich das *„camp"* und lief den Fluss entlang zu meinem früheren Partner, um ihm meine Rückkehr zu melden. N. lag noch im Bett und war erstaunt, dass ich schon von „Germany" zurück war. Im Verlauf eines recht ausgedehnten Frühstückes gab es natürlich viel zu erzählen. Die Verhältnisse in Deutschland wollte N. wissen und was während meiner Abwesenheit Neues in der Wildnis geschah, das interessierte mich. Wir gingen nun gemeinsam nach meinem *„camp"* und arbeiteten dort solange noch Tageslicht war. Wir hatten den ersten Rahmen aus starken Klötzern für das neue Haus gelegt. N. blieb über Nacht, musste jedoch wegen dringender Arbeiten am nächsten Morgen wieder zurück.

Es war gut, dass Karl, wie er mir versprochen hatte, am andern Tage mit seinem kleinen Hund auf einem Floß eintraf. Nun folgten fünf stramme Arbeitstage und in dieser Zeit hatten wir das Blockhaus in seinem Rahmen und mit aufgelegtem Giebel fertig, den Rest konnte ich allein vollenden. Am Morgen dieses fünften Arbeitstages kam ein Indianer mit einem Kanu aus Birkenrinde den Fluss herunter. Mir war er schon bekannt und ich wusste genau was er wollte. Tee, Zucker und Tabak konnte er immer gebrauchen und ich versprach es ihm auch, sobald er mir noch am selben Tage so viel Birkenrinde heranholte, als ich zur Bedachung des neuen Hauses brauchte. „Palis", so hieß er, ging mit Volldampf an die Arbeit. Der verlockende Preis war zu groß, als dass er, wie es sonst bei Indianern zu sein pflegt, herumfaulenzte. Unter seinen Stammesgenossen war er als ungeschickter Jäger und Fänger bekannt, aber im Bau von Rindenbooten, Schneeschuhen und dergleichen war er ein Meister. Und mit eben solchem Geschick verstand er die Birken ihrer schönen schwarzweißen Rinde zu berauben. Während die Rothaut fleißig die Rindenstücke herbeibrachte, schnitt ich dieselben sofort in ungefähre Meterquadrate, legte eine Tafel über die andere und wenn ein entsprechender Stoß beisammen war, beschwerte ich diesen mit Steinen und Erde, um sie zu pressen. – Gegen 7 Uhr abends verdunkelte sich plötzlich der Himmel und in wenigen Minuten kamen von drei Seiten schwere Gewitter heran. Es waren Unwetter, wie ich sie nie zuvor und nie nachdem wieder erlebt habe. Karl und ich, sowie auch der Hund hatten es uns unter dem Zeltleinendach bequem gemacht und hockten auf den zusammengelegten Decken. Endlich kam auch die Rothaut, die nach Indianerart auf untergeschlagenen Beinen hocken blieb. Wohlweislich hatte ich schon vorher die Decken zusammengeschlagen und weit hinten in dem Zelt untergebracht, damit die zu erwartende Rothaut mit diesen nicht in Berührung kam. Ich fürchtete nicht mit Unrecht, dass eine Unmenge Läuse daran haften geblieben wären. Nach zwei Stunden beruhigten sich die Wettergötter und wir krabbelten unter dem Zeltdach hervor, gingen hinaus an den Fluss und setzten einen ganzen Haufen Schwemmholz in Brand, um die Kleider am Leibe zu trocknen. Infolge des Riesenfeuers währte es nicht lange bis wir trocken waren und uns wieder wohl fühlten. Dann gingen wir hinauf zum „camp", machten dort ein kleines Feuer, kochten Tee, brieten Hirschwildbret und bald waren drei hungrige Mägen gesättigt. Karl verließ mich am nächsten Morgen und lief wieder zurück nach seinem Blockhaus, das er in zwei Tagen erreichte. Der Indianer blieb noch einige Stunden, bis er auch die letzte Birkenrinde zusammengeholt hatte. Für diese Arbeit gab ich ihm Tee, Zucker und Tabak, und sein Birkenrindenkanu erhandelte ich für einen halben Sack Mehl, etwa 44 Pfund. Die ersteren guten Dinge nahm er gleich mit, während er das Mehl mit seinen Hunden mit Packtaschen später holen wollte. Nun war ich wieder allein, voraussichtlich für lange Zeit. Aber schon am nächsten Tage merkte ich, dass ich doch nicht allein war. Ich fing mit Riesenpassion[18] am Körper und in den Kleidersäumen eine Menge Läuse, die ich dem Indianer verdankte. Die Vollendung meines Hausbaues ging nun rasch vor sich. Schöne junge Pappeln, die in der Nähe standen, wurden Stange an Stange gelegt, um das Dach zu bilden. Darauf kam eine Lage Moos und auf dieses endlich die Birkenrinde. Schindelartig wurden diese Tafeln doppelt gelegt und als letzte Vollendung kam eine etwa 20 Zentimeter dicke Schicht Erde. Ein solches Dach kann mindestens 50 Jahre wasserdicht halten. Die Birkenrinde fault wegen ihres großen Fettgehaltes nur sehr schwer. Außerdem hält ein solches Dach im Winter warm, während es im Sommer das Haus verhältnismäßig kühl hält. – Der Einzug in das neue Heim, wiewohl noch keine Fenster und auch noch keine Tür eingesetzt waren, fand ohne jede Feierlichkeit statt. Nach einer Woche war mein Haus vollends fertig, ich entschloss mich, doch eine kleine Einzugsfeier zu veranstalten. Ein starker Schneehase, fein und knusprig gebraten, zwei alte Waldhühner, die eine gute Suppe gaben, ein selbstgebackener Streuselkuchen, dazu ein strammer Kaffee boten für einen Wildnismenschen immerhin ein Festessen.

RICHTFEST IM URWALDE – DER GIEBELBALKEN LIEGT

---

18   Anm. des Verlags: anderer Name für Irischen Wolfshund.

DIE SCHLAFECKE IM BLOCKHAUS

Mitte August verließ ich für längere Zeit meinen neuen Bau. Mit schwer gepacktem Rucksack ging es an die Eisenlinie, um an den Übernachtungshäusern einen Feuerholzvorrat für den Winter heranzuschaffen. Auch die Steige mussten ausgebessert werden. Außer zehn Pfund Mehl hatte ich noch etwas Backpulver, Salz, Tee, Tabak,

Streichhölzer, Zucker und Verbandzeug, das unter Umständen zu gebrauchen ist, mitgenommen. Mit nur einer dünnen Schlafdecke musste ich mich begnügen, da außer den angeführten Dingen noch Reservehemd, Strümpfe und Mokassins dazukamen, so dass der Rucksack ein ansehnliches Gewicht hatte. Als Gewehr führte ich eine kleine automatische Büchse Kaliber 22 mit. Großwild wollte ich nicht schießen und diese kleine wundervolle zehnschüssige Büchse war ja vollauf ausreichend für Schneehasen und Waldhühner, die mir zur Nahrung dienen sollten. Als ich am Abend die erste Station am House River machte, war ich sehr erstaunt, dort schon eine Menge Schneehasen vorzufinden. Am Athabaska hatten sich diese Laputze stark vermehrt, die doppelte Menge fand ich jedoch an dem genannten kleinen Fluss. Das kleine Blockhaus, das stark von mannshohen Brennnesseln umwuchert war, war dumpfig und modrig; ich zog es vor, dicht daneben unter dem Schutze einer urigen Fichte mein Lager aufzuschlagen.

VERFASSERS „IDYLL IM WALDE"

Als die Sonne ihre lange Tagesreise beendet hatte und das eintönige Grau der Abenddämmerung sich in den herrlichen Fichtenwald legte, begann ein reges Leben. Fichtenhühner lockten, Weidenhühner purrten und Schneehasen hoppelten hin und her. Einige Kojoten heulten in den Uferbergen und weit in der Ferne ertönte die tiefe Bassstimme eines alten Waldwolfes. Uhus riefen überall und bald hörte ich, kaum 200 Meter vom Lager, einen Hasen quäken, der sicher von einem Uhu gegriffen wurde. Neben einem kleinen Feuer lag ich auf säuberlich geschichtetem, zartem Fichtenreis, leerte einen Topf Tee, zog an einem unvermeidlichen Glimmstengel und wartete auf mein Abendbrot. Es dauerte auch nicht lange, da kam es an, in Gestalt von zwei Schneehasen, die dicht nebeneinander heranhoppelten. Langsam ging die kleine Büchse hoch. Mit Kopfschuss blieb ein Laputz im Feuer, der andere machte einen Kegel und äugte nach seinem zappelnden Kameraden. Auch dieser Hase quittierte seine Laufbahn. Am nahen Flusse wurden die strammen Burschen, nachdem sie gestreift und ausgeworfen, sauber gewaschen und bald brutzelte der eine im Brattiegel, während der andere für das Frühstück bestimmt war. Während ich am nächtlichen Lagerfeuer unter dem prächtigen nordischen Sternenhimmel saß, saß schräg über mir in einer mittelhohen Fichte ein altes starkes Uhuweibchen und schaute interessiert zu. Um nicht vom Tau durchnässt zu werden, hatte ich ein Stück dünnes Zeltleinen über mich gespannt, so dass die vordere Seite offen, die hintere dagegen auf den Boden geknüpft war. An der vorderen Seite wurde die geringe Wärme des langsam glimmenden Feuers aufgefangen, während die hintere und geschlossene Seite den fallenden Tau auffing. Bald war ich in Schlaf verfallen, um aber ebenso schnell jäh aufzuwachen. Zweimal hintereinander „bummste" es am Kopfende gegen die gespannte Leinwand. Durch das viele Schlafen im sommerlichen, wie auch winterlichen Walde unter freiem Himmel hatte ich mich längst an solche Störungen, verursacht durch kleinere Tiere, gewöhnt, so dass ich schon lange nicht mehr erschrak. Eben überlegte ich, was wohl der Urheber dieser infamen Ruhestörung sein könne, als es wieder anprallte. Deutlich war der Schatten zu sehen und entpuppte sich als Schneehase. „O, ihr verfluchten Biester", entrang es mich laut und wütend meinem Munde. Nun legte ich mich mit der Faust dicht unter der Leinwand auf die Lauer. Ich war mir vollkommen sicher, dass das ein spielender Hase war. Und so war es auch. Aber diesmal bekam der anspringende Hase einen gehörigen Puff mit der Faust, so dass er wie ein Gummiball zurückprallte. – Dann kam er nicht wieder. Gegen Morgen wachte ich auf. Während ich beim Frühstück saß, kam ein alter Schneehase gemächlich angehoppelt, setzte sich 4 Meter vor mich hin und da ich mich nicht rührte, setzte er seinen Weg fort bis auf die Türschwelle des offenstehenden Blockhauses. So saß er, scheinbar philosophische Betrachtungen haltend, lange vor dem Hause und musterte das Innere. Das Haus schien ihm zu gefallen, denn ebenso gemütlich, wie er ankam, hoppelte er auch in das Haus. Nun war meine Zeit gekommen! Langsam schlich ich mich hin und warf schnell die Tür zu. Erschreckt floh der Hase den drinstehenden Ofen an, machte noch einige Sprünge polternd hin und her, dann war Ruhe. Ich wollte meinen Braten nicht kalt werden lassen und setzte mein Frühstück fort. Plötzlich erschien der Schneehase mit einem unendlich dummen Gesicht im Fensterrahmen, so dass mir der Bissen im Munde steckenblieb. Staunen und Lachen war auf meiner Seite und sicherlich Verwundern auf der anderen. Mindestens zehn Sekunden blieb der Laputz im Fensterrahmen sitzen, dann sprang er gemächlich ab und verschwand ebenso ruhig hinter einem Windwurf in den Wald. Dass Schneehasen sehr dumme Geschöpfe sind, wusste ich längst, dass sie aber so große Dreistigkeit besitzen, wusste ich damals noch nicht. – Im Verlauf von drei Tagen war nicht nur das kleine Blockhaus renoviert, sondern auch genügend trockenes Holz für den Winter zusammengeschleppt. Dann ging es weiter, – der House River hatte Hochwasser. Während bei niedrigem Wasserstand seichte Stellen zum Durchwaten zu finden waren, musste jetzt eine mächtige Uferfichte als Brück geschlagen werden. Der mächtige Baum stand auf hohem Steilufer. Wenn man es aber gewöhnt ist, über solche Stämme zu laufen, oder vielmehr zu klettern, so ist eigentlich weiter nichts dabei. Am Nachmittag kam ich an das zweite Blockhaus. Dort blieb ich fast zwei Wochen. Dieser herrliche Platz auf einer Anhöhe mit uraltem Schwarzkiefernbestand war geradezu ideal. Aber um das unentbehrliche Wasser zu bekommen, musste ich fast ein halbes Kilometer bis zu einem fast trocknen Sumpf laufen.

Dort kratzte ich mehrere Löcher in die Erde, die nur sehr langsam vollliefen. Das modrige Wasser war nur gekocht zu genießen; aber der daraus gekochte Tee schmeckte auch so mit seiner dunkleren Färbung. Dort oben gab es noch mehr Schneehasen als am House River. Diese starke Vermehrung sprach für einen guten Fuchsfang. Meine Arbeiten an den Steigen, das Holzmachen und dergleichen waren beendet und so ungern ich auch die herrliche Gegend, in die nicht einmal Indianer kamen, verließ, so sehnte ich mich doch nach abwechslungsvollem Essen. – Am zwanzigsten Tage seit Verlassen des Athabaska-Flusses kam ich morgens gegen 5 Uhr an einen größeren See. Ich hatte mich zur Rast auf einem erhöhten Punkt niedergelassen. Nach kurzer Zeit brach es hinter mir im Walde, es währte nicht lange, bis ein Elchtier mit einem sehr schwachen Kalbe in geringer Entfernung an mir vorüberzog und den Schilfgürtel annahm. Weiter draußen, wo das Schilf nur niedrig war, machten sie halt, schöpften, um dann noch etwas weiter in den See zu ziehen. Das Alttier fing an zu äsen, und zwar ging sie mit dem Kopf in das Wasser bis scheinbar auf den Seeboden und brachte von dort die saftigen Schilfstengel herauf. Immer, wenn das Alttier mit einem Äser voll von dieser ihr scheinbar sehr wohlschmeckenden Kost aus dem Wasser auftauchte, drehte es sich mit der Äsung dem Kalbe zu, als wenn sie sagen wollte: „Sieh, wie das schmeckt!" Das Kalb wollte dann jedes Mal etwas davon haben und versuchte mit ungeschickten Kopfbewegungen einen dieser saftigen Schilfstengel aus „ihrer Mutter Mund" zu erhaschen. Doch die Alte gab ihm nichts. Schnell drehte sie den massigen Kopf beiseite. „Dort unten ist das zu haben – hole es dir selbst!" dachte sie. Vielmals hatte das Alttier dem Kalbe schon gezeigt, wie es zu machen war, bis endlich das „Kleine" einen schüchternen Versuch wagte. Aber bis unter den Wasserspiegel kam es mit dem drollig aussehenden, unförmlichen Kopfe nicht. Erschrocken fuhr es zurück, als das Wasser bis an die Lichter reichte und schüttelte sich prustend. Die Alte hatte das beobachtet, als sie sah, dass das Kalb sich vor dem Wasser fürchtete, tauchte sie schnell und plumpsend unter und sagte wohl:

„So!". Das Elchkalb machte noch viele Versuche, doch an dem Morgen erlernte es das Tauchen nicht. – Drüben, am 100 Meter entfernten jenseitigen Ufer, kam ein mittlerer Bär in flottem Galopp aus dem Weidengebüsch und warf sich grunzend und scheinbar mit größtem Behagen in das nasse Element, dass das Wasser hoch aufspritzte. Die beiden Elche stutzten und äugten scharf nach dem ungestümen Petz hinüber und als dieser wie ein Besessener mit den starken Pranken das Wasser schlug, wurde es dem Tier und auch dem Kalbe ungemütlich. Der Bär hatte die beiden nun auch bemerkt und stand auf den Hinterläufen. Ich war dem rücksichtslosen Bären böse, weil er mir das wundervolle Elchidyll gestört hatte und schrie ihn drohend an. Es dauerte sehr lange, bis er unwillig und langsam im Walde verschwand. Dieses wundervolle Bild der beiden Elche, vor allem die seltene Beobachtung waren köstlich. Ich war so hingerissen, dass ich meinen argen Hunger vergessen hatte – ich hatte am Vorabend nur einen Hasenschenkel gegessen. – Es waren wieder einmal Tage, wo es nicht klappte. Die schönste aller Bühnen, die „Bühne der Natur" war leer – mit Ausnahme zahlreicher Enten, die sich vergnügt auf dem See tummelten. Gegen 7 Uhr morgens gewahrte ich schwach aufsteigenden Rauch. Ich wunderte mich, was das wohl sein könnte. Bald wurde ein indianisches Lederzelt, ein *Teepee*, sichtbar. Mit wütendem Hundegekläff wurde ich den Bewohnern gemeldet und aus dem Zelteingang humpelte eine Rothaut heraus. Aha, das war der alte „Pomikatschies". Dieses Wort heißt in der Indianersprache „rauf und runter". Und warum? Weil er von Geburt aus ein kurzes Bein hatte, also rauf und runter ging. Bald erkannte auch er mich und kam mir entgegen. Als wir uns die Hände schüttelten, stieß er ein freudiges „woa woa – woa" aus. In diesem Begrüßungswort liegen Freude und Bewunderung zugleich. Er musterte mich mit seinen stechend schwarzen, wenig geschlitzten Augen von oben bis unten und sagte in spaßig verdrehtem Englisch *„You no look white man"*, was in ebenfalls verdrehtem Deutsch heißen würde: „Du nicht aussehen weiße Mann". Und das glaube ich selbst, dass ich schon keinem Blassgesicht mehr ähnlichsah. Mit zerrissenen Hosen und Jacke, durchnässt bis an die Knie, mit zerrissenen Mokassins und vom Lagerfeuer verräuchertem Gesicht. Mit meinem stoppeligen Vollbart, der im Verlauf der vergangenen drei Wochen gewachsen war, hatte Freund „Pomikatschies" volles Recht, mich nicht mehr als Blassgesicht anerkennen zu wollen. Die *„old lady"*, die Frau meines roten Freundes, trat aus dem Zelt, wir reichten uns die Hände. Dann sagte ich nur das Wort „Mitsu"! Sofort wurde ich mit wirklich vornehmer Geste ins *Teepee* zum Essen gebeten; denn Essen heißt obiges Wort in indianisch. Ich würde ohnehin dazu eingeladen worden sein, aber ich wollte mich durch Ungeniertheit – wie es die Indianer lieben – als Freund zeigen. Mit solchem Handeln fährt man bei allen Naturvölkern gut. Nur sich als Gast nicht mehr dünken als der Gastgeber! – Pomikatschies breitete ein kleines Stück Wachstuch aus, das wohl ehemals irgendwo eine Tischdecke war. Darauf legte die *„old lady"* frischen „Baneck". Das ist mit Mehl und Backpulver am offenen Feuer gebackenes Brot. Drei Blechteller und Blechtassen und ein großer Blechkübel voll frischem, gekochtem, feinstem Elchwildbretes vervollständigten das morgendliche Menü. Und weil der Herrgott uns Finger wachsen ließ, so kann man schließlich die unnötigen Werkzeuge, wie Löffel, Messer und Gabeln entbehren. Mit dem Taschenmesser schnitt sich ein jeder einen ansehnlichen „Fetzen" des köstlich duftenden Wildbrets ab. – Oft bin ich auf meinen Wanderungen mit Indianern zusammengekommen, aber nur selten habe ich mit ihnen gegessen, weil mir ihre fürchterliche Dreckigkeit scheußlich und widerlich war. Aber hier bei diesem alten Paar, das sicherlich schon weit über 60 Jahre alt war – sie wussten es nicht, wie alt sie waren –, tat ich es mit dem größten Appetit. Und nicht nur das, ich saß sogar mit Seelenruhe auf den dargebotenen Rentierfellen und brauchte nicht zu befürchten, eine Läusekarawane mit nach Hause zu nehmen. Wer dieses alte Paar kannte, kannte sie nur als peinlichst saubere Leute, was unter Indianern eine riesengroße Seltenheit ist. – Eine reizende kleine Geschichte möchte ich bei dieser Gelegenheit meinem Leser erzählen. An einem schönen Wintertage kam der Alte allein mit seinem fünfköpfigen Hundegespann vom Pelican, wo er Pelze eingetauscht hatte, den Athabaska heruntergefahren. Mich hatte er nicht angetroffen und so kehrte er bei meinem Partner ein, wo er auch über Nacht blieb. Als auch das Gespräch auf die Sauberkeit kam, stand die alte Rothaut mit zu Stolz verzerrtem Gesicht auf, zog die Lederjacke auf und kramte ein Stück Hemd sowie auch Unterhose heraus und den stolzen Blick auf N. gerichtet, deutete er auf die schön weißen Kleidungsstücke und sagte: *„Me good wife, me wife wash"*. Es sollte heißen: „Ich habe eine gute Frau, meine wäscht sogar!" Mein Partner hat aber genau hingesehen und hat festgestellt, dass diese Wäsche noch nie gewaschen, aber nagelneu und eben erst gegen Pelze eingetauscht war. Hier ist also der gute Pomikatschies mit seiner Prahlerei mächtig hineingefallen. – Unsere Mahlzeit im geräumigen *Teepee* war beendet. Und als die beiden netten Leute merkten, dass ich auch keinen Tabak mehr hatte, kramten sie in ihren wenigen Habseligkeiten und es fand sich ein kleines Päckchen Zigarettentabak mit Papier. Nach dem Verlauf von einer Stunde wollte ich gehen, doch ich wurde genötigt, noch zu bleiben. Da brachte der Alte ein frisches Elchherz hervor. Wortlos flocht er es kunstgerecht in frisches, grünes Gras und schob es in meinen Rucksack. Wenn ich mich nicht unbeliebt machen wollte, so durfte ich diese Gabe nicht zurückweisen. Er sah es mir aber an, dass ich sagen wollte: „Ich will euch nicht berauben, esst es selbst." Er sagte mit abgewendetem Blick: *„Take, you good white man"* – „Nimm, du bist ein guter weißer Mann". Wenn man ohne Aufforderung von einem Indianer ein Wildherz oder Zunge bekommt, so ist das eine ungeheuer große Auszeichnung, das Zeichen wirklicher Freundschaft. Diese Familie war schon vorher und auch später mein Gast. Mit Händedruck verabschiedeten wir uns, dann zog ich weiter, auch die Rothäute brachen ihr *Teepee* ab und nomadisierten in eine andere Gegend.

Ich war froh, als ich in der siebenten Abendstunde mein gemütliches Block-haus erreicht hatte. Nach kurzem Imbiss wurde in einem großen Zinkeimer geba-det, rasiert und frische Wäsche angezogen. So wohl ich mich auch nach dieser gründlichen körperlichen Reinigung fühlte, kam ich beim Nachdenken über die letzten drei Wochen zu dem Einsehen, dass dieses zielbewusste Herumvagabun-dieren doch schöner war als das viel zu komfortable Leben im Blockhaus. Wenn man auch das Blockhausleben in entlegener Wildnis nicht komfortabel nennen kann nach den Begriffen eines „Herdenmenschen", für einen Hinterwäldler ist es das. Ein gut gebautes Haus, warm und geräumig, ein Ofen, ein Tisch, ein Bett und wenn es hoch kommt eine Petroleumlampe, dazu jede Nacht ein schützendes Dach über dem Kopfe, das ist unerhörter Luxus. Und oftmals habe ich mir ausgemalt, wenn alle, oder zumindest die meisten Menschen, ein solch bescheidenes Leben führen würden, ein Leben, in dem weder Zeit noch Raum Begriffe find, so wären wir Menschen glücklicher, zufriedener und natürlicher. Nie in meinem Leben war ich zufriedener als in den langen Jahren in nordischer Wildnis. Hunger und Kälte, Strapazen und Unbequemlichkeiten gehörten dazu, um dieses herrliche freie Leben schön und interessant zu finden und wurden nicht einmal widerwärtig empfunden, sondern sie gaben Ansporn und neuen Reiz.

Am nächsten Morgen erlaubte ich es mir, lange zu schlafen. Dann füllten den Tag Brotbacken, Kleiderwaschen und verschiedene andere wichtige Dinge aus. Am Spätnachmittag ging ich zum Fluss mit zwei Eimern, um Wasser zu holen. Vom Hause bis zur abhaltenden Uferböschung lag ein Streifen hoher Weiden. Es war von jeher meine Angewohnheit, stets am Waldrande zu verhoffen, ehe ich ins Freie trete. Erst will ich sehen, ehe ich gesehen werde. Ich stand auf der ersten Stufe, die zum bequemen Hinabsteigen über die steile Böschung zum Wasser führte und beobachtete einen schwarzen Bären, der mehr als ein Kilometer oberhalb am jen-seitigen Ufer auf und ab lief. Er ging ins Wasser, schwamm ein Stück in den Fluss hinaus, kam wieder zurück und wiederholte diese Schwimmübungen dreimal. Er ging den Fluss weiter hinauf und entschwand hinter der Flusskrümmung. Schade, diesen Bären hätte ich notwendig gebrauchen können. Nicht seiner schwarzen Jacke wegen, die war im Anfang September noch nicht vollwertig, aber den Feist konnte ich sehr notwendig gebrauchen. Ich hatte nur wenig Schweineschmalz mit-genommen, lediglich nur zum „Anfang", weiter musste die freigebige Natur helfen. Ich war nicht in sonderlicher Eile, setzte mich auf die Treppenstufe und rollte eine Zigarette. Aber noch war dieser Glimmstengel nicht aufgeraucht, als oben im Fluss treibend der Bär abermals erschien. Schnell rannte ich in das Haus zurück und holte den Drilling. Als ich wieder kam, war der Bär schon über die Flussmitte hinweg und ließ sich von der starken Strömung, die nach meiner Seite führte, treiben. Ein schwimmender Bär, der ein Meister in dieser Kunst ist, ist ein herrlicher Anblick.

Ob seiner kolossalen Körperkräfte ist der Bär auch ein sehr ausdauernder Schwimmer. Als der Bär zum Ufer kam, machte ich mich fertig. Er schüttelte mehrmals den schwarzen Pelz, dann zog er in gemächlichem Schritt dem Uferwalde zu. Kurz vor dem Walde verhoffte der Bär. Auf die kurze Entfernung von 40 Metern war es kein Kunststück, dem starken Mittelbären das Silberkorn des Drillings präzise auf den Hals zu dirigieren. Im Knall sackte dieser klobige Sohlengänger zusammen und rührte sich nicht mehr. Und feist war dieser Bursche! Im Qualm von brennenden Gräsern, um die Stechmücken, die trotz der schon eingetretenen Nachtfröste noch zahlreich genug waren, abzuhalten, zerwirkte ich den Bären und schnitt an Ort und Stelle mehr als drei Wassereimer guten Feist aus. Einen Schinken, den ich bald in Form von scharfgebratenen Schnitzeln aß, löste ich aus, während alles andere gut mit Holz und Steinen bedeckt liegenblieb, um Füchse anzuziehen. Wenn die Decke auch noch nicht vollwertig war, so sicherte ich sie doch. Als die Arbeit beendet und alles zurecht lag für den kurzen Transport nach dem Blockhause, stand gerade der rote Ball der Sonne über den westlichen Uferbergen. Der einsame Jäger in dem Zauber der abendlichen Wildnis dankte wieder einmal der gütigen Natur für das Waidmannsheil und die Behebung leiblicher Not.

Am nächsten Tage gab es viel Hausarbeit. Der Feist wurde geschnitten und nach kurzem Wässern auf dem Ofen ausgelassen. Beim Auslassen von Bärenfett darf nur ein sehr gelindes Feuer sein, denn dieser ölige Feist brennt leicht oder bräunt zumindest, was dem fabelhaften guten Geschmack schadet. Der dauernde Genuss dieses Fettes, sofern man es ohne jede andere Beimischung verwendet, wird leicht zum Überdruss, da es, wie schon gesagt, ölig ist. Ganz vorzüglich eignet es sich zum Kuchenbacken. Will man Bärenfett mit Elchfeist mischen, so nimmt man am besten die knappe Hälfte von ersterem, den Rest von letzterem. Mit Hirschtalg gemischt, nimmt man vom Bärenfeist etwas reichlicher als vom Hirsch. So abgeteilt, wird ein Fett erreicht, das ungefähr die Härte des Schweineschmalzes hat. – Es wird keinem rührigen Trapper einfallen Fett zu kaufen, wenn er sicher ist, dass er ein weit besseres haben kann vom Bär.

VOGELFANG UND JAGDTAGE

Es war erst Anfang September und noch mehr als ein Monat Zeit zum Beginn des Raubzeugfanges. An der Eisenlinie war alles in Ordnung und ich fand Zeit, wieder sammeln zu können. Noch ehe ich den „Dreiwochenmarsch" ins Hinterland antrat, hatte ich draußen am Flusse einen hohen Pfahl in das Ufer eingegraben, einen ebensolchen in den Wiesenstreifen hinter dem Blockhause. Aus meinem Fallenvorrat entnahm ich zwei kleine Wieseleisen mit unterliegender Feder und umwickelte die Bügel gut mit Tuchstreifen. Auf einen jeden der zwei aufrechtstehenden Pfähle kam ein Eisen, das unten mit langer Schnur befestigt war. Alle Raubvögel blocken ja bekanntlich gern auf solchen „Überständern" auf. Um diese Räuber der Lüfte dorthin zu locken, streute ich um diese Pfähle Federn von Waldhühnern aus. An einem Mittag standen die Eisen fängisch und als ich zwei Stunden später nach dem Fluss ging, um Wasser zu holen, da saß schon ein Sperlingsfalkenweibchen drin. Dieses wollte ich nicht haben. Ich nahm den Vogel heraus und untersuchte den Fang, mit dem er hängengeblieben war und stellte fest, dass auch nicht die geringste Zerlegung zu sehen war. Aber diese Falkendame war so verdutzt, dass sie nur hinauf zum ersten besten Baum flog und dort „gickernd" auf den komischen weißen Mann, der nicht alles „totschlug", loszeterte. Diese kleinen schwachen Eisen hatte ich auserwählt, da die gut umwickelten Bügel auch den schwächsten Raubvögeln die Fänge nicht zerschlagen konnten. Im Verlauf von zwei Herbsten fing ich nahezu 300 Raubvögel, wovon natürlich der größte Teil die Freiheit wieder bekam. Von all den vielen Räubern war nicht ein einziger mit ernstlich beschädigtem Fang dabei. Noch am selben Nachmittag fing ich auf demselben Pfahle ein altes Habichtsweibchen, das meiner Sammlung einverleibt wurde. Und am nächsten Morgen saß in jedem Eisen ein starker Uhu, die ich beide in Freiheit setzte. Morgens saßen in den meisten Fällen zwei Uhus in den Fallen, während sich tagsüber Sperlingsfalken, Sperber, Habichte, Rauchfuß- und Rotschwanzbussarde sowie Kornweihen und einige Male auch Merline fingen. Der Pfahl am Ufer war 50 und der in der Wiese etwa 300 Meter vom Hause entfernt. In aller Frühe eines jeden Morgens, sowie drei- bis fünfmal am Tage wurden die Eisen revidiert, damit ja nicht ein Vogel zu Schaden kommen konnte. Die Vögel, die ich für die Sammlung brauchte, bekamen einen leichten Schlag auf den Kopf, dann wurden sie mit dem bekannten Zungendruck vom Rücken zugreifend schmerzlos getötet. Selbst die starken Uhus wurden auf diese Art erledigt. Natürlich muss man beim Herausnehmen großer Raubvögel sehr vorsichtig sein; denn wird man mal mit einem starken Fang gegriffen, so hat man seine liebe Not sich wieder davon zu befreien. Mir griff einmal ein kapitales Uhuweibchen mit ihrem furchtbar starken Fang tief in den rechten Oberschenkel, so dass die dolchartigen Fänge so lang wie sie waren, so tief auch in dem spärlichen Muskelfleisch meines Ständers steckten. Trotz sofortiger Desinfizierung der vier tiefen Wunden setzte ein langer Eiterprozess ein und ich war heilfroh, dass keine Blutvergiftung dazukam. An den vielen gefangenen Raubvögeln konnte ich herrliche Studien machen, die für meinen Beruf unbezahlbar waren. Ein interessantes Erlebnis hatte ich an einem Nachmittag, als ich die Stahleisen revidierte. Als ich fünf Schritt vom Pfahl war, erhob sich aus dem fast mannshohen Gras ein mächtiges Steinadlerweibchen mit wuchtigem Flügelschlage, so dass ich durch dieses plötzliche und ungeahnte Schwingenrauschen ordentlich erschrak. Hätte ich den Drilling mitgehabt, so hätte ich den Adler bestimmt geschossen. Beim Nähertreten zeigte es sich, dass sich im Eisen ein junger Habicht gefangen hatte und wie immer, mit dem kleinen Eisen zu Boden geflattert war. Der Adler mochte das wahrscheinlich beobachtet haben und hat diese bequeme Beute geschlagen. Vom Habicht waren nur noch Federreste übrig. – Die Zugzeit der Bussarde, Weihen, Wanderfalken und Merline war bis Mitte September in vollem Gange. Die Eisen lieferten laufend Beute, dazu saßen tagsüber auf den hohen Schwarzpappelüberständern in der Nähe des Hauses öfters Raubvögel. Von morgens 5 Uhr bis zum späten Abend war ich mit Unterbrechungen mit Eisenrevisionen beschäftigt und balgte die Vögel ab. In kurzer Zeit war das geräumige Blockhaus in ein richtiges Museum verwandelt. – Gegen Ende September flaute es ab.

VIRGINISCHER UHU, DER DIE FREIHEIT WIEDERBEKAM

Nun war es auch an der Zeit, irgendein Stück Großwild zu erlegen. Mich lüstete nach frischem Wildbret, das infolge des immer kühler werdenden Wetters sich lange halten konnte. Noch mehr benötigte ich aber Feist, um den großen Fettvorrat, den der Trapper als ausgesprochener „Fleischfresser" notgedrungenerweise haben muss, sicherzustellen. Elchwild stand in dieser Zeit nicht gerade viel in den Uferbergen, aber wenn es die keusche Jagdgöttin gut mit mir meinte, dann konnte es schon klappen. Es folgten nun tägliche, meist nur morgendliche Pirschgänge. Hirsche sah ich oft, es war aber kein guter dabei. Ein Stück Elchwild, anscheinend ein Schmaltier, soweit die Fährte besagte, stand regelmäßig in dem langen mit kleineren und größeren Waldinseln durchsetzten Wiesenstreifen. Eines Morgens schlich ich wie ein tatsächlicher Indianer am Waldrande, der die Wiesenschlenke einsäumte, entlang. In einer Entfernung von 500 Meter sah ich plötzlich einen dunklen Fleck. Richtig, das war ein äsendes Elchtier. Jetzt sah ich es deutlich. Am Waldrande konnte ich nicht weiterpirschen. Der Wind drehte sich plötzlich, so blieb mir weiter nichts übrig, als einen Bogen zu schlagen. Aber noch ehe ich zur Weiterpirsch kam, wurde das Wild plötzlich rege und zog schnell und direkt den Uferbergen zu – ohne, dass ich hätte zu Schuss kommen können. Meine langen Beine taten ihr Bestes und in Dreiviertelstunden war der Kamm der Berge erreicht und ich pirschte dem Elchtier in übersichtlichem Gelände entgegen. Als ich den Berg fast zur Hälfte wieder herunter war, wurde es aber im Walde ziemlich dicht. Windwürfe starker Fichten- und Tannenunterwuchs wechselten unliebsam ab. Als ich so bei den schönsten Hin- und Hererwägungen war, wie dem Wilde am besten beizukommen war, prasselte es mit Getöse in nur unmittelbarer Nähe, so dass ich erschrak. Peng – peng waren die beiden Schüsse auf das flüchtende nur lückenhaft sichtbare Tier hinaus. Nun kamen jene Momente, die ein jeder Hochwildjäger zur Genüge kennt, Augenblicke, die voller Marter, Ungewissheit und auch Schönheit sind. Der erste Schuss hatte Holz gefasst. Ich sah die Splitter. Und der zweite, ich glaube, das war doch Kugelschlag. Und man glaubt ja doch immer nur das Beste, niemals will man was vom Schlechten wissen. Und mit diesem Für- und Widerglauben, mit dem unbestimmten Hin- und Hererwägen, blieb ich rauchend, vielmehr qualmend, auf einem Stubben hocken und genoss den Jäger in mir selbst. Solche Augenblicke kennt der Nichtjäger, der Schießer und auch der „Gelegenheitsjäger" nicht. Steht man erst andächtig vor dem doch gefundenen Stück, ist auch die Jagd vorbei.

Auf dem Anschuss standen mächtige Schaleneingriffe im weichen Moosboden, dann Schnitthaar und als letzte Beruhigung war auch etwas Schweiß zu finden. Aber der Schweiß war dunkel – trübe Gedanken durchfuhren mich. Langsam und aufmerksam hing ich der Fährte etwa 1000 Meter nach. Zwischen zwei Pappeln, die etwa 80 Zentimeter auseinanderstanden, bemerkte ich an einem der jungen Stämme Schweiß. Dort blieb ich längere Zeit stehen. Da ich annahm, dass der Elch sich einmal niedertun würde, folgte ich weiter der Schweißfährte, und zwar bis nachmittags 3 Uhr. Schweiß fand ich zwar nicht viel, aber doch genügend, so dass ich mit Hilfe der oft sichtbaren Schalenabdrücke im Boden die Fährte halten konnte. Nicht ein einziges Mal hatte sich das Stück niedergetan. Und nun saß ich ziemlich ausgepumpt auf einem morschen Stamm. Mein Magen hatte es längst aufgegeben mich zu quälen. Bescheiden hatte er sich zurückgezogen, er kannte seinen Herrn. Einmal gab es schon wieder Atzung. Aber der verdammte Durst, dieser unerbittliche Quälgeist ließ keine Ruhe. In der Frühe gegen 4 ½ Uhr hatte ich mit nur leichtem Frühstück im Magen den Bau verlassen und nun war es 3 Uhr nachmittags.

Die Fährte zeigte die Richtung meines kleinen Blockhauses. Ich hatte den Wunsch, dass sich das kranke Tier dort in jener Gegend niedertun möchte. Als ich feststellte, dass das Stück tatsächlich in jene Gegend zog, kam neue Hoffnung in mir auf. Und richtig! Dort unten – 200 Meter durch eine verlassene Indianerhütte am langen Windbruchstreifen, sah ich es völlig frei stehen. Mit bloßem Auge erkannte ich, dass das rechte Vorderblatt weit vorn schweißte. Auf dieses Blatt dirigierte ich nun das Acht-Millimeter-Geschoss. Das Tier quittierte den Schuss und ging in förderndem Stechschritt schräg bergab – in Richtung meines Blockhauses. – Eine Viertelstunde später stand ich vor dem verendeten, schwachen, aber sehr feisten Alttier. Der erste Schuss ging hinter dem Oberarmknochen hinein und auf Brustmitte am Stich heraus, der zweite fast auf dem Blatt. Das Tier, das kein Kalb führte, brach ich sauber auf und nachdem ich meine Jacke darüber aufgehängt und auf den Rumpf etwas Tabak gestreut hatte, um durch diese beiden Schreckmittel Raubzeug für die erste Nacht abzuhalten, trat ich den Heimweg an. Und wie leicht hatte es mir das Tier gemacht. Es lag nur zehn Meter vom Fallensteig und auf diesem waren es nur 600 Meter bis zum Hause. – So, nun bekam der Magen das seinige und auch der Durst wurde gestillt. Dieser zwölfstündige Jagdtag war wieder einmal recht interessant. So war aber die leibliche Not für lange Zeit behoben – was schließlich die Hauptsache war. Und „Fett" hatte ich nun bis zum nächsten Herbst. Der kürzlich erlegte Bär und nun das sehr feiste Elchtier, sie wurden mir zur rechten Zeit beschert. Es war keine leichte Arbeit, so viele Stunden ohne Schnee der Wundfährte nachzuhängen, aber Mühe und das Daransetzen aller jagdlichen Kunst sind schon oft belohnt worden.

VERLASSENE INDIANERHÜTTE AM AGNES-LAKE

Der nächste Tag verging mit dem Einbringen des Wildbrets und der Decke. Die Wilddecken geben dem Pelztierjäger Bekleidung in verschiedenen Formen. Mokassins, Handschuhe, Hosen und Jacken werden aus dem gegerbten Leder gefertigt. So versteht dieser einsame Pionier sich ganz und gar von dem zu erhalten, was die Natur ihm gibt. Sehr oft gibt der Trapper seine Wilddecken Indianern, sofern welche in der Nähe sind, zum Gerben. Eine Haut bekommt der Indianer – die anderen fertig gegerbten der Geber. Aber die meisten Trapper verstehen auch das Handwerk des Gerbens, so wie es die Indianer seit urältesten Zeiten erlernt haben. Es dürfte den Leser interessieren, wie dieser Prozess vor sich geht, da ich es selbst erlernt habe. – Eine frische Wilddecke wird in einen aus starken trockenen Stangen gefertigten Rahmen gespannt und mit starker Schnur oder gegerbten Elchlederstreifen oder auch mit Bast befestigt. Ist die Decke gut und straff im Rahmen, dann wird mit einem etwa 30 Zentimeter langen Vorderlaufknochen eines Elches, der vom Kniegelenk nach unten ausgelöst wurde und stark abgeschrägt eine fast messerscharfe Fläche erhält, das Bindegewebe abgestoßen. Und zwar fängt man in der Aftergegend an – arbeitet also gegen den „Strich". Ein guter Anfang hängt vom guten Gelingen ab. Das heißt, man muss gleich am Anfang aufpassen, dass man tief genug, also bis auf die wirkliche Lederhaut kommt. Ist man dann erst ein Stück sauber vorwärtsgekommen, so geht es auch flott weiter. Auf alle Fälle muss das Bindegewebe immer abgestoßen werden, solange die Haut weich ist. Dann bleibt die Decke zum Trocknen stehen. Später nimmt man dann eine scharfe eiserne Kratze und schabt das Haar ab. Es würde den Leser sicher interessieren, den langwierigen Prozess des Gerbens beschrieben zu lesen, aber von der rohen Decke bis zum gebrauchsfähigen Leder ist es ein weiter Weg.

Ruhe vor dem Sturm – endlich wieder Fangzeit

Wer von uns alten „Frontlandsern" kennt nicht das eigentümliche prickelnde Gefühl, diese zermürbende Ungewissheit und dieses „Insichgekehrtsein", wenn etwas „in der Luft" liegt! Dieser schwere Druck, der dann auf dem Gemüt liegt, wird mit einem Male gebrochen, in dem Moment, wo es heißt: „Raus! Nur vorwärts!" Kein rechts oder links! Selbsterhaltungstrieb und Kampf um die Existenz. Und wenn ich hier den wirklichen Trapper mit dem Krieger Seite an Seite stelle, so dürfte ich damit vielleicht nicht Unrecht haben. Auch er ist vor dem „Kampf" von einem ähnlichen, ungewissen Druck belastet, der erst dann weicht, sobald er sich selbst sagt: „Raus! Vorwärts! Nur vorwärts!" Er nimmt völlig freiwillig den Kampf auf um die höchst eigene Existenz, nimmt den Kampf auf mit den Naturgewalten des unerbittlich harten Nordens. Der Krieger setzt pflichtgemäß Gesundheit und Leben für sein Volk ein, der Trapper freiwillig Gesundheit, doch oft auch sein Leben – und unbewusst wahrscheinlich auch für viele andere Menschen. Er ist der Zivilisationspionier solch unbewohnter Länder. Einst wird die Zeit kommen, wo Völker sich ausbreiten müssen und natürlicherweise nach unbewohnten Landesteilen vordrängen. Man wird Wege finden, die der einsame Trapper in jahrelanger, ja oft in jahrzehntelanger harter Arbeit geschaffen hat – Wege, die nach bestimmten Richtungen führen und die den Nachdrängenden leichtes Vorwärtskommen gestatten. Das Gros der Nachdrängenden wird bleiben, der Trapper aber weiterziehen und von neuem sein schweres Dasein beginnen. Und so entwickelte sich Nordamerika. Trapper und Goldsucher waren die ersten, die das Land auskundschafteten, erst die nachdrängende Masse entwickelte es.

Und diese „Ruhe vor dem Sturm" herrschte auch im einsamen Blockhause am Athabaska. Zu nichts hatte ich dort mehr Lust. Aber auch diese Zeit verging. Am 16. Oktober hieß es: „Raus!" Mit schwerem Rucksack ging es hinein in die Wälder. In den Abendstunden, noch ehe ich das kleine Blockhaus am House River erreichte, legte ich ein Eisen für Fuchs an einem besonders günstigen Platz. Der nächste Tag verging mit Eisenlegen in der dortigen Gegend. Dann folgte ein Pirschtag, denn Wild für den eigenen Gebrauch musste geschafft werden. Es klappte auch. Ein guter Maultierhirsch mit nicht kapitalem, aber starkem, ebenmäßigem Geweih lag auf der Strecke. Am anderen Tage ging es wieder zurück nach dem Athabaska. Das Eisen, was ich oben am Bergkamm zwei Abende zuvor gelegt hatte, war fort. Fang! Bald sah ich auch das „Fuchsgesicht" hinter einem starken Fichtenstamm. Ein kapitaler alter Rüde saß mit den Zehen zwischen den Bügeln, nicht die geringste Laufverletzung war zu bemerken. Der erste Fuchs in der „Saison" und dazu der beste aller gefangenen Füchse, er blieb es auch für den Rest meiner „Trapperzeit"! Es war ein Kreuzfuchs, wie ihn selbst die große Meisterin Natur nur selten hervorbringt. Der Kopf, Oberhals, Rücken und die mächtig starke Lunte mit schneeweißer Blume trugen die herrlich gleißende Farbe des Silberfuchses. Der Rücken war von einem zarten rostroten Hauch überzogen, der im übrigen tiefschwarz war. Die Halsseiten sowie der Bauch waren von tief dunkler Schokoladenfarbe. Ein solcher Fuchs, in höchster Vollendung in Haar und Farbe, bringt einen höheren Preis als der beste Silberfuchs. Lange, lange betrachtete ich dieses Wunderwerk der Natur, ehe ich den kostbaren Balg an Ort und Stelle streifte. – Das Eisen wurde wieder fängisch gestellt und der Rückmarsch nach dem Athabaska weiter fortgesetzt. Am folgenden Tage wurden Eisen entlang des Flusses, der schon Treibeis brachte, gelegt. Und dann ging es sofort wieder zurück ins „Hinterland". In dem Eisen, das den prächtigen Kreuzfuchs geliefert hatte, saß ein Rotfuchs mit schwerem dunkelroten Balge. Auch die Eisenrevision am nächsten Tage am House River war erfolgreich. Ein guter

Kreuzfuchs, ein Nerz und ein Kojote hatten sich gefangen. Hochbeglückt kam ich am Abend zurück ins kleine Blockhaus. Dort teilte ich kleine Lebensmittelrationen für den Weitermarsch über die gesamte östliche Eisenlinie ein. Am nächsten Morgen in aller Frühe ging es über das dünne Eis des House Rivers, das eben trug, weiter nach dem Osten. Für Luchs und Hermeline legte ich noch keine Eisen, da deren Bälge noch nicht gut waren. Nur Fuchs- und Kojotenfangplätze wurden belegt. Die weiten Sümpfe, die ich zu durchqueren hatte, um in die Stony Mountains zu kommen, waren noch nicht gefroren. Das üppig wuchernde Moos brauchte stärkere Kältegrade, um völlig zu erstarren. Kilometer um Kilometer stampfte ich durch das nachgebende Moos unter monotonem Patsch – Patsch im eisigen Moorwasser. Meist bis an die Knie, oftmals auch noch darüber, reichte der wässerige Morast. Sehr bald wurden die Beine gefühllos. Es machte mir gar nichts aus. Man fror und das war alles. Am Abend kam man ins kleine Blockhaus, das sehr bald gemütlich warm wurde. Die Kleider wurden wieder trocken, auch die gefühllosen Gliedmaßen. Dann lag oder saß man auf der gut mit grünem Fichtenreis gepolsterten „Pritsche", überdachte den vergangenen Tag, freute sich an einem oder mehreren guten Bälgen, verfluchte auch mal das gehabte „Pech" und dachte schon wieder an den nächsten Tag, was der wohl bringen würde. Krank? Nein verehrter Leser! Krank bin ich niemals geworden, wenn ich auch den ganzen Tag über im Eiswasser waten musste oder auch manchmal nachts auf nassen Decken hockte. Auch nicht einmal den geringsten Schnupfen bekam ich. Krank wurde ich – das heißt, Schnupfen und Nebenerscheinungen bekam ich nur, sobald ich mal in die Zivilisation zurückkam und dort im „Häusermeer" gezwungenerweise „Herdenmensch" wurde. Aber dann war ich jedes Mal wieder „mobil", sobald ich erst wieder in der Wildnis war. Nach zehntägigem Marsch, von dem ich noch einen Kreuzfuchs mitbrachte, kam ich wieder am Athabaska an. Die Eisensrevision am nächsten Tage am Flussufer entlang brachte noch zwei Rotfüchse und einen Kojoten dazu. Einen Tag gab es Hausarbeit. Brot wurde gebacken. Ein mächtiges Stück Elchrippe kochte ich zusammen mit weißen Bohnen und Zwiebeln in einem Riesentopfe. Strümpfe wurden gewaschen, die Pelze sauber gespannt. Der Tag war viel zu kurz für die vielseitige Arbeit. Am nächsten Tag ging es wieder nach dem Osten – in elf Tagen kehrte ich zurück. So ging es den ganzen Winter hindurch bis Ende März. Wollte ich nun einen jeden einzelnen „Trip" beschreiben, so würde das sicherlich langweilig werden. Ich werde vielmehr nur einzelne interessante und zum Teil auch schwere Märsche herausgreifen, zuerst aber davon erzählen, „wie" man Pelztiere fängt.

Der aufmerksame Leser, besonders aber der Jäger und Raubzeugfänger, wird schon längst die Frage aufgeworfen haben: „Wie ist es möglich, so viele Fangplätze – es sind immerhin einige hundert! – regelmäßig mit Fangbrocken zu versorgen." In meiner starken, durchaus winddichten, leinenen Überjacke befanden sich drei

Taschen. Und in jeder dieser Taschen steckte ein kleines Büchschen. In dem einen war die Witterung für Fuchs und Wolf, in der anderen für Luchs und in der dritten für Nerz und Hermelin. Der amerikanische Trapper unterscheidet in seiner Sprache „baite" und „scent". Das erstere sind Fleischteile von verschiedenen Tieren, die zum Fang ausgelegt werden, das letztere ist künstliche Witterung, die teils aus tierischen, teils aus chemischen Bestandteilen, meist aber zusammen vermischt, gebraucht wird. Es ist selbstverständlich, dass der Trapper auf einer langen Eisenlinie, zumal, wenn er kein Hundegespann hat und alles auf dem eigenen Rücken tragen muss, nicht für so viele Fangplätze Fangbrocken mitschleppen kann, sondern mit künstlicher Witterung arbeiten muss, die er sich selbst macht. Einige Rezepte seien hier angeführt. Schon in Deutschland braute ich mir Folgendes zusammen, was „hüben" wie „drüben" großartige Erfolge brachte. Sobald ich im Herbst den ersten Fuchs fing oder schoss, so entnahm ich dem Kadaver die Exkremente. Diese wurden in einem, von allen anderen Gerüchen befreitenm Gefäß zerrieben und mit etwas tierischem, frischem Öl und mit entsprechender Menge geriebener Baldrianwurzel gut miteinander vermengt, so dass eine „Paste" entsteht. Diese Witterung ist ganz ausgezeichnet an solchen Plätzen, die das Raubwild zum „Nässen" bevorzugt. Nur wenig an solche Orte geschmiert, genügt für längere Zeit und täuscht einen Vorgänger vor. Diese Witterung ist ausgezeichnet für Fuchs und Wolf. Eine andere, die ebenfalls für obige Tiere fabelhaft wirkt, ja sogar den Luchs anzieht, ist der Saft der Drüsen des Skunks und diesem wird ein wenig Kümmelöl beigefügt. Ein dünnes Stück trockenes Holz wird in diese Mischung getaucht und in ein Loch vor einem Baum, Stumpf oder Stein gesteckt, das Eisen davor, so dass das angelockte Raubwild nur von einer Seite herankann. Ein Loch zur Unterbringung dieses entsetzlich duftenden Stoffes kann man mit einem spitzen Stock in die Erde oder Schnee stoßen und selbst wenn auf dieses Lockmittel hoher Schnee fällt, duftet es auch den ganzen Winter. Diese Witterung brachte mir die meisten Erfolge in Kanada. Weiter sagte ich: „Der Saft der Skunkdrüsen wird gewonnen …" Das ist aber eine sehr schwierige Geschichte. Wenn man mal einen Skunk gefangen hat, so ist dann meist nichts mehr in den Drüsen drin. Bei Annäherung des Fängers hebt der fürchterliche Stänker die buschige Lunte und in seiner Fontaine stiebt ihm der ausgepresste Drüsensaft entgegen. Fällt bald Schnee auf diesen Ort, so ist die ganze Umgegend für den ganzen Winter verpestet, so dass man mit günstigem Winde schon von weitem den üblen Geruch weg hat. – Ein alter und sehr erfahrener Trapper sagte mir einmal, ich sollte mich, wenn ich den Drüsensaft mit Sicherheit haben wollte, an den im Eisen sitzenden Skunk heranschleichen, ihn mit schnellem Griff an der Lunte fassen, aber noch schneller den Skunk hoch in die Luft reißen. So zwischen Himmel und Erde mit dem Kopf nach unten hängend kann das Stinktier die Drüse nicht lösen, da die dazugehörigen Funktionsmuskeln ausgereckt, nicht brauchbar sind. Das alles leuchtete mir sofort

ein. Also, der nächste Skunk wird am „Schwanze" gepackt und dann gibt es „Saft".
Ein Skunk, der in seiner Bauart dem Dachs ähnelt, ist ein kolossal muskulöses Tier
und mir fiel es durchaus nicht leicht diesen kapitalen und feisten Burschen so mit
ausgestrecktem Arm hochzuhalten. Einmal, es war im ersten Jahr in Kanada, in den
Prärien Manitobas, da spuckte mir ein solches Ungetüm über Brust und Hals direkt
ins Gesicht. Mein Hemd habe ich dann später noch weggeworfen, weil der Gestank
nicht herauszubekommen war. Der Drüsensaft des Skunks ist ein so fürchterlicher,
zugleich widerlicher Gestank, der nicht seinesgleichen anderswo in der Welt findet.
Viele Trapper können mit diesem „Scent" überhaupt nicht arbeiten, sie bekommen
Kopfschmerzen davon.

Ich rate entschieden von einem derartigen Versuch, gute Witterung zu erlangen,
ab. Es ist besser, wenn man einem ahnungslosen Skunk aus kurzer Entfernung auf
den Kopf schießt, so dass er blitzartig verendet. Dann gewinnt man meist etwas von
dem begehrenswerten Drüsensekret.

Für den Luchs ist natürliche Witterung, also Fleisch, nicht gut für den Fang zu
verwenden; künstliche Witterung führt dagegen immer zum Erfolg. Man nimmt die
Leber eines Luchses, notgedrungen tut es auch eine andere Wildleber und nachdem diese stark anrüchig geworden ist, schabt man sie fein mit einem stumpfen
Messer und drückt in einem Stück Tuch möglichst alle Feuchtigkeit heraus. Dann
wird dieser Brei mit tierischem Fett oder Öl vermengt und schließlich fein geschnit-
tenes Bibergeil und etwas Baldrianwurzel beigegeben. An dieser Witterung geht der
Luchs kaum vorüber.

Für Hermelin und Nerz sammelte ich deren Stinkdrüsen, zerstampfte sie in einer
kleinen Flasche, gab etwas Anisöl bei und verwandte diese Witterung mit gutem
Erfolge.

Die Zusammenstellung dieser Sachen ist aber nicht so einfach, wie es sich liest. Es
gehört eine sehr gute Nase dazu, um die Mischungen richtig „abzuschmecken". Ein
„Zuviel" ist ebenso schädlich als ein „Zuwenig". Auf alle Fälle sind solche künstli-
chen Witterungen besonders sehr schlauem und misstrauischem Raubwilde gegenüber immer besser als Fleischteile. In der Zusammenstellung und Anwendung liegt
die große Kunst. Natürlich wird Raubzeug, das mit einer Witterung geprellt wurde,
für lange Zeit diesem „Duft" aus dem Wege gehen, aber der Trapper hat einen großen Schatz in seinem „Witterungslaboratorium", zieht das eine Präparat nicht, dann
wohl sicher das andere. Der deutsche Raubzeugfänger weiß, dass der Fuchsfang im
geschlossenen Walde etwas schwieriger ist als im offenen Felde. Eine gut zusam-
mengestellte künstliche Witterung bringt den Fuchs leicht ins Eisen.

Der aufmerksame deutsche Fänger wird längst festgestellt haben, dass in einsamen Gegenden der Fuchs wohl Fallwild sofort, dagegen Aufbruch größeren Wildes
weniger schnell, manchmal auch gar nicht annimmt, es sei denn ein dummer Jung-

fuchs. Dieselbe Beobachtung habe ich auch in Kanada gemacht. Eigentliches Fallwild ist dort recht selten, wo aber Wölfe ein Stück Wild rissen und noch Wildbret übrigließen, nahmen Füchse und Kojoten den Platz sofort an. Hatte ich dagegen ein Stück Wild geschossen und den Aufbruch liegenlassen, so stellten sich Füchse und Kojoten nur höchst selten ein und nur wenige Male fing ich etwas unmittelbar auf dem Platze. Und trotzdem ist der Fang in der Nähe solcher Plätze sehr einfach. Man beobachtet ja immer wieder, dass diese gewitzten Räuber den Platz in respektvoller Entfernung umkreisen, aber dem Frieden nicht trauen. Ich half mir dann einfach so, dass ich ein wenig Schweiß oder Panseninhalt nahm und diesen zehn, zwanzig, oft noch mehrere Meter weit wie „achtlos verloren" versteckte und dort ein Eisen legte. Meist klappte es auch.

Zusammengefasst kann ich behaupten, dass der Fang des Altfuchses in den schier endlosen Wildnissen Kanadas, sicher auch in anderen nordischen Ländern, schwieriger ist als dort, wo er fast täglich die menschliche Witterung in die Nase bekommt.

Anders ist der Fang des Luchses. Wie alle Katzenarten ist auch er ein recht dummes Geschöpf. Schwierig wird der Fang dieser herrlichen Katze erst dann, wenn der Wald voller Schneehasen steht. Nicht, dass der Luchs die Witterung nicht annimmt, nein, aber die Eisen sind fortlaufend mit Schneehasen besetzt. Nimmt man den weißen Laputz heraus, so dauert es gar nicht lange, bis sich ein anderer zwischen den Bügeln „das Leben genommen" hat. Ist der Hase dann im Eisen hart gefroren, was über Nacht der Fall ist, so nagen ihn seine Artgenossen auf. Und so geht das den ganzen Winter hindurch. Für Fuchs und Kojote, ebenso den Waldwolf, kann man in solchen gesegneten Hasenjahren nur im Freien Eisen legen, wo die Hasen nicht so häufig sind. Der Luchs verlässt jedoch den Wald nur ungern und so kann man ihn nur im Walde fangen. Aber auch da weiß sich der Trapper zu helfen. Gegen einen starken Stamm oder gegen einen Windwurf, Plätze, die der Luchs gern aufsucht, wird ein sogenannter *pen* gebaut. Man steckt etwa meterlange Stöcke in die Erde und lässt an der vorderen Seite eine etwa dreißig Zentimeter weite Öffnung. Hinten im *pen* steckt im Boden ein Stock, dessen oberes Ende mit dem Messer gespalten ist, und darin steckt in Moos oder Gras eingewickelt die Fuchswitterung. Man kann aber auch einen knallroten Lappen in diesen Spalt klemmen. Ebenfalls gut ist ein Wildlauscher, der an seinem äußersten Ende mit einem dünnen Faden aufgehängt in fast dauernder Bewegung ist. Der Luchs hat eine sehr kurze Nase, dagegen ein geradezu fabelhaftes Sehvermögen. Seine Neugier ist unbeschreiblich groß, sieht er solche Dinge hängen, noch dazu, wenn sie sich bewegen, so kennt seine Neugier keine Grenzen, er rennt in das Verderben. In den offenen Eingang vom *pen* kommt eine Schlinge. Diana verhülle dein Antlitz – ein Schlingensteller! So höre ich es schon. Diese Schlinge darf nicht aus Draht sein. Man nimmt am besten neun bis zehn drei Meter lange Fäden recht dünnen Netzgarnes. Diese Fäden werden straff zusammengedreht. Eine starke Schnur tut es auch, aber das Netzgarn ist besser, da es bei allen Witterungen „in Form" bleibt. An beiden Seiten des *pen* Einganges stehen zwei Stöcke, die oben eine Gabel haben und in diesen liegt ein etwa zwei Meter langer, knapp armstarker Stock quer über dem Eingang. An diesen Stock wird die Schlinge angebunden. Sie hat einen ungefähren Durchmesser von 20 Zentimetern. In dieser Schlinge fängt sich der Luchs, durch die Witterung angezogen, entweder mit der Pranke oder mit dem Kopf.

Aber auch diese Schlingen werden von den Hasen zernagt, wenn man diese nicht sonderlich präpariert. Im Verlauf meiner Erzählungen erwähnte ich unter Abhandlung „Schneehasen", dass Hundekot das Einzige ist, was diese kranken Laputze nicht annehmen. Und mit Hundeexkrementen rieb ich meine Luchsschlingen ein.

Verehrte Leser! Auch Ihre Frage: „Ist das nicht Tierquälerei, wenn mit so vielen Eisen gearbeitet wird, die nicht allmorgendlich revidiert werden können?" werde ich hier beantworten. Offen gesagt, so groß meine Passion für Raubwildfang von jeher war und noch ist, manchmal wurde mir diese jedoch gründlich verleidet beim Anblick eines beschädigten Raubwildes. Gott sei Dank waren solche Fälle nicht häufig. Der Amerikaner ist uns um vieles voraus beim Konstruieren möglichst humaner Fanggeräte. Es war bei uns in Deutschland allerhöchste Zeit, dass die vorsintflutlichen Tellereisen, selbst allerneueste Modelle, verboten wurden. Die amerikanischen Tellereisen sind so klein, dass sie den Gefangenen nur sehr kurz, meist nur über den Zehen fangen. Ein Laufbruch ist fast ausgeschlossen.

Für Berufstrapper in solchen nordischen Ländern kommt nur das Tellereisen in Frage, da riesige Flächen „getrappt" werden müssen, um überhaupt existenzfähig zu bleiben. Ist der Trapper ein gefühlvoller Mensch, was gottlob sehr viele sind, so wird er sein Möglichstes tun, um nach bestem Können Tierquälerei auszuschließen. Ob man das eine Tierquälerei nennen kann, wenn ein Raubtier über den Ballen zwischen den Eisenbügeln hängt, selbst wenn eine kleine Hautschürfung dabei ist, das bezweifle ich stark. Ich möchte hier einiges den Gegnern des Raubtierfanges mit Eisen entgegenhalten. Treibjagd! Nur ein Hase entkam als „angekratzt". Und diesem Hasen schlug ein Schrotkorn ganz unten den Vorderlauf durch. Na, das schadet nichts. Das heilt bald wieder aus. Einem Rebhuhn über den Zehen den Laufknochen zerschlagen – in einigen Wochen läuft es wieder, so sagt etwa der Jäger, wenn einmal ein Stück Wild entkam, das nur eine „sehr geringfügige" Verletzung hatte! Tierquälerei? Ein jeder Jäger wolle beim Lesen dieser Zeilen die „Hand aufs Herz" legen und sich eingestehen, ob er nicht schon irgendwo und wann ein Stück Wild verletzte, das nicht zur Strecke kam. Und dann wollen wir alle zusammentreten und uns eingestehen, dass die Jagd in irgendwelcher Ausführung dem Tier immer „Qual" bereiten wird. So war es in grauen Zeiten und so wird es sein, solange dieser Erdenball besteht und noch Wild darauf zu jagen ist. Niemals wird es eine Erfindung geben, die jede „Qual" ausschließen wird.

Meine Beobachtungen haben ergeben, dass ein Fuchs innerhalb von zwei Nächten im Eisen verendet, selbst dann, wenn er ohne jede Verletzung zwischen die Eisenbügel geklemmt ist. Der Gefangene wird wohl im ersten Schreck mehr oder weniger toben, wird aber recht bald, wenn ihm dieses zu keinem Erfolg bringende Zerren nur Schmerzen bringt, alle diese Versuche aufgeben und sich zusammenrollen und ruhig liegenbleiben. Bei der dortigen Kälte wird ein gefangener Fuchs schnell erfrieren. Bei großer Kälte ist das in einer Nacht der Fall. Hermeline sind in einigen Stunden erfroren. Auch der starke Nerz ist in der ersten Nacht verendet. Luchs und Wolf dagegen können sehr viel vertragen. Der Trapper wird kaum besonders starke Eisen für diese zwei letztgenannten Raubwildarten führen, da ihr Gewicht für ihn eine viel zu große Rolle spielt und er mehrere hundert Eisen auf der langen Eisenlinie zu schleppen und zu legen hat. Ich will nun dieses Kapitel schließen; denn ich habe ohnehin das Gefühl, als besonders rauer Jägersmann zu gelten. Dem ist aber nicht so! Ich habe schon manche Lanze gebrochen, wenn es galt, für ein Tier mich einzusetzen und habe nicht nur einmal hören müssen, wie man hinter meinem Rücken achselzuckend sagte: „Humanitätsduselei". Wenn ich hier einmal die raue Seite des Waidwerkes skizzierte, so geschah das nur auf Grund meiner Ehrlichkeit. Wie ich im Vorwort sagte: „Der Grundsatz dieses Werkes heißt Wahrheit." Ich habe es mir zum Prinzip gemacht, die Arbeit des Trappers so zu schildern, wie sie in Wirklichkeit ist und nichts zu verschweigen.

BUNTE STRECKE VON FÜCHSEN, KOJOTEN UND
SKUNKS – INNERHALB ZWEIER WOCHEN

HARTE TAGE IM WINTER 1931/32

Mitte November hatte sich das Packeis auf dem Athabaska-Fluss festgeschoben. Nun ging ich daran, auch an dem gegenüberliegenden Ufer einige Eisen für Füchse und Kojoten auszulegen. Am ersten Tage ging ich flussabwärts. Bergauf und bergab ging es über die Eisblöcke. Das Ufer fiel steil ab, demzufolge musste ich den Weg auf dem Eise nehmen. Auf einmal brach ich, als ich mich gerade in einem „Eistale" befand, durch, schlug mit dem Kinn und den Ellenbogen hart gegen den scharfen Eisrand der Einbruchstelle und stand bis an den Bauch in dem reißenden und eiskalten Wasser. Der Riemen des umgehängten Drillings riss und die Waffe lag im nassen Element. Die Situation, in der ich mich befand, war mehr als verzweifelt. Ich geriet auf eine „Hohlstelle", dort war das Eis ausgerechnet dünn. Nun stand ich bis an den Bauch in dem mörderischen kalten Wasser, während sich die Eisdecke in Kopfhöhe befand. Zwischen Wasserspiegel und dem oberen Eisrande war reichlich ein Meter hoher Luftraum. Zuerst bückte ich mich und langte nach dem Drilling, den ich auf dem Grunde liegen sah. Dabei kam ich auch noch mit dem vorderen Oberkörper ins Wasser. Nun war ich vollends durchnässt. Den Drilling schob ich über das, über dem Kopfe befindliche Eis und nun war die verzweifelte Frage: „Wie heraus aus diesem Loch?" Der äußere Eisrand war mit den Händen bequem zu erreichen und wenn ich glaubte, mich leicht aufschwingen zu können, so hatte ich mich gewaltig getäuscht. Das Eis, das ich mit den Händen fasste, brach und das reißende Wasser schlug den Unterkörper ab, sobald ich den Aufschwung ausführte. Die Hände waren gefühllos geworden, so machte ich eine Pause und steckte die Hände zum „Aufwärmen" ins Wasser. Das mag unglaublich klingen, aber es ist volle Wahrheit. Im Winter ist nämlich die Luft kälter als das Wasser. Diese Beobachtung kann man immer machen, wenn man ein Eisen direkt ins Wasser legt. Solange man mit den Händen im Wasser arbeitet, empfindet man die Kälte nicht sonderlich, aber sobald man an die Luft herauskommt. Beim dritten Versuch gelang es aber doch, mit den Ellenbogen auf der äußeren Eisdecke Halt zu gewinnen. Das Eis hielt, so konnte ich mich schließlich ganz herauswälzen. Es war noch kein rechter Winter, aber immerhin ungefähr zehn Grad Celsius bei leichtem Nordwind. Der Drilling war völlig mit Eis überzogen, das aufgeschlagene Kinn hörte auf zu bluten, da die mit Wasser und Blut gemischte Kruste fest auf der Haut lag. Die Reservehandschuhe, die ich auf allen Gängen mitführte, waren nass geworden und ich konnte mir nur so helfen, dass ich die völlig erstarrten Hände durch den Hosenbund steckte und am Körper wärmte. Kälte verspürte ich eigentlich nicht, nur brennende Schmerzen an den Körperteilen, wo der Eispanzer anlag. Die zweieinhalb Kilometer von der Einbruchstelle bis zum Blockhaus waren eine fürchterliche Marter. An jenem Tage verfluchte ich die „Trapperei" ganz gewaltig und sagte mir: „Ist es wert, dass man sich dauernd solchen Gefahren hingibt? Ist es wert, dass man Gesundheit und Leben aufs Spiel setzt, einer Riesenpassion wegen?" Und doch, als ich mich erst wieder als Mensch fühlte und in frischen warmen Kleidern im gemütlichen Blockhause heißen Tee trinkend und rauchend nachdachte, da nahm ich all die unschönen Worte, die ich der „Trapperei" zufügte, zurück. Es gibt nichts Schöneres, als das harte Leben eines Jägers und Trappers in der unberührten Wildnis.

Am nächsten Tage kamen einige Eisen am jenseitigen Ufer flussaufwärts. Um 2 Uhr nachmittags war der fünfte und letzte Fangplatz fertig, und zwar am Ufer inmitten der Pelican-Stromschnelle. Da ich nicht erst den großen Bogen entlang des Ufers zurückgehen wollte, den ich kam, entschloss ich mich, den Eisrücken in den Stromschnellen zu überqueren, um einen kürzeren Weg zum Blockhaus zu haben. Bevor ich jedoch dies tat, suchte ich mir eine lange handfeste Stange und mit dieser, durch starkes Aufstoßen immer prüfend ehe ich einen Fuß aufsetzte, setzte ich über, das heißt, ich kam nur bis in die Mitte. Dort gab plötzlich eine starke aufrechtstehende Eisscholle nach und ich brach durch. Diesmal hatte ich aber Glück. Ich stand nur einen Meter tief in dem Eisloch auf einem großen Felsblock, der eben nur von dem gurgelnden Wasser überspült wurde. Außerdem hing ich an der Stange. Ein erfahrener Trapper und auch Indianer werden nie unsichere Eisflächen ohne eine solche Stange betreten. Auf alle Fälle ging ich schleunigst wieder zurück, zog den längeren Weg vor und schwor mir, nie wieder im Frühwinter die Stromschnellen zu überqueren.

Der Dezember war vorüber und damit auch der eigentliche Raubwildfang. Die Strecke war zufriedenstellend und betrug bis dahin 19 Füchse, davon 8 gute Kreuzfüchse. Außerdem waren 5 Kojoten, 7 Nerze und über 200 Hermeline gefangen. Nur der Luchs fehlte, auch nicht einmal eine Spur war zu sehen.

Wenn auch der eigentliche Fang vorbei war, so konnte ich auch nicht im Hause sitzenbleiben, da die Notwendigkeit bestand, den „Trail" bei starken Schneefällen mit den Schneeschuhen offenzuhalten. So machte ich also auch ohne Aussicht auf Fang mit großer Pünktlichkeit meine Märsche. – Mitte Januar setzte nach einem starken Schneefall heftige Kälte ein. Das Thermometer zeigte 45°C an, als ich am Morgen auf Schneeschuhen das Haus verließ und da der Schneesturm eben erst vorüber, war ein weiteres Sinken der Temperatur zu erwarten. Aber dessen ungeachtet fand mein Marsch keinen Aufschub. Blitzsauber war die weiße Winterlandschaft. Als ich in die ausgedehnte, völlig offene Tundra kam, blendete die blanke Sonne. Mit halbgeschlossenen Augen musste ich diese zwei Stunden über die weite Fläche marschieren, um nicht Schaden an den Augen zu erleiden. Die trauliche kleine Blockhütte am House River erschien mir noch traulicher, als ich mit einbrechender Dunkelheit dort eintraf. Wenn mir in der kleinen Blockhütte auch kein Thermometer zur Verfügung stand, so wusste ich trotzdem gut, dass es kälter wurde, obwohl der blecherne Ofen nach bestem Können Wärme spendete. Der Wald lag totenstill. Kein Ästchen rührte sich. Flackerndes Nordlicht warf bizarre Formen am sternenreichen Himmel hin und her. Zuckende Flammenlinien in gelben, rötlichen und violetten Farben schossen zum Himmel, dann wieder schienen sich diese prächtigen Farbenspiele aufzulösen. So sah es oft aus, als wenn dieses flammende Zucken zur Erde herniederfallen wollte. Und Nordlicht, besonders wenn es in so starker Erscheinung wie an jenem Abend auftritt, bedeutet in den meisten Fällen Witterungsumschlag. Ich befürchtete einen ordentlichen Schneesturm und hegte den stillen Wunsch, dass ich davon verschont bliebe, solange ich auf dem Marsche war, den ich ja antreten musste. Ich bemühte mich, möglichst schnell über die Eisenlinie zu kommen und das konnte ich ganz gut, da nur noch wenige Fangplätze aufzufrischen waren. Am dritten Abend war ich an der letzten kleineren Blockhütte in den Stony Mountains. Ehe ich am nächsten Morgen von dort wieder den Rückmarsch antreten konnte, musste ich noch einige Fuchsfangplätze revidieren, deren letzterer etwa drei Kilometer entfernt lag. Sowie das erste Tageslicht kam, war ich trotz der immer schlimmer werdenden Kälte schon auf dem Wege dorthin. Die ersten Fangplätze waren unbesucht, auch keine Spur von einem Luchse war zu sehen. Noch ein Fangplatz blieb übrig. Als ich einen großen Schwarzkiefernrücken erreichte, stand ich ganz unerwartet vor zwei Luchsspuren. Es waren die ersten Luchsspuren, die ich in jenem Winter sah und ich hatte die Hoffnung, dass sie in dortiger Gegend bleiben und schließlich sich doch noch fangen würden. Der Schwarzkiefernwald war zu Ende und dort machte der Steig eine scharfe Wendung.

Als ich um diese Biegung herumkam, da stand ich vor den beiden Luchsen. Der eine saß in einem Eisen, der andere, der trotz seiner Jugend schon schlau sein wollte, hing mit Kopf und Pranke in einer Schlinge. So etwas kann man nun nicht Waidmannsheil nennen, sondern grenzenlosen Dusel. Als ich sie zuerst sah, befanden sich die Luchse nur fünf Schritt von mir. Leider hatte ich nur den kurzen Steyrstutzen mit und mit einem Teilmantelgeschoss konnte ich auf keinen Fall einen Fangschuss anbringen. Es blieb mir weiter nichts übrig, als mit einem festen Stock ein Ende zu machen. Aus purer Bequemlichkeit ließ ich die Schneeschuhe an den Füßen und ging langsam und vorsichtig näher. Als die Luchse mich zuerst gewahrten, hatten sie keinerlei Aufregung gezeigt, sondern standen ebenso verdutzt wie ich und äugten mich mit ihren bösartigen Sehern an. Nun aber, als ich näher herankam, gingen sie langsam in sprungbereite, kauernde Stellung. Zwei Schritt stand ich vor den angriffsbereiten Luchsen, die nun auch unterdrücktes Knurren, und sobald ich mit dem Arm eine hastige Bewegung machte, kurz aufeinanderfolgendes „Spucken" hören ließen. Ein prächtiges Bild. Ich besah mir genau, wie sie hingen; denn es war zu erwarten, dass der vom Schlag nicht getroffene nach mir mit den scharfen Pranken schlagen würde. Die Luchse hatten sich aber mit den Fangwerkzeugen verfitzt, so dass für mich keine Gefahr bestand. Der erste blieb auf den Schlag besinnungslos liegen. Der andere sprang zur Seite, bäumte sich auf, „fuutzte" mich einige Male ganz gehörig an und als ich mich wenden musste, um auch ihn zu erledigen, hing er mit der freien Vorderpranke im netzartigen Rohhautgewebe meines linken Schneeschuhes. Der Bruchteil einer Sekunde, den er dort sich im Gewebe festhakte, genügte mir, auch ihn blitzschnell zu betäuben. Dann bekamen beide einige derbe Schläge auf den Drosselknoten – und die Luchse waren verendet. Die furchtbare Kälte jenes Morgens, die an meinen Gliedern fraß, war im Nu vergessen. Der Luchs, der den Menschen scheut wie die Pest, wird selbstverständlich nie einen Menschen angreifen, aber so in die Enge getrieben, verteidigt er sich, wie auch jedes andere, selbst das kleinste Tier. Und wo der Luchs mit seiner mächtigen Pranke hinhaut, dort wächst, wie man im Volksmunde sagt, kein Gras mehr. Auf alle Fälle hatte ich zweimal Dusel. Einmal, dass die Luchse sich so schnell und unerwartet gefangen hatten und dann, dass mir in dieser Enge kein Unheil zugestoßen war.

Obwohl die beiden Luchse erst zweijährig waren und jeder nur etwa 30 bis 35 Pfund wog, war ich doch froh, als ich sie im geräumigen Rucksack bis zur etwa drei Kilometer entfernten Blockhütte geschleppt hatte.

Nacht für Nacht spielten die Nordlichter am sternenbesäten Nachthimmel, ein jedes neue Lichtschauspiel suchte das der vorangegangenen Nacht zu übertreffen.

Zeitig am nächsten Morgen verließ ich den Bau und zwei Tage später kam ich in der *cabin* am House River an. Tagsüber war es etwas wärmer geworden. Der Himmel hatte nicht mehr die lautere blassblaue Farbe, sondern ein undefinierbares graugelb. Nun wusste ich, wenn ich am nächsten Tage noch vor dem Schneesturm zurück nach dem Athabaska kam, hatte ich grenzenloses Glück. Als es Tag war, war ich marschbereit. Zwei Stunden war ich fort, hatte einen See über das Eis gekreuzt und befand mich in den Muskegs. Der an allen vergangenen Marschtagen herrschenden Totenstille in der Natur folgte ein leises, wie unsicheres Fächeln der Sträucher und in den niederen verkrüppelten Bäumen. Mit ängstlichem Blicke verfolgte ich die gelblich bleigraue Farbe des Himmelsgewölbes. Das schüchterne „Säuseln" in der Natur hatte längst aufgehört. Doppelte Wollhandschuhe zog ich über, und die schweren Pelzhandschuhe schlossen dicht ab. Die aus Murmeltierfellen von mir selbst gearbeitete Pelzmütze saß gut und fest. Der Rockkragen, mit einem Stück Bindfaden um den Hals festgebunden, konnte nicht aufgehen. So, nun konnte ich schon etwas aushalten. Wieder verging eine Stunde. Totenstille. Schon war der Rand der weiten Tundra sichtbar. Mit einem Male, wie mit ausgeholtem Schlage, kam das Wetter daher. Ein furchtbarer Orkan – erst schneelos – dann mit Eiskristallen durchsetzt, erhob sich. Ein Heulen, Toben und Pfeifen, aufpeitschende Eiskristalle, vermengt mit wirklichen Schneeflocken – der „Blizzard" war da! Von Minute zu Minute wurde es toller, ich hatte Mühe mich aufrechtzuhalten. Der Rand der Tundra war erreicht. Keine zehn

Meter weit konnte ich sehen. So gut es ging, kämpfte ich gegen die rasend gewordenen Naturelemente an. 20 Minuten währte der erste Sturm. Eine Pause trat ein, in der auch nicht der geringste Luftzug zu verspüren war. Schon frohlockte ich, dass das Wetter vorüber sei, doch nach einer Viertelstunde ging es mit noch stärkerer Kraft von neuem los. Zum Unglück drehte sich das Wetter und schlug mir direkt ins Gesicht. Es war völlig ausgeschlossen die Augen offenzuhalten, da die winzigen scharfen Eiskörnchen sofort wirkliche Tränenergüsse brachten. Mit fast geschlossenen Augen, nur ab und zu „blinzelnd" und mit tierischem Instinkt der eingeschlagenen Marschrichtung folgend, hatte ich alle körperlichen Kräfte zusammenzunehmen, um mich, wenn auch nur sehr langsam, so doch vorwärts bewegen zu können. Am schlimmsten war es, wenn ich über eine der vielen hohen Schneedünen hinweg musste. Über Berg und Tal kämpfte ich mich aber doch vorwärts. Einige Male drohte ich schlapp zu machen, was dem Ende gleichbedeutend war. Woher ich die Kraft und Energie nahm, ist mir heute noch ein Rätsel! Sobald ich in einem „Tale" zwischen Dünen war, drehte ich in kauernder Stellung dem Wetter den Rücken zu, um zu verschnaufen, Augenwimpern und Augenbrauen waren in Eis erstarrt. Das Gesicht und der Nacken waren längst gefühllos. Aber lange konnte ich nie hocken bleiben. Durch diese unheimliche Kraftanstrengung des gesamten Körpers geriet ich ins Schwitzen, und selbst ein Aufenthalt von ein bis zwei Minuten brachte einen wahren Schüttelfrost über den erhitzten Körper. Schneewelle auf Schneewelle folgte. Unerbittlich heulte der Sturm, unvermindert wirbelte Schnee und Eis. Aber schließlich erreichte ich den schützenden Wald. Anstatt zwei Stunden nahm der Marsch unter den erschwerenden Umständen des fürchterlichen Schneesturmes vier Stunden in Anspruch. An einem größeren dichten Fichtenhorst machte ich halt, trug einen Haufen trockenen Holzes zusammen und steckte unter dieses viel der überall hängenden Bartmoose. Darunter kam ein brennender Stumpf einer Wachskerze und langsam entzündete sich der Holzhaufen. Einen solchen Lichtstumpf führte ich – aus Erfahrung – stets in der Tasche, denn dieser kann unter Umständen direkt zum Lebensretter werden. Wenn man durchfroren ist, so ist es schwierig, mit unbehandschuhten Händen mehrere Streichhölzer hintereinander in Brand zu setzen, weil die Hände vollkommen gefühllos sind. Wenn dazu das Holz nicht ganz einwandfrei trocken und sofort brennbar ist, so kommt es bei großer Kälte vor, dass die Hände bei den Versuchen das Feuer anzumachen vollkommen erfrieren. Und schon des Öfteren sind Männer an solchen Holzhaufen, die sie in arger Not in Brand setzen wollten, tot aufgefunden worden. – Es währte nicht lange, da war der große Holzhaufen in Brand und gab mollige Wärme. Zuerst erwärmte ich die klammen Hände, taute das Eis im bärtigen Gesicht und als das Gefühl wieder in die Haut kam, da stellten sich auch schon die brennenden Schmerzen ein, deren Ursache die scharfen aufschlagenden Eiskristalle waren. Im Verlauf von einer Viertelstunde fühlte ich mich wieder etwas wohler und nachdem das Feuer durch aufgeworfenen Schnee erstickt war, ging es weiter. Aber nur langsam! Die Anstrengung im „Blizzard" durch die Tundra war zu groß. Die Beine wollten nicht mehr. Ein allgemeines Schwächegefühl lag auf meinem gesamten Organismus. 14 Kilometer noch! Was waren sonst 14 Kilometer für mich bei normalem Wetter und leidlichem Befinden.

BLICK IN DIE GEFÜRCHTETE HOCHTUNDRA

Der Sturm hatte aufgehört. Ruhig und friedlich lagen die weiten Muskegs. 30 Zentimeter Neuschnee war in der kurzen Zeit gefallen. Und diese Schneedecke auf dem Steig musste mit den Schneeschuhen niedergetreten werden, was das Laufen noch bedeutend erschwerte. Oft musste ich stehenbleiben, es „wollte" nicht mehr – und doch – es „musste". Nach Verlauf von zweieinhalb Stunden lagen wieder sieben Kilometer hinter mir. Nochmal sieben sagte ich mir – dann ... Völlig erschöpft saß ich auf dem Rucksack im weichen Schnee. Oh, wie mollig, wie warm der Schnee war! Die Augenlider drohten herniederzufallen – um Gottes Willen, nur nicht schlafen, gestand ich mir erschrocken! Das furchtbare Gespenst – der weiße Tod – trat vor meine Augen. Ein einzelner Timberwolf in nur geringer Entfernung sang seinen tiefen Bass in die „weiße Welt". Das gab mir neue Kraft. So schwach wie ich mich auch fühlte, ich ahmte diesen langgezogenen Laut nach. Kaum war dieser verklungen da ging ein regelrechtes Konzert an. Fünf, acht, zehn, vierzehn Timberwölfe in meiner Nähe – rings um mich. Wenn der Mensch sich in einem solchen völlig aufgebrauchten Zustand befindet, wo einem alles „schnuppe" ist, schaltet auch das richtige Denken aus. Man denkt irre – und man redet irre.

Wohl dem bedrängten Menschen, der in solchen Lagen den Verstand nicht völlig verliert. Auch in mich kam wieder nüchternes Denken zurück. Vor den Wölfen brauchte ich keine Angst zu haben.

Langsam ging es weiter. Als ich den hohen Uferwald des Athabaska-Flusses erreichte war die Nacht da. Noch eine knappe Stunde! Obwohl kein Mond am Himmel stand, fand ich mit den Schneeschuhen tastend den Steig, der hart war. Sobald ich tiefer in den Schnee einsank, wusste ich, dass ich abseits getreten war und korrigierte mich sofort. So verging auch diese letzte Marterzeit und ich stand endlich vor meinem Blockhause. – Zuerst wurde die Petroleumlampe angesteckt und dann ein Feuer angemacht. Auf einem Schemel saß ich vor dem bald glühenden Ofen, den Kopf in die Hände gestützt. Der richtige Schwächeanfall kam erst jetzt. Ein Zittern ging durch den ganzen Körper – mir waren derartige Anfälle nichts Neues mehr! – Als ich den großen Kübel starken anregenden Tees geleert hatte, ließ ich meine Kleider herunter. Und nachdem ich noch starke grüne Birkenkloben in den Heizofen geschoben hatte, schleppte ich mich ins Bett und lag – ohne Schlaf finden zu können. Mit offenen Augen lag ich unter der warmen Schneehasendecke und stierte mit zitterndem Körper im Raum diesen und jenen Gegenstand an. Da blieben meine Augen an den prächtigen Edelpelzen, die in einer Ecke des Zimmers hingen, haften. Wer wird diese einmal tragen? Wird die „Glückliche" vermuten, welche Mühsal der Trapper ausstand, um ihr dieses prächtige Geschenk der Natur zu bringen? Wird „Sie" nur im entferntesten ahnen, dass der Mann, der dieses Pelzwerk „Ihr" brachte, seine Gesundheit, ja sein Leben dafür einsetzte? Nein und nochmals nein! Ebensolche Betrachtungen stellte ich des Öfteren an, besonders auf der späteren aufreibenden Reise im Yukon. Man wird diese Beutestücke kaufen – gern kaufen und teuer bezahlen. Der materielle Gewinn ist ein verschwindendes Nichts gegen den hohen ideellen Einsatz.

Draußen war der Tag heraufgekommen, als ich mich von meinem Lager erhob. Die „Knochen brummten" noch, sonst aber war ich wieder der „Alte". Der Tag verging mit Hausarbeit, die es selbst im kleinen „Blockhaushalt" immer genug gibt.

Freunde ziehen ein in das einsame Blockhaus – und bleiben

Der Rest des Januars und auch der Februar waren noch hart. Heftige Schneefälle erschwerten die Märsche, der Fang war außer wenigen Hermelinen gleich Null. Der März wurde etwas freundlicher. Im letzten Monatsdrittel ging ich mit meiner Pelzausbeute zum Fellaufkäufer nach dem Pelican. Er war da und wollte in den nächsten Tagen mit einem starken Hundegespann nach Athabaska. Eine Indianerfamilie war dort ebenfalls anwesend, als ich auch dieser einen Besuch machte, sah ich dort zwei Schlittenhundwelpen, die ich höchstens acht Wochen alt schätzte. Mir wurde jedoch mitgeteilt, dass die jungen Hunde schon über drei Monate alt waren. Also schon verkümmert! Kuhhessige Hinterläufe, krumme Vorderläufe, dicken Bauch, Senfrücken und im Übrigen nur mit Haut überzogene Skelette. Indianerhunde, wie sie nun einmal sind! Trotzdem diese bedauernswerten Geschöpfe schon arg mitgenommen waren, wollte ich sie haben. Aus Erfahrung als „alter Hundejokel" wusste ich, dass in Anbetracht des jugendlichen Alters mit Umsicht immer noch was aus diesen Tieren zu machen war. Ich erstand diese beiden Tiere für ein lächerlich geringes Quantum von Lebensmitteln. Ich blieb über Nacht beim Fellaufkäufer. Am nächsten Morgen zog ich mit meinen nunmehrigen Genossen in „Freud und Leid" los. Der kleine Hund kam in den Rucksack, der etwas Stärkere wurde mit einer Schnur nachgezerrt. Die ersten beiden Kilometer hatte ich große Mühe, den an der Leine geführten Hund mitzubekommen. Schließlich lief er aber doch. Den letzten Kilometer bis zum Blockhaus musste ich auch ihn tragen, da er, völlig ermüdet, sich fortwährend niederlegte. So hatte ich einen Hund im Rucksack, den anderen unter dem Arm und kam mit freudestrahlendem Gesicht im Bau an. Es war schon von jeher mein Wunsch gewesen, mir Schlittenhunde anzuschaffen, was nur deswegen unterblieb, weil ich nicht genug Geld hatte, mir die dort sehr teuren fertigen Hunde zu kaufen und der andere wichtige Grund war, weil ich nicht wusste, wie lange ich noch in jener Gegend oder überhaupt in Kanada blieb. Eine Trennung von guten Hunden ist mir von jeher etwas Schweres gewesen und so sah ich immer davon ab, mir erst welche anzuschaffen. Aber ich hatte es gründlich satt, mich auf der langen Eisenlinie allein abzuquälen – ich brauchte Gehilfen.

Noch am selben Tag errichtete ich aus Knüppeln und Reisern zwei Hundehütten, denn dauernd mussten sie im Freien gehalten werden, um später auch einmal allen Witterungen widerstehen zu können. Schnallen und Lederstücke hatte ich, um daraus Halsbänder zu machen und einige, mit Draht verdoppelte, schwache Ketten von defekten Wieseleisen ergaben Hundeketten. Diese kleinen Kerle waren die Kette selbstverständlich nicht gewöhnt und gefährdeten sich wie rasend, doch ich ließ sie die Nacht durchtoben, so leid es mir auch tat. Am nächsten Morgen waren sie schon beruhigt. Als ich mit einem großen Topf vollgekochten Elchwildbrets kam, hoben sie schnüffelnd die kleinen Nasen, verschwanden jedoch sofort knurrend im Innern ihrer Hütten, als ich näher herankam. Alles Zureden half nicht. Knurrend und zähnefletschend hockten sie ganz in eine Ecke gedrückt und als ich einmal hineinlangte, um den Kleinen herauszuholen, biss er mich ganz anständig in die Hand. Ich ging zurück ins Haus und beobachtete die kleinen Kerle vom Fenster aus. Als sie die „Luft rein" wähnten, kamen sie, scheu um sich blickend, heraus und verschlangen ungekaut mit großer Gier den Fleischhaufen, den ich vor eine jede Hütte gelegt hatte. Nach zwei Stunden ging ich mit neuem Futter hinaus – doch auch da kamen sie nicht heraus. Den ganzen Tag und auch den nächsten war ich mehr draußen bei den Hunden als in meinem Hause. Diese Mühe wurde auch belohnt; denn im Verlauf des zweiten Tages brachte ich es fertig, aus diesen „Raubtieren" „Hunde" zu machen. Wenn auch scheu, sie kamen aus ihren Hütten, sobald ich mit dem Futter kam, was täglich fünfmal der Fall war, und ließen sich, sobald ich ohne hastige Bewegung nach ihnen griff, streicheln, ja sogar die Rute schwänzelte, wenn auch etwas eingeklemmt, zaghaft. Und in zwei weiteren Tagen, in denen ich die meiste Zeit nur für meine Hunde übrighatte, waren diese ebenso wie alle anderen liebevoll behandelten Welpen. Sie sahen nun nicht mehr einen Feind, sondern ihren Freund in mir, von dem sie nur Gutes zu erwarten hatten. Nun ließ ich sie auch mehrere Stunden am Tage frei, sie folgten mir überall hin, auch ins Haus.

Wenn ich diese jungen Hunde als überaus scheu, sogar menschenfeindlich geschildert habe, so ist der Grund dafür einzig und allein nicht nur der, dass das Wolfsblut jedem Fremden gegenüber zum Ausdruck kommt, sondern vor allem die schlechte Behandlung ihrer früheren Wirte – der Indianer. „Der Indianer und seine Tiere", unter diesem Titel könnte ich ein umfangreiches Buch schreiben und nach dem „Verdauen" dieser Lektüre würde einem jeden, auch dem weniger empfindlichen Leser, der Ekel hochkommen und schließlich liefe ich selbst Gefahr, als Lügner zu gelten! Jeder denkende Mensch müsste annehmen, dass ein Naturvolk wie die Indianer, deren Leben in vielen Fällen nur vom Dasein ihrer Schlitten- und Transporthunde abhängt, mit ihren Hunden und Pferden besonders gut umgehen, ja mit ihnen zu einem Ganzen verwachsen sein müssten. Gerade das Gegenteil ist der Fall! Nie sah ich eine so grenzenlose und unbeschreibliche Tierquälerei wie bei den Indianern. Füttern der Hunde ist ein nur nebensächliches Ding. Gefüttert wird vor Antritt eines mehr oder weniger großen Marsches, aber während des langen Weges hängt die bedauernswerte Kreatur in dem aus allen möglichen Bestandteilen zusammengebastelten, meist unpassenden und überall wunddrückenden Geschirr. Tag um Tag vergeht – kein Futter! Wird abends *camp* gemacht, dann wird der Hund mit einer über den Kopf gezogenen Schlinge an einen Baum geschleppt, dort möglichst kurz angebunden und bleibt sich im tiefen Schnee frierend und hungernd selbst überlassen. Am nächsten Morgen wird der Hund wieder in sein *harness* geschleift. Wenn er am Vorabend noch lief, am Morgen schleppt er sich im Schnee aus Angst vor dem, was der lange Tag bringen wird. Unaufhörlich drischt die kurzstielige lange, von Rohleder und mit Bleikugeln eingeflochtene Peitsche auf die oftmals niederbrechenden und aufheulenden armen Geschöpfe. Hundeblut färbt bald die Schlittenspur! Und nicht selten bleibt ein Hund, der erst ein Stück von seinen noch weiterarbeitenden Artgenossen mitgeschleppt wurde, liegen. Er wird, nachdem er aus dem Geschirr gelöst ist, mit einem Fußtritt in die Seite in den Schnee seitlich des *trails* gestoßen und bleibt sich selbst überlassen. Meist verendet ein solch armes Geschöpf an Ort und Stelle, weil es keine Kräfte hat, um sich im Walde etwas zu suchen für den seit Tagen leeren Magen. Unbarmherzig ist die Rothaut mit seinen Gehilfen. Selbst bei Tauwetter, wenn der Schlitten am nassen Schnee klebt, steigt der Indianer nicht vom „Tobagon" herunter, falls nicht schlechtes Gelände ihn dazu zwingt. Doch ich will es genug sein lassen. Mir zittert die Feder in der Hand bei dem bloßen Gedanken an die vielen Fälle von unerhörter Tierquälerei, die ich dort sah. Ich schäme mich gar nicht, wenn ich hier meinem Leser eingestehe, dass mir manchmal die Tränen in den Augen gestanden haben beim Anblick so furchtbarer Szenen, worüber ich natürlich verlacht wurde und im Übrigen völlig hilflos war. Und noch eins muss ich beichten. Niemandem dort drüben habe ich je gesagt – selbst meinem Partner nicht –, wie viele Indianerhunde ich ins Jenseits befördert habe. In der offenen Jahreszeit, wenn die Hunde nur zeitweilig als Packtiere verwendet werden und dann für tagelange Märsche in Sonnenglut bis zum Zusammenbrechen belastet werden, sind sich diese Kreaturen meist selbst überlassen und suchen sich ihr eigenes Futter. Solange Schneehasen da sind, leiden sie keine Not, aber wenn diese fehlen, geht es ihnen erbärmlich schlecht. Faulende, angeschwemmte Fische sind dann meist die einzige Nahrung. Mancher „Husky" hat in seiner Not den Fischfang erlernt. Stundenlang steht er in seichtem Wasser und passt auf, bis ein Fisch in seine Nähe kommt. Manchmal klappt es und mit schnellem Griff hat er einen Fisch – oftmals geht es auch daneben. Und sobald diese Hunde in meiner Nähe herumlungerten, ergriff ich jede Gelegenheit, sie abzuschießen. Und damit tat ich bestimmt ein gutes Werk, ein armes Geschöpf war wieder von seinen qualvollen Leiden erlöst.

„Pit", so taufte ich den kleinen dunklen Hund und „Jack" hieß der stärkere semmelgelbe. In wenigen Tagen waren wir Freunde und hatten Vertrauen zueinander. Aber eine bange Frage stieg auf. Würden die kleinen Kerle, obwohl sie sich schon gut erholt und gekräftigt hatten, den letzten noch bevorstehenden „Trip", der allerdings nur bis zum zweiten Übernachtungshaus ging und im Verlauf von vier Tagen beendet sein konnte, aushalten? Und fein haben sie diesen für sie doch anstrengenden Marsch bestanden. Wenn auch der letzte Tag in einem fürchterlichen Schneetreiben sehr schwer war, sie gaben sich Mühe. Mit diesem Marsch war die Fangzeit beendet und ein doch etwas beschaulicheres Leben begann. Ende April brach das Eis auf dem Fluss. Mitte Mai war auch der letzte Schnee fortgetaut. Im vergangenen Herbst hatte ich hinter dem Hause ein Stück Wiese ausgebrannt, wobei ich bald einen richtigen Waldbrand verursacht hätte. Dieser Brandplatz wurde für einen Garten umgegraben. Ein größeres Stück wurde mit Kartoffeln getestet, die ich von N. bekam, der schon seit einigen Jahren einen Garten hatte. Das restliche Stück zäunte ich gegen das Wild ein und säte Möhren, Kohlrabi, Salat, Zwiebeln und

Petersilie. Diese ganze Arbeit nahm nur wenige Tage in Anspruch. Dann zog ich eines Tages mein Ruderboot mit einer langen Leine hinauf zum Pelican-Fluss. Im Verlaufe eines Tages hatte ich das geräumige Fahrzeug so voll ausgeschlachteter Barben und Hechte, dass es recht vorsichtiger Fahrt bedurfte. Die beiden Hunde machten diesen „Ausflug" mit, liefen aber am jenseitigen Ufer entlang. Die Hunde mussten, um zum Blockhaus zu gelangen, den 500 Meter breiten Fluss durchrinnen. Heulend saßen die beide am anderen Ufer, während ich schon gelandet war. Fortwährend rief ich ihnen zu. Endlich machte „Jack" den Anfang – und „Pit" folgte sofort. Die starke Strömung nahm sie weit mit abwärts, aber sie kamen herüber und später rutewedelnd am Ufer heraufgelaufen. Im Laufe des Sommers haben wir das sehr oft wiederholt und die Hunde gingen freudig ins Wasser. Das Schwimmen über große Flächen, besonders auch in reißendem Wasser, müssen die Schlittenhunde gründlich erlernen, denn es kommt ja des Öfteren vor, dass tagelange Bootsfahrten gemacht werden und die Hunde am Ufer mittraben, weil kein Platz für sie im Fahrzeug ist.

Etwa 700 Fische hatte ich an einem Tage gefangen. Sie wurden in der Nähe des Hauses zum Trocknen aufgehängt. Außerdem trocknete einundeinhalber Elch; so hatte ich genügend Hundefutter bis zum Spätherbst, wo ich dann wieder größeres Wild schießen konnte. Für den Sommer hieß es „auf Großwild Hahn in Ruh!". Gewiss, es ist schon Arbeit das Futter für mehrere Hunde zu schaffen, aber als Dank für ihre enormen Leistungen soll man sich gern dieser Arbeit unterziehen, die nötig ist, um das Futter, das ja nichts kostet, zu besorgen. Ich hätte gern diese Arbeit zehnfältig getan!

Der Vogelzug war noch im Gange und gab mir reichlich Beschäftigung. 15 bis 16 Stunden war ich täglich beschäftigt, um der Jagd auf die verschiedenen Vogelarten obzuliegen. Die meiste Zeit verging aber mit dem Herstellen von Bälgen. Anfang Juni war jedoch Schluss damit. Die Brutzeit begann.

N. kam eines Tages mit seinen drei Hunden, die schwer bepackt waren, zu mir. Als wir das Weihnachtsfest in meinem Bau zusammen feierten, hatten wir vereinbart, dass ich für die Zeit, die er in der „Kultur" ist, seine Hunde behielt. Nun war er auf dem Wege dorthin und versprach, in zwei bis drei Wochen zurück zu sein. Bei dieser Gelegenheit bestellte ich mir eine genügende Dosis Wurmpulver, denn noch mussten die Hunde von Würmern befreit werden. Auch noch einige andere Sachen sollte er mir mitbringen. Am nächsten Morgen trat er den weiten viertägigen Fußmarsch an.

Am 15. Juni verließ ich bei herrlichem Wetter mit allen fünf Hunden das Block- haus und machte einen zweiwöchigen Marsch über die gesamte Eisenlinie, um Steige auszubessern, vor allen Dingen aber, um an jedem Blockhaus genügend trockenes Feuerholz für den langen Winter bereitzustellen. Die drei starken Hunde von N. hat- ten je eine große Packtasche auf dem Rücken in denen alles, was gebraucht wurde, verstaut war. Selbst die gut umwickelte Axt fand darin Platz. Ich hatte weiter nichts zu tragen als die kleine zehnschüssige Kleinkaliberbüchse, die der „Lebensmittelbesorger" für „alle sechs" war. Schneehasen gab es nun schon in solcher Menge, dass man sie, fast wörtlich zu nehmen, mit dem Knüppel erschlagen konnte. Auch die jungen Hunde bummelten nicht frei. Sie trugen ein kleines mit Moos gefülltes Säckchen auf dem Rücken, nur eben so viel, dass sie wussten, sie waren nicht frei. Was ein Häkchen werden will, krümmt sich beizeiten, hieß es hier. Vom Herbst ab hatten sie zu arbeiten und es war besser, sie wurden früh genug damit vertraut.

Sonnenverbrannt, vom ewigen Lagerfeuerrauch gebräunt und von Moskitos zerstochen, kam ich nach zwei Wochen mit den Hunden wieder zurück. – Einige Tage später kam N. mit einem größeren *Skow* und brachte mir auch die gewünschten Sachen, vor allem einen Berg Post. Am nächsten Morgen verließ er mich mit seinen Hunden, wahrscheinlich sahen wir uns vor Weihnachten nicht wieder. Ein jeder hatte mit sich zu tun und drückte sich vor unnötigen Märschen. Der lange Winter verlangte Kräfte, schließlich war man froh, auch mal ruhen zu können.

Mein Garten gab sich alle Mühe meinen Fleiß zu belohnen, was aber die Schneehasen mit erstaunlicher Gründlichkeit zu vereiteln suchten, bis ich schließlich ganz energisch eingriff. Erst versuchte ich, die beiden Hunde an die Umzäunung über Nacht anzulegen, was aber nur zu dem Erfolge führte, dass die ganze Nacht hindurch eine fürchterliche Kläfferei war und ich nicht schlafen konnte. Die Hasen gingen trotzdem in den Garten, und zwar in unverminderter Menge. Keine zwei Meter von den sie ankläffenden Hunden gruben sich die Lapuzen unter der Stangeneinzäunung durch. Dem wurde abgeholfen. Die Hunde blieben fort, dafür setzte ich mich in der Abenddämmerung mit der Kleinkaliber an und der Erfolg war, dass innerhalb von einer Stunde 27 Hasen auf der Strecke lagen und auch sieben Waldmurmeltiere (*Marmota monax*), dort als *Woodschuck* bekannt. Dieser interessante Nager, der ausgewachsen ebenso schwer wie der Schneehase ist, ja manchmal noch schwerer, war in den ersten Jahren meines Dortseins überhaupt nicht anzutreffen. Innerhalb von zwei Jahren hatte sich dieses Murmeltier aus sehr geringem Bestande zu einer wahren Plage für den gemacht, der versuchte, etwas anzubauen. Tagsüber machte ich es mir zum Vergnügen, sie, wenn sie abseits ihrer Baue waren, niederzurennen. Und immer, wenn ich einen in der Enge hatte, machte es mir Spaß, wie der tapfere Kerl erbost mit den starken Nagezähnen knirschte. Kam ich sehr nahe, dann wurde ich auch angesprungen. Das Warnsignal dieses Nagers ist dem seines größeren und selteneren Vetters, des Alpenmurmels, sehr ähnlich. Nur ist ersterer bei weitem nicht so scheu und vorsichtig als letzteres. Im Laufe des Sommers bis zur Einbringung der „Ernte" aus dem Garten erlegte ich weit über hundert Murmeltiere und entnahm daraus einige für meine Sammlung. Ich konnte eine sehr schöne Kollektion Felle mitbringen, die vom hellen Grau bis zum tiefen Schwarz variierten. Außerdem gerbte ich eine Anzahl dieser Felle, die, ähnlich dem Pelz des Vielfraßes, gut für Winterbekleidung zu verwenden sind, da die Felle nur wenig Frost im Winter ansetzen.

Schließlich musste ich für die Hasen Wieseleisen legen. Abends mit der Büchse und nachts mit den Eisen ergab doch ein tüchtiges Loch im Hasenbesatz meiner Nachbarschaft. Und ich atmete auf, als nach zweiwöchigem „Arbeiten" Möhren, Salat und andere Gemüse schüchtern ihre Triebe über das Erdreich hinausschoben. Die Kartoffeln wurden von beiden Nagerarten nicht angenommen. Die erlegten Hasen und Murmeltiere wurden nicht fortgeworfen, sondern in einem Zinkeimer gekocht, sie gaben ein kräftiges Hundefutter, das auch sehr gern genommen wurde.

Ende Juli kam ein Indianer zu mir mit der Botschaft vom Fellaufkäufer, dass ich am nächsten Tage nach dem Pelican kommen sollte, um den von mir im März bei ihm bestellten dritten Hund abzuholen. Am nächsten Morgen marschierte ich die zwölf Kilometer dort hinauf und wurde, da das „Settlement" an der anderen Flussseite lag, von einer Rothaut mit dem Kanu übergeholt.

„Browny" hieß der sehr große Husky, der ein stattlicher Hund war. Im Gebäude aber klapperdürr, wie eben alle indianischen Hunde sind. Ich erstand den zehn Monate alten Hund für elf Dollar, was einen sehr niedrigen Preis bedeutete. Wir waren gerade beim Mittagessen, als ein Indianer hereinkam und meldete, dass meine beiden anderen Hunde am jenseitigen Flussufer seien. Diese beiden Kerle glaubte ich gut angekettet zu Hause und jetzt waren sie dort. Wie später festgestellt, hatten sie die Ketten zerrissen, als sie merkten, dass „Herrchen" mal allein ausgegangen war, hatten meine Spur aufgenommen und waren bis dahin gefolgt, wo ich das Kanu zur Überfahrt bestieg. Ich ging hinaus an den Fluss, musste des sehr breiten Stromes wegen sehr laut schreien, um mich den Hunden erkenntlich zu machen. Als sie meine Stimme erkannt hatten, nahmen sie auch ohne Zögern das Wasser an und durchrannen den Strom. Wie zwei arme Sünder kamen sie später angekrochen, sie wussten, dass sie etwas gemacht hatten, was sie nicht durften. Aber schließlich war ich ja doch froh, dass diese so jungen Tiere schon so anhänglich waren. Als ich auch noch einen nagelneuen Hundeschlitten erstanden hatte, wurde dieser und die drei Hunde auf einem zufällig am Ufer liegenden Floß verstaut und es ging wieder heimwärts. Mit dem scheuen, mit Wolfsmanieren behafteten „Browny" hatte ich eine volle Woche zu tun, ehe er vertraut wurde. Aber gutes und reichliches Futter und liebevolle Behandlung machten aus ihm einen Hund. Nach einem Monat wurde der Hund ein so gutaussehendes und manierliches Tier wie die anderen beiden. Nun hatte ich ein vollständiges Gespann zusammen und war überglücklich. Treue Gehilfen, die mir viel Arbeit abnehmen würden, treue Kameraden, die Freud und Leid gern mit mir teilten. Ich benutzte jede Gelegenheit, sie für kürzere Zeit mit in den Wald zu nehmen und gab mir redlich Mühe, ihnen Appell beizubringen, der den meisten Schlittenhunden abgeht. Sie begriffen es, wenn ich dabei auch oft sehr hart verfahren musste. Aber das war notwendig und ersparte beiden Parteien späteren, umso größeren Ärger. Ein besonders kluger Kerl war der kleine vierschrötige „Pit". Wenn ich mal den *trail* verpatzte – manchmal tat ich auch nur so –, so kam „Pit" schwanzwedelnd sofort hinter mir hervor und stellte sich in die wirkliche Richtung, sah mich dabei mit seinen klugen Augen an, als ob er sagen wollte: „Du Schuster, weißt du nicht mal deinen Weg?" Das gefiel mir an dem klugen Hund und es stand in mir fest, dass ich ihn als Leithund abrichten würde, dort würde er bestimmt Gutes leisten.

DER STARKE „BROWNY"

JACK, DER KOMIKER

PIT, DER KLUGE LEITHUND

PIRSCHEN

Ende September! Hohe Zeit für den Jäger! Das Laub der Pappeln, der Birken und Weiden färbte sich bereits. Wen könnte das zu Hause halten! Die „Ernte" war vorüber – die Kartoffeln hatten einen befriedigenden Ertrag –, das Gemüse langte auch. Drei Wochen noch, dann ging das „Trappen" wieder an. Diese drei Wochen wurden nun fast ausschließlich der Hochwildjagd gewidmet. Da war ein alter Hirsch, der schon seit dem Sommer seine kapitale Fährte in dem langen Wiesenstreifen zog. Noch nie hatte ich ihn zu Gesicht bekommen, wusste nicht, was er aufhatte – aber einmal musste es ja klappen. Morgens und abends versuchte ich es, ihn zu Gesicht zu bekommen. Bei diesen Pirschgängen sah ich eine Menge andere Hirsche, nur ihn, den Auserwählten, nicht. Am 29. September in später Abendstunde, als längst das Büchsenlicht geschwunden, kam ich einige Kilometer unterhalb des Blockhauses aus dem Walde und trat den Heimweg entlang des Flussufers an. Die erste Mondhälfte warf silbernes Licht auf den Wasserspiegel. Einer Silhouette gleich trabte am anderen Ufer ein Kojote abwärts. Eben bog ich um einen riesigen Schwemmholz-haufen, da sah ich zwei sehr dunkle Füchse, es waren sicherlich Kreuzfüchse. Hinter einen angeschwemmten Riesenbaum setzte ich mich hin und beobachtete die spielerische Balgerei der Füchse in einer Entfernung von nicht mehr als siebzig Metern. Volle zehn Minuten hielt das Spiel an, dann stutzten sie und sprangen bellend in den Uferwald. Nur wenige Augenblicke später trat etwas oberhalb ein Hirsch heraus und blieb, vom Mondlicht beschienen, sichernd stehen. Majestätisch schritt er dann mit dem diesem Wilde eigenen „nickenden" Gang dem Wasser zu und schöpfte lange mit sichtlichem Wohlbehagen. Das Geweih kam mir nicht kapital vor, wiewohl ich es mit Sicherheit als stark ansprach. Es war schwer, das Silberkorn in den mächtigen Rumpf des Hirsches zu bringen – es ging nicht, das Licht reichte nicht aus – und der Finger blieb gerade. Ebenso würdevoll, wie dieser Heimliche kam, verschwand er auch wieder im Walde. Der Hirsch blieb die Nacht über mit Bestimmtheit in dem Wiesenstreifen stehen, das stand fest. Es fragte sich nur, ob er bei Büchsenlicht anzutreffen war. Ich schnürte meinen Bau zu und machte dort eine Unmenge Pläne für den nächsten Tag.

Zwei Stunden vor Tag verließ ich schon das Haus. Nicht pirschend, sondern „schleichend" auf weichen Mokassins, einem Schatten gleich, durchschritt ich den schmalen Waldstreifen, der mich vom langen Wiesenrand trennte. Dort stand ich und suchte die Wiese ab, nichts! Kein Stück Wild war zu sehen. Doch ich blieb stehen. Und keine Minute später stand der Hirsch auf reichlich 200 Meter in der freien Wiese. Er sicherte nach mir. Das fabelhafte Gesichtsvermögen, das diesem Wilde eigen ist, hatte mich ihm schon verraten. Richtiges Büchsenlicht war noch nicht – aber wiederholt von oben in den breitstehenden Hirsch „hineintunkend", glaubte ich doch, das Silberkorn hinter dem Blatt zu haben und scharf zerriss der Knall des Stutzens den noch schläfrigen Morgen. Ebenso gespensterhaft wie der Hirsch erschien, verschwand er auch. Ich hatte ihn nicht zusammenbrechen, nicht abspringen sehen und hatte auch keinen Kugelschlag gehört. – Und nun kam beim Verpassen einiger Zigaretten das übliche „Geglaube". Aber ich „glaubte" doch, dass der Hirsch die Kugel haben müsse – obwohl, wie später festgestellt, die Entfernung 285 Schritt betrug. Als die halbe Wartestunde verstrichen war, ging ich direkt auf den Anschuss – und stand vor meinem bereits verendeten Hirsch! Im Knall war er zusammengebrochen und die völlig zerfetzte Leber ließ ihn sofort verenden. Das Geweih war nicht kapital, aber stark, so wie ich es am Vorabend angesprochen hatte. Es war aber ein sehr alter, schon zurückgesetzter Hirsch, dessen präparierter Kopf nun in meiner „Klause" hängt und der „Blockhaushirsch" heißt. – Ich brach den feisten Hirsch auf und ging dann nach Hause, um zu frühstücken. Dann sollten die Hunde ihre erste Arbeit leisten. „Wir vier" gingen zu dem gestreckten Hirsch, den ich in kurzer Zeit zerwirkte. „Browny" bekam etwa 25, „Jack" und „Pit" je 20 Pfund Wildbret in ihre starken zeltleinenen Packtaschen; ich schleppte, soviel nur in den Rucksack ging. „Browny", der ernste Philosoph, schritt würdevoll neben mir her. „Jack", der Komiker, zog ein „feixendes Gesicht" und dem „Pit" schaute, wie immer, wenn er sich zu einem Dienst „herabließ", der Schelm aus den Augen. Aber freudig trugen meine Freunde die leichte Last nach Hause, die aber dann bei den weiteren, noch nötigen Gängen erhöht wurde. Als „wir" dann unsere Arbeit getan hatten, freuten sich auch die Hunde. Nicht weil sie fertig waren, nein, weil sie etwas getan hatten. Und das kann man ja auch bei einem jeden bringfreudigen Apportierer beobachten, wenn er dem Herrn mal ein besonders schweres Stück gebracht hat.

DER ALTE BLOCKHAUSHIRSCH

Wenn ich hier meine Hunde menschlich charakterisiert habe, so hat das auch einen berechtigten Grund. „Browny" war wirklich ein stolzer Hund, der nur selten mal mit seinen Genossen spielte oder sich mit ihnen abgab. Meist lag oder stand er für sich allein, schaute die beiden andern von oben herab – wie verächtlich – an und steckte dabei immer ein sehr ernstes Gesicht auf. „Jack" dagegen war ein gutmütiger Kamerad und war tatsächlich ein Komiker. Er konnte lachen und weinen, so, wie ich es noch nie an einem Tier beobachtet habe. Spielte ich oder auch „Pit" mit ihm, dann wurden seine Augen nur Schlitze, die schräg nach oben, ähnlich wie beim Asiaten, gerichtet wurden. Nase und Oberlippe schürzte er auf, so dass die Schneidezähne sichtbar wurden, und so sah es aus, als ob er lachen würde. Schimpfte ich ihn aus, so sah er mich mit nur halbernstem Gesicht an. Manchmal musste ich doch ob seiner Verschmitztheit den Mund zum Lachen verzogen und dann feixte er mit. Aber er konnte auch weinen, wenn es nämlich mal schwer wurde, wie später bei den Schlittentouren.

„Pit" war gegenüber den Beiden ganz anderer Art. Im Anfang war er dickköpfig, bis ich ihm das mit straffer Hand ganz abgewöhnt hatte. Dann wurde er herrisch seinen beiden Kameraden gegenüber – nicht zänkisch. Wiewohl er der Kleinste war, er war der Herr! Keiner von den anderen hätte es je gewagt, ihm den Platz dicht hinter mir bei den Fußmärschen streitig zu machen. Und diese Eigenschaft kam ihm als Leithund sehr zugute. Er war „Kopfarbeiter", die anderen nur seine Gehilfen. Im Übrigen war er ein treuer und arbeitsfreudiger Kerl.

Am Morgen brach ein herrlicher Herbsttag an. Starker Raureif überzuckerte ein jedes Ästchen. Das Laub hatte sich über Nacht bunter gefärbt und hing nun wie trauernd herunter. Wenige Tage noch – dann fiel es zur Erde und die Landschaft nahm mehr ein winterliches Gepräge an. Als mich das kleine indianische Rindenkanu zur anderen Seite des Flusses übergesetzt hatte, beschloss ich, heute auf den Elch zu passen. Auf Grund des ganz anomalen trockenen Sommers stand in den Ostbergen so gut wie kein Elchwild, da es viel weiter draußen in den Sümpfen die nötige Nässe fand. Als der Hochwald hinter mir lag und mit Weiden durchsetzte Wiesen und ein wirklicher Sumpf kamen, in dem ein kleiner mit einem breiten Schilfgürtel umgebener See lag, machte ich an einem alten Biberdamm halt. Ich prüfte zuerst genau den Wind. Der stand gut, und zwar mir entgegen. Dort vermutete ich bestimmt Elchwild. Die Sonne meinte es gut, es wurde warm – ein richtiger Indianersommer! Wie tausend Diamanten funkelte der schon langsam abschmelzende Raureif. Mehrere „Geschwader" nordischer Raufußbussarde flogen mit elegant leichten Schwingen dem Süden zu. Unter ihnen kreisten zwei alte Seeadler über dem verschilften See; das dunkle Rumpfgefieder, der reinweiße Stoß, sowie Kopf und Hals wurden wunderbar vom strahlenden Sonnenlicht beleuchtet. Zehn Minuten waren vergangen. Lautlose Stille, die nur von einem Kolkrabenpaar mit ihrem „flong – flong" unterbrochen wurde. Ich legte beide Hände muschelartig vor den Mund und dreimal hintereinander drang daraus der näselnde Ton eines rufenden Elches hinaus. Wieder wartete ich zehn Minuten, nichts rührte sich, nichts antwortete. Noch einmal ahmte ich den Elchruf nach. Keine Antwort. Doch als ich zum dritten Male ansetzen wollte, da war es mir, als wenn ich ein vorsichtiges Anstreifen in dem Weidendickicht vor mir gehört hätte, das ganz so klang, als wenn Schaufeln gegen das dichte Gezweig streiften. Ich stand nun auf und suchte mit den Augen jenes zweimannshohe Weidengestrüpp zu durchdringen. Es war nichts zu sehen und zu hören. Noch einmal ahmte ich den Ruf des Schauflers nach. Danach wurde wieder das „Streifen" hörbar. Dem Geräusch mit den Augen folgend, sah ich in einer Entfernung von 60 Meter Zweigspitzen sich leise bewegen. Dann kam der Elch sehr langsam und fast lautlos 30 Meter näher heran und als er halt machte, sah ich auch das obere Ende einer Schaufel. Es vergingen volle zehn Minuten. Der verhoffende Schaufler rührte sich nicht und mir war sofort klar, dass ich es da mit einem alten Herrn zu tun hatte, der wahrscheinlich schon üble Erfahrungen gesammelt hatte. Dort wo ich stand, lagen Knochenteile eines Elchtieres, die von einem Riss durch Wölfe herrührten und darunter war auch noch ein ganzer Blattknochen, den ich mir sofort aneignete. Erst ahmte ich den Ruf eines Tieres nach, und zwar so, dass ich dabei direkt den verhoffenden Schaufler anschrie, der Ruf also aus nächster Nähe. Sobald dieses Mahnen verklungen war, trat ich hinter den hohen Weidenstrauch, an dem ich stand, drehte mich mit dem Gesicht dem Elch entgegengesetzt und rief den Ruf eines Schauflers und sofort rieb ich auch scharf mit dem Blattknochen an den starken Weidenzweigen, was das Anstreifen von Elchschaufeln absolut täuschend nachahmte. Das zog! Dort drüben bewegten sich die Weiden, Schaufeln streiften und deutlich hörte ich, wie die Läufe abwechselnd aus dem Morast gezogen wurden. Er kam näher. Die einzelnen Schaufeln wurden abwechselnd sichtbar, doch richtig ansprechen konnte ich sie nicht. Jetzt verhoffte der Elch wieder. 20 Meter war er noch von mir entfernt – aber zu sehen war nichts. Jetzt drehte er sich, trat etwas seitwärts und Rumpfteile wurden sichtbar. Ich wusste aber wenigstens, wo „vorn und hinten" war und es fiel nicht schwer, die Blattgegend anzusprechen. Scharf und peitschenartig drang der Schuss heraus – repetiert – peng, der zweite genau dorthin. Der getroffene Elch kam nur schwer aus dem tiefen Moder und ehe er sich zur Flucht gewendet hatte, bekam er den dritten Schuss auf das nun deutlich sichtbare Blatt – und peng auch das vierte Geschoss saß, worauf der Urwaldriese krachend zusammenbrach. Ich setzte mich hin, füllte das Magazin meines Stutzens.

Bei einer Zigarette stellte ich Erwägungen an, wie wohl das Geweih aussehen möchte; denn richtig ansprechen konnte ich es nicht. Da dort, wo der Elch lag, alles ruhig war, nahm ich an, dass er verendet sei. Da lag der fast tiefschwarze Riese! Eine kapitale Gestalt. Nur das Geweih war nicht so gut. Es war nicht schlecht, aber schon stark zurückgesetzt. Und doch freute ich mich über das Waidmannsheil. Hier hatte ich einen wirklich alten Elch erlegt. Da die eine Körperseite ohne jeden Schmiss war, so entschloss ich mich, die Decke für Museumszwecke zu balgen und hoffte, dass auch die andere Seite, auf der der Elch lag, so schön und ohne jeden Forkelhieb sein möge. Andernfalls war meine Arbeit des sauberen Balgens umsonst. Es ist nämlich gar nicht so leicht, völlig unverletzte Decken bei solch großen Geweihträgern zu finden. Meist sind sie mehr oder weniger von wuchtigen Schaufelhieben „verschrammt". Selbst auf trockenem Gelände ist es schwer, solche oft über zehn Zentner schwere Riesen als einzelner Mann aus der Decke zu schlagen und mit aller Peinlichkeit abzulösen. Dort aber, in dem Morast, in dem ich bis fast an die Knie stand, war diese Arbeit noch um vieles schwerer. Als ich die obere Seite abgebalgt hatte, was mehr als eine Stunde in Anspruch nahm, löste ich das Blatt und die Hinterkeule aus und brach dann erst den Elch auf. Nach unendlich vielen Versuchen und mit größter Kraftanstrengung wendete ich dann den Riesen. Im Verlauf von weiteren zwei Stunden war die wirklich völlig unbeschädigte Decke herunter und es währte nicht lange, bis auch das Wildbret zerwirft war. Der Elch war noch feist; dieses sehr erwünschte „Fett" sowie auch das Wildbret verblendete ich gut mit Moos. Nun stand ich vor einem schwierigen, schwer zu lösenden Problem! Wie die schwere, völlig mit Wasser aufgesaugte Decke fortbringen? Die Haut war infolge der ihr anhaftenden Wassermenge zur doppelten Schwere geworden. An das Tragen dieser Decke war vorerst gar nicht zu denken. Ich schleifte sie vielmehr aus dem Sumpf und breitete sie schließlich über einen großen nahen Felsblock, mit der Hautseite nach außen, damit das Wasser ablaufen konnte. Nun war das allererste – Fußbekleidung und Hosen herunter. Der selten warme Indianersommertag war ganz dazu angetan, mich auf dem Biberdamm der freundlichen Sonne auszusetzen, um in meine völlig gefühllos gewordenen Füße wieder Leben zurückzubringen. Ein dreistündiges Stehen im eisigen Moorwasser ist selbst für den wildnis- und strapazengewöhnten Menschen eine etwas zu reichliche Anforderung. Ich ging sofort nach Hause, kochte einen strammen Tee, „verschlang" ein Stück trockenes Brot und nach keinem halbstündigen Aufenthalt im Hause ging ich mit einem Traggestell und viel starker Schnur wieder zu meinem Elch. Hätte ich warten wollen, bis auch das letzte Wasser aus der Elchdecke abgelaufen wäre, so hätte das zwei Tage in Anspruch genommen und mittlerweile wäre sie verdorben. Also, wollte ich diesen Wert sichern, so hieß es: „Ran an die schwere Arbeit!" Die noch immer tropfende Decke wurde zusammengeschlagen und mit starker Schnur gut und fest auf das Traggestell geschnürt. Dieses „Bündel" hatte einen gewaltigen Umfang und es war mir nicht möglich es hochzuheben. Ich „kroch" vielmehr in die Tragriemen und dann drückte ich mich in die Höhe und trat den Rückweg an. Das von der Decke auslaufende Wasser, vermischt mit Schweiß, rann mir auf den nackten Rücken herunter. Weiter als 100 Meter kam ich nicht. Ich sank in die Knie und schließlich lag ich auf dem Rücken – auf meiner Last. Fünf Minuten Pause! Dann weiter – was aber erst nach sehr vielen Aufstehversuchen gelang und schließlich kam ich doch am Fluss an. Zu diesem Weg, zu dem eine Stunde gehörte, brauchte ich unter diesen Umständen fünf! Am ganzen Körper zitternd, mit Wasser und Schweiß der Decke durchnässt, saß ich am Ufer vor dem kleinen Rindenkanu. Und wie so oft in solchen Lagen, verfluchte ich mein selbstgewähltes Los. Nach einer längeren Pause zerrte ich die Last in das Kanu. Wie ein Fisch schoss das wendige Fahrzeug in den Strom hinaus. Rechts und links mit dem einfachen Paddel rudernd, schnitt ich durch die starke Strömung. Das Kanu hatte mit dieser schweren Belastung beträchtlichen Tiefgang, so dass ich nur fünf bis acht Zentimeter über dem Wasser stand. Und gerade dort oben am Rand waren Löcher, die ich früher übersah, als ich den kleinen „Flussteufel" mit Fichtenharz abgedichtet hatte. Nun drang das Wasser herein, und zwar von Sekunde zu Sekunde stärker. Zu aller Vorsicht hatte ich den kurzen Stutzen mit kurzem Riemen quer über den Rücken gehängt, um ihn ja nicht zu verlieren, sollte die Katastrophe kommen. Endlich war ich aus der Hauptströmung heraus und befand mich im Nebenstrome, der glücklicherweise zu dem von mir angestrebten Ufer führte. Nun stand der obere Kanurand mit dem Wasser gleich; jeden Augenblick erwartete ich das Kentern. Jetzt waren es nur noch 50 Meter bis zum Ufer! Unten sah ich den steinigen Grund, es wurde seichter – nur ein Meter Wasser. Blitzschnell schoss es mir durch den Kopf, ob es nicht besser sei, über Bord zu springen. Langsam zog ich den Paddel ein. Mit blitzschnellem Schwunge war ich über Bord und stand bis fast unter die Arme im Wasser, das Kanu festhaltend. Ich hatte alle Mühe, mich gegen den Strom zu behaupten, was der schlüpfrige und steinige Flussboden erschwerte. Noch viel mehr zerrte aber das schwerbeladene Kanu.

Aber jedenfalls hatte es wieder mal geklappt. Verteufelt, war das Wasser kalt! Seit zwei Wochen waren schon starke Nachtfröste, so dass sich in der Nacht am Ufer bereits Randeis gebildet hatte.

Von neuem war die Elchdecke durchnässt. Aber liegenlassen konnte ich sie nicht. Wenn sie über Nacht dort auch nicht verdorben wäre, so dachte ich an die Bären, die mir die ganze saure Arbeit zunichte machen würden. Es hieß eben wieder – weiter schinden! Um es kurz zu machen, das reichliche halbe Kilometer bis zu meinem Blockhause kostete eine furchtbare Dreiviertelstunde.

Noch am selben Abend wurde die Decke mit gewohnter Pünktlichkeit bearbeitet. Am meisten Zeit nahm das Ausschälen der Muffel in Anspruch, während die anderen Arbeiten, wie das Spalten der Lippen und das Wenden der Lauscher, sehr rasch ging. Und erst dann, als die Haut gesalzen und damit auch vor dem Verderben gesichert war, hatte ich Ruhe.

So, sagte ich mir, das war wieder mal ein Tag, der nicht zu vergessen ist! Ein Tag voll übermenschlicher Anstrengung, ein Tag voll von Dingen, von denen sich selten der Leser etwas träumen lässt.

Am nächsten Morgen ging es wieder hinüber, um das Wildbret einzuholen. Wiederum fuhr ich mit dem schnell ausgebesserten Kanu über den Fluss, während die drei Hunde hinüberschwammen. Ich war eher über den Strom als meine Gehilfen. Als sie den Balg gut ausgeschüttelt hatten, schnallte ich ihnen die Packtaschen auf, die ich im Kanu mitgeführt hatte. Da standen wir vier mit unsäglich dummen Gesichtern, dort, wo das Elchwildbret einmal lag! Nichts als penetranter Bärengeruch, eine Unmenge starker Bärenfährten und ein Riesenformat von Bärenlosung, genau dort, wo ich sorglich den so erwünschten Feist mit Moos verblendet hatte. Nicht ein Stück Wildbret war mehr da. Aber nach zweistündigem Absuchen der Umgegend fand ich doch eine Keule, ein Vorderblatt und den ganzen Rücken. Die Keule und das Blatt brachte ich dorthin, wo die Hunde angekettet waren. Dann holte ich ein schwaches Bäreneisen, das etwa eine halbe Stunde weit in einer Fichte hing. Als ich wieder zurückkam, wurde sofort unweit vom Tatort des Bären ein *„pen"* unter zwei Fichten gebaut, was sehr schnell ging, da ich vom Vortage her eine kleine Handaxt dort ließ. Im Eingang vom *pen* lag das Eisen und hinten drin stand der Elchrücken. „Wir vier" teilten das übriggebliebene Wildbret und trugen es zu Tal.

Am nächsten Morgen war ich wieder oben mit den Hunden, um den „Bären" einzuholen. Die Hunde legte ich ab und begab mich allein mit schussbereitem Stutzen zum Fangplatz. Ja – das Eisen war fort! Siehste, du Spitzbube – vergreif dich nicht an fremdem Eigentum! Die Schleppspur führte in eine versumpfte Fichtengruppe und nach hundertmeterlanger Folge stand ich vor dem – leeren Eisen! *Mister bruin* war nur kurz hängengeblieben und hatte sich aus den Bügeln gerissen – ohne irgendwelchen Schaden dabei zu nehmen. Ich nahm das Eisen mit und stellte es am selben Platze wieder fängisch.

Am nächsten Morgen stand das Eisen unberührt – aber Petz war dagewesen! Er hatte die ganze Barrikade hinweggeräumt und hatte den schweren Elchrücken fortgeschleppt!

Mit unserem *camp meat* sah es noch mies aus. In zwei Wochen sollte der Raubwildfang wieder beginnen. Es war an der Zeit, noch mehr Wildbret zu besorgen, da es ja bei dem immer kühler werdenden Wetter haltbar war. Es folgte eine Reihe Fehlpirschen auf Hirsche – dann aber „klappte" es wieder mal. Es war wiederum in den Westbergen, als ich in aller Morgenfrühe ein Schmaltier schoss. Eine Stunde vor Schwinden des Büchsenlichtes auf dem Heimwege begriffen, sprang kurz vor mir ein schweres Stück Wild ab, das ich sofort als einen Hirsch mit recht gutem Geweih ansprach. Der Stutzen fuhr mit und als der flüchtige Hirsch durch eine kleine Lücke in den Pappeln kam, ließ ich fliegen. Ich sah nicht, dass der Hirsch zeichnete[19]. Auf dem Anschuss lag jedoch reichlich Schnitthaar, aber kein Schweiß. Erst in geringer Entfernung fand ich zu meinem Schrecken Schweiß mit Panseninhalt vermischt. Mit Rücksicht auf den bald schwindenden Tag konnte ich nicht lange warten und bis zum Morgen wollte ich die Nachsuche nicht aufschieben. Kurz vor Dunkelheit sah ich den kranken Hirsch unten in einer Mulde entlangziehen. Das Licht reichte eben noch, um die Kugel auf 50 Meter dem Hirsch hinter das Blatt zu setzen. Im Feuer warf es ihn zusammen und als ich herantrat, war er bereits verendet. Das war kein alter Hirsch, aber einer mit einem nahezu kapitalen Geweih, ein regelmäßiger Zwölfer. Die wundervolle Perlung der starken Stangen fiel besonders auf. Ich brach ihn sofort auf, hielt dem Hirsch aber die Totenwacht, bis die Nacht hereinbrach. Es waren nur zwei Kilometer bergab zum Fluss, dort wo das Kanu lag. Freudig begrüß-

---

19   Anm. des Verlags: Das Schusszeichen ist die Reaktion von beschossenem Wild auf den Einschlag des Geschosses.

ten mich meine Hunde, denen wie immer mein erster Gang galt. Ich ließ sie an den schweißigen Händen Witterung nehmen.

Kaum war der Tag angebrochen, da fuhr ich schon mit dem Kanu hinüber – die Hunde schwammen. Unser Weg führte an dem gestreckten Hirsch vorüber, der noch unversehrt dalag. Das Schmaltier lag noch zwei Kilometer weiter und das sollte zuerst eingebracht werden. Doch als wir dort hinkamen, war keines mehr da. Ich fand nur das starke Trittsiegel eines Hauptbären; der Fährte nach zu urteilen war es derselbe Räuber, der mir den Elch stahl. Nach zweistündigem erfolglosem Suchen gab ich die Sache auf. Ich war dem Petz nicht böse, schließlich hatte er ja das Vorrecht in der weiten Wildnis.

In zwei Gängen schafften wir dann „zu viert" das gesamte Wildbret und auch die prächtige Trophäe zum Fluss und trugen später alles in das Blockhaus.

Herrgott, wie man da schlafen kann, wenn man so in den Bergen mit Lasten auf dem Rücken herumgeklettert ist. Und ich erschrak förmlich am nächsten Morgen, als ich aufstand und die Sonne schon hoch am Himmel stand. Nach dem Frühstück überlegte ich mir, was nun das Nächste sei. Also Bär war die Parole! Drüben den Hauptbären hätte ich ja haben können, aber der sollte bleiben bis zum Frühjahr, wenn er seinen besten schwarzglänzenden Rock trägt. An der Ostseite waren auch Bären und bis in diese Gegend war es nicht weit. Ich stellte dort ein sechzehnpfündiges Eisen fängisch und benutzte als Kirrung Sirup.

Am zweiten Revisionstag war das Eisen fortgezerrt – jedoch der Bär hatte nur etwas Haar zwischen den Bügeln gelassen. Der kam wieder, das stand fest; denn dem süßlichen Duft des Sirups kann kein Petz widerstehen. Nach vier Tagen war das Eisen wieder vom Fangplatz fortgeschleppt und diesmal saß Mister Bär fest. Etwa 50 Meter weit war er gezogen und hatte sich in einem wüsten Windbruch festgesetzt. In diesem Durcheinander von gefallenen Bäumen, Ästen und Wurzelausrissen musste ich bis auf acht Meter an den nun bereits tobenden und mit dem beachtlichen Gebiss klappernden Bären heran, um einen sicheren Schuss auf den Hals abgeben zu können. Im Feuer brach er verendet zusammen. Es war ein starker, nicht aber kapitaler Bär mit schon sehr guter, dichter Decke. Ich ließ ihn zunächst liegen, um die Hunde und deren Packtaschen zu holen; sie sollten helfen, das Wildbret hinunterzuschleppen.

Als ich wieder oben ankam, hatte ich meine Not, die Hunde beisammenzuhalten. Der große „Browny" war nur mit größter Gewalt an den Platz heranzuzerren und während der kleine „Pit" mit aufgesträubten Haaren willig folgte, stürzte sich „Jack" wie ein Berserker auf den verendeten Bären und würgte ihn regelrecht am Halse. Im Verlauf von knapp zwei Stunden war der Bär aus der Decke geschlagen und auch zerwirkt. Das viele Feist sowie die Decke und der Schädel kamen auf ein Traggestell, in die Packtaschen der Hunde kam das Wildbret. Das Eisen stellte ich nicht mehr; da ich Feist genug hatte, um noch einige gute Bärendecken zu bekommen, war das Frühjahr günstiger. Das gekochte Bärenfleisch nahmen die Hunde mit größtem Behagen, aber roh rührten sie es nicht an. Erst später, als größere Kälte eintrat und das Fleisch hartgefroren war, fraßen sie es auch in rohem Zustande.

DER SIEBENTE WINTER IM URWALD

Wieder war die Fangzeit herangekommen. Wieder steckte der, ach, so prickelnde Reiz in mir – aber diesmal nicht nur in mir allein, sondern auch in meinen Gehilfen. Die Hunde ahnten, dass nun ein Zigeunerleben begann und als sie sahen, dass ich ihre Packtaschen gefüllt hatte, da „zappelten" sie förmlich. Sie wussten, jetzt geht's los! Am 18. Oktober zogen wir im ersten Morgengrauen ab und ich hatte meine liebe Not, die arbeitsfreudigen und erregten Hunde hinter mir in Schach zu halten, wiewohl sie eine anständige Last auf dem Rücken trugen.

Am nächsten Tage stand ich vor dem schwierigen Problem, wie ich über die geschlagene Fichte, die mit der Spitze sehr schräg abwärts auf dem jenseitigen Ufer des House Rivers lag, hinüberkommen würde. Die Hunde hatte ich ja nun lange genug, dass ich ihre guten und schlechten Eigenschaften kannte. „Jack" war absolut zuverlässig und folgte mir sicher. Aber die anderen beiden waren nicht schwindelfrei und ich war mir völlig im Klaren, dass sie, wenn sie erst auf der Naturbrücke waren, kopfüber hinunter ins Wasser fallen würden. Um wenigstens den Inhalt der Packtaschen trocken zu behalten, nahm ich den beiden unsicheren Hunden die Lasten ab und legte sie am Ufer nieder. Zuerst lief ich und gebot „Jack" zurückzubleiben. Als ich mit meinem Rucksack drüben war, da rief ich ihn. Sowie er diese Brücke betrat, musste ich schon laut lachen. Die andern beiden rannten heulend am Ufer auf und ab und „Jack" balancierte wie ein Künstler und kam mit feixendem Gesicht ohne Unfall herüber. Ich munterte die andern beiden auf, nun auch herüberzukommen, was aber erst nach geraumer Zeit gelang. So unbeholfen als nur möglich „stolperten" die beiden auf dem sehr schräg abfallenden Stamme bis in die Mitte. Dort blieb der kleine „Pit" als erster stehen, guckte hinunter auf das schnellfließende Wasser und als der schwere „Browny" mit einer seiner Riesenpfoten vom Stamme glitt, stieß er dabei an den kleinen und in Gemeinschaft plauzten sie hinunter auf den Wasserspiegel. Sie waren schnell genug aus dem eiskalten, fast zwei Meter tiefen Wasser und schüttelten sich in kurzer Zeit trocken. „Jack" kam jetzt zu mir, sah mich mit lachendem Gesicht an, als ob er sagen wollte: „Siehste diese dummen Luder? Da bin ich doch ein anderer Kerl!" Ich musste nun noch einmal hinüber, um die zurückgebliebenen beiden Hundepacktaschen zu holen.

Dann ging es weiter – nach dem Osten. Wenn sich die Gelegenheit bot, Schneehasen und Waldhühner zu schießen, so wurde es auch getan. Da die Packtaschen von „Browny" schon durch Entnahme von Hundefutter leichter geworden, füllte ich sie mit dem Inhalt von „Pits" Taschen auf. Und dafür bekam letzterer die geschossenen Hasen und Hühner. Es sah originell aus, wie Hasenläufe und Hühnerständer aus den oberen Taschenschlitzen schauten, an denen die anderen beiden Hunde immer schnuppern wollten. So zogen wir nun durch die spätherbstliche Wildnis. Am sechsten Tage kamen wir wieder am House River an und hatten bereits zwei Rotfüchse und einen Nerz. Am nächsten Tage ging es wieder zurück zum Athabaska. Gegen zehn Uhr morgens ging ich in jungem Weißpappelholz an einem See entlang, als plötzlich sieben weibliche Rentiere kaum 25 Meter vor mir auf einen freien Platz traten. Wahrscheinlich wollten sie zum See, um dort zu schöpfen. Im Moment des Anblickes stoppte ich und die Hunde standen ebenso ruhig hinter mir. Es entspann sich in mir ein Kampf. Soll ich, oder soll ich nicht? Nur die Kaliber 22 – und doch, das ist eine seltene Gelegenheit. Ein weibliches Waldren brauchte ich noch für die Sammlung. So leicht bot sich eine solche Gelegenheit nicht wieder, auf das dort seltene Wild zu Schuss zu kommen. Auf das beste Stück richtete ich die kleine Büchse – und hier war dieses kleine automatische Wunder angebracht. Achtmal hintereinander drückte ich den Schießfinger der rechten Hand ab und alle acht Schuss saßen in schnellster Folge auf dem sich zweimal drehenden und dann flüchtenden Tier, das unmittelbar darauf zusammenbrach. Die andern sechs Tiere standen mit dem ihnen eigenen dummen Gesichtsausdruck und flüchteten erst, als ich näher an sie heranging.

So erfreut ich auch über den unverhofften Erfolg war, so hatte diese Freude doch einen sehr bitteren Beigeschmack. Es war das erste Mal und bis heute auch das letzte Mal, dass ich mit diesem Kleinkaliber auf Schalenwild schoss. Schließlich tröstete ich mich aber damit, dass ja die Entfernung so gering war und außerdem konnte ich schnell hintereinander schießen. Das prächtige Tier mit schönem Geweih und seiner herrlichen schokoladenfarbigen Decke mit der silbergrauen Halsmähne wurde sofort sauber aus der Decke geschlagen. Den Kopf hängte ich in einen Baum, um ihn beim nächsten „trip" mitzunehmen, während die schwere Decke sofort in meinem großen Rucksack mitgeführt wurde. Die Hunde, deren Packtaschen völlig leer waren, bekamen ein Großteil des guten Wildbrets auf den Rücken. Mann und Hund waren froh, als sie unter der großen Last im Blockhause am Athabaska ankamen.

Schon vor längerer Zeit hatte ich zwei 1 ½ Meter lange, schmale Bretter etwas hochgebogen, so dass sie durch Verbindung miteinander die Form eines Schlittens bekamen. Auf diesen provisorischen Schlitten kamen als Beschwerer einige Birkenklötzer und am Morgen wurden im freien Gelände der Wiese die Hunde im Zuggeschirr eingefahren. Wenn ich geglaubt hätte, die Hunde würden diese Arbeit des

Schlittenziehens sofort begreifen, so hatte ich mich doch getäuscht. Sobald ich vor ihnen herrannte, folgten sie tadellos, aber sie hatten ja vor mir zu gehen und darin lag die Schwere, das zu erlernen. Aber sie lernten es am ersten Tage. Wir waren jedoch allesamt völlig ausgepumpt und froh, als der schwere Tag vorüber war. Vorläufig war nur ein wenig Schnee gefallen, der für den Schlitten nicht genügte und so machten wir noch einen „trip" zu Fuß über die Eisenlinie und kehrten nach sieben Tagen mit den Bälgen von fünf Füchsen und einem Kojoten zurück. Schon am nächsten Tage setzte starker Schneefall ein. Zwei Tage blieben wir „zu Hause", um noch Eisen zu legen, dann ging es mit dem Schlitten an die „trapline". Dass die Hunde ziehen würden, darüber war ich mir klar, ebenso, dass jeder der erste sein wollte. Um nicht gleich im Anfang Schwierigkeiten zu haben, half ich mir mit einer langen grünen Weidenstange, die in der Höhe des Geschirres festgebunden wurde, um die Hunde so ins Geschirr und an ihren Stand zu zwingen. Die dabei auftretende Dickfelligkeit wurde einige Male ganz energisch mit der Peitsche korrigiert. Dann ging die Sache so gut, dass ich noch vor Ablauf des ersten Tages die „Zwangsstangen" wegwerfen konnte. Jetzt hatte ich Zughunde! Und was für welche! Wie der Teufel gingen sie davon, wovon ich aber nicht den geringsten Nutzen hatte – im Gegenteil, nur Schaden. Aber vor den Hunden konnte ich nicht herlaufen, denn dann hingen die beiden vorderen dicht hinter mir lose im Geschirr, während „Jack" die ganze Last allein ziehen musste. Und rannte ich vorschriftsmäßig hinter dem Schlitten, so musste ich das in so einem Tempo tun, dass ich bald fertig war. Die Hunde hatten kapiert, dass sie ziehen mussten, anschließend auch gelernt, dass sie schön in der Reihe zu bleiben hatten und damit glaubten diese arbeitsfreudigen, feurigen Tiere genug zu tun. Aber sehr bald lernten sie noch dazu, dass sie, sobald sie das langgezogene „goooo easy" hörten, langsam zu traben hatten und wollte ich schnell fort, dann genügte das scharfe zwischen den Zähnen ausgestoßene „gs", und je schärfer ich dieses ausstieß, um so schneller trabten sie, um auch auf Wunsch in Galopp zu verfallen. Das Kommando „tju" und „tschaa" – links und rechts – zu erlernen, nimmt längere Zeit in Anspruch, wird aber begriffen. Gibt man sich Mühe, so wird man seine helle Freude in kurzer Zeit haben. Es ist ein Hochgenuss mit guten jungen Hunden durch die tiefverschneite Urwaldwildnis zu traben, eine Fahrt, bei der die Meilen „gefressen" werden. Der Hund arbeitet nur wirklich gut, wenn er trotten kann. Und wenn man dann Tag um Tag hinter den trabenden Hunden in schlechtem Gelände und bei großer Kälte herrennt, so ist auch das eine große Anstrengung, der nicht jedermann gewachsen ist. Hat man sich aber diesen, Meile um Meile trabenden Gang angewöhnt, so geht auch das. Bei mäßig gutem Gelände werden im Durchschnitt in der Stunde immerhin neun bis zehn Kilometer erreicht – selbst bei normaler Belastung des Schlittens. Diese Leistung kann bei sehr gutem Trail und nur geringer Last ganz gewaltig gesteigert werden. Es ist erstaunenswert, was gut behandelte und gut gefütterte Hunde leisten können. Stunde um

Stunde verrinnt der Tag im flotten Trab und wenn die Hunde am Abend gut gefüttert werden, dann geht es an noch vielen anderen Tagen im selben Tempo weiter. Ein Pferd steht jedenfalls weit hinter dem guten nordischen Schlittenhund zurück

DER VERFASSER MIT SEINEN DREI FREUNDEN – MUSHING

MENSCHEN IN NOT?

Für gewöhnlich wurde es regelmäßig Ende Oktober kalt und im weiteren Verlauf des Novembers war bereits der richtige Winter eingetreten. Mit größter Pünktlichkeit hatte sich das Eis auf dem Strome geschlossen. Im Spätherbst des Jahres 1932 war ein großer Unterschied gegenüber früheren Jahren insofern, als es wohl gegen Ende des Oktobers schon kalt wurde und bald auch die ersten Schneefälle kamen, aber es wurde dann plötzlich wieder warm, was früher nie der Fall war. Und so kam es auch, dass sich der Athabaskastrom schon am 10. November mit dem Packeis zuschob, aber wenige Tage später brach auch wieder das Eis und wurde mit dem plötzlich erhöhten Wasserstande fortgetrieben. Auch ein zweites Mal brach das Eis. Am 22. November fuhr ich im Harstschnee auf einem Steige im Walde hinauf zum Pelican. Als ich über die östlichen Uferberge herunterkam und eben im Begriff stand, mit dem Gespann über das wüste Durcheinander des Packeises nach der Behausung des Fellaufkäufers hinüberzufahren, da bemerkte ich drüben dicht am Ufer drei Frauen, die aufgeregt schreiend mit den Händen zu mir herübergestikulierten. Ich stoppte und versuchte, mir das Schreien zu deuten, doch es blieb mir infolge der zu großen Entfernung unverständlich. Ich ließ die Hunde in langsamer Gangart gehen und fest an den Handhaben des Schlittens mich anhängend, setzte ich über das Packeis zur anderen Seite. Als ich drüben ankam, erkannte ich die Frau und die Tochter des Fellaufkäufers sowie dessen Schwägerin, die alle drei das erste Mal in die Wildnis kamen, um einmal dort den Winter erleben zu können. Noch heute sehe ich die bleichen und verstörten Gesichter dieser drei weißen Frauen. *„Mac you are sure a brave man!"* – sagten sie zu mir und ich antwortete ihnen mit einem lachenden *„Oh I don't know!"* – Die Frauen sagten mit ihren verstörten Gesichtern zu mir, ich sei sicher ein braver Mann, was ich ihnen beantwortete mit *„Oh, das weiß ich nicht!"* Nun ließ ich mir erklären, warum sie so schrien. Die immer redefreudige Frau des „Traders" – eine Vollblutfranzösin – sagte mir, dass höchstens zehn Minuten vor meiner Übersetzung die ganze Packeismasse in Bewegung war, was ich natürlich nicht beobachten konnte. Die Frauen sahen vor wenigen Minuten ein Maultier im Packeis verschwinden und so war ihre Angst um mich wohl auch berechtigt. Und offen gestanden, auch mir war beim Anhören dieser Botschaft etwas komisch zumute. Ebenso gut hätte die weiße Masse in Bewegung kommen können, als ich auf dem Eise war – und was dann?

Ich war lediglich heraufgekommen, um mir einige im Sommer bestellte Arzneien abzuholen und wollte nach einem Plauderstündchen auch gleich wieder zurück. Nicht nur das Zureden der Frauen hielt mich über Nacht dort, sondern ich sagte mir, dass es klüger sei zu bleiben; denn bei dem lauen Wetter konnte jede Minute das Eis wieder in Bewegung kommen. Am Abend kam der Trader von einer erfolglosen Pirsch zurück. Auch am nächsten Morgen kam ich nicht gleich fort, sondern erst nach dem Mittagessen. Ich bereute es nicht, geblieben zu sein. Einmal fand ich nach langer Zeit wieder einmal eine richtige Unterhaltung und dann bildete ich mir ein, dass mir die Nähe der schönen Frauen nicht schaden konnte.

Im Eiltempo ging es über das Eis und dann auf dem „trail" auf krachendem Harstschnee über die Berge meiner Behausung zu. Die Dämmerung war hereingebrochen, als ich in meinem Blockhaus ankam. Nachdem ich die Hunde gefüttert hatte, legte ich mich auf mein Bett. Schließlich war ich eingenickt – da schlug „Pit", der Leithund, scharf an – „Jack" bellte nur selten, „Browny" mit seinem vielen Wolfsblut nie –, ich sprang auf und trat vor die Tür, in der Annahme, dass da irgendetwas los sein müsste. Ja, es war „was los". Rauschend und donnernd ging das Packeis. Das Eis war zum dritten Male in Bewegung gekommen! Donnerwetter noch mal, da hatte ich wieder mal „Schwein". Vor vier Stunden fuhr ich mit den Hunden über den unsicheren Fluss – und jetzt war die scheinbar gute Eisdecke wieder ein wüstes Durcheinander wälzender Eisblöcke! Mir wurde es kalt, da ich nur in Hose und Hemd bekleidet dem unerhört wilden Naturschauspiel zusah – und so ging ich wieder ins Haus. Ich zündete mir die Lampe an und ging daran, einen tüchtigen „Fetzen" Hirschwildbret für das Abendessen anzurichten. Eine Viertelstunde mochte vergangen sein, als „Pit" wieder anschlug, diesmal aber noch aufgeregter als zuvor, „Jack" winselte und „Browny" heulte laut und anhaltend. Ich stürzte förmlich aus dem Hause, denn dass da etwas Besonderes los sein musste, war mir klar. Zunächst empfing mich draußen nur eine stockfinstere, kalte Nacht. Doch bald hörte ich oberhalb am Flusse, vermischt mit dem knirschenden Wälzen von Eisblöcken, das Heulen und Bellen von mehreren Hunden. Hunde – Menschen im Eis! Das rief ich laut aus und rannte durch die schmale Weidenkulisse hinaus zum Fluss. So laut ich nur schreien konnte, rief ich „Hallo" hinaus in die Nacht. Mir wurde jedoch keine Antwort. Ich wiederholte die Rufe mit noch größerer Anstrengung und versuchte die tobenden Elemente zu übertönen. Da endlich, ein langgezogener Heullaut eines Hundes genau mir gegenüber! Und gleich einem verschwommenen Schatten sah ich auch trotz der Finsternis, wie ein langes dunkles Etwas im wälzenden Packeis abwärts trieb und als ich dieses scharf in den Augen behielt, kam es mir auch vor, als wenn ich dort auch Bewegungen bemerkt hätte, die nicht mit dem bewegten Eis in Einklang zu bringen waren. Bald hörte ich auch wieder mehrere Hunde unterdrückt und ängstlich heulen und mit Sicherheit stellte ich fest, dass jene Laute von der abtreibenden dunklen Stelle kamen. In wenigen Minuten war alles um die nächste große Flussbiegung verschwunden. Die Kälte trieb mich bald wieder ins Haus. Dort fand ich jedoch keine Ruhe mehr und das große Stück gebratenen Wildbrets blieb unangerührt. Schließlich ging ich ohne Abendbrot ins Bett und dachte über diese Tragödie nach; denn, dass es eine solche war, war ja nicht zu bezweifeln! Der quälende Gedanke, ob dabei auch ein Mensch umkam, verließ mich nicht. Und je länger ich nachdachte, um so sicherer wurde ich in der Annahme bestärkt, dass das, was da im Packeis vorbeitrieb, ein Hundegespann war. Vielleicht lag der Mann schon vorher im Eis zerdrück. Meine Hunde waren die ganze Nacht unruhig, so dass ich fortwährend aufwachte und ich war froh, als der Tag graute. Draußen war es ruhig. Der Fluss stand still. Über Nacht fiel eine Neue und es war empfindlich kalt geworden, so dass ich mich warm kleidete und sofort um die Flussbiegung herumging. Und dort, mitten im stillstehenden Packeis, machte ich einen aufrechtstehenden Hundeschlitten aus, der fest zwischen riesigen Eisblöcken mit dem vorderen gebogenen Teil herausragte. Daneben lagen Hunde und erst als ich laut hinüberrief, hob eines dieser Tiere unter sichtlicher Anstrengung den Kopf. Dort war noch Leben – und dort musste ich hin, wenn die Gefahr auch noch so groß war! Wiewohl sich das Eis festgepackt hatte, so war doch noch Bewegung im gesamten Eisrücken. Ächzend und hier und da berstend, ging ein Zittern durch die gewaltigen Eismassen und an vielen Stellen schoss gurgelndes Wasser aus mehr oder weniger großen Spalten. Ich fand bald eine vier Meter lange, kräftige Fichtenstange, mit der ich, jeden Schritt auf dem unsicheren Eis prüfend, die Rettungsaktion begann. Bergauf – bergab ging es und manchmal wusste ich kaum weiterzukommen, da die vielen Spalten zwischen den Eisblöcken noch nicht gefroren waren. Jetzt befand ich mich mitten im Flusse auf zitternden Eismassen. Die drei Schlittenhunde lagen dicht an dem im Eis eingekeilten Schlitten und ich konnte bereits feststellen, dass alle drei noch am Leben waren. Aber bis dahin waren es noch 20 Meter und ratlos saß ich auf einer hohen Eisspitze, überlegend, wie da hinzukommen. Ein etwa zehn Meter breiter Streifen war Neueis, das aber noch nicht trug. In diesem blanken Eise lagen kleine Eisbrocken und diese prüfte ich mit der Stange auf ihre Tragfähigkeit; scheinbar trugen sie auch. Von einem Eisklumpen auf den andern springend setzte ich über die Haupttiefe des Stromes, brach aber mit der letzten Eisinsel durch. Blitzschnell ließ ich die feste Stange mit dem einen Ende auf den Packeisrand, mit dem anderen auf das Neueis fallen und ich hing so an der rettenden Stange bis an die Oberschenkel im Wasser. Langsam hob ich mich an und wälzte mich auf das sehr hohe Packeis. In wenigen Augenblicken stand ich in einem Eispanzer bis fast an den Bauch. Nur wenige Schritte waren es bis zu den ängstlich zusammengekauerten Hunden. Auf den ersten Blick sah ich, dass es Indianerhunde waren, denn sie bestanden nur aus Haut und Knochen. Von einem Menschen war nicht das geringste Anzeichen. Ohne weiteres ließen mich diese Tiere herankommen und ließen sich sogar anfassen. Diese armen Tiere waren in ein Knäuel mit den Geschirren zusammengefitzt, nur der Leithund war klug genug gewesen, sich aus den zusammengestückelten ledernen Zugriemen auszuschneiden. Die anderen beiden Hunde boten einen erbarmungswürdigen Anblick! Besonders der Hund, der nächst dem Schlitten hing, konnte einem dauern. Er hing fest mit den Riemen gegen den senkrecht im Eis festgefrorenen Schlitten und hatte auch nicht die geringste Bewegung. Stark schweißende Hautabschürfungen zeigte die eine Seite, während die andere auf dem scharfkantigen Eise lag. Kurz entschlossen schnitt ich das Riemenzeug durch und befreite die Hunde. Den, der auf dem Eise lag, musste ich hochzerren, da er mit einer Seite angefroren war. Eine große Menge Haar blieb auf dem Eise, als ich den blutenden armen Kerl hochhatte. Das Riemenzeug schnürte ich rasch in ein Bündel zusammen und trat den Rückweg an, aber nicht dorthin, woher ich kam, sondern schlug einen großen Bogen. Die Hunde folgten, aber nur ängstlich. Immer, wenn irgendwo ein Eisblock barst oder das gurgelnde Wasser unter ihnen hörbar wurde, warfen sie sich ängstlich winselnd hin. Aber es gelang schließlich doch, unter viel ausgestandener Angst das Ufer zu erreichen. Willig folgten mir die Tiere nach dem Blockhaus, wollten aber ausreißen, als sie meiner Hunde ansichtig wurden. Zureden half und ich brachte sie in das Haus. Zuerst kleidete ich mich rasch um. Als nach einem heißen Tee das Gefühl in meine halb erfrorenen Beine zurückkam, brachte ich die zwei gesunden Hunde draußen unter, während der stark verletzte den Tag über im Hause blieb. Am Abend war auch dieser ganz mobil und wurde neben seinen Kameraden untergebracht. Dann bekamen sie erst mal ordentliches Futter. Mit wahrer Gier verschlangen sie die doppelte Portion rohes Hirschwildbret. Den ganzen Abend überlegte ich, welcher Rothaut die Hunde wohl gehören würden. Und was mochte aus dem Mann geworden sein! Doch ich kam zu dem Entschluss, am nächsten Morgen alle drei Hunde zu erschießen! Was hatten diese bedauernswerten Geschöpfe vom Leben zu erwarten? Nichts als grenzenlose Quälerei! Und wer konnte wissen, was mit den Hunden wurde? Ich konnte mich ja in das große Schweigen hüllen! Doch als ich im ersten Morgengrauen, fertig zum Ausgang, um Eisen am Flusse zu legen, herauskam und mit der Kleinkaliberbüchse zu den Hunden trat, da sahen mich die sonst so scheuen Indianerhunde mit so treuen und dankbaren dunklen Augen an, als wenn sie sagen wollten: „Warum tust du das? Hast du uns nicht erst mit deiner eigenen Lebensgefahr aus dem Packeis gerettet?" Ich verspürte einen würgenden Druck im Halse, drehte mich von den Hunden ab und ging langsam ins Haus zurück. Die Büchse warf ich ziemlich unsanft auf das Bett und nahm drei mächtige Stücke aufgetauten Wildbrets aus einem großen Eimer und das bekamen die drei Indianerhunde! Ich ging nicht aus an dem Tage! Zu keinerlei Arbeit war ich zu gebrauchen. Ich grübelte hin und her und verfluchte meine Weichheit; denn schließlich war es doch besser, wenn die Hunde von ihren Qualen und Leiden, die sie bei den Rothäuten wieder zu erwarten hatten, erlöst wurden! Aber ich brachte es einfach nicht fertig!

Am nächsten Morgen verließ ich den Bau, als es kaum Büchsenlicht war, um noch drei Eisen für Fuchs zu legen und die stehenden zu revidieren. Etwa 200 Meter vom Hause hatte ich eben am Rande des Uferwaldes an einem starken angeschwemmten Stamme ein Eisen gelegt. Als ich im Begriff war, den Platz zu verlassen, sah ich etwa 200 Meter weiter unten einen schwarzen Fuchs über eine Steinbank dem Uferwalde zustreben. Schnell warf ich mich nieder und im nächsten Moment drang der Todesschrei eines Hasen aus meiner Hand. Im Nu stand der trabende Fuchs – ich sprach ihn als Silberfuchs an – und äugte mit schiefem Kopf zu mir herauf. Die Musik gefiel ihm; denn im Galopp kam er am Ufer herauf und hielt erst 15 Meter vor mir auf einem dort liegenden starken Stamm. Ich lag gut gedeckt und der Stutzen – leider hatte ich den Drilling nicht mit! – erwartete ihn. Sowie er auf dem Stamm spitz verhoffte, saß ihm auch schon das Geschoss auf dem Stich und im Knall verschwand der Fuchs. Ich hob nicht einen Silberfuchs, sondern einen prachtvollen, sehr wertvollen dunklen Kreuzfuchs auf. Leider hatte ihm das Teilmantelgeschoss ein handgroßes Loch aus dem Rücken gerissen. Doch diesen Schaden reparierte ich noch am selben Abend. Als der Prachtfuchs dann fertig und trocken war, sah man von dem Schaden überhaupt nichts mehr. Reparaturen habe ich sehr oft an den Bälgen vorgenommen.

Sobald sich Schadstellen an Pelztieren befanden, schnitt ich sie einfach ganz fachmännisch aus – ja, in einigen Fällen machte ich aus zwei schlechten Füchsen einen guten. Hätte ich solche schadhaften Pelztiere in ihrem Urzustande an den Händler abgegeben, dann hätte ich nur einen lächerlich geringen Preis dafür bekommen.

Dieser dritte Packeisgang bedeutete eine Katastrophe. Ganze Streifen von Uferwald waren von dem von Hunderttausenden von Pferdekräften gedrängten Eismassen hinweggeschoben worden. So gut ich auch die Auswahl beim Legen der Eisen getroffen hatte, waren viele vom Eis bedeckt worden. Den ganzen Tag über arbeitete ich mit der Axt und legte unter Eisblöcke begrabene Eisen frei. Einige fand ich und dabei auch einen schlechten Kreuz- und einen guten Rotfuchs. Am nächsten Morgen musste ich nochmals an den Fluss, und zwar ans jenseitige Ufer. Starke Kälte war eingetreten und das Eis sicher. An diesem Tage fand ich nur zwei Eisen wieder, in einem hing ein schöner Rotfuchs. Alle anderen Eisen waren verloren.

Anderntags ging es an die Eisenlinie nach dem Osten, jedoch fuhr ich erst nach dem Pelican, um die Indianerhunde dorthin zu bringen. Schon um 6 Uhr morgens hatte ich den Bau verlassen. Das tolle Schneetreiben verdunkelte die ohnehin finstere Nacht, so dass ich während der Fahrt die vordersten Hunde nicht zu sehen vermochte. Zwei der Indianerhunde hatte ich mit im Gespann, während der verletzte, immer noch einen Vorderlauf stark schonend, hinterherlief. Mit Anbruch des Tages erreichten wir den Pelican und dort hob ich die noch schlafenden Leute aus. Während des Frühstücks ließ ich mir Folgendes erzählen:

Kaum als ich vor vier Tagen diese freundlichen Leute verließ und eben mit meinen Hunden über den Fluss war, kam ein Indianer mit den drei Hunden aus dem Wald und war im Begriff, nach dem Settlement überzufahren und das war etwa nur fünf Minuten, nachdem ich den Fluss verließ und als er sich genau in der Flussmitte befand, kam krachend das Packeis in Bewegung. Dieser Kerl ließ die Hunde einfach im Stich und hatte das fabelhafte Glück, sich über die rollenden Eisblöcke zu retten. Hätte dieser Mensch nur das geringste bisschen Tierliebe gehabt, so hätte er bei der Katastrophe immer noch Zeit finden müssen, mit der Axt oder mit schnellem Messerhieb die Zugriemen zu durchschlagen. Die Hunde hätten sich dann gleich ihrem „Herrn" mit aller Wahrscheinlichkeit retten können.

Weiter erfuhr ich, dass der Indianer noch da war und nach dem Frühstück übergab ich ihm seine Hunde. Ich gab mir die größte Mühe diesem Kerl klarzumachen was sich gehört hätte, wenn er nur etwas auf seine Tiere hielt. Doch wie so oft, wenn ich versuchte, einem Indianer vorzustellen, was ihm doch seine Hunde eigentlich bedeuteten und wie er sie behandeln sollte, wurde ich dafür nur mit spöttischem Lächeln bedankt!

Um 10 Uhr fuhr ich wieder über den Fluss zurück und im unaufhörlichen Schneetreiben weiter nach der Eisenlinie. Es war schon längst finster, als ich auf der ersten „Station" am House River ankam.

Dieser achttägige Marsch über die „trap line" und zurück zum Athabaska waren schwere Tage. Es schneite unaufhörlich, so dass die Hunde schon bei ihrem zweiten Trip stark mitgenommen wurden. Aber ertragreich war dieser Marsch. Zwei Kreuz-, fünf Rotfüchse, ein Nerz und zwei Kojoten nebst 28 Hermelinen. Eine gute Strecke, an der ich meine helle Freude hatte.

Ein schwerer Winter

Je milder und unbeständiger der Winter in den ersten beiden Novemberdritteln war, desto härter und anhaltender wurde sein weiterer Verlauf. Schon um die Mitte des Dezember war es nicht mehr möglich, ohne Schneeschuhe zu gehen. Und dabei setzte auch eine so große Kälte ein, wie sie sonst erst im Verlaufe des Januar und Februar kam. Das Elchwild, das sonst erst mit Ende des Januar infolge der hohen Schneelage aus den Sümpfen in die Uferwälder zog, kam schon Mitte Dezember. Dass die Elche in so großer Anzahl so ungewöhnlich früh erschienen, konnte mir nur recht sein, denn ich war sehr schlecht mit Wildbret versehen. Am Morgen des 15. Dezember unternahm ich einen Pirschgang auf Schneeschuhen. Ich war höchstens 20 Minuten vom Hause entfernt, als ich in einer Entfernung von etwa 250 Meter einen sehr starken Elch mit starken Schaufeln nach dem Bergwald wechseln sah. Schnell war der Stutzen von der Schulter und noch ehe der Elch den Uferwald erreicht hatte, war das fünf Patronen enthaltende Magazin auf den abtrollenden Urwaldriesen leergeschossen. In der kurzen Zeit waren meine Fingerspitzen der rechten Hand völlig gefühllos und weiß! Der Kältedunst trieb mir während der Aktion die Tränen in die Augen und die Augenwimpern klebten bereits zusammen, was schmerzhaftes Brennen verursachte. Diese Begleitumstände ließen das Ziel nur schleierhaft erkennen und ich hatte infolgedessen natürlich auch nicht sehen können, ob meine „Schießerei" Erfolg hatte, bzw. ob der Elch gezeichnet hat. Schleunigst hob ich mich wieder zu Bau und es währte eine volle Stunde, bis die Finger der rechten Hand und die Fußspitzen wieder Gefühl hatten. Um 11 Uhr, nach einem leichten Imbiss, ging ich auf Schneeschuhen auf den Anschuss, wo ich weder Schweiß noch Schnitthaar fand. Erst 50 Meter weiter stand ich vor zwei direkt nebeneinander liegenden Wundbetten. Und dort fand ich Schweiß. Wie aus der Lage dieser handgroßen Schweißflecke zu urteilen war, musste der Elch rechts, sehr weit hinten, weidwund geschossen sein. Zuerst konnte ich auf Schneeschuhen folgen, dann wurde jedoch das Gelände so steil und die Windbrüche so hoch, dass ich die „Schneetreter" unter den Arm nehmen und in dem fast hüfttiefen Schnee waten musste. Zwei Stunden war ich in unendlich vielen Widergängen der Fährte gefolgt und nicht die geringste Spur Schweiß war auf dieser Folge zu finden. Aber die zwei weiteren Betten, auf die ich stieß, zeigten immer den handgroßen geringen Schweiß-flecken rechts hinten weidwund. Dass dieser Elch zur Strecke kommen musste, war für mich eine Gewissheit. Ich war aber so erschöpft durch die übermenschliche Anstrengung, dass ich mich kurz entschloss, die Nachsuche abzubrechen.

Am nächsten Morgen war es noch um drei Grad kälter und ich wartete bis 11 Uhr. Dann ging ich an die Stelle, wo ich am Vortage die Nachsuche abbrach und folgte weiter. Und keine 100 Meter hing ich der Fährte nach, als ich plötzlich vor dem in einem dichten Jungtannenhorste liegenden und bereits verendeten Elch stand. Eine mächtige Schaufel bekam ich zu sehen und als ich, mit den Schneeschuhen den Schnee wegschaufelnd, nach der andern suchte, stellte ich mit Schrecken fest, dass diese fehlte. Wie der Rosenstock bezeugte, hatte der Elch diese Schaufel kürzlich erst abgeworfen. Hier hatte ich endlich einen kapitalen Elch erlegt und die Tücke wollte es, dass ausgerechnet eine Schaufel fehlen musste! Meine trübe Stimmung wurde nur dadurch etwas gebessert, dass ich aus der „Fleischnot" heraus war. Dieser Riese war nicht nur ein kapitaler „Schaufler", sondern auch an Wildbret hochkapital und von allen von mir erlegten Elchen der stärkste an Wildbret. Der Elch war steinhart gefroren, an ein Aus-der-Decke-Schlagen war nicht zu denken. Ich ging sofort zurück und kam in kurzer Zeit mit einer kräftigen langstieligen Axt wieder, und nach zwei-stündiger harter Arbeit war der Elch in transportable Stücke zerlegt. Mir war das eine höchst widerliche Arbeit, mit der Axt auf so edlem Wilde herumschlagen zu müs-sen, aber es blieb mir ja schließlich nichts anderes übrig. Am nächsten Tage wurde das gesamte Wildbret mit dem Kopf im ungefähren Gewicht von zehn Zentnern in zwei Gängen mit Hunden und Schlitten eingebracht. Nun war für lange Zeit die Not behoben und ich konnte die Hunde bei ihrer schweren Arbeitsleistung gut füttern.

Kurz vor Weihnachten stand so viel Elchwild an dem Flusse, wie ich es nie zuvor beobachtet hatte. Der Schnee lag bereits so hoch, dass selbst das hochläufige Elch-wild im Walde „schleppte", d.h. es sank so tief in den Schnee, dass der Bauch auf dem Schnee nachzog. Täglich sah ich Elche, die entweder entlang des mit roten Weiden bestandenen Flussufers ästen, oder ich sah sie in der Nähe des Hauses stehen. An manchen Tagen zählte ich nicht weniger als 15 Elche. Wenn ich von der Eisenlinie zurückkam, also eine Woche und auch länger abwesend war, dann entdeckte ich immer einige Betten in der Nähe des Hauses. Die Treppe, die hinunter zum Fluss führte, wurde sehr oft von Elchwild benutzt. Einmal kamen sieben junge Schaufler, die zusammenstanden, dort herauf, als ich an der Eisenlinie war. Auch wenn ich zu Hause weilte, zeigte das Wild keine Scheu. Mit diesen vielen Elchen kamen natür-lich auch viele Wölfe und es verging kaum ein „trip", ohne dass nicht das eine oder andere für Füchse gelegte Eisen zugeschlagen war. Diese kleinen Eisen, deren geöff-nete Bügel kaum den Durchmesser hatten wie die Länge einer Wolfspfote, konnten natürlich nicht halten.

MITTEN UNTER WÖLFEN

Gegen Ende des Januar setzte die Ranzzeit der Wölfe ein. Tagtäglich hörte ich mehrere Rotten in näherer und weiterer Entfernung, als ich mich auf einem besonders harten *„trip"* befand. 50 Zentimeter Neuschnee war gefallen und durch diesen konnte ich die Hunde nicht bringen, ohne dass ich nicht vor ihnen hergehend mit den langen Schneeschuhen den losen Schnee niedertrat. Und das *„breaking trail"* ist eine harte Arbeit. Fünf Tage hintereinander musste ich vor den Hunden hergehen. Die furchtbare Kälte tat das Übrige, den Marsch zu einer wirklichen Qual werden zu lassen. Trotz loser Schneeschuhbindung, die aus Lampendocht bestand und drei Paar Strümpfen und zwei Paar wollenen Fußlappen fror ich in den geräumigen Mokassins, da durch das „Plumpen" im Schnee die Bindung fortwährend angezogen wurde. Allabendlich musste ich an bösen Frostschäden an den Füßen herumdoktern, doch diese Schäden wurden erst schlimm, als das Frühjahr herankam. Es gab dann lange und hartnäckig eiternde Wunden, die nur schwer heilten. Am siebenten Reisetage langten wir am House River an. Es war 2 Uhr nachmittags. Als ich schnell einige Tassen Tee gekocht und dieser mich gründlich aufgefrischt hatte, ging ich, die Hunde zurücklassend, auf Schneeschuhen den kleinen Fluss aufwärts, um dort einige Eisen zu revidieren. Als ich keine hundert Meter von der kleinen Blockhütte um die erste scharfe Flusskrümmung kam, empfing mich eine Rotte heulender Wölfe. Die nächsten waren höchstens zehn Meter von mir entfernt und der Rest des *„Packs"* auch in unmittelbarer Nähe. Ich hörte sie in dem dichten Unterwuchs hin und her laufen und oftmals heulten zu gleicher Zeit acht bis zehn dieser grauen Bestien. Wie angewurzelt blieb ich stehen und trachtete danach, einen dieser Räuber auszumachen, ich bekam vorerst jedoch nichts zu sehen. Der Stuben lag fertig in der noch behandschuhten rechten Hand – da, auf einmal 40 Meter vor mir kamen zwei graue Striche in schneller Fahrt an einer scharfen Biegung über den Fluss. Jedoch die Wölfe kamen so schnell, in dem nur schmalen sichtbaren Streifen, dass ich nicht fertig wurde. Überall um mich herum zog sich die starke Rotte zusammen, die ich auf mindestens 20 Köpfe schätzte. Ich war viel zu sehr „verdattert", um überhaupt schnell denken zu können. Als die scheinbar wildgewordene Rotte sich immer näher um mich schloss und als der Lärm immer stärker wurde, entsann ich mich doch, dass von jeher Vorsicht die Mutter der Porzellankiste sei und zog mich bescheiden – aber fortwährend rückwärts äugend – zurück, schon aus dem Grunde, weil ich nur vier Patronen in der Kammer hatte und keine Reserven in der Tasche. Nun fingen auch noch meine Hunde an, mit in das Konzert einzustimmen. Der große „Browny" tat sich ganz besonders hervor – der Wolf erwachte in ihm! So etwas war mir bisher noch nicht passiert! Sollte es stimmen, dass große Rotten während der Ranzzeit dem Menschen gefährlich werden? So hatte man mir wenigstens erzählt. Ich glaubte das früher nicht, auch jetzt nicht, wo ich mich in der „Klemme" befand. Ich vermutete vielmehr, dass das „Wolfspack" am Wildriss stand und ich aus reinem Zufall dorthin kam. Es wurde bereits dunkel, als ich an die Blockhütte kam und es hatte keinen Zweck, mit Patronenreserven erneut zu versuchen, einige Wölfe zu schießen. Ich lauschte vom Hause aus vielmehr dem schaurig schönen Konzert – was schließlich unter reger Anteilnahme meiner Hunde bis gegen Mitternacht anhielt. Erst dann konnte ich einschlafen.

Am nächsten Morgen fuhr ich nicht, wie geplant, nach dem Athabaska zurück, sondern gab einen Tag zu. Einmal musste ich das Nerzeisen revidieren und da ich diesen edlen Pelzträger mit Bestimmtheit gefangen glaubte, war das Nachsehen unaufschiebbar. Und ich müsste schließlich nicht passionierter Jäger sein, um nicht zu erforschen, was die Wolfsrotte veranlasste sich mir so feindlich und hartnäckig in den Weg zu stellen.

Von dort an, wo die zwei Wölfe wie graue Striche über den Fluss setzten, war, soweit ich blicken konnte, der Schnee wie eine Tenne von dem Wolfsrudel festgetreten. Eine Menge Losung lag dort, überall lag Schweiß sowie Hautfetzen von Elch. Als ich alles genauer untersucht hatte, fand ich drei Wedel von Hirschen. Unweit von mir sah ich einen tief ausgetretenen frischen Platz am linken Ufer. Dort ging ich hin und als ich diesem gefolgt und über die steile Böschung gelangte, stand ich vor einem starken Schaufler, den die Wölfe gerissen und von dem sie nur den oben liegenden Teil gefressen hatten. Ich ging wieder hinaus und folgte weiter auf dem Flusse. Nur 50 Meter weiter vom Riss führte ein anderer breit- und festgetretener Pass in den Wald, dem ich auch folgte. Unweit vom Ufer hatte sich die Rotte niedergetan und ich zählte 18 Wolfsbetten. Um an mein Eisen zu gelangen, musste ich noch ein viertel Kilometer weiter flussauf und gerade dort, wo an einem kleinen Graben das Eisen lag, war die ganze Wolfsbande geschlossen auf die dahinterliegende ausgedehnte Halbinsel herübergewechselt. Der Fangplatz war völlig festgetreten und mit Bangen grub ich in dem Platz nach dem Nerzeisen. Schließlich fand ich die Kette und an dieser stark anziehend, förderte ich einen kapitalen wahren Prachtnerz zutage. Da hatte ich wieder mal grenzenlosen Dusel! Denn wenn die Wölfe den tief unter dem Schnee liegenden Nerz gefunden hätten, so wäre er aus purer Vernichtungswut in Stücke gerissen worden. Aus reiner Neugierde folgte ich auch dem festen Wolfspass auf die Halbinsel und kaum war ich oben, als ich wiederum vor einem unheimlichen Drama stand. Dort lag ein Elchtier mit dessen Kalb nur zehn Schritt auseinander. Auch von diesen beiden Stücken war nur der obenauf liegende Teil gefressen. Wie die Spuren im Schnee bezeugten, hatten die Wölfe diese drei Stücke Elchwild zu gleicher Zeit gerissen. Außerdem fand ich drei Wedel von Maultierhirschen, die absolut frisch waren. Es war mit Sicherheit anzunehmen, dass dieses Wild auch dort in der

Nähe gerissen wurde. Dieser grausige Fund beweist, was diese mächtigen Räuber an Wild reißen und sie zu einer wirklichen Wildplage machen.

Mein früherer Partner fand einmal fünf Tiere des Maultierhirsches in einer Mulde im Walde gerissen, wovon nur einige Knochen und Hautfetzen übriggeblieben waren. Diese ebenfalls starke Rotte kam von allen Richtungen auf die bedrängten Tiere zusammen, ohne, dass sie die geringste Gelegenheit hatten zu flüchten, wurden sie auf einem Platze niedergerissen. Wiewohl ich dort noch am selben Tage Eisen legte – kamen die Wölfe nie wieder zurück, ich fing nur einen Kojoten in der Nähe des gerissenen Schauflers. Dass auch einzelne Wölfe oder zu zweien großes Wild reißen, beweist folgender Fall. Einen Monat später fand ich unweit von dort, wo die Reste des Schauflers lagen, wiederum Schweiß und Hautfetzen auf dem Flusse. Den in den Urwald führenden Wolfsspuren nachgehend, fand ich einen zu Dreiviertel gerissenen etwa dreijährigen Elchschaufler. Der Neuschnee zeigte, dass es nur zwei, allerdings sehr starke Wölfe waren, die den ahnungslos im Bett sitzenden Elch mit gutem Wind angegangen waren und ihn dann gerissen hatten. Der Elch ist aber nicht weiter als 20 Meter von seinem Bett gekommen – er blieb!

Es war zu spät, noch am selben Tage „nach Hause" zu fahren. Nach dem Essen ging ich nochmals ein Stück den Fluss hinauf und nahm ein Fuchseisen mit. Auf einem etwa 25 Meter hohen Steilufer vermutete ich einen guten Fangplatz für Luchs und wollte das Eisen dort legen. Dort oben angekommen, erwies sich der Platz auch als sehr günstig. Die Witterung schmierte ich etwa 40 Zentimeter über der Schneedecke an eine starke Fichte, das Eisen lag davor, und zwar ganz dicht an dem senkrecht abfallenden Ufer.

Am nächsten Tage ging es zurück nach dem Athabaska. Kaum war ich zu Hause angelangt, fing es wieder an zu schneien – und schneite drei Tage! Da der Fuchsfang vorüber war, hatte ich meine Eisen, soweit sie nicht das Packeis nahm, am Flusse eingezogen und so konnte ich mal drei Tage zu Hause bleiben. Allerdings konnte ich auch da nicht faulenzen. Es gab Wäsche zu waschen, Strümpfe zu stopfen und die arg mitgenommenen Hosen bedurften gründlicher Reparatur. Nach dem erneuten Schneefall hatte sich die Kälte noch verstärkt und mir graute vor dem nun kommenden *trip*, nur die Hunde freuten sich, dass es wieder fortging. Denen gefiel dieses Herumziehen in der Wildnis. Wenn diese arbeitsfreudigen Kerle einen noch so schweren Marsch hinter sich hatten, genügte ein Ruhetag.

Dieser nun folgende achttägige Marsch stellte wiederum hohe Anforderungen an mich und die Hunde. Die einzige Beute bestand in einem Wolf.

Dort, wo ich das Eisen für Luchs auf dem Steilufer am House River stellte, kam ich mit eintretender Dunkelheit hin. Schon von weitem sah ich einen großen Tierkörper über dem senkrechten Uferabfall hängen, der sich später als ein Wolf entpuppte. Oben angekommen stellte ich fest, dass die alte Wölfin 20 Meter vom Fangplatz ab durch den Wald gekommen war und dann mit plötzlicher Wendung direkt auf das Eisen zuschnürte. Sie geriet mit drei Zehen in das kleine Eisen, machte einen mächtigen Satz über das Steilufer und brach sich, da das festgekettete Eisen während des Sprunges starren Widerstand leistete, regelrecht das Genick. Steinhart gefroren hing die nahezu anderthalb Zentner wiegende Wölfin an der Uferwand herunter und es verging lange Zeit, bis ich den schweren Körper aus den Bügeln gelöst hatte. Kopfüber sauste sie herunter auf den Fluss und voller Sorge, dass bei dem Sturz die hartgefrorenen Gliedmaßen abgebrochen sein konnten, kam ich im Bogen durch den Wald herunter. Die wundervolle weißgraue Wölfin hatte jedoch durch den Sturz nicht gelitten. Ich schlüpfte mit den Füßen in die Schneeschuhe und lief zurück zum nahen Blockhaus. Dort spannte ich die Hunde in den Schlitten und nur zweimal stieß ich das scharfe gs – gs durch die Zähne, das genügte die Hunde in höchste Galoppart nach angegebener Richtung zu bringen. Ich hatte meine liebe Not auf dem Schlitten zu bleiben, so rasend war das Tempo, das aber so urplötzlich stoppte, als die Hunde den auf dem Flusse liegenden Wolf weghatten. Dieser ruckartige Halt aus dem wahnsinnigen Tempo warf mich in großem Bogen über den Schlitten in den tiefen Schnee. Trotz meiner misslichen Lage musste ich lachen. Die Hunde schauten mit aufrechtstehendem Haar knurrend auf den im Schnee liegenden Wolf. Ich schwang den Schlitten herum und wälzte die Wölfin darauf. Die Hunde standen wie feurige Jucker und als sie sahen, dass alles „*ready*" war und ich auf dem Schlittenauftritt stand, warteten sie das Abfahrtskommando „marsch" gar nicht ab, sondern rasten ab, so dass eine große Schneewolke hinter uns herstiebte.

Da das Auftauen eines so großen Tieres wie diese Wölfin mindestens drei Tage in Anspruch nimmt, unterließ ich das Abbalgen. Zwischen zwei Bäume klemmte ich eine starke Stange und zog die Wölfin mit einer starken Leine herauf. Ende März, als die Sonne es schon gut meinte, habe ich das herrliche Tier dann gestreift und dieser Balg wurde meiner Säugetiersammlung einverleibt.

Der Rest des Winters brachte noch viele Strapazen. Gefangen wurde, mit Ausnahme eines recht guten Luchses und eines Kojoten, nichts mehr. So voller Reize ein solcher nordischer Winter mit seiner Pracht und auch in seiner Macht ist, so war ich doch froh, dass ich am 5. April vom letzten *trip* zurückkehrte und sagen konnte: „Eisen in Ruh!"

ELCHSTERBEN

Das viele Elchwild, das schon im Laufe des Dezember in die Flusswälder kam, hielt sich bis Ende April. Dann war der Schnee mehr als zur Hälfte im Walde weggetaut, dann zogen auch die meisten Elche in ihre eigentlichen Stände, in die ausgedehnten, reich mit Weiden bestandenen „Muskegs". Von den ersten Apriltagen ab standen regelmäßig den ganzen Tag über sieben alte Schaufler am jenseitigen Ufer und ästen dort an den roten Weiden. Sehr oft taten sie sich um die Mittagszeit mitten auf dem Eise nieder und zeigten keinerlei Scheu. Als ich diese sieben Elche das erste Mal auf weitere Entfernung sah, blieb ich lange erstaunt stehen, denn diese Schaufler machten einen eigentümlichen Eindruck. Sie sahen abnorm „schlank" aus, vor allem aber wunderte mich die auffallend helle Farbe. Beim genaueren Beobachten auf kurze Distanz stellte ich fest, dass „alle sieben" vollkommen nackend, also haarlos waren. Nur der Kopf und kleine Stellen am Halse waren mit Haaren bedeckt. Diese Ursache konnte ich mir nicht erklären und als eines Mittags der stärkste von ihnen mir gegenüber an einem Weidenstrauche äste, schoss ich mit dem Drilling hinüber. Er zeichnete gut, wendete sich langsam und zeigte dann die andere Seite. Noch einmal schoss ich auf den alten Schaufler, worauf er sich langsam niedertat, und in wenigen Minuten verendet sich zur Seite legte. Ich ging hinüber und war höchst erstaunt, als ich den völlig nackten Elch mit Tausenden von Zecken übersät sah. Das war also die Ursache des völligen Haarausfalles! Als ich den sehr abgemagerten Schaufler aus der Decke geschlagen hatte, war ich selbst über und über mit Zecken voll und es bedurfte einer langwierigen und unappetitlichen Reinigung, bis ich diese Quälgeister loswurde. Am nächsten Morgen holte ich das Wildbret auf harter Schneekruste mit dem Hundeschlitten herüber und hing es in Streifen geschnitten zum Trocknen auf. Die andern sechs Elche hatten es nicht übelgenommen, dass ich einen der ihren geschossen hatte. Unbekümmert um den Aufbruch und die zusammengerollte, völlig durchfressene und wertlose Decke, standen sie täglich in der Nähe.

Mehr als einen Monat später erfuhr ich dann durch Indianer, dass sehr viele verendete, völlig nackte und mit Zecken besetzte Elche gefunden worden seien. Der eine der Rothäute behauptete, allein sieben gefunden zu haben. Wiewohl ich selbst kein verendetes Stück Elchwild fand, hielt ich die Aussagen der Indianer für völlig glaubwürdig. Ich nehme an, dass diese ganz anomale Zeckenplage auf den vorhergegangenen trockenen Sommer zurückzuführen war. Und dass Tausende von diesen Blutsaugern an einem einzigen Stück Wild dieses zugrunde richten, halte ich ebenfalls für nicht ausgeschlossen. An dem von mir geschossenen haarlosen Elch konnte ich nicht das geringste Anzeichen finden, was auf eine Erkrankung innerer Organe zurückzuführen gewesen wäre. Das Stück war nur sehr heruntergekommen. Welche Lebensenergie in diesen Blutsaugern steckt, davon konnte ich mich genau einen Monat später überzeugen. Ich war neugierig, ob diese Decke von Füchsen und Bären angenommen worden sei und fuhr mit dem Kanu hinüber. Spuren von Füchsen und Fährten von Bären waren dort, aber die Decke wurde nicht angenommen! Da die Haut schon stark geschrumpft war musste ich sie mit Gewalt auseinanderbiegen um in die inneren Teile einsehen zu können und dabei stellte ich fest, dass die Zecken noch ein mopsfideles Leben führten. Erst gegen Ende Juli, als die Haut völlig hart getrocknet war, starben auch die Zecken ab. Bis dahin hielt ich es nicht für möglich, dass diese Parasiten mehr als drei Monate ohne Nahrung aushalten können.

BESCHAULICHES LEBEN

Am 27. April brach der Fluss. Dieser gewaltige Eisausgang übertraf alles Vorhergesehene. Durch den dreimaligen Eisbruch im Herbst hatte sich ein verhältnismäßig hoher Wasserstand erhalten und ein noch höherer musste kommen, um das Packeis fortzutragen. Und dieser hohe Wasserdruck kam. Stundenlang sah ich diesem Toben der Elemente zu. Das Erdreich zitterte bis in die Nacht hinein. Erst als die großen Eismassen hindurch waren, ließ das leichte Erbeben des Ufererdreiches nach.

Nach drei Tagen war der Fluss „rein", nur eine riesenhohe weiße Eismauer blieb auf den Ufern liegen. Eine Unmenge Enten und auch Gänse stellten sich ein, die Kraniche zogen zu Tausenden ohne Aufenthalt vorüber. Zuerst legte ich drüben in den Uferbergen ein Eisen für den Petz, der mir im Herbst mein Wildbret gestohlen hatte. Schon am zweiten Tage war das Eisen fort. Die Schleppe ließ sich unschwer halten und führte in einen dichten Windbruch. Vorsichtig sondierte ich die Windbruchberge, denn einmal schon hatte mich ein im Eisen sitzender Bär fast am „Wickel" und Vorsicht war angebracht. Auf einem hohen Moospolster sah ich endlich den Bären in der Morgensonne schlafend liegen. Mit großer Vorsicht pirschte ich näher heran. Auf 15 Schritt gewahrte mich Petz. Erst hob er den Kopf, dann stellte er sich auf die Hinterläufe und äugte nach mir. Er musste mich doch erkannt haben, denn langsam ging er wieder herunter und „schlich" wenige Schritt vorwärts nach einem Windbruch, der zwischen mir und ihm lag. So kam mir der Bär außer Sicht. Neugierig, wie er sich weiter verhalten würde, „schlich" auch ich seitwärts ab und gewann Einblick hinter den Windwurf. Der Bär hatte aber nicht bemerkt, dass ich den Platz, wo er mich ausmachte, verließ, sondern er schaute unverwandt nach seinem „Feind". Ich war nur noch zehn Schritt vom Bären entfernt und konnte seinen bösen und lauernden Ausdruck gut beobachten, wie nie zuvor und niemals nachher. Unhörbar klappte der mächtige Fang auf und nieder. Eine Vorderpranke hielt das Eisen, aber die andere lag schlagbereit auf einem starken Ast des Windwurfes und die „Tatze" krümmte sich auf und nieder. Der Kopf ging in nur geringen Wendungen einmal nach rechts, das andere Mal nach links. Etwa fünf Minuten bewunderte ich diese tückische Bestie. Den Stutzen langsam in Anschlag bringend, rief ich ihn mit einem lauten „Hee" an. Wie der Blitz fuhr er in die Höhe, riss sich nach mir herum und jetzt „klappte" das Gebiss unter einem gurgelnden Kehllaut wirklich hart aufeinander. Ehe er zum Angriff überging, fasste ihn das Geschoss am Halse. Lautlos brach er zusammen und verendete sofort.

Das war ein Kapitalbär! Wenn auch die Decke, wie meist bei sehr alten Bären, nicht besonders war, so war sie doch recht schön und ebenmäßig und der tiefblau-schwarze Glanz war herrlich. Ich streifte die Decke ab und zerwirkte das Wildbret. Noch am selben Tage kamen die Decke und das Wildbret mit Hilfe der Hunde nach Hause. Der verhältnismäßig viele Feist hatte eine sehr gelbliche Färbung, was auf viel Fleischnahrung im vergangenen Herbst schließen ließ, während der Feist bei vegetarischer Nahrung weiß ist.

Tagsüber beschäftigte ich mich mit allerlei notwendiger Hausarbeit und auch die Abende waren besetzt, denn da musste ich mich ganz energisch der Schneehasen erwehren, die meinen Garten mit aller Gründlichkeit zu vernichten trachteten. In noch viel größerer Anzahl als im Vorjahre traten sie auf, aber sie waren durchweg schon krank. Murmeltiere gab es bedeutend weniger.

Anfang Juli wurde mit den Hunden, wie alljährlich, ein zweiwöchiger *trip* über die Eisenlinie gemacht. Wie alle diese Sommermärsche, so war auch dieser ein Genuss.

AUF NACH DER ZIVILISATION

In den ersten Augusttagen kam eines Morgens ein Indianer mit der Botschaft vom Fellaufkäufer, dass ich für den nächsten Morgen bereit sein solle. Wir hatten schon im November vereinbart, dass er mich mit dem Motorboot und einem *Skow* abzu-holen hatte. Noch am selben Tage brachte ich meine Hunde zu N. Im Vorjahre behielt ich seine Hunde, während er in der „Kultur" war und jetzt revanchierte er sich und pflegte die meinigen, solange ich abwesend war.

Es wurde Mittag, als nächsten Tags der „Trader" mit dem Motorboot und dem *Skow* kam. Wohlweislich brachte er noch zwei Indianer mit, die die schweren Kisten mit den präparierten Bälgen und Decken schleppen konnten. Eine gut gearbeitete Kiste mit etwa 500 Vogelbälgen war nicht schwer. Aber die andern beiden stellten ein ansehnliches Gewicht dar. Die eine Kiste enthielt Säugetierhäute von der Maus bis zum schweren Elch, die andere nur Schädel und Geweihe. Schließlich war alles im *Skow* untergebracht und das Motorboot schob dieses Frachtboot vor sich her. In den Pelican-Stromschnellen stießen wir auf Schwierigkeiten und mussten erst mal landen. Dann wurde eine 50 Meter lange und starke Leine an dem *Skow* angelegt und während der Trader allein auf den Fahrzeugen blieb, zogen die zwei Indianer und ich am Ufer laufend an der Leine, den Motor unterstützend durch die Strom-schnellen. Es gehörten aber einige Stunden dazu, hindurchzukommen. Wir wurden wieder an Bord genommen und die erste Tagesreise nahm im Pelican ihr Ende. Bei einem jeden der wenigen am Flusse ansässigen Trapper mussten wir halten, um einmal Felle und Pelze mitzunehmen, dann aber auch, um rechte nordische Gastfreundschaft zu genießen. Nach drei recht langen Reisetagen kamen wir spät in der Nacht im schlafenden Athabaska an. Während meine Reisebegleiter im *Skow* schliefen und so den enorm hohen Wert der Pelze bewachten, ging ich zu einem deutschen Freund im Ort. Als ich den „guten Kerl" aus dem Bett getrommelt hatte, gab es natürlich viel zu erzählen und zum Schlafen kamen wir in dieser Nacht nicht mehr.

In den folgenden drei Tagen gab es für mich reichlich Arbeit. Es mussten drei gute Kisten gebaut werden, auch mussten die vielen Naturalien seetüchtig verpackt werden. Anschließend fuhr ich mit der Sendung nach der etwa 160 Kilometer entfernten Hauptstadt der Provinz Albertas, nach Edmonton, von wo aus das *shipment* zu erfolgen hatte. Es waren hier die formellen Angelegenheiten zu erledigen, die nötig waren, um die Sammlung durch den Panamakanal nach Deutschland zu bringen. So vergingen wiederum drei Tage. Diese drei Tage waren für mich eine regelrechte Qual. Die wenigen Einkäufe wurden schnell erledigt und so war ich verdammt, in den Straßen der Stadt umherzulaufen, im Hotel zu sitzen oder in den *beer parlors* Bier zu trinken. Nicht nur, dass mir die Zeit furchtbar langweilig wurde, sondern mich ekelte auch der ganze großstädtische Verkehr an. Schwätzende und „aufgetakelte" Menschen, quietschende Straßenbahnen, hupende Autos, Zeitungsausschreier und all der andere Spektakel fiel mir schwer auf die Nerven. Dazu kam, dass ich seit zwei Jahren wieder Lederschuhe mit Absätzen an den Füßen trug, die in der wahnsinnigen Augusthitze auf den Stein- und Asphaltstraßen mir die Füße zu verbrennen suchten. Am liebsten hätte ich sie mitten auf der Straße stehenlassen, um sie mit den geliebten weichen, absatzlosen indianischen Mokassins zu vertauschen, in denen ich leise wie ein Wild laufen konnte. Dazu hatte ich einen kapitalen Schnupfen bekommen, wie immer, sobald ich meine „Nase in die Zivilisation streckte". 25 Monate hintereinander hatte ich im Urwalde gehaust.

Wie schließlich alles mal ein Ende hat, so hatten auch diese fürchterlich eintönigen und nervös machenden Tage in Edmonton ein Ende. In Athabaska gab ich mir Mühe, recht schnell ein kleines Frachtboot zu bauen und die Lebensmittel aufzukaufen. Nur die Abende verliefen dort immer schön. Ich befand mich unter deutschen Freunden oder war auf der Farm bei der mir wohlgesinnten Familie Schafrik.

Drei Tage vor der Rückfahrt in die Wildnis kam ein Mann zu mir, als ich an dem halbfertigen kleinen Frachtboot am Ufer herumbastelte. Er stellte sich als Amerikaner vor und hatte den Wunsch, mit einem von ihm gebauten Motorboot den Fluss hinunterzufahren, bis Fort McMurray und fragte, ob ich ihn nicht mitnehmen wolle. Um das alles genau zu besprechen, lud er mich ein, bei ihm Mittag zu essen. Das schlug ich nicht ab. Während des Essens erfuhr ich, dass er, sowie auch seine anwesende Frau und die beiden sechs- und achtjährigen Kinder aus Washington in den Vereinigten Staaten mit ihrem Auto eine Reise bis hierher gemacht hatten, um nun auch die Wildnis kennenzulernen. Der Mann hatte ein Boot bereits gebaut und mit seinem 22-Pferdekräfte-Automotor montiert. Diese noch jungen und gebildeten Leute gefielen mir und ich ließ mich darauf ein, die Sache zu besprechen. Gleich im Anfang sagte ich, dass ich ihn wohl mitnehmen würde, aber nur ungern das große Risiko für Frau und Kinder mit übernehmen wollte. Da kam ich aber schief an! „Sie" wollte mit! Er gab zu, dass er keine Ahnung hatte, dass der Strom so gefährlich sei. Die zwei noch im Orte befindlichen Trapper haben ihn dann auf mich verwiesen, da ich den Strom gut kannte. Dann zeigte er mir sein Boot und auf dem ersten Blick erklärte ich ihm, dass er mit diesem „Ding" unmöglich allein fahren könne. Dieser „Kahn" war viel zu kurz und zu hoch und hatte einen tiefen Kiel. Erstens kippt ein solches Boot leicht und bei dem tiefgehenden Kiel ist es schwierig, die vielen Stein- und Sandbänke zu umgehen. Schließlich ließ ich mich aber doch überreden, sagte zu und bestimmte die Abfahrt für den Nachmittag am 17. August. Das war in drei Tagen.

Noch am selben Abend traf ich den Polizeichef aus dem Orte; er verbot mir, diese Leute mitzunehmen! Er begründete das Verbot damit, dass der tückische Strom kein Spielplatz sei, der Fluss habe schon so viel Opfer gefordert und er sei dazu da, weitere Unfälle zu verhüten. Er meinte, wir Trapper seien freie und erfahrene Männer, wir sollten aber nicht für andere Menschenleben verantwortlich sein. Im Innersten war ich seinem Verbote dankbar und gab ihm das auch zu wissen. Wir gingen dann beide zu der Amerikanerfamilie, wo eine lange Auseinandersetzung stattfand, die zu dem Ergebnis führte, dass die Frau und die Kinder von der Bootsfahrt ausgeschlossen wurden. Sie sollten von dort mit der Bahn weiter nach dem als Ziel bestimmten Fort McMurray fahren. Der Mann bekam die Erlaubnis, auf eigenes Risiko mit mir mitzufahren. Mister Moses, so hieß der Chef, machte eine längere Notiz, die der Amerikaner zu unterschreiben hatte, die mich mit der Verantwortung entlastete. Ich war heilfroh über diese Regelung.

Zurück in die Wildnis

Am 17. August, nachmittags 4 Uhr, verließen wir das Städtchen Athabaska. Mein beladenes Frachtboot hing straff geleint längsseits des Motorbootes und gab diesem dadurch Festigkeit auf dem Wasser. Als wir langsam mit dem Strom treibend um die erste große Flussbiegung verschwanden und Athabaska außer Sicht war, ließ mein Begleiter unter vielen Mühen den Motor an. Noch keine fünf Minuten knatterte der Motor, als das viel zu leicht im Boden gebaute Boot anfing stark zu lecken! Als der

Motor abgestellt war, stellten wir fest, dass das Boot aufgerissen war. Dieser Schaden ließ sich während der Fahrt nur primitiv reparieren und verbot für den Rest der weiteren Fahrt den Gebrauch des Motors überhaupt. Mit Werg und Rindertalg, Dinge, die ein jeder Trapper stets auf Bootsfahrten mit sich führen muss, verstopften wir die Risse so gut es ging. Es blieben aber immer noch genug Löcher, so dass mein Begleiter viel Wasser zu schöpfen hatte. Als die Dunkelheit herankam, gingen wir an Land und machten *camp* im dichten Uferwalde. Mein Begleiter, der so etwas noch nicht mitgemacht hatte und seine erste Nacht im Urwalde verlebte, wurde auf einmal recht schweigsam. Als ich ihn bescheiden darum frug, sah er mich lange an, dann sagte er: „Ich schweige, weil ich mir vorkomme, als ob ich in einer stillen Kirche wäre. Es ist stockfinstere Nacht, alles schläft und doch ist alles lebendig um mich!" Auf diese Erklärung antwortete ich nur mit einem kurzen „Yes". Schweigend saßen wir am Lagerfeuer. Doch dann brach mein Begleiter diese Stille und wir unterhielten uns über diese und jene Dinge bis gegen Mitternacht. Während ich mich zum Schlafe auf grünes Fichtenreis langstreckte, wachte mein Reisegefährte die ganze Nacht. Er konnte nicht schlafen. Die große Stille der herrlichen Sommernacht hatte es ihm angetan.

Sowie der Tag heraufkam ging die Fahrt weiter. Am Abend des zweiten Reisetages kamen wir endlich an Wild. Mein Begleiter, der sich eine „Lizenz" gelöst hatte, wollte nun auch auf Elch, Bär und Hirsch zu Schuss kommen. Er hatte Glück, ein starker Hirsch stand am Ufer. Wir ließen uns langsam näher an das Wild treiben. Auf 150 Meter eröffnete der Amerikaner mit seiner Winchester-Repetierbüchse das Feuer. Beim dritten Schuss sah ich den Hirsch zeichnen und mit langen Fluchten im Walde verschwinden. Mein Begleiter, der kein Jäger war, behauptete natürlich, da das Wild nicht im Feuer zusammenbrach, dass er nicht getroffen habe. Ich machte ihm jedoch die Hoffnung, dass wir binnen einer Stunde seinen Hirsch haben würden. Seine Freude kannte keine Grenzen und als wir dann am Ufer gelandet und rauchend auf Steinen saßen, wäre er am liebsten gleich in den Wald gerannt, um seinen Hirsch zu suchen. Meine Lehre über „Abwarten", „Wild krank werden lassen" usw. fiel auf fruchtbaren Boden. Nach einer guten halben Stunde gingen wir dann auf den Anschuss, dort lag Schnitthaar und auf der Fährte folgend, fanden wir auch blasigen Lungenschweiß. 150 Meter war der Hirsch noch gegangen. Er war bereits verendet. Es war ein sehr guter Zehner, der eben erst gefegt hatte. Mein Gefährte wäre mir vor Freude fast um den Hals gefallen. Gemeinsam zerwirkten wir den Hirsch und trugen alles Wildbret sowie natürlich auch den Kopf in die Boote. Dann hatten wir noch eine Stunde bis zu einem alten Trapper, bei dem wir über Nacht bleiben wollten. Wir trafen ihn auch zu Hause an und er freute sich, dass er fast die Hälfte Wildbret des erlegten Hirsches bekam. Als wir dann in aller Frühe des nächsten Morgens uns verabschiedeten, war es das letzte Mal, dass ich dem alten Schweden die Hände schüttelte. Im nächsten Frühjahr, gleich nach Eisausgang, stürzte er während der Fahrt aus seinem kleinen Motorboot. Man fand seine Leiche erst viel später, etwa 450 Kilometer von seinem Hause, angeschwemmt.

Da wir uns nur vom Strome tragen ließen, ging die Fahrt nur langsam. Aber wir hatten ja Zeit. Noch zwei Nächte schliefen wir im Walde. Mein Begleiter war überglücklich. Das Sitzen am nächtlichen Lagerfeuer im Urwalde, den heulenden Kojoten und den vielen rufenden Uhus zu lauschen, das kannte er nur aus der Fantasie und die reine Wirklichkeit gefiel ihm. Ein um das andere Mal beteuerte er, was wir „Naturkinder" für glückliche Menschen seien. Das brauchte er mir nicht zu sagen, das wusste ich. Er war so wissensdurstig, dass ich immer nur von dem Leben in Gottes freier Natur erzählen musste. Und das tat ich gern, denn er war ein Prachtmensch.

Am Mittag des vierten Reisetages kamen wir im Pelican an, wo wir halten mussten. Ich hatte meinem Begleiter gleich bei Antritt der Reise gesagt, dass ich ihn nur bis zu meinem Platze bringen könnte, denn ich hatte keine Zeit, eine noch längere Reise mit ihm zu unternehmen. Ich hatte ihm aber versprochen, ihm einen flusstüchtigen Indianer im Pelican anzuheuern, der ihn an sein bestimmtes Ziel bringen würde. Binnen einer Stunde wurden wir mit dem jungen Indianer einig, dass er meinen Begleiter gegen entsprechende Vergütung an Lebensmitteln nach Fort McMurray bringen würde, und zwar sollte die Reise am kommenden Morgen von meinem Hause aus weiterführen. Der Indianer versprach, noch am selben Abend mit seiner jungen Frau, die die Fahrt auch mitmachen wollte, zu mir zu kommen. Wir fuhren vom Pelican bald wieder ab und ich richtete alles für die zwei zusammengebundenen Boote so ein, dass sie für die gefährliche Durchfahrt durch die Pelican-Stromschnellen bereit waren. Meinen Reisegefährten hatte ich längst über Flusstüchtigkeit geprüft. Er erwies sich als völlig unwissend. Ich machte ihn auf die Gefahr aufmerksam und gab ihm Anleitung.

Die weißgischigen Wogenkämme kamen in Sicht. Es war sehr niedriger Wasserstand, überall schauten drohende Felsblöcke aus dem aufbäumenden Wasser, die Gefahr war groß. Mein Begleiter saß auf dem hohen Bug seines Bootes und hielt zur Sicherheit mit einer starken Extraleine mein seitlich festgekoppeltes Frachtboot. Auch ich stand im Motorboot und bediente allein ein kräftiges Seitenruder. Schon beim Anblick der weißen Wogenkämme hatte sich die gesunde Gesichtsfarbe meines Gefährten in ein bleiches Wachstuch geändert. Jetzt waren wir im schäumenden Hexenkessel. Auf und nieder, hin und her ging es in den wilden Wellenbergen. Aber wir waren mitten im Hauptkanal und da ich an dem Seitenruder aufpasste, konnte uns nichts passieren. Als wir die Stromschnellen hinter uns hatten, setzte ich mich an beide Ruder, um an dem rechten Ufer für die Landung an meinem Hause anzufahren. Als wir gelandet waren, gestand mein Begleiter, dass er das, was er über die Stromschnellen gehört hatte, für Übertreibung gehalten hätte und dass er froh sei,

dass alles vorbei war. Ich setzte ihm jedoch gleich einen „Dämpfer" auf und bedeutete ihm, dass er erst in vier Tagen frohlocken sollte, wenn er all die andern Stromschnellen, durch die er noch bis zu seiner Station hindurchmüsse, hinter sich habe.
Bis dahin hatte ich ihm verschwiegen, was mir und meinem Partner vor Jahren in
den Stromschnellen mit dem Floß und den Fischen passiert war. Und andächtig
lauschte er der Erzählung. Wir gingen hinauf zu meinem vom Flusse unsichtbaren
„Idyll im Walde" und kochten uns einen Tee, dann half mir mein Begleiter meine
Lebensmittel ausladen und mit zum Hause hinauftragen. Mit Eintritt der Dunkelheit kam der Indianer mit seiner Frau im Rindenkanu heruntergefahren und
im Hause unterhielten wir uns noch lange. Der Amerikaner und ich schliefen im
Hause, während die Rothäute, die noch in den „Flitterwochen" lebten, sich ein stil-
les Plätzchen im Walde suchten.

Am nächsten Morgen standen wir alle am Fluss und ich wünschte meinem angenehmen Begleiter eine gute Fahrt. Dann war er meinem Blicke entschwunden. Ich
war wieder allein.

Wie ich später erfuhr, ist er mit den Indianern auch gut durchgekommen. Später
schrieb er auch eine Karte, bedankte sich und teilte mit, dass diese Reise wohl zu
dem schönsten Erleben gelte.

Noch am selben Nachmittag fuhr ich mit einem kleinen, schnell zusammenge-
nagelten Floß hinunter zu meinem früheren Partner. N. war zu Hause, er hatte mich
schon kommen sehen und stand am Ufer. Der Amerikaner und die Indianer hatten
bei ihm mittags gerastet und so war er über alles informiert. Meine Hunde empfingen
mich mit einem fürchterlichen Freudenspektakel. Als sie lange genug „betätschelt"
waren, beruhigten sie sich. Ich blieb über Nacht bei N. und am nächsten Morgen lief
ich, gefolgt von meinen Hunden, entlang dem Ufer zu meinem Bau zurück.

DER ACHTE UND LETZTE WINTER IN DEN
URWALDREGIONEN AM NÖRDLICHEN ATHABASKA

Mit Anfang des September nahm auch der Herbst seinen Einzug. Es war wieder
eine jener zauberhaften Jahreszeiten, wie sie nur das Nordland hervorbringt, trocken, tagsüber warm und die Nächte schon empfindlich kalt mit starken Frösten.
Tausende von ziehenden Gänsen und Kranichen zeichneten den Vogelzug jenes
Herbstes besonders aus. Unmassen von Wildenten verschiedenster Art tummelten
sich am Flusse und hielten sich dort längere oder kürzere Zeit zu Gast auf. Sobald
es mich nach einem guten Entenbraten gelüstete, ging ich hinunter an das Ufer und
schoss in kurzer Zeit soviel ich verwerten konnte.

Die „Ernte" im Garten war vorüber und brachte mir außer den gut geratenen Kartoffeln nur einige verkrüppelte Möhrenstümpfe ein, den Rest hatten während meiner Abwesenheit die Schneehasen vernichtet. Mit Ende des Monats wurde es kälter, es war an der Zeit daran zu denken einen größeren Wildbretvorrat anzuschaffen, damit die erste Zeit der „Saison" nicht zur Pirsch verwendet werden brauchte. Es klappte auch alles programmmäßig. Elchwild war genügend in den Uferbergen, da ein regnerischer Sommer vorangegangen war. Und wie immer, Hirsche gab es reichlich. Schon am 15. Oktober war mein *meathouse* mit Wildbret gefüllt. Getrost konnte ich der nun bald kommenden schweren, aber doch schönen Zeit entgegensehen. Der kommende Winter versprach viel. Überall waren Fuchsspuren zu finden und Kojoten fehlten nicht. Fast an jedem Frühmorgen konnte ich einen oder mehrere Füchse am jenseitigen Flussufer beobachten. Obwohl ich schon des Öfteren meinen ganzen Haushalt durchgesehen hatte, sah ich doch immer wieder nach, ob alle Wäsche gewaschen, alle Strümpfe gestopft, die Handschuhe in Ordnung, die Hosen und andere Kleidungsstücke ausgebessert waren, ob nicht an den Hundegeschirren oder am Schlitten und an vielen andern Dingen doch noch ausgebessert werden musste. Das ist eine große Notwendigkeit, denn wenn man erst mal im „run" ist, dann ist für gewöhnlich keine Zeit.

Am 19. Oktober begann dann der achte „Winterfeldzug" gegen die Pelztiere. Die Hunde waren völlig ausgebildet und selbst die schweren Packtaschen gleich beim ersten Marsch störten sie nicht. Am House River standen ebenso wie am Athabaska Fuchs- und Kojotenspuren. Da es auf Grund der vielen guten Anzeichen viel Arbeit gab, blieb ich noch einen Tag am House River und legte dort alle Eisen aus. Auf dem am nächsten Morgen stattfindenden Rückwege nach dem Athabaska konnte ich bereits einen leidlich guten Kreuzfuchs mitnehmen. An den nächsten beiden Tagen legte ich die Eisen am Athabaska aus, um dann sofort wieder an die Eisenlinie mit gepackten Hunden zu gehen. Die Revision am House River brachte einen Nerz, einen Kojoten und drei Rot- und wiederum nur einen mittelmäßigen Kreuzfuchs. Diesmal stieß ich auch bis zur zweiten Übernachtungsblockhütte vor. Da es sehr kalt geworden, legte ich auch alle Kleineisen für Hermeline aus. Auf dem zweitägigen Rückmarsch konnte ich nur den Balg von einem allerdings prächtigen Rotfuchs mitnehmen.

Der Athabaska brachte schon Treibeis, das aber noch dünn war. Dessen ungeachtet fuhr ich mit einem kleinen Floß den Fluss abwärts, musste aber nur mit einem Kojoten und zwei Rotfüchsen vorliebnehmen. Der nächste Tag war ein Rasttag. Als ich am nächsten Morgen vor die Tür trat, um die Packtaschen auf die Hunde zu legen, grüßte mich eine prächtige Neue. Und schon auf dem ersten Marschtage nach dem fernen Osten gab es viel in dem „weißen Buche" zu lesen. An einem See und an Wassergräben waren die Spuren vom Nerz. Kojoten hatten ihre Trittsiegel überall hinterlassen und auch die mächtigen Spuren einer achtköpfigen Wolfsrotte fehlten nicht. Da ich die Eisenrevision am House River, solange das Eis nicht trug, ohne die Hunde ausführen musste, wusste ich, was ich an diesem Tage geleistet hatte. Nicht weniger als fünf Füchse, sowie ein Kojote und ein zweijähriger Luchs hatten sich gefangen! Zwei Kreuzfüchse – die andern drei waren Rotfüchse – sowie der Luchs waren schon gefroren und da ich sie in dem Zustande nicht streifen konnte, musste ich sie im Kadaver mitschleppen.

Der nächste Marschtag bis zur zweiten *cabin* brachte außer elf Hermelinen nur einen Kreuzfuchs mittleren Wertes. Anderntages brachte uns der Marsch zur letzten Blockhütte am Ende der etwa 90 Kilometer langen Eisenlinie.

Als ich den Hunden vor dem Hause das Gepäck abgenommen hatte und sie an ihre Plätze brachte, da war „Pit" der erste, der sich weigerte in seine „Villa" zu kriechen und prompt taten auch die andern beiden das gleiche. Das kam mir außergewöhnlich vor, da sie sich sonst sofort zur Ruhe niederlegten. Und bald fand ich den Grund. Die Hundehütten lagen voll toter Schneehasen. Ich räumte sie aus und zählte die von der Seuche hingerafften Laputze und war nicht wenig erstaunt, auf so kleinem Raum 31 tote Schneehasen aufzuheben. Die Hunde gingen trotz der Reinigung nicht in die Hütte, sondern blieben die Nacht über im Schnee liegen. Auch in der Nacht beim nächsten *trip* taten sie das gleiche. Erst später als der „Gestank" geschwunden, wurden die Hütten wieder angenommen. Obgleich ich schon bei diesem Schneehasenfunde höchst erstaunt über die große Anzahl war, so wurde ich es noch mehr, als ich in die kleine Blockhütte trat und dort noch 27 Stück fand!

Als ich vor acht Jahren nach Kanada kam und mir von der sagenhaften Menge der Schneehasen erzählt wurde, hielt ich das für ein Märchen. Auf den Rat eines alten Trappers ließ ich im Sommer die Türen der kleinen Blockhäuser immer offen. Nach Aussage dieses alten erfahrenen Schweden sollte die offenstehende Tür die Bären vom Einbruch abhalten. Und mir ist auch niemals ein Bär in ein Haus gekommen, wo die Tür offenstand. Das hatten sich aber hier die Hasen zunutze gemacht und hatten sich dort zum Sterben niedergetan. Auch das *Porcupine* – Baumstachelschwein – geht mit Vorliebe in Ieerstehende Gebäude. Mit Vorliebe zernagen sie alles was sie erwischen können.

Da dort oben so gut wie keine Füchse zu spüren waren, konnte ich am nächsten Tage den Rückweg wieder antreten. Die Luchsfangplätze und die Kleineisen wurden während des Marsches gestellt. Die meisten Eisen hingen ja ohnehin schon seit Jahr und Tag an ihren bestimmten Plätzen.

Wie ich meinem Leser schon mitteilte, verwandte ich zum Fang der Pelztiere meist künstliche Witterung. Zum Fang der Hermeline in den Monaten November und Dezember ist jedoch frisches Fleisch besser, während es in der späteren Jahreszeit umgekehrt ist und die künstliche Witterung mehr anzieht. Hier und dort schoss ich ein Waldhuhn, das in den Rucksack des kleinen „Pit" wanderte. Brauchte ich etwas, dann zog ich ein Huhn heraus, schnitt ein Stück mitsamt den Federn ab und steckte die *baite* hinter die Wieselfalle. So geht die Sache schnell und ist höchst einfach.

Auf dem dreitägigen Rückmarsch nach dem Athabaska konnten wir nichts mehr aus den Eisen nehmen.

Die Hunde hatten eigentlich nur in den ersten Tagen reichlich zu tragen, solange sie als Packtiere verwendet wurden. Neben ihrem Futter mussten sie auch noch mein „Bett" tragen, das aus drei starken Decken bestand.

Der Athabaska führte bereits starkes Packeis. Da es schon empfindlich kalt wurde, konnten es nur wenige Tage bis zum Stillstehen der Eismassen sein. Im ersten Morgengrauen ging ich am diesseitigen Ufer zur Eisenrevision. Wie schon so oft, wenn treibendes Packeis im Strome ging, hatte sich infolge des abfallenden Wassers ein schmaler bis über den Fluss führender Spalt in der sonst geschlossenen Treibeismasse gebildet, der sich nur bei sehr großem Eisnachschub schloss, um sich dann aber, sobald der Druck nachließ, zu öffnen. Da mein kleines Rindenkanu nur hundert Meter oberhalb am hohen Ufer lag, entschloss ich mich es zu benutzen, obwohl es eine sehr gewagte Sache war. Der Steyrstutzen hing fest mit kurzem Riemen quer über dem Rücken und mit einigen kräftigen Paddeleingriffen sauste ich hinaus in den schwarz erscheinenden Wasserschlund. Viel besser als ich erwartet hatte ging die Überfahrt zum anderen Ufer vonstatten. Das Kanu trug ich auf ein hohes Steilufer, damit es später nicht vom aufbäumenden Packeis zerdrückt oder mitgenommen werden konnte. Nur 100 Meter vom Landungsplatz lag das erste Eisen, in dem auch ein guter Rotfuchs hing. Auch im nächsten Eisen saß ein Rotfuchs. Ich fuhr nochmal in der engen Wasserrinne, umgeben von Packeis, auf das andere Ufer zurück. Eine Fahrt auf Leben und Tod.

Es war bereits 3 Uhr nachmittags als ich ankam. Mein erster Erfolg nach dem Landen war ein wirklich guter dunkler Kreuzfuchs. Ich hatte ordentliches Mitleid mit dem armen Kerl; denn er hatte wie ich Angst ausgestanden, als das Packeis im Flusse ankam. Nun war für uns beide diese Gefahr vorüber.

Die nächstfolgenden drei Fangplätze waren unbesucht, aber im letzten Eisen saß der Erfolg des Tages – ein prächtiger, hochwertiger Silberfuchs!

Es wurde bereits dunkel. Ich nahm mir die Zeit nicht, diesen Edelfuchs zu streifen und nahm ihn mit.

Es war stockdunkle Nacht, die Luft hing voller Schnee, als ich das freundliche Blockhaus betrat. Und dann, nach dem Abendessen bei heißem Tee und Zigaretten, erlebte ich die ganze Woche noch einmal. Dieser *round trip* über meine gesamten Fangplätze hatte mir außer Kleinpelztieren sieben Rot-, fünf Kreuz-, einen Silberfuchs sowie einen Kojoten und einen Luchs eingebracht. Dieser *trip* war der beste in all meinen acht Trapperjahren!

Am nächsten Morgen war alles wie erwartet in eine 30 Zentimeter hohe Neue gehüllt. Der Fluss hatte sich zugeschoben. Der Winter hatte endgültig seinen Einzug gehalten.

In Anbetracht der vielen Arbeit blieb ich zwei Tage im Bau. Die Pelze kamen auf die Spannbretter und ich saß rauchend und schaute versonnen auf diese prächtigen Füchse. Besonders der edle Silberfuchs hatte es mir angetan. Er unterstrich mit seinem Wert und seiner Schönheit den erfolgreichen *round trip* und als Dank dafür wurde er nicht verkauft, sondern den bekam meine Tochter.

Hei! Wie sich die Hunde freuten, als ich am Morgen den Schlitten zur Abfahrt nach den Stony Mountains packte und die Geschirre angelegt wurden. Jetzt konnten sie doch wieder rennen, traben und nicht nur hinter dem „Alten" herlaufen. Und so wurde dieser achttägige *trip* auch recht angenehm. Es war nicht zu kalt und der Schnee wehte noch nicht. Ich hatte mich auch erst wieder an das gleichmäßige Traben hinter dem Schlitten zu gewöhnen. Der fabelhafte Ortssinn, der ja allen Tieren eigen ist, scheint beim intelligenten Hunde ganz besonders entwickelt zu sein. Ein jedes Eisen, und wenn es noch so tief unter dem Schnee lag, markierten sie entweder durch Stehenbleiben oder nur durch bloßes Hinschauen. Der kleine Leithund „Pit" brachte es sogar so weit, dass er die Hermelinfallen, die ja meist unmittelbar am *trail* standen, von selbst revidierte. War so ein weißer Räuber gefangen, so hielt er; war das Eisen leer, fuhr er glatt vorbei. Und auch dort wurden die Stellen markiert, wo wir gemeinsam im Vorwinter diesen oder jenen Räuber aus dem Eisen nahmen. Während „Pit" nur gering interessiert war am toten oder lebenden Raubtier, so war es bei „Jack" gerade das Gegenteil. Er wurde ganz verrückt, wenn er etwas im Eisen sah. Und der große stolze „Browny" warf mir immer, wohlgemerkt immer!, einen verächtlichen Blick zu und wendete sich stets ab, sobald ich an den Fangplatz ging. Es vergingen meist viele Minuten während der Weiterfahrt, bis er endlich wieder sein altes freundlicheres Gesicht aufsetzte. Was „dachte" sich dieser Hund? … Er verhielt sich auch am geschossenen Großwild so. Ich bilde mir immer ein, dass er Bedauern mit der Kreatur hatte. Und diese Annahme finde ich dadurch bestärkt, dass er sich genauso verhielt, sobald ich einem seiner Kameraden mal eins mit der Peitsche überziehen musste.

Wenn dieser Marsch auch nicht eine so große Ausbeute brachte wie der vorangegangene, so konnte ich doch völlig zufrieden sein. Vier Rotfüchse, ein Kreuzfuchs, ein Kojote und ein Mittelluchs neben einem Nerz und einer größeren Anzahl Hermeline befriedigten mich voll und ganz. Und wie all die Winter zuvor – bis Weihnachten war „Hochkonjunktur"! Da hieß es die Beine in Schwung halten, sollte ein Erfolg erreicht werden.

Weihnachten war vorüber. Der Winter hatte seine Herrschaft mit aller Strenge angetreten. Wenn auch dieser Winter im Durchschnitt nicht an die Härte des vorigen heranreichte, verstanden es die Monate Januar und Februar meisterhaft, Schneestürme in Szene zu setzen, sobald ich auf dem Marsche war.

In den ersten Februartagen befand ich mich auf dem letzten Tagesmarsch vom Ende der Eisenlinie zum Athabaska. Ich hatte, als ich den House River verließ, noch ein Elchschmaltier geschossen und entschloss mich trotz der vorgerückten Stunde für den Rückmarsch. Kaum hatten wir die große, völlig offene Tundra erreicht, als urplötzlich ein Sturm entstand, der in einen wirklichen Blizzard ausartete. Das heulende Wetter kam uns direkt entgegen. Hätte ich die Hunde nicht bei mir gehabt, dann hätte ich mich bestimmt für einen schnellen Rückmarsch nach dem schützenden House River entschlossen. Sobald wir auf besonders hohe Schneedünen kamen, hatte ich meine liebe Not den Schlitten zu halten. Als wir erst draußen in der Tundra waren wurde das Treiben so toll, dass ich den vorderen Leithund in dem dichten Schnee- und Eiskristallwirbel nur in verschwommenen Konturen erkannte. Zu erhöhtem Verdruss wollte „Pit" noch dazu viel weiter nach links als ich es wollte. Da ich es satt hatte, den „Dickkopf" fortwährend zu korrigieren und ihn auszuschimpfen, sagte ich mir: „Lass ihn gehen, entweder hat er Recht und wenn nicht, dann hat er fürs nächste Mal gelernt." Und er hatte Recht. Wäre es nach „meinem Dickkopf" gegangen, dann hätte uns die von mir falsch angegebene Richtung mehrere Kilometer ab vom *trail* in wüstes Sumpflärchengelände gebracht. So gelangten wir ganz genau auf den *trail*, der in den schützenden Wald führte. Wie oft haben solche professionellen *leaders* ihrem „trappenden Herrn" nicht schon das Leben gerettet. Dort, wo Menschengeist versagt, wo Ortssinn und Ausdauer zu Ende sind, da wird noch lange der Leithund fähig sein, nach einem schützenden Hort zu führen. Er wird erst dann versagen, wenn er nicht mehr die Läufe gebrauchen kann. Und dann ist schließlich alles zu Ende, für Mensch und Tier! Und wie oft im großen unwirtlichen Kanada kommt es alljährlich vor, dass sich Mensch und Tier den furchtbaren Naturgewalten beugen müssen und Opfer des „weißen Todes" werden!

Sobald wir uns im windgeschützten Walde befanden, wurde schnell ein Feuer gemacht und die Eispanzer an Mensch und Tier abgetaut; dann ging es im Dunkel der bereits beginnenden nordischen Nacht in flottem Trabe den heimatlichen Penaten[20] entgegen.

Diese Hochtundra, von der ich erzählte, war mir ein Dorn im Auge und doch auch sie hatte ihre Reize, besonders wenn im Frühjahr die Kraniche trompetend ihre Liebesspiele dort vollführten. Auch im Winter war sie schön, wenn die vielen Schneedünen in wundervollen blau-lila Farben glitzerten. Ich erinnere mich eines solchen schönen Tages Ende Januar. Es war nicht allzu kalt, die 50 Grad Celsius konnte man gut ertragen. Wir bogen aus den weiten Muskegs durch den Sumpflärchenwald in

20   Anm. des Verlags: Haus- oder Schutzgeister.

die offene Tundra ein. Als wir diese weiße, kaum übersichtliche ebene Schneewüste annahmen, erhöhten die Hunde von selbst das Tempo in Anbetracht des „führigen" Geländes und die nächste „Schaltung" hätte den Galopp ergeben müssen. „Pfeifend" fuhr der Schlitten über den harten Packschnee. Zwölf Hundeläufe trugen uns allesamt flott in die wundervolle Winterwelt. Überall auf vereinzelten Krüppelfichten saßen die herrlichen Schnee- oder Polareulen in ihrem schneeweißen, mehr oder weniger braungetupften Gefieder. In ihrer herrlichen Schutzfarbe waren sie nur auf wenige Schritte auf dem Schnee zu sehen. Weit draußen erschienen sieben dunkle Punkte, die auch den Hunden nicht entgingen, die zeitweise in Galopp verfielen, um möglichst schnell zu erfahren, was diese dunklen Stellen bedeuteten. 15 Minuten später schwenkten sieben Füchse aus ihrer innegehabten Richtung und schlugen einen Bogen um uns. Vorweg trabte ein sehr schwacher, zierlicher Rotfuchs. Diese Hochzeitsgesellschaft zeigte keine besondere Scheu, ließ uns in 200 Meter Entfernung ruhig passieren. Es war höchst amüsant, diese liebestrunkene Fuchsgesellschaft zu beobachten. Die sechs Rüden balgten sich abwechselnd um die scheinbar noch nicht ein Jahr alte Fähe. Ich hatte meine Not die Hunde abzuhalten der Fuchswitterung zu folgen.

In der Ferne erschien ein dunkler Streifen, der Sumpf kam in Sicht. Immer weiter ging es in gleichmäßigem Trab. Da sah ich drüben am Sumpfrande 17 weibliche Rentiere in eine Fichteninsel in die eigentlichen Muskegs einwechseln. Ich saß quer auf dem Schlitten und nahm das wundervolle Bild in mich auf. Das fabelhaft gute Gesichtsvermögen der Hunde hatte ihnen längst die Rens verraten, aber trotzdem zogen sie nur zögernd weiter. Die dunkel schokoladenfarbigen Körper, die grauen Unterläufe, die silbergrauen Halsmähnen auf der glitzernden Schneedecke, dahinter die dunkelgrüne Fichtenwand, über die die 17 viel verästelten Geweihe ragten, war fürwahr ein seltener und reizvoller Anblick.

Dieser schöne Tag bekam noch am Abend, als die eben untergehende Sonne magisches Licht über die Winterwelt warf, einen guten Abschluss. Über einen See trabten drei Kojoten, die ebenfalls wie die sieben Füchse auf der Hochzeitsreise waren. Auf 150 Meter ließen sie uns herankommen und erst dann bogen sie uns aus dem Wege und strebten dem anderen See-Ende zu. Unten, vor der kleinen Blockhütte am House River, trollten sechs alte Elchschaufler, die schon abgeworfen hatten, über einen schmalen Wiesenstreifen, was wiederum einen erfreuenden Anblick bot. In diesen Sumpfwäldern äsen die Schneehasen, sobald sie in ungeheuren Mengen vorhanden sind, alle niederen Sträucher und jungen Bäume ratzekahl. Aber auch der Elch findet dann immer noch genug. Diese Riesen, die bis zu 1,90 Meter über dem Boden stehen und mit ausgestrecktem Äser 2,50 Meter und noch höher greifen können, nehmen aus dieser Höhe die jungen Triebe von Weiden, Pappeln und Birken, zum Teil auch Erlen.

So viel Waidfreuden dieser Winter auch bot, ebenso viel Ärger brachte er mit sich. Es war einfach unmöglich, im Walde oder auch nur in der Nähe eines einzelnen Baumes oder Strauches ein Eisen zu stellen, das nicht sofort mit einem Schneehasen besetzt war. Mir zitterten vor Wut und Ingrimm die Hände, wenn ich, anstatt des nun sicher gefangen geglaubten Pelztieres, einen völlig von Artgenossen aufgenagten Hasen herausnahm. Das trieb mich oftmals fast zum Wahnsinn. Dieser Winter 1933/34 war der Höhepunkt in der Anzahl der Schneehasen, zugleich aber auch der rapide Abfall. Hunderttausende, wahrscheinlich aber Millionen dieser Nager siechten in wenigen Monaten dahin. Wohin man kam oder sah, lagen entweder tote oder kranke, bis zum Skelett abgemagerte Hasen. Füchse und Kojoten hatten reichlich gedeckten Tisch, auch der Uhu griff die Hasen, wo er nur immer konnte, „schnitt" den Kopf ab und ließ den Rest liegen. Genau wie ich erwartete, starb der gesamte Hasenbestand in jenem Winter bis zum Frühjahr ab, um in langen Jahren aus einem einzigen kleinen Rest gesunder Exemplare genau wieder zu solcher Menge anzuschwellen.

GUTE BEUTE WÄHREND DER ERSTEN FÜNF WOCHEN IM WINTER 1933/34

Mit Anfang des Monats Februar konnte ich eigentlich meine „Arbeit" als beendet betrachten, da die Bälge der Füchse schon recht schäbig wurden. Aber der beiden Luchse wegen, die mich schon seit Dezember narrten, musste ich hinaus, die große Passion trieb mich dazu. Endlich, Ende Februar, mit Beginn der Ranzzeit, saß ein Rüde fest, während der stärkere Luchs mich immer noch anzuführen versuchte. Dieser kapitale Luchs, der wahrscheinlich irgendwo schlechte Erfahrungen mit dem *pen* gesammelt hatte, hatte wiederholt die Garnschlinge vorsichtig mit den Pranken hinweggeschoben, sich mit der ihm lieblich duftenden Witterung beschäftigt und sich in der Einzäunung voller Wonne darauf gewälzt. Einen Monat hatte ich mich mit diesem Luchs schon herumgeärgert und er war schon viermal im *pen* gewesen und immer „richtig" herausgekommen. Beim fünften Male hatte er sich doch gefangen, er hing vorschriftsmäßig in der Schlinge und war so schnell verendet. Er hatte nicht jene bräunliche Farbe in der Behaarung, wie sie meist die sehr alten Luchse haben, sondern seine Decke hatte einen silbergrauen Ton mit blassbraunen Tupfen. Es war mein letzter *trip* über die Eisenlinie. Es war auch der letzte Marsch meines achtjährigen Trapperlebens in den Urwaldregionen des nördlichen Athabaska-Flusses überhaupt. Und dass gerade dieser fabelhaft kapitale und schöne Luchs meinem Trapperleben einen würdevollen Abschluss gab, sah ich als besondere Gunst der wohlwollenden Göttin Diana an. Dort, mitten im urigsten Fichtendome, schwor ich, mich auch weiterhin unter die verheißende, aber auch launische Jungfrau zu stellen!

ABSCHIEDSGEDANKEN

Schon im Laufe des Winters konnte ich die äußerst schwierige Korrespondenz mit der Regierungsstelle in Dawson im Yukon Territory als beendet ansehen. Alle meine Sonderwünsche wurden genehmigt und es lag nichts mehr im Wege, was die geplante Reise dorthin hätte aufschieben können. Den ganzen Winter über studierte ich die zurzeit beste Karte jenes Landesteiles, die mir kostenlos von der Regierung zur Verfügung gestellt wurde. Wo auf der Karte die großen, weißen, leeren Felder standen, war vollkommen unerforschtes Gebiet. Und dass auch da, wo Flüsse, Seen, Gebirge und Gletscherformationen angedeutet waren, nicht alles stimmen würde, wusste ich aus Erfahrung.

Je näher die Zeit zur Abreise heranrückte, umso mehr beschäftigte mich das „Land der Mitternachtssonne"!

Da ich dort oben vor Anfang Mai kaum vordringen konnte, verbrachte ich die nötige Wartezeit nicht in der Zivilisation, sondern in meiner, mir liebgewordenen Blockhütte in den Urwäldern am Athabaska.

Das wenige, was ich mitzunehmen hatte, bedurfte keiner langen Zeit des Verpackens. Alles lag bereit und konnte innerhalb einer Stunde „marschbereit" sein.

Bunte Bilder zogen an meinem geistigen Auge vorüber. Licht folgte auf Schatten, Schatten auf Licht. Deutlich erstand die große Brücke vom „Damals" zum „Jetzt" und ich sah auf ihr so manches Hindernis, das mich oft stolpern ließ.

„Damals" – vor acht Jahren –, als sich germanisches Blut nicht mehr verleugnen ließ, als sich endlich das Tor der Verheißung öffnete, als ich gleich so vielen anderen schon im Anfang meines neuen Lebens Bombenerfolge erwartete, all das stand vor mir und lag doch so weit.

Hunger und Kälte, Glück und Unglück. Erfolg und Misserfolg, Waidmannsfreud und Waidmannsleid säumten den langen Weg. Aber er führte durch Licht und Dunkel – zum Erfolg.

Nun, da die Zeit der Abreise heranrückte, erschienen mir die winterlichen düsteren Wälder noch einmal so geheimnisvoll als zuvor. Der gewaltige Athabaskastrom mit seinem zackigen Eisrücken, der Strom, den ich im Winter wie im Sommer wie einen tückischen Feind fürchtete, erschien mir heute wie ein lieber Freund, der mir doch viel in meinem Leben gegeben hatte.

Die gefürchteten Schneestürme wurden zu einer angenehmen Begleiterscheinung und die Naturgewalten, vor denen ich oft zitternd stand, wurden auf einmal meine Freunde.

In dieser Wartezeit herrschte vollkommene Windstille. Ein azurblauer Himmel überdachte die friedlich daliegende Urwildnis. Allnächtlich flackerte prächtiges Nordlicht am sternenreichen Firmament auf und geradezu verschwenderisch ergoss es seine gelben, grünen, roten und violetten Farben in bizarren Formen über den nächtlichen Himmel, um bald wieder in einem scheinbar farbigen Regen zur schlafenden Erde herabzufallen.

Es mutete mich an, als ob mir auch meine Freunde, die Tiere und Vögel des Waldes, eine letzte Ehre erweisen wollten. Nie sah ich so viele Elche wie gerade in jenen Tagen. Zu jeder Stunde konnte ich mich an ihrem Anblick erfreuen und oft stand ich am Flusse und schaute sinnverloren auf die Überbleibsel erster Schöpfung.

Auch meine besonderen Lieblinge, die Raubvögel, sandten einen würdigen Vertreter, um mir in den letzten Stunden an heilig stiller Stätte noch einmal das große Erleben wachzurufen. Der König der Nacht, der Uhu – befand sich in der Paarzeit und nie hörte ich so viele freudig liebestrunkene Rufe dieser herrlichen Eule wie in jenen Tagen. Fünfzig bis sechzig hörte ich allabendlich vom Blockhause aus und zwei bis drei Paare führten ihre Balzflüge und -rufe unmittelbar in der Nähe des Hauses aus.

See- und Steinadler schwangen sich in beneidenswerter Freiheit im weiten blauen Äther.

An all dieser bestrickenden Schönheit der Natur ging ich nie achtlos vorüber; denn sie füllte ja nur mein Leben aus. Aber jetzt, da es galt diesem Wäldermeer Lebewohl zu sagen, um in andere Gebiete vorzudringen, da kam mir alles noch viel schöner vor und beeindruckte mich gewaltiger denn je.

Doch die Freude wurde mir zu oft getrübt, sobald ich den Blick auf meine treuen Freunde – die Hunde – warf. Öfter denn je lagen sie alle drei im Hause vor meinen Füßen. Und wenn ich dann mit ihnen ein Gespräch anknüpfte, dann schauten sie mich mit ihren dunklen Augen verstehend an. Sie verstanden, dass das, was ich ihnen zu sagen hatte, gut gemeint war und gaben mir hin und wieder wie in Dankbarkeit ihre muskelstarken Vorderpfoten. Aber verstehen konnten sie nicht, warum ich anstatt des freudigen Gesichts, das sie an mir gewöhnt waren, so ernst und so still auf dem Bettrand saß und dass dann, wenn alle diese drei treuen Köpfe auf meinen Knien ruhten, wortlos meine Hand sie streichelte und manche Träne ungeniert am bärtigen Gesicht hinunterrollte. Wenn ich dann nachts wach auf meinem harten Lager lag und die Vergangenheit sich mit der dunklen Zukunft paarte und wirres Durcheinander meine Sinne umfing, dann fielen immer wieder meine Gedanken auf die Hunde. Nur wenige Menschen wissen, was der Hund für den Norden jenes Landes bedeutet und immer bedeuten wird. Wäre der Hund nicht, wäre niemals der unwegsame Norden bekannt und zum Teil entwickelt worden! Der Trapper und der Goldsucher brauchen Gehilfen, die ihre geringe Habe nachschleppen, um in dem rauen Lande sich behaupten zu können. Sie brauchen Gehilfen, mit denen sie die schwierige Pionierarbeit bewerkstelligen können. Als alle übrigen Haustiere versagten, war es immer noch der Hund, der willig und jederzeit bereit sich anbot mitzuarbeiten an dem großen Werke zum Nuten der gesamten Menschheit. Und wenn auch heute im Zeitalter der Flugzeuge in jene unbewohnten Länderstriche vorgedrungen wird und vielerorts schon der Hund zurücktreten musste, wird man doch noch lange Zeit diesen treuen Gehilfen nicht entbehren können. Möge die Zeit noch fern sein, wo die Völker des Nordens dem treuen „Husky" ein Ehrenmal setzen und sich dankbar daran erinnern, dass er an erster Stelle dort stand, wo Menschenkraft zu Ende war.

2. Teil

Großwildjagd im Lande der Mitternachtssonne

Vorwort zum 2. Teil

Neun Jahre Wildnisleben! Sieben Jahre allein in der Wildnis! Kampf mit der Natur! Untergetaucht im schier unendlichen Wäldermeer, in den unwirtlichen, menschenleeren Hochgebirgen des nordamerikanischen Nordwestens! Pirschen auf hohes Wild in weiten Regionen der Hochgebirge! Pirschen auf Großbären im Lichte der Mitternachtssonne, im ewigen Tage des Nordens! Wochenlange Märsche allein mit Schlittenhunden durch die weiße Wildnis! Lange Nächte am offenen Lagerfeuer bei furchtbarer Kälte! Ein jahrelanges Jäger- und Sammlerleben – allein!

Es klingt wie ein Märchen – und doch ist es keins! Ein solches Leben erträumte ich mir schon als sehr junger Mensch. Der Traum ward zur Wirklichkeit! Die Wirklichkeit nach dem Erleben wiederum zum Traum ... Viel ist schon über Jagd und Reise in fremden Ländern geschrieben worden, aber dieses Buch wird sich sehr von den meisten anderen Werken unterscheiden.

Der Großwildjäger, der Forscher und Sammler, dem es vergönnt ist, in der Wildnis eines fremden Landes, sei es mit der Büchse oder mit der Kamera, zu jagen, wird immer mit den nötigen „materiellen Dingen" versehen sein, um sich das ohnehin strapazenreiche Leben möglichst leicht zu gestalten. Er wird sich die nötigen Leute und Helfer sowie Transportmittel anwerben können, mit deren Hilfe er es verhältnismäßig leicht hat.

Den Leser erwarten keine fantastischen Abenteuer, sondern nur Wirklichkeiten.

In schlichter Form habe ich versucht, alles so meinem freundlichen Leser wiederzugeben, wie ich es erlebte. Sollte dieses Erleben meinen verehrten Waidgenossen einige anregende Stunden bereiten, dem aufmerksamen Leser aber auch das Verständlichwerden, was „zwischen den Zeilen" steht, so würde es mich freuen und das Buch hätte seinen Zweck erfüllt.

Froh Gejaid[21] und Waidmannsheil!

Radeberg, im Sommer 1938

Der Verfasser

---

21   Anm. des Verlags: Frohe Jagd.

Abschiednehmen ist eine eigenartige Sache, zumal, wenn Lebewohl gesagt werden muss für immer. Und Abschied nehmen musste ich im März 1934 in tiefverschneiter Urwaldwildnis im hohen Nordwesten Kanadas, Hunderte von Kilometern entfernt von der Zivilisation. Einen herzlicheren Abschied kann es auch zwischen Menschen nicht geben als den von meinen treuesten Kameraden, den braven Schlittenhunden.

Vor mir standen sie im Geschirr am „Tobagan" – dem Schlitten. Als wenn sie mich verstanden hätten, so sahen sie mich mit ihren treuen und klugen Augen an. –

Mein guter „Pit". Jahre hindurch hast du als Leithund mich durch die verschneite Wildnis gebracht, immer wusstest du den rechten Weg, auch wenn fürchterliche Schneestürme jeden Trail unkenntlich gemacht hatten. Einmal hast du mir sogar das Leben gerettet. Du warst es, der in finsterer Nacht bei fürchterlicher Kälte auf dem Eise eines Sees wusste, dass jener dunkle Fleck auf dem Schnee Gefahr bedeutete: nur der Schnee verdeckte jenes Loch. Ich konnte es ja nicht sehen, da du als Leithund im Gespann weit voraus warst. Aber mit klugem Instinkt führtest du ohne Zögern den schwerbeladenen Schlitten um diese gefährliche Stelle herum. Wenn ich dir auch anfangs zürnte – ja sogar dich mit hässlichen Schimpfworten für diese unbefohlene Handlung bedachte, ich hatte Unrecht, mein guter „Pit" – du rettetest mir mein armseliges Leben! Hab Dank, mein treuer Waidgesell, hab Dank für deine treuen Dienste! –

Und du, mein lieber „Browny", der du nie müde wurdest, wenn auch deine Kameraden schlapp zu machen drohten – mit unverminderter Kraft hast du sie herausgerissen, trotzdem du dem Blute nach nur ein Halbwolf warst – auch dir Waidmannsdank!

„Jack", auch dich werde ich nie vergessen. Immer werde ich an deinen Humor denken müssen. Nie hast du, selbst bei härtester Arbeit, dein freundliches Gesicht verloren!

Lebt wohl – habt Dank! Macht mir den Abschied nicht zu schwer. Ich verstehe eure Stimmen, weiß, was ihr mir sagen wollt. Es geht nicht – ich muss fort – kann nicht bei euch bleiben!

Einige Indianer und Weiße waren bei meinem Abschied von meinen Getreuen zugegen. Sie wussten, mit welcher Liebe ich an meinen vierläufigen Freunden hing. Darum kam es auch keinem in den Sinn sich über mich lustig zu machen, als sie mich noch lange stehen sahen mit Tränen in den Augen. Erst als der junge Norweger, dem ich meine Hunde anvertraut hatte, hinter der nächsten Flussbiegung verschwunden war, ging ich ins Blockhaus zurück und saß noch lange, lange allein.

Vor diesem Abschied von meinen vierfüßigen Waidgesellen hatte ich mich gefürchtet. Als Welpen hatte ich sie im Tauschweg gegen Lebensmittel von Indianern erhandelt. Jahrein – jahraus waren sie meine Begleiter, Arbeiter und Freunde. Bei jeder Gelegenheit dankten sie mir gute Behandlung – jedes freundliche Wort …

Wir sind in dem langen Zeitraum, in dem uns nur höchst selten ein fremdes Lebewesen, Mensch oder Tier entgegentrat, miteinander verwachsen gewesen, zur Arbeit, im Denken und Handeln! Schon in frühester Jugend war es mir klar, dass das hochintelligente Tier, wie es eben der Hund ist, doch denkt! Ich bin mit Tieren eng verbunden herangewachsen, ich suchte mich in die Tierseele hineinzuleben.

Der Abschied war schwer, schwerer als ich gedacht. Und noch lange lastete er auf mir, selbst heute noch, beim Schreiben dieser Zeilen. Ich bin sicher, dass auch sie noch lange, lange sehnsüchtig auf ihren Freund gewartet haben. Vorbei!

Noch am selben Abend verließ ich das einsame Blockhaus am Athabaska-Fluss. Ich zog meinen Schlitten allein durch die weiße Wildnis. Es war in den letzten März-tagen. Das Wetter war außergewöhnlich warm. Tagsüber ruhte ich meist bei irgend-einem Trapper. In der langen Nacht zog ich den schwerbeladenen Schlitten auf dem Eisrücken des Athabaska-Flusses rückwärts. Einen Tag und vier Nächte harte Arbeit – dann kam ich in die Zivilisation, nach Athabaska. Zehn Tage blieb ich dort, rüstete für die Weiterreise und verlebte frohe Stunden, meist unter deutschen Landsleuten.

DIE REISE IN DAS LAND MEINER TRÄUME

Endlich war es soweit, dass sich mein sehnlichster Wunsch erfüllte: eine reine Jagd- und Sammelreise nach dem Yukon Territory anzutreten. Von Edmonton aus brachte mich die Bahn nach zweitägiger Fahrt durch die herrlichen Rocky Moun-tains, durch British Columbia nach der kleinen, sehr malerisch gelegenen Hafen-stadt Prince Rupert.

Man sagt, dass es dort nur einen Tag im Jahre gäbe, an dem es nicht regnet. Als ich dort eintraf, schien es gerade der betreffende Tag zu sein; denn herrlicher Sonnen-schein lag über der hoch auf Felsen angelegten Stadt. Am Mittag sollte der Küsten-dampfer „Princess Norah" vom Süden eintreffen, um mich und die wenigen Mitrei-senden nordwärts zu bringen. In der Zwischenzeit sah ich mir die malerische Stadt an. Gegen 12 Uhr kam der schöne Dampfer nach bereits sechsstündiger Verspätung infolge Nebels hereingefahren. Wir befanden uns auf kanadischem Boden. Um nach Alaska, das ja amerikanisches Territorium ist, zu kommen, war eine Prüfung der Papiere und Pässe der Reisenden notwendig, was aber schnell vonstatten ging. Um 1 Uhr verhallte das letzte Abfahrtssignal, die „Norah" schob sich pustend in See.

Es waren nur wenig Passagiere an Bord, einige Kaufleute, Goldsucher und ich als einziger *Big game hunter* (Großwildjäger). Der Dampfer hielt die Innenroute und hatte seinen Weg durch die unzähligen großen und kleinen Inseln dicht am Festlande zu suchen. Gegen Abend wurde weit draußen das Südende von Prince of Wales Island sichtbar. Der Nebel war gefallen und gab den Blick einer herrlichen

Fernsicht frei. Zur Linken lag die bewaldete Rieseninsel, zur Rechten ragte die Steil-küste des Festlandes empor. Zwischen den mächtigen, schneegekrönten Bergen des Festlandes leuchteten blaugrüne Gletscher von gewaltiger Ausdehnung, die, durch die untergehende Sonne beschienen, purpurfarben leuchteten. Es war bereits Mit-ternacht, als ich endlich das Deck verließ, ich konnte mich nicht sattsehen an dem gigantischen Zauber der Landschaft.

Auch am nächsten klaren Tage bot sich dasselbe Bild. Die Berge des Festlandes wuchsen höher. Auf ihren zerrissenen Hängen reichte der Schnee weit herunter, bis zu den zahlreichen Gletschern. Die blanke, ruhige See gewährte uns einen vol-len Genuss der herrlichen Reise. Immer mehr und mehr kleine und größere Inseln tauchten auf, je weiter wir nach Norden fuhren und immer steiler stiegen die Küs-tenfelsen aus den Schaumkämmen der Brandung auf.

Der erste Haltepunkt ist der kleine Flecken Ketchikan. Nur wenige Bewohner beherbergt diese „stinkende Stadt". Zumeist sind es Halb- und Vollindianer. Und doch herrschte dort reges Leben. Im zeitigen Frühjahr werden dort unglaublich viel Lachse gefangen und in den dort befindlichen „Tanneries" zu Konserven verarbei-tet. Dann legten wir bei Wrangell an. Auch hier ist Lachsindustrie. Die ganze Umge-bung stinkt nach Fisch! In dieser ebenfalls kleinen interessanten Stadt fallen die grotesken „Totempols" auf, hohe, aus riesigen Zedernstämmen gehauene Figuren, bemalt in buntesten Farben, die an allen Ecken und Enden stehen. Der Beschauer gewinnt ohne weiteres den Eindruck, Götzenbilder vor sich zu haben. Es sind aber weiter nichts als Symbole.

Am dritten Tage unserer Seereise erreichten wir Juneau, die Hauptstadt Alaskas. Das erste, was das Auge des Reisenden hier fesselt, ist die *„Treadwell gold mine"*. In schwindelnder Höhe steht das Werk der Goldmine, der vielleicht bedeutendsten Mine der Welt. Wie viele Millionen in Werten von dem kostbaren gelben Metall sind dort schon aus dem Schoße der Mutter Erde zutage gefördert worden? Im Hinter-grunde starrten uns himmelanstrebende Bergriesen an. Auch das Innere der Stadt mit seinen Geschäften ist höchst interessant. Dort, in einem Fenster, lagen edelste Rohpelze aufgehäuft, was mich als Pelztierjäger besonders interessierte. Lange mus-terte ich mit kritischem Auge die kostbaren Bälge. Wieder in einem anderen Fenster lagen Goldkörner und Goldstaub – Nuggets und Dust – aufgehäuft. Der Aufenthalt von zwei Stunden war viel zu schnell vorüber, schon ertönte von der „Norah" das zweite Abfahrtssignal.

Nach mehrstündiger Fahrt bog der Dampfer in den Lynnkanal ein. Am vierten Tage der herrlichen Seefahrt erreichten wir 5 Uhr morgens das Endziel – Skagway in Alaska. Skagway, wer von den älteren Lesern könnte sich nicht dieses Namens erin-nern! Tausende von Malen wird in deutschen und ausländischen Tageszeitungen dieser Name in den Jahren 1898 bis 1900 gestanden haben. Wüste Szenen müssen sich in jener Zeit in der kleinen Stadt abgespielt haben. Damals wurden die Goldfelder im Klondyke entdeckt. Das zog natürlich Tausende von Abenteuerlustigen aus allen Ländern an. Skagway war für alle diese Leute das vorläufige Endziel und auch das Endziel des öffentlichen Verkehrs. Was hinter den ewig schnee- und eisstarrenden Bergen um Skagway lag, wusste niemand – unerforschte Bergwildnis! Von Skagway bis zum Klondyke sind es noch einige tausend Kilometer, die die Leute damals zu Fuß und auf dem Wasserwege nach den Goldfeldern machen mussten. Fast 200 Kilometer hatten die vom Goldfieber gepackten Menschen über das weg- und steglose Gebirge zu steigen, um Flüsse zu erreichen, die sie dann weiter nach Norden bringen konnten. Viele, viele dieser bedauernswerten Menschen fanden in den Bergen den weißen Tod oder in den zahlreichen Stromschnellen des Yukon-Flusses. Eine große Anzahl wildnisgewöhnter Männer –auch Frauen – kamen an ihr Ziel und gründeten die Stadt Dawson – heute die Hauptstadt des Yukon-Territoriums –, damals mit einer Einwohnerzahl von 35000 Köpfen. Heute sieht es dort anders aus. Die Goldfelder sind für den Mann, der nicht über komplizierte Maschinerie verfügt, abgebaut. Die noch immer reichen Goldminen sind in den Händen großer amerikanischer Gesellschaften und werden mit Baggermaschinen und hydraulischen Anlagen ausgebeutet. Die Einwohnerzahl ist von 35000 auf nur 400 zurückgegangen!

Viele wirklich ernste Goldsucher lockte die Stadt, aber auch solche, die nur auf Kosten anderer leben wollten. Von solch einer Bande soll hier kurz die Rede sein.

Ein Mann, mit Namen „Soapy Smith" (der seifige Schmidt) verstand es, sich als Bandenführer in Skagway niederzulassen, um die Greenhorns im Roulette und Kartenspiel auszubeuten. Mancher, der in der verheißungsvollen Stadt mit einem kleinen Vermögen eintraf, stand bald mit leeren Taschen auf der Straße. Keiner half ihm weiter. Als später die Goldtransporte über das Gebirge kamen, wurden sie überfallen. Vom Falschspiel ging man auf den einträglicheren Raub über. Eine ganze Reihe von Polizeibeamten, die mit allen Mitteln die Bande und ihren Führer zu vernichten suchten, wurden von den Banditen erschossen. Damals trug jedermann den Revolver im offenen Futteral am Leibgurt – es kam bei einer Begegnung mit dem „Feinde" nur auf die Schnelligkeit an. „Soapy Smith" war „seifig", er blieb in unendlich vielen Fällen der Sieger, bis er auch daran glauben musste. Ein amerikanischer Polizeioffizier begegnete dem „Soapy" an einer Straßenecke in Skagway. Zwei Schüsse fielen, die sich in einem Knall vereinigten. Beide blieben tot mit zerschossenem Schädel. Der Bann war gebrochen, schnell wurde der Rest der Bande unschädlich gemacht. Es blieb nun ruhig bis zum heutigen Tage.

In Skagway ist ein Speisehaus, bewirtschaftet von einer alten, ehrwürdigen Dame. „Mama Pullen" soll die erste weiße Frau sein, die in jenen bewegten Jahren in diese entlegene Gegend gekommen ist. Durch reinen Zufall kam ich, da ich bis zum nächsten Tag auf die Weiterfahrt zu warten hatte, in jenes Lokal und lernte die Frau kennen.

Viele Stunden saß ich mit ihr zusammen und es war schon spät am Abend, als ich das freundliche, etwas abseits liegende Lokal mit gewaltigen Eindrücken verließ. Die alte Dame ist nicht besonders redselig, ich schien aber Glück zu haben. Sie wusste viel von den Tagen des „gold rushes" der neunziger Jahre zu erzählen. Den „Soapy" schilderte sie mir in glühendsten Farben. Das berühmte „Roulette wheel" sowie auch den Revolver des Banditenhäuptlings konnte man in der Sammlung von „Mama Pullen" sehen. Auch viele andere Dinge jener Zeiten, wie prachtvolle Gold- und Silbergegenstände, feinste indianische Handarbeiten, auf die manches große Museum stolz sein würde.

GEFAHRVOLLE BAHNFAHRT

Morgens 8 Uhr verließ der Zug die Stadt. Die White Pass-Yukon Railroad ist die einzige Bahn, die in den Yukon führt und ist ungefähr 175 Kilometer lang. Unser Zug bestand aus fünf Maschinen und drei Wagen. In unendlich vielen Windungen ging es steil aufwärts in das Gebirge. Gegen 9 Uhr wurde plötzlich halt auf freier Strecke gemacht. Wir stiegen aus und wollten sehen, was die Ursache war, wir wurden aber von Bahnbediensteten zurückgewiesen mit dem Vermerk: Gefahr! Steinlawinen! Der Fahrtleiter kam in unser Abteil, erklärte, dass bereits mehrere Mann Vorbereitungen träfen, die großen, auf dem Schienenstrange liegenden Steinblöcke zu sprengen. Schon hörten wir die erste Detonation. Zwei weitere folgten. Durch die Abteilfenster konnte man mächtige Steinbrocken durch die Luft fliegen sehen. Nachdem die Gefahr beseitigt war, kam ein Bediensteter herein und lud uns ein, doch den noch außerhalb des Schienenstranges liegenden Lawinenteil anzusehen. Tausende von Zentnern großer und kleiner Steinblöcke lagen umher, die kaum eine Stunde vor Eintreffen des Zuges an dieser Stelle von den steilen Felswänden niedergegangen waren.

Weiter ging die Fahrt in das mehr als romantische Gebirge. Immer höher hinauf in kurzen und langen Spiralen. Gegen Mittag hielt der Zug wiederum auf freier Strecke. Ein Beamter kam ins Abteil und sagte, dass eine große Schneelawine etwa 800 Meter vor uns auf den Schienen läge. Bewaffnet mit meinem Foto stieg ich aus und ging zu Fuß die 500 Meter bis zum Anfang der Gefahrenzone. Drei unserer Maschinen kamen angedampft, die vorderste mit einem Schneerad versehen. Schnaubend wühlten sich die drei Dampfrosse in die Schneewand. Das an der vordersten Maschine befestigte Schneerad bohrte sich in die weiße Wand, so dass der aufgewühlte Schnee nach links abgeschleudert wurde. Die andern zwei Maschinen schoben sich mit aller Kraft in die Lawine. Aber nicht weiter als zwei bis drei Meter kamen die drei Maschinen in die hart gepackten Schneemassen. Doch immer wieder bohrten sie sich in den weißen Widerstand und nach vier Stunden war die Strecke frei. Brausend und donnernd stürzte eine zweite Lawine vor dem Zug talwärts ohne Schaden zu machen. Etwa 800 Meter unterhalb des Bahnkörpers kam die Lawine in einem Bachbett zum Stehen. Aber wohl noch zehn Minuten lang schoben sich glitzernde Schneemassen langsam nach. Dann war alles still.

VON FÜNF MASCHINEN GEZOGEN, WERDEN DIE WENIGEN
REISENDEN ÜBER DAS GEBIRGE GEBRACHT

EINE 500 METER LANGE SCHNEELAWINE VERSPERRT DEN WEG INS INNERE

Es wurde nun bekanntgegeben, dass wir verpflegt würden. Es sollten zuerst die Frauen und dann die Männer in ein kleines Blockhaus in der Nähe der Strecke gehen. Und wie hat uns das einfache, aber kräftige Essen gemundet!

Zu jeder Jahreszeit, besonders aber im Frühjahr und Winter, führt die Bahn Lebensmittel mit, da dauernde Lawinengefahr auf der Strecke besteht.

Abends 9 Uhr sollte es weitergehen, aber daraus wurde nichts. Noch einmal kamen ungeheure Schneemassen herunter und wieder mussten die Maschinen arbeiten. Endlich, 12 Uhr nachts, pustete der Zug doch bergwärts. Wohl einem jeden von uns Reisenden pochte das Herz, als wir in sehr langsamer Fahrt die gefährliche Stelle passierten und durch die hohen Schneewände der von den Maschinen durchfurchten Lawine fuhren. Wie gewaltig ist hier die Natur! In der dritten Morgenstunde kamen wir nach Bennet, eine Stadt, die an dem gleichnamigen wundervollen Hochgebirgssee liegt. Im Bahnhofshotel erwartete uns das Nachtmahl, das einen Dollar kostete und ganz ausgezeichnet war. Nach einem halbstündigen Aufenthalt ging es weiter. 6 Uhr morgens kamen wir endlich mit siebzehnstündiger Verspätung in Whitehorse an. Wir waren alle froh, doch endlich das Ziel erreicht zu haben. Immer werde ich an diese romantische Fahrt denken!

Der Bau dieser Bahn ist bestimmt ein technisches Wunder allerersten Ranges. Vielen Menschen hat der Bau dieser Bahn das Leben gekostet. Eine ganze Packkolonne mit 16 Pferden stürzte in eine tiefe Schlucht. Die nachfolgenden Gesteinsmassen wurden den bedauernswerten Opfern ein natürliches Grab. Diese tiefe Schlucht heißt heute „*Dead horse Gulch*".

Whitehorse, die zweitgrößte Stadt im Yukon-Territorium, zählt etwa 200 Einwohner einschließlich der Halb- und Vollindianer. So klein dieses Städtchen auch ist, so herrscht im Sommer dort oben reges Leben. Von Anfang Juni bis gegen Ende September, in der eisfreien Zeit, fahren dann die Dampfer regelmäßig zwei bis dreimal in der Woche nord- bzw. westwärts. Dawson – die Hauptstadt – ist das Endziel der Yukondampfer, von dort weiter ins Innere Alaskas verkehren die Alaskadampfer. Vergnügungsreisende, besonders aus den Vereinigten Staaten Nordamerikas, kommen alljährlich nach dort und verbinden die reizvollen Dampferfahrten mit Jagen und Fischen.

In dem netten „Holzstädtchen" fand ich bald ein kleines, mir zusagendes Hotel. In dem Besitzer lernte ich einen wildniserfahrenen Schweden kennen. Mein nächstes war ein Besuch beim Regierungsagenten Mister Higgins, der von meinem Eintreffen unterrichtet worden war. Mein besonderer Erlaubnisschein, der zum Sammeln für wissenschaftliche Zwecke notwendig war, lag schon bereit. Außerdem erhielt ich die Genehmigung, allein ohne einen landeskundigen Führer jagen zu dürfen, was sonst kaum einem Fremden gestattet wird. Das Gesetz lautet, dass jede Person, die noch keine zwölf Monate im Lande ist, also ein „*non-residend*" ist, nur in Begleitung eines Führers jagen darf. Mir wurde die Genehmigung nur erteilt, weil ich schon das neunte Jahr in der Wildnis herumzog. Auf meinen Jagdschein hin konnte ich alles Groß- und Kleinwild, auch alle Vogelarten, gebührenfrei jagen.

Nur der Abschuss vom Bison, dem Trompeterschwan und einer seltenen Kranichart wurde mir nicht gestattet. Die einzige Zahlung, die ich zu leisten hatte war die sogenannte *pol taxe*, die eine jede Person zu zahlen hat, die länger als 50 Tage im

Yukon Aufenthalt nimmt. Mein Traum war in Erfüllung gegangen: Jagd auf Groß- und wehrhaftes Wild im Lande der Mitternachtssonne! Kostenlose Jagd in einem Land, so groß wie Deutschland stand mir zur Verfügung. Dort war ich Alleinherr- scher! Ein sonderbares Gefühl beschlich mich. Hunderttausende von Quadrat- meilen war mein Revier groß, kein Grenzstein, kein Grenzgraben, kein neidvoller Nachbar engten mich ein. In diesem fast menschenleeren Gebiet leben nur 3000 weiße Menschen, auch die Zahl der Indianer und Eskimos ist lächerlich gering. Die Siedlungen der Weißen befinden sich in der Hauptsache entlang des Yukon-Flusses.

HAUPTSTRASSE IN WHITEHORSE, YUKON TERRITORY

Schon ehe ich in das „weiße Land" kam, hatte ich meine Pläne gemacht. Zuerst sollte die Jagd auf Großbären stattfinden. In der Südwestecke des Landes mit seinen hohen Gebirgen, mit seinen florareichen Tälern, mit den unheimlichen Mengen von Lachsen, dort erhoffte ich mir den besten Erfolg auf Großbären. Ja, ich erträumte mir sogar den immer seltener werdenden sagenhaften Alaskabären, die stärkste und respektvollste Bärenart, überhaupt das schwerste Raubtier. – Träume!

Am Abend im kleinen „Regina"-Hotel besprach ich mit meinem Wirt diese Ange- legenheit, der meine Annahme bestätigte. Er selbst war vor Jahren als Goldwäscher und Pelztierjäger in verschiedene Teile des Südwestens gekommen. So erzählte er mir auch von seinem schwedischen Landsmann, der immer noch am kleinen Bären- Fluss säße; er gab mir ein Empfehlungsschreiben an ihn mit und empfahl mir, doch bei ihm mein Hauptquartier aufzuschlagen – von dort könne ich meine Streifzüge unternehmen. Diese unerwartete Hilfe nahm ich natürlich gern in Anspruch.

Schon am folgenden Morgen bot sich mir die Gelegenheit in einem Lastkraftwagen westwärts zu fahren. Die Wagenbesitzer unterhielten einen Handelsposten etwa 110 Kilometer westlich von Whitehorse.

3 Uhr morgens ging die „Fuhre" los. Kurz vor Mittag erreichten wir den ansehnlichen Takhini-River. Dort wurde Halt gemacht und entladen. Ein kleiner Handschlitten wurde mit Säcken beladen und wir drei zerrten ihn gemeinsam über den Fluss, obschon das Eis recht morsch war. Es wurde notwendig, auf diese Art die ganze Ladung über den Fluss zu schaffen. Erst dann wurde der Lastwagen hinübergefahren. Das Eis war wohl noch stark, aber hoher Wasserstand konnte es auch jede Stunde heraustragen. Als wir den Wagen voll beladen hatten kochten wir ab und in den Nachmittagsstunden ging es weiter. Am Abend mussten wir abermals einen Fluss überqueren, dort wurde nicht entladen, es klappte auch. Bis tief in die Nacht hinein saßen wir im Scheine des Lagerfeuers – aber gesprochen wurde wenig. Der Indianer ist bekanntlich wortkarg. Bald hatte ich herausgefunden, dass mich meine beiden Reisegenossen für ein rechtes „Greenhorn" hielten, einen völlig unerfahrenen Menschen. Immer und immer wieder sahen mich die „Halfbreeds" erstaunt an, besonders als ich ihnen meinen deutschen Drilling erklärte. 5 Uhr morgens ging es weiter, der Weg wurde immer schlechter. Unzählige Male mussten wir dem Wagen Hilfe leisten. Aber 10 Uhr abends waren wir endlich an unserm Ziele in Champagne, einen Handelsposten, besetzt mit einem Beamten. Am folgenden Morgen bepackten die beiden Begleiter für mich zwei Pferde mit meinem Gepäck, damit ich weiter westwärts marschieren konnte. Es wurde vereinbart, dass ich pro Tag für beide Pferde 3 Dollar zu zahlen hätte, aber nur für den Einmarsch; am Ziel sollte ich die Pferde einfach ohne Packtaschen und Halfter zurückschicken. Abgemacht! Bald war ich auch auf dem Marsche. Um 2 Uhr mittags machte ich an einem kleinen Bache, der schon eisfrei und sehr reißend war, halt. Ich nahm den Pferden das Gepäck ab, schnallte eine Fußfessel an beide Vorderläufe und überließ sie sich selbst. Ich bereitete mir schnell mein *dinner*, fing die Pferde ein und sattelte sie. Als wir reisefertig waren, kletterte ich auf das leichter bepackte Pferd und ließ mich durch den Bach tragen, dann trieb ich sie vor mir her auf dem „*trail*". Die Gegend wurde interessanter. Zusammenhängender Wald hörte auf, Bärenfährten, Wolfspuren wurden sichtbar. In der Ferne zeigte sich das majestätische Deazedeath-Gebirge. Steinadler kreisten im blauen Äther – ein Hochgenuss für den Naturfreund! Der Abend kam heran. Ich suchte einen geeigneten Lagerplatz. In einer großen Lichtung sah ich vor mir einige alte Blockhütten. Das war „Canyon", eine von Indianern bewohnte Siedlung. Alles war wie ausgestorben. Später erfuhr ich, dass dieser Platz nur zeitweilig bewohnt ist. Dicht am gleichnamigen Flusse machte

ich halt und packte meine Pferde ab. Am Nachmittag hatte ich zwei Schneehasen geschossen, Keulen und Blätter brieten im Tiegel, der Teekessel hing summend an einer grünen Stange, etwas Brot hatte ich auch noch – Herz, was willst du noch mehr?

DER VERFASSER AUF DEM MARSCHE WESTWÄRTS MIT
ZWEI GELIEHENEN INDIANERPFERDEN

Nach meinem „Supper" lag ich noch lange sinnend auf grünem Fichtenreis und rollte noch manche Zigarette. Was geht einem da alles durch den Kopf! Natürlich dreht es sich fast immer um die Jagd. Kapitale Bären, riesige Bergrentiere, Bergschafe und Schneeziegen lebten in den bunten Bildern meiner Visionen. Lange schon nach Mitternacht war es, als ich mich endlich in meine Decken rollte. Gerade beim Einschlafen meldeten sich einige Timberwölfe in den nahen Bergen. Musik!

6 Uhr morgens waren wir schon wieder auf dem Marsche. Immer näher kamen wir dem Deazedeath-Gebirge – meinem Ziele. Gegen 9 Uhr abends wurden meine Pferde immer schneller – bald musste ich am kleinen Bären-Flusse sein. Es war schon dunkel. Aus einem großen Fichtenwald herauskommend, hörte ich da plötzlich einen Bach brausen und ehe ich mich versah, waren meine Pferde die Böschung hinunter und standen in den wilden Fluten, die den Pferden bis an die Packtaschen reichten. In der großen Lichtung jenseits des Flusses ging wütendes Hundegebell los und schon hörte ich das „Hallo" eines Menschen. Ich antwortete, dann kam der mir noch Unbekannte ans Ufer, rief die Pferde hinüber und sagte mir, ich solle etwa 100 Meter abwärts gehen, wo er einen starken Baum als Brücke geschlagen habe. In der Dunkelheit war das eine schöne Balanciererei über den glitschigen Stamm, den bereits die Wogen umspülten. Als ich drüben am Blockhaus ankam, war der Mann bereits beim Abpacken der Pferde, ich half noch mit, die Tiere bekamen einen Klaps und heidi waren sie zurück durchs Wasser. Wir hörten sie noch geraume Zeit abtraben – dann erst begrüßte ich meinen Gastgeber. Der Leser wird meinen, es sei roh, diese braven Packtiere so undankbar fortzujagen. Diese anspruchslosen indiani-

schen Ponys sind das gewöhnt, bekommen kein Futter, sondern suchen es sich auch im Winter.

FREUND OLAF AUF DER SUCHE NACH GOLD AN EINEM FLUSSUFER

Im Hause Olafs, so hieß der gastfreundliche Schwede mit dem Vornamen, saßen wir beim Abendbrot, bei einem saftigen Stück Wildschaf mit frisch gebackenem Brot und Beerenwein! Ein schmackhaftes Essen, das nur der „Wildling" zu schätzen weiß. Olaf, der schon 28 Jahre allein in der Einsamkeit lebte, bestritt seinen Unterhalt durch Pelztierfang und Goldwaschen. Was weiß der Kulturmensch von der Bedeutung – Post!

Olaf war freudig überrascht als ich ihm Post übergab. Natürlich gab es sonst auch noch viel zu erzählen. Wenn Jäger zusammenkommen, so ist eine der ersten Fragen: „Was führen Sie für ein Gewehr?" So auch hier. Mein Drilling gefiel dem Schweden nicht, er erschien ihm zu kompliziert. Alle meine Erklärungen halfen nichts. Eine Repetierbüchse müsse es sein, so behauptete er immer wieder. Den kommenden Tag verbrachte ich mit Olaf, machte mich für meinen ersten „trip" zurecht und versuchte auch, mich mit den Hunden des schwedischen Gastgebers bekanntzumachen. Wieder saßen wir bis tief in die Nacht, und zwar bei ganz erstklassigem, von Olaf selbst bereiteten Wein.

OLAF WÄSCHT DEN ETWA EINEN METER TIEF GELEGENEN KIES
– GOLDKÖRNCHEN WAREN DRIN!

Schon früh war ich auf den Beinen. Es war ein herrlicher, klarer Tag, dazu der 2. Mai, mein Geburtstag! 38 Lenze[22] zählte ich an jenem Tage, fast ein Viertel davon hatte ich in den unermesslichen Urwäldern des kanadischen Nordens zugebracht. Nachdem Olaf mein Gepäck, dass das ansehnliche Gewicht von 102 Pfund hatte, mir zum Tragen fertig gemacht hatte, setzte ich mich mit „Dyk", dem stärksten Hunde Olafs, der ebenfalls ungefähr 40 Pfund in seinen Packtaschen trug, in Marsch. Die Nacht war ganz empfindlich kalt, so dass ich den grauenden Morgen begrüßte. Weiter ging es, den Kaskawulsh River aufwärts. Gegen 2 Uhr mittags kam ich an den von mir gewählten Fluss. Mein Zelt wurde aufgebaut, trockenes Holz herangeschleppt und sonstige Lagerarbeiten verrichtet. Auch für „Dyk" baute ich einen Windschutz aus Fichtenreisern auf. Noch hatte ich für drei Tage trockene Lachse für meinen vierläufigen Freund, dann musste aber unbedingt Wild heran! Einen geradezu wundervollen Lagerplatz hatte ich mir ausgesucht. Zu beiden Seiten des Kaskawulsh ragte das mehrere tausend Meter hohe Gebirge empor, die Baumgrenze an beiden Seiten lag sehr niedrig. Ideal, denn um in höhere Lagen zu kommen, brauchte ich nicht allzu lange durch die wüsten Windfälle, wie sie den Gebirgswäldern eigen sind. 10 Uhr abends war ich „zu Hause", hatte mein Lager in Ordnung und war mit „Dyk" allein. Es war noch volles Tageslicht, rauchend saß ich vor meinem kleinen Zelt am offenen Feuer. Steinadler kreisten noch immer trotz so vorgerückter Stunde über der Baumgrenze an tiefverschneiten Wänden. Bald fing ein Uhupärchen dicht hinter meinem Lager im düsteren Fichtenwalde an zu schimpfen – sie hatten mich Störenfried entdeckt. Erst gegen Mitternacht rollte ich mich in meine Decken und schlief einen tiefen, traumlosen Schlaf. Als ich gegen 5 Uhr erwachte, stand die Sonne schon hoch am Himmel. Schnell im Fluss gewaschen und gefrühstückt, dann los zur ersten Pirsch. Grizzlybärenfährten standen vereinzelt im Schwemmsande, aber nicht von besonders starken Tieren. Gegen Mittag, ich wollte gerade in höhere Lagen, gewahrte ich oberhalb der Baumgrenze fünf friedlich äsende weiße Bergschafe; es waren aber nur junge Widder. Davon wollte ich, wenn nur irgend möglich, ein bis zwei Stück für meine „Küche" und meinen „Dyk" schießen. Ich schickte mich eben an, zu versuchen, da hinaufzuklettern. Da, noch ein weißer Punkt, bedeutend massiger als eins der anderen fünf Schafe. Es stand abseits in einer fast senkrechten, etwa 800 Meter hohen Wand. Lange besah ich mir den weißen Fleck, da kam Leben in das „Weiße". Donnerwetter, das muss ein Bär sein. Ich konnte aber das Tier auf 900 Meter trotz meines achtfachen Zeissglases nicht genau ansprechen. Das „Weiße" kletterte immer

---

22   Anm. des Verlags: Frühlinge.

höher in die Wand, bis ich endlich erkennen konnte, als es auf einem Grat[23] stand, dass es eine Schneeziege war. Vor mir lag ein weites, mit Steingeröll bedecktes Bachbett, das ich ohne Deckung überschreiten musste; daher konnte ich die Ziege nicht im Auge behalten. Nun stieg ich die Wand hoch, stets durch Stein und Fels gedeckt. Zwei Stunden waren vergangen, seitdem ich die Schneeziege zuerst sah. Plötzlich entdeckte ich sie spitz vor mir stehend und wartete, bis sie breit stand. Ich hatte alle Mühe, mich bei dem starken Sturm aufrechtzuhalten, dann brach sich der scharfe Knall in den Wänden. Im Feuer brach das Stück zusammen und kam in laufender Fahrt herunter und blieb verendet kurz vor mir in niederem Strauchwerk hängen. Entblößten Hauptes stand ich vor meinem ersten Hochwild des Yukon und dazu noch vor einer der selteneren Arten. Das Geschoss hatte Lunge und Leber durchschlagen; das Herz war vollständig zerfetzt. Wieder einmal hatte mein Drilling sich mit mir verstanden und das Geschoss 8X57 IR 2,3 g Bl. hatte ganze Arbeit gemacht! Gleich hier möchte ich erwähnen, dass ich in all den neun Jahren, die ich in Kanada waidwerkte, als Kugelpatrone nur diese gebrauchte und sie entweder aus dem Drilling oder dem kurzen Steyrstutzen schoss. Ich war immer sehr zufrieden mit der Leistung, selbst bei stärkstem Wild. Doch zurück zur Schneeziege.

ALTE MÄNNLICHE SCHNEEZIEGE

---

23   Anm. des Verlags: Oberste Kante eines Bergrückens.

Diese Wildart ist keine echte Ziege, gehört vielmehr in die Familie der Antilopen. Ihre Verbreitung erstreckt sich nicht weit in das Inland hinein, am weitesten vielleicht bis in das Felsengebirge der Provinz Alberta. *Oreamnos americanus* bewohnt nur die höchsten Lagen im Hochgebirge. Mit seiner überaus langen weißen Behaarung, die, besonders an den Läufen im Winterkleide, tief herunterhängt, kann dieses bescheidene Wild auch dem härtesten Winter trogen. Eigentümlich ist, dass die Schneeziege im strengen Winter immer höher hinaufklettert, wo der Wind an steilen Wänden den Schnee abtreibt und die kärgliche Äsung freilegt. Ganz im Gegensatz zum Bergschaf, das im strengen Winter öfters in tiefere Lagen zieht. Wirklich häufig ist diese schöne Wildart wohl nirgends. Des Fleisches wegen wird die Schneeziege kaum gejagt, da das Wildbret, besonders von alten Stücken, alles andere als schmackhaft ist. Auch die natürlichen Feinde können nicht schuld daran sein, dass dieses Wild verhältnismäßig selten ist. Höchstens der sehr häufige Steinadler wird der Feind der Kitze. Auch durch die Jagd kann keine Dezimierung in Frage kommen. Andere Gründe müssen es sein. Mit so manchem Großwildjäger verschiedener Nationen kam ich auf die Schneeziege zu sprechen. Der eine meinte: „Na, hören Sie, ich bin doch nicht verrückt, werde mir doch nicht die Knochen brechen in den steilen Wänden. Dazu äugen diese Ziegen so ungemein scharf, dass man längst „notiert" ist, ehe man es ausgemacht hat." Das Wild äugt ungemein scharf, weit besser als das Wildschaf – also harte Arbeit ist es schon. Der andere meint, dass diese kurzen Krucken für ihn wenig Reiz hätten, wie auch das Wild überhaupt keinen schönen Anblick böte, eine Meinung, der ich keinesfalls zustimme. Ich weiß kein schöneres Wild! Fast alle Hochwildarten im nördlichen Kanada habe ich gejagt und doch weiß ich kein schöneres Bild als den im schroffen Gestein stehenden „Ziegenbock", dessen Bart und langes Winterhaar im Winde wehen! Weiß in Weiß, ein prächtiger Anblick!

Doch nun wieder zurück zum erlegten Stück. Die Decke war noch sehr gut im Winterhaar, außerdem hatte ich einen alten Bock mit starken Krucken erwischt. Der Balg sollte in die Sammlung und wurde zu dem Zwecke abgeschärft. Nach einer Stunde war ich fertig. Die Decke und eine Keule auf das Traggestell geschnallt, machte ich mich auf den Heimweg. Am nächsten Tage blieb ich im Lager, die Ziegendecke wurde bearbeitet und gesalzen. Zwei Tage später schoss ich noch einen jungen Bergschafwidder. Wildbret für mich und „Dyk" war für kurze Zeit vorhanden. Tags darauf, als ich den Widder schoss und auf dem Heimwege war mit einer tüchtigen Ladung Wildbret auf dem Rücken, gewahrte ich zu meiner Linken über der Baumgrenze zwei helle Punkte. Das Glas an die Augen! Bergschafe konnten es nicht sein, dazu waren sie zu dunkel. Bald wusste ich: Es waren zwei Grizzlybären! Ich überlegte es mir nicht lange. Es war erst 8 Uhr abends, also noch Zeit genug vor der Dämmerung. Meine Traglast ließ ich einfach liegen und stieg hinauf. Alles ging verhältnismäßig gut. Auf einer Felskante, die aus dem Walde herausragte, kam ich schnell und gedeckt höher. Nach einundeinhalb Stunden Kletterei gelangte ich in offenes Gelände – und da waren sie auch schon: beide Bären, ein starker und ein etwas schwächerer. Sie sicherten kurz und taten sich nieder, ehe ich überhaupt etwas unternehmen konnte. Nun war guter Rat teuer. Für einen Schuss auf den Hals war es zu weit – es mochten 120 Meter gewesen sein. Also warten! Der Wind stand gut; ich kniete hinter einem Felsblock und rauchte eine Zigarette. Ein starker Steinadler, der mich erspäht hatte, zog sehr niedrig über mir seine Spiralen. Ein herrliches Bild. Beide Bären sicherten abwechselnd kurz nach unten, dann lagen die Köpfe wieder ruhend zwischen den Vorderpranken. Eine halbe Stunde mochte wohl vergangen sein, als plötzlich der stärkere der Bären hoch wurde und sich reckte. Im gleichen Moment erhielt er die Kugel spitz von vorn auf den Stich. Wie vom Blitz erschlagen sackte er zusammen und rollte in schneller Fahrt abwärts. Schnell hatte ich eine andere Kugelpatrone im Lauf. Nun bot sich mir ein urkomisches Bild! Der zweite Bär ging ebenfalls hoch auf den Schuss und äugte seinem abrollenden Kameraden nach, sicherte dann wieder mal zur Rechten, dorthin, woher die Störung kam. Ganz verdutzt stand der Kerl da und ich hatte genügend Zeit, ihm die Kugel dicht hinter das Blatt anzutragen. Auch er rollte ab, seinem Gefährten nach. Immer noch war der Steinadler in der Nähe; als er die abrollenden Bären bemerkte, kam er wieder näher und kreiste noch lange über mir. Der zuletzt beschossene Bär war nur etwa 400 Meter weit gerollt, er hing an einem Weidenstrauch und klagte. Schnell war ich unten und erlöste mit einem Schuss auf den Hals den Armen von seinen Qualen. Soviel ich auch mit dem Glas das Gelände unter mir absuchte, von dem anderen Bären war nichts zu sehen. Mit großer Vorsicht hielt ich die gute Schweißfährte. Weidensträucher waren von dem schweren Körper umgeknickt, Steine ins Rollen gebracht, immer weiter abwärts ging die Fahrt. Endlich sah ich ihn an einem starken Weidenstrauch, etwa 1000 Meter vom Anschuss entfernt, hängen. Mit fertigem Gewehr in der Hand kam ich näher. Er war bereits verendet. Wie ich am nächsten Tage feststellte, hatte das Geschoss das Herz zerrissen. Am selben Abend konnte ich dort oben nichts mehr unternehmen und so ließ ich die beiden Bären, der starke mochte etwa sieben, der schwächere vier Zentner gewogen haben, liegen. Mein „Dyk" musste wohl alles gut vernommen haben, denn als ich im Zelt mit dem Wildbret ankam, zeigte er große Unruhe und äugte andauernd nach dort oben, wo sich das „Bärendrama" abgespielt hatte. Ehe ich am Zelt war, hatte ich noch eine Überraschung. Kaum 20 Meter vor meinem Zelt stand ich ganz plötzlich vor einer hochkapitalen Bärenfährte. Donnerwetter! So etwas kapitales hätte ich mir nicht erträumt! Fast 30 Zentimeter breit waren die Trittsiegel der Vorderpranken. Eigentümlich, die Klauenabdrücke waren dicht an der Sohle! Das konnte kein Grizzlybär sein. Er, der ja sehr lange Klauen hat, hinterlässt andere Zeichen. Auch der Stärke nach konnte es kein Grizzlybär sein, so kapital wird diese Art nicht. Bald wurde es mir zur Gewissheit: das musste ein Braunbär sein, einer von der stärksten Bärenart. Ein guter Jagdtag ging zu Ende. Herrlich für ein Jägerherz, der Anblick einer solchen kapitalen Fährte. Ich konnte im Lager keine rechte Ruhe finden, immer und immer wieder musste ich an den Riesen denken, der in meiner Nähe war. Zur Feier des Tages sollte es etwas Besonderes in meiner „Küche" geben. Ich buk einen Kuchen und nach 20 Minuten war der „Panneck" hoch und leidlich durchgebacken. Dann stellte ich mein „Brot" mit der Oberseite gegen das offene Feuer und ließ es langsam bräunen. – Ich versichere, wenn du 10 bis 18 Stunden auf der Pirsch im weg- und steglosen Urwalde, in schroffen Felsengraten herumgeklettert bist, vielleicht noch schwere Beutestücke auf dem Rücken zum Lager schleppen durftest und keinen „Stop" während deines Marsches machen konntest, dann isst du mit wahrem Bärenhunger und bestem Appetit deinen „Panneck", gebratenes Wildschaf und trinkst dazu einen „Kübel" Tee! Mir sind solch einfache Mahlzeiten immer besser bekommen als hier in der Heimat die reich zusammengestellten Festessen!

So natürlich auch an jenem Maienabend nach erfolgreichem Tage im Hochgebirge des Yukon. Auch mein „Dyk" bekam seine fünf Pfund rohes Wildbret. Drei Timberwölfe, die andauernd an der anderen Seite des Flusses in den Bergen heulten, sangen mich in meinen wohlverdienten Schlaf. Drei Tage blieb ich nun in meinem Lager, um Decken und Schädel zu konservieren. Endlich, am 11. Mai, war ich wieder bereit für weitere Arbeit.

DER RIESENBÄR VOM MOUNT DOECELLI

6 Uhr abends war es, hoch stand noch die Sonne. Eine eigenartige Ruhe lag in der Natur. Hoch im Zenit kreiste ein Steinadlerpaar, das in der Nähe seinen Horst hatte. Eine Kojote (*Canis latrans*) heulte schaurig in den Bergen. Jenseits des Flusses über der Baumgrenze standen einige Mutterschafe und ästen auf den wenigen schneefreien Stellen.

Wenig Sinn hatte ich an jenem Abend für das, was mir die Natur zeigte. Meine Blicke standen am Boden. Meine Gedanken waren nur mit dem starken Braunbären beschäftigt. Zwei Grizzlyfährten von verschiedener Stärke standen hier und dort. Flussabwärts in dem verhältnismäßig offenen Gelände hoffte ich die Fährte des Großbären zu finden. Fast drei Kilometer breit ist dort die Talsohle, wo die Bären im Frühjahr nach Wurzeln verschiedener Gewächse graben. Fast neun Kilometer war ich schon flussabwärts gegangen, um an einem kleinen Bache, der aus den Bergen kam, schließlich aufwärtszusteigen. Spuren von Fuchs und Nerz standen reichlich im Schwemmsande. Dort, wo der Bach aus den dichten Föhren und Fichten trat, machte ich halt und bald hatte ich einen kleinen provisorischen Lagerplatz geschaffen.

Im Lande der Mitternachtssonne! Vom Mai bis in den Juli hinein gibt es dort oben keine wirkliche Nacht, selbst in der Dämmerung zwischen 12 bis 1 Uhr ist es hell genug im Freien noch lesen zu können. Ich hatte mich entschlossen, die Nacht hindurch im Tale des Kaskawulsh und Alsek Rivers zu pirschen, da meiner Ansicht nach gerade jenes Gelände in Anbetracht der vielen und verschiedenen Wurzeln guten Fraß für Bären bieten musste. An dem Lagerplatz, zu dem ich gegen Morgen zurückzukommen gedachte, um mir meinen Tee und gebratenes Wildschaf schmecken zu lassen, ließ ich Axt, Rucksack und anderes zurück und begab mich wieder hinaus in das Tal des Kaskawulsh. Es war ungefähr ½ 10 Uhr. Mein bloßes Auge suchte die breite Talsohle ab, durch die der Fluss in einer ganzen Anzahl von mehr oder weniger starken Wasserläufen seinen Weg suchte. Da – etwa 200 Meter weit draußen – zeigte sich ein mächtiger Wildkörper in dem lichten Weidengestrüpp mit vereinzelten Fichten; nur der Rücken war zu sehen. Elch? Mein Zeissglas zeigte mir aber einen Bären. Was für ein Kerl! Ich konnte nicht verstehen, dass mich der Bär nicht vernommen hatte; denn es ging gewiss nicht lautlos her beim Richten des Lagerplatzes. Immer war nur die Rückenlinie des braunen Kolosses zu sehen und nur ab und zu kam der gewaltige Kopf in die Höhe. Der Bär zog langsam von mir weg gegen den Wind – weiter hinaus ins Tal. Er grub nach Wurzeln und war völlig vertraut. Ich zog Mokassins und Strümpfe aus, krempelte die Hosen auf und durchwatete den ersten etwa zehn Meter breiten, knietiefen Seitenarm des Flusses. Ich war in etwas tieferes Gelände gekommen und konnte den Bären nicht mehr sehen, hatte mir aber die Richtung gut eingeprägt. Bald musste ich durch einen zweiten etwas tieferen Wasserarm, so dass die Hosen nass wurden. Meiner Rechnung nach konnten es kaum mehr als 100 Meter zum Bären sein. Strauchwerk und Fichtenanflug verdeckten mir jede Sicht. Die Fußbekleidung unter dem linken Arm, meinen Drilling bereit in der rechten Hand, so pirschte ich vorsichtig in Richtung auf den Bären. Da – kaum 60 Meter vor mir – tauchte plötzlich die Rückenlinie des Braunen aus dem Gestrüpp auf und im selben Moment flog der mächtige Kopf sichernd in die Höhe! Völlig ungedeckt stand ich wie aus Erz gegossen. Bald war der Bär wieder beruhigt und zog langsam weiter. Blitzschnell war ich auf meinem rechten Knie, den Drilling im Anschlag. Nur wenige Schritte und der Bär musste in eine offene Stelle kommen. Endlich! Da schob er sich vor; gerade als ich stach, flog der Riesenschädel des Kapitalen in die Höhe und äugte nach mir und in demselben Moment brach der Schuss den abendlichen Frieden. Wie von einer Tarantel gestochen fuhr das gewaltige Raubtier in die Höhe unter fürchterlichem Gebrüll und zeigte sich, auf den Hinterpranken stehend, in seiner stattlichen Größe von drei Metern. Blitzschnell hatte ich auf die Schrotläufe umgeschaltet und erwartete mit den beiden Flintenlaufgeschossen das Weitere. Da kam der Bär plötzlich in langen Fluchten, mit dem fürchterlichen Gebiss klappend, auf mich zu. Blieb aber ebenso plötzlich 30 Schritt vor mir stehen, kam ins Wanken und brach zusammen. Noch zwei Minuten verharrte ich in meiner Stellung, dann schien alles Leben dem Recken entflohen zu sein.

Langsam, mit schussbereitem Gewehr, trat ich näher – er war verendet. Welcher Anblick! Meinen blonden deutschen Haarschopf entblößt, so stand ich lange – lange und hielt dem Kapitalen die Totenwacht. Ein eigenartiges Gefühl beschlich mich. Warum? Was hatte mir dieser urige Recke getan? Warum kam gerade ich Zehntausende von Kilometern hierhergereist, um ihn aus dem Hinterhalt zu morden? Er hatte mir gewiss nichts zuleide getan. Er wäre gewiss, seine Kraft vergessend, vor dem großen „Raubtier Mensch" geflohen, hätte er nur etwas Wind von mir bekommen. Wie oft schon stand ich vor erlegtem, kapitalem Wilde – immer wieder hatte ich dieselben Gefühle –, ich fühlte mich als Mörder! Ich war und bin Jäger, finde ich die Gelegenheit auf kapitales Wild zu waidwerken, dann ruhe ich nicht – und dann reut es mich, wenn es endlich gelang, das Gewünschte zu strecken.

DER ALTE KAPITALE ALASKA-BRAUNBÄR VOM KASKAWULSH RIVER

Endlich merkte ich, dass mir meine Füße gefühllos waren und bluteten, da das Wasser eiskalt war. Ich zog meinen wollenen Windbrecher aus und rieb sie warm. Es war mir unmöglich noch an demselben Abend die schwere Bärendecke nach meinem Zelte zu bringen, da ich das große Traggestell im Lager zurückgelassen hatte. Mit vieler Mühe gelang es mir, den Bären zu wenden. Der Einschuss war dicht hinter dem Blatt, der Ausschuss auf der anderen Seite an derselben Stelle etwa halbhandgroß. Das hatte ich dem leichten Geschoss mit der verhältnismäßig geringen Ladung doch nicht zugetraut! Wie oft schon wurde die Patrone 8x57 mit 2,3 Gramm Blätt-chenpulver als ungenügend für Hochwild bezeichnet. Noch einen letzten Blick warf ich auf den „Alten", dann machte ich mich auf den Rückweg zum Zelte, um andern-tags mit dem Traggestell zurückzukommen.

DAS WEITE FLUSSDELTA MIT SEINEN VIELEN WASSERARMEN
AM KASKAWULSH RIVER. IN DIESER GEGEND WURDE VOM
VERFASSER DER KAPITALE ALASKA-BRAUNBÄR ERLEGT

Ich halte es für angebracht über den Alaska-Braunbären einiges zu sagen. Der „Riesenbär" (*Ursus middendorffi subsp.*) ist der stärkste und schwerste Vertreter der Bären, ja sogar das schwerste Raubwild überhaupt! Die größten Exemplare wurden auf Kodiak Island sowie auf Kenai Peninsula erlegt, von denen einige das stattliche Gewicht von 1500 Pfund hatten! Ein Gewicht von drei guten europäischen Braunbären. Erst im Jahre 1898 entdeckte man diese Bärenart, und zwar auf der Kodiak Insel. Das Verbreitungsgebiet des Riesenbären ist verhältnismäßig klein. Auf der Kodiak Insel, der Halbinsel Kenai, auf dem Festlande nördlich bis zum Norden-Sund, im Süden bis zum Sitka Archipel, landeinwärts bis in das Innere des Küstengebirges ist diese interessante Bärenart festgestellt. Der Riesenbär erinnert in Stärke und Profil des Kopfes an den Höhlenbären der Vorzeit und tatsächlich glaubt man, wenn man dieses mächtige Raubwild zu Gesicht bekommt, ein Urtier vor sich zu haben. So gewaltig ist der Anblick! Diese Bärenart ist nirgends häufig, am aller wenigsten auf dem Festlande. Die Farbe des Haares ist verschieden. Vom isabellfarbenen bis zum schwarzbraunen weiß gespitzten „Silvertip" kommt der Bär vor. So massig ein solcher Koloss auch ist und wie respekteinflößend er auch aussehen mag, er ist doch ein ziemlich harmloser Geselle. Ein angeschweißter Bär, eine führende Bärin oder auch ein solcher, auf den man unerwartet auf kurze Entfernung stößt, ist natürlich ein Gegner, der auch blitzschnell angreift. Es gehören Nerven dazu einem so großen und ungemein gewandten Raubtier gegenüberzustehen. Auch der Grizzlybär verhält sich ähnlich.

Am nächsten Morgen war ich wieder zur Stelle. Zuerst ging ich hinauf zum kleinen *camp* an dem kleinen Bache, um mir die dort zurückgelassenen Sachen, darunter auch meinen Fotoapparat, zu holen. Als ich wieder herauskam zum Kaskawulsh River – da – ich traute meinen Augen kaum – stand ein sehr guter Grizzlybär! Kaum mehr als 15 bis 20 Meter war er von dem gefällten Großbären beschäftigt mit Wurzelgraben! O heiliger St. Hubertus! Und ich hatte mein Gewehr im Zelt zurückgelassen, da ich mir sagte, ich hätte ohnehin genug mit der Bärendecke zu schleppen. Wenn bloß der „Graue" nicht meinen Bären angeschnitten hat! Jammerschade wäre es gewesen, wenn die wertvolle Decke verdorben wäre. Dabei musste ich an die Gefahr denken, in der ich mich befand, wenn ich jetzt unbewaffnet auf meine Beute zuging. Dann kam mir der Entschluss – der Wind stand gut, also los! Wieder durchwatete ich mit nackten Beinen die beiden Seitenarme des Flusses. Als ich hindurch war, sah ich den Grizzly etwa 25 Meter von meinem Bären langsam abziehen. Es gelang mir, unbemerkt an meinen „Alten" heranzukommen. Er war nicht angeschnitten! Fährten des Grizzly aber unmittelbar am Platze. Ich stand durch Weiden und Fichtenanflug gedeckt und machte einige Aufnahmen von meiner Beute. Erst dann fiel mir ein, auch von dem Grizzly eine Aufnahme zu machen. Vorsichtig arbeitete ich mich durch das vor mir liegende Gestrüpp. Da stand er auf 40 Meter völlig frei, nur das Hinterteil zeigend. Mit fertigem Apparat wartete ich. Endlich bekam ich ihn auf die Platte. Als ich den Verschluss auslöste fuhr der Bär auf, stand auf den Hinterläufen und äugte nach mir. Ein herrliches Bild! Ich nahm meinen Hut vom Kopfe und sagte ihm, dass ich ihm verbindlichst für seine Freundlichkeit danke. Die deutsche Sprache, die ich bei meinem Danke gebrauchte, musste ihn gewaltig erschreckt haben, denn in langen Fluchten ging er ab, aber höchstens 50 bis 60 Schritt, dann stand er wieder auf den Hinterläufen und äugte nach mir. Noch einmal schwenkte ich dankend meinen Hut und abermals ging der Bär flüchtig ab, um in einer Entfernung von 200 Metern haltzumachen. – Ich aber ging zurück zu meinem Bären, um ihn aus der Decke zu schlagen, was übrigens kein leichtes Stück Arbeit war. Von Zeit zu Zeit kroch ich durch die Weiden, um nach dem Grizzly zu sehen. Er war noch da, und zwar die ganze Zeit, solange ich an meinem Bären arbeitete und grub fleißig weiter nach Wurzeln. Die Sache hätte aber auch anders ausfallen können, was mir erst hinterher klar wurde. Als ich dann gegen Mittag mich mit meiner schweren Last wieder durch die beiden Seitenarme des Flusses hindurchgearbeitet hatte und flussaufwärts nach meinem Zelte ging, war der „Graue" noch da. Dieser Grizzly war ein auffallend helles Exemplar, das ich gern für meine Sammlung gehabt hätte. Doch ich bekam ihn nie wieder zu Gesicht. Der Kadaver des Braunbären wurde von anderen Bären, deren es genügend in der Gegend gab, später nicht angenommen. Doch innerhalb einer Woche beseitigten ihn Wolf und Vielfraß. Obwohl ich eine Reihe interessanter Begegnungen mit Bären in meiner neunjährigen Tätigkeit in kanadischer Wildnis gehabt habe, steht der beschriebene Fall einzig da. Das ein Zusammentreffen mit Großbären nicht immer so glimpflich abläuft habe auch ich erfahren. Ich war froh, als ich die schwere Decke, die ungefähr 130 Pfund wog, endlich im Zelte hatte. Der gereinigte Schädel des Bären maß in gerader Linie vom Hinterhaupt bis zu den Schneidezähnen 40 Zentimeter. Die Sohlenbreite der Vorderpranken betrug fast 30 Zentimeter. Der Kapitalbär wog schätzungsweise, trotzdem er durch den langen Winterschlaf sehr abgemagert war, immer noch zehn Zentner, hätte im Herbst zur Feistzeit also noch einige Zentner mehr gewogen. Er war, soweit festgestellt werden konnte, der stärkste Bär, der jemals im Yukon-Territorium erlegt wurde!

Mit besonderer Sorgfalt und Liebe bearbeitete ich am folgenden Tage die wertvolle Bärendecke. – Zwei Tage später machte ich mich auf den Weg zu „Olaf". Mit „Dyk" verließen wir das Zelt abends 6 Uhr. Ich hatte auf meinem Tragbrett zwei trockene Grizzlybärendecken sowie die der Schneeziege. „Dyk" hatte in seinen Packtaschen die roh abgefleischten Schädel und die Beinknochen oben aufgeschnallt. Beide hatten wir mehr als genug zu schleppen. Um Mitternacht bei geringer Dämmerung machten wir halt; wir saßen am kleinen Feuer, ich verzehrte ein Stück gebratenes Schafwildbret und trank heißen Tee, den ich mir in einem kleinen Blechkübel kochte. Ein Uhu saß die ganze Zeit hoch oben auf einer toten Fichte und beäugte interessiert die beiden Gestalten am hellen Feuer. Am nächsten Tage brachen wir auf, das Gelände wurde besser und am kommenden Nachmittag erreichten wir Freund Olaf. Ein Polizeibeamter, Angehöriger der *Mounted Police*, auf einem Patrouillenritt nach dem Kluane See zu einigen Goldwäschern, war bei Olaf. Das Erstaunen beider war groß über meine gute und auch seltene Beute – Olaf aber sah nun meinen Drilling mit anderen Augen an und gern sagte ich ihm einige Probeschüsse mit der bewährten Waffe zu. Nach zweitägigem Aufenthalt am „Bearcreek" ging ich mit „Dyk" wieder zurück zu meinem Zelt. Die Decken blieben bei Olaf. Viele weitere Bärenpirschen folgten. Dabei sah ich wohl genügend Bären, aber darunter nichts Besonderes. – Olaf kam eines Tages zu meinem Zelte. Wir untersuchten einen Bach auf Gold, fanden aber nur wenig. Unterdessen wurde unser Wildbretvorrat knapp, da alle Hunde – Olaf hatte noch zwei mitgebracht – damit gefüttert werden mussten.

GEFAHRVOLLE JAGD AUF BERGSCHAF

Es war morgens 2 Uhr, der rote Feuerball der Sonne goss purpurnes Licht über die verschneiten Berghäupter und die grünlichen Gletscher zeigten sich in bezaubertem Farbenspiel! Es war empfindlich kalt, als ich mich an dem hinter dem Zelt vorbeifließenden Gebirgsbach wusch. Als ich zurückkam, erwachte Olaf. Ich erklärte ihm, dass ich eine Pirsch in die Berge unternehmen wollte, während er ja weiter nach Gold suchen könne. Am kleinen Feuer vor dem Zelte kochte ich mir einen Kübel Tee und briet eine Anzahl Scheiben von Schafwildbret. Einen Teil davon verzehrte ich, den Rest packte ich mir ein und verstaute die Atzung im Rucksack. Ich verließ das Lager am Kaskawulsh. Eineinhalb Stunden dauerte die Kletterei und Kriecherei durch die wüsten Windfälle; dann war ich an der Baumgrenze. In den weiten Geröllfeldern und steilen Halden herrschte reges Leben. Eine Unmenge von Gophern (*Citellus parryi*) zeterten mit ihren schrillen Stimmen, die an den Ruf eines Vogels erinnern, sobald sie mich gewahrten. Überall lief und huschte es in dem Geröll. Warnend und schimpfend standen diese zieselartigen Tiere vor ihren Bauen. Auch sah ich mehrere Paare Alpenschneehühner; sie liefen vertraut in nächster Nähe umher und ließen ihren Balzruf erschallen. Mit dem Glase suchte ich die Gegend nach Bergschafen ab – nichts war zu sehen. Ich stieg höher hinauf. An einem mächtigen Steinsegel, der auf grasigem Plateau stand, setzte ich mich windgeschützt nieder und hatte einen wundervollen Einblick in die Täler des Kaskawulsh – und des Alsek Rivers. Das gewundene Tal eines größeren, noch namenlosen Flusses lag längs vor mir. Weit hinten, dort wo der letztgenannte Fluss seinen

Ursprung hat, lagen die ewigen, meilentiefen Gletscher, die bis an die Küste des stillen Ozeans heranreichen. Nach Süd und Nord, nach Ost und West erstreckt sich das gigantische Gebirge. Steinadler streiften hier und dort im blauen Äther, Kolkraben „klongten" in tieferen Lagen. Ganz tief unten stieg eine dünne Rauchfahne empor, Olaf richtete sein Frühstück! Lange saß ich dort oben, doch ich musste weiter, da ich keine Schafe entdecken konnte. Immer höher stieg ich hinauf und suchte mit dem Glase die Hänge und Matten einer Schluchtseite ab. Nichts war zu sehen, nur einige Murmeltiere pfiffen warnend, als ein alter, starker Steinadler ihnen zu nahekam. Doch – da bewegte sich etwas in einer tief verschneiten Rinne! Zwei Bergschafe strebten abwärts. Nach halbstündigem Beobachten war ich mir klar, wohin jene zur Äsung zogen. Etwa einen Kilometer links unterhalb lag eine steile Grasmatte, die zum großen Teil mit dem Gestrüpp des *„buck brush"* bestanden war. Um dahin zu gelangen, musste ich einen beschwerlichen Umweg machen. Ich stieg eine ganze Strecke wieder hinunter, kraxelte mit kolossaler Mühe durch eine Schlucht und gelangte nach zwei Stunden in die vermeintliche Nähe der zwei Bergschafe. Durch Steinspalten am mehr als steilen Hange, über aufgehäufte Gesteinsmassen kletterte und kroch ich weiter, doch nichts war von Schafen zu sehen. Missmutig setzte ich mich zwischen zwei große Steinblöcke und verzehrte mein gebratenes Fleisch. Plötzlich hörte ich es unter mir in der Wand steinen. Ich nahm an, dass ich vielleicht die Schafe überstiegen hätte, wurde aber nach fast einstündigem Warten eines anderen belehrt. Ein mittlerer Grizzlybär kam rechts von mir auf die mäßig abfallende Matte und pflückte Ietztjährige Beeren. Mit Leichtigkeit hätte ich den ahnungslosen Mittelbären schießen können, er war mir aber zu schwach. Höher stieg ich hinauf. Der Bär war meinem Gesichtskreis entschwunden. Ich war kaum zehn Minuten geklettert, als auf etwa 600 Meter höher oben über mir auf einem Felskegel die Schafe wieder sichtbar wurden. Das Glas zeigte mir zwei starke Widder. In einer Rinne rechts von mir konnte ich sie gut gedeckt anpirschen. Und doch war die zweistündige Kletterei vergebens. Müde und ärgerlich setzte ich mich hin. Kaum hatte ich fünf Minuten gesessen, als ich gar nicht weit ab im dichten *buck brush* ein „Streichen" hörte. In demselben Moment tauchte 30 Meter von mir die weitausladende Schnecke eines Widders auf. Äsend kam der Widder auf mich zu. Liegend wartete ich, bis er mir etwas freikam. Mit einem Mal flog der Kopf in die Höhe, er machte kurz kehrt und flüchtete bergan. Der Schuss war heraus. Auch den anderen Widder hörte ich im dichten Strauchwerk fortbrechen. Zu spät! Dumpf klang der Kugelschlag, nur war ich mir nicht klar, wo der Schuss saß. Das alles ging blitzschnell. – Auf dem Anschuss lag Schnitthaar, etwas weiter ab braunroter Schweiß und Panseninhalt. Ich wartete eine halbe Stunde, rauchte einige Zigaretten und war erfreut, dass es schließlich doch geklappt hatte. – Die Wundfährte konnte ich in den Sträuchern halten, dagegen war im nackten Gestein kein Schweiß mehr zu finden. Nach langem Suchen fand ich den armen Kerl aber doch tief unter mir in einer halsbrecherischen Rinne schwerkrank sitzen. Auf einen Stein aufgelegt brachte ich das Silberkorn auf den Halsansatz. Im Knall überschlug sich der Widder und ging in sausender Fahrt abwärts. Aber wie kam ich dort hinunter! – Ehe ich den Abstieg wagte, besah ich mir die Lage sehr genau. Es gab keinen anderen Weg dort hinunter als den, auf dem das Schaf abgekollert war. Das entladene Gewehr über den Rücken gehängt, rutschte ich mehr als ich lief die „Slide" hinunter. Schon sah ich den Widder, Steinmassen hinter mir kamen nachgerutscht. Das versetzte mich nicht wenig in Schrecken. Anfangs konnte ich noch ausweichen. Als schließlich die ganze „Slide" in Bewegung kam, sah ich keinen anderen Ausweg, als mich an einen Wandfelsen zu klemmen. Erst später wurde ich mir bewusst, in welcher Gefahr ich mich in der abfahrenden Steinlawine befunden hatte. Das Abrutschen der Steine ließ nach und ich konnte weiter. Mit Angst und Bangen tastete ich mich hinunter. Als ich bei dem verendeten Widder ankam, musste ich ihn erst aus den Steinen herausbuddeln, die die Läufe, Rippen und Decke zerschlagen hatten. Aber die sehr schönen, weit ausgelegten Schnecken waren wie durch ein Wunder heil geblieben. Nun kam die schwierige Frage: wie das Wildbret aus diesem Höllenkessel herausbringen? Ringsum steile Wände. Zu Fuß nur der Ausweg nach oben auf der „Slide", auf der ich die halsbrecherische Reise nach unten gemacht hatte. Den Widder konnte ich auf keinen Fall auf dem losen Gestein nach oben bringen, wohl aber den Absturz hinunterwerfen; dann musste er bestimmt bis zur Baumgrenze rollen. Am nächsten Tage konnte das Wildbret geborgen werden. Kurz entschlossen brach ich den Widder auf, zog ihn bis an den 50 Meter hohen steilen Abfall und schob ihn „über Bord". Mit dumpfem Aufschlag landete der schwere Wildkörper unten, dann ging die Fahrt weiter. Ich beobachtete diese Talfahrt mit dem Glase und sah auch, wie der Widder an der Baumesgrenze im dichten Strauchwerk hängenblieb.

Nun kam etwas, was ich nicht noch einmal machen wollte – der Aufstieg auf der „Slide". Warum hatte der Herrgott solche tausendmal verfluchten Dinge entstehen lassen! Rauf und runter, runter und rauf! War ich ein Stück hinauf, dann rutschte ich wieder hinunter. Wie viele Stunden ich mich abgequält habe weiß ich nicht. Endlich kam ich aber doch hinauf und saß ermattet mit zerschundenen Händen und Knien oben und sah fluchend und zähneknirschend in die grausige Tiefe. – Nach dreistündigem Abstieg erreichte ich abends todmüde das Zelt und traf Olaf am Lagerfeuer, vor sich eine leidliche Ausbeute an Goldstaub, den er während meiner Abwesenheit aus dem Flusssande gewaschen hatte. Nachdem ich ihm von meiner gefährlichen Rutschpartie in der „Slide" berichtet hatte, sah er mich mit vorwurfsvollen Blicken an und fragte: *„You crazy fool should know better!"* – Du verrückter Esel solltest besser Bescheid wissen! – Lange Zeit saß ich an dem Abend mit Olaf am Lagerfeuer nicht zusammen, ich war viel zu müde.

NACH VIERZEHNSTÜNDIGEM PIRSCHGANG MIT DER
DECKE UND DEM SCHÄDEL EINES BERGSCHAFES

Am nächsten Morgen ging ich mit „Dyk", um das Wildbret einzuholen. Auf dem Heimweg sah ich plötzlich etwa 100 Meter vor mir eine Grizzlybärin mit zwei Jungen von der linken Seite her aus einem Wassergraben kommen. „Dyk" hatte die Bärin ebenfalls sofort weg. Ich nahm mein Gepäck ab und der Hund legte sich mit seiner 70 Pfund schweren Last daneben. Lange überlegte ich mir was ich tun sollte. Die alte Bärin war ein sehr schön hell gefärbtes Exemplar – ich hätte ein solches Stück gern für meine Sammlung gehabt. Aber zum Muttermörder wollte ich doch nicht werden! Die größte Sorge war mir aber, wie ich am besten an dem Trio vorbeikommen konnte. Die Wahrscheinlichkeit bestand, dass die „Alte", um die Kleinen besorgt, mich annehmen würde. Das wäre mir nicht lieb gewesen. Denn dann hätte ich mich mit der Waffe verteidigen müssen. Eine Möglichkeit gab es noch, das zu meiner Rechten befindliche Gebirge zu umgehen, aber das hätte zwei Tage in Anspruch genommen. – Kurz entschlossen nahm ich mein Gepäck wieder auf und mit fertigem Drilling ging ich auf die Bärin los – mich dabei aber wohlweislich so weit als möglich rechts haltend. Als ich auf 70 Meter heran war, bekam mich die „Alte" weg und stand sichernd auf den Hinterläufen. In demselben Moment, als die Alte hoch wurde, gingen die kleinen in Downstellung. Ein köstliches Bild. Die jungen Bären, die etwa vier Monate alt waren, wussten also schon, wie sie sich zu verhalten hatten, wenn Gefahr im Verzuge war. Einen Augenblick stand ich still und nahm das wundervolle Bild in mich auf. Dann ging ich weiter und je näher ich herankam, um so unruhiger wurde die Alte, blieb aber in ihrer Stellung. Fauchend, schnaubend und mit dem respektablen Gebiss klappend, dabei von Zeit zu Zeit mit einer Vorderpranke an ihrem Bauche kratzend, erwartete sie mich. Auch mein Hund wurde unruhig und ängstlich. Ich sprach leise zu ihm und er schien es auch zu verstehen. „Dyk", der ein schneidiger Draufgänger war, sah sich, schwer mit Wildbret bepackt, seiner Freiheit benommen; daher wohl sein ängstliches Gebaren. Bald war ich in gleicher Höhe mit den Bären. 40 bis 50 Schritt entfernt passierte ich das Kleeblatt – die Alte fauchte und klappte mit dem Gebiss – und ließ mich vorbeiziehen. Niemand war froher als ich. Gewiss, ich hatte die Chancen auf meiner Seite, die ankommende Bärin auf den Platz zu bannen, aber was wäre mit den Kleinen geworden? Ich hätte sie ebenfalls abschießen müssen! Erst als ich 40 Meter fort war, beruhigte sich die „Alte". Alle drei zogen dorthin ab, woher sie gekommen waren. Am Lagerplatze erzählte ich Olaf von meiner Begegnung mit den Bären. Er sah mich an und sagte: *„You are a Gentleman, you are a real hunter!"* – „Du bist ein Gentleman, du bist ein rechter Jäger!"

Einige Tage blieben wir zusammen im Lager. Eines Tages brachen wir ab und bauten das Zelt etwa fünf Kilometer weiter abwärts am Kaskawulsh River auf. Ein ziemlich starker und reißender Bach kam dort aus dem Gebirge. Einen Kilometer oberhalb der Mündung hatten wir nun unser *camp*. Wir untersuchten den Bach auf Gold, fanden auch ein wenig. Das Mündungsgebiet des Baches mochte wohl mehr als einen Kilometer breit sein und war völlig unbewachsen. Loses, wüstes Steingeröll lag dort durcheinander, Baumstämme, ganze Bäume mit Wurzeln lagen verstreut. Im Juli, wenn die wirkliche Schneeschmelze höher im Gebirge anfängt, dann bringen die wilden Wassermassen die entwurzelten Bäume zu Tal. Vom Zelt aus konnte man die ganze Breite übersehen. Ich nahm an, dass hier mancher Bär durchwechseln musste. Auch Olaf gab mir darin recht. Eines Mittags saß ich am Feuer. Olaf ging, um am Bache Wasser zu holen, kam aber sofort gebückt zurück und sagte: „Da unten kommt ein Schwarzbär herüber!" Ich nahm Glas und Gewehr; richtig, dort ging etwas „Schwarzes" grade ins Wasser. Bald konnte ich mit dem Glase feststellen, dass es ein ganz kapitaler schwarzer Waldwolf war. Die Entfernung betrug etwa 400 Meter. Ich versuchte gedeckt dem Wolfe entgegenzukommen, aber er entkam.

Noch am selben Abend gegen 7 Uhr machten wir uns auf den Marsch zu Olafs Blockhaus. Die Hunde waren gut bepackt, auch wir hatten genug zu schleppen. Um 9 Uhr machten wir eine kurze Ruhepause an einem großen Felsblock. Rauchend saßen wir beisammen, die Hunde lagen um uns herum. Da stieß mich Olaf an und deutete mit der Hand zur Linken. Dort wechselte ein starker Grizzlybär in die weite Talsohle hinaus; die Entfernung betrug ungefähr 700 Meter. Nach der Richtung, die der Bär einnahm, musste er uns näherkommen. Ich wollte versuchen mich an den Bären heranzupirschen. Der Wind stand gut. Ich gab Olaf mein Glas und bedeutete ihm, dass er mich dirigieren solle, denn sobald ich zum Fluss hinunterkam, konnte ich den Bären nicht mehr sehen. Ich watete durch den ersten Wasserarm und nun hieß es aufpassen. Zwischen den weiteren Wasserrinnen lag Schwemmsand, wehe dem, der unvorsichtig auf solch schwimmenden Sand geht. Einmal durchgebrochen, kann es passieren, dass man nie mehr herauskommt! Genau wie bei schwimmenden Mooren, so sinkt man tiefer und tiefer, bis sich die Masse über dem Kopfe schließt. Ich kam aber gut vorwärts. Sechs Wasserarme hatte ich bereits durchwatet, als ich plötzlich den Bären sah. Er hatte seine Richtung geändert und ging gerade in den Hauptstrom, um an die andere Seite zu kommen. Der Bär war etwa 500 Meter von mir entfernt, viel zu weit für einen sicheren Schuss und durch den reißenden, tiefen Strom konnte ich ohnehin nicht folgen. Ich kam zurück zu Olaf. – Schon wieder hatte Olaf etwas für mich. Er zeigte mir auf der anderen Seite des Flusses weit über der Baumgrenze Bergschafe. Als ich lange mit dem Glase die Gegend abgesucht hatte, da schlug mir das Herz höher. 160 weiße Bergschafe waren es, die in größeren und kleineren Trupps dicht beisammenstanden. Die alten starken Widder hielten sich aber immer abseits. Um das wunderbare Bild noch zu verschönern, kreise ein Steinadlerpaar über den Schafen. Welches Naturfreundes Herz sollte bei solchem Anblick nicht höherschlagen? Auch Olaf war ganz hingerissen! Olaf war ein Schwede, ihm rollte dasselbe nordische Blut in den Adern wie mir. Nur über die Steinadler fluchte Olaf. Er meinte, wenn die Schafe auseinandergingen, würden die Adler bestimmt einige Lämmer schlagen. Meine Erfahrungen in den nordischen Wildnissen haben mich immer wieder gelehrt, dass dort, wo es keine Menschen gibt, also nicht in die Natur eingegriffen wird, der Bestand in der Tier- und Vogelwelt am ausgeglichensten ist.

Es war schon in der elften Stunde und die Sonne stand noch über den Bergen, als wir endlich den Platz verließen. Am anderen Tage nachmittags waren wir am Blockhaus Olafs, am *little Bear Creek*. Dort hatten wir wieder mal ein wirkliches Bett, wir konnten uns baden – und am nächsten Tage aßen wir von Olafs frisch gebackenem Weizenbrot. Nur einen Tag blieb ich dort, fing einige Forellen im nahen Bach mit der Hand und am Abend gab es ein Festessen. Eine Flasche „Whisky" musste dran glauben. Erst gegen 12 Uhr kamen wir in die Betten und schon 5 Uhr morgens war ich wieder allein, aber mit den drei Hunden Olafs auf dem Marsche zu meinem Zelte. Noch eine Woche pirschte ich auf Bären und zwar immer zwischen 9 Uhr abends und 6 Uhr morgens. Herrlich ist so eine nordische Sommernacht. Mitternachtssonne! Bären bekam ich genug zu sehen, aber keiner war darunter, der es wert gewesen wäre meiner Sammlung einverleibt zu werden. Ein Bergschaf musste ich auch noch schießen, denn ich hatte außer mir noch die drei Hunde zu füttern.

Die Stunde war gekommen, da ich die herrliche Gegend verlassen musste. Zelt, Schlafdecken und sonstiger Kram wurden auf die Hunde gepackt. An einem herrlichen, windstillen Juniabend sagte ich dem gigantischen westlichen Deazedeath-Gebirge ein vorläufiges Lebewohl! Ich gedachte im Herbst nochmals in die Gegend zu kommen, um besonders Schneeziegen und Grizzlybären zu jagen. Es war der 20. Juni. Hoher Schnee lag noch auf den massigen Häuptern des Gebirges. Aber in tieferen Lagen schmolz schon der Schnee und angeschwollene Bäche und Flüsse erschwerten mir den Rückmarsch. Die Weichhölzer begannen bereits zu grünen. An jenem Abend lag eine besondere Würze in der tauen Abendluft – oder bildete ich mir das nur ein? Mit stillen Dankesworten an die romantische wilde Bergwelt schied ich endlich. Auf dem vierzehnstündigen Rückmarsche zu Olaf sah ich noch vereinzelt vier junge, hoffnungsvolle Elchschaufler und hatte alle Mühe, die Hunde vom Hetzen zurückzuhalten. – Einige Indianer waren bei Olaf und sagten mir, dass sie in zwei bis drei Tagen mit Packpferden nach Champagne wollten. Ich einigte mich mit ihnen dahin, dass sie meine Beute und andere Habe auf ihre Pferde packen sollten, ich wollte zu Fuß mit ihnen kommen. Ich kaufte ihnen noch von Olaf einige Lebensmittel – und die Sache war perfekt! Zwei Ruhetage verbrachte ich mit Olaf. In dieser Zeit probierte er meinen Drilling und war ganz begeistert von der Schussleistung. Er lernte nun auch einsehen, dass ein Drilling eine bessere Waffe auf wehrhaftes Raubwild ist als die Repetierbüchse. Was dann, wenn bei letzterer eine Ladehemmung vorkommt? Der Drilling ist blitzschnell auf die Schrotläufe umgeschaltet, wenn die Kugel verschossen ist. Das Flintenlaufgeschoss aber ist auf kurze Entfernung das Geschoss, das wohl allen Büchsengeschossen überlegen ist.

DAS ELDORADO DER GRIZZLYBÄREN AM DEAZEDEATH-RIVER

DER DEAZEDEATH RIVER NACH SEINER MÜNDUNG IN DEN ALSEK RIVER

Teilansicht des wundervollen Deazedeath-Gebirges

Ich nahm Abschied von Olaf, wir schieden als Freunde. Ich versprach Ende September wieder bei ihm zu sein. – Langsam setzte sich unsere Kolonne, bestehend aus sechs Packpferden, fünf Indianern und mir, in Bewegung. Bald wurde der *trail* besser und schneller ging es vorwärts. Nach zweitägigem Marsche kamen wir in Champagne an. Ich war heilfroh, diesmal nicht verlaust von den Indianern scheiden zu müssen, wie schon mehrmals zuvor. Schon am nächsten Tage konnte ich mit „George", dem Halbindianer, und dessen kleinen Lastwagen in Richtung Whitehorse abdampfen. Den Takhini River, der Hochwasser führte, kreuzten wir auf einer selbsttätigen Fähre, die an einem überspannten Drahtseil von der Strömung an die andere Seite getrieben wurde. Am Abend kamen wir in Whitehorse an. Wieder einmal in der Zivilisation! Sie bekam mir aber gar nicht. Als ich mit „George" in die Bar des kleinen Hotels kam, ging ein Gegröle los, dass ich förmlich Kopfschmerz bekam. Der anwesende Postmeister verschwand als ich eintrat. Ein jeder der Anwesenden wollte wissen, wie es mir ergangen war und wo ich den „großen" Bären hätte. Ich stutzte. Woher wussten das die Leute? Der Wirt, der freundliche Schwede und Freund Olafs, sagte mir, dass der Polizist, mit dem ich am Bear Creek zusammengetroffen war, nach Beendigung seiner Patrouille hier nach Whitehorse gekommen sei und von dem Bären erzählt habe. Dabei hatte er angegeben, der Bär habe eine Tonne gewogen! Das war natürlich eine böse Übertreibung. Nun erzählte ich gern von der Erlegung des Kapitalen und „George" brachte auch schon den Knochenschädel des „großen" Bären. Er ging von Hand zu Hand und wurde mit Andacht und Respekt bewundert. Der Postmeister kam mit grinsendem Gesicht wieder zurück, überreichte mir ein Päckchen und sagte: „Die ‚Office' ist eigentlich um 5 Uhr geschlossen – aber für dich musste ich schon noch mal hin, hier ist deine Post!" Post! Ich vergaß meine Umgebung, drückte mich in eine Ecke – und es trat Stille ein im Raum, keiner störte mich. Endlich war ich fertig – den Meinen ging es noch gut im fernen Deutschland – in jedem Briefe blickte die Sorge um mich durch. Ich war wohlbehalten – und dachte an daheim. Dann setzte ich mich wieder zum „Stamm". Als man aber versuchte, das Gespräch auf politische Dinge zu lenken, winkte ich kurz ab. Einigen Flaschen „Whisky" brachen wir den Hals, dann ging es zur Ruhe.

Am nächsten Morgen wurde ich förmlich überrannt von Leuten – alle wollten den Bären sehen –, und am Nachmittag wurden Schädel und Decke von vielen Neugierigen besichtigt. Bei einem alten Deutschen, der neben dem Hotel schon seit langen Jahren wohnte, nahm ich Quartier und bekam ein kleines Nebenhaus mit zwei Zimmern. Ich gedachte drei Wochen in Whitehorse zu bleiben, da das Leben im Hotel für mich zu kostspielig wurde. In einem der beiden Räume hatte ich einen

Ofen und Kochgeschirr und so machte ich meinen eigenen Laden auf. Zuerst wurde Brot gebacken. Verschiedene Lebensmittel wurden im Store gekauft und bald lebte ich wie ein kleiner Fürst in meinen bescheidenen Räumen. Natürlich hatte ich fortwährend „Besuch". Eines Tages stellte sich sogar der Regierungsagent von Whitehorse ein und bat mich, ihm doch ein Negativ der Bärenaufnahme zu leihen. Der *Comptroller* des Yukon in Dawson wollte einige Vergrößerungen anfertigen lassen, damit sie im „Parlament" zu Dawson ebenso wie in Whitehorse ausgehängt werden konnten. Aha, dachte ich, zu Reklamezwecken! Ich willigte ein.

Bald fing ich an mir ein Boot zu bauen, 4 ½ Meter lang. – Es wurde vorläufig ins Wasser gebracht, damit es gut aufquellen konnte. Mit dem dortigen Dockmeister der Flussschiffahrtsgesellschaft wurde ich bald bekannt. An manchen Abenden saßen wir zusammen. Als wir uns näher kannten, erzählte ich dem braven welterfahrenen Dänen, mit welchen finanziellen Schwierigkeiten ich zu kämpfen hätte. Er wollte es anfangs gar nicht glauben, dass ich von keiner Seite irgendwelche Unterstützung an Geld bekam und auch selbst nichts besaß, ich also meine Reisen nur mit dem Gelde bestreiten konnte, das ich aus dem Erlös meiner Pelztierausbeute zog. Schüchtern bot er mir an, dass ich, wenn ich wollte, bei ihm am Dock aushelfen könnte, er brauche immer mal einen Mann. Gern sagte ich zu und schon zwei Tage später kam er zu mir und sagte, wenn ich wolle, solle ich abends 8 Uhr am Dock sein; ein Frachtboot müsse bis zum Morgen mit Lebensmitteln geladen sein. Ich arbeitete jene Nacht – auch noch weitere Tage und ich dankte es „Pit", dem Dänen, dass er mir das Geld verschaffte, um Lebensmittel für die folgenden Expeditionen mitzunehmen. Hätte ich jenes Geld nicht gehabt, so hätte ich wohl oder übel nur von der „Natur" leben müssen.

Gefährliche Bootsfahrt auf dem Yukon-Fluss

Endlich kam der Sonntag, ich glaube es war der 27. Juli, an dem ich Whitehorse für die nördliche Expedition verlassen wollte. Viele Einwohner der freundlichen Stadt waren anwesend. Auch „Pit" fehlte nicht; er gab mir noch Ermahnungen für die Stromschnellen, die ich zu durchfahren hatte. Ein Polizist übergab mir eine „Passnummer" und erklärte mir, dass die Marke dazu dienen sollte, dass, wenn mir in den Stromschnellen etwas zustoßen sollte, der Name festgestellt werden konnte.

Langsam glitt mein Boot vom Ufer und ging treibend mit einer vorläufigen Stundengeschwindigkeit von 9 ½ Kilometern ab. Lange noch wehten die Taschentücher und Hüte. Ich erwiderte die Grüße, dann verschwand ich um die nächste Biegung des Flusses. Völlig unbekannt war die Gegend für mich. Eine große bewachsene Insel tauchte vor mir auf, ich fuhr rechts in reißendem Wasser vorbei. Dann kam wieder ruhiges Wasser und ich musste meine Ruder gebrauchen, um schneller vorwärts-zukommen. Dann wurde der Fluss enger. Zu beiden Seiten erhoben sich steile, ins Wasser abfallende Uferberge. Tausende von Bankschwalben flogen mückenjagend über dem Wasserspiegel hin und her. Überall an den Uferwänden sah man deren Bruthöhlen. An der nächsten Flussbiegung kam mir ein Flussdampfer entgegen, bald war ich Seite an Seite mit ihm. Kühler Abendwind wehte bereits, als ich eine günstige Stelle gefunden hatte, wo ich für die Nacht kampieren konnte. Dichter Fichtenwald bedeckte eine niedere Landzunge. Dort lief mein kleines Boot an. Ein Lagerplatz war mit Hilfe der Axt schnell geschaffen. Mein Zelt baute ich für die eine Nacht nicht auf. Luftig flackerte das Lagerfeuer, die Nacht brach herein. Es war Ende Juli. Ich hing noch eine Angel in eine nahe Buhne des Flusses. – Nach erquickendem Schlafe unter freiem Himmel war mein erster Gang zu der Angel. Glück hatte ich, ein etwa dreipfündiger Hecht hatte sich gefangen – mein Frühstück. Mein angeleg-tes Feuer glomm noch und bald hatte ich es wieder im Gang. Während das Tee-wasser kochte, reinigte ich den Fisch – dann kam die Hälfte davon in den Brattiegel, die andere Hälfte wurde für das Mittagessen aufgehoben. Gerade als ich fahrtbereit war, sah ich auf der anderen Seite einen Schwarzbären ins Wasser gehen, er wollte zu mir herüber. Ich wollte Petz in seinem Vorhaben nicht stören. Dann ging die Fahrt weiter. Mittags gegen 1 Uhr kam ich an das Südende des Laberge-Sees. Auf einer vorspringenden Landzunge hielt ich Mittagsrast. In unübersehbarer Fläche lag der gewaltige Binnensee vor mir. Annähernd 60 Kilometer misst der tückische See in der Länge, der 2500 Fuß über dem Meeresspiegel liegt. Kommt dort ein Sturm auf – und das kann innerhalb von 5 Minuten der Fall sein –, dann Gnade dem Unvorsich-tigen, der nicht rechtzeitig das Land erreicht! Kaum hatte ich nach dem Mittagsmahl mich wieder in Gang gebracht, da sah ich vor mir eine Bai von gewaltiger Ausdeh-nung liegen. Nach einer Stunde harter Arbeit erreichte ich die andere Seite der Bai und damit eine kleine Indianersiedlung von drei Familien. Einige Kinder, eine junge Frau und deren Mann standen am Ufer und hatten mich schon lange beobachtet. Sie winkten mir zu, ich landete und band mein Boot am Ufer fest. Sie luden mich in ihr Haus ein, ich lehnte aber ab und sagte ihnen, dass wir lieber hier am Feuer im Freien sitzen wollten. Aus meinem Boot holte ich Tee und Zucker und so saßen das Blass-gesicht und die Rothäute friedlich beisammen. Nur die Friedenspfeife fehlte noch. Dem Mangel half ich dadurch ab, dass ich dem Manne und der Frau meinen Ziga-rettentabak und Papier anbot, was auch mit Freuden angenommen wurde. Plötzlich verschwand die Squaw im Haus und, o Schreck, sie brachte ein Grammophon ältes-ter Konstruktion! „Weißer Mann gern Musik", so sagte sie zu mir in gebrochenem Englisch. „Yes", sagte ich. Kaum hatte das klägliche Instrument zu spielen begonnen, fingen sämtliche Hunde der Rothäute jämmerlich an zu heulen und das konnte ich den Tieren auch nicht verdenken. Auch ich hätte am liebsten mitgeheult. Aber als die Platte „Oh du lieber Augustin" spielte, konnte ich mich vor Lachen nicht mehr halten. Die Indianer sahen mich erstaunt an ich erklärte ihnen, dass das deutsche Musik wäre. Ob sie es geglaubt haben, weiß ich nicht. Beim Abschied gab mir die Frau noch eine Seeforelle von ungefähr 20 Pfund mit auf den Weg.

DIE WEITE WASSERFLÄCHE AUF DEM SECHZIG KILOMETER LANGEN LABARGE-SEE

„Good-bye – thank you very much", und ich war wieder in Fahrt! In gleichen Schlägen ruderte ich am Ufer entlang. Bald lag wieder eine Bai vor mir, am anderen Ende sah ich – schätzungsweise 4 bis 5 Kilometer entfernt – das hohe felsige Ufer. Wieder ging es hinaus in den See, um die Bai zu schneiden. Eine Unmenge von Tauchenten, besonders Schell- und Bergenten, sowie eine Anzahl von Polartauchern tummelten sich auf dem Wasser und ließen mich ziemlich nahe herankommen. Die Enten flogen dann behäbig ab, um in nicht allzu großer Entfernung wieder einzufallen, während die Taucher nur wegtauchten. Angestrengt ruderte ich, aber es schien, als wollte sich die Entfernung nicht verringern. Es wurde dunkel. Mein Landungsziel schien sich von mir entfernen zu wollen, ich kam nicht näher. 11 Uhr abends hatte ich aber doch die felsige Küste erreicht, eine Landung war aber nicht möglich. Erst nach einer Stunde Fahrt in nördlicher Richtung fand ich eine Bucht mit niederen Ufern und mit etwas Holz. Der Vorsicht halber entlud ich das Boot, trug die Ladung weit aus dem Bereich des Wassers und zog das Boot weit heraus und machte es fest. Ich fand gerade genügend Feuerholz und hockte lange am Feuer. Längst nach Mitternacht breitete ich in einer nahen, moosbewachsenen Felsnische meine Decken aus, rollte mich ein und schlief. Kreischendes Möwengeschrei weckte mich, ein Blick auf die Uhr zeigte, dass es 7 Uhr war. Zum Frühstück gab es gekochte Seeforelle und starken heißen Tee. Nach der Frühstückszigarette schleppte ich mein Boot ins Wasser zurück und belud es. Vorsichtig ruderte ich durch die Uferbrandung in ruhigeres Wasser. Als ich um die erste Felsnase herum war, bot sich meinen Augen ein herrliches Bild. Etwa 100 Meter weit draußen lagen mehrere Felseninseln und über ihnen kreisten Hunderte von Heringsmöwen. Und schon sah ich den Grund: Ein prächtiger alter Seeadler mit weißem Kopf, Hals und Stoß flog eben von einem der Felsen ab, eine junge Möwe in den Fängen. Wahrscheinlich kam der Adler regelmäßig dorthin, um sich seinen Tribut zu holen. Ich sah mir die Inseln jetzt näher an und entdeckte schätzungsweise 150 Nester der Heringsmöwe. Einige Nester waren schon leer, die meisten aber noch mit halbflüggen bis flugfähigen Jungmöwen besetzt. Wie geschickt sich doch die von den Nestern laufenden Jungen in den dichten wilden Stachelbeersträuchern der einzigen Vegetation zu verbergen verstanden. Mehrmals trat ich fast auf die Jungen.

Dann ruderte ich wieder zum Ufer und nach zweistündiger Fahrt kam wieder eine Bai, die aber nicht breiter als 2 Kilometer war. Der See war ruhig und so fuhr ich hinaus. Mitten in der Bai entdeckte ich, dass es gar keine Bai war, sondern ich kreuzte auf offener See vor der 9 ½ Kilometer langen Richthofen-Insel. Nun hatte mich der Dockmeister in Whitehorse ausdrücklich belehrt, dass ich mich am linken Ufer halten sollte, solange, bis Richthofen Island passiert sei! Er sagte mir, dass die rechte Seite der Insel wegen der starken Brandung gefährlich sei. Auch gäbe es nur wenige Landungsmöglichkeiten. Jedenfalls war es mein Glück, dass kein Sturm aufkam. Die Entfernung von zwei Kilometern zwischen Insel und Land hatte ich richtig geschätzt. Ich musste am Ufer der Insel noch einen Kilometer weiterfahren bis zu einem weit vorspringenden „Point", von dem ich nach des Dockmeisters Anweisungen an die andere Seite des Sees übersetzen sollte. Dort war die engste Stelle des Sees. Kurz vor dem „Point" sah ich plötzlich dicht am Ufer, kaum mehr als 50 Meter von mir entfernt, einen mittleren Grizzlybären sehr dunkler Färbung. Der Bär hatte mich noch nicht bemerkt. Langsam und vorsichtig ruderte ich, die Entfernung haltend, am Ufer entlang. Plötzlich bemerkte er mich, stand mit einem Ruck auf den Hinterläufen und äugte nach mir. Wind konnte er von mir nicht bekommen. Endlich trollte er gemächlich ab. Ich ließ auf der Hand den Angstschrei der Hasen erschallen. Der Bär machte kehrt und kam zurück. Er stand wieder auf den Hinterpranken und äugte nach mir. Ich hatte das Rudern eingestellt. Wohl eine volle Minute stand der Bär und äugte nach mir, dann trollte er ab. Und noch einmal quäkte ich – der Bär kam wieder. Als er dann wiederum verschwand, brachte ihn auch das beste Reizen nicht wieder zurück. Was Meister Lampe doch für eine Anziehungskraft hat! Herzlich musste ich lachen über dieses kleine Intermezzo. Dass der Bär schlecht äugt wusste ich, aber dass mich der Bär auf diese kurze Entfernung von 30 Metern nicht erkennen konnte, das war ein bisschen viel. Allerdings hatte ich mich ganz und gar ruhig verhalten und saß in gebückter Haltung im Boot.

EINE GROSSE „BAY" AM LABARGE-SEE

Am „Long Point" machte ich halt für eine Tasse Tee, dann ging es hinaus in den ruhigen See zur Überfahrt auf die andere Seite. Ich muss offen sagen, ein eigentümliches Gefühl beschlich mich, als ich weit draußen auf dem See schaukelte. Das kleine, 4 ½ Meter lange Fahrzeug, das mit seiner Belastung nur etwa 20 Zentimeter über dem Wasserspiegel stand, sah wie ein Spielzeug auf der weiten Wasserfläche aus. Der Wellengang stand von Süd nach Nord, ich fuhr West-Ost, hatte also sehr aufzupassen, dass ich bei jeder ankommenden Welle mein Boot rechtzeitig herumhatte, damit ich mit dem hohen Bug meines Bootes „schneiden" konnte. Zweistündige Arbeit brachte mich aber endlich doch an das Ostufer des Sees. Eine Menge kleinerer „Bais" galt es zu schneiden. Eine wundervolle Landschaft zeigte das nördliche Ostufer. Gewaltige Felsen stürzten steil zum Wasser ab. An einem weit in den See vorspringenden Felsen hing in schwindelnder Höhe ein Adlerhorst. Die Sonne stand schon tief – lange Schatten lagen auf der glatten Wasserfläche. Drei Wölfe heulten in den nahen bewaldeten Vorbergen. Ein Uhu ließ seinen Doppelruf erschallen. Ich hätte nicht ein Freund Gottes freier Natur sein müssen, wenn ich nicht an jenem windstillen Sommerabend im Lande der Mitternachtssonne all diese Naturschönheiten besonders genossen hätte. Ein heiliger Abendfrieden lag um mich. Hunderte von Schellenten klingelten, Polartaucher „brüllten" weit draußen im See, der Uhu rief, Wölfe heulten, ja – dort, dort trat eben ein Elchtier mit seinem Kalbe aus, um zu schöpfen – war das nicht etwas, wofür der Jäger dankbar sein musste? Und ich war meinem Schöpfer dankbar an jenem Abend. Die Ruder lagen im Boot, ich ließ mich von der leichten Strömung nordwärts treiben und hielt Ausschau nach einem guten Nachtlager. An einer scharfen vorspringenden Felskante hing das Wrack eines Frachtbootes, das die Schifffahrtsgesellschaft vor einigen Jahren im Sturm dort oben verloren hatte. Hinter diesen abfallenden Felsen lag eine kleine Bai, deren Ufer niedrig und dicht bewaldet waren. Dort fuhr ich hinein und fand auch einen guten Lagerplatz im dichten Fichtenwalde. Das Zelt wurde nicht erst aufgebaut und bald saß ich in dunkler Nacht am flackernden Feuer. Hunderte solcher Nächte, mutterseelenallein im Urwalde, hatte ich schon erlebt. Und doch, immer wieder waren sie neu für mich, immer wieder derselbe prickelnde Reiz. Wie ein kleiner König kommt man sich vor.

In jener sternhellen Julinacht am Laberge-See fand ich recht wenig Schlaf. Mehrere Polartaucher „brüllten" fast die ganze Nacht hindurch und Wölfe heulten in kürzeren und längeren Abständen bis in den Morgen hinein. Schon um 4 Uhr morgens, als ich mir noch eine vierpfündige Forelle von meiner, am Vorabend ausgelegten Angel geholt hatte, schwang ich wieder die Ruder. Der Himmel nahm eine gelbrote Färbung an, das musste bestimmt Sturm geben! Gegen 7 Uhr, kaum mehr einen Kilometer vor dem Ende des Sees, rannte ich auf eine weit draußen liegende Sandbank. Ich musste ins Wasser – anders konnte ich nicht loskommen. Leichter Wind strich schon von Westen herüber, das Wasser kam in Bewegung, kurze schlagende Wellen klatschten gegen mein Boot, das schon bedenklich hin und her tanzte. Mit verzweifelter Anstrengung ruderte ich und war froh, als ich ohne Schaden den Auslauf des Sees, den Yukon River, erreicht hatte.

Dort, nördlich des Laberge-Sees, hat der Yukon-Fluss ein ganz anderes Gepräge als südlich bis Whitehorse. Eng sind seine Ufer und mit großer Schnelligkeit fliegt das Wasser. An manchen Stellen ist der Fluss so eng, dass sich nicht zwei Dampfer ausweichen können. – Nun konnte ich mich erst einmal ausruhen. Ich ließ mein Boot schwimmen und hatte nur auf Hindernisse wie Felsblöcke, Steinbänke usw. zu achten. Der Wind wurde immer stärker, entwickelte sich zum Sturm. Ächzend bogen sich die Bäume an den bewaldeten Ufern. Den Wind hatte ich zumeist im Rücken und so kam ich schnell vorwärts. Der Fluss machte eine starke Biegung und ich steuerte zur Linken, um den Bogen abzuschneiden. Gerade schoss mein Boot in dem schnellfliegenden Wasser um die Ecke, als ich plötzlich einen Flussdampfer auf kaum mehr als 100 Meter auf mich zukommen sah. Schnell griff ich nach den Rudern, konnte aber auch nicht weit nach rechts ausweichen, da dort eine Unmasse von Steingeröll im Wasser lag. Der Sturm war schuld daran, dass ich den Dampfer nicht hatte kommen hören. Alle Maschinen mit ihren 300 Pferdekräften hatten vollauf zu tun, den Dampfer in dem reißenden Wasser flussaufwärts zu bringen. Er konnte nicht abstoppen, was bei der Begegnung mit einem kleinen Boot Vorschrift ist. 20 Meter seitlich des Dampfers kam ich noch vorbei. Wellen schlugen über den Rand meines Bootes und ein Teil meiner Sachen wurde nass. Wiewohl den Kapitän keine Schuld traf, fluchte ich doch in zwei verschiedenen Sprachen.

Das Panorama am Flusse wurde immer schöner. Zu beiden Seiten fielen die Berge steil ins Wasser. Ich konnte noch bei einer Tiefe von drei Metern bis auf den Grund des Wassers sehen. Plötzlich stieg hinter der steilen Wand ein alter Seeadler hoch, der eine Ente in den Fängen mit sich führte. Es war ein schönes Bild, als der Adler langsamen Fluges an der dunklen Fichtenwand des Ufers dahinstrich. Recht häufig beobachtete ich an diesem Tage den Königsfischer, *Megaceryle alcyon*, einen prächtigen Vertreter der Eisvögel. Das kristallklare Wasser mochte wohl diese interessanten Fischer besonders anziehen und ich konnte vielmals beobachten, wie sich diese Vögel klatschend in das Wasser stürzten und mit fingerlangen Fischen davonflogen.

Mittagszeit kam heran, der Sturm hatte sich gelegt und ich landete an einer flachen Sandbank. Die ganze Uferseite bis hoch hinauf in die Berge war viele Kilometer weit abgebrannt. Sicherlich waren Holzschläger die Übeltäter. – Alle dortigen Flussdampfer haben Holzfeuerung. Überall in bestimmten Zwischenräumen und an guten Landungsstellen sieht man die Holzklafter aufgestapelt liegen. Die Arbeit des Holzschlagens und Aufschichtens ist keine leichte. Einsam stehen die Holzfäller auf ihrem Posten, wohnen zumeist nur im Zelt oder auch im selbstgebauten Blockhause. Die Lebensmittel lassen sie sich von den Dampfern bringen.

In den jungen, üppig wuchernden Weichhölzern saßen sehr viel Schneehasen. In einem Zeitraum von 20 Minuten schoss ich mit dem Kaliber 22 drei Stück. Zu Mittag gab es jetzt frischen, im Tiegel knusprig gebratenen Schneehasen. Der schmackhafte Braten war eine schöne Abwechslung, denn Fisch hatte ich schon mehrmals hintereinander gegessen. Die zweistündige Mittagspause hatte mir gutgetan, da meine Beine schon steif wurden vom dauernden Sitzen im Boot. Weiter ließ ich mich vom Strom treiben, nur an ruhigeren Stellen gebrauchte ich das Ruder. Der Nachmittag war völlig windstill, ein klarer, blauer Himmel stand über mir. In den späteren Nachmittagsstunden sah ich am linken Ufer einige Blockhäuser, aber ich hielt nicht an. Es war die Telegraphenstation Hootalinqua. Hinter den Blockhäusern öffnete sich mir das ungeheuer breite Flusstal. Bald sah ich auch zur Rechten die Mündung des großen Teslin-Rivers in den Yukon. Er bringt gelbes, lehmiges Wasser und war stark angeschwollen. Dicht hinter der Mündung sah ich zwei Indianerfamilien mit Lachsfang beschäftigt. Hunderte von diesen großen Fischen hingen auf Stangen zum Trocknen. Sie sahen mich schon von weitem kommen. Ein Mann brüllte in englischer Sprache herüber, wohin ich wolle. Fort Selkirk, war meine Antwort. *Good luck* (gutes Glück) riefen sie mir herüber und ich dankte auch mit einem *Good luck!*

Langsam ging es nun in dem breiten Strom, ich gebrauchte jedoch kräftig die Ruder. Abends gegen 9 Uhr kam ich nach Big Salmon, eine Telegraphenstation, die nur von dem Beamten und seiner Familie bewohnt wird. Dort wurde ich erwartet. Ich hatte während meines Aufenthaltes in Whitehorse den Mann kennengelernt und hatte ihm versprochen, wenn ich down river käme, mindestens eine Nacht bei ihm zu bleiben. So wurde ich auch nach dem Anlegen von dem biederen Irländer und seiner Familie herzlichst begrüßt. Als ich ins Haus trat war ich überrascht, auch den Schulleiter aus Whitehorse dort zu finden. Natürlich war meine Freude groß, mein damaliges Versprechen wurde ernst genommen. Die Leute wussten ungefähr, wann ich dort ankommen könnte. Schon den zweiten Tag hatten sie aufgepasst. Wir freuten uns unseres Beisammenseins. Auch dass der Lehrer mal tief in seine Tasche gegriffen und Bier und Whisky mitgebracht hatte. Wir drei waren genau in einem Alter, damals 38 Jahre alt, waren Kriegsteilnehmer und standen in einer fliegenden Division, nur mit dem Unterschied, dass ich auf deutscher Seite, jene auf englischer Seite für die Heimat kämpften. Ja, wir hatten viele Monate in demselben Frontabschnitt gekämpft und wurden im gleichen Monat an der Somme verwundet. Und das sollte kein Grund zur Freude sein, wenn endlich Freund und Feind friedlich beisammensaßen und noch dazu im Urwalde des hohen Nordens? An jenem Abend tauschten wir fast nur Kriegserlebnisse aus. Die Augen der beiden Jungens des Telegraphenbeamten hingen fast immer an mir, besonders als wir von den schweren Kämpfen bei Apern und an der Somme sprachen. Das war also ein „Hunne", ein „deutscher Barbar", der seinem Vater gegenüberstand, vielleicht direkt auf seinen

Vater schoss! Ich bin aber der festen Überzeugung, dass die beiden Sprösslinge und auch die Frau mich nicht als Hunnen und Barbaren scheiden sahen. Bestimmt haben die Frau und die beiden Jungens sehr viel an jenem Abend gelernt. – 10 Uhr morgens waren wir alle an meinem Boot versammelt. *Good bye and good luck*, das war alles, was wir uns noch zu sagen hatten. Ein fester Händedruck, dann sagten mir die Jungens „Gutes Glück!" Zuletzt kam die schöne Frau zu mir, reichte mir die Hand und sagte, dass sie stolz sei zu wissen, dass es noch solche Männer gäbe. Dann flog ein ansehnliches Paket in mein Boot mit der Weisung, es erst auf der Fahrt zu öffnen. Langsam nahm mich die Strömung des Flusses auf. Noch geraume Zeit konnte ich die am Ufer stehenden Freunde sehen, dann machte der Fluss eine Wendung – ich war außer Sicht. Ich öffnete das Paket – und war erstaunt über seinen Inhalt: Brot, Kartoffeln, zwei Büchsen Milch, ein Pfund Tee und ein Paket Streichhölzer. Lange an diesem Tage musste ich noch an diese gastfreundlichen Leute denken.

Der Yukon-Fluss wurde breiter und an vielen Stellen kam ich schon in recht unruhiges Wasser. Ohne Unterbrechung fuhr ich den ganzen Tag. Als ich gerade um eine Ecke an dem flachen, mit starken Fichten bestandenen Ufer kam, sah ich aus dem Walde Rauch aufsteigen. Hunde fingen an zu kläffen – es waren Indianer. Ich hatte keine Lust mit denen zu kampieren und fuhr vorbei. Als ich meine Blicke wieder stromabwärts richtete, bemerkte ich noch einen Mann am Ufer, der mir zuwinkte und in gutem Englisch herüberrief, ich solle stoppen. Ich entschloss mich, seinem Wunsche nachzukommen. Mit voller Kraft arbeitete ich nach dem Ufer. Der Mann rannte am Ufer entlang, da er sah, dass ich anlegen wollte. Er stellte sich mir als Missionar George Lang vor. Ich war sehr erstaunt dort in der Einsamkeit einen Missionar zu finden. Gern folgte ich seiner Einladung in dem alten, kleinen Indianerblockhause die Nacht mit ihm zu verbringen. Mein Boot stakte ich am Ufer entlang bis zu seiner Station. Der noch junge Mann, der auch Arzt war, erzählte mir, dass er von Carmacks käme, er sei den drei Indianerfamilien nachgekommen, die gerade hier mehrere Wochen Lachse fangen wollten. Er verbot mir irgendwelche Lebensmittel aus meinem Boot zu holen, meinte vielmehr, ich sei für diese Nacht sein Gast. Die überaus große Gastfreundschaft in jenem Nordlande hatte ich schon zur Genüge kennengelernt. Alles was sein kleiner Proviantvorrat hergeben konnte wurde aufgetischt. Den jungen Missionar lernte ich als einen feingebildeten Menschen kennen. Wir unterhielten uns bis zum Morgen. Wir sprachen von Jagd, Politik und erzählten von anderen Ländern die ganze Nacht hindurch. Nach dem Frühstück machte ich mich fertig zur Weiterreise. Mein gastfreundlicher Wirt wollte natürlich, dass ich noch einige Tage bei ihm bleiben solle. Aber mich rief die Pflicht. – Ein wunderbarer, sonniger Morgen brach an. Nach kurzer Fahrt kam ich in recht träges Wasser und musste tüchtig die Ruder gebrauchen, um schneller vorwärtszukommen. Ein

Elchtier mit einem Kalbe trat kaum 200 Meter flussabwärts aus dem Walde, sicherte kurz, dann gingen beide ins Wasser und durchschwammen den Fluss. Kaum waren die beiden wieder im Walde verschwunden, da trat fast an derselben Stelle ein starker Schwarzbär aus und nahm das Wasser an. Auch er durchschwamm den Fluss. Wessen naturfreudiges Herz würde nicht höherschlagen, wenn er fast zur gleichen Zeit Elch und Bär zum Anblick bekommt.

Gegen Mittag passierte ich die kleine verlassene Indianersiedlung „Little Salmon". Ich nahm mir nicht die Zeit zu landen, um Tee zu kochen. Bei völliger Dunkelheit erreichte ich Carmacks. Kein Mensch war zu sehen oder zu hören, auch kein Licht in den wenigen verstreuten Blockhäusern zu bemerken. Ich fuhr noch einen Kilometer weiter und brachte mein Boot an der Mündung des Nordenskiold-River an Land. Mir war es recht, dass in Carmacks niemand war, denn es hätte vielleicht nur noch eine weitere schlaflose Nacht gekostet. Um Carmacks liegen die schönen sanft ansteigenden Berge, bewaldet vorwiegend mit Fichten, im Hintergrunde das schroffe nackte Gebirge, ein wundervoller Anblick. – Mit meinem Lagerplatz hatte ich es nicht sonderlich gut getroffen. Unter einer dichten Schirmfichte hatte ich es mir bequem gemacht, ein kleines Feuer brannte und bald hatte ich mein bescheidenes Abendbrot fertig. Die Nacht wurde kühl und ich wollte mir noch ein größeres Feuer anlegen. Endlich fand ich draußen am Flusse einen großen Haufen von Schwemmholz. Plötzlich rollte ein Stamm unter mir, ich verlor das Gleichgewicht und fiel mit dem Kopf zuerst in den Fluss, kam aber bald wieder hoch. Meine vorherige Müdigkeit war mit einem Schlage weg. Schnell schlug ich einige dünne Fichtenstangen, die in die Nähe des Feuers gestellt wurden. Dann hing ich meine Sachen zum Trocknen auf. Nach zwei Stunden waren meine Kleider wieder trocken und ich schlief, in meine Decken gewickelt, einige Stunden unter freiem Himmel, denn das Zelt hatte ich mir nicht erst aufgebaut. – 5 Uhr morgens fuhr ich schon wieder auf dem Flusse. Nach einer Stunde Fahrt hörte ich, noch sehr weit entfernt, die gefährlichen und gefürchteten Fünf-Finger-Stromschnellen rauschen. Also aufgepasst! Nach einer weiteren Stunde hörte ich deutlich die gewaltigen Wassermassen abwärts donnern. Ganz dicht hielt ich mich am rechten Ufer und als ich um eine Biegung kam, sah ich wohl einen Kilometer vor mir die weißschäumenden Wellenköpfe. Es war ein ohrenbetäubender Lärm. Je näher ich kam, um so stärker wurde die Strömung. Einen halben Kilometer vor den Stromschnellen hielt ich an, machte mein Boot gut fest und ging zu Fuß am Ufer entlang bis zum wirklichen Anfang der Schnellen. Ich kletterte an einem etwa zehn Meter hohen Felsen hinauf, um so die Stromschnellen besser übersehen zu können. Ein wunderbares Bild bot sich mir. Donnernd schossen die hohen weißgekrönten Sturzwellen abwärts, jeden Laut übertönte das schäumende Wasser. Tausende von Pferdekräften entwickelt das wildgewordene Element. Ich glaubte den Felsblock, auf dem ich stand, zittern zu fühlen. – Ja, der Dockmeister

Pederson in Whitehorse hatte recht, es gab keine Möglichkeit zu Fuß am rechten Ufer entlanglaufend die Stromschnellen zu umgehen. Nach dem Vorschlage des Pederson musste ich direkt auf den ersten „Finger" zur Rechten lossteuern, das Wasser würde mich ohnehin von demselben ableiten. Mit einem kurzen Gedenken an meine Lieben in der deutschen Heimat stieg ich in das fahrtbereite Boot. Ich weiß es nicht, wie ich durch den Hauptstrudel der Stromschnellen, der eine Länge von ungefähr dreiviertel Kilometer hat, hindurch kam – aber eines weiß ich noch: die Haare standen mir zu Berge, eiskalt lief es mir über den Rücken, ein jeder Muskel war gespannt und starren Blickes stierte ich vorwärts. Es bestand nicht die Gefahr an Felsen zerschlagen zu werden, aber die Strömung hatte verschiedene Richtungen. Nur mit größter Mühe gelang es mir mein Boot gerade zu halten und trotz alledem hatte ich zwei seitliche Sturzwellen im Boot, so dass das Wasser 20 Zentimeter hochstand. Nach 50 Minuten weiterer Fahrt war ich wieder in ruhigem Wasser, ich ließ mein Boot treiben und schöpfte es aus. Tief atmete ich auf. Man sollte nicht glauben wie die Nerven angespannt werden, wenn man sich in einer bewussten Gefahr befindet und den Tod jeden Augenblick vor Augen sieht. Ich glaube, ich jubelte laut, dass es mir gelungen war durch diese tückischen Stromschnellen hindurchzukommen. Was haben die Fünf-Finger-Stromschnellen schon für Menschen gemordet. Seit 1898 sind hunderte vom Goldfieber befallene Menschen, die auf den Goldfeldern des Klondike ihr Glück zu machen hofften, im Wirbel der Stromschnellen umgekommen. Leute kamen, die keine Ahnung von Wasser hatten, Leute, die kaum je ein Ruder vorher in der Hand gehabt hatten; viele von ihnen sollten niemals die Goldfelder sehen, nie wieder ihre Angehörigen in der Heimat. Für die Reisenden, die jährlich mit den Flussdampfern, zumeist nach Dawson fahren, ist es etwas Prickelndes, wenn sie, oben an Deck stehend, sehen, wie der Dampfer direkt auf den rechten „Finger" lossteuert und dann plötzlich von der Strömung unterdrückt wird. Man muss es gesehen haben, welche Kraft in diesem tobenden Wasser steckt, 20 Kilometer in der Stunde stürzen sich die hohen Wellen abwärts!

Die Lebensmittel in meinem Boot waren nicht nass geworden. Ich brachte alles wieder gut in Ordnung – in einer Stunde musste ich an den Rink-Stromschnellen sein. – Richtig, da hörte ich es schon! Wieder hielt ich stark das rechte Ufer. Bald war ich am „Kopfe" der „Rink Rapids". Dort ist es für ein kleineres Boot nicht sonderlich schwer hindurchzukommen, vorausgesetzt, dass der Fahrer Wasser und seine Tücken kennt. Gut kam ich hindurch. Heraus war ich aus den Gefahren am Yukon-Fluss! Ich landete mit meinem Boot und bereitete mir mein Mittagsmahl. Ich war wirklich angespannt. Einen Schneehasen hatte ich noch, der Balg wurde heruntergerissen, ausgeworfen und im Flusse sauber gewaschen. Unter einer großen Schirmfichte machte ich ein Feuer, bald war der Tee fertig und der Hase brutzelte im *frying pan* – dem Tiegel. – Wie neu geboren fühlte ich mich nach dem guten

Mahle. Rauchend saß ich noch eine Stunde nach dem Essen am kleinen Feuer und durchlebte noch einmal die gefahrvolle Fahrt durch die Stromschnellen. – Da, dort drüben, an der anderen Seite des Yukon, kamen zwei starke Waldwölfe aus dem Gestrüpp und standen am Ufer.

DIE GEFÄHRLICHEN FÜNFFINGER-STROMSCHNELLEN AM YUKON RIVER

Etwa 800 Meter breit war der Fluss, die grauen Räuber konnten mich nicht bemerken, wiewohl der Wind dorthin stand. Vorsichtig kroch ich ins Boot zurück und holte mein Glas und den Drilling. Auf der linken Hand ließ ich mit aller Kraft den Todesschrei des Hasen erschallen. Wie das wirkte. Wie auf Kommando saßen beide auf den Keulen und äugten nach Hundeart mit schiefen Köpfen nach mir herüber. Zehn Minuten saßen sie da. Schnell ließ ich den Mahnruf eines Elchkalbes durch meine hohle Hand hören und wie aus der Pistole geschossen nahmen beide das Wasser an, um mein Ufer zu erreichen. Gedeckt konnte ich schnell flussabwärts kommen. Ich rechnete damit, dass die Wölfe in dem ruhigen Wasser nicht weiter als einen halben Kilometer abgetrieben würden. Die Wölfe waren etwa ein Viertel über den Strom geschwommen, als plötzlich das Surren eines Flugzeuges zu hören war. Auch die Wölfe bemerkten es – kehrten um und verschwanden im Walde. Recht verärgert machte ich mich zur Weiterfahrt zurecht. Was haben diese Dinger auch in solcher Wildnis zu suchen! Missmutig schob ich mein Boot ins Wasser, ruderte auf die Flussmitte hinaus und ließ mich treiben. –Bis zum späten Nachmittage sah ich noch zweimal Wölfe.

Kurz vor 8 Uhr abends sah ich einen kapitalen Elch das Wasser durchrinnen. Er kam von der linken Seite herüber. Ich hielt mich dicht am rechten Ufer. Der Kapitale kam wieder an Land, schüttelte die nasse Decke, dann äugte er flussaufwärts und schien mich bemerkt zu haben. Etwa 100 Meter mochten uns trennen. Langsam glitt mein Boot dahin, ich ruderte nicht. Der Elch hielt weiter aus – und ich fuhr keine 40 Meter von ihm entfernt vorüber. Ich rührte mich nicht im Boote und saß in gebückter Haltung. Wäre es einen Monat später gewesen, dann hätte mein Drilling ein gewichtiges Wort gesprochen. Kolossale Ausmaße hatten die noch im Bast befindlichen Schaufeln und waren um die Rosen armstark! Es war ein Elch, wie man ihn nur selten zu Gesicht bekommt. Von meinen annähernd 60 Stücken Elchwild, die ich im Laufe von neun Jahren dort oben im Nordwesten Kanadas erlegte, zeigte der weitaus größte Teil eine dunkle Färbung und nur selten schoss ich ein graubraunes Exemplar. Die von mir erlegten oder beobachteten Kälber waren dagegen immer heller gefärbt. – Ich war schon 200 Meter vorüber, als der Elch mir immer noch nachäugte.

Der Fluss verbreitete sich immer mehr. Zwischen einer Unmenge größerer und kleinerer Inseln war es oft sehr schwierig, das richtige Fahrwasser zu finden. Es wurde dunkel. Eine solche Nachtfahrt auf fremdem und wildem Wasser hat seine besonderen Reize. Unter Umständen können starke und scharfe Bruchstellen von Ästen den Boden aus dem Boot reißen oder überhängendes Astwerk das Boot kämmen. Dann sind es Stein- oder Sandbänke oder im Wasser liegende Felsblöcke, die Gefahr bringen. Bis 10 Uhr fuhr ich, dann sah ich plötzlich rechter Hand zwei Lichter auftauchen. In zehn Minuten war ich an der Landestelle, wo ein kleines Motorboot lag, und machte mein Boot fest. Minto ist eine Landestelle der Flussdampfer, die dort Holz aufnehmen. Einige Blockhäuser, bewohnt von einer Halbindianerfamilie und einem Irländer, das ist der gesamte „Ort"! Am Hause, wo der *Irish man* wohnte, klopfte ich an und wurde hineingebeten. Ich war dem Manne kein Unbekannter, wir hatten uns vor einigen Wochen in Whitehorse kennengelernt als er Lebensmittel holte. Lange Jahre lebte der „Einarmige" dort. Vor Jahren, als er sich auf Entenjagd mit seinem kleinen Boot befand, verlor er durch Unvorsichtigkeit seinen rechten Unterarm. Heute hat der Ire zwei Pferde und schleppt das von den Halbindianern geschlagene Holz ans Ufer und findet so seinen Unterhalt. Ich blieb über Nacht bei ihm, aber es wurde Mitternacht, ehe wir in die Decken krochen. – Zum Frühstück gab es Rentierfleisch. Es war das erste Mal, dass ich das Wildbret des Tundra-Rentieres aß und ich muss sagen, dass es mir ganz ausgezeichnet mundete. Gegen 10 Uhr sagten wir uns *good bye and good luck*, dann war ich wieder auf Fahrt. Der Yukon wurde nun sehr weit, die Inseln wurden immer häufiger. Mehrere Stunden irrte ich in diesem Chaos umher – aber ich hatte Glück. Immer wieder fand ich mich zurecht. Endlich war ich aus dem Schlimmsten heraus. Ich fuhr in schnellem Wasser dicht am linken Ufer. Eine senkrechte hohe Felsenwand stand im Wasser. Als ich um eine sehr scharfe vorspringende Felsnase kam, hörte ich Rauschen und sah 100 Meter vor mir hohe Wellenberge. Zwischen Insel und Ufer spannte sich eine Breite von 40 Metern. Genau in der Mitte auf diesem Kanal sah ich wie sich die Wellen teilten, also musste dort ein großes Hindernis liegen, ein Felsen oder dergleichen. Plötzlich war ich in rasendem Strudelwasser. Irgendjemand hatte mir von „Hellsgate", dem Höllentor, oberhalb von Fort Selkirk erzählt. Das musste es sein! Mittagsrast machte ich nicht, da ich noch vor Dunkelheit Fort Selkirk erreichen wollte. Inseln und immer wieder Inseln und schon rannte ich in schneller Fahrt auf Steine, das Boot drehte sich und legte sich leicht zur Seite. Mit einem Satze war ich heraus, stand im flachen Wasser und hielt mein Boot. Mit kritischem Auge übersah ich die Situation – da war nichts zu machen, als das Boot über die Steine zu zerren. Mühsame Arbeit war es, das Boot über die Steine zu bringen. Aber es gelang! Das Wasser wurde tiefer und ich gondelte weiter. Kaum war ich im Boot, da sah ich in nicht weiter Ferne am linken Ufer das Fort Selkirk. Leute standen am Ufer. Sie hatten mich bereits bemerkt. Die Landung klappte gut. Einer der Leute war ein Beamter der „Mounted Police", die anderen Indianer. Die übliche kurze Begrüßung fand statt, natürlich auch die Frage nach dem Woher und Wohin? Der vielen Indianerhunde wegen, die nachts lose herumlaufen, gab der Polizist den Rothäuten Anweisung das Boot zu entladen und alles nach dem „Store", dem Laden, zu bringen. Die bedauernswerten halbverhungerten Hunde hätten alles Mögliche und Unmögliche gefressen oder zumindest zerfressen. Im „Store" wurde ich von einem Amerikaner und einem Schotten freundlich begrüßt und natürlich zum Bleiben aufgefordert. Als ich dann mein kleines Erlebnis vom Höllentor zum Besten gab, da lachten alle einstimmig laut auf und der alte Skoffield, der Schotte, meinte, dass ich nicht der erste sei, dem dieser *„Son of a bitch"*, der Hundesohn, ein Schnippchen schlug. Als ich dann im Laufe der Unterhaltung den Leuten erzählte, zu welchem Zwecke ich gekommen sei und dass ich mich bereits das neunte Jahr in den Wildnissen des Nordens herumtrieb, sah ich es an den Gesichtern meiner Zuhörer, dass sie mich für kein „Greenhorn " hielten. Sieben Tage brauchte ich zu der Fahrt von Whitehorse bis Fort Selkirk und hatte eine Entfernung von ungefähr 600 Kilometern zurückgelegt. – Fort Selkirk ist Telegraphenstation. Der Beamte berichtete noch am selben Abend nach Whitehorse, dass der Mann, Bootnummer so und so, eingetroffen sei. Als Antwort kam: *„Much more such good luck for this fellow"* – noch mehr solch gut Glück für den Mann! – Ich freute mich. – Zwei „Stores", eine kleine Missionsstation, drei weiße Familien und etwa acht indianische Blockhütten, das ist Fort Selkirk. Und doch ist dort zu Zeiten reges Leben. Im Sommer sind es die Reisenden, die die Dampfer verlassen, um Kuriositäten als Erinnerungen in den „Stores" zu kaufen und im Winter sind es Trapper, die ihre Pelze verkaufen oder gegen Lebensmittel eintauschen und das Fort beleben. Viele Hunderte von Kilometern kommen die Pelztierjäger, Weiße und Indianer, aus allen Richtungen mit ihren Hundegespannen. Dann ist im Fort, wenn die Geschäfte erledigt sind, eine wüste Zecherei. Der Erlös für die Pelze, die Entlohnung für lange und harte Arbeit ging hier oft drauf. Hunderte von Trappern lernte ich kennen, nur wenige von ihnen verstanden ihr Geld beisammenzuhalten. Sie leben ja zumeist allein ohne Frauen oder in wenigen Fällen mit einem Partner zusammen. Was tut es, wenn sie im Fort oder sonst wo in einem „Store" alles vertrinken oder verspielen? Verwöhnt sind diese harten Gesellen nicht. Wild, Wildgeflügel, Fische und Waldbeeren gibt es in Menge, Hunger zu leiden braucht keiner, vorausgesetzt, dass der Mann lange genug im Lande ist.

Nach dem Abendbrot im gemütlichen Wohnraum im „Store" saßen wir, die beiden „Storekeeper", die Frau des Amerikaners, der Polizist und ich bei einer Flasche „Scotch". Vor allem erkundigte ich mich, wie die vielen Skelette von Tundrarentieren in die Ingersoll Inseln oberhalb Selkirks, die ich dort sah, kamen. Ich erhielt den Bescheid, dass große Herden von Rentieren – viele Tausende seien es gewesen – auf ihrem Rückmarsch nach Osten gegen Ende Mai in das Treibeis des Flusses geraten seien und ein großer Teil von den bedauernswerten Tieren dabei vom Eis zerquetscht wurde. Wochenlang hätten Seeadler und Bären an den Kadavern ein Fest gehabt. Ich hatte über die großen Wanderungen der Tundrarens gehört und gelesen. Wie oft kommt es vor, dass Flussdampfer halten müssen, um die den Yukon durchschwimmenden Rens hindurchzulassen. Die Herden zählen oftmals Hunderttausende von Köpfen, manchmal geschlossen, dann wieder mal in Trupps. Je stärker die Herde ist, um so weniger können die Tiere Hindernissen ausweichen. Ausführlich von diesen Wanderungen will ich später erzählen, denn ich selbst konnte ein derartiges Naturschauspiel erleben! –

Anhand meiner Karte erklärte ich meinen Zuhörern, wohin ich wollte. Der Polizist und der Amerikaner kannten jene Gegend. Bedenklich erschien es den beiden. Mir wurde erklärt, dass am Pelly River ein etwa neun Kilometer langes „Canon" sei. Das ganze „Canon" sei eine gefährliche Stromschnelle, aber wenig Gelegenheit sei gegeben am Ufer zu laufen, da die Felswände an beiden Ufern senkrecht abfielen, immerhin hätte ich aber insofern Glück, als noch kein Hochwasser sei. Das Boot dort hindurch zu „staaken" sei einfach nicht möglich, da die Strömung mindestens 20 Kilometer in der Stunde beträgt. Der McMillan River dagegen sei ein ruhiger und träger Fluss, aber auch dort solle es eine Unmenge von „Quicksandbänken" geben. Gutgemeinte Ratschläge wurden mir gegeben. Eines musste ich noch versprechen, mindestens eine Keule von einem feisten Bergschaf mitzubringen, wenn ich gesund wieder zurückkäme! Das sicherte ich zu. – Ein weiß überzogenes Bett wurde mir für die Nacht angeboten und ich schlief fest auf so ungewohntem Lager. Nach dem Frühstück wurde mein Boot wieder geladen – dann *„good bye and good luck!"*

FURCHTBARE STRAPAZEN AM PELLY RIVER

Es war 10 Uhr als ich vom Ufer abstieß. Der Yukon-Fluss bei Fort Selkirk ist ungefähr 900 Meter breit. Ich musste hinüber an die andere Seite nach der Mündung des Pelly Rivers. Mit angestrengter Kraft ruderte ich an das jenseitige Ufer, wo ich zuerst einmal an Land ging. Ich hatte eine 80 Meter lange feste Leine mit. Ein Ende davon wurde vorn, das andere hinten am Boot befestigt. Die so verdoppelte Leine hing über meiner Schulter. Ich zog stark an und mein Boot ging hinaus in den Fluss. Man kann bequem am Ufer laufen und gegen den Strom das Boot hinter sich herziehen. Ja, wenn nur nicht die vielen Hindernisse wären! Felsblöcke und gestürzte Bäume, die in den Fluss hängen. Manchmal kam man darunter hinweg, ein andermal ist es besser, wenn man die Leine einzieht und um diese Hindernisse herumrudert. Wenn die Strömung zu stark ist, dann ist es unmöglich das Boot herumzubringen. Vielleicht kann man mit Hilfe der Axt den Weg „säubern". Jedenfalls ist das Ziehen eines Bootes für lange Strecken eine Arbeit, die man selbst einem Feinde nicht wünscht! „Linen" ist eine fürchterliche Arbeit! – Langsam nur kam ich vorwärts, die Strömung war sehr stark, infolgedessen musste ich alle Kraft anwenden das Boot, das etwa 15 Meter weit draußen war, vorwärtszubringen. Weit kam ich nicht, da musste ich meinen „Riverteufel" einziehen. Genau dem Fort Selkirk war ich gegenüber, als ich mein Mittag verzehrte. Ich sah einige Leute mir zuwinken. Ich war trostlos, dass ich gleich am Anfang so schwer zu kämpfen hatte. Bald war ich wieder an der Arbeit. Endlich war ich in der Mündung des Pelly Rivers. Wiewohl ich schon vollständig matt war, ruhte ich nicht. Weiter ging es, den Pelly hinauf. Für 300 Meter ging es gut, dann sperrten mir für eine lange Strecke vom Ufer hängende Bäume den Weg. Ich zog mein Boot ein und schlug im schützenden Walde mein Nachtlager auf. Eben wollte ich anfangen Feuerholz zu schlagen, als ich an der anderen Seite einen Schwarzbären sah. In langsamer Gangart lief der Mittelbär hin und her. Plötzlich krachte ein Schuss, der Bär fuhr herum und in voller Flucht bekam Petz die zweite Kugel, was ich deutlich am Zeichnen sah. Dann war er im Walde verschwunden. So sehr ich auch umherblickte, ich konnte den Schützen nicht sehen. Nach fünf Minuten kam ein Indianer in einem Birkenrindenkanu am jenseitigen Ufer und ging an Land. Er suchte den Anschuss. Bald darauf fielen zwei weitere Schüsse. Nach kurzer Zeit kam der Indianer wieder heraus, bestieg sein Kanu und stakte flussaufwärts. Ich gab mich nicht zu erkennen. Ganz in meiner Nähe fand ich eine Menge frisch begangener Schneehasenwechsel im dichten Weidengestrüpp. Ich musste daran denken für mich Nahrung zu besorgen. Großwild wollte ich auf der Reise nicht schießen, da ich es nicht verwerten konnte. – Trockenes Holz war vorhanden, auch der Platz war windgeschützt. Nachdem das Feuer in Gang war, zog ich mich um und hing meine nassen Kleider zum Trocknen auf. Zehn Pfund Speck hatte ich im Fort Selkirk gekauft. Als Ausgleich für die großen Strapazen des Tages wurde ein ansehnliches Stück im Tiegel leicht angebraten, dazu ein kleiner Topf Reis und das einfache, aber kräftige Mahl mundete mir ganz ausgezeichnet. Bis gegen 11 Uhr saß ich rauchend und Tee trinkend auf dem aufgelegten grünen Fichtenreis am Feuer und legte mich bald zur Ruhe. Als ich aufwachte graute bereits der Morgen. Ich bereitete schnell mein Frühstück und hörte unterhalb vom Lager lautes Plantschen im Wasser. Vorsichtig pirschte ich hinaus und sah einen leidlichen Grizzlybären den Fluss nach der anderen Seite durchschwimmen. Andauernd sicherte er zu mir herauf, er musste wohl Wind bekommen haben. Als er drüben an Land kam, ging er flüchtig in den Wald. Ich schoss nicht, da ich hoffte, später noch einige wirklich gute Bären erlegen zu können. Es mussten starke Exemplare mit guter Behaarung sein. Vor Mitte Oktober ist die Decke nicht in gutem Winterhaar. Erst im Frühjahr, in den ersten vier Wochen nach seinem Winterschlafe, ist die Decke wirklich vollwertig. Die meisten Herrenjäger, die nach dem Norden Kanadas kommen und nur auf Bär waidwerken, kommen im Mai mit ihren Führern dorthin. Dem Fremden winkt nur Erfolg, wenn er einen guten Führer hat und diese sind dünn gesät. Die wirklich guten „Guides" sind es aber wert gut bezahlt zu werden.

Die lange Leine hing mir wieder über den Schultern. Weit draußen „linte" ich das Boot, es ging ganz leidlich für etwa einen Kilometer. Dann musste an das andere Ufer übergesetzt werden, wo ich wieder für eine ganze Strecke Weiterkommen hatte. Stück um Stück erkämpfte ich mir den Weg aufwärts. An der nächsten Krümmung des Flusses sah ich Rauch aus dem nahen Walde aufsteigen und im selben Moment kläfften Hunde. Zwei Frauen und fünf bis sechs Kinder eilten aus einem kleinen Lager, blieben aber scheu am Waldrande stehen. Mit erhobenem Arm grüßte ich und die Rothäute erwiderten den Gruß. Dann fuhr ich weiter aufwärts. Als ich beim Mittagessen saß, stellte ich fest, dass ich schon neun Kilometer geschafft hatte und war stolz auf meine Leistung. Nur mit großer Mühe kam ich weiter vorwärts. Abends 9 Uhr, es war schon finster, machte ich an einer geschützten Uferseite halt. Das Boot lag festgemacht in einer kleinen Buhne. Nach dem Essen hörte ich heftiges Schlagen am Boote. Was konnte das sein? Ich war nicht wenig erstaunt zwischen Boot und Ufer eine Menge großer Fischschwänze aufgeregt schlagen zu sehen. Lachse! Die Ruder lagen am Ufer. Ohne unnötige Bewegungen zu machen, nahm ich eins auf und schlug kräftig damit auf die Fischrücken. Sofort sah ich „weiß" und mit schnellem Griff flogen zwei starke, etwa 25 pfündige Lachse heraus. Dann kam Leben in das Wasser, das nun hoch aufspritzte. Woher die Lachse um diese Jahreszeit noch kamen, war mir ein Rätsel. Im Frühjahr, wenige Wochen nach Eisausgang aus den Flüssen, zieht dieser Salmonide aus dem Pazifischen Ozean hinauf in Ströme und Bäche zum Laichen. Zu Hunderttausenden kommen sie in dicht gedrängten Scharen, oft Tausende von Kilometern weit. In kleinen Bächen schwimmen sie dann oftmals so dicht, dass sie sich buchstäblich herausdrängen. Meist sind es bestimmte Flüsse, die diese Fische von den Hauptströmen aus annehmen. Das wissen nicht nur die in der Nähe wohnenden Indianer und Trapper, das wissen auch die Bären! Es scheint Petz Spaß zu machen, denn ich sah mehrmals, wie er stundenlang im seichten Wasser stand und einen Fisch nach dem andern in großem Bogen hinausbeförderte, ich glaubte sogar am Gesicht des Bären ein „Grinsen" zu bemerken. Ein Schauspiel steht mir besonders in Erinnerung. Anfang Juli, als ich zum Nichtstun in Whitehorse verurteilt war und einen zweitägigen Ausflug ins Gebirge machte, da hörte ich in nicht allzu weiter Entfernung das „Klatschen" eines Bären im Wasser eines kleinen Baches. Mit gutem Winde ging ich dem Geräusch nach. Da stand eine alte Grizzlybärin im seichten Wasser. Klatsch, da kam ein Lachs im Bogen heraus und hinter einem großen Haufen von Schwemmholz schossen zwei sechs Monate alte Jungbären auf den schlagenden Fisch los. In unbeholfenen Sprüngen tanzten sie um den Lachs herum. Endlich fasste einer Mut, packte zu, um ebenso schnell wieder loszulassen. Dann rollten sich beide voller Behagen auf den Fisch. Die alte Grizzlybärin, die mit dem einen Auge das Wasser beobachtete, mit dem anderen ihre beiden Sprösslinge, grunzte voller Behagen. Es dauerte nicht lange da landete die Alte wieder einen sehr starken Lachs. Dasselbe Theater wiederholte sich. Innerhalb einer Stunde kamen elf Lachse an Land und nicht ein einziges Mal sah ich einen Fehlschlag. In jener Beobachtungsstunde sah ich nicht, dass die Kleinen an den Fischen gefressen hätten. Seeadler, die sich zur Zeit des Lachszuges besonders häufig in jenen Gegenden einstellen, Füchse, Vielfraße und Nerze lassen nichts umkommen. – Da der Wind umschlug und die Bären nicht mehr als 70 Meter von mir ab waren, verließ ich den interessanten Schauplatz. – Im Herbst, so gegen Ende August, haben die Lachse abgelaicht und sterben ab. Die noch gut erhaltenen Stücke werden von den Bären verzehrt, alles andere bleibt liegen und die ganze Gegend stinkt nach faulenden Fischen.

Doch nun wieder zurück zum nächtlichen Lager am Pelly River. Zwanzig Pfund Mehl, fünf Pfund Reis, zehn Pfund Zucker, zwei Pfund Tee und zehn Pfund Speck waren die gesamten Lebensmittel, die ich hatte – außer Salz –, und davon musste ich bis Ende September leben. Es würde zu weit gehen und ich könnte Gefahr laufen den Leser zu langweilen, wollte ich jeden einzelnen Tag aufzeichnen. Am siebenten Tage nach dem Verlassen des Fort Selkirk, kam ich am Auslauf des „Cranite Canons" an und rastete dort einen Tag. 120 Kilometer war ich in den sieben Tagen von Fort Selkirk den „Pelly" hinaufgezogen. Das brachte Strapazen mit, von denen der Fernstehende keine Ahnung haben kann. Tag für Tag watete ich im Wasser vom frühen Morgen bis zum späten Abend, um das Boot gegen den schnellen Strom zu ziehen. Unzählige Male musste ich den Fluss kreuzen, um Fuß zu fassen, musste Bäume und Sträucher mit der Axt beseitigen, um vorwärtszukommen, kurz – es war eine ungeheure Arbeit. Meine Füße und die Beine bis zum Knie waren förmlich ausgelaugt vom Wasser, ja sogar geschwollen. Lederschuhe benutzte ich bei dieser Arbeit nicht, trug nur alte Mokassins und darüber alte Gummihalbschuhe. Leder wäre sicher hart geworden und hätte mir die Füße wund gerieben. Noch war ich nicht am Ende meiner Reise.

Es war ein kalter Frühmorgen, Reif lag im Tale, als ich die Leinen wieder über die zerschundenen Schultern nahm und aufwärts zog. Für eine kurze Strecke kam ich gut vorwärts, dann musste ich zur anderen Seite übersetzen. Mit aller mir zur Verfügung stehenden Kraft schwang ich die starken Ruder, um ja nicht in der gewaltigen Strömung zu weit abgetrieben zu werden. Verstreute Felsblöcke, an denen sich das tobende Wasser brach, musste ich geschickt umfahren, damit ich an ihnen nicht zerschellte. – Die Überfahrt glückte. Was ich dort in dieser Stromschnelle geleistet habe, möchte ich nicht noch einmal wiederholen. Mein Boot zog ich an einer passenden Stelle an Land und machte es fest.

Ich saß am Kahn auf einem großen angeschwemmten Fichtenstamm – vollständig hin! Der ganze Körper zitterte. Warum musste gerade ich mich so schinden und quälen? O, der verfluchte Mammon[24]! Eine andere Stimme sagte mir: „Halte durch, du hast schon manches gesehen, was dem anderen trotz seines Mammons nicht gegeben ward! Halte durch! Erst später wirst du wissen, warum du es schwer hattest und warum du es getan!" Ich hörte auf die letzte Stimme. Neuer Mut erwachte in mir. Aber weiter kam ich an dem Tage nicht. Mühsam schleppte ich mich in den

---

24   Anm. des Verlags: Geld als (leidige) materielle Voraussetzung für etwas.

Uferwald, für einen Lagerplatz war es gerade recht. Zuerst wurde Feuer gemacht, dann holte ich mir notwendige Sachen vom Boote. Auf das Zelt verzichtete ich bei dem klaren Wetter. Nach dem Essen, bei dem ich fast einen ganzen Schneehasen „auffraß", saß ich auf dem frisch gebrochenen grünen Fichtenreis. Alle Glieder schmerzten heftig von der mächtigen Anstrengung. Ich machte einige Aufzeichnungen ins Notizbuch. Vier Grau- oder Unglückshäher, *Pewisoreus canadensis*, die mich vielleicht schon lange beobachtet hatten, sahen „Fleisch" und waren im Nu um mich herum. Kichernd kamen sie heran und schleppten das stückweise vorgeworfene Gescheide fort. Diese dreisten Spitzbuben unterhielten mich wenigstens. Oft bin ich diesem frechen Gesindel gram gewesen. Wenn ich irgendwelche Speisen – ja sogar Seife – unverdeckt im Lager oder selbst im Zelte zurückließ, fand ich immer nach Rückkehr die Sachen entweder verschleppt oder zumindest zerhackt vor. Sowie beim Jäger im Walde das Echo des Schusses verhallt ist, dann sind diese Vögel da! Dort zu Lande nennt man sie auch „Moosebirds" – Elchvögel, da diese Vögel auch Elchwild verraten. Schäkernd fliegen sie dann von Zweig zu Zweig, wo sich Elchwild niedergetan hatte. – Als die Sonne hinter den Bergen verschwunden war, trat an der anderen Seite des Flusses, genau mir gegenüber, eine Schwarzbärin mit zwei Jungen aus. Alle drei suchten dicht am Ufer tote Fische, zogen abwärts und waren bald meinen Blicken entschwunden. Kurz darauf kam ein leidlicher Elchschaufler, noch im Bast, aus dem Walde, ging bis an den Bauch ins Wasser und schöpfte. Ab und zu verhoffte er. Plötzlich heulte ein Rudel Timberwölfe einen halben Kilometer oberhalb, worauf der Schaufler kurz kehrtmachte und in scharfem Troll im Walde verschwand.

Die Dämmerung brach herein, mehrere Uhus riefen in unmittelbarer Nähe meines Lagers. Ein Fuchs bellte über mir in den Bergen und kurz darauf erscholl das hohe, langgezogene Heulen eines Präriewolfes. Das ist Musik für ein Jägerohr! Die Dämmerung wich totaler Finsternis. Ein klarer Sternenhimmel stand über mir. Die Nacht wurde kalt. Am nächtlichen Firmament fing es an zu zucken, wie Strahlen sahen die hin- und herfahrenden Lichtblitze aus, bizarre Formen entstanden und verschwanden. In allen Regenbogenfarben erschienen die Lichtstrahlen, die Eskimos putzten ihre Lampen! Nordlicht! Im August ist das Nordlicht eigentlich eine seltenere Erscheinung – das konnte nur Wetterwechsel bedeuten. Lange hatte ich wach gelegen und mich am Anblick des Nordlichtes ergötzt.

Dann verschlief ich traumlos die Nacht. Nach dem Frühstück packte ich das Boot zurecht. Es war erst 6 Uhr, als mich ein schöner, aber kalter Reifmorgen „linen" sah. Plötzlich ein starker Ruck: der Kahn saß fest und dazu noch 30 Meter weit draußen! Das war eine schöne Bescherung. Das Wasser war sehr tief, also musste ein großer Felsblock das wasserüberdeckte Hindernis sein. Ich mochte ziehen soviel ich wollte – das Boot saß fest. Eine halbe Stunde quälte ich mich ab, dann zog ich meine Kleider herunter und stand im Adamskostüm am bereiften Ufer. Verteufelt noch mal, war das Wasser kalt! Langsam kühlte ich mich ab und hinein. Schnell war ich dort hinüber, rauf auf den Felsen, dem Boot einen Schwung gegeben und eiligst schwamm ich zurück. Mit meiner wollenen Jacke rieb ich mir den Körper warm und trocken und versuchte so schnell wie möglich wieder in die Kleider zu kommen.

AM EINGANG DER PELLY-RIVER-STROMSCHNELLEN

2 Uhr nachmittags war es, als ich durch diese zweite Schnelle hindurch war. Völlig erschöpft saß ich auf einem Stein am Ufer. Den ganzen Tag schuftete ich mich ab, so dass ich förmlich dampfte von dieser mörderischen Arbeit. Endlich konnte ich an einer passenden Stelle am Ufer landen. Eine Gruppe alter Schirmfichten stand windgeschützt unweit im Walde, trockenes Holz war auch in Menge vorhanden. Ich bildete mir ein mein Tagewerk getan zu haben und machte „Camp". In einer Stunde hatte ich alles zurecht, frische Kleider auf dem Leib, die durchnässten „Lumpen", denn solche waren es in Wirklichkeit nur noch, hingen zum Trocknen am Feuer. Nachdem ich eine reichliche Mahlzeit von Lachs, gekochtem Reis und Tee verzehrt hatte, bummelte ich mit dem Kleinkaliber in der Nähe des Lagers. Nach zwei Stunden kam ich mit zwei Schneehasen und drei Weidenhühnern zurück. Im letzten Büchsenlicht erschien ein schwacher Grizzlybär und fast zu gleicher Zeit oberhalb ein sehr starker Schwarzbär. Beide traten kurze Zeit unruhig am Ufer hin und her, um bald darauf im Walde wieder zu verschwinden. Später folgte dann, wie üblich, das „Konzert" der vielen Uhus. Ich lauschte den Stimmen die aus den Bergen, aus dem Urwalde zu mir sprachen.

Kälte weckte mich aus dem traumlosen Schlaf. Das Feuer glomm noch und bald schossen die Flammen hoch auf. Als ich gefrühstückt und das Boot fertig hatte, stieg der Morgen über das bereifte Ufer. An ruhigen Wasserstellen hatte sich bereits dünnes Randeis geformt. Bald nach dem „Start" musste ich wieder im Wasser watend den Kahn hinter mir herziehen. Es wurde nochmals ein anstrengender Tag – aber 4 Uhr nachmittags war ich durch die neun Kilometer langen Stromschnellen des Cranite Canon! Das Hoffnungsbarometer stand hoch, deutlicher sah ich wieder das Ziel! Das Allerschwerste des langen Weges hatte ich hinter mir.

CRANITE-CANON-STROMSCHNELLEN AM PELLY RIVER

Am wildromantischen McMillan River

An einem regnerischen Nachmittag kam ich an der Mündung des McMillan River an. Am linken Ufer, an dem ich mich befand, stand ein sehr kleines, unbewohntes Blockhaus. Ich ging hinauf und sah es mir an. Ein quadratischer Bau, etwa zwei Meter lang und breit. Drin konnte ich eben stehen, ohne das Dach zu berühren. Der Bau konnte nicht älter als zwei Jahre sein. Die Zwischenräume der Klötzer waren nicht, wie üblich, mit Moos verstopft. Von innen konnte man hindurchsehen, an Stellen sogar den Arm hindurchschieben. Als Eingang diente ein Loch von einem Meter im Geviert. Aber das weit vorspringende Dach war sehr sorgsam angefertigt. Das konnte schon viel Regen vertragen, ehe es hindurchregnete. Sachen, die unbedingt trocken bleiben mussten, schleppte ich vom Boot in das Haus herauf und richtete mich häuslich ein. Das Feuer unterhielt ich vor dem Hause, denn ein Feuerplatz oder gar Ofen war nicht drin. Kein Lüftchen regte sich. Drüben im Uferwald des „Pelly" hörte ich es ab und zu brechen, das konnte nur ein Bär sein. Es fing bereits an zu dämmern, als ein mittlerer Schwarzbär drüben aus dem Walde trat und einige Schritte nach dem Ufer kam. Es war ein drolliges Bild, wie der pechschwarze Gesell behäbig auf den Hinterpranken saß und die Nase hoch in die Luft steckte. Ich rührte mich nicht und es war ausgeschlossen, dass mich der Bär äugen konnte. Volle fünf Minuten stand er da, dann trabte er mit hängendem Kopf in den Wald zurück. Lange noch saß ich am kleinen Feuer vor dem Hause. Erst als es völlig Nacht war ging ich hinein und machte „Bett"! Lange konnte ich nicht einschlafen. Aber schließlich siegte die Müdigkeit.

Urplötzlich wurde ich aus festem Schlafe gerissen. Etwas ging an der Vorderwand des Hauses vor. Ein hartes Reiben war zu hören, ich glaubte die schwachen Klötzer zittern zu fühlen. Dort, an der äußeren Hausecke unweit des „Türloches", wo meine Füße waren, stand ein Bär, der sich an dem Holzrahmen in aller Seelenruhe scheuerte, dass es nur so rumpelte! Gerade dort in jener Ecke waren die Zwischenräume zwischen den einzelnen Klötzern groß, so dass ich bequem hätte hindurchlangen können. Wie wäre der arme Bär wohl erschrocken, wenn ich ihm eine Handvoll Haare aus der schwarzen Decke gezupft hätte! Er erschrak aber nicht minder als ich mit aller Kraft an die Wand stieß. Der Bär, der auf den Hinterpranken stand, überschlug sich regelrecht und verschwand in kopfloser Flucht prasselnd im Walde. Und wie ich da gelacht habe! Mit dem Weiterschlafen war es vorbei. Es fing ja ohnehin an Tag zu werden. Ich stand auf, machte ein neues Feuer und kochte mir zuerst einmal Tee. Ein feiner Regen begann und ich beschloss, noch einen Ruhetag zu halten. Nun ging ich und suchte die Umgebung des Hauses ab. Überall standen Zeichen vom Bären. Später, als ich zurück nach Fort Selkirk kam erfuhr ich, dass zwei Indianer vor zwei Jahren das kleine Blockhaus erbaut hatten, es aber nur im Winter benutzten.

Nach dem Frühstück nahm ich die automatische 22 und ging etwa zwei Kilometer den McMillan River hinauf. Ich wollte vor allem sehen, wie die Ufer beschaffen waren. Der McMillan ist das direkte Gegenstück vom Pelly River. Dieser ist ein schnellfließender Fluss, dessen Wasser eine Durchschnittsgeschwindigkeit von etwa neun Kilometern in der Stunde hat, sein Bett ist durchweg steinig. Anders der McMillan. Sehr weit ist das Tal, in dem der reißende Fluss seinen Weg bahnt. Die Uferbänke sind bis an die Berge heran mit einem wunderbaren Fichtenwald bedeckt, in dem die Bäume in der geschützten Lage eine beträchtliche Stärke erreichen. Auch Schwarz- und Weißpappeln sowie Birken sind zu finden. In unzähligen Windungen fließt träge das Wasser, wohl kaum mehr als drei Kilometer in der Stunde. In den bewaldeten weiten Bänken sind größere und kleinere Sümpfe, Wassertümpel und Seen überall zu finden. Dort in den mit Weiden umgebenen Niederungen tritt der Biber recht reichlich auf. Selbst am McMillan, dort wo Weiden und Pappeln stehen, findet man ihn. Überall am Ufer entlang lagen Teile von Bäumen und Sträuchern, die vom Biber geschnitten waren. Auch der Nerz ist an jenem Flusse noch zahlreich. – Als ich zwei Kilometer den Fluss hinaufgegangen war, kannte ich die Beschaffenheit der Ufer. Es würde unzählige Male notwendig sein, den Fluss zu kreuzen, damit ich am Ufer entlanglaufen könnte. Dann folgte ich einem kleinen Bach wohl eine halbe Stunde, dann ging es steil einen Hang bergauf. Ein wunderbarer Rundblick bot sich von dort. Unter mir breitete sich das weite Tal des McMillan mit seinen ungeheuren Fichtenwäldern aus. Wie mancher Elch, Bär und Wolf mochte dort wohl stecken. Unweit in nördlicher Richtung erhoben sich die Berge des McMillan Ranges, in nord-nordöstlicher Richtung, in noch weiter Ferne zeigten sich die höchsten Spitzen des ehemals vulkanischen McArthur-Gebirges. Im Osten waren die Felsengrate des Kalzas-Gebirges und wie ein Monarch übersah der Clark Peak den „Range". Eine halbe Stunde saß ich dort oben und konnte mich nicht satt an dem wundervollen Panorama sehen. Kein Laut war zu hören, der auf Menschen oder deren Siedlungen hätte schließen können. Viele Hunderte von Kilometern gegen Nord, tausende gegen Nordwest, West und Südwest mochte ein Jäger wandern, ohne auf menschliche Siedlungen zu stoßen, vielleicht hier und dort eine Indianerfamilie oder ein weißer Trapper. Am Nachmittag kam ich zurück und brachte für die „Küche" einen Schneehasen, vier Weiden- und drei Fichtenhühner mit. Als ich bei völliger Dunkelheit vor dem Hause saß und mir mein Abendmahl zurechtmachte fühlte ich, dass die Nacht empfindlich kalt werden würde. Mit Grauen dachte ich an die kommenden Tage wo ich, in dem kalten Wasser watend, das Boot hinter mir herschleppen müsste! Aber schließlich ist ja heute nicht morgen und morgen nicht heute! Wie lange würde es noch dauern, dann würde ich am Ziel sein. Hoffentlich würden mich hohe Waidmannsfreuden für die unmenschlich harte Arbeit belohnen!

Es war der zweite Tag als ich fluchend in dem tückischen Schwemmsand des McMillan im Wasser watete und meinen Kahn hinter mir mit der Leine herzog. An einer weit vorspringenden Landzunge setzte ich über. Einen besseren Lagerplatz konnte ich mir nicht wünschen als ihn der dichte Fichtenwald, der sich am Ufer hinzog, bot. Innerhalb von zehn Minuten war das Zelt aufgebaut. Bald kochte der Tee und nach dem „lunch" saß ich auf den Schlafdecken im Zelte und studierte die Karte. Vor dem Zelteingang glomm das Feuer und schickte seinen Rauch gerade in die Höhe. Unweit des Zeltes schimpfte ein rotes Eichhorn, doch beachtete ich es anfangs gar nicht. Das Eichkatzel wurde immer lauter und ich konnte deutlich hören, wie es aufgeregt an dem Stamm des Baumes auf- und niederrannte. Das konnte nicht ein Raubvogel sein, der irgendwo aufgeblockt war, vielmehr nahm ich an, dass da irgendein vierfüßiger Räuber umherstreiche. Vorsichtig schob ich den Kopf aus dem Zelteingang, den fertigen Drilling in der Hand. Donnerwetter noch einmal! Da stand ein leidlicher Schwarzbär unter dem Baume, wo das schimpfende Eichhorn saß. Hoch aufgerichtet stand der Kerl auf den Hinterpranken und schnüffelte zum Zelt herüber. Der Bär war vielleicht 25 Meter von mir entfernt. Langsam glitt der Drilling aus meiner rechten Hand, dafür kam der fast noch halb gefüllte Teepott, der dicht am Zelt stand, in meine rechte Vorderpranke. Mit einem Satz war ich auf meinen langen Hinterläufen und in großem Bogen flog der Teekübel in die Richtung des Bären. Wie war dieser arme Teufel erschrocken! In seinem ersten Schreck rannte er einen Weidenstrauch um, dann ging es in rasender Flucht waldeinwärts, dass das Fallholz nur so krachte!

Die Wälder des McMillan bergen eine Menge von Schwarzbären; denn nur selten kommt ein Mensch in jene Gegend.

AUF DER ELCHFÄHRTE IN DEN McMILLAN-NIEDERUNGEN

Als ich am Morgen erwachte regnete es. Im Laufe des Vormittags mischten sich in den eiskalten Regen Schneeflocken. Ich beschloss am Lager zu bleiben. Kurz vor 11 Uhr hörte ich es auf der anderen Seite des Flusses im Wasser stark plantschen. Neugierig schob ich mich aus dem Zelte um zu sehen, wer der Urheber zu dem Geräusch war. Wie elektrisiert fuhr ich zurück, griff nach dem Drilling mit der linken Hand und die rechte kramte in den Taschen nach Kugelpatronen. Dort drüben stand ein sehr starker Elchschaufler und plantschte mit den Vorderläufen im Wasser. Eben war ich im Begriff aus dem Zelte zu kommen, da prasselte es drüben im Unterholze. Der Schaufler hatte Wind bekommen und trollte ab. Ärgerlich fluchte ich vor mich hin, was den Elch aber auch nicht zurückbrachte. Vertraut mit den Eigenarten des Elchwildes nahm ich an, dass der Schaufler nicht allzu weit flüchten, sondern in angemessener Entfernung sicherlich länger verhoffen, wenn nicht gar im großen Bogen in die Nähe der Störung zurückkommen würde. Schnell entschlossen lief ich zum Ufer, entlud meinen „Riverteufel" und fuhr über den Fluss. Die Eingriffe des Elches fand ich schnell und konnte sie anfangs auch im Walde gut halten. Je weiter ich aber der Fährte im weichen Moosboden nachging, umso schwieriger wurde es, da der Boden immer trockner wurde. Nur mühsam fand ich hier und dort die Eingriffe der breiten Schalen. Über eine steinige Kuppe war der Schaufler im Schritt gezogen, hatte Widergänge gemacht und die Richtung an der Bergseite flussabwärts eingeschlagen. In diese Schilf- und Rohrwildnis war der Elch eingewechselt. Die Fährte war jetzt leicht zu halten, dafür hatte ich aber in dem hohen Röhricht kein Gesichtsfeld. Ich war noch nicht lange in dem Schilf, als ich plötzlich an einen kleinen See kam, in dem mit der Kelle auf das Wasser schlagend einige Biber wegtauchten. Im selben Moment prasselte es etwa 50 Meter vor mir und schon sah ich die massigen Schaufeln des Elches. An ein Schießen war nicht zu denken, da der Elch völlig gedeckt linksseitlich von mir weg flüchtete, und zwar der Berglehne zu. Mit fertigem Gewehr stand ich auf etwas erhöhtem Platze und beobachtete den abtrollenden Urwaldriesen. Etwa 150 Meter vor mir blieb der Schaufler in dichtem Weidengestrüpp stehen und die Lage der Schaufeln zeigte, dass er nach mir herübersicherte. Mit dem gestochenen Drilling im Gesicht erwartete ich das Erscheinen des Elches. Lange musste ich warten. Endlich, langsam drehten sich die Schaufeln, noch ein kurzes Verhoffen, dann kam der Elch in schaufelnder Gangart durch einige weit auseinanderstehende Schwarzkiefern. Raus war der Schuss. Den Elch konnte ich nur einige Augenblicke sehen, dichter Unterwuchs entzog ihn weiter meinen Blicken. Ein Zeichnen hatte ich nicht gesehen, nur dumpfen Kugelschlag gehört. Das alles spielte sich so schnell ab, dass ich nicht sagen konnte, wo ich abgekommen war. Auf einem gefallenen Fichtenstamm sitzend rauchte ich eine Beruhigungszigarette. Auf dem Anschuss fand ich scharfe Schaleineingriffe, kein Schweiß und nur wenig Schnitthaar. Erst zehn Meter vom Anschuss fand ich ein wenig dunklen Schweiß und Panseninhalt. Verfluchte Schweinerei! In dem dichten, mit starken Fichtenanflug verwachsenen Windbruch konnte ich kaum mehr als zehn Meter weit sehen. Also warten! Nach einer Stunde ging ich der Rotfährte weiter nach. Der Schweiß ließ nach, der Panseninhalt verstärkte sich. Plötzlich brach es in einem wüsten Windfall, der Schaufler war nur 50 bis 40 Meter vor mir. Doch konnte ich ihn nicht sehen. Ich prägte mir die Richtung ein, in der der Elch forttrollte. Er ging immer an der Bergseite lang, und zwar flussaufwärts meinem Zelte zu. Ohne lange zu überlegen, kletterte ich an der Bergseite hinauf, in der Annahme, eventuell den dichten Windbruch, in dem der Elch fortzog, von oben einsehen zu können. Zeit war nicht zu verlieren, falls der Elch noch am selben Tage zur Strecke kommen sollte. Auf einer felsigen Erhöhung machte ich halt, wo die unter mir liegende Niederung gut einzusehen war. Unten in den tiefen Wassertümpeln schwammen einige Biber und schoben geschnittene Weidenäste vor sich her. Eine Schwarzbärin mit ihren hoffnungsvollen beiden Sprösslingen, wovon das eine braun, das andere schwarz war, zog auf einem der Biberdämme entlang. Drollig sahen die kleinen Kerle aus. Wenn mal ein Biber platschend mit der Kelle auf das Wasser schlug stoppten die Kleinen und standen auf ihren Hinterpranken. Die Alte kümmerte sich nicht um die Biber. Unter mir, etwa 100 Meter flussaufwärts, wurden einige Unglückshäher laut und schimpften. Dort musste etwas los sein. Vielleicht hatten sie den schwerkranken Elch entdeckt? Voller guter Hoffnung pirschte ich nach dort. Nur langsam kam ich vorwärts. Gerade wollte ich über einen hohen Windwurf klettern, als ich plötzlich, kaum 20 Meter links von mir, ein paar gewaltige Elchschaufeln sah. Wie versteinert verharrte ich in meiner Stellung. Der Elch stand mit hängendem Kopfe und erwartete scheinbar seinen Todfeind Mensch. Der Schaufler musste todkrank sein, sonst hätte er mich nicht so nahe herankommen lassen. Vorsichtig kletterte ich auf den hohen vor mir liegenden Windwurf und bekam den Hals des urigen Riesen frei. Bis über die Knie stand er in einem Wasserloch. Der arme todkranke Schaufler tat mir leid. Es war kein Kunststück das Geschoss auf den Halsansatz zu setzen. Im Knall brach er zusammen.

STARKER ELCH VOM McMILLAN RIVER

Zum Abschluss des Dramas auf der Bühne in Gottes freier Natur hatte das Licht eben noch ausgereicht. Die Dunkelheit kam mit Riesenschritten. Schätzungsweise musste ich vier bis fünf Kilometer vom Zelte sein. Ein Rückweg nach dort war am selben Abend vollständig ausgeschlossen. Und diese Trophäe war es wert, diesem Recken eine lange Totenwacht zu halten. Vor dem massigen Kopfe saß ich auf einem Baumstamm und betrachtete mir die wuchtigen Schaufeln von geraden 20 Enden. Nicht die Endenzahl, sondern die Masse der wuchtigen Schaufeln machte den Wert der Trophäe aus. Der sehr feiste Elch wog schätzungsweise unaufgebrochen zwölf Zentner! – Völlige Finsternis war hereingebrochen als ich mich endlich bequemte, meine rauen Jägerhände von den Schaufeln zu lassen und aufstand, um ein Feuer anzufachen. An trockenem Holz war kein Mangel. Mit Birkenrinde, dünnen Reisern und trockenen Stämmen entzündete ich ein großes Feuer. Wenn ich etwas essen wollte, dann musste ich erst die rote Arbeit am Elch verrichten. Ich brach den Koloss auf, streifte an den Bauchseiten die Decke über und löste mit dem Jagdmesser einige feiste Rippen aus. Salz hatte ich nicht zur Hand und so musste ich wohl oder übel die Rippen ungesalzen am offenen Feuer rösten. Unterdessen schürfte ich im Scheine des Lagerfeuers die Hals und Kopfhaut ab und trennte schließlich den Schädel ab. Endlich war auch mein Hunger gestillt. Mit mir und mit allem, was um mich war zufrieden, hockte ich neben dem Feuer und hoffte, dass ein Wunder geschehen möge, damit die lange, schon empfindlich kalte Nacht ein vorzeitiges Ende finden möge. Doch Wunder geschehen nicht, alles geht seinen Gang. Auch die Nacht ging vorüber. Erst gegen 6 Uhr dämmerte es zum Morgen. Während der schlaflosen Nacht hatte ich den Schädel im Scheine des Feuers gereinigt und zum Mitnehmen fertiggemacht. Ich musste mich bequemen, das einen Zentner schwere „Paketchen" auf den Buckel zu nehmen. Die brennenden Holzscheite warf ich in den Wassertümpel und löschte sie, indem ich mit den Händen Wasser auf die Feuerstelle spritzte. Wie schön, denkt mancher Leser, ist das Erleben, aber … nun musst du auch sechs Stunden lang die Last, das „Paketchen", durch mannshohe Windfälle des Urwaldes, durch Röhricht und Schilf tragen.

Sechs Stunden lang kletterte ich tatsächlich durch Windbrüche, Schilfs und Rohrflächen und kam gegen Mittag am Zelte an. Mein ohnehin wertloser, von Schroten, Kugeln, Schrapnellsplittern und Messern durchlöcherter Balg bekam bei dieser fürchterlichen Kletterei durch die sperrigen Elchschaufeln noch einige Narben ab. Aber, wie so oft, war die unsägliche Schinderei bald vergessen. Ich freute mich nur des Erfolges. Jetzt stehe ich oft vor dem guten präparierten Elchkopf in meinem Jagdzimmer und bin mit meinen Gedanken am McMillan River.

Der nächste Morgen brach klar und frostig an. Um 7 Uhr stand das Boot fertig geladen und erwartete den geduldigen „Zieher". Das Wasser wurde von Tag zu Tag kälter, ich hielt es einfach nicht aus den ganzen Tag in der eisigen Brühe herumzuwaten und musste eine Rast einschieben. Nach der Rast wurde nochmals zwei Stunden „geleint" und dann war Feierabend.

Weitere Tage harter Arbeit kamen. War ich beim Leinen, dann befand ich mich mindestens zwei Drittel der Zeit im Wasser. Von einer Schwemmsandbank zur andern musste ich das Boot ziehen, da die gegenüberliegende Seite steiles Ufer hatte, an dem keine Gelegenheit zum Laufen war.

Unerwartete Begegnung mit einem Menschen

Es war der dreiundzwanzigste Tag seitdem ich Whitehorse verlassen hatte, als ich morgens gegen 8 Uhr um einen langen Bogen des Flusses herumkommend, am gegenüberliegenden Ufer ein Blockhaus sah und übersetzte. Ein geräumiges, gut-aussehendes Motorboot hing gut festgemacht an einem schön angelegten Landungssteg. Meinen Kahn befestigte ich am Motorboot und ging hinauf zum Hause. Nichts regte sich dort, nicht einmal Hunde schlugen an, was sonst bei fast jedem Trapper – denn ein solcher musste es sein – der Fall ist. Die Tür des Hauses war halb offen, ich trat ein und rief mein „hallo!". Im Nebenraum wurde es lebendig, mir wurde in gutem Englisch gesagt, ich solle einen Moment warten. Ein älterer Mann kam aus dem Nebenzimmer, nur halb bekleidet. Er entschuldigte sich, dass er so lange geschlafen habe. Er sei schon wochenlang nicht so recht gesund, was man ihm auch ansah. „Toni" ist mein Name, stellte er sich vor; mein Name ist „Mäc", das war meine Erwiderung. Toni sah, dass ich bis fast an den Bauch durchnässt war. Wortlos ging er zum Ofen und schürte kräftig das Holzfeuer. Dann reichte er mir eine Flasche aus der Ecke, langte vom Tisch eine saubere Kaffeetasse, goss sie bis zum Rande voll und in langen Zügen rann der gute Scotch Whisky durch meine Kehle. Ehe ich mich versah, war mein Wirt mit einem sauberen Hemd und einem Paar Hosen und Strümpfen aus dem anderen Zimmer zurück. Am Ofen, der schon behagliche Wärme ausstrahlte, zog ich mich ungeniert splitternackt aus und legte die sauberen und trockenen Kleider, die mir viel zu klein waren, aber doch sehr behaglich erschienen, um den durchfrorenen Körper. Toni sah bei dem Geschäft des Umziehens mit schmunzelndem Gesicht zu, sagte aber kein Wort und nahm an, dass der blonde Kerl da bestimmt kein „Grünhorn" mehr war. Später bestätigte er mir das auch! – Der Teekessel auf dem Ofen fing an zu summen. Wir saßen auf Stühlen dicht am Wärmespender, rauchten Zigaretten und erzählten viel. Als wir dann zusammen beim Frühstück saßen und ich fertig war mit meinen Erklärungen über mein Ziel, über meine Person selbst und auch ihm gesagt hatte, wie lange ich schon in verschiedenen Teilen Kanadas jage, da reichte er mir die Hand und sagte:

„Du kommst mir wie ein Engel hier hereingeschneit, jahraus jahrein bin ich allein mit mir. Außerdem bin ich jetzt nicht recht gesund, bleibe eine Zeit bei mir. Nicht zu vergessen, die Flasche Scotch, die Du vorhin angetrunken hast, werden wir dann gemeinschaftlich leeren! Ich sagte zu. Acht bis zehn Tage konnte ich dortbleiben. Noch hatte ich Zeit, denn vor dem 1. September wollte ich nicht jagen, da die zu sammelnden Säugetiere im Winterhaar sein mussten.

Im Laufe des Vormittags ging Toni mit einem Kanu den Fluss hinauf, um sein Fischnetz vom nächtlichen Fange zu leeren. Eine volle Stunde war ich mir allein überlassen und ich hatte Zeit, über meine Reise von Whitehorse bis zum Toni nachzudenken. Vor 25 Tagen verließ ich Whitehorse, in den reichlich drei Wochen legte ich etwa 900 Kilometer zurück, davon reichlich 300 Kilometer den Pelly und den McMillan River hinauf. Was hatte ich leisten müssen. Und doch, die Fahrt war schön! Was bot sich nicht alles meinem schönheitsdurftigen Auge. 39 Bären kamen mir in diesen 25 Tagen zu Gesicht. Sehr viel Elchwild konnte ich beobachten und die beiden humorvollen Begegnungen mit den Schwarzbären. Ist dies nicht schon wert, allein eine solche Reise gemacht zu haben? Heut weiß ich es sicher!

Toni kam zurück und brachte mehrere starke Lachse und Hechte mit. Er erzählte mir, dass er schon mehrere hundert große Fische getrocknet hätte, die in knapper Zeit als Hundefutter dienen sollten. Erstaunt fragte ich, wo er denn eigentlich seine Hunde hätte, von denen ich doch noch nichts gehört hätte. Die Hunde habe er etwa 100 Meter vom Hause an einer luftigen Stelle. Einmal seien dort im Sommer die Mücken nicht so zahlreich und dann „stinke" es nicht so um das Haus! Im Winter dagegen seien seine Kameraden dicht bei seinem Bau. Mein Wunsch, die Hunde zu besichtigen, wurde sofort erfüllt. Sechs starke Kerls waren es! Ich versuchte, mich sofort mit den Tieren anzufreunden. Zwei von den Hunden waren reinrassige „Huskys", man merkte sofort den Wolfscharakter der Hunde deutlich heraus. Warum man, um einen wirklich guten Schlittenhund heranzuziehen, Hund und Wolf kreuzt, ist mir erklärlich. Einmal hat der Wolf die tiefe Brust und vor allem will man dem Schlittenhund die Pfoten des kräftigen Räubers verschaffen. Die Zehen des gewöhnlichen Hundes stehen in zu großen Zwischenräumen, in die sich der Schnee setzt, so dass Ballen entstehen, dagegen lässt die lange Behaarung zwischen den Zehen des Wolfes keinen Schnee durchkommen. Hat man ein Gespann von mehreren solcher Prachtkerle, dann kann man viele Tage mit schwerer Last auf dem Schlitten im schlechtesten Gelände „traveln"! Es ist eine Lust, mit einem starken und flotten „Team" durch verschneite Wälder und Tundren zu wandern. Was diese Tiere leisten ist einfach fabelhaft. Ich habe mir errechnet, dass ein Schlittenhund das Dreifache eines Pferdes leistet. – Tausende von Kilometern bin ich mit meinen eigenen oder fremden Hunden im Norden Kanadas in menschenleeren Gegenden herumgestreift. Was wäre wohl manchmal aus mir geworden, hätte ich nicht die vierläufigen Kameraden gehabt. Oft wenn mich ein Schneesturm überraschte, war ich auf den Ortssinn der Hunde angewiesen.

Toni erzählte mir nach dem Mittagessen aus seinem inhaltsreichen Leben. Kaum von der Schulbank herunter, verließ er seine Heimat Norwegen. Nun lebte er schon 30 Jahre im Yukon. Fast 20 Jahre war er „Prospector", also Goldsucher. Oftmals hatte er gute Erfolge, doch durch seine Gutmütigkeit anderen Menschen gegenüber verlor er das Geld wieder. Zehn Jahre war er bereits an verschiedenen Plätzen am McMillan River als erfolgreicher Pelztierjäger ansässig. Aber das *prospecting*, nach Gold zu suchen, konnte er nicht lassen. Er zeigte mir eine Menge von Gesteinsarten, besonders Quarz, in denen Gold enthalten war, leider nicht genug, um einen Gewinn daraus ziehen zu können. Aber auch er hofft weiter auf den Tag, wo der große Schlag kommen muss, er hofft wie alle andern.

Meine Pläne für die Jagd hieß Toni gut. Er kannte das McArthur-Gebirge. Auch nach seinen Beobachtungen sollten verschiedenfarbige Bergschafe dort vorkommen. Auch das starke Gebirgsren, sowie kapitale Elche könnte ich dort finden. Schon im Frühjahr hatte ich den Plan gefasst, in jenes Gebirge zu gehen. In den Gebirgen westlich des Yukon-Flusses ist nur das reinweiße Bergschaf (*Ovis dalli*) zu finden, östlich und nordöstlich das Sattelrückenschaf (*Ovis fannini*) und im Süden, östlich des Flusses, bis hinein nach Britisch Kolumbien, das schwarze Schaf (*Ovis stonei*). Weiter unten im Süden bis hinein in die Vereinigten Staaten sind obengenannte Bergschafarten nicht mehr anzutreffen. Noch am ersten Abend meines Zusammenseins mit Toni wurde mein *trip* ausführlich besprochen. Der freundliche Norweger wollte bis zum Kalzas See mitkommen, alle sechs Hunde sollten mit Packtaschen versehen werden, sie sollten helfen, mir meinen Kram ins Gebirge zu bringen. Wir könnten, so meinte er, mit seinem geräumigen Ruderboot den etwa neun Kilometer langen See hinauffahren, dort habe er ein kleines Blockhaus, wo er selbst einige Zeit bleiben wolle. Zwei weitere Marschtage brächten mich dann in das Innere des Gebirges zum „Heißquellengebiet". Ich freute mich ungemein, dass mir so unerwartet eine Hilfe kam und nahm natürlich den Vorschlag an. Es fehlte im Hause an frischem Wildbret. Am nächsten Morgen nahm ich das Kanu von Toni, setzte zur anderen Seite des Flusses, um in den Niederungen auf Elch zu pirschen. Fährten sah ich überall reichlich, aber es wollte nicht klappen. Einmal stand der Wind nicht gut, dann wieder waren es die vielen Windwürfe, die mir einen Schabernack spielten. Kurz vor Dunkelheit kam ich an eine Reihe versumpfter Wassertümpel. Plötzlich prasselte ein starkes Stück Wild aus dem hohen Schilf dem Walde zu. Der geladene Drilling war im Nu von der Schulter. Ein paar Schaufeln tauchten im Weidengestrüpp auf, der Elch flüchtete bergan. Als der junge Schaufler 100 Meter von mir fort war, verhoffte er und stand schön breit. Im selben Moment sprach der Drilling. Der Elch ruckte zusammen, flüchtete schwerfällig bergan und ehe ich für einen zweiten

Schuss fertig war, brach er zusammen. Ich war dicht hinter dem Blatt abgekommen. Ein Warten hielt ich daher für unnötig und ging sofort auf den Anschuss. Dort lag Schweiß und reichlich Schnitthaar, 50 Meter weiter lag der zweijährige Schaufler bereits verendet. In einer Stunde war der Schaufler aus der Decke geschlagen und zerwirkt. Ich zog meinen Windbrecher aus, hing ihn auf einen Stock, auf einen zweiten meinen Hut, um Bär und Wolf für die Nacht abzuhalten. Als ich den Platz verließ, war es bereits stockdunkel. Eben kam ich am Fluss an, da dröhnten drei Schuss hintereinander vom Hause, ich antwortete mit einem Schrotschuss. Toni wollte mir durch das Signal die Richtung angeben und ich freute mich, dass ich in der finsteren Nacht die Richtung behalten hatte. Toni war nicht wenig erfreut über das viele frische Wildbret. – Am nächsten Morgen nahmen wir die sechs Hunde mit hinüber. Ein jeder trug etwa 60 Pfund Wildbret in den Packtaschen, auch wir beide hatten eine „süße Last" auf dem Rücken. Wir hatten ungefähr fünf Zentner Wildbret. Ein Teil wurde am anderen Tage gesalzen. Die Hunde hatten für mehrere Tage ein Fest.

Besuch von Rothäuten – Abmarsch ins Gebirge

Zehn Tage war ich mit Toni zusammen, lebte einen guten Tag, las und faulenzte.

Fertig gepackt lagen die Hundepacktaschen, eine jede wog ungefähr 40 Pfund. Mein Traggestell trug 80 Pfund. Toni hatte nur zwei Schlafdecken zu tragen, er war nicht so recht beisammen und ich duldete nicht, dass er viel tragen sollte. Mit Einbruch der Dunkelheit hörten wir Stimmen vor dem Hause und die Hunde schlugen an. Zwei Indianer standen draußen, fragten in sehr gebrochenem Englisch, ob sie nicht im Hause übernachten könnten, da ein Kranker unten im Boot läge. „Natürlich", kam es einstimmig von unseren Lippen. In dem großen, aus rohem Elchleder gefertigten Kanu lag der Indianer, eine schon ältere Rothaut, die einen Schuss durch den linken Oberschenkel hatte. Vorsichtig trugen wir den Mann ins Haus und betteten ihn auf ein Rentierfell auf den Fußboden. Ich untersuchte die sehr vernachlässigte, unsaubere Wunde, die sich als nicht bedeutend erwies und reinigte sie erst gründlich. Dann füllte ich die große Fleischwunde mit einer in Wasserstoffsuperoryd getränkten Mullbinde und legte einen sauberen Verband an. Die drei Indianer waren vor fünf Tagen auf gemeinsamer Elchjagd und der arme Teufel war von einem seiner Stammesbrüder für ein Stück Wild gehalten worden. 300 Kilometer waren die Kerle schon den McMillan heruntergekommen, noch 300 hatten sie bis Fort Selkirk. Dort ist zwar kein Arzt, aber der Missionar versteht einfache Sachen zu behandeln.

Am nächsten Morgen, nachdem wir den Indianern fortgeholfen hatten, machten wir uns marschbereit. Die Hunde, die schon seit langer Zeit an ihre Hütten gekettet waren und nur selten im Laufe des Sommers und Herbstes zur Arbeitsleistung herangezogen wurden, waren vor Freuden kaum zu bändigen. Es kostete uns viel Mühe die Packtaschen aufzuschnallen. Toni ging voran, dann folgten die Hunde und ich bildete den Schluss. Der sauber gehaltene *trail* führte uns durch einen urigen Fichtenwald. Mit viel Umsicht hatte der Norweger den Steig angelegt, denn als es bergan ging war jede Schlucht, jedes Bachbett ausgenützt. Bald folgten wir am Rande einer Kette von Seen, auf denen eine Unmenge von Enten, zumeist Stock- und Bergenten und auch zahlreiche Burgen der Bisamratten zu sehen waren. Um 2 Uhr hatten wir die neun Kilometer vom McMillan bis zum Kalzas See hinter uns, der eine Länge von neun und eine Durchschnittsbreite von drei Kilometern aufweist. Von hier aus konnte ich das McArthur-Gebirge in seiner ganzen Majestät bewundern. Nach einem kurzen Imbiss beluden wir Tonis Boot, das in der Nähe lag, und fuhren über den See. Mit Anbruch der Dämmerung langten wir am anderen Ende des Sees an. Ein kleines, aber sauberes Blockhaus nannte Toni dort sein Eigen, neben dem sechs, aus Stangen gebaute Hundehütten standen. Ein jeder unserer Freunde ging an sein „Haus" und ließ sich anketten. Später saßen wir dann im warmen Blockhause, das von einem kleinen blechernen „Camp"-Ofen geheizt wurde. Toni wollte mich am anderen Tage noch nicht in die Berge ziehen lassen. „Seine Biber" musste ich mir erst ansehen.

Ein herrlicher, aber kalter Morgen brach an und wir bestiegen wieder das Boot. Langsam glitten wir aus dem großen See, kamen aber bald in kleinere und durch viele Wasserarme. Eine Menge von schwachen, zum Teil auch beinstarken Weißpappeln lagen frisch von Bibern geschnitten am Ufer. Dann besichtigten wir mehrere große Biberburgen. Je nach Anzahl der Bewohner einer Burg hatten diese fleißigen Tiere Wintervorrat angesammelt. – Dort in jener großen Burg lebt eine Biberfamilie mit ihren Jungen, dort ein „kinderloses Ehepaar" und dort zwei „Neuvermählte"; das alles wusste mir Toni zu berichten. Ich lernte bald, dass mein großzügiger Norweger ein großer Tierfreund war. Er erzählte mir, dass er im Frühjahr nur 30 alte Biber in seinem ganzen Gebiet gefangen hätte, er hätte aber hundert haben können. Der Preis für diese feinen Pelze ist in den letzten Jahren stark gefallen und Toni vertrat die Ansicht, dass es weiser sei, die Tiere zu schonen und sich an deren Anblick zu erfreuen. Bravo, alter Junge! – Wir verließen das Boot und gingen zu Fuß eine halbe Stunde durch eine Niederung. Dort legten wir uns an einem sehr tiefen Wasserarm in der Nähe einer Biberburg mit gutem Winde auf die Lauer. Eine Stunde verging. Endlich kam ein Biber mit einem Weidenast im Wasser herauf. Er tauchte mit dem Futter am Hause unter, um bald darauf mit Schlamm zu erscheinen. Ein zweiter folgte. Das nun Folgende war mir höchst interessant. Abwechselnd kamen die Biber vom Wasser auftauchend herauf auf die „Burg", legten den Schlamm ab und schlugen ihn mit den Vorhänden fest. Das währte eine Stunde, dann tauchten die Biber weg und erschienen nicht mehr. Sie hielten wahrscheinlich Siesta im trockenen Hause. Nachmittags 1 Uhr waren wir zurück im Blockhause und verzehrten ein tüchtiges Stück Elchwildbret, das vom Abend vorher übrig war. Toni sagte mir, er hätte für mich den Tag nur haben wollen, um mir das Gelände zu zeigen wo Biber leben. Wir hatten vereinbart, dass Toni nach meiner Rückkehr aus dem Gebirge im Blockhaus am See sein würde, aber wenn er noch nicht anwesend sein sollte, dann sollte ich mir auch ohne ihn einige Biber holen. Ich musste ihm aber versprechen, in Nähe der von Familien besetzten Burgen nicht zu schießen.

Um nächsten Morgen war es noch dunkel als wir unser Frühstück verzehrten. Die sechs Hunde standen gepackt vor dem Hause als es Tag wurde. Oben im Gebirge war Schnee gefallen. Zwei Tage sollte ich nach Tonis Meinung zum Heißquellengebiet ins Innere des Gebirges brauchen. Ich versprach Toni, in drei Tagen wieder zurück zu sein, um ihm vier seiner Hunde zurückzugeben. Zwei sollte ich an meinem Zelte im Gebirge lassen, damit mir bei Abwesenheit vom Lager die Schwarzbären keinen Besuch abstatten könnten. – *Good luck, Toni*! *Good luck, Mac*! Willig folgten mir die Hunde, ein jeder wollte mir am nächsten sein. Der anfangs gute *trail* wurde schlechter, um schließlich ganz aufzuhören. Steiler ging es bergan. Bald erreichte ich in den Vorbergen die Baumgrenze. Über Steinfelder suchte ich meinen Weg. Am späten Nachmittag konnte ich wieder in einem bewaldeten Tale für die Nacht Halt machen. Zuerst wurden die Hunde versorgt. Ein kleines Quellwasser war vorhanden, wo die Hunde am Wasser abgelegt wurden. Jeder von ihnen bekam eine große getrocknete Seeforelle. Mitten unter den Hunden lagerte ich mich.

Wölfe weckten mich im Morgengrauen aus dem Schlafe. Die Hunde fingen ebenfalls an zu heulen, es war ein fürchterlicher Spektakel und doch Musik für ein Jägerohr. Verteufelt, war das kalt. Aber bald wärmte ich mich an einem hellflammenden Feuer und bereitete das Frühstück. Dann brach ich auf. Das bewaldete Tal war zu Ende. Über Steinhalden kam ich in ein mit spärlichem Baumwuchs bestandenes Becken und dort beschloss ich, an einem Quellgraben mein Zelt aufzubauen. Dort sollte mein *camp* windgeschützt stehen. Es fehlte nur noch ein Vorrat von trockenem Holz. Stamm um Stamm schleppte ich heran. Meine Arbeit wurde aber plötzlich durch leises Winseln der Hunde unterbrochen. Alle sechs äugten in einer Richtung nach oben, eifrig arbeiteten die Nasen. Dort musste Wild sein. Mit dem Glase suchte ich die Gegend ab und entdeckte schließlich drei äsende starke Felsenrentiere. Zwei Stunden war noch Büchsenlicht, warum sollte ich es nicht versuchen, heranzukommen. Nur ein schmaler Streifen von Krüppelfichten und Weidensträuchern lag vor mir, dann kam völlig offenes Gelände, in dem die Rentiere standen. Jeden Stein als Deckung ausnützend, pirschte ich aufwärts. Aber schon auf 500 Meter eräugte mich das Wild und ging in kopfloser Flucht über den Grat. So viel meine Beine nur hergaben folgte ich. Innerhalb von 20 Minuten war ich oben. Nichts war zu sehen. Diese flüchtigen Geweihträger waren über den Grat und über die gegenüberliegende Lehne geflüchtet. Auf dem Rückweg fand ich reichlich frische Losung und auch einzelne alte und frische Abwurfstangen. Endlich war ich wieder am *camp* und entleerte sofort die Packtaschen der Hunde, in denen sich außer anderem 60 Pfund Kochsalz befand, das zum Konservieren großer Häute bestimmt war. Noch lange saß ich am Feuer vor dem Zelt und hörte vier verschiedene Rudel Wölfe heulen und nun wusste ich, warum die Rentiere so scheu waren. Als der Morgen graute, war ich bereits mit vier Hunden auf dem Rückwege zum See. In den Packtaschen meiner Begleiter befanden sich Moos und Steine. Die Hunde mussten belastet werden, denn sonst hätte ich leicht die Hunde verlieren können, wenn sie auf irgendeine warme Fährte gekommen wären. Mit Eintritt der Dunkelheit war ich bei Toni am See. In aller Frühe des kommenden Tages verließ ich ihn wieder. Wir vereinbarten, dass wir uns am 19. September wieder treffen sollten, denn bis dahin musste meine Jagd beendet sein. Ich erreichte noch vor dem Schwinden des Büchsenlichtes „mein Reich". Der alte „Bastard", der älteste Hund, der schon 13 Jahre seinem Herrn gedient hatte, lag vor dem Zelteingang und schlief so fest, dass er mich nicht kommen hörte.

AN DER BAUMGRENZE. CAMP DES VERFASSERS IM SEPTEMBER 1934

Das Lager an der Baumgrenze im McArthur-Gebirge

WOCHENLANG LEBTE DER VERFASSER NUR VON WILDBRET, DAS
AM OFFENEN FEUER GEKOCHT ODER GEBRATEN WURDE

Es war noch kein Büchsenlicht, als ich das Lager am nächsten Morgen verließ, den Hunden gab ich noch je einen trockenen Fisch, da ich am Abend nicht zum *camp* zurückzukommen gedachte. Über die Steinhalde, die vor mir lag, ging es hinweg, den steilen Platz hinunter; ich verweilte nur an einigen heißen Quellen. Kochend heiß sprudelte das Wasser auf und bis in die weitere Umgebung waren Salze abgesetzt. Eine Menge von Bergschaf- und Rentierfährten waren abzulesen, da die Salzablagerung wie natürliche Salzlecken wirkte. Jetzt erklomm ich das Bergmassiv, auf dem es weder Baum noch Strauchwuchs gab. Reichlicher Graswuchs fand sich zwischen den Steinen. Hier und da konnte ich die Fährten und Losung von Bergschafen erkennen. Endlich, nahmittags 4 Uhr, glaubte ich auf dem Gipfel zu sein. Etwa 40 Zentimeter hoch lag der Schnee. Ein wunderbarer Anblick bot sich meinen Augen. In westlicher Richtung von mir lag der zweitgrößte „Mount". Er sollte laut Karte 7000 Fuß hoch sein. Eine ganze Reihe anderer Berge lagen in der Runde, aber alle hatten sie die Form von stumpfen Zuckerhüten. Etwa 50 Kilometer lang und 30 Kilometer breit ist das McArthur-Gebirge und von meinem „Hochsitz" konnte ich fast die ganze Bergwelt übersehen. Im Norden schloss sich das Kalzas-Gebirge an, dann folgten die Plateau Mountains. Im Südosten zeigten sich die schneebedeckten Häupter der Dromedar Mountains. Hunderte von Kilometer weit konnte ich mit dem Glase sogar die feinen Umrisse des Envil-Gebirges erkennen. Im Westen zog sich, an das Gebirge des McArthur anschließend, das viele Kilometer breite Tal von „Crooked Creek" hin. Jene Niederung ist ein wahres Dorado für den Elch, auch Biber und Nerz sind dort noch recht zahlreich. – Als ich mich sattgesehen hatte, suchte ich die Wände der nächstliegenden Berge mit dem Glase ab. An sechs Stellen sah ich Bergschafe, konnte sie aber der großen Entfernung wegen nicht ansprechen. An einer steilen Halde, nur einen Kilometer entfernt von mir, ästen 36 Schafe, darunter eine Anzahl Lämmer. In dieser Kinderstube konnte kein alter Widder sein. Ich fing dort oben auf luftiger Warte an zu frieren, das mahnte mich an den Rückmarsch. Über die steilsten Stellen kam ich noch bei Tageslicht. Als ich unten in der Niederung anlangte, war es bereits 11 Uhr. Ich fand genug verkrüppelte Weidensträucher, die mir etwas Deckung boten und auch etwas trockenes Holz fand sich vor. Bis 3 Uhr morgens saß ich bei dem winzigen Feuer und verzehrte das Stück Elchwildbret, das ich mir mitgenommen hatte. Der kleine Teekessel fehlte ohnehin bei keinem Gange. Es war kein trockenes Holz mehr zu finden, das Feuer erlosch und ich fing jämmerlich an zu frieren. Trotz der Finsternis machte ich mich auf den Weg. Ich wusste ja, wo ich hergekommen war. Langsam ging es vorwärts, jeder Tritt in dem losen Gestein musste überlegt werden. Mehrmals machte ich Alpenschneehühner hoch, die schlafend zwischen Steinen gesessen hatten. Als der Morgen graute, sah ich deutlich die Berglehne, hinter welcher mein *camp* lag. Um 10 Uhr wurde ich im Lager von „King" und „Bastard" freudig begrüßt. Den Rest des Tages benutzte ich, um mir einen großen Holzvorrat heranzuholen. Nur noch zwei Tage reichten die trockenen Fische für die Hunde, auch mein frisches Fleisch ging zu Ende. In den nächsten Tagen musste es also auf der Jagd klappen. In der Nacht fror es stark und am Morgen musste ich in das Eis des Quellbaches mit der Axt ein Loch schlagen, um Wasser zu bekomme. Bei beginnendem Büchsenlicht stieg ich bergan. Oben angekommen suchte ich das nächste Bassin25 mit dem Glase ab – nichts war zu sehen. Der Wind heulte so stark, dass ich Kopfschmerzen bekam. Ich pirschte auf dem Grat entlang und lugte erst behutsam um jeden Felskegel, ehe ich weiterging. Eine mächtige lose Steinmasse aus großen Blöcken türmte sich vor mir auf. An den beiden Seiten konnte ich nicht vorbei, ich musste darüber hinweg. Nach mühsamer Kletterei war ich endlich oben. Donnerwetter! Etwa 500 Meter weiter unten an dem steilen Hange leuchtete alles weiß. 42 Bergschafe ästen friedlich an saftigen Gräsern. Dort standen mehrere Muttertiere, dort wieder vier junge Widder. Mir am nächsten waren 20 Tiere mit Lämmern und weiter unten boxten und spielten zwei bis drei-jährige Widder. Nicht ein einziger alter Herr war dabei. Eine halbe Stunde mochte ich auf meiner luftigen Warte gesessen haben, als alle Schafe plötzlich aufwarfen und angestrengt nach unten sicherten. Weit unten im spärlich bewaldeten Tale heulte ein Wolf, dem vier Wölfe antworteten. Die Schafe gingen flüchtig ab und kamen etwa 100 Meter an mir vorbei und stiegen bedächtig in das Gestein einer massigen Felswand. Dort waren sie sicher, kein Wolf konnte dorthin folgen. Zuletzt zogen die sechs jungen Widder auf 100 Meter vorüber. – Das Silberhorn meines Drillings hob sich scharf hinter dem Blatt des letzten Stückes ab. Der Widder drehte sich um seine eigene Achse, brach zusammen und rollte in rasender Fahrt talab. Die anderen fünf gingen mit fabelhafter Schnelligkeit flüchtig in die hohe steile Wand. Mir waren von dem kalten Winde alle Glieder steif. Ich ging nicht erst auf den Anschuss, sondern stieg schräglinks abwärts, um den Widder zu holen. Das Glas zeigte mir das bereits verendete Stück. Unten angekommen lag ein dreijähriger Widder mit verhältnis-mäßig starken Schnecken. Für die Küche und die Hunde war gesorgt. Sofort wurde die Beute zerwirkt. Etwa zweifingerdick war der Feist zwischen Decke und Rumpf und auch innen war es „weiß". Der Widder mochte aufgebrochen etwa 180 Pfund gewogen haben. Zwei Keulen nahm ich in den Rucksack und kam gegen 1 Uhr im *camp* an. Nur ein Kübel heißer Tee und ein Stück Brot wurden schnell verzehrt und dann nahm ich das große Tragbrett und die beiden Hunde mit ihren Packtaschen mit. Abends 8 Uhr bei völliger Dunkelheit kamen wir mit dem Wildbret zum Lager zurück. Den nächsten Tag blieb ich „zu Hause". Der Anfang sollte gefeiert werden!

---

25   Anm. des Verlags: Künstlich erbauter Wasserbehälter.

Ich bereitete mir einen herrlichen Schmorbraten und begoss den Festbraten mit Tee. Vor dem Zelte saß ich am gemütlichen Feuer, mit beiden Händen hielt ich die Rippen und speiste nach Art unserer Vorfahren, die ja auch ganz gut ohne Messer und Gabel fertig wurden. Die Hälfte des Schmorbratens hatte ich bei diesem Festessen aufgegessen und die aus bestem Tabak selbst gedrehte Zigarette mundete mir selten gut. Es gibt kein Fleisch oder Wildbret, das nur im Entferntesten an das Wildschaf des Nordens heranreichen könnte. Das Beste von ihm ist natürlich die am offenen Feuer geröstete Rippe. – Auch die Hunde hatten einen Feiertag.

Am anderen Tage war ich wieder auf der Pirsch, Schafe hatte ich wohl gesehen, aber keinen guten Widder. Deshalb blieb der Finger gerade. Anderntags verließ ich schon gegen 5 Uhr morgens mein Lager. Nach zwei Stunden befand ich mich in einem großen Bassin. Der Einstieg dort hinein war bei der Dunkelheit gewagt und eine gefährliche Sache. Steil ging es hinunter, bei den großen losen Steinen musste jeder Tritt geprüft werden. Ich war gerade mitten in dem großen Kessel, als es Büchsenlicht wurde. Die Temperatur war über Nacht noch zurückgegangen. An einem verkrüppelten Weidenstrauche fand ich trockenes Holz, um ein kleines Feuer zu machen. Zehn Minuten saß ich dort, als ich plötzlich drüben in den Felswänden die Stangen eines Rentieres auftauchen sah. Schnell war das Feuer mit den Füßen ausgetreten. Langsam zog das starke Ren in einer Entfernung von 400 Metern in eine Bodenfalte. Ich versuchte den Weg abzuschneiden, aber es misslang. Das Ren hatte mich schon geäugt, denn Wind konnte es nicht haben. Nur einen Moment sicherte das scharfäugige Wild nach mir hin, dann preschte es in kopfloser Flucht zurück. Es war aussichtslos zu folgen. Ich setzte meinen Marsch fort und stieg bald in den gegenüberliegenden Wänden hinauf. Nach zwei Stunden angestrengten Steigens war ich oben auf dem zackigen Kamme. Hinter einem Felsblock setzte ich mich windgeschützt an und suchte mit dem Glase die Wände der nächsten Grate ab. Einige Steinadler kreisten über den einzelnen Graten. Hier und dort pfiff ein Murmeltier – sonst war nichts zu sehen. Vor mir fiel der Berg steil ab, alles bildete einen Wirrwarr von losem Steingeröll und war nur mit größter Vorsicht zu begehen. Tief unten lag ein großer Kessel, in dem mehrere heiße Quellen aus dem Gestein heraussprudelten. Die hellen Flecke dort unten – konnten das Schafe sein und richtig, sie nahmen Salz auf, das in Mengen um die Quellen lag. Unbemerkt in deren Nähe zu kommen war ausgeschlossen. Aber genau ansprechen wollte ich sie auch, denn noch wusste ich nicht, ob es Widder oder Mutterschafe waren. Ich versuchte auf die große Entfernung die Schafe durch Schüsse zu erschrecken, vielleicht wurden sie flüchtig und kamen in meine Nähe. Es klappte auch. In voller Flucht jagten die Schafe wirklich zu mir herauf und verfielen allmählich in Schritt. Und das war der Zweck der Sache. Gut gedeckt saß ich hinter einem Felsblock. Mit dem Glase konnte ich bald feststellen, dass es sieben leidliche Widder waren, aber nur ein wirklich guter darunter. Langsam trotteten sie näher, verhofften einige Male und standen auf 40 Schritt vor mir und äugten in das Tal. Es war ein leichtes, dem stärksten Widder die Kugel anzutragen. Im Feuer brach er zusammen. Die übrigen sechs flüchteten nach oben und verschwanden. Als ich zu dem beschossenen Widder hinunterkam, war er bereits mit gutem Blattschuss verendet. Es war ein sehr helles Exemplar mit nur leichter Sattelandeutung. Auch die anderen zeichneten sich durch die helle Sattelfärbung aus, nur der schwächste Widder hatte einen dunklen Sattel. Die Decke war tadellos im Winterhaar und auch die Schnecken ließen nichts zu wünschen übrig. Sauber „balgte" ich den Widder aus, denn die Decke sollte der Sammlung einverleibt werden. Das zerwirkte Wildbret verblendete ich der Adler und Kolkraben wegen gut mit Steinen, außer einer Keule, die ich gleich mitnahm. Decke, Kopf und Keule schnallte ich auf das Tragbrett und trat den Rückweg an. Beim Durchgehen des weiten Kessels machte ich Tausende von Alpenschneehühnern, *Rock Ptarmigan* (*Lagobus leucurus*) hoch. Richtige Wolken gingen auf. Die meisten hatten schon verfärbt und trugen ihr reinweißes Gefieder, andere waren jedoch noch „scheckig". Ein Steinadler blockte etwa 400 Meter vor mir auf einem Felsen; mit königlichem Blick äugte er den aufgehenden Schneehühnern nach. Unter der schweren Last, die ich auf dem Rücken trug, hatte ich mich wieder mühsam den steilen Pass, den ich am Morgen abstieg, hinaufgearbeitet. Fünf Minuten gönnte ich mir Rast. Der Körper dampfte förmlich, dann ging es weiter. Ich war kaum 20 Schritt weitergegangen, als plötzlich zwei Stangen eines Rentieres auftauchten! Mein Bekannter vom Morgen. Schnell war der Drilling von der Schulter, entsichert und auf Kugel gestellt, ich blieb stehen und wartete. Eine Bodenwelle deckte das Ren, es kam äsend langsam auf mich zu. Der Rücken tauchte auf und allmählich wurde der Körper frei. Im selben Augenblick warf es auf, äugte nach mir, aber nur einen Bruchteil einer Sekunde. Als es zur Flucht herumfuhr, hatte ich es breit und ließ fahren. Im Feuer brach es mit sehr hohem Blattschuss zusammen. Ich eilte näher heran. Ein Fangschuss auf den Hals ließ es verenden. So war ich noch einmal mit dem Ren, das ich am frühen Morgen sah, zusammengestoßen. Im letzten Büchsenlicht brach ich das Ren auf und ließ es über Nacht liegen. In einer halben Stunde war ich im *camp*. – Es sei mir gestattet, an dieser Stelle über die Renarten einiges zu sagen.

Das große imposante Felsenrentier (*Rangifer osborne*), bewohnt die felsigen Gebirge des Yukon-Territoriums, es kommt aber noch weiter im Süden, wie in den Gebirgen von Britisch Kolumbien, vor. Es ist unter allen Renarten das schwerste. Ein wirklich guter *bull* kann unaufgebrochen ein Gewicht bis zu sieben Zentner erreichen. Die dunkel-schwärzlich-schokoladenfarbige Decke mit dem verhältnismäßig kurzen, aber dichten Haar ist als wirklich schön zu bezeichnen. Grausilbern ist der Hals, seine Unterseite ist mit langem, hellem Behang geziert. Der Kopf ist ebenfalls dunkel und das Geäse silbergrau. So wenig ausdrucksvoll auch der Kopf, oder besser das Gesicht, ist, so wundervoll ist der Gesamtanblick eines solchen kräftigen und gedrungenen Tieres. Nach meinen Beobachtungen äsen die Rentiere nur Moose. Spärlich sind diese Pflanzen in vielen Gegenden zu finden und doch leben unzählige Rentiere in jener Gegend und fristen ihr bescheidenes Dasein. Das Gebirgsren lebt nicht in großen „Herden". Trupps von 50 Stück sind schon viel, meist sind es aber weit weniger. Als nächster Verwandter kommt das Waldrentier (*Rangifer caribou*) in Betracht, es kommt aber meines Wissens dort oben nicht mehr vor, sondern ist weit südlicher zu Hause.

Wenn von großen „Herden" von Rentieren im nördlichen Kanada und Alaska die Rede ist, so meint man die kleinste nordamerikanische Art, das Tundraren (*Rangifer arcticus*). Von dieser Gattung werde ich später berichten. Natürlich unterscheidet man zwischen diesen angegebenen Hauptarten noch geographische Rassen, auf die ich hier aber nicht eingehen will.

Am nächsten Morgen ging ich zu dem erlegten Rentier in aller Frühe allein hinauf, um die Decke und den Kopf herunterzuholen. Das Wildbret verblendete ich gut. Bis in die Nacht hinein saß ich am Feuer und bearbeitete die Decken. Sie wurden gesalzen und die Schädel von ihren Fleischteilen gereinigt und vergiftet. – Am nächsten Morgen stand ich oben in der Steinhalde, wo das Rentier „einmal war". Ich fluchte nicht schlecht auf die grauen Biester, die Wölfe, die mir den Kadaver restlos aufgefressen hatten. Wie zum Trotz oder Hohn lag ein sauber abgenagter Oberschenkelknochen und eine Menge Losung auf dem Platze. Weil wir, die Hunde und ich, nun einmal oben waren, gingen wir weiter und waren am Abend mit dem Wildbret des Bergschafes zurück. – Wenn ich am 19. September meine Jagd beendet und am See zurück sein wollte, so konnte ich mir nicht mehr viele Ruhetage gönnen. Lange vor Büchsenlicht des nächsten Morgens war ich schon wieder auf den Beinen. Um 9 Uhr saß ich an einer vorspringenden Ecke einer hohen Felswand und verschnaufte. Ein weißer Punkt in dem hohen Felsen der gegenüberliegenden Wand fiel mir in die Augen, der sich als ein junger Widder entpuppte. Ganz allein war er auf weiter Flur. Das musste einen Grund haben. Vorsichtig pirschte ich um die Felsen herum, meinen Blick immer nach oben gerichtet. Lange suchte ich ohne Erfolg mit dem Glase. Endlich, langsam vorpirschend bot sich mir ein herrliches Bild, ein Bild, wie ich es nie wieder gesehen habe. Sechs kapitale Widder saßen hoch oben hinter Steinen und hielten Siesta. Nur die massigen Hälse und die mit kapitalen Schnecken versehenen Köpfe waren sichtbar. Angestrengt äugten sie zu mir herunter, sie hatten mich bereits weg. Es mochten 800 Meter bis hinauf zu den Schafen sein, aber das ist gar keine Entfernung für das fabelhaft scharfäugige Wild. Auf zwei Kilometer kann das Wild einen Menschen ausmachen, wie ich selbst beobachtet habe. In Anbetracht der kolossalen Sehschärfe ist es ungemein schwer, in dem meist offenen Gelände an die scheuen Schafe heranzukommen. Volle fünf Minuten beobachtete ich mit dem achtfachen Zeissglas, besah mir die einzelnen Schnecken und stellte fest, dass zwei davon wirklich kapital waren, die restlichen vier waren als sehr gut anzusprechen. Ich hielt es für vollständig aussichtslos an das Wild heranzukommen. Versucht der Jäger dann plötzlich „wegzutauchen", um gedeckt an das Wild heranzukommen, dann ist es in den weitaus meisten Fällen auf Nimmerwiedersehen verschwunden. Damit musste ich also rechnen, wenn ich die Schafe direkt anzugehen versuchte. Schnell hatte ich eine Handvoll trockenes Gras beisammen, darauf kamen erst einige dünne trockene Weidenzweige und obenauf grünes Zeug. Den Haufen zündete ich an, die grüne Auflage sollte starken Rauch bezwecken. Das Feuer sollte die Widder von mir ablenken. Meine Bewegungen waren aber ruhig und nicht hastig. Nun sollte der Aufstieg versucht werden. Ich stieg nicht auf der Seite, wo die Schafe lagen, sondern ging langsamen Schrittes durch den Kessel und stieg an der gegenüberliegenden Seite hoch. Der einzelne junge Widder, der nach seinen Stammesgenossen hinüberäugte, nahm nun auch von mir Notiz, hielt aber lange aus. Erst als ich auf 500 Meter heran war, stieg er langsam höher hinauf. Etwa 500 Meter in der Richtung, wo er hinzog und auch ich hinstrebte, stand eine senkrechte hohe Wand mit einem passierbaren Grat, der die beiden Berge verband. Es war mein Plan, dort oben auf der Verbindung an die Seite zu kommen, wo die starken Widder saßen, um dann von oben her auf sie zu waidwerken. Noch konnte ich mit bloßem Auge sehen, wie die „sechs" nach dem Rauch hinunter äugten. Von mir nahmen sie scheinbar keine Notiz und das war gut. Nach einer Stunde angestrengten Kletterns erreichte ich den Grat und war außer Sicht der Schafe. Auch der einzelne Widder hatte sich höher hinauf vertrudelt und war nicht mehr zu sehen. Jeder Griff, jeder Schritt musste geprüft werden. Aber es gelang. Ich hatte die andere Seite erreicht! Dort war das Gelände besser und ich nahm an, dass ich bereits über den Schafen sein müsste. Drei Stunden waren vergangen, seit ich das Rauchfeuer dort unten verließ. Plötzlich gab es mir einen Ruck durch den ganzen Körper, als ich vorsichtig um einen Felsblock kroch. 50 Meter vor mir saßen die sechs Widder und äugten immer noch hinunter nach dem Rauch, den auch ich sehen konnte. Langsam glitt der Drilling von der Schulter, aber diese vorsichtige Bewegung hatte genügt. Der mir nächste Widder riss den Kopf herum, wurde hoch und ehe ich recht wusste, wie es gekommen war, rasten sie bergauf. Der entsicherte und auf Kugel gestellte Drilling flog an die Backe, im selben Augenblick verhofften die Widder und der nächste, kräftigste und dunkelste erhielt die Kugel. Im Feuer brach er zusammen und blieb verendet zwischen Steinblöcken hängen. Die Schafe stiegen weiter hinauf. Sehr flüchtig konnten sie nicht vorwärts, da es zu steil war. Schnell hatte ich wieder geladen. Ich trug dem nächstbesten Widder die Kugel an. Er zeichnete gut, ging ein Stück seitwärts und tat sich nieder. 150 Meter von mir entfernt verhofften die übrigen vier und standen alle schön breit. Stehend freihändig machte ich auf den am weitesten rechtsstehenden Widder den Finger krumm. Deutlich hörte ich dumpfen Kugelschlag. Langsam und mit krummem Rücken zog er auf einer schmalen grasigen Zunge abwärts. 500 Meter weiter unten tat er sich nieder. Es tat mir leid, dass der arme Kerl die Kugel waidwund hatte.

Mit wenig Mühe gelangte ich zu dem erstbeschossenen Widder, einem wirklich kapitalen Stück mit wunderbarer dunkelaschblauer Sattelzeichnung. Die Schnecken waren wohl nur von mäßiger Auslage, die Spitzen beider Hörner in einer Länge von 15 Zentimetern abgebrochen. Aber welche Masse hatten die Schnecken! Er ist der beste meiner Gesamtstrecke. Da ich den Balg für die Sammlung unbedingt haben wollte, machte ich mich sofort an die Arbeit. Nach einundeinhalb Stunde war sie erledigt. Ich stieg zum zweiten Stück auf. Auch das war nach dem Schuss auf die Leber bald verendet. Auch diesen Balg sicherte ich mir. Die Schnecken waren ebenfalls sehr stark. Am Nachmittag erst kam ich unten im Kessel an den schwer krank im Wundbett sitzenden Widder heran. Ein Fangschuss auf den Hals erlöste den armen Kerl von seinen Leiden. Von ihm nahm ich nur die Kopf- und Halshaut sowie den Schädel mit. Das Wildbret von allen drei Widdern wurde zerwirkt und mit Steinen verblendet. 10 Uhr abends langte ich endlich wie gerädert im *camp* an. Auch für den Arbeit und Strapazen gewöhnten Jäger ist es gewiss keine Kleinigkeit, auf dem Rücken zwei Schafdecken, eine Kopfhaut und drei große ungereinigte Schädel zwölf Kilometer in unwegsamen Gebirgen bergauf und bergab zu schleppen.

Am Abend saß ich noch eine Stunde vor dem Schlafengehen am lustig flackernden Feuer. Die beiden Hunde lagen dicht an meiner Seite am Zelt. Meine Hände kraulten die Behänge der treuen Kameraden und ich selbst war ins Sinnen versunken. Hunderterlei Bilder gaukelten vor meinen Augen. Gute und schlechte Jagdtage in den Wäldern und Gebirgen Kanadas kamen mir in Erinnerung. Gewiss, leicht hatte ich es nie gehabt, immer war ich auf mich selbst angewiesen. Mutter Natur war es, der ich vertrauen musste, die mein Schicksal in ihren Händen hatte. Verdankte ich es doch ihr, dass ich aus dem Erlös der Bälge und Decken mein Jägerleben weiterführen konnte. Wie unendlich viele Male auf langen Märschen war ich ohne Lebensmittel und immer wusste Mutter Natur mir zu helfen, vielleicht aus Dankbarkeit, weil ich mich ihr so eng verbunden fühlte. Ich versuchte, mich mit ihr noch enger zu verbinden. Immer wieder gab es Neues zu sehen und zu erleben und wenn auch unendlich viele schwere Tage dazwischenlagen – sie wurden bald vergessen und die guten und glückvollen Tage blieben.

Wohlgefällig glitten meine Augen über die Trophäen, die dicht am Zelt auf Stangen hingen. Es würde zu weit führen, noch weitere Pirschen auf Wildschafe zu erzählen, die meine Trophäensammlung bereicherten. Eine bange Frage stieg in mir auf: Wie würde ich das alles zum McMillan bringen? Wie viel leichter hatten es der begüterte Herrenjäger oder ein Expeditionsleiter. Ein gewisser Stolz kam über mich; mochten auch die Häute, Gehörne und Geweihe dort an den Stangen noch manches Kopfzerbrechen machen, ich würde und musste ans Ziel kommen!

STARKES SATTELRÜCKENSCHAF AUS DEM
HEISSQUELLENGEBIET DES MCARTHUR-GEBIRGES

WUCHTIGE SCHNECKEN EINES ALTEN WIDDERS VOM MCARTHUR-GEBIRGE

Mit einem Ruck erhob ich mich, so dass die Hunde ordentlich erschraken. Ich wünschte den beiden Gefährten *good night* und schliefte „feldmarschmäßig" ins Zelt unter die Decken. Gegen Morgen, als es noch dunkel war, gaben die Hunde wütend Laut. Scheinbar tummelte sich ein Bär in der Nähe des Lagers. Ich drehte mich auf die andere Seite, zog mir die Decken über den Kopf und schlief weiter. – Es war bereits 9 Uhr, als ich aus dem Zelt „gekrabbelt" kam. Die Decken und Schädel von den Schafen musste ich in die Nähe des Feuers bringen, da sie hartgefroren waren. Ihre Bearbeitung nahm den ganzen Tag in Anspruch. Am anderen Tage holte ich mit den Hunden über zwei Zentner Wildbret ein, da es im Lager knapp wurde.

Zwei erfolglose Pirschtage folgten. Nur Rentiere und ein guter Elch sollten meiner Sammlung nach Möglichkeit noch einverleibt werden. Über Nacht setzte oben in den Bergen heftiger Schneefall ein. Da musste ich in die Vorberge und sehen, was der weiße Leithund zeigte. Im Laufe des Vormittags spürte ich reichlich Wölfe und Füchse; auch ein Luchs und zwei Vielfraße hatten ihre Spuren hinterlassen. Keine Rentierfährte war zu sehen. Vor mir lag ein tiefer „Canon", eine steilwandige und sehr tiefe Schlucht. Ich setzte mich auf einen Stein an deren Rand und schaute in die gähnende Tiefe. Unten schlängelte sich ein kleiner Bach, der mit niederem Weidengestrüpp gesäumt war. Ganze Scharen von Alpenschneehühnern tummelten sich dort unten. Plötzlich war es mir, als wenn ein Schatten in mein linkes Auge gefallen wäre. Richtig! Hoch oben auf dem steinigen Kamm stand ein Rentier wie eine Statue und äugte nach mir herunter. Die Entfernung betrug etwa 800 Meter. Mit dem Glase stellte ich fest, dass es ein stärkeres männliches Ren war. Das Gelände lag vollkommen frei. Auch in diesem Falle wusste ich mir Rat, das Ren anzupirschen. Direkt vor meinen Füßen in einer Gesteinsspalte fristete ein verkümmerter Weidenstrauch sein bescheidenes Leben. Langsam bog ich mich herunter und brach einen meterlangen etwa fünf Zentimeter dicken, trockenen Ast. Dann ging ich langsam in kauernde Stellung, mit der rechten Hand hielt ich den Drilling hoch und mit dem Weidenast an der linken Seite verfuhr ich ebenso. Ich bildete mir ein, dass das aussehen müsse wie ein Rengeweih, was da über meinem Kopf hervorragte. Mit weit vorgebeugtem Oberkörper setzte ich mich langsam in Bewegung, trat mal hierhin, mal dorthin, bückte mich mal mehr, mal weniger. Auf diese Weise spielte ich „äsendes Rentier"! Nur sehr langsam „äste" ich mich höher hinauf. Mein „Artgenosse" fing auch an, Moose aufzunehmen, sicherte aber oft in Zwischenräumen zu mir herunter. Bis auf 150 Meter mogelte ich mich an das Ren heran und brauchte dazu fast eine Stunde. – Als das Rentier wieder mal nach mir sicherte, unterbrach ein scharfer peitschenähnlicher Knall die unheimliche Ruhe. Das Ren ging in kurzen Fluchten über den Kamm zur anderen Seite und war meinen Blicken entschwunden. Jetzt setzte ich mich erst mal hin, denn mir schmerzte der Rücken durch das lange gebückte Herumlaufen. Ich konnte mich vor lauter Lachen nicht mehr halten. Das hatte wieder mal geklappt! Da freut sich nun der hinterlistige Mensch. Pfui Deibel!

Auf dem Anschuss lag heller und dunkler Schweiß, dazu eine Menge Schnitt-haar. Nur wenige Schritte brauchte ich zu machen, da konnte ich über dem Kamm die jenseitige steile Lehne zum größten Teil übersehen. 200 Meter unten lag das Ren. Beim Ansehen wurde ich schwer enttäuscht. Die Stangen waren zwar sehr gut, hatten auch gute und viele Enden, aber durch den Sturz war die linke Stange in der Mitte abgeschlagen. Und wie die Decke aussah! Das Haar der rechten Halsseite war abgescheuert, große Mengen von Zecken saßen am ganzen Körper und auch Geschwüre auf beiden Seiten in der Rippengegend. Klapperdürr war das bedau-ernswerte Tier. Nichts konnte ich gebrauchen. Es tat mir wirklich aufrichtig leid, dass ich das Stück geschossen hatte. Ich brach es auf, da es möglicherweise von „Toni" für die Hunde geholt werden konnte. Ich ging niedergeschlagen zum *camp*. Sogar „King" und „Bastard" merkten mir meine schlechte Laune an. Lange rollte ich auf dem harten Lager hin und her, ehe ich Schlaf finden konnte.

Es war heller Tag als ich erwachte. Die Elchbrunft hatte begonnen. Unten am See bestand die beste Aussicht einen guten Schaufler zu bekommen, deshalb wollte ich oben im Gebirge den Rest der wenigen Tage, die ich noch bleiben konnte, den Klein-säugern widmen. Mehrere Gophers hatte ich schon, Murmeltiere gab es dort herzlich wenig – die vielen Steinadler hielten sie sehr kurz –, es blieben noch die Pfeifhasen übrig. Der Pfeifhase oder „Pika" (*Ochotona princeps*) tritt dort nicht häufig auf. Er ist ein etwa 20 Zentimeter langer Hase mit einem seidenweichen dichten Fellchen in heller, steingrauer Färbung. Dieses hochinteressante Tier lebt nur in den höchsten Lagen. Sein Leben ist noch recht wenig bekannt. Nur ein ruhiger Jäger kann diese kleinen Hasen aus nächster Nähe beobachten. Klettert man in den Geröllhalden und steinigen Hängen herum, dann hört man zuweilen ein feines „giek—giek". Das ist der Laut des Pfeifhasen und erinnert an den Ruf eines Vogels. Unverwandt äugt der kleine Kerl nach dem Beobachter, das Näschen vibriert nach Hasenart. Aber die geringste Bewegung, die der Beobachter macht, lässt den Hasen mit Blitzesschnelle unter den Steinen verschwinden. Die Nahrung dieses Hasen besteht aus allerlei Gräsern. Im Herbst schleppen sie bündelweise die Halme unter große Steine, wo sich die Baue befinden und machen von den gesammelten Gräsern kleine Schober. Solche „Heuschober" fand ich mehrmals und sah davon ganz ansehnliche Haufen in einer Höhe von 30 Zentimetern. Wenn dann der Winter seinen Einzug gehalten hat, dann leben die Pfeifhasen unter dem Schnee, der die Steinfelder bedeckt.

Einen vollen Tag verwandte ich zur Jagd auf diese kleinen Säuger, die den Museen immer willkommen sind. Ich erbeutete mit der kleinen Vogelflinte Kal. 9 Millime-ter und Vogeldunst sieben Stück in einem Zeitraum von acht Stunden. Die kleinen Fellchen wurden in einer schwachen Salz- und Alaunlösung konserviert, später ver-giftet und mit Watte aufgefüllt.

Am Abend des 16. September schnürte ich jede einzelne Wilddecke zusammen, sie waren alle trocken und konnten ohne Bedenken transportiert werden. Dazu kamen noch die Schädel der Schafe und des Rentieres. Am Morgen des 17. September ging ich mit dem ersten Büchsenlicht noch einmal hinauf und wollte Abschied nehmen von den mir liebgewordenen schroffen Felszinnen, von den steinigen Halden und deren Bewohnern. Meinen Elch konnte ich in der Nähe des Kalzas Sees bekommen. In einer Rinne, die vom Lager nach einem Felsengrat führte, stieg ich bequem hinauf. Eben trat ich aus den letzten Krüppelfichten in ein hohes Weidengestrüpp, als ich drüben in den Fichten einen schwarzen Fleck sah. Deutlich schüttelte sich der „Fleck" und dann war wieder Ruhe. Das musste ein Ren sein. Vorsichtig kroch ich an den oberen Rand, um hinuntersehen zu können. Um ein Haar wäre mir ein Jauchzer entfahren! 200 Meter weiter unten zog, meist verdeckt, ein ganz kapitaler Elchschaufler. Er ging in Richtung auf mein Zelt und ich musste schnell handeln, damit die Hunde nicht Wind von ihm bekamen. Durch die hohle Hand ahmte ich mit dem bloßen Munde den Ruf eines schwächeren Schauflers nach. Der Elch stoppte, noch einmal rief ich und darauf kam er in gemächlichem Troll gerade herauf. Am halben Hange blieb er stehen und schlug mit den riesigen Schaufeln in die Weiden, dass die Fetzen nur so flogen. Schießen konnte ich nicht, da der Elch verdeckt stand. Ich verhielt mich vollkommen ruhig und wartete, bis er schließlich, immer verdeckt, heraufkam. Obwohl er nur 100 Meter von mir ab war, konnte ich nur die schweren Schaufeln und einige dunkle Flecken durch die Sträucher sehen, dann ging er in scharfem Troll wieder hinunter. Er musste doch Wind von mir bekommen haben. Als er 500 Meter von mir entfernt war, ließ ich recht zärtlich den Ruf eines Tieres hören. Das bannte ihn an den Fleck. Noch einmal rief ich. Da kam der alte „Genießer" im Schritt mit erhobenem Windfang im Bogen herauf. Das klappte! Als er auf 120 Meter verhoffte und freistand, erhielt er die Kugel hinter das Blatt. In scharfem Troll ging der Elch ab. 50 Meter weiter verschwand er in dichtem Gestrüpp, dort hörte ich ihn zusammenbrechen. Sofort ging ich nach und stand vor einem Recken, wie ich ihn noch nie erlegt hatte. Und wie wenig Mühe hatte dazu gehört. Eine Viertelstunde saß ich vor dem kapitalen Schaufler und hielt ihm die Totenwacht. Dass ich mich über diesen Kapitalelch freute, brauche ich wohl nicht besonders zu versichern – aber der bevorstehende Transport der Decke und des gewaltigen Schädels drückte meine frohe Stimmung stark herunter. Nun musste auch die Trophäe geborgen werden, es waren nur etwa 200 Meter bis zum Lager. Ehrlich geschunden habe ich mich, die Decke, an der auch die Schalen verbleiben, unversehrt herauszuschlagen. Der kapitale und noch feiste Schaufler wog schätzungsweise mit Aufbruch etwa zwölf Zentner. Meist wird das Gewicht eines Elches weit überschätzt. Nur wenige kommen über zehn Zentner hinaus.

Ich balancierte mir den Kopf mit den mächtigen Schaufeln in den Nacken und trug ihn zum *camp.* Sofort ging ich nochmals hinauf und schleppte die auf das Tragbrett geschnallte Decke, die ungefähr 130 Pfund wog, herunter. Noch am selben Abend arbeitete ich an der Decke im Scheine des Lagerfeuers. Den Ren- und die Schafschädel packte ich kunstvoll auf das Tragbrett und verschnürte alles gut, denn am kommenden Morgen, lange vor Büchsenlicht, wollte ich mit dieser Ladung zum See.

SEITENANSICHT EINES KAPITALELCHES. VIELE KILOMETER WEIT WURDE DIESE TROPHÄE VOM VERFASSER DURCH DIE WEG- UND STEGLOSE WILDNIS GESCHLEPPT

BESCHWERLICHER ABMARSCH MIT DEN BEUTESTÜCKEN AUS DEM GEBIRGE

Das Heulen meiner Hunde weckte mich aus tiefem und gesundem Schlaf und schnell war ich marschbereit. Jedem Hund gab ich noch etwa fünf Pfund Wildbret und einige Eisstücken als Ersatz für Wasser, dann marschierte ich los. Zum größten Teil ging es bergab, wiewohl die Last, die mir auf den Schultern hing, keine geringe war, ging es eigentlich besser als ich gedacht hatte. An Windbrüchen, wo ich bequem ohne die große Last hätte hindurchkriechen können, musste ich „ablegen". Das Gepäck wurde abgenommen, dann darüber hinwegbugsiert und nachdem ich durchgekrabbelt war, wurde wieder aufgepackt. Mit nur kleinen Pausen marschierte ich den ganzen Tag; zum Abkochen nahm ich mir nicht Zeit. Es wurde bereits dunkel, als ich den *trail* erreichte. Anfangs ging es gut und schnell vorwärts, als aber die Dunkelheit zunahm, wurde ich langsamer und bei voller Finsternis tastete ich nur den Weg. Schon geraume Zeit nahm ich an, dass der See bald in der Nähe sein müsste. Endlich kam Rauch in meinen Windfang, Hunde knurrten und schlugen an. Toni war am See. „*Man you are crazzy*" – „Mann, du bist verrückt", das war die Begrüßung, die er für mich hatte, als ich herantrat. Er hatte auch recht, das brachte nur ein „Verrückter" fertig, mit so einer Last durch die weg- und steglose Wildnis, dazu noch teilweise in Finsternis, zu marschieren. Viel Zeit stand mir auch nicht mehr zur Verfügung, denn ich musste unbedingt den letzten Flussdampfer Ende September von Fort Selkirk erreichen. Wenn das nicht klappte, dann hätte ich warten müssen, bis der Yukon-Fluss gefroren war, um mit Lastwagen zurückzukehren, was aber eine kostspielige Sache geworden wäre.

In zehn Minuten hatte Toni das Abendessen fertig. Nach dem Essen und Trinken war alle Müdigkeit vergessen und ich berichtete Toni von meinen Erfolgen. Er hat sich aufrichtig gefreut. Schon am 14. September war er zum See zurückgekommen und hatte etwa 200 große Fische gefangen; meistens waren es Hechte, Forellen und Lachse, die schon zum Trocknen auf der Stange hingen. – Am kommenden Morgen kam er mit den restlichen vier Hunden mit mir ins Gebirge, um den Rest der Häute und Trophäen zu bergen, was uns nach beschwerlichem Marsch gelang. Nur der Elchschädel blieb gut verblendet liegen. Toni und die sechs Hunde trugen Wildbret und ich „amüsierte" mich mit der schweren Elchdecke auf meinen abgemagerten Schultern. In stockdunkler Nacht erreichten wir das gemütliche Blockhaus am See. Nicht nur die „Herren" waren froh, viel mehr noch die braven Hunde. Trotz meiner Warnung hatte Toni zu viel Last auf die Tiere gelegt. Er sah ein, dass ich Recht hatte und versprach mir, in Zukunft das nicht mehr zu tun. Wir fanden wenig Schlaf in der Nacht. Ein kolossaler Sturm tobte. Laut brachen sich die Wellen am Ufer des Sees, Bäume fielen krachend zusammen. Um vier Uhr früh war ich wieder fertig zum letzten Gang. Der Elchschädel musste noch geholt werden. Dieser Weg hatte mir schon viel Sorge gemacht. Nicht die Last war es, vor der ich mich fürchtete, sondern die gewaltige Auslage der Schaufeln, die im Walde eine Quälerei für mich werden konnten. Aber Toni wusste einen Ausweg und zeigte mir einen näheren Weg durch das niedrige Weidengestrüpp. – Gewehr und Tragbrett hatte ich am See zurückgelassen, „nur" der Elchschädel beschwerte mich. Er ruhte abwechselnd einmal auf der rechten, dann wieder auf der linken Schulter. Langsam ging es vorwärts. Fortwährend blieb ich hängen, oft musste ich absetzen und einige Minuten ruhen, ich hatte mir doch sehr viel zugemutet. Es wurde finster und noch hatte ich nicht die Hälfte bis zum See zurückgelegt. Am gegenüberliegenden Ufer des Sees hatte ich mir als Richtung einen spitzen, mit Schnee bedeckten Berg des McMillan-Gebirges festgelegt, den ich auch in der Nacht sehen musste. So konnte ich kaum irre gehen. Natürlich wurde ich immer matter. Eine Viertelstunde Marsch, dann saß ich wieder verzweifelt und war dem Weinen nahe. Die Quälerei war zu groß. Saß ich mal zu lange, dann stieß mich der kluge alte „Bastard", den ich mitgenommen hatte, und leckte mir das Gesicht, als wenn er sagen wollte: „Komm nur, wir gehen ja nicht rückwärts, raff dich auf!" „King", der andere Hund, war unruhig. Wenn ich saß, ging er ein Stück voraus, um schnell wieder zurückzukommen und sah mich mit seinen klugen Augen an: „Komm, ich weiß schon den Weg!" Um Mitternacht meinte ich, es ginge nicht mehr. Die Hunde lagen frei neben mir. Ein kleines Feuer brannte und ich lag langgestreckt daneben. Alle Knochen schmerzten, auf den Achseln und im Genick hatte ich mir die Haut mit den harten Schädelknochen abgescheuert. Toni konnte mir nicht helfen, er war gesundheitlich nicht auf der Höhe. Vorwurfsvoll sah ich auf die kapitale Trophäe und verfluchte sie. Mit einem Ruck raffte ich mich auf, trat das Feuer aus und weiter ging es. – Es war heller Tag, als unten der See sichtbar wurde, an dessen Ufer ich bald darauf stand. Es war geschafft!

Der Elchkopf, Zelt und Decken, die letzten beiden Sachen wurden von den Hunden getragen, blieben am Ufer liegen, auch die treuen Kameraden sollten Erleichterung haben. Mühsam schleppte ich mich zum Blockhause; die Hunde waren schon lange vor mir dort und zeigten ihrem Herrn an, dass ich kam. Toni sagte kein Wort, als ich in die Tür des gemütlichen Hauses trat; er sah, in welcher Verfassung ich ankam. Er war emsig beschäftigt mit dem Zubereiten einer Mahlzeit. Nach dem Frühstück erzählte ich kurz mein Erleben. Dann schob ich mich in sein Bett und Toni ging, um seine Netze einzuziehen. Den ganzen Tag hatte er nicht das Haus betreten, damit er ja nicht störte. Ja, solche Prachtmenschen findet man nicht oft und wenn, dann nur dort wo Männer im schweigsamen Norden jahraus, jahrein auf einsamem Posten stehen und sich im ewigen Kampf mit der Natur befinden. Eine Reihe solcher uneigennütziger, immer hilfsbereiter Naturmenschen lernte ich in meinem neunjährigen Wildnisleben kennen. Viel habe ich von ihnen gelernt. Gelernt vor allen Dingen, was „Mensch sein" heißt! Der „Kulturmensch", der im „Haufen" lebt und mit allen seinen Höflichkeitsformeln glaubt, seinen Mitmenschen gerecht zu werden, würde erstaunt sein, wenn es ihm einmal vergönnt wäre, unter denen zu leben, die es vorzogen für immer aus der „Gemeinschaft der Menschen" zu scheiden. Keine verwahrlosten Gesellen sind sie. Wie mancher, der hohe Bildung hat ist unter ihnen. Wenn sie auch nach außen hin rau sein mögen, ein guter und edler Kern steckt in ihnen!

Schweigend saßen wir beim Abendbrot, immer wieder blickte ich zu Toni hinüber und versuchte, in seinem verwitterten Gesicht zu lesen. Was hatte der nach außen raue, mit großer Herzensgüte versehene Mann alles in dem halben Menschenalter erlebt! Große Hochachtung hatte er mir abgerungen.

Biberjagd am Kalzas See

Nach Tisch saßen wir bei einem *drink* und besprachen den nächsten Tag. Ich sollte und wollte einen Tag auf Biber mit dem Boot pirschen fahren, während Toni alles zur Überfahrt über den See fertig machen wollte.

Langsam glitt das Boot über die glatte Wasserfläche zu den Biberburgen. Aus einem Zugangsgraben schwamm ein Biber heraus und umkreiste in respektvoller Entfernung den Kahn. Als ich ihm zu nahe rückte, schlug die Kelle klatschend auf und mit diesem Warnungssignal tauchte er unter. Langsam glitt ich mit dem Boot in den Graben und ging an Land. Fast volle zwei Stunden hockte ich gut gedeckt 20 Meter hinter einer Biberburg. Endlich erschienen zwei starke Biber, die schwimmend auf dem Wasser starke Weidenäste im Maul herantrugen. Der hintere und größere Biber blieb nach dem Schrotschuss auf den Kopf auf dem Wasser liegen, während der andere erschreckt den Ast fallen ließ und wegtauchte. Mit dem Boot fuhr ich hinüber, nahm den toten Biber auf und fuhr zurück zum Blockhaus.

Am Abend versuchte ich noch einmal mein Heil. In derselben Bai, in der ich am Vormittag jagte, schwammen sechs Biber. Es war unmöglich, vom Wasser aus Erfolg zu haben. Am Ende der großen Bucht zog ich das Boot an Land und pirschte in den Weiden zurück zum Auslauf eines Grabens. Kurz vor schwindendem Büchsenlicht erschienen weit draußen vier Biber. Plötzlich tauchten sie wie auf Kommando weg, so dass ich annahm, sie hätten Wind bekommen, wiewohl das nicht leicht möglich sein konnte, da der Wind von drüben kam. Ganz unerwartet tauchten sie 20 Meter vor mir am Ufer aus dem Wasser und setzten sich schön aufgereiht, auf den Hinterläufen ruhend, auf den Sand. Ein köstliches Bild bot sich meinen Augen. Unentwegt äugten und windeten sie auf den See, wo sie vor nicht langer Zeit das Boot sahen. Abwechselnd kratzte der eine oder der andere sich mit dem kurzen Vorderlauf in schnellen Bewegungen am Bauch. Jetzt merkte ich, dass sie unruhig wurden. Lange wartete ich nicht, denn jeden Moment konnten sie wieder abrutschen. Mit einem Schrotschuss auf Kopf und Hals rollte der stärkere Biber zusammen. Die anderen drei schossen in das Wasser. Mehr als zwei Biber wollte ich nicht schießen und deshalb fuhr ich zum Blockhaus zurück. Toni meinte, warum ich nicht mehr erlegt hätte. Gewiss, ich hätte noch einige für die Sammlung gebrauchen können, aber Tonis „Bestand" wollte ich nicht zu sehr in Anspruch nehmen.

Zurück nach dem McMillan River

Die für den nächsten Tag geplante Abfahrt kam nicht zustande. Ein fürchterlicher Sturm, der auch noch die folgende Nacht und den kommenden Tag anhielt, peitschte den See hoch auf, so dass an Bootfahren gar nicht zu denken war. Abends endlich legte sich der Sturm. Das Boot wurde schnell beladen. Zuerst die Fische, die schon zum Teil trocken waren. Darauf kamen meine Häute, Geweihe und Gehörne sowie der andere Kram. Nur für zwei Hunde war noch Raum im Boot, die anderen vier mussten am Ufer entlanglaufen. Das Boot war schwer beladen und darum nur langsam vorwärtszubringen. Um elf Uhr legten wir am anderen Ende des Sees an. Alles wurde abgeladen und da es anfing leicht zu regnen, setzten wir mein Zelt auf, um die trockenen Häute unterbringen zu können. Ich will es kurz machen. Die ganze Nacht hindurch und fast den ganzen nächsten Tag schleppten wir unsere Trophäen, Häute und sonstigen Sachen zu Tonis Blockhaus am McMillian River. – Der nächste Tag war ein Ruhetag. Mein Wohlbefinden wurde aber jäh unterbrochen, als mir Toni eine Bitte vortrug, einen Freundesdienst von mir verlangte. Ich sollte den ältesten seiner Hunde erschießen. Wie ein Faustschlag ins Gesicht traf es mich. Ich musste mich setzen! Toni setzte sich zu mir, die Tränen standen ihm in den Augen. Er erzählte mir von seinem alten treuen „Bastard". Reichlich 15 Jahre war er alt und hatte mit ihm Freud und Leid geteilt, „Bastard" war ein guter und unverwüstlicher Geselle jetzt aber war er alt, zahnlos der Fang, sein Futter konnte er nicht mehr kauen, ging sichtlich herunter und konnte im Gespann nicht mehr mit den anderen Hunden aushalten. Ich konnte verstehen. Schweigend stand ich auf, drückte Toni die Hand, nahm meinen Drilling und ging hinaus. „Bastard" lag frei vor dem Hause. Etwa 50 Meter vom Hause erfüllte ich Toni den Freundschaftsdienst. Der Brave hat den Knall nicht gehört! Toni saß am Tisch, eine Photographie von seinem „Bastard" aus jungen Tagen in der Hand. Wir sprachen nichts. Das Abendbrot, das von Toni ganz automatisch bereitet wurde, rührten wir kaum an. Auch in der Nacht fanden wir wenig Ruhe.

300 Kilometer im kleinen Boot zurück nach dem Yukon-Fluss

Der Tag fing an zu grauen, als wir unser Frühstück gegessen hatten und anfingen, mein Boot zu laden. Um acht Uhr drückten wir uns die Hände. Noch lange sah ich Toni am Ufer stehen, sah ihn, wie er mir zuwinkte. Armer Kerl, es war zu viel für dich was gestern Abend über dich kam – und nun, wie lange wird es dauern, bis du wieder einem Menschen begegnen wirst.

PACKEIS AM OBEREN YUKON RIVER

Mit gleichmäßigen Ruderschlägen schwamm ich den McMillan River hinunter.
Wohlgefällig ruhten meine Augen auf den guten Beutestücken, vergessen waren all
die Qualen, die ich darum ausgestanden hatte! Am zweiten Abend gegen sechs Uhr
kam ich zum Eingang des Tranite Canon. Der fast volle Mond war bedeckt, schwere
Wolken jagten am Himmel. Der niederen Temperatur nach war Schnee zu erwar-

261

ten. Der Magen mahnte und so ging ich an Land und machte „Supper". Die Zeit aber drängte; denn den letzten Flussdampfer, der am nächsten oder übernächsten Abend Fort Selkirk verließ, wollte ich nicht verpassen und ich entschloss mich für die Weiterfahrt. Ich muss offen gestehen, dass ich Herzklopfen hatte, als ich den ersten Abschnitt der Stromschnellen einfuhr. Den weißen Gischt ängstlich meidend, steuerte ich immer zu den dunklen Wasserstellen. Dort konnten keine Steine oder Felsblöcke sein. Zumeist musste ich mich auf die Ohren verlassen. Wo es besonders stark rauschte, waren Felsen und denen musste ich aus dem Wege gehen. Ohne Schaden steuerte ich durch den ersten Strudel. Der zweite war gefährlicher, aber auch dort ging es glatt durch. Ich war aber so abgespannt, dass ich ans Land fuhr und schnell eine Tasse Tee kochte. Der heiße, nervenberuhigende Trank im Verein mit einigen Zigaretten verschaffte mir wieder die nötige Ruhe. Vor mir lag der letzte, aber weit gefährlichste Teil der Stromschnellen. Donnernd brachen sich die hohen Wellen an riesigen Felsquadern. Mitten im Fluss lag eine lange Steinbank, die das Wasser nur überspülte. Und gerade am Kopfe dieser Steinbank musste ich den Fluss kreuzen. Lange überlegte ich, ob ich es wagen könnte in der Dunkelheit durch die Stromschnellen hindurchzufahren. Endlich war ich mir einig, es musste gewagt werden. Kaum zwei Meter vom Ufer nahmen mich die Fluten in Empfang. Geschickt wich ich den ersten Felsblöcken aus. Es klappte und ich konnte zur anderen Seite des Flusses hinübersteuern. Ganz dicht ging es am Kopfe der Steinbank vorüber. Im höchsten Wellengang des Canons sauste ich abwärts. Die größte Gefahr war überwunden, nur noch einen halben Kilometer, dann kam ruhiges Wasser, die Stromschnellen waren zu Ende! Zwei große Felsblöcke dicht am Ufer tauchten auf, aber auch diese gefährliche Situation umging ich geschickt. Auf dem Flusse ließ ich das Boot treiben und schöpfte das Wasser heraus, das sich im Boot angesammelt hatte. Dann ruderte ich was das Zeug hielt. – Die Nacht war kalt, schon drei Zentimeter starkes Randeis hing an den Ufern und ruhige Buhnen waren zugefroren. Nur durch fleißiges Rudern konnte ich mich warmhalten. Der Kopf fing von der Nervenanspannung mir zu schmerzen an, denn auch in dem weiten „ruhigen" Pelly River, der dem Yukon zustrebt, gab es aufzupassen. Plötzlich saß ich fest, und zwar auf einer Steinbank mitten im Flusse. Soviel ich auch versuchte vom Boote aus mit Hilfe der Ruder loszukommen, es ging nicht! Schuhe, Strümpfe und Hosen mussten herunter und ich hinein in das eiskalte Wasser. Einmal ziehend, einmal schiebend versuchte ich das Boot freizumachen. Es währte genau dreiviertel Stunden, bis ich den Kahn befreit hatte. Kaum war ich mit elegantem Schwung im Boot, sah ich am Ufer einen großen Haufen Schwemmholz und landete dort endlich. In wenigen Minuten stand der ganze Haufen in Flammen. Ich musste mich ganz und gar entkleiden, denn ich fiel beim Zerren des Bootes zweimal auf den Rücken, wobei ich bis unter die Arme nass wurde. In einer halben Stunde waren die Sachen abgetrocknet und auch ich hatte wieder Gefühl in den Knochen. – Uhus riefen überall im Walde – in einer Stunde musste Büchsenlicht werden. Wieder bekleidet ging ich ins Boot und holte mir ein Stück Elchwildbret, Tee, Zucker, sowie den Tiegel und machte das Frühstück. Das Feuer konnte noch eine Stunde aushalten und ich wartete dort den Tag ab. Tausende von Wildgänsen verschiedener Arten zogen niedrig mit lautem „gik – gak" vorüber oder fielen am Flusse ein. Auch Kraniche kamen. Die meisten ihrer Art waren schon im Süden. Der Tag brach an, aber dichte Nebel füllten das weite Tal des Flusses, so dass ich nicht das gegenüberliegende Ufer erkennen konnte. Dessen ungeachtet verließ ich den ausgebrannten Holzhaufen und fuhr ab. Von den Wildgänsen, die ruhend auf den Steinbänken saßen, holte ich mir drei Stück mit den Schrotläufen des Drillings. Gegen Mittag verschwand der Nebel. Der Gänsezug hielt den ganzen Tag an. In den frühen Nachmittagsstunden bummelten zwei Präriewölfe (*Canis latrans*) etwa 200 Meter unter mir am breiten Ufer. Sie stutzten, als sie mich kommen sahen. Dicht am Ufer ließ ich das Boot treiben und quäkte auf der Hand. Wie elektrisiert riss es die beiden zusammen, sie setzten sich auf die Keulen und lauschten mit schiefem Kopfe der schönen Musik. Auf 100 Meter schickte ich eine Kugel hinüber, die aber vorbeiging, da das Boot in dem leichtbewegten Wasser „tänzelte". Auf den Schuss verschwand der eine, während der andere sitzen blieb. Ehe ich eine zweite Patrone im Lauf hatte, war ich an dem sitzenden Wolfe vorbei, der mir mit hoher Nase folgte. Da scholl das Klagelied des Hasen hinaus. Im Trabe kam der graue Räuber mir näher. Auf 80 Meter verhoffte er und erhielt die Kugel. Im Feuer rutschte er zusammen. An Ort und Stelle nahm ich dem Wolf den vom Schuss arg zerfetzten Balg ab. – Die Fahrt ging ohne nennenswerten Zwischenfall weiter. Es dunkelte bereits, als ich den Yukon River erreichte und drüben an der anderen Seite Fort Selkirk liegen sah. Erleichtert atmete ich auf.

Indianer standen am Ufer, als sich mein Boot dem Fort näherte. Bei der Landung waren auch der Polizist und der Besitzer des „Stors" zugegen, auf deren Gesichtern man ein Staunen ablesen konnte. In kurzer Zeit war mit den vielen hilfsbereiten Händen das Boot ausgeladen und alles im „Store" untergebracht. Das Boot, das ich ja nicht mehr verwenden konnte, schenkte ich dem Ladenbesitzer. Eben kam der Telegraphist und meldete, dass der Dampfer heute Abend Dawson verlassen hätte und voraussichtlich morgen Abend gegen sechs Uhr Fort Selkirk anlaufen würde. Also stand mir eine vielleicht schlaflose Nacht unter gastfreien und freundlichen Menschen bevor – und so war es auch. Nachdem ich dem Ladenbesitzer, dem alten erfahrenen Bill Skoffield, zwei Schafskeulen und die drei Wildgänse übergeben hatte, ging er als guter Koch sofort daran ein Festessen anzurichten. Es wurde vier Uhr morgens als wir unsere Betten aufsuchten. Am Nachmittage verschnürte ich Häute, Geweihe und anderes in handliche Bündel und war im Reiseanzug schon um fünf Uhr fertig.

Pünktlich sechs Uhr lief der Dampfer an. Viele Neugierige standen an Deck und sahen die vielen „Hörner" aufladen. 15 Minuten nach der Landung setzten sich die Maschinen wieder in Bewegung. Noch ein letztes Lebewohl winkte ich den gastfreundlichen Leuten zu, dann ließ die Dämmerung das Fort bald zurück und es entschwand schließlich den Blicken. Nach einer Stunde, als wir Selkirk verließen, war ich in meiner Kabine. Der Zahlmeister, den ich von Whitehorse her kannte, kam herein und fragte mich, ob er mir nicht einen Amerikaner, der an Bord sei und großer Jäger wäre, vorstellen dürfe. Ich freute mich natürlich den Herrn kennenzulernen. Wir gingen hinunter in den „Salon". Es war ein Arzt aus Los Angeles in den Vereinigten Staaten. Zu dritt blieben wir noch lange bei einer Flasche Whisky zusammen. Fast die ganze Zeit, die zwischen den Mahlzeiten lag, hatte ich das Vergnügen, in dem Amerikaner einen Jäger kennenzulernen, wie es eben nur sehr wenige bei den „Yankees" gibt. In verschiedenen Teilen Nordamerikas hatte er schon Großwild gejagt. Leider war es ihm nicht mehr möglich sich ernstlich der Jagd zu widmen. Durch einen Sturz auf einer Jagd hatte er sich vor Jahren ein steifes Bein zugezogen. Er war im Laufe des Sommers mit drei Begleitern von Dawson mit zwei Flugzeugen in das Windriver Gebiet geflogen, um dort zu filmen. Er erzählte mir, dass er mich, obwohl nicht persönlich, vom „Hörensagen" kenne. Im Parlament in Dawson sei eine Photographie in starker Vergrößerung von dem von mir erlegten Alaskabraunbären ausgestellt, mit dem Namen des Erlegers und manches würde dort von dem deutschen Jäger gesprochen. Ich hatte vor meiner Abreise nach dem McMillan dem Government Agenten ein Negativ der Bärenaufnahme zu dem Zwecke gegeben, es der Behörde in Dawson für eine Reproduktion zu leihen. – Wir wurden nicht müde uns fast ausschließlich während der viertägigen Fahrt nach Whitehorse von jagdlichen Dingen zu unterhalten. Viel zu schnell kamen wir an unser Ziel. Als der Amerikaner von mir erfahren hatte, dass ich sofort noch einen *trip* ins Gebirge machen würde, wollte er sich am liebsten anschließen. Da sich bereits Eis im Strom bildete, hatten wir Reisenden nur den einen Wunsch, keinen ungewollten Aufenthalt zu nehmen. Aber es klappte! An einem kalten Morgen, am 2. Oktober, landete der Dampfer am Dock in Whitehorse. Knirschend schob sich das Eis zur Seite. Das Passagiergut war oben auf Deck gebracht worden und mehrere Zuschauer riefen aus: *„The big game hunter is coming!"* („Der Großwildjäger kommt!"). Ich war erkannt worden. Viele Bewohner der kleinen Stadt waren am Dock, wie üblich, beim Eintreffen eines Dampfers und mancher Bekannter war unter ihnen. Mit dem „Doktor" hatte ich verabredet, dass wir uns am Nachmittag in einem Hotel treffen wollten. Meine Beute wurde in mein „großes Hauptquartier" zu dem alten Deutschen, bei dem ich ein Seitengebäude gemietet hatte, gebracht. Eine halbe Stunde später kam zu meiner größten Freude mein Freund Olaf. Er war zum Lebensmitteleinkauf vor einigen Tagen in Whitehorse angekommen und hatte erfahren, dass ich angekommen war. Er teilte mir mit, dass er im Laufe des anderen Tages auf seinen Sitz zurückkehren wollte. Das klappte ja wunderbar! Mit meinem Freunde Olaf, dem Amerikaner und einigen Bekannten saß ich vom Nachmittag bis zum nächsten Morgen bei gutem Trunk zusammen. Um 12 Uhr mittags fuhr der Amerikaner im Flugzeug zur Küste zurück. Olaf und ich, sowie die beiden Halbindianer die in Champagne den Handelsposten vertraten, brachen um 2 Uhr mit einem Lastwagen auf.

Mit Freund Olaf und Indianern nach dem Deazedeath-Gebirge

Da der Boden gefroren war, kamen wir gut vorwärts und erreichten Champagne um 2 Uhr nachts. Einen Tag mussten Olaf und ich warten, da die Indianer, die zum Teil nach dem Kluane See, zum Teil nach dem Aishihik See wollten, ihre Pferde noch nicht hatten einfangen können. Wir halfen mit und sahen darauf, dass alles möglichst schnell fertig wurde. Schon um 6 Uhr morgens, bei völliger Dunkelheit, zog die „Karawane", die aus 14 Pferden bestand, ins Land. Olaf hatte fünf Packpferde, ich eins. Wir sowie fünf Indianer marschierten zu Fuß und trugen weiter nichts als je ein Gewehr. Um 8 Uhr abends machten wir *camp*. Für die Pferde, die mit kurzen Fesseln an den Vorderläufen versehen wurden, war Gras genug vorhanden. Ein großes Lagerfeuer brannte. Im Halbkreise saßen wir darum. Als das Essen vorüber war kam ein jeder von uns daran eine Jagdgeschichte zu erzählen. Auch die Indianer, die leidlich englisch sprachen, mussten sich auf langes Drängeln endlich entschließen, den schweigsamen Mund zu öffnen und erzählten von ihren Bärenjagden und später auch Geschichten aus den Zeiten ihrer Väter und Großväter. Eine solche Geschichte, die auch einen guten Mutterwitz der Rothäute durchblicken ließ, ist mir noch besonders in Erinnerung. – *„Little shorty"*, zu deutsch „Der kleine Kurze", setzte sich in der den Indianern eigenen Art mit untergelegten Beinen zurecht. Er war der Älteste – etwa 60 Jahre alt –, genau wusste er nicht, wann er geboren war. „Little shorty" ließ seine stechend schwarzen Augen von Mann zu Mann gehen und hub mit ernster Miene an zu erzählen.

Es war vor Jahren, als ich als Unterführer bei einer Jagdexpedition im unwirtlichen Hochgebirge des Donjek mitwirkte. Das Unternehmen, bei dem gute Strecke erzielt wurde, näherte sich dem Ende. Hohe Schneefälle, auch in tieferen Lagen, brachten kolossale Schwierigkeiten bei der Rückreise mit sich, die mit Packpferden stattfand. Der Donjek River führte Hochwasser. An der bekannten Furt war es infolge des hohen und reißenden Wassers nicht möglich, den Fluss mit den 50 Packpferden zu kreuzen. Die „Karawane" machte halt und ich wurde vorausgeschickt, um eine Furt zu finden. Am zweiten Tage fand ich eine Stelle, die mir eine Möglichkeit zum Überqueren versprach und die ich sogleich prüfte. Ich hatte viele Mühe mein Pferd ins Wasser zu bringen. Der Donjek ist als gefährlicher Strom bekannt durch seinen Schwemmsand. Das Pferd watete vorsichtig hinein und hoch schlug das Wasser über den Rücken des zitternden Tieres zusammen. Ich saß mit hocherhobenen Beinen drauf. Plötzlich fing das Pferd an aufgeregt mit den Beinen zu arbeiten; es war in Schwemmsand geraten. Die kolossale Strömung riss mich herunter, die Fluten nahmen mich – ohne Pferd mit! Als ich die Augen aufschlug lag ich neben dem Flusse auf einem Sandhaufen. Ich gab mir Mühe mich aufzurichten, es ging nicht. Ich verfiel in eine Art Halbschlummer. – Mollige Wärme hüllte mich ein als ich zum zweiten Male aufwachte. Mein Freund „Muskwa" – der Bär – saß neben mir und ein großes Feuer brannte. Nach und nach kam mir alles in Erinnerung. Es war der vierte Tag seit ich das Lager der Jäger verlassen hatte. Am zweiten Tage ging ich mit dem Pferde ins Wasser. Wo war mein Pferd? „Muskwa" erzählte, dass er gestern Mittag geschickt worden sei mich zu suchen. An diesem Vormittag habe er zuerst das Pferd gefunden, das mit aufgerissenem Leib verendet an einem großen Berg von Baumstämmen im Flusse hing. Mich hatte er auf dem Sand bewusstlos entdeckt. – „Muskwa" nahm mich noch am selben Abend auf sein Pferd, mit Mühe konnte ich mich aufrecht halten und am nächsten Morgen trafen wir im *camp* ein. – Mittlerweile war eine Furt oberhalb des Flusses gefunden worden, wo wir nächsten Tag übersetzten. –

Es war Mitternacht als wir uns zum Schlafe neben dem Feuer ausstreckten. Am nächsten Morgen um 7 Uhr waren wir wieder auf dem Marsche und erreichten am späten Abend Olafs „Besitz". Die Indianer wurden im Nebenraum des Blockhauses untergebracht, die Pferde fanden in der Nähe des Hauses ihr Futter. Am nächsten Morgen zogen die Rothäute weiter. Ich machte alles zur Jagd fertig, denn am nächsten Morgen wollte ich wieder allein aufbrechen. Olaf wollte mir wieder seinen Leithund „Dyk" leihen. Zeitig gingen wir zu Bett, ich wollte mich noch einmal gründlich ausschlafen, denn ich hatte vor, zur Schneeziegenjagd ins Gletschergebiet zu gehen. Vor 18 Tagen würde ich nicht zurück sein können. – Um 5 Uhr saßen wir schon beim Frühstück und es gab noch viel zu besprechen. Ich beschrieb Olaf, wohin ich wollte. Er gab mir den Rat, „Dyk" im Lager nur mit starker Schnur anzubinden damit, wenn mir was passierte und ich nicht zum Lager zurückkäme, der Hund die Leine durchschneiden könne. Er würde ohne weiteres zu ihm zurückkommen. Mit Hilfe des Hundes würde er mich sicherlich auch finden. Und wenn, meinte er scherzhafterweise, ich schon in die ewigen Jagdgründe abberufen sei, dann wolle er meine sterblichen Reste an das Museum nach Germany schicken, damit sie mich wenigstens noch ausstopfen könnten!

Kurz vor 7 Uhr wurde es hell, ich nahm mein schweres Gepäck und Olaf schnallte die ebenfalls schwere Packtasche auf „Dyk", ein *Good luck* und bald war ich wieder allein mit dem braven Hund in der Bergwildnis. Acht Kilometer hatte ich schon zurückgelegt als ich bemerkte, dass ich die Reserve-Kugelpatronen vergessen hatte. Mein Gepäck, sowie das des Hundes hängte ich an eine Fichte und ging zurück. Ohne die Patronen konnte ich nichts unternehmen. Olaf war nicht wenig erstaunt als ich zurückkam. Er meinte Umkehren bringt Glück, ganz entgegen meiner Meinung. Am nächsten Morgen brach ich wieder auf. Sechs Kilometer war ich in den Bergen als ein heftiger Sturm aufkam, so dass ich mich kaum auf den Beinen halten konnte. Es fing unten an zu regnen, oben schneite es. Nichts konnte ich unternehmen, wieder ging ich zurück. Olaf lachte und sagte mir, dass das noch mehr Glück bedeute. Am nächsten Morgen war es still, Neuschnee lag oben in den Bergen. „Dyk" sah mich mit seinen klugen Augen an, als wenn er sagen wollte, na, wie weit gehst du denn heute. Etwa sechs Kilometer vom Hause entfernt, genau an der Stelle, wo ich tags zuvor des Sturmes wegen haltmachte und umkehrte, sah ich in einer Entfernung von 300 Metern oben an einer nur wenig mit Strauchwerk bewachsenen steilen Berglehne drei Grizzlybären ziehen. Mit dem Glase stellte ich fest, dass es ein sehr starker, ein starker und ein schwacher Bär waren. Kurz entschlossen setzte ich das leere Tragbrett ab. Den Hund hängte ich an das Traggestell, befahl ihm liegenzubleiben und versuchte, dem langsam ziehenden Bären den Weg abzuschneiden. Als ich das 100 Meter breite Geröllfeld zwischen mir und der ansteigenden Berglehne überquert hatte, sah ich zurück nach dem Hund. Da kam ein fast schwarzer Grizzlybär, ein *Silvertip*, hinter einer Erhebung im Geröllfelde hervor und zog direkt auf den abgelegten „Dyk" zu. Der Bär war nur 100 Meter von mir ab, ich hätte ihn bequem schießen können, er war aber zu schwach. Ich blieb stehen und wollte sehen was Hund und Bär machen würden. Der Hund lag und beobachtete mich. Ahnungslos zog der Bär auf den Hund. Plötzlich, 20 Meter vor „Dyk", kam der Grizzly hinter großen Steinblöcken hervor, sah den Hund, der Hund den Bär und ein jeder von beiden ging erschreckt in entgegengesetzter Richtung ab. Der Bär verschwand in den Bergen, der Hund hielt nach einigen Fluchten inne und kam, das Tragbrett nach sich schleppend, an seinen Platz zurück und schien beruhigt zu sein. Ich musste lachen über die Komik der unerwarteten Begegnung. – Jedes Geräusch vermeidend stieg ich bergauf. Vereinzelte Weidensträucher boten mir Deckung. Ich musste in der Gegend sein, wo ich die drei Bären erwarten konnte. 60 Meter über mir, in einer dichten Gruppe von Weiden, sah ich, wie sich das Strauchwerk bewegte. Nach einigen Minuten erschien ein starker Bär in einer Lücke, dem ich die Kugel antrug. Mit markerschütterndem Gebrüll fuhr der beschossene Bär auf, kam ins

Rutschen und kollerte brüllend keine 20 Meter an mir vorbei und blieb weiter unten in den dichten Weiden hängen. Er klagte anhaltend weiter, aber sehen konnte ich ihn nicht. Oben, wo ich die Bären zuerst nach dem Aufstieg bemerkte, ging ein Spektakel los, dass es einen gruseln konnte. Fauchend und brüllend schlug dort ein Bär die Weiden zusammen, dass die Fetzen nur so flogen. Steine kamen ins Rollen, die dicht an mir vorbeisausten. Den Bär konnte ich nicht sehen, aber um so besser hören. Jeder Nerv war gespannt. Ich traute mich nicht vom Fleck. Das fürchterliche Toben des Grizzlys ging mir auf die Nerven. Diese wildgewordene Bestie wusste den Feind, das große „Raubtier Mensch" in seiner Nähe. Er war einer von denen, die ohne Zögern annehmen. Fünf volle Minuten stand ich wie gebannt auf dem Fleck, der Bär oben tobte weiter und unten klagte in herzzerreißender Art der angeschweißte „Graue". Von dort, wo ich stand, konnte ich auf den wildgewordenen Gesellen nichts unternehmen. Ich vergewisserte mich, dass mein treuer Drilling in Ordnung war und pirschte mit größter Vorsicht nach oben. Dabei musste ich in die Nähe des Bären kommen. – Ich war in derselben Höhe, in der sich der noch immer tobende Grizzly befand. Ab und zu bekam ich „Haar" zu sehen. Einige Minuten verharrte ich, den Drilling bereit und schlug ich mit dem rechten Fuß auf die Steine, das wirkte. Einen Moment war Ruhe, dann machte der Bär brüllend einen Satz vorwärts, stand mit einem Ruck auf den Hinterläufen und sah seinen Todfeind! Zu spät für ihn! Im Knall schlug der Bär nach hinten über, dann war alles aus. Erleichtert atmete ich auf. Sofort stieg ich abwärts und erledigte den noch immer klagenden Bären mit einem Halsschuss. Dem armen Kerl hatte ich den Rückenwirbel zerschossen, war etwas zu hoch im Blatt abgekommen. Es war ein guter Bär, im Gewicht von ungefähr fünf Zentnern. Ich ließ den Bären vorerst liegen und ging hinauf zu dem anderen verendeten Grizzly. Eine uralte, etwa sieben Zentner schwere Grizzlybärin lag vor mir. Ich brach den Fang auf und besah mir das Gebiss. Ohne Schmisse, wie bei alten Bären es nur selten der Fall ist, war die prachtvolle Decke. Heute ziert sie mit naturalisiertem echtem Schädel mein Jagdzimmer. Auf einem Stein vor der Bärin sitzend, betrachtete ich sie mir ganz eingehend. Was hätte mir passieren können, wenn das Geschoss nicht Herz und Rückenwirbel zerschmettert hätte und ein blitzartiges Zusammenbrechen die Folge war. Kraftstrotzende Muskeln zeigten die Läufe und der Nacken. Zum Platzen feist war die alte Dame. Mir gruselte bei dem Gedanken, wenn mich die Bärin erwischt hätte. Von dem dritten, sehr schwachen Bären war nichts mehr zu sehen. – Ich ging hinunter zu dem Hund, der immer noch an seinem Platze lag, da ich den kleinen Wetzstein für das Jagdmesser in dem Gepäck liegen hatte. Nun stieg ich mit dem Hunde hinauf zu der starken Bärin. Der Hund lief zehn Schritte voraus. Plötzlich, unweit von der Bärin, sauste „Dyk" bergauf und im selben Augenblick sah ich den dritten schwachen Bären hinaufflüchten. Der gehetzte Bär wollte gerade hinter einer Bodenwelle verschwinden, da fasste der Hund in das noch sichtbare Hinterteil. Mit einem kurzen „Wuff" schlug der Bär mit dem Fang herum, der Hund ließ ab und riss mit eingekniffener Rute aus. Bei den ersten Fluchten jaulte der Hund laut auf und raste den Berg hinunter, um schließlich erst dort haltzumachen, wo er vorher abgelegt war. Alles Rufen und Pfeifen half nichts, er blieb liegen und lag noch, als ich mit den beiden Decken zurückkam. Der etwa zwei- bis dreijährige Bär war während meiner Abwesenheit zurückgekommen und hatte sich wohl vergewissern wollen was dort vorgegangen war. Es war mir überhaupt rätselhaft, dass drei Bären beisammenstanden, was nur in den seltensten Fällen vorkommt. Wahrscheinlich war der schwache Bär ein Junges von der geschossenen Mittelbärin. Eine enge Gemeinschaft zwischen den drei Bären musste bestanden haben, denn sonst hätte die Alte nicht so furchtbar getobt als sie die Genossin in Gefahr wusste. Den Platz, wo die alte Bärin lag, brauchte ich, um bequem arbeiten zu können, von Strauchwerk nicht zu säubern. Die Bärin hatte reinen Tisch gemacht, alles hatte sie kurz und klein geschlagen. Im Verlauf von einer Stunde hatte ich die Decke herunter. Der Schädel wurde auf einer hohen Weide aufgehängt und sollte später geholt werden. Dann streifte ich den zweiten Bären. Auch den Schädel ließ ich zurück. Die beiden auf das Tragbrett kunstgerecht gepackten Bärendecken waren eine sehr schwere Last. – „Dyk" lag noch auf seinem Platze und wich ängstlich zurück als er die Witterung von dem Bärenschweiß in die Nase bekam. Vieles Zureden half, er folgte mir bald willig und bei Fuß. Wir marschierten heimwärts zu Olafs Behausung. Dort waren die Decken am besten aufgehoben. Langsamen Schrittes ging es unter der schweren Last. Rechts drüben floss träge der Deazedeath River, der zu beiden Seiten von riesigen, schneebedeckten Bergen eingerahmt war. Deutlich konnte ich hoch oben mehrere Bergschafe ausmachen. Die Sonne war bereits hinter den Bergen verschwunden. Die Schultern schmerzten vom Tragen der schweren Kraft. Fast einen Kilometer von mir entfernt in den weiten Niederungen diesseits des Flusses sah ich einen großen hellen Fleck, der mir vorher nicht aufgefallen war. Mit dem Glase stellte ich fest, dass der „Fleck" ein sehr starker heller Grizzlybär war, der sehr behäbig nach Wurzeln grub. Das war ein Bär, der es wert war, geschossen zu werden, wenn!!! Leider stand der Wind direkt auf ihn zu. Eine Stunde war noch Büchsenlicht. Wollte ich versuchen an den Bären zu kommen, dann hieß es handeln. Ich nahm mein Gepäck wieder auf und ging in großem Bogen den Bär in einem Lawinenfelde an. Als ich unter Wind war, legte ich mein Gepäck ab und band den Hund daran fest. Der Bär war durch niedrige Weiden gedeckt. Mir boten verkrüppelte Fichten gute Deckung. Ganz unerwartet hatte ich den Bären auf 25 Schritte vor mir, ein zwei Meter breiter Wassergraben lag zwischen uns. Nichts ahnend grub der Bär nach Wurzeln und stand spitz von hinten. Mit fertigem Drilling stand ich bewegungslos und wartete bis der Bär sich breitstellte. Volle fünf Minuten sah ich ihm zu. Endlich stand er breit. Mit jähem „In-die-Höhe-fahren" quittierte der Grizzly die Kugel. Das Interessanteste, was ich an einem beschossenen Bären je beobachtet hatte, bekam ich jetzt zu sehen. Als der Bär die Kugel bekam und kerzengerade in die Höhe fuhr, wurde er sofort wieder „kurz" und flüchtete mit unbeholfenen Fluchten, seitlich von mir weg. Dabei sah der Bär dorthin, von wo er den Knall vernommen hatte. Regungslos stand ich da – kein Muskel zuckte – und wartete mit dem für die Flintenlaufgeschosse bereiten Drilling. Der Bär machte ein „ängstliches Gesicht", das ich nicht vergessen werde. Nach 15 bis 20 unbeholfenen Fluchten brach er dann verendet zusammen. Ich nahm Herzschuss an, was sich am anderen Tage auch bestätigte. Ich stand vor meinem bis dahin besten Grizzlybären. Sieben bis acht Zentner schätzte ich sein Gewicht. Die wundervolle Decke zeigte an allen Haaren weiße Spitzen. Der überfeiste Bursche trug auch noch im Tode das „ängstliche Gesicht"! Ich studierte genau die Gesichtszüge, die Stellung der Lefzen und der Augenlider. – Der feine Tierbeobachter kann ja auch bei Hunden und Pferden Gesichtszüge des Erschreckens oder großen Schmerzes beobachten. Ich bin mir vollkommen sicher, dass ich mich in meiner Beobachtung an dem Grizzlybären nicht getäuscht habe. – Es wurde dunkel. Ich konnte mit dem Bären nichts mehr anfangen. Ich ließ ihn liegen, um am nächsten Tage wiederzukommen. Ich ging zurück zum Hund und dem Gepäck und marschierte nach „Hause".

Olaf war nicht wenig erstaunt über meinen Erfolg. Noch in derselben Nacht wurden die beiden Bärendecken bearbeitet und gesalzen. Am nächsten Morgen marschierte ich mit Olaf und den Hunden zu dem am Vorabend erlegten Grizzlybären. Wir arbeiteten beide und waren in kurzer Zeit fertig mit dem Streifen. Ich trug die Decke und den Schädel, Olaf einen Sack voll Feist, der später ausgelassen ungefähr 85 Pfund wog. Die Hunde trugen in den Packtaschen Wildbret, das sie gekocht bekamen, weil sie es roh nicht nehmen wollten.

SO ERWARTETE MICH DIE URALTE GRIZZLYBÄRIN

KNÜPPELFALLE FÜR DEN BÄR, WIE SIE DIE INDIANER MEIST GEBRAUCHEN

Am nächsten Morgen ging ich mit „Dyk" abermals in die Berge an den Kaskawulsh River, wo das Zelt aufgeschlagen wurde.

Eisschollen trieben im Fluss, als ich am frühen Morgen, meiner Fußbekleidung entledigt und mit hochaufgekrempelten Hosen, den ersten Wasserarm durchwatete. Kleine Eisschollen ritzten mir die Haut an den Beinen, die Fußsohlen schmerzten vom Laufen auf den feinen Eiskristallen im Flussbett. Der erste Arm war durchwatet, dann erst folgte „Dyk", der nicht gern in das eiskalte Wasser wollte. Ich konnte deutlich meine erstarrten Füße auf die Steine „aufklappen" hören, ich merkte nicht, wohin ich trat. Drei Wasserarme mussten durchwatet werden und als das geschafft war, rieb ich mir die Beine mit dem wollenen Windbrecher trocken und versah die erstarrten Glieder wieder mit ihrer Bekleidung. Ich trug keine Lederschuhe, sondern die landesüblichen indianischen, aus Elchleder gefertigten Mokassins, darüber Gummihalbschuhe. Die zwei Paar, aus reinster hundertprozentiger Wolle gefertigten Strümpfe sorgten dafür, dass bald wieder Leben in die steifen Glieder kam. Der arme „Dyk" sah wie ein Eismann aus. Lange Eiszapfen hingen am langen Haar der Flanken, die zottige Rute war ganz und gar vereist und klapperte, wenn sich mein lieber Begleiter schüttelte. Nach 20 Minuten erreichte ich den Wald am Ufer und entzündete sofort ein Feuer. Der Hund wusste, wie er sich zu verhalten hatte, abwechselnd kehrte er einmal diese, dann wieder die andere Seite dem Feuer zu. Es dauerte auch nicht lange, da war das Eis abgetaut. Auch ich hatte Mokassins und Strümpfe ausgezogen und tat mich gütlich am Feuer. „Dyk" hatte durch eine scharfe Eisscholle eine etwa zwei Zentimeter breite Wunde auf der linken Seite. Zum Glück war die Wunde nicht tief. Sein Gepäck bestand nur aus Decken und einigen getrockneten Fischen, so bestand keine Gefahr, dass ihn die Packtaschen drücken konnten. Nach halbstündiger Rast marschierten wir weiter. Ich folgte dem Laufe eines breiten, namenlosen Flusses. Ein Zeichen, wie wenig Menschen sich in jene Gebiete verlieren. Zu beiden Seiten des Flusses fallen die Vorberge des Gebirges steil ab. An vielen Stellen musste ich über Felsen klettern, um vorbeizukommen. Den Tag wollte ich ausnützen, da ich so schnell als möglich auf die Berge wollte. Sechs Bäche, die an meiner Seite in den Fluss mündeten, lagen bereits hinter mir. Mit Einbruch der Dunkelheit fand ich eine Stelle, wo trockenes Holz in Menge vorhanden war, auch war ich dort vom Wind geschützt. Nachdem ich das Gepäck abgelegt hatte, riss ich feine Birkenrinde ab, tat etwas dünnes, trockenes Holz darauf und in wenigen Minuten loderte ein Feuer auf, dann schlug ich mit der Axt starkes Holz. Liebkosend streichelte ich den Kopf des nassen Hundes und wir unterhielten uns. „Ja, oller ‚Dyk', wenn wir in die Gletscher wollen, dann müssen wir doch auch durch das Wasser. Aber warte nur, wenn wir Dusel haben, dann lebst du hier oben wie im Schlaraffenland. Denke mal an das feine feiste Ziegenwildbret, das du bekommen wirst!" Die klugen Augen des Tieres schauten mich an, als ob sie sagen wollten: „Na, erst müssen wir Ziegen haben, ehe wir davon leben können!" Ja, er hatte recht, erst mussten wir sie haben. Als wir uns beide gründlich erwärmt hatten, bekam zuerst „Dyk" einen mächtigen getrockneten Lachs und dann kam ich an die Reihe. An Lebensmitteln hatte ich nur Tee, Zucker, Salz, Pfeffer, zwei Pfund Fett, ein wenig Backpulver und zehn Pfund Mehl mit. Na, die „Plinsen", die im kleinen Tiegel gebacken wurden, haben auch geschmeckt! – Schlaf fand ich nur wenig in dieser Nacht. Wolfsrudel heulten die ganze Nacht hindurch, ein Rudel kaum mehr als einen Kilometer von mir entfernt. Wie oft schon lag ich am nächtlichen Lagerfeuer, hörte die Wölfe heulen, aber meist ließ mich das kalt, ich konnte schlafen. Nicht so in dieser Nacht. Ich glaube es war die Sorge, dass die heulenden Wölfe die Schneeziegen höher hinauftreiben könnten. Ich befand mich bereits in dem Gebiete, wo ich zu jagen gedachte. Es konnte nicht mehr weit bis zum Gletscher sein. In der Nacht kroch ich zweimal aus den Decken und frischte das Feuer auf. Als ich einmal, es war wohl Mitternacht, am Fluss Wasser für Tee holte, sah ich, dass die Eisschollen größer und stärker wurden. Gegen Morgen kam Sturm auf. Tiefhängende Wolken verhüllten die Berge. Um 9 Uhr marschierten wir weiter. Der Sturm ließ etwas nach; nach und nach hoben sich die Wolken und das Gebirge wurde sichtbar. Gegen Mittag fand ich eine tiefe Rinne, in die ich aufsteigen konnte, um an die Baumgrenze zu gelangen. Nach einstündigem Steigen war die Nähe der Baumgrenze erreicht. Die Krüppelfichten standen sehr dicht und schützten vor dem Winde. Trockenes Holz lag und stand in großer Menge, der Platz schien mir für einen längeren *camp* geeignet. Von einer Seite stellte ich einen Windschutz auf, da es mir nicht möglich war das Zelt mitzunehmen. Auch für „Dyk" baute ich aus Fichtenreisern eine windgeschützte Ecke. 50 Zentimeter hoch häufte ich mir als Bett dünnes Fichtenreis auf, darüber als oberste Lage wurden dünne Zweige, ähnlich wie Flechtwerk gelegt, darauf kam ein Stück Zeltleinen und so entstand eine federnde Lagerstatt. Mehrere Stangen stellte ich in Nähe des Feuers an umstehende Bäume, um Sachen zum Trocknen aufzuhängen. Es dauerte kaum zwei Stunden, bis ich das Lager in Ordnung hatte und ein großes Feuer brannte. Dann wurde erst mal gegessen. In Ermangelung besserer Dinge gab es eben nur „Plinsen" und Tee. „Dyk" bekam seinen letzten Lachs. Fleisch musste geschafft werden, sonst waren wir aufgeschmissen. – Die volle Schönheit eines nordischen Sternenhimmels bekam ich wieder einmal zu sehen. Wiewohl ich müde war brachte ich es nicht fertig die wunderbare Nacht zu verschlafen. Das Feuer knisterte, ich lag längsseits auf der Seite mit gestütztem Kopfe und blickte zum sternenreichen Himmel. Wie ganz anders, wieviel schöner ist doch der nordische nächtliche Himmel als unserer. Gegen 10 Uhr flammte das Nordlicht auf. In allen Farben fuhren feurige Lichtblitze hin und her. In bizarren Formen tauchte es einmal hier, dann wieder mal dort auf. „Dyk" lag dicht neben mir und auch er sah interessiert hinauf in das Flackern des Nordlichtes! In jener Nacht gingen meine Gedanken viele Tausende von Kilometern nach Osten, nach Deutschland, meiner Heimat. Dort musste es Tag sein. Was machten wohl meine Angehörigen, Frau und Kind? Ob sie wohl auch in jener Stunde an mich dachten? Wenn ich mich früh steif und kalt von meinem harten Lager erhob, dann würden sich die Meinen ins warme wirkliche Bett legen können, ich aber würde dann hinaufsteigen ins unwirtliche Gebirge, Gletscher überqueren und auf Schritt und Tritt von Gefahren umlauert sein. – Mit einem Ruck riss ich mich auf, „Dyk" erschrak förmlich. Was hatte ich zu klagen? Hatte ich mir dieses Los nicht selbst gewählt? Hatte ich es nicht viel schöner als sie, schöner als alle meine deutschen Brüder in der Heimat? War ich nicht ein Jäger, der sich mit Härten abfinden musste? Und hatte ich nicht ein Jagdgebiet so groß wie Deutschland für mich? Tausende von Kilometern nach Ost und West, nach Nord und Süd, das war mein! Dort durfte ich unbeschränkt jagen. Nein, ich wollte nicht tauschen mit meinen deutschen Brüdern!

Nachdem ich noch eine Tasse heißen Tee getrunken und eine Zigarette geraucht hatte, wickelte ich mich in meine Decken. Zwei Paar frische wollene Strümpfe und ein Paar reichlich große Mokassins hatte ich mir angezogen. Den Körper schützte starke wollene Wäsche, meine Hände die Pelzhandschuhe. Wie leicht ist es möglich, dass im Schlafe Hände oder Füße erfrieren, wenn sie aus den Decken kommen. Kannst du dir das ausmalen, lieber Leser, was es bedeuten würde, wenn du beim Aufwachen diese Entdeckung machen würdest? Deinen Tod würde es bedeuten. Du bliebest dort, wo du bist, ein Opfer des weißen Todes! Oder wenn du nur die Hände hartgefroren hast, auch dann bist du erledigt. Wie viele solcher Fälle gibt es. Eigentümlich ist, dass man, wenn man im kalten Winter im Freien schläft, die Kälte rechtzeitig am Körper verspürt, nicht aber an den unbedeckten Händen und Füßen. – Ist es nicht schon passiert, dass ein Trapper sich unweit seines Blockhauses durch Einbrechen in das Eis die Füße erfror? Er schleppt sich zum Blockhause. Zu spät! Die Füße waren schwarz, waren abgefroren. Er hackte die Füße mit dem Beil ab. Wochenlang schleppte er sich auf seinen Stümpfen im Hause herum, viele Tagereisen weit von jeder menschlichen Hilfe entfernt. Im Sommer wurde das Skelett durch patrouillierende Polizei im Blockhause gefunden und nur das Tagebuch des bedauernswerten Menschen erzählte einen Bruchteil seiner Qualen. Erfrieren von Gliedmaßen, Unfälle verschiedener Art, Krankheit usw., das sind die großen Gefahren, die den einsamen Fallensteller, den Goldsucher und Jäger dauernd umlauern. Gefahren durch Raubtiere spielen eine nur untergeordnete Rolle.

Die kalte Nase von „Dyk" weckte mich, er fuhr mir damit ins Gesicht. Der anhängliche Kerl hatte die ganze Nacht Seite an Seite mit mir gelegen, hatte wohl seinen klugen Kopf mit unter meine Schlafdecken gesteckt und war mir mit der Nase ins Gesicht gekommen. Die Uhr zeigte schon die siebente Stunde an. Ich stand auf und in fünf

Minuten war ein kräftiges Feuer im Gange. Nachdem ich mich erst mal gründlich durchgewärmt hatte, machte ich mir drei „Plinsen", trank einen Topf heißen Tee und machte mich fertig zum Pirschgang. Mein „Bett" rollte ich zusammen, legte ein Stück Zeltleinen obenauf und bot die „Bettrolle" dem guten „Dyk" an. Er nahm das freundliche Angebot dankend an und legte sich ohne weiteres darauf. Es war erst 8 Uhr, als ich in einer Rinne aufwärtsstieg. Es war völlig windstill, klar und nebellos. Kurz vor 10 Uhr erstrahlte volles Tageslicht und ich machte auf einem steilen Kamme halt, um die Gegend mit dem Glase abzusuchen. Ein leichter Rauch stieg von unten auf und bezeichnete mein Lager. Soweit das Auge reichte, nach Süden, nach Westen und Nordwesten lagen die gewaltigen Gletschermassen, aus denen sich steile Bergkegel emporhoben. Im Südwesten waren deutlich die hohen vergletscherten Felsen der Küste an der Yakutat Bay im Stillen Ozean zu sehen. Über mir ragten die zerrissenen Zinnen in den blauen Himmel. Im Nordwesten steilte der gewaltige über 6000 Meter hohe Mount Logan, nicht weit davon der 5000 Meter hohe McArthur über das Gletschergebirge. Nur wenige Tage im Jahre ist es möglich, eine solche Fernsicht genießen zu können. Meist hängen dichte Nebel im Küstengebirge. Der namenlose Gebirgszug, in dem ich mich befand, musste auch annähernd 5000 Meter hoch sein. Schon jetzt sah ich wie schwierig es werden würde höher hinaufzukommen, denn nur in den höchsten Regionen war mir Erfolg auf Schneeziegen sicher. Fast alle 500 Meter gähnte ein tiefer Canon, eine steile, unüberwindliche Schlucht. Eine halbe Stunde hatte ich gesessen, das wunderbare Bild in mich aufgenommen und war über die Lage vollkommen orientiert. Ich kletterte höher hinauf am Rande einer Schlucht. Die Kletterei bot Schwierigkeiten aller Art. Ein jeder Schritt musste geprüft werden. Gerade machte ich einen kurzen Halt, als ich etwa 200 Meter über mir auf einen brückenartigen Übergang durch die Schlucht zwei Schneeziegen ziehen sah. Schön hoben sich diese weißen Tiere an dem fast senkrechten schneefreien Übergang ab. Es waren ein starkes und ein schwaches Stück. Man sah es den Tieren an, dass sie Mühe hatten hinüberzukommen. Meines Erachtens musste es ein Tier mit Kalb sein. Solange die Ziegen für mich in Sicht waren, rührte ich mich nicht vom Fleck. Das kolossal scharfe Auge dieser Tiere war mir bekannt. Die Schneeziegen zogen hinüber zur anderen Seite der Schlucht. Schnell stieg ich aufwärts. Ich war kaum 50 Meter höher gelangt, als plötzlich genau mir gegenüber auf der anderen Seite der Schlucht ein Schneeziegenkitz stand und nach mir herübersicherte. Langsam ging ich auf das rechte Knie nieder, entsicherte den Drilling, stellte auf Kugel um und im nächsten Moment jagte der Schuss auf das spitz von vorn stehende Kitz hinaus. Vorbei! Das Kitz stand noch, hielt meine Bewegungen, die zum Wiederladen notwendig waren, aus und auf den zweiten Schuss brach es zusammen und ging in laufender Fahrt nach unten ab. Wenn das bloß nicht in die Schlucht rollte. Richtig, es flog in elegantem Bogen in den jähen Abgrund. Ich lud meinen Drilling von neuem und war damit kaum fertig, als ich urplötzlich die alte Ziege auf demselben Fleck gewahrte, wo ich das Kitz schoss. Die Alte stand breit und bekam eine saubere Kugel. Im Feuer brach sie zusammen, rollte abwärts in die Schlucht genau dort, wo das Kit in die Tiefe sauste – und fiel auch dorthin. Meine Freude, dass ich eine Familie dieser interessanten Tiere für das Dresdener Zoologische Museum mitbringen konnte, wurde nur durch den Gedanken an die Bergung getrübt. Ob ich überhaupt dorthin gelangen konnte? Von oben herein in die Schlucht konnte ich wohl kommen, aber darin nicht weit abwärts laufen, da mehrere steile Absätze den Weg sperrten. Ich stieg am Rande der Schlucht abwärts und fand auch eine Stelle, wo ich hinuntergelangen konnte. Allerdings war das halsbrecherisch genug, aber es gelang. Nicht weit davon, wo ich landete, lagen die beiden Tiere unbeschädigt. Nur ungern schieße ich weibliche Stücke mit deren Jungen, aber ich musste eine Ausnahme machen, sie sollten einmal später in einer Gruppe in der Heimat aufgestellt werden. Beide Tiere trugen die prächtige weiße Winterbehaarung. Das weibliche alte Stück war sehr alt, mit kräftigen, pechschwarzen Krucken, das Kitz, ebenfalls weiblichen Geschlechtes, war auch sehr kräftig entwickelt. Sofort wurden die beiden vorschriftsmäßig abgebalgt, die Decken und Schädel auf das Tragbrett geschnallt und dann brach ich die Stücke auf. Ich wollte versuchen die Ziegen im Ganzen nach meinem Lager zu bringen. Nachdem alle Arbeit getan war, nahm ich mein Gepäck und stieg in der Rinne abwärts. Anfangs sah es aus, als ob ich in der Schlucht bequem nach unten kommen könne, plötzlich stand ich aber vor einem steilen, mindestens 60 Meter tiefen Abgrund. Missmutig legte ich mein Gepäck ab und überlegte. Meine Häute konnte ich nicht dort hinunterwerfen, sie waren bereits gefroren und konnten so leicht zerbrechen. Aber – wie wäre es, wenn ich die beiden Stücke heranschleppte und hinunterwarf? Denen konnte nicht viel abgehen. Von dort unten konnte ich in der Rinne bequem zum Lager gelangen. Mein Gepäck nahm ich wieder auf und ging zurück zu dem Wildbret. Dort legte ich ab, entnahm meinem Tragbrett eine kräftige Reserveleine und zerrte die Schneeziegen einzeln zu dem Abfall. Krachend landeten die gefrorenen Stücke unten in der Schlucht. Dann ging ich zurück, nahm mein Gepäck auf und ging an jene Stelle, wo ich in die Schlucht hinunterkam. Ein Stück war es leidlich, dann ging es einfach nicht mehr. Die Last, die ich auf dem Rücken trug, war zu groß. Ich konnte mich an den schmalen scharfen Riesen nicht festhalten. Immer zog mich die Traglast rückwärts wieder herunter. Es waren nur noch 20 Meter bis zum Rand hinauf. Ich wusste mir zu helfen. Ich nahm die gesamte Schnürung vom Traggestell, befestigte sie am Tragbrett und nur mit einem kurzen Stück Leine machte ich die beiden Decken und Schädel am Gestell fest. Die Zugleine schlang ich mir um den Bauch und krabbelte hinauf. Ich glaube, es dauerte eine Stunde, bis ich zerschunden oben auf dem Rand ankam. Dann stemmte ich mich mit den Füßen hinter Steinen fest und zerrte die Last nach. Mit einem Freudenjauchzer nahm ich das Gepäck auf und stieg jetzt abwärts. Es fing bereits an zu dunkeln, als ich freudig begrüßt von „Dyk" im Lager ankam. – „Na, mein lieber ‚Dyk', wir haben Fleisch", heut noch nicht, aber morgen. Schweifwedelnd nahm mein Freund Witterung an den Ziegendecken, die ich in der Nähe des Feuers aufhing. Nach dem Abendbrot nahm ich mir die Decken, die nun aufgetaut waren, vor. Bei der Arbeit saß der brave Hund bei mir und nahm einen jeden Lappen, den ich von den Decken löste, in Empfang. Dann wurden die Häute fest zusammengelegt, denn Salz hatte ich nicht bei mir. Aber noch eine Arbeit lag vor mir. Aus Stricken machte ich Zugleinen und fertigte mit Hilfe des Kummets[26] ein Geschirr für „Dyk". Am nächsten Morgen sollte „Dyk" die alte Schneeziege zum Lager schleppen. – In der Nacht wachte ich mehrmals auf. Zwei Wolfsrudel machten einen Höllenspektakel, fortwährend ließen sie ihr langgezogenes Heulen hören. Es war bereits 8 Uhr als ich erwachte. Zum Frühstück gab es für mich nichts weiter als heißen Tee und Zigaretten. Mein Frühstück sollte erst hereingebracht werden. So zogen wir denn auch bald los. Nach anderthalbstündigem Steigen standen wir vor den Kadavern der Schneeziegen. Das Kitz schnallte ich mir auf das Tragbrett, „Dyk" wurde mit dem Geschirr an den Hinterläufen der Ziege festgemacht. Gegen Mittag waren wir wieder im Lager. Die alte Ziege stellte ich an einen Baum in die Nähe des Feuers. Das Kitz hing ich hoch, damit alles schön langsam auftauen konnte. Im Lager gab es Arbeit genug. Ein großer Vorrat von Feuerholz wurde herangeschleppt. Am Abend gab es dann ein Festmahl. Ich hatte mir eine Rippe von dem Kitz am Feuer geröstet und „Dyk" bekam auch eine tüchtige Portion von der „Alten". Das sehr feiste Wildbret mundete uns beiden gut. Zehn volle Stunden schlief ich ununterbrochen. – Wieder strahlte klares Wetter, als ich gegen 9 Uhr nach kräftigem Frühstück marschbereit war. Es war gerade ein Sonntag und in Anbetracht dessen bekam „Dyk" Frühstück, was sonst nie der Fall war. Bei so kräftigem Futter, wie es das Wildbret ist, wird nur einmal am Tage, und zwar am Abend gefüttert. Während ich vorher in westlicher Richtung pirschte, versuchte ich diesmal mein Heil ostwärts. Anfangs kam ich in einer geröllreichen Rinne aufwärts, dann ging aber eine mühsame Kletterei los. Sehr steil ging es bergauf. Große Steinblöcke, die oft eine Höhe von 50 bis 60 Metern hatten, mussten umgangen werden. Immer wenn ich hinter den Felsblöcken vorkam, konnte ich Schneeziegen beobachten, sie hatten mich aber immer zeitig weg und verschwanden höher hinaufsteigend. Ohne jeden Erfolg musste ich in den Nachmittagsstunden die Pirsch abbrechen. Füchse und Vielfraße spürte ich mehrfach, auch eine Fährte eines kapitalen Alaska-Braunbären fand ich. Im Stillen hoffte ich, nicht mit dem kapitalen Bären zusammenzustoßen. Warum? Einfach deshalb, weil mir vor dem Abschleppen einer solchen schweren Decke graute. Gern hätte ich natürlich noch einen solchen Riesen gehabt. Der Bär musste in der Nähe meines Lagers sein Winterlager bereits eingerichtet haben und es wäre mir ein Leichtes gewesen sein Lager ausfindig zu machen, ich brauchte ja nur die Fährten aus-

---

26   Anm. des Verlags: Gepolsterter Bügel, der um den Hals von Zugtieren gelegt wird.

zuarbeiten. Sicherlich befand sich sein Winterunterschlupf in der Nähe der Baumgrenze in den dichten Windbrüchen. Es war schon lange finster als ich im Lager ankam. – Auch der nächste Tag verlief erfolglos. Anderntags verließ ich schon gegen 4 Uhr morgens meinen *camp*. Wieder pirschte ich in westlicher Richtung. Als ich oben die gewaltigen Felsblöcke umgangen hatte, wurde es Büchsenlicht. Bald konnte ich elf Schneeziegen feststellen, die alle einzeln in weiterer Entfernung umherstanden und an den dürftigen, haardünnen Gräsern ästen. Soweit ich feststellen konnte, waren es alles Böcke. Der mir am nächsten stehende starke Bock stand etwa 300 Meter von mir ab. Kaum 50 Meter rechts von mir lag eine tiefe, steilwändige Schlucht und es war möglich, dass ich von dort den Bock anpirschen konnte. Mit großer Vorsicht kroch ich bis zur Schlucht zurück und sah, da etwa zehn Meter unter mir ein schmales Steinband in der Schlucht aufwärts führte, das auch von Schneeziegen begangen war. Kurz entschlossen krabbelte ich dort hinunter und folgte auf dem schmalen Felsband aufwärts. Ein Glück, dass ich vollkommen schwindelfrei war. Das Band war nur so breit, da ich gerade noch darauf gehen konnte. Endlich hatte ich das Ende meines gefährlichen Steges erreicht. Langsam und vorsichtig lugte ich über den Rand und sah hoch oben auf einem Felskegel einen starken Bock stehen. Der lange, schneeweiße Bart und das lange Körperhaar flatterten im Winde. Unverwandt äugte er nach mir herunter. Langsam glitt der Drilling von der Schulter und mit ruhiger Bewegung kam die treue Waffe ins Gesicht. Ein kurzes Zielen, jäh zerriss der scharfe Knall die Stille. Mit einem kurzen Ruck fuhr der alte Bock zusammen und verschwand langsam hinter aufgetürmtem Gestein. Die Kugel musste sitzen. Die Entfernung betrug etwa 100 Meter. Fast senkrecht hinauf musste ich schießen. Ich war zwischen den Vorderläufen abgekommen. Nachdem der Kugellauf wieder geladen und die Waffe gesichert war, setzte ich mich erst mal hin, drehte mir einen Sargnagel und rauchte mir die nötige Ruhe an. Abgekommen war ich gut, gezeichnet hatte der Bock auch. Also warten. Es blieb nicht bei einer Zigarette, es wurden mehrere daraus. Erst als mich der eisige Wind bis auf die Knochen erstarrt hatte, stieg ich weiter hinauf. Auf dem Kegel war er nicht mehr. Doch, dort drüben stand er mit tiefhängendem Kopfe und sah nach mir herüber. Bequem hätte ich mit der Kugel hinüberschießen können, es waren kaum achtzig Gänge bis dorthin. Er stand jedoch direkt am Rande der Schlucht und falls der Bock tödlich getroffen wurde, wäre er hinuntergestürzt und verloren gewesen. Hinunter in die tiefe Schlucht konnte ich auf keinen Fall. Ich stieg also noch 100 Meter höher hinauf und ging den Bock an mit der Absicht, dass er zurück in das Gelände wechseln sollte. Bis auf 50 Gänge war ich heran. Mit tiefem Kopfe stand der „Alte", jede Drehung von mir machte er mit. Je näher ich kam, um so tiefer ging das bewaffnete Haupt und drohend richtete er die nadelscharfen Krucken mir zu. Auf 15 Gänge war ich heran, und zwar stand ich unmittelbar am Rande der Schlucht, die steilabfallende etwa 200 Meter hohe Wand hinter mir. Mit einem Schrotschuss auf den Hals machte ich den Leiden des armen Kerls ein Ende. Im Knall brach er zusammen und kollerte, Schnee und Steine mit sich führend, bergabwärts. Ich stieg jetzt hinunter zu dem verendeten Bock, der böse aussah. Der Kopf und die Krucken waren glücklicherweise heil geblieben. Ich hatte mich beim Ansprechen nicht getäuscht, es war ein alter Bock mit sehr starken Krucken. Das Gewicht des sehr feisten alten Herrn schätzte ich auf fast drei Zentner unaufgebrochen. Da ich infolge der argen Beschädigung des Rückens den Bock für die Sammlung nicht gebrauchen konnte, nahm ich nur die Kopf- und Halshaut, sowie den Schädel mit. Heute hängt diese prächtige Trophäe, als Kopfstück präpariert, in meinem Hause. Oft hängen meine Blicke an dem alten trotzigen Herrn und wecken alte Erinnerungen. – Auf dem Rückwege zu meinem Lager stieß ich wieder auf die nagelfrische kapitale Braunbärenfährte. Ich setzte mich auf einen Stein und suchte mit dem Glase die untenliegenden Windbrüche ab, aber nichts war zu sehen. – Im *camp* traf ich am Spätnachmittag ein. Eben wollte ich Feuer anfachen, da sah ich durch eine Lücke im Walde an der anderen Seite des Flusses einen sehr starken Elchschaufler stehen. Er kam ein Stück heraus, trat unruhig hin und her und verschwand plötzlich in scharfem Troll im Walde. Abends saß ich beim hellen Scheine des Lagerfeuers und speiste von dem zweiten Rippenstück, das am Feuer geröstet wurde. Es schmeckte köstlich. Da bekam ich Besuch! Kein Mensch war es, sondern ein starker Bartkauz, der, wohl angelockt durch den hellen Feuerschein, auf einer hohen abgestorbenen Fichte dicht am Lager blockte. Fast eine Stunde saß diese prächtige nordische Eule vor mir und ließ sich durch meine Bewegungen durchaus nicht stören. – Prächtiges Nordlicht flackerte am nächtlichen Firmament. Unzählige Male hatte ich es schon gesehen und doch immer wieder fesselte es von neuem. Die Gipfel der Berge an der anderen Seite des Flusses wurden wundervoll erleuchtet und durch diese geisterhafte Beleuchtung wuchsen und sanken die riesenhaften schneebedeckten Berge. Eine Schönheit sondergleichen! Unwillkürlich fragt man sich, was ist schöner, das Nordlicht oder die Mitternachtssonne? Ich entschied mich für das Nordlicht. Im Winter, in kalten und klaren Nächten, kann man dann oft ein leichtes Zischen hören, wenn die farbigen Strahlen des Nordlichtes am Himmel daherjagen. Woher kommt das? Ich weiß es nicht.

Auch in dieser besprochenen Nacht „zischte" es, als die roten, gelben, weißen und violetten Strahlen des Nordlichtes am nächtlichen Himmel dahinschossen. Das wundervolle Schauspiel hielt fast zwei Stunden an, dann hörte es ebenso plötzlich auf wie es kam. – Eine Rotte Wölfe heulte kläglich weitab in den Bergen. Es war bereits Mitternacht, als ich meinem vierläufigen Freunde gute Nacht wünschte und ich mich endlich ins „Bett" legte. Ich hatte einen wüsten Traum in der Nacht. Als ich aufstand war es 5 Uhr. Ich machte zuerst ein Feuer und wärmte mich. Der Traum bedeutete sicher nichts Gutes. Da kam sicher etwas, was weniger schön sein würde! Aber was? Ich bin wohl nicht abergläubisch, aber in jagdlichen Dingen gibt es eben Sonderheiten und Voraussehungen. Weiter zu schlafen hatte ich keine Lust. Am Feuer taute ich Wildbret auf. Ich schnitt einige Stücken Brust ab und setzte das Fleisch mit Salz und Wasser in einem kleinen Kessel zum Kochen an. In einer Stunde war es gar. Das sehr feiste Wildbret wollte mir am frühen Morgen gar nicht munden. Tag für Tag, morgens und abends Fleisch ohne jede Zuspeise, das ist für den Magen eines Weißen zu viel. Erst der heiße Tee und die unvermeidliche Zigarette beruhigten meinen Magen nach dem Frühstück. – Gegen 7 Uhr, bei noch völliger Dunkelheit, stieg ich hinauf in die Berge, kam am Abend müde und abgeschunden zurück. Sechs Schneeziegen hatte ich wohl gesehen, konnte aber nicht herankommen. Es war ein erfolgloser Tag. Am nächsten Morgen verließ ich schon um 6 Uhr das *camp*. Um die Mittagszeit saß ich hoch oben in dem eisigen Winde auf aufgetürmten Felsblöcken und suchte mit dem Glase die Gegend nach Wild ab. Nichts, rein gar nichts zu sehen. Eben wollte ich weiter, da bemerkte ich 200 Meter weiter unten eine Schneeziege auf einem Felsvorsprung, nach unten äugend. Jedes Geräusch vermeidend pirschte ich auf das Stück zu, Deckung war nicht vorhanden. Bis auf etwa 150 Meter ging ich heran, setzte mich hin und hielt den Drilling bereit. Dann pfiff ich laut. Im selben Augenblick stand der gute Bock breit, sich gegen den Himmel abhebend. Einen Moment nahm ich das wundervolle Bild in mich auf. Dann knallte es. Wie ein Steinblock kippte der Bock um. Ich konnte ihn 100 Meter unten in einem Graben verendet liegen sehen. Ohne Schwierigkeit gelangte ich dorthin. Es war ein guter, wenn auch nicht alter Bock. Er war völlig unbeschädigt und ich balgte ihn für die Sammlung sauber aus. Das Geschoss hatte das Herz zerrissen und ein sofortiges Verenden herbeigeführt. Decke und Schädel auf das Traggestell geschnallt, stieg ich abwärts. Es war sehr steil. Zudem musste ich wegen der 50 Zentimeter hohen, losen Schneelage sehr vorsichtig sein, denn ein falscher Tritt konnte mich kopfüber in die Tiefe rutschen lassen. Am Rande von steilen Wänden war ich angelangt, aber wie sollte ich weiter hinunter? Meinen ganzen Weg zurückgehen wollte ich nicht, so suchte ich nach einem Ausweg. Eine kleine, sehr steile Rinne führte nach unten, die ich hinunterzusteigen wagte. Den Drilling um den Hals gehängt, krabbelte ich auf allen Vieren rückwärts hinab. Zweimal kam ich ins Rutschen, aber immer wieder konnte ich schnell genug mit den Fersen bremsen. Als die Rinne zu Ende war, führte von dort ein sehr schmales Felsband ins Steinfeld hinab. Na, ich versuchte es. Mit den Händen hielt ich mich an der Wand. Ehe ich einen Fuß aufsetzte, hob ich den Schnee hinunter, um ja sicheren Tritt zu haben. Einige Meter war ich schon vorwärtsgekommen, jetzt ging es nicht weiter. Das Band wurde zu schmal. Ich versuchte mich umzudrehen, da ich wieder zurückwollte. Da glitt der linke Fuß ab und ich landete auf meinem Allerwertesten und ging mit Steinen und Schnee in schneller Fahrt abwärts. Aber die Geistesgegenwart hatte ich nicht verloren. Ich saß breitbeinig weit nach hinten übergelehnt und versuchte mit den Füßen zu bremsen. Es flimmerte mir vor den Augen – aber ich war noch da. Plötzlich ein scharfer Ruck, zweimal überschlug ich mich, die Freifahrt hatte ein Ende. Mein Tragbrett mit der Beute war noch auf dem Rücken, den ungeladenen Drilling hatte ich – weiß der Teufel wie – vom Halse in die Hände bekommen und war – Gott sei Dank! – nur leicht beschädigt. Ein leichter Riss im Kolbenhals, das war der ganze Schaden. Aber wie ich aussah. Die Hosen hingen in Fetzen herunter. Die Unterwäsche war durchlöchert, die Ellenbogen der Jacke waren durchgeschabt. Ich tastete ganz mechanisch den Körper und die Gliedmaßen ab: alles war noch da, ganz, abgesehen von Schürfungen. Wohl mit dem dümmsten Gesicht, das ich aufsetzen konnte, drehte ich mich um und sah mir die 500 Meter lange und steile Rutschbahn an. Es war nur ein Wunder, dass ich mir nicht die Knochen gebrochen hatte. Wieder hatte ich gelernt. Bei einer solchen Talfahrt schön rückwärts zurücklehnen, die Beine lang ausgestreckt und gespreizt, Ellenbogen breit und aufgestützt, wenn es auch Hautfetzen gibt. – Langsam humpelte ich den Rest zu Tal und war nach zwei Stunden im Lager. „Dyk" beschnupperte meine nackten Ständer, die durch die Hosenfetzen in den kalten Wintertag herausguckten. Später stand ich am Feuer mit entkleidetem Unterkörper, in der einen Hand den kleinen Taschenspiegel, in der anderen ein angefeuchtetes Stück der zerrissenen Unterhose und wusch mir den Schweiß ab. Ich glaube, es müsste ein ergötzliches Bild für einen Zuschauer gewesen sein. Mein Freund „Dyk" zog jedenfalls ein grinsendes Gesicht, während ich diese Manipulationen am Feuer vornahm. – Die zerrissene Hose war nicht mehr zu gebrauchen, ich gab sie „Dyk", darauf konnte er ja schließlich noch liegen. Zum Glück hatte ich eine leichte Reservehose mit. Ich musste die ganze Nacht auf der Seite liegend verbringen. Am folgenden Tage blieb ich im Lager, schleppte trockenes Holz heran und dokterte an meinem Sitzfleisch herum. Am Abend war es schon besser, ein öfteres Einfetten hatte geholfen. Mit jeder Nacht wurde es kälter und es fing an ungemütlich zu werden. Die Schlafdecken waren bei weitem nicht ausreichend für solche kalten Nächte. Aber ein paar Tage wollte ich noch bleiben. Am andern Morgen ging es wieder zur Pirsch. In den Mittagsstunden kam ich westwärts an den Rand einer tiefen, zerrissenen Schlucht. Hoch oben auf brückenartigen Übergängen standen neun gute Böcke, ein jeder auf einem besonderen Felskegel. Ich vermag es nicht zu beschreiben, welch bezauberndes Bild das war. Mit tiefem Träger und Kopfe, wie es den Schneeziegen eigen ist, standen die Patriarchen einzeln auf ihrer hohen Warte und beobachteten den armen dunklen Wurm, der sich Mensch nennt, dort unten in dem Geröll. Trotz der 300 Meter hätte es mit einem Schuss vielleicht klappen können. Aber niemals hätte ich eine abgestürzte Ziege aus der Schlucht herausbringen können. Es war mir ein Rätsel, wie diese Tiere dorthin überhaupt gelangen konnten. In solches Gelände kann sich kein Raubwild versteigen und ihnen Schaden zufügen. Die einzigen Feinde sind der Mensch und der dort häufige Steinadler, der die schwachen Kitze schlägt und trotzdem ist die Schneeziege nirgends wirklich häufig. In den Gebirgsgegenden, in denen sich die Schneeziege behauptet, ist nur selten das Bergschaf zu beobachten, ich sah jedenfalls keins, fand auch nicht eine einzige Fährte. Indianer erzählten mir, dass die Schneeziege kein Schaf dulde und das ist durchaus möglich. Respekteinflößend sehen diese weißen Teufel auch aus. Dieses Wild zähle ich zu den schönsten jagdbaren Wildarten. Ich selbst habe schon oft den Ausspruch gehört: „Ach, diese Ziegen sind kein Wild für mich." Mag sein, die wenigsten Jäger aber nehmen die ungeheuren Strapazen mit in Kauf, die eine solche Jagd mit sich bringt. Für mich sind es jedenfalls unvergessliche Stunden, die ich diesem prächtigen scharfäugigen Wilde widmete.

STARKE MÄNNLICHE SCHNEEZIEGE AUS DEM GLETSCHERGEBIET

Länger als eine halbe Stunde erfreute ich mich an dem Anblick. Dem kalten Winde voll ausgesetzt, fing mich an zu frieren und so stieg ich am Rande der Schlucht abwärts. Beim Herunterklettern sah ich noch einen Bock über mir nach mir äugen. Der Bock stand schön breit und in aller Ruhe kam ich gut dicht hinter dem Blatt ab. Auf dem Schuss verschwand der Getroffene. Die Kletterei zum Anschuss war weit schwieriger als ich mir gedacht hatte. Als ich endlich oben war, stand ich vor einem jähen Abgrund und sah von dort tief unten in dem schneefreien Steingewirr meinen Bock liegen. Weinen hätte ich mögen! Wer hätte auch ahnen können, dass hinter dem Felskegel wo der Bock stand, noch ein tiefer Einschnitt war. Es war ausgeschlossen dort hinunterzugelangen, ich musste ihn leider liegen lassen. Ich kroch den halsbrecherischen Weg zurück. Noch ehe ich die Baumgrenze erreichte, fing es an zu dunkeln. Bei völliger Finsternis arbeitete ich mich durch die vielen Windfälle des Waldgürtels bis zum Fluss. Am Flussufer aufwärts brauchte ich noch dreiviertel Stunden bis zu meinem *camp*. Dort wurde ich freudig von „Dyk" begrüßt. An jenem Abend kam keine gute Stimmung mehr in mir auf. Auch „Dyk" merkte bald an meiner Wortkargheit, dass etwas schief gegangen sein musste. Schon früh kroch ich unter meine Decken, mein lieber Kamerad kam scheu an mich herangekrochen und legte sich an meine Seite, den Kopf auf meinen Decken ruhend. Um 4 Uhr stand ich auf, vor Kälte hielt ich es nicht mehr aus. In fünf Minuten loderte ein helles Feuer auf, an dem ich mich gründlich durchwärmte. Nach dem Frühstück, wie schon so viele Tage aus gekochtem Schneeziegenwildbret bestehend, hielt ich mich in östlicher Richtung. Langsam nur kam ich in die Berge hinauf. Infolge der Finsternis und des Nebels musste ich höchste Vorsicht gebrauchen. Selbst auf fünf Meter konnte ich nichts mehr erkennen und beschloss umzukehren. – Den ganzen Nachmittag hockte ich am Feuer, ab und zu ging ich, um trockene Stämme heranzuholen. Am Abend wischte ich wieder die Wunde an meinem Sitzfleisch aus und fettete gut mit Schneeziegenfeist ein. Ich stellte eine leichte Entzündung fest. Das war auch kein Wunder. Na, bald war ja der *trip* zu Ende, dann konnte ich mich bei Olaf kurieren. Am nächsten Morgen war der Nebel noch stärker. Ich sah ein, dass es wenig Zweck haben würde, besseres Wetter abzuwarten und packte meine Sachen zusammen. Die „Lebensmittel" packte ich in die Schlafdecken als Gepäck für „Dyk". Ich hatte auf meinem Tragbrett die Decken von vier Schneeziegen, sowie eine Kopfhaut des alten Bockes und die fünf Schädel. In einem kleinen Säckchen war noch etwas Tee, Zucker und Tabak, was ich alles bequem in den Taschen verstauen konnte. Um 8 Uhr machten wir uns auf den Rückwechsel. „Dyk" war sichtlich erfreut, dass es wieder heimwärts ging. Trotz meiner umfangreichen, etwa 90 Pfund schweren Last ging es gut vorwärts. Alles war hart gefroren. Am späten Nachmittag hatten wir bereits zwei Drittel der Entfernung von meinem letzten Lager bis zum Zelte hinter uns. An einer windgeschützten hohen Uferbank fand sich ein guter Platz für mehrere Stunden Rast.

GEBIRGSBACH IM NAMENLOSEN GEBIRGE

In kurzer Zeit brannte ein gemütliches Feuer. „Dyk" bekam sein letztes Fleisch und ich verzehrte die Hälfte des meinen. Morgen war ja ein anderer Tag! Von 10 Uhr abends bis 4 Uhr morgens schlief ich, ohne aufzuwachen. Ein scharfer Nordwind bließ durch das Flusstal und brachte den aufgewirbelten Schnee in großen Wolken mit. Wir mussten uns beide mit unseren Lasten gegen den Wind stemmen. Erst beim Anbruch des Tageslichtes ließ der Orkan nach. „Dyk" sah wie ein Schneeman aus. Mein kurzer Vollbart war mir während meiner Abwesenheit von Olaf gewachsen, lange Eiszapfen hingen vom Schnurrbart herab. Gegen Mittag endlich kam der Bach in Sicht, an dem mein Zelt stand und nach einer weiteren Stunde Marsch waren wir am Ziel. Alles fanden wir unversehrt. Kein Bär oder Vielfraß hatte einen Besuch gemacht. Wie war ich froh, wieder mal ein Dach über dem Kopfe zu haben. Volle zehn Stunden schlief ich, ohne aufzuwachen: man sollte nicht glauben was ein Zelt ausmacht. Dem treuen Hunde musste der *„shelter"* auch gut bekommen sein, denn als ich aufwachte schlief er noch fest. Mit anbrechendem Tageslicht verließen wir das Zelt. Der letzte Marschtag zu Olaf lag vor uns. Allerdings waren es noch 25 Kilometer bis dorthin, was in Anbetracht unseres schweren Gepäckes allerhand zu bedeuten hatte. Die Decken der Schneeziegen führte ich auf dem Tragbrett ungesalzen mit.

UM HAARESBREITE VON EINEM ZEHN ZENTNER
SCHWEREN GRIZZLYBÄREN ERSCHLAGEN

Eine zehn Zentimeter hohe Neue war über Nacht gefallen. Lautlos stapften wir vorwärts. Etwa drei Kilometer waren wir bereits vom Zelt entfernt, als ich plötzlich an einer leichten Berglehne zur Linken in einer Entfernung von etwa 150 Metern einen großen braunen „Klumpen" liegen sah. Elch? Das wäre passend, denn Olaf gab mir den Auftrag, ehe ich zur Schneeziegenjagd ging, ein Stück Elchwild zu schießen. Gern hatte ich das versprochen. – Langsam glitt mein Drilling aus dem offenen Elchlederfutteral und mit fertigem Gewehr pfiff ich den vermeintlichen Elch an. In den braunen „Klumpen" kam Leben und daraus entpuppte sich ein ganz kapitaler Grizzlybär, der in seiner stattlichen Größe auf den Hinterläufen stehend nach mir äugte. Er zeigte nur die Vorderseite. Das Silberhorn des Drillings saugte sich auf der gewaltigen Brust des Riesen fest – ein scharfer Knall – der Bär stürzte zusammen, fing aber fürchterlich an zu toben. Markerschütterndes Brüllen und das laute Schlagen mit den Vordertatzen wurden hörbar. Holzstücke, Steine und Schnee stoben nur so umher. So schnell als möglich schob ich eine neue Kugelpatrone in den Büchsenlauf und da kam der Bär auch schon auf allen vier Läufen, stand den Bruchteil einer Sekunde still. Zeit genug ihm die zweite Kugel anzutragen. Nochmals brach er zusammen und dasselbe Toben wie vorher ging los. Ehe ich aber für einen dritten Schuss fertig war, wurde der Bär blitzartig hoch und verschwand im Walde, ohne dass ich die Möglichkeit gehabt hätte, ihm noch eine Kugel nachzusenden. Mein Gepäck, das noch auf meinen Schultern lag, nahm ich ab und mit einem Stück Schnur band ich „Dyk" daran fest. Nun beging ich die unverzeihliche Dummheit, sofort auf den Anschuss zu gehen. Zu entschuldigen suche ich es nur damit, dass ich so schnell als nur möglich in den Besitz des Bären gelangen wollte. Lange Zeit hatte ich nur von feistem Schneeziegenwildbret gelebt, ohne jede Zukost, was mir durchaus nicht bekommen war. Mein Magen vertrug das auf lange Dauer nicht. Ich fühlte bereits eine große Schwäche in meinem Körper infolge der einseitigen Lebensweise und der Strapazen. Ein langer Tagesmarsch trennte mich ja nur von Olaf, was Wunder, wenn ich versuchte, so schnell als möglich „nach Hause" zu kommen! – Auf dem Anschuss sah es toll aus. Ein fünf Quadratmeter großer Fleck war vom Schnee befreit, morsches Holz und Steine waren auseinandergeschlagen, Schweiß lag in Mengen und die Rotfährte zog sich breit in den Wald hinein. Ich kramte in meinen Taschen herum und suchte nach Flintenlaufgeschossen die hatte ich aber im Zelt liegenlassen. Das war allerdings fatal. Einige Minuten stand ich ratlos da und überlegte, ob ich zum Zelt zurückgehen und die Patronen holen oder nur mit einem Schuss im Drilling den kranken Bären angehen sollte. Ich entschied mich für das letztere. Mit dem fertigen Gewehr in der Hand hing ich der Rotfährte vorsichtig nach. Der Wald war ziemlich schütter und bot guten Einblick. Als ich über eine kleine Erhebung kam, wurde auf 70 Gänge der Bär, der hinter einem Felsblock gelegen hatte, hoch und flüchtete, mir das Hinterteil zukehrend. Ganz automatisch flog der Drilling ins Gesicht, ein kurzes „Mitgehen" und hinaus war der Schuss. Wie vom Blitz getroffen brach die große braune „Dampfwalze" zusammen und rührte sich nicht mehr. So schnell als nur möglich, hob ich eine neue Kugelpatrone in den Lauf. – Volle fünf Minuten stand ich auf meinem Platz und beobachtete den Bären, er rührte sich nicht mehr. Einen Zigarettenstummel fand ich noch in der Jackentasche, der wurde aufgeraucht. Der Tabak war ausgegangen. Langsam pirschte ich an den Bären heran – er rührte sich nicht. Näher, immer näher heran an den Bären. Etwa sieben Schritt stand ich von dem gefällten Grizzly. Mit dem Kopfe lag er von mir ab und das gewichtige Hinterteil dieses Kolosses lag mir am nächsten. Von einer mir nahestehenden trockenen Föhre brach ich einen starken Ast und warf ihn auf den Bären – er blieb still. Alle vier Läufe seitlich von sich gestreckt lag der Riese. Der gewaltige Schädel lag zur Seite, Schweiß floss aus dem halbgeöffneten Fang, die kleinen Seher waren halb geschlossen. Ein, zwei Minuten stand ich regungslos, dann ging ich mit schussbereiter Waffe zwei Schritt seitlich an den Bären heran – und plötzlich, wie ein hochschnellender Gummiball, fuhr der Totgeglaubte in die Höhe. Mit einer Schnelligkeit, die ich dem schwerkranken Riesen nicht zugetraut hätte, stand er auf den Hinterläufen. Als er zum Angriff gegen mich herumfuhr, griff die mächtige rechte Pranke eine reichlich armstarke Föhre, die mit einem Hieb zersplittert wurde. Ein gurgelnder Laut und sprudelnder Schweiß kamen aus dem geöffneten Fang. – Ich weiß nicht, wie es kam und auch gut endete. Ich glaube nicht, dass ich das Gewehr in vorschriftsmäßigem Anschlag brachte. Jedenfalls fiel ein Schuss und mit zerschmetterten Halswirbeln brach der kapitale Grizzlybär nun wirklich „tot" zusammen. Beim Zusammenbrechen kam der Bär mir noch einen Schritt näher – vier Schritt vor mir lag der Gefällte. Eiskalter Schweiß rann mir über den Rücken und ich verspürte tatsächlich ein Zittern in allen Gliedern. Lange konnte ich mich nicht vom Fleck rühren, stand wie gebannt am Platze und „stierte" auf das mächtige Ungetüm. Aber schließlich kam auch die nötige Ruhe wieder in mich zurück. Mir fiel ein schrecklicher Traum ein, den ich vor Tagen im Lager im Gletschergebiet hatte. Dort kämpfte ich mit einem Bären – und hier wäre es um ein Haar der Fall gewesen, nur dass es zu einem „Kampfe" gar nicht erst gekommen ist. Ein angreifender Bär ist blitzschnell, dass gar keine Zeit bleibt, irgend etwas zu unternehmen. Ich muss immer lächeln, wenn ich Abhandlungen lese, wo der Angegriffene dem Bären mit Messer oder Axt zu Leibe geht. Vielleicht haben diese Helden dem Bären erst mal „Warte mal – recht schön langsam, Mister Bär" zugerufen. In Wirklichkeit sieht das alles ganz anders aus. In den allermeisten Fällen unterliegt der angegriffene Jäger, wenn nicht im letzten Augenblick ein Schuss dem Drama ein Ende macht. Lieber Leser, stelle dir vor, wenige Schritt vor dir geht ein Bär in Angriff gegen dich, zwei Meter siebzig hoch steht der Riese auf seinen Hinterläufen: glaubst du, dass du mit Messer oder Axt gegen eine solche Bestie etwas ausrichten kannst? Ein Prankenhieb – und dir ist die gesamte Anatomie in deinem schwachen Körper über den Haufen geworfen. – Mein Bär war nun wirklich tot. Andächtig strich meine raue Hand über den mächtigen Kopf. Der arme Kerl tat mir leid. Was hatte er mir getan? Und wenn ich auf dem Platze als unterlegen liegengeblieben wäre mit gebrochenen Knochen und zerschmettertem Schädel – ich wäre schuld daran gewesen. Fliehen wollte er noch von mir, selbst noch, als er bereits zwei tödliche Kugeln hatte. Es war ein bodenloser Leichtsinn, sofort der Rotfährte zu folgen, noch größerer Leichtsinn, den flüchtenden Bären von hinten zu beschießen. Aber was nutzen alle Vorwürfe. Man macht eben immer wieder Dummheiten. So entstehen die meisten Unfälle mit Großbären. Wenn auch der Grizzlybär als angriffslustiger Geselle bekannt ist, wird er doch in den meisten Fällen den Menschen meiden, wenn ihm nur dazu die Gelegenheit gegeben wird. – Es geschah vor einigen Jahren nordwestlich von Fort Selkirk am Yukon. Ein älterer „Prospector", ein Goldsucher, geht mit seinem Partner, einem Polizisten, zum *claim*. Ein *claim* ist ein Quadrat Land von 1500 Fuß Länge und Breite, das sich der Goldsucher als Eigengebiet von der Regierung zum Zwecke des Goldsuchens hat einschreiben lassen. Kein anderer hat das Recht darin nach dem gelben Metall zu graben. – Die beiden Goldsucher verlassen am Morgen das *camp* und gehen ins Gebirge. Der Polizist, der als der jüngere mit der schweren Last dem anderen etwa 100 Meter voraus ist, hört plötzlich einen Laut und einen dumpfen Fall hinter sich. Erschrocken blickt er zurück und sieht, wie ein Grizzlybär seinen Partner, der am Boden liegt, mit den Pranken bearbeitet. Ehe der Polizist sein Gewehr aus dem Futteral heraushat, ist der Bär die steile

Berglehne hinunter verschwunden. In Eilschritten tragen ihn seine Beine zum niedergeschlagenen Freunde. Der liegt regungslos mit blutüberströmtem Gesicht. Gepäck und Gewehr sind abgelegt, der Polizist greift dem guten Kameraden unter die Arme, will ihm aufrichten. Der Verunglückte bekommt die Besinnung zurück und kann gerade noch herausbringen: *„He is coming"* – er kommt. Erschrocken lässt der Mann den Verwundeten fallen, greift zum Gewehr und fast hätte er den angreifenden Bären mit der Laufmündung am Schädel berührt, als der Schuss dröhnte. Der Bär griff nie mehr an. Die Untersuchung ergab, dass der arme Verunglückte einen gebrochenen rechten Oberarm, ein gebrochenes linkes Handgelenk und drei gebrochene Rippen hatte. Mit dem Fang war vom linken Oberschenkel das Fleisch mit einem Biss abgequetscht worden und zeigte große Löcher. Mit einem einzigen Prankenhieb war die halbe Kopfhaut sowie die Haut einer Gesichtshälfte heruntergerissen. Und das alles war in Sekunden passiert. Fast ein jeder „Traveller" dort oben führt Verbandszeug mit sich und so konnte gleich dort ein Notverband angelegt werden. Noch in derselben Nacht wurde der bedauernswerte Mann auf einer aus Ästen und Fichtenreis gefertigten Tragbahre ins Lager gebracht, von wo aus er mit Flugzeug nach Dawson zum Arzt geschickt wurde. Über zwei Jahre brachte der Mann im Hospital zu und blieb ein Krüppel. Die weitere Untersuchung ergab, dass der geschossene Bär eine alte Bärin war, die zwei Junge führte. Offenbar glaubte sie an Gefahr für ihre Jungen. Selbstverteidigung ist das Urgesetz der Natur. Noch mehr solcher wahrheitsgetreuen Schilderungen könnte ich erzählen.

Doch nun wieder zurück zu dem gestreckten Bären. Es war ausgeschlossen, dass ich an dem Tage noch zu Olaf kommen konnte. Die Decke des Bären musste erst in Sicherheit gebracht werden. Ich ging hinunter zu meinem Gepäck, entlud das Tragbrett, hängte die gefrorenen Schneeziegendecken an eine Wetterfichte und nahm Hund, Tragbrett und Axt mit hinauf zum Bären. Mit dem Hinterteil lag der überfeiste, annähernd zehn Zentner schwere Koloss in einem kleinen offenen Wassergraben. Um ihn dort herauszuwälzen, schlug ich eine armstarke, trockene Handspeiche, fuhr unter die „Bärenschinken" und versuchte den Bären umzuwälzen. Nach einstündiger Arbeit glückte es aber doch. Endlich lag der Kapitale auf dem Trockenen. Zwei Stunden dauerte es, bis die schwere Decke herunter war. Den Schädel fleischte ich an Ort und Stelle ab, damit er für den Transport leichter wurde und hing ihn hoch an einer Fichte auf, er sollte erst später geholt werden. Der Bär hatte sich den ganzen Herbst hindurch von toten Lachsen genährt, so dass das Wildbret und auch der Feist förmlich nach Fisch stanken. Da war nichts davon zu verwenden. Aber andere warteten schon auf das Festessen. Mehrere Kolkraben kreisten in geringer Höhe mit ihrem lauten „klong – klong" über mir und warteten nur auf mein Verschwinden. Die schwere Bärendecke wog schätzungsweise, auf das Tragbrett geschnallt, über 100 Pfund und ließ sich schon tragen. Eine Stunde vor Dunkelheit kamen wir ins Zelt zurück. Ich hatte nichts mehr zu essen, auch „Dyk" nicht. Deshalb nahm ich den Drilling, suchte nach Schneehasen und konnte auch einen schießen. – Erst wurde die Bärendecke bearbeitet und gesalzen, dann das „Supper" bereitet. Der starke Schneehase wurde gestreift und ausgeworfen; ich „kochte" mir in Ermangelung an Fett die beiden Keulen in dem kleinen Kochkessel und „Dyk" bekam den Rest. Wir teilten uns das karge Mahl in guter Kameradschaft. Tee und Zucker reichten gerade noch für den Abend – heute langte es, warum an morgen denken! – Lange vor Büchsenlicht nahm ich mein Frühstück ein, das aus „Nichts" bestand. Die gesalzene Bärendecke wurde ins Zelt gelegt und mit dem Wunsche, Olafs Behausung am Abend zu erreichen, stampften wir los. Die Schneeziegendecken und die Schädel wurden auf das Tragbrett geschnallt. Je weiter wir kamen, um so matter wurden wir. Nicht nur, dass der Weg – es war in Wirklichkeit gar keiner – schlechter wurde, es war besonders der Magen, der streiken wollte. Eine allgemeine Körperschwäche machte sich bemerkbar. Oft ruhten wir, immer wieder rafften wir uns auf. Herrgott, wenn ich nur einen Schluck heißen Tees und eine Zigarette zur Stärkung gehabt hätte. Mehrmals ging es über steile Absätze, auf allen Vieren musste ich hinaufkrabbeln, die Beine wollten nicht mehr mitmachen. Die Last wuchs von Stunde zu Stunde auf meinem Rücken, ich glaubte, das Wildbret wäre in die Decken zurückgekommen. Als wir gegen 1 Uhr in vollkommen freies Gelände kamen, empfing uns ein fürchterlicher Sturm. Wir gingen gegen den Wind, der aufgewirbelte Schnee schlug mir ins Gesicht, so dass ich kaum noch die Augen offenhalten konnte. Mein langes und dichtes Haar bildete in kurzer Zeit nur noch eine Eiskruste, ebenso Voll- und Schnurrbart. „Dyk" lief hinter mir und suchte sich so gegen die heranfegenden Schneekristalle zu schützen. Wiewohl ich mächtig unter meiner Last schwitzte, so fror mich doch. Eiskalt lief es mir den Rücken hinunter, das Gesicht schmerzte von den aufliegenden scharfen Eiskristallen. Wir hielten durch. Um 5 Uhr, es war schon lange dunkel, erreichten wir den Wald und somit den gut begangenen *trail* von Olaf. „Dyk" ging zwei Schritt voraus und blieb immer stehen, sobald ich mal etwas zurückblieb. Nach einer guten Stunde lichtete sich der Wald – Hunde schlugen an und sofort schallte von der Lichtung ein lautes „Juhu". Das war Olaf! So laut ich es eben noch herausbringen konnte, antwortete ich. Ich war am Ziel. Das erste was Olaf im Hause zu mir sagte war: *„Did you get a moose? The damned wolves are raising hell over here!"* Das heißt so viel wie: „Hast du einen Elch, die verdammten Wölfe jagen alles hier zur Hölle!" Leider nicht, mein lieber Olaf! Er war sichtlich erfreut über meinen Erfolg und erzählte mir, dass er vollständig ohne Wildbret war, was sonst in dieser Jahreszeit nie der Fall gewesen ist. Tagelang schon hatte er versucht ein Stück Elchwild oder Bergschafe zu schießen, aber alles Wild war von mehreren Wolfsrudeln in alle Winde versprengt worden. – In kurzer Zeit hatte der gute, immer hilfsbereite Olaf ein Abendessen zubereitet. Es gab selbsterbaute Kartoffeln mit großen gebratenen

Speckscheiben, frisches Brot mit Butter und echtem Schweizerkäse, als Nachtisch gedünstete frische Büchsenpflaumen und heißen Tee. Das war für mich ein fürstliches Essen! Und wie die Zigarette nach dem Essen geschmeckt hat. Noch vor dem Essen hatte ich mich am Zinkeimer gebadet, rasiert und frische Wäsche angezogen. Ich kam mir ganz anders vor, als ich meinem Freund Olaf nach dem Essen in all meiner Sauberkeit in dem rohgezimmerten Lehnsessel gegenübersaß. Uns beschäftigte vor allem die Frage, wie wir am besten Wildbret bekämen. Olaf hatte einen guten Vorschlag. *„Little shorty"*, der Indianer, von dem schon einmal die Rede war, war vor einigen Tagen von seiner Sippe an den Aishihik-Seen zurückgekehrt und hatte sich in unmittelbarer Nähe von Olaf in einem kleinen Blockhause mit seiner Frau für den langen Winter häuslich eingerichtet. „Shorty" hatte Olaf berichtet, dass er große Rentierherden auf dem Zuge beobachtet hätte. Es war die Zeit, wo die Rentierherden zu Tausenden, ja Hunderttausenden über das Land ziehen. So bestand die beste Aussicht, schnell und genügend Fleisch zu bekommen. Das große Seengebiet war mir noch völlig unbekannt, Olaf gab mir aber die nötigen Erklärungen. Er meinte, in drei Tagen könnten wir dort sein. Der Schnee sei aber für schwere Ladung auf dem Schlitten nicht hoch genug, aber am ersten Abend würden wir doch bis zum Kloo-See kommen, dort wohne ein ihm sehr gut bekannter „Trader", ein Fellhändler, der uns sicher zwei Hunde leihen würde, damit wir ein verstärktes Gespann hätten. Wir würden mit mehreren Goldsuchern und besonders aber mit vielen Indianern zusammenkommen und das sollte für mich besonders interessant sein. Olaf hatte recht, mir war es lieb diese Leute einmal näher kennenzulernen. Meine Müdigkeit verspürte ich erst gegen Mitternacht, so hatten wir uns ins Thema vertieft. Schnell war ich in tiefen Schlaf versunken und als ich erwachte, war es bereits 10 Uhr, denn Olaf ging sehr leise im Nebenzimmer um. Er war schon lange auf den Beinen, hatte vorsorglicherweise die Häute der Schneeziegen im Zimmer zum Auftauen ausgelegt, denn die mussten an dem Tage noch gesalzen werden, weil wir am anderen Tag den *trip* machen wollten. Zum Frühstück gab es nicht gekochtes feistes Schneeziegenwildbret, sondern „Hotcakes", das sind Pfannkuchen mit Speck und Eiern. Nach dem Essen hatte mein lieber Wirt noch eine kleine Flasche Scotch Whisky bereit. Am Abend vorher wollte er nur den starken Alkohol nicht anbieten, er meinte, wir hätten dann im Laufe der Unterhaltung die Flasche geleert und das wäre meinem geschwächten Körper bestimmt nicht bekommen. Aber nach dem Frühstück schadete er mir bestimmt nicht. Olaf machte im Laufe des Tages alles für den *trip* zurecht und ich beschäftigte mich mit meinen Beutestücken. Am Nachmittag kam Shorty, der alte Indianer, herüber und bestätigte noch einmal seine Beobachtungen an den Rentierherden. Shorty war ein interessanter, alter Fuchs. Wie mir Olaf sagte, sollte er einer der besten Trapper der Gegend sein. Das interessierte mich ungemein. Wenn es ums Ausfragen geht, sind Indianer noch wortkarger als sie es ohnehin schon sind.

Aber ich verstand die Eigenheiten der Indianer. Mit Shorty konnte ich mich gleich im Anfang gut verstehen. Da wurde von gerissenen Wölfen, vom Vielfraß, von schlauen Füchsen gesprochen, Raubwildwitterungen wurden von beiden Seiten sehr vorsichtig preisgegeben usw. Durch einen ungeahnten Vorfall stieg ich in Shortys Achtung. Olaf sagte so zwischendrein, dass Shorty ein Meister mit dem Quäken auf der Hand sei. Gespannt horchte ich auf und bat Shorty, er solle doch mal Laut geben. Tatsächlich, er war ein Meister. Als er mir die zarten Töne vom Gopher, dem Erdeichhorn und vom Schneehasen vormusizierte, setzte ich die linke Hand an und machte es nach. „Wo, wo" (sprich es sehr kurz), das war alles was Shorty herausbrachte. Ungläubig schauten mich seine leicht geschlitzten tiefschwarzen Augen an. Auch Olaf war erstaunt, dass ich es nachahmen konnte, denn ich hatte zu ihm nie davon gesprochen. Wir drei hatten uns gut gefunden. Olaf als weißer Mann war ein weitbekannter guter Führer und Jäger, Shorty ein ganz geriebener Fuchs in Bezug auf die Jagd und ich war auch kein Neuling mehr. Solche Gesellschaft mag sich leiden, vorausgesetzt, dass die menschliche Seite dabei gut ist und das war hier bestimmt der Fall. Shorty blieb mit uns noch zum Abendessen, dann ging er zurück in sein Wigwam. Wir legten uns früh ins Bett, um noch einen langen Schlaf zu tun, denn wer weiß wo und wie wir die kommenden Nächte kampieren mussten.

Jagdfahrt mit Olaf und Hundeschlitten in das Rubygebirge

10 Uhr am kommenden Morgen waren wir marschbereit. Olaf hatte allerhand Lebensmittel im Schlitten verstaut, so dass wir keine Not zu leiden brauchten. Auch für die Hunde wurde ein ganzer Sack voll trockener Lachse mitgenommen. – In den ersten zwei Stunden kamen wir gut vorwärts, denn die Schneelage war noch eine sehr geringe. Fortwährend stieß der „Tobagan", der Schlitten, auf Steine im Schnee. Wir kamen an die „Summit", wo der Schnee einen halben Meter hoch lag. Der Wind blies uns vom Westen entgegen und erschwerte unseren Marsch. Wir hatten uns je ein Paar tennisschlägerartige Schneeschuhe mitgenommen, ohne die man im Norden, wenn plötzlich viel Neuschnee fällt, nichts anfangen kann. Wir schnallten uns die Schneeschuhe an die Füße, ich trat als Erster den Schnee, dann folgten die Hunde mit dem Schlitten und Olaf bildete den Schluss. Hat man erst erlernt mit diesen Schneeschuhen umzugehen, so kommt man gut und schnell vorwärts. Wir brauchten eine gute Stunde, um über die hohe Summit zu kommen, dann konnten wir die Schneeschuhe wieder abschnallen, da der Schnee unten im Tale kaum zehn Zentimeter hoch lag. Der „Kloo Lake" war bereits zu sehen. Am anderen Ende des Sees stieg ein feiner Rauch auf, dort lag das Blockhaus des „Traders". Kurz vor Dunkelheit

erreichten wir den etwa neun Kilometer langen, schon zugefrorenen See. Die Eisdecke war schneefrei. Ich setzte mich jetzt auf den Schlitten, Olaf stand hinten drauf. Es wäre nicht notwendig gewesen dem Leithund „Dyk" die Richtung anzugeben, er wusste ohnehin wohin die Reise ging. Schon oftmals war er mit seinem Herrn zum „Trader" gefahren. In sehr flottem Tempo trabten die drei kräftigen Hunde in schnurgerader Richtung dem Blockhause zu. Sind die Hunde frisch, dann liebe ich solche Fahrten in verschneiter, nordischer Wildnis. In flottem Tempo trabten die Hunde, offen sind die hechelnden Fänge, wie dünne Dampfwolken steigt der heiße Atem in die kalte Winterluft. Bei jedem freundlichen Wort, das man den braven arbeitswilligen Kameraden zuruft, wedeln sie mit ihren Ruten und zeigen, wie sie sich mit ihrem Herrn freuen. Ach, diese Hunde! Sie haben es mir angetan. Von jeher war ich ein großer Hundefreund, aber dort drüben habe ich erst recht gelernt, was ein Hund für den Menschen ist. Jahrelang lebte ich nur allein mit meinen braven vierläufigen Freunden und habe erfahren, mit welch großer Liebe sie an ihrem Herrn hängen.

Je näher wir dem anderen Ende des Sees kamen, um so größer wurde drüben das Hundegebell. Zuerst gelangten wir an eine kleine Indianersiedlung, die nur aus wenigen Blockhäusern bestand. Eine Menge von Indianerhunden lief frei am Ufer umher und kläffte unser Gefährt an. Bald waren wir am Blockhaus des „Traders". Er hatte uns schon kommen sehen, stand am Ufer und empfing uns. Er half uns die Hunde ausschirren und wies uns ein verfallenes Blockhaus an, wo wir die Tiere unterbringen konnten. Dann gingen wir in sein geräumiges Haus, wo ich noch zwei alte Goldsucher kennenlernte. Joe, der älteste der beiden „Prospectors" deckte den Tisch, Harry, der andere Goldsucher, ging uns zur Hand. Während des Essens erzählte Olaf den drei Einsiedlern von mir und meiner Arbeit. Mir zu Ehren wurde das Radio auf einen Deutschlandsender eingestellt – wir bekamen Königswusterhausen – und ich hörte wieder einmal trauliche deutsche Laute und wirkliche Musik. – Frank, so hieß der Trader mit seinem Vornamen, sagte uns, dass noch am selben Abend die männlichen Mitglieder der „Indianervillage" kommen würden. Er hatte es kaum ausgesprochen, als im Nebenraum des Ladens die Glocke an der Tür ging. Da waren sie schon. Wir gingen alle hinein in den „Store" und setzten uns auf Säcke und Fellbündel. Fünf reinrassige Rothäute, die ihrer Sippe alle Ehre machten, trafen nacheinander ein. Ein jeder von ihnen hatte ein mehr oder weniger großes Bündel unter dem Arm. Sie beratschlagten, wer zuerst von ihnen die im Bündel befindlichen Felle zum Verkauf bzw. zum Tausch gegen Lebensmittel und dergleichen vorlegen sollte. Ein schon bejahrter Mann trat vor und legte einen Silber-, zwei Kreuz-, vier Rotfüchse, einen Luchs, einen Vielfraß und drei Nerze auf den Tisch. Das war die Ausbeute, die sie schon während des *trips* getrocknet und mitgebracht hatten. Es dauerte fast eine Stunde, bis die Pelze an den Trader verkauft waren. Dann kam der nächste und bis alle fünf Mann abgefertigt wurden, war es 10 Uhr geworden. Während der Dauer des Kaufens und Verkaufens verschwand immer einer von uns „Blassgesichtern" in den Wohnraum, auch der Trader, und nahm einen Zug aus der Flasche. Wir durften die Rothäute davon nichts merken lassen. Es ist in Kanada verboten alkoholische Getränke in Gesellschaft zu trinken, außer in öffentlichen Lokalen und schwere Gefängnisstrafen sind denen sicher, die Indianern Alkohol schenken oder verkaufen. Aber die sitzen auch nicht trocken. Gerade an jenem Abend im „Store" konnte man lernen, wie sie es machen. Für den Erlös ihrer Pelze kaufen sie die nötigsten Lebensmittel wie Mehl, Backpulver, Tee, Tabak, Zucker, Salz, Wachslichter, Streichhölzer und vielleicht auch einige Kleidungsstücke. Daneben aber auch möglichst viel Zucker, Reis, Rosinen oder auch gebackene Pflaumen und Hefe. In ihrem Lederzelte, dem sogenannten *Teepee* oder im Blockhause werden die letzteren Dinge mit der entsprechenden Menge von Wasser zum Gären angesetzt. Schon in wenigen Tagen gewinnt die Gärung an Alkohol, je länger, um so mehr. Die „durstigen" Rothäute können aber meist nicht abwarten bis einigermaßen etwas Trinkbares daraus geworden ist, sie trinken den viel zu jungen Fusel, den sogenannten „Homebrew". Ich habe ihn einmal gekostet, es ist ein fürchterlicher „Suff". Dann ziehe ich mir schon den zweimal gekochten und durch kaltes Wasser abgelaufenen „Mondshine" vor, wie er von weißen Trappern und Prospectors oft gemacht wird. Diese Art von Alkohol heißt „Mondshine", weil er verbotenerweise gemacht wird. Auch auf die Herstellung, den Genuss und Vertrieb solchen Fusels stehen hohe Strafen. – Wenn einige Indianer vom *trip* zurück sind und ihre Pelze verkauft haben, so bedeutet das für sie immer ein Fest. Es wird ein „Mutschigon" (ist indianisch, in der Creeksprache ein Tanz) angesagt. Zwei solcher „Mutschigons" machte ich einmal auf Einladung mit. Ich lebte mit den Rothäuten auf sehr gutem Fuße, es waren ja die Menschen, mit denen ich zumeist zusammentraf. Beim ersten Mutschigon waren wir drei, beim letzten zwei Blassgesichter. Wir tranken von deren Fusel nichts, mit der Ausrede, dass wir infolge von Krankheit nicht trinken könnten. Wir hatten es aber verstanden, uns eine Flasche recht guten „Mondshine" zu besorgen. Mit diesem „Zeug" kamen wir auch gut in Stimmung und schwenkten die Indianerinnen zum Tanze. In beiden Fällen musizierte ein Indianer auf der Geige und offen gesagt, ich amüsierte mich köstlich. Je weiter der Abend vorschritt, um so mehr hatte der weiße Mann auf sich zu achten. Die Indianer vertragen lächerlich wenig Alkohol, bald sind sie im „Nebel". Die Indianerinnen, unter denen es bekanntlich große Schönheiten gibt, tanzen und tanzen. Der weiße Mann ist bevorzugt. Vielleicht haben auch sie einmal „genippt" und sie werden ihrem weißen Kavalier etwas zu deutlich. Die kupferrote Schönheit mit ihren stechend schwarzen Augen, mit ihrem blauschwarzen starken Haar hängt im Tanze in den Armen ihres „weißen Mannes". Und wer über blaue Augen und starkes blondes Haar verfügt – was beides bei mir der Fall ist –, das die Indianerin über alles liebt, der mag sich vorsehen. So gastfreundlich der Indianer auch ist, seinen Weibern soll man vom Halse bleiben und das ist nur zu Recht. Ich habe es immer verstanden mich rechtzeitig zu drücken. Wie sehr die Indianerinnen dem weißen Manne zugänglich sind, beweisen ja in Nordamerika die unendlich vielen Verbindungen, woraus die „Halfbreeds" – die Halbindianer – entstanden. Nur selten hat sich eine weiße Frau dem roten Manne hingegeben. Es gibt heute tatsächlich bei weitem mehr Halbindianer als Vollblut und je weiter man an die Zivilisation herankommt, um so mehr sind Halbindianer anzutreffen. Man muss schon weit hinein in die Wildnis oder in Reservationen gehen, um Stämme von Vollblutindianern anzutreffen. Unter den Halbindianern findet man nur wenig gute und ehrliche Menschen. Sie werden auch von den Vollblutindianern nicht sonderlich geachtet. Die reinrassige nordische Rothaut ist wohl ein schwer zugängliches und schweigsames Wesen. Stolz und hoch erhoben fühlt sie sich in ihrer Freiheit über dem weißen Mann. Hat man es erst verstanden, sich in die Seele jener Kinder der Wildnis einzuleben, dann hat man sie auch gern. Mir hat an ihnen immer die große Gastfreundschaft gefallen und dass ihnen der Diebstahl ein fast völlig fremder Begriff ist. Mag sein, dass früher die Stämme der südlichen Indianer Mord und Brand über den weißen Mann verhängten – vielleicht hatten sie auch allen Grund dazu! Ich habe drei verschiedene Stämme in dem neunjährigen Wildnisleben kennengelernt und kann ihnen nichts Schlechtes nachsagen. Oftmals habe ich mir gesagt, hier an diesen stolzen kupferfarbenen Gesellen könnte sich mancher deutsche Mann ein Beispiel nehmen. Aus eigenen Erfahrungen weiß ich, dass dort, wo Indianer und Weiße im Winter durch eine Gegend ziehen müssen und dem Pelztierfang obliegen, von Seiten der Indianer an gefangenen Pelztieren nichts gestohlen wird. Nicht nur einmal hingen mir Indianer dort, wo sie meinen *trail* kreuzten, das eine oder andere Pelztier, das sie in einem meiner Eisen fanden, hoch an einen Baum, damit es nicht von anderem Raubzeug angeschnitten werden konnte. Ich lernte davon und tat desgleichen. Es ist herrlich zu wissen, dass man ehrliche Menschen um sich hat. – Der nordische Indianer ist nicht, wie man annehmen müsste, ein gesunder Mensch. Gewiss, es gibt Ausnahmen. Der größte Teil aber ist an Syphilis erkrankt. Auch Tuberkulose, besonders die Knochentuberkulose, wütet unter ihnen. Die Syphilis ist ohne Zweifel von der weißen Rasse eingeschleppt worden. Allerhand Vagabunden und Nichtstuer bummeln in Städten und Settlements herum und bei der leichten Zugänglichkeit der Indianerinnen ist es ein leichtes, dieser furchtbaren Seuche Verbreitung zu schaffen. Die Indianer, soweit sie nicht in Reservationen wohnen, kommen auch zeitweise in die Zivilisation und nehmen diese furchtbare Pest mit und verschleppen sie unter ihresgleichen. Sind sie erst wieder in ihrer eigentlichen Heimat, in den endlosen Wäldern, wer hilft ihnen? Von den Eltern auf die Kinder und weiter vererbt sich diese Krankheit. Mir erzählte einmal ein Beamter der „Mounted Police", dass bei einer Revision, an der er teilnahm, in einigen Indianerreservationen 75 Prozent Syphiliskranke gestellt wurden!

ZIEHENDE CREEK-INDIANER

Die fünf Rothäute, die bei uns im „Store" waren, sahen nicht krank aus. Sie waren vom Stamme der „Chilikat", in dem ich bessere Gesundheit beobachten konnte als unter den mir sehr gut bekannten Creek-Indianern. Wir fragten, ob sie auf ihrem *trip* etwas von Rentieren gesehen hätten. Sie erzählten, dass eine kleine Herde von 4000 bis 5000 Stück die Aishihik-Seen passiert hätte, aber wieder ostwärts gewandert wäre. Einige Nachzügler der Rentiere konnten von den Indianern erlegt werden. Das sah allerdings nicht gut aus. Wir berieten hin und her was wir machen sollten. Die Indianer waren der Ansicht, dass der kleine Trupp der Rentiere wieder umschwenken und sicherlich noch andere Herden mitbringen würde. Olaf und ich einigten uns dahin, dass wir doch fahren würden und der Trader Frank versprach, uns zwei seiner Hunde zu leihen. Es war Mitternacht, als die Indianer aus dem „Store" gingen und wir dann endlich gemeinsam unseren „Scotch" trinken konnten. Unter gedämpfter Radiomusik saßen wir zusammen und die beiden Prospectors erzählten aus ihrem Leben. Joe, ein

Schotte, zählte schon 79 Lenze. Er war geistig frisch und verriet eine gute Bildung. Als blutjunger Mensch verließ er England und kam nach Kanada. Als die Goldfunde im Klondike in der Außenwelt bekannt wurden, ging auch er dort hinauf und fand seinen *claim*. Er hatte Glück, förderte das gelbe Metall und wurde ein wohlhabender Mann. Es war nicht genug was er hatte, er suchte sich einen Partner, versuchte „im Großen" Gold zu suchen und verlor bald all sein hart erworbenes Vermögen. Nun sucht er seit 50 Jahren weiter nach Gold, findet aber keins oder nur so viel als ihm zum Leben notwendig ist. Joe wusste gut zu erzählen. Jetzt war er alt und hofft weiter, eines Tages doch den „großen Schlag" zu machen. Sie hoffen alle, diese Goldsucher! Hoffen, wenn auch nicht die geringste Aussicht dafür besteht. Auch Harry, der andere anwesende Prospector, hofft und hofft seit 40 Jahren. Harry hatte einen *claim* zwei Tagesmärsche von Kloo-Lake, hatte sich künstliche Wasserbecken in einem kleinen Bache durch langwierige Arbeit geschaffen, hatte sich mit der Axt aus Bäumen Bretter gehauen, wovon er die nötigen Tröge gebaut hatte, in die der auszuwaschende Sand geworfen wird. Das Wasser aus den Staubecken wird durch die Holzrinnen über den Sand geleitet, wäscht ihn schließlich fort und das bedeutend schwerere Gold bleibt in der Rinne zurück, wenn überhaupt welches hineinkommt. Ein ärmliches Leben musste der Mann führen, kaum dass ihm der Erlös des Staubgoldes das Allernötigste zum Leben einbrachte. Viele dieser Goldwäscher sind im Winter Trapper, fangen Pelztiere, deren Erlös ihnen meist bedeutend mehr einbringt – aber sie sind nun einmal „Prospector"! Harry hatte vom Pelztierfang keine Ahnung und auch kein Interesse. Frank, der Trader, hat ihn schon oftmals im Pelztierfang unterrichtet, aber mancher lernt es nie! Harry war ein seelensguter Mensch, wie es ja die meisten Irländer sind, aber er war in seinem Kopfe stark verdreht. Viele, viele von diesen Einsiedlern sind von dieser „Krankheit" befallen. Das dauernde und jahrelange Alleinsein verträgt eben nicht jeder Mensch. Zuerst ziehen zwei Freunde hinaus, leben Jahre gut und friedlich zusammen, bis plötzlich die Einsamkeit zu tiefen Verstimmungen führt. Es ist niemals gut, in „Kompagnie" für viele Jahre in menschenleeren Gebieten zu leben. Allein bleiben! Dann ist der „Nordlandskoller" erträglich. Unser Harry war trotz seiner leichten „Drehkrankheit" aber sehr verträglich, er konnte sein letztes zerrissenes Hemd, andere hatte er nicht, hergeben! Seine „Krankheit" bestand nur darin, dass er steif behauptete, er allein hätte Gold, und zwar den besten „Colour" (Farbe), während andere nichts hatten. Einer langen Unterhaltung zwischen Trappern und Goldwäschern zu lauschen ist höchst interessant. Wenn man noch so gut englisch spricht, so kann man am Anfange aus der Unterhaltung doch nicht recht klug werden. Zwischen jedes zweite oder dritte Wort fügt sich ein mehr oder weniger kräftiges und mehr oder weniger langes Fluchwort, gleich, ob es dazu passt oder nicht. Die Hauptsache ist, dass der Fluch nicht vergessen wird. Wer am besten fluchen kann, ist einer der ihren und ein *old timer*. Bei unserer Unterhaltung, die der starke „Scotch Whisky" förderte, erfuhr Frank, dass ich fast schon neun Jahre im Lande war. *No wonder, Mac, you are swearing like an old timer! I know from the first moment, you must have been a long time in the country,* das sagte Frank zu mir und das bedeutet so viel wie: „Kein Wunder, Max, dass du fluchen kannst wie ein Alter. Ich wusste vom ersten Moment, dass du schon lange im Lande sein musst."

INDIANISCHES LEDERZELT VOM STAMME DER CHILIKAT

Endlich, es war schon 2 Uhr morgens geworden, fanden wir uns zur Ruhe. Olaf und ich lagen auf von Frank geliehenen Bärendecken auf dem Fußboden, da keine anderen Schlafgelegenheiten vorhanden waren. Um 8 Uhr rief Joe uns mit Bassstimme wach. Joe hatte bereits das Frühstück fertig und den Tisch gedeckt. In fünf Minuten waren wir gewaschen und saßen an der reich gedeckten Frühstückstafel. Um 10 Uhr standen Olafs drei Hunde vor dem Schlitten gespannt am Hause. Olaf nahm die zwei Hunde, die Frank lieh, und ging mit bepackten Hunden nach dem *Drypass* – dem trocknen Pass –, während ich mit Schlitten und Hunden einen anderen Weg durch einen weiter westlich liegenden Pass durch das Gebirge zog. Joe, das alte Hausfaktotum, blieb bei Frank. Harry ging zu Fuß zu seinem Bau, wo ich verabredungsgemäß am dritten Abend mit Olaf zusammentreffen sollte. – Den ersten Tag ging es bis Mittag gut, für den Schlitten lag genügend Schnee. Um 1 Uhr langte ich bei einem anderen Prospector und Trapper an. Der hieß auch Joe, er war ein Irländer. Auch er hoffte auf den großen Schlager. Pelztierfang war ihm zu gewöhnlich und nicht einträglich genug. Selbst dann, als ich ihm einen sehr kleinen dunklen Kreuz- und einen Rotfuchs aus dem Schlitten holte und ihm mit den Worten übergab: „Hier, die sind dein, ich nahm sie aus den Eisen deiner Linie, über die ich hierher kam!", machte er kein sonderlich zufriedenes Gesicht, sondern sagte nur: *„Thanks, no gold"* Danke, das ist kein Gold! Ich musste unwillkürlich lächeln ob dieser Verschrobenheit. Auch dieser „Joe", auch nicht mehr der Jüngste, litt am „Nordlandskoller". Nur er hatte Gold. Aber auch er hatte nichts. Er war aber ein sehr gemütlicher Mann, der mich aufforderte, bei ihm über Nacht zu bleiben, was ich natürlich ablehnen musste, da ich noch einen beschwerlichen Weg zu Olaf vor mir hatte. Eine Stunde machte ich bei ihm Rast. Dann ging es weiter. Immer näher kam ich einem vor mir liegenden Gebirgszug, durch den ein tiefer, passartiger Einschnitt führte. Trotz der Dunkelheit fand ich einen guten Lagerplatz. In einer Nische des Passes standen grüne und trockene Fichten, die mir Windschutz und genügend Feuerholz boten. Olaf hatte mir genügend Konserven mitgegeben, so dass ich keine Not zu leiden brauchte. Sobald der Wind vom Stillen Ozean[27] herüberweht, und bis dahin sind es nur 120 Kilometer, ist warmes Wetter zu erwarten. Das war mir nicht lieb. Wölfe heulten die Nacht über an allen Ecken und Enden. Endlich graute der Morgen. Die Hunde und auch ich kamen in völlig fremdes Gebiet. Lang und langsam ansteigend führte der Pass durch das Gebirge. Bald war die Höhe bei einem orkanartigen Wind erreicht. Von dem höchsten Punkte des Passes bot sich ein wunderbarer Fernblick in die riesenhafte Gebirgswelt. Von Rentieren verspürte ich in dem kahlen vor mir liegenden Gebirge nichts. Nur einige Steinadler zogen ihre Kreise im blauen Äther. Ich dirigierte die Hunde auf den nun abwärts führenden Pass und stieg dann über einen hohen Grat in einen anderen Pass in nordwestlicher Richtung ein. Einzelne Wetterfichten und ver-

---

27   Anm. des Verlags: Pazifischer Ozean.

krüppelte Weidensträucher säumten diesen Gebirgseinschnitt. Tausende von Alpen-schneehühnern wurden immer in einzelnen Trupps dicht vor den Hunden hoch. Gegen Mittag wurde der Baumwuchs besser und dichter. Dort machte ich Halt und suchte an den Rändern nach Alpenschneehühnern. Innerhalb von zehn Minuten hatte ich mit zehn Schrotpatronen 15 dieser weißen Hühner geschossen. Unmengen dieser Vögel lagen in dem Pass. Ich musste immer erst warten, bis sie weit genug von mir ab waren, ehe ich schießen konnte. Das Alpenschneehuhn ist ein sehr vertrauter Vogel. Wie oft liefen sie furchtlos wenige Schritte vor meinem Sitzplatz an mir vor-bei, die Samen der Gräser pickend, ohne mich zu beachten. Als ich mit den geschos-senen Hühnern zu den Hunden zurückkam, musste ich ihnen erst zeigen was ich geschossen hatte. Ich setzte mich auf einen Stein unter sie und wir unterhielten uns, dann kamen die Hühner auf den Schlitten. Es war fabelhaft, wie sich der gute und kluge Leithund seinen Weg suchte. Ich brauchte ihm nur durch Zuruf „Tschuu und Tschaa" (links und rechts) die Hauptrichtung angeben, dann wusste er Bescheid. Geschickt wusste er Hindernissen jeder Art auszuweichen. Seichte Seen und Flüsse sind in kurzer Zeit bis auf den Grund gefroren. Das fließende Wasser sucht dann sei-nen Weg darüber und die sogenannte „Overfloat" ist eine Gefahr für den Menschen. Leicht können die Mokassins nass werden und wehe, wenn kein Reservefußzeug oder trockenes Holz in der Nähe ist. In wenigen Minuten sind die Füße erfroren. Auch die Hunde können sich die Pfoten durch das entstehende Eis verletzen. Der Schlitten bekommt eine Eiskruste und ist dann kaum mehr vom Fleck zu bekom-men. „Dyk" kannte das alles. Beruhigt konnte ich ihm die Führerschaft überlassen.

Und nun „Wikels". Seinen Namen hatte er von seinem Herrn erhalten, weil er nicht, wie die meisten Hunde, mit der Rute wedelte, sondern die buschige Fahne im Kreise herumschwenkte. „Wikels" war ein unverwüstliches Unikum. Er kannte nur Arbeit, wollte aber oft geliebkost sein, erinnerte einfach selbst von Zeit zu Zeit an ein liebevolles Wort oder eine besondere Auszeichnung. Bei einer solchen Aufforderung ließ er grunzende Laute hören und „wickelte" mit der Fahne, dass der Schnee auf-wirbelte. Auch „Wikels" war ein reinrassiger *Husky Dog* und den Fremden gegenüber sehr misstrauisch. Er war noch ein sehr junger Hund, etwa zwei Jahre alt. Nächst dem Schlitten trottete „Tommy". Er war ein edles Tier, das Gebäude ganz und gar dem Wolfe ähnlich. Langer Fang, breiter Kopf, kurze dichte Säbelrute, tiefe Brust und gewaltige geschlossene Pfoten zeichneten ihn aus. Lang, grau und dicht war die Behaarung, so dass man ihn leicht für einen echten Wolf halten konnte. „Tommy", schon bejahrt, war bereits im zehnten Felde. Er war ein gutmütiger und ruhiger Arbeiter, der sich nicht zur Arbeit auffordern ließ. Wenn er an manchem Tage nicht so recht bei der Sache war, durfte man ihn auf keinen Fall anspornen, er hätte bestimmt ganz und gar versagt. Arbeitete er einmal nicht so recht, dann war bestimmt etwas los mit ihm. Er hatte schon viel Arbeit in seinem Leben geleistet. Zehntausende von

Kilometern hatte er am Schlitten hinter sich, nun musste er mit Vorsicht behandelt werden. Olaf sorgte sich schon um den „Tommy". Was sollte er machen, wenn der gute Kerl mal nicht mehr arbeiten und schnell laufen konnte? Wer nichts im Leben als seine treuen Hunde hat, der weiß was es bedeutet, sich von einem ihm liebgewordenen Geschöpf zu trennen. Olaf, der raue, aber ehrliche Mensch hatte nicht nur ein Herz, nein, die ganze breite Brust voller Herzen für seine Hunde.

Es begann dunkel zu werden. Der lichte Wald musste für ein Nachtlager genügen. Das trockene Holz reichte für das Nachtfeuer aus. Der Wind pfiff ganz gemein und ich nahm mir vor, mich zum Schlafe überhaupt nicht hinzulegen. Aus dem Wipfel und den grünen Ästen einer Wetterfichte baute ich mir einen Windfang. Die Hunde nahm ich hinter diesen *Shelter*, wir saßen so zu vier am wärmespendenden Feuer. Vier Schneehühner wurden gerupft und gesäubert. Zwei Hühner kamen in den Kessel, die sofort gekocht und verzehrt wurden. Die Hunde bekamen je Kopf einen starken getrockneten Lachs. Während der Nacht kochte ich noch einmal zwei Hühner für das Frühstück. Ab und zu nickte ich ein. Bald aber wachte ich wieder auf, eine Seite wurde heiß vom nahen Feuer, an der anderen, dem Feuer abliegenden Seite fror mich. So wälzte ich mich die Nacht hindurch auf meinem harten Lager herum. Gegen sechs Uhr, bei noch völliger Dunkelheit, verließ ich das *camp*. Die Hunde und der Schlitten blieben zurück. Vor mir lag ein Gebirgszug, dessen Gipfel ein meilenweites Plateau bildete. Ich rechnete mit einem dreistündigen Aufstieg und verließ darum schon in der Dunkelheit das Lager. In dem niederen Weidengestrüpp, das die Bergseite bis in halber Höhe bedeckte, wurden auf Schritt und Tritt Alpenhühner hoch. Der Aufstieg gestaltete sich erst besser, als ich das Gestrüpp verlassen hatte. Punkt neun Uhr war ich auf dem Gipfel. Es begann Tag zu werden. Eine riesenhafte ebene Fläche lag vor mir. Eine halbe Stunde musste ich warten, bis das Licht ausreichte, um die weite Fläche übersehen zu können. Dort oben war überreichlich Äsung für Rentiere, gewaltige Steinmoosflächen lagen unter der Schneedecke vergraben. Aber kein Rentier war weit und breit zu sehen. Die Indianer hatten recht, die „Herde" war wieder zurück nach Osten! Ich hielt mich nicht lange auf, denn am Abend wollte ich mit Olaf bei dem Prospector zusammentreffen und ein noch weiter Weg lag vor mir. In zwei Stunden war ich unten am Lager, wo ich schnell einen Kübel Tee kochte und ein Stück gefrorenes Brot auftaute. Nach der einfachen Mahlzeit wurden die Hunde angeschirrt und es ging weiter. Olaf, der das Gebiet kannte, hatte mir die Gegend so beschrieben, dass, sobald ich aus dem Pass kam, in einen anderen Pass einbiegen müsste, der in südlicher Richtung verlief. Fünf bis sechs Kilometer aufwärts sollte die Goldwaschanlage und das Blockhaus Harrys liegen. Keine Fährte irgendeines Stückes Wildes war zu sehen, nur eine Unmenge von Wolfsspuren, Spuren von einigen Füchsen und von vielen Schneehasen, die in dem niederen Weidengestrüpp hausten. Es fing bereits an zu dunkeln, als ich den südlichen Pass erreichte. Um neun

Uhr, bei sternenklarer Nacht, kam ich an den Bach. Auf das Kommando „Tschaa" schwenkten die Hunde nach rechts, den gefrorenen Bach aufwärts. Zum Glück lief kein Wasser auf dem Eise. Fortwährend kratzte der Tobagan an die Steine. Es bedeutete für mich eine Kraftanstrengung an den Handhaben, um den Schlitten vor dem Umkippen zu bewahren. Die Hunde waren sehr aufgeregt. Harry musste tags zuvor den Bach heraufgekommen sein. Die Hunde gebärdeten sich wie verrückt, knurrten und ließen kurze Heullaute hören. Alles Zurufen half nichts. Ich musste wohl oder übel an dem Schlitten hängenbleiben. Draufstehen konnte ich nicht, denn die Steine waren so viele, dass ich sofort umgekippt wäre. Fast eine Stunde jagten wir in dem Tempo den Bach hinauf. Hunde schlugen an. Olaf musste da sein. Als ich vor die Tür gerast kam, standen die beiden Männer der Wildnis da und empfingen mich. Sie waren schon ängstlich geworden und sagten, dass sie am nächsten Tage nach mir gesucht hätten, wenn ich in dieser Nacht nicht eingetroffen wäre. Erst wurden die Hunde abgeschirrt und versorgt, dann ging es zum Essen ins Haus. Wir beschlossen, am nächsten Morgen heimwärts zu ziehen, da keine Aussicht war, Wild zu bekommen. Olaf drängte zum Rückmarsch, weil er Tauwetter befürchtete und tatsächlich war es schon verhältnismäßig warm. In aller Frühe brachen wir auf, fünf Hunde am Schlitten. Es war erst sieben Uhr als wir Harry verließen. Olaf „hing" am Schlitten und ich lief vor den Hunden, um das Tempo etwas zu verlangsamen. Wir folgten dem Bache abwärts, kamen an einen breiteren Fluss, auf dem wir eine Strecke, beide auf dem Schlitten sitzend, fahren konnten. Mächtig griffen die Hunde aus. Wir legten ungefähr zwölf Kilometer in der Stunde zurück. Am frühen Nachmittag kamen wir an das Blockhaus des Trappers und Prospectors Joe. Er war nicht zu Hause. Wir gingen durch die unverschlossene Tür, kochten uns auf dem kleinen Blechofen einen Topf Tee und legten ihm einen Zettel auf den rohgezimmerten Tisch. *„Mac and Olaf on their way back, no Caribou at all."* „Max und Olaf auf dem Wege zurück, überhaupt keine Rentiere" stand auf dem Zettel geschrieben. Dann ging die Reise weiter. Der Schnee fing an zu kleben, es wurde warm. Die Hunde wurden faul, was immer der Fall ist, sobald plötzlich Wärme auf Kälte folgt.

Nach sieben Uhr erreichten wir den Kloo-See beim Trader Frank. Auch die Indianer kamen, als sie das Hundegebell hörten. Die Rothäute waren der Ansicht, dass das warme Wetter länger als eine Woche anhalten würde; die Rentiere würden erst kommen, wenn kalte Witterung einsetzte. Na, und uns blieb auch nichts anderes übrig als schleunigst zurückzukehren. Das sah auch Frank ein, als wir seine Einladung, ein paar Tage bei ihm zu bleiben, ablehnten. Wir verbrachten einen gemütlichen Abend, an dem auch die fünf Indianer teilnahmen. In Anbetracht der „roten Gesellschaft" wurde aber nicht „Feuerwasser" getrunken. Es wurden allerhand Jagdgeschichten erzählt, wobei die Indianer aufzutauen pflegten. Ein jeder von ihnen wusste etwas Glaubwürdiges zu erzählen. Eine noch jüngere Rothaut erzählte

Folgendes: Vor einigen Jahren jagte er im Mayodistrikt nordwestlich von Fort Selkirk. Dort wurde plötzlich eines Tages unter den Goldwäschern laut, dass ein alter Prospector von einem Grizzlybären getötet worden sei. Ein Polizist war im Sommer auf einer Patrouille, kam unter anderem auch zu einem alleinstehenden alten Goldsucher, der aber nicht im Hause war. Der Beamte hatte drei Packhunde mit, die aufgeregt nach dem nahen Bach witterten. Die Hunde gaben ängstliche Laute von sich und sträubten das Rückenhaar. Der Beamte wurde stutzig und folgte allein der Richtung, die die Hunde anzeigten. Er fand den alten Goldsucher mit zerschmettertem Schädel und zerrissener Kleidung dicht an einer Goldwaschrinne liegend. Der bedauernswerte Mensch musste erst vor wenigen Stunden getötet worden sein. Aber wie? Der Beamte stellte fest, dass nur ein sehr starker Grizzlybär der Täter sein konnte. Bisswunden an Armen und Beinen sowie die vielen Bärenfährten auf dem Platze bewiesen seine Vermutung. Kurz entschlossen schleppte er den Toten ins nahe Blockhaus und begab sich schleunigst zu dem nächsten Prospector, den er in sechs bis acht Stunden erreichen konnte. Am nächsten Tage kam der Beamte mit zwei Mann zurück, um einen Tatbestand unter Zeugen aufzunehmen und den Toten an Ort und Stelle zu bestatten. Wer beschreibt aber ihr Erstaunen, als sie die unverschlossene Tür aus den Holzangeln gerissen und den Toten aus dem Hause geschleppt sahen. Nach kurzem Suchen fand man ihn dicht hinter dem Hause am Holzvorrat liegen. Ein Bär hatte die mit einem dünnen Holzriegel geschlossene Tür eingedrückt und seinen Todfeind aus dem Hause geschleppt und ihn nochmals fürchterlich zugerichtet. Es konnte nur ein und derselbe Bär in Frage kommen, was die Fährte bewies. Es besteht die feste Annahme, dass ein Bär nie einen toten Menschen annimmt. Also war dies eine Ausnahme. Wie ist die Sache zu erklären? Der Bär hat aus irgendwelchem Grunde den ahnungslosen Prospector beim Waschen von Flusssand überrumpelt und erschlagen. Der Tote wurde begraben. – Solche Fälle kommen aber höchst selten vor. Meist wird der Grizzlybär den Menschen zu meiden suchen. Dass ein Bär den Menschen auch ohne triftigen Grund angreifen kann, beweist obiger Fall, der auch Tatsache ist, wie ich mir später bestätigen ließ.

Es wurde Mitternacht als wir uns in die Schlafdecken hüllten. Am Morgen weckte uns der alte Joe. Um neun Uhr verabschiedeten wir uns und fuhren los. Auf dem See war noch kein Tauwasser. Wir setzten uns beide auf den Schlitten und jagten über die weite Eisfläche. Da der Schnee klebte, verlangsamte sich die Fahrt ganz bedeutend. Kurz vor Mittag erreichten wir den Anfang der Summit. Eine halbe Stunde später schnallte ich mir die Schneeschuhe an, da der aufgewehte Schnee tiefer wurde und ging bahnend voraus. Olaf war der Meinung, dass ganz wahrscheinlich Elchwild in den dichten mit Weiden bestandenen Flächen sein könnte. Mit dem Schlitten konnten wir nicht geräuschlos bleiben, deshalb ging ich allein weiter voraus. Hier und dort fand ich feine frische Elchfährte über den *trail*. Plötzlich hörte ich unser Hundegespann angekeucht kommen, im selben Moment brach es rechts von mir in den Weiden und ich sah ein Elchschmaltier halb spitz von mir „fortbrechen". Schnell war Olafs Büchse, die ich trug von der Schulter – dumpfer Kugelschlag. Auch die zweite Kugel saß. Ehe ich repetiert hatte, deckten höhere Weidensträucher den Elch, den ich aber bergabwärts ziehen hörte. – Olaf kam herangefahren. Er sagte: „*You got him, I have seen your last shot.*" „Du hast ihn, ich habe deinen letzten Schuss gesehen." Der Schlitten wurde umgelegt, die Hunde blieben daran liegen. Auf dem ersten Anschuss lag Panseninhalt und viel Schnitthaar. Auf dem zweiten Anschuss lag wieder sehr viel Schnitthaar und heller, blasiger Lungenschweiß und nach 150 Metern standen wir vor dem bereits verendeten Schmaltier. Das noch feiste Stück wurde sofort aus der Decke geschlagen und zerwirkt. Wir nahmen jeder eine Keule mit, den Rest bedeckten wir mit Steinen und Weidenästen, streuten etwas Tabak auf den „Haufen" und Olaf hängte eine leichte Jacke, die er auszog, an einen Stock, um das Raubwild für einige Tage abzuhalten. Auf dem Rückweg hatten die drei Hunde vollauf zu tun, den Schlitten durch den weichen Schnee zu schleppen. Es ist geradezu wunderbar, was der Schlittenhund leisten kann. Nicht nur einmal hatte ich früher, wenn der *trail* gut war, das gesamte Wildbret eines Elches, ungefähr 800 Pfund, auf den Schlitten geladen und die Hunde zerrten diese Last zu Bau. Gegen sieben Uhr waren wir am Blockhause Olafs. Die Hunde wurden ausgeschirrt und an ihre windgeschützten Hütten gekettet. Olaf machte im Hause Feuer, dann entlud er den Schlitten. Ich nahm eine Keule von dem Schmaltier und schlug mit der Fleischaxt drei etwa achtpfündige Stücke für die Hunde davon ab. Ich nahm einen alten Eimer und setzte mich darauf mitten unter die Hunde. Es ist mir von jeher ein Genuss gewesen, meinen Hunden beim Fressen zuzuschauen. So saß ich jetzt mitten unter ihnen und unterhielt mich mit den braven Tieren. Futterneid zeigten sie gar nicht. Voll und zufrieden lagen sie um mich herum. Olaf kam auch noch und lachte, als er mich unter den Hunden sitzen sah, holte sich den Hackklotz und setzte sich einfach dazu. Das gefiel den Hunden. Dankbar gingen die „Gesichter" der Hunde von Olaf zu mir und zurück. Ich erzählte Olaf von meinen eigenen Hunden, die ich am Athabaska-Fluss zurücklassen musste und äußerte den Wunsch, die Tiere einmal wiedererlangen zu können. Ich hoffte es!

Nach dem Abendessen machte Olaf den Vorschlag, doch noch in der Nacht das Wildbret des Elchschmaltieres einzuholen. Es fror stark in der Nacht und es ließ sich gut und leicht „traveln". Am nächsten Tage oder nach mehreren Tagen würde es vielleicht eine Quälerei für die Hunde sein. Um elf Uhr machten wir uns fertig. Als die Hunde ihre Geschirre aus dem Hause bringen hörten, kannte ihre Freude keine Grenzen. An den Rückengurten wurden kleine Schellen befestigt. Das vielstimmige „Bimmeln" soll die Wölfe abhalten. Ich weiß nicht, ob das tatsächlich der Fall ist, denn ich habe noch nie erlebt, dass mich Wölfe, auch bei nächtlichen Märschen, belästigt hätten. Den Hunden schien diese „Musik", die auf ihren Rücken durch ihre

Schellen ertönte, zu gefallen. – Wie die Teufel fegten sie mit uns ab. Wir saßen beide auf dem Schlitten, erst später, als es bergan ging, rannten wir hinter dem Gespann her. In zwei Stunden waren wir an der Stelle, wo wir am Nachmittag die beiden Keulen zum Schlitten herausgeschleppt hatten. Auf dem Rückmarsch kamen wir trotz der schweren Ladung gut und schnell vorwärts und waren gegen 4 Uhr morgens am Blockhause. Wir begaben uns bald zur Ruhe und schliefen bis 8 Uhr. Im Laufe des Tages gab es Arbeit genug. Ich nahm ein „Bad im großen Zinkeimer", stopfte Strümpfe, flickte Hosen usw. Olaf war mit Brotbacken beschäftigt und zu unserer Arbeit quietschte ein altes Grammophon. Am nächsten Tage wollte ich, da das Wetter sehr warm geworden war, einen kurzen Pirschgang für einige Tage von meinem Zelt aus machen. Wir begaben uns zeitig zur Ruhe, da wir viel nachzuholen hatten.

INTERESSANTE PIRSCHEN AUF GRIZZLYBÄREN

Ein prachtvoller Wintermorgen brach an. Klar standen die weißen Berge im blauen Himmel. Ich war marschbereit, der treue „Dyk" mir zur Seite. Er trug auf seinem Rücken meine Schlafdecken und ich hatte auf dem Tragbrett einige Lebensmittel und Reservebekleidung. Olaf begleitete mich, um von dort aus auf Bergschafe zu jagen. – Auf halbem Wege stand eine starke Grizzlybärenfährte bergwärts. Ich hatte richtig damit gerechnet, dass die Großbären bei dem milden Wetter ihre Lager vorübergehend verlassen würden. Ohne Aufenthalt erreichten wir gegen sechs Uhr das zurückgelassene Zelt. Noch am selben Abend schüttelte ich das Salz aus der kapitalen Grizzlybärendecke, die ich im Zelt hatte liegenlassen, vergiftete die Haut und hängte sie zum Trocknen auf eine Stange. Am nächsten Morgen gegen zehn Uhr, als es Tag wurde, verließ ich das *camp* zur Pirsch in die Berge. Kaum war ich über die Baumgrenze, fand ich die starke Bärenfährte wieder. Der alte Grizzly musste irgendwo in den wüsten Windfällen sein Winterlager haben. Den Bären im Lager aufzusuchen, wäre völlig zwecklos gewesen, denn lautlos konnte ich im Windbruch nicht pirschen. Ich verließ mich also nur auf die Pirsch aufs Geratewohl. Den ganzen Tag über suchte ich die Berge ab, ohne jeden Erfolg.

Am nächsten Morgen stieg ich wieder hinauf. Kaum war ich über die Baumgrenze hinaus, als ich über mir fortwährendes Steinrollen hörte. Mächtige Steinblöcke verdeckten mir die Sicht nach oben und vorsichtig pirschte ich hinauf. Das Geräusch wurde jetzt deutlicher hörbar, was war die Ursache dazu? Ich hob mich auf allen Vieren um einen Felsblock. Etwa 40 Meter vor mir steckte ein Grizzlybär in einem Loch und arbeitete darin, dass die Steine nur so flogen. Einer der Steine blieb etwa fünf Meter vor ihm liegen; verärgert ging er hin und mit Wut schleuderte er den

Stein in die Schlucht hinunter. Dann ging er zurück an die Höhle, schaute selbstzufrieden hinein, stand eine volle Minute mit hängendem Kopf davor und kroch dann wieder hinein, um weiterzuarbeiten. Es wäre ein Leichtes gewesen ihn zu schießen, aber den etwa vier Zentner schweren Mittelbären wollte ich nicht haben. Es dauerte gar nicht lange, dann brachte er wieder Steine heraus, die er ebenfalls in die Tiefe beförderte. Was der Bär dort nur machte? Ein neues Winterlager konnte er wohl kaum ausheben, denn dazu lag die Stelle zu frei. Eine halbe Stunde hatte ich den Bären schon zugesehen. Plötzlich kam er wieder heraus, „hüpfte" mehrmals auf allen Läufen zugleich in die Höhe und ließ einen eigenartigen Laut dabei hören. Es war kein Brummen und auch kein Knurren. Eine Weile stand er ruhig. Dann schlug er einige Male mit der rechten Vorderpranke auf und verschwand wieder im Loch. Er kam aber sofort wieder heraus und das In-die-Luft-Springen wiederholte sich, nur dass die dabei ausgestoßenen Laute noch kräftiger wurden. Das wiederholte sich fünfmal. Dann stand er mit hängendem Kopfe und stöhnte mehrmals mit dumpfer Stimme. Er drehte sich herum, ging einige Schritt weg, kehrte wieder um und sah noch einmal in das Loch, als ob er sich vergewissern wollte, dass er Recht hatte. Irgendetwas hatte wohl seinen Zorn erregt. Mit hängendem Kopfe zog er ab in die Schlucht und begann etwa 150 Meter weiter wieder anzugraben. Ich ging gedeckt an die Höhle und wollte doch sehen, was der Bär dort gemacht hatte. Sofort hatte ich die Sachlage erfasst. Der Bär hatte nach einem Gopher, einem Erdeichhorn, gegraben. Ein mächtiger Stein, den er nicht herausgraben konnte, machte seiner mühevollen Arbeit ein Ende. Armer Kerl, erst schindest und plagst du dich um den kleinen Bissen, den dir ein Gopher bietet und dann bekommst du ihn nicht. Ich war neugierig, ob er drüben an der anderen Seite der Schlucht Erfolg haben würde. Der Wind stand gut. Es gelang mir, bis auf ungefähr 40 Schritt an den grabenden Bären heranzupirschen. Hinter einem großen Stein machte ich es mir bequem und schaute dem Bären zu. Es kommt gewiss nicht häufig vor, dass man auf eine so kurze Entfernung an einen Grizzlybären herankommt, um ihn bei seiner Arbeit beobachten zu können. Blieb ein Stein in unmittelbarer Nähe hängen, dann ging er erregt hin und schleuderte den armen Stein mit großer Kraft hinunter.

Plötzlich kam der Bär mit einem Ruck heraus. Erregt sprang er zur Seite, es fiel ihm etwas aus dem Fang. Mit einer Geschwindigkeit, die man so einem plumpen Gesellen nicht zutrauen sollte, schlug er mit einer Vorderpranke auf das aus dem Fang Gefallene. Der arme Gopher, denn ein solcher war es nur, wurde nun auch verschluckt. Der Gopher musste wohl dem Bären in die Lefzen gebissen haben. Zum Dank für den geglückten Fang setzte er sich in Positur und ließ seine umfangreiche Visitenkarte da. Nachdem er auch noch genässt hatte, schüttelte er seine schöne schwere Decke und zog hinunter in den Wald. Ich freute mich, dass es dem Bären nach zweistündiger Arbeit doch noch gelungen war, den halbpfündigen Gopher zu erlangen.

Oft herrscht die Ansicht, dass Petz ein großer Räuber und Schädling sei. Dem ist nicht so. Mag sein, dass er dort, wo in besiedelter Gegend Vieh ist, ab und zu solches reißt. Es kommt zuweilen auch vor, dass sich ein alter Bär nur auf Viehreißen verlegt. Das sind aber Ausnahmen und nur Einzelfälle. Dem Wilde wird der Bär nur wenig anhaben können. Er reißt wohl hier und dort mal ein Wildkalb, das im großen und weiten Haushalt der Natur aber ein „Nichts" bedeutet. Der Bär lebt in der Hauptsache von Pflanzenkost. Neun Jahre hatte ich die Gelegenheit eine große Menge Bären beobachten zu können. Im Frühjahr, sobald der Bär aus dem Winterlager kommt, gräbt er nach Wurzeln, nimmt Fallwild auf und sucht regelmäßig die Eisenlinie der Pelztierjäger nach Kadavern ab. An jedem meiner Übernachtungshäuser an der Eisenlinie waren in kurzer Zeit nach der Schneeschmelze die Kadaver von Füchsen, Luchsen usw. verschwunden. Petz kannte die Gegend und wusste, dass er an den Blockhütten Fraß finden konnte. – Sobald das erste Grün aus dem Boden kommt, sieht man den Bären auf den Grasflächen „weiden". Später nimmt er gern die jungen Blätter, besonders der Aspen. Dort, wo Fische zum Laichen aufsteigen, nimmt er natürlich auch großen Anteil am Fischfang. Sobald es Waldbeeren gibt, lebt er fast ausschließlich von diesen. Oftmals sah ich Bären im Sommer Flussläufen folgen, um die Maden an den gänzlich verwesten umherliegenden Fischen abzulesen. Niemals habe ich beobachten können, dass Wild sonderlich erregt ist, sobald ein Bär auf der Fläche erscheint. Es geht ihm, dem alten Brummer, aus dem Wege, zeigt aber nicht die geringste Erregung vor ihm.

Nicht nur über den Bären, sondern über vieles Raubwild überhaupt herrschen irrige Ansichten über deren Ernährung und Schädlichkeit. Der genaue Beobachter ist erstaunt, wieviel Pflanzenkost selbst Füchse annehmen. In uriger Wildnis, wo Menschen selten oder überhaupt nicht hinkommen, kann von einer Schädlichkeit des Raubwildes gar keine Rede sein, ausgenommen vielleicht Wölfe. Die Natur gleicht alles aus. Es ist nur nützlich, wenn das schwächere Wild gerissen wird. Man beobachte nur einmal, wie kräftig und gesund das Wild dort ist. Natürlich können wir es uns nicht leisten, in einem so dicht besiedelten Lande wie Deutschland starkes Raubwild zu halten. In diesen kleinen „Wäldchen" unserer Heimat können wir keine Bären, Luchse und Wölfe gebrauchen. Bald wäre unser Wild verschwunden. Ausgenommen der Fuchs, der lange nicht, ja selbst für Niederwildjagden nur ein Hundertstel so schädlich ist wie immer betont wird.

Zuallerletzt erst kann der Bär als Wildschädling bezeichnet werden. Wild und Raubwild ist in solchen Gegenden immer reichlich beisammen und es zeigt, dass nicht der Mensch, wohl aber die weise Natur es am besten auszugleichen versteht.

Von Wild war an dem Tage nichts zu sehen. Nur mehrere Steinadler zogen ihre Kreise über den Bergen. Noch vor Dunkelheit war ich im *camp*. Am nächsten Tage war ich wieder oben in den Bergen. Ich hielt mich mehr nach Osten und pirschte in den kahlen wildzerrissenen Vorbergen über der Baumgrenze. In einer Schneefläche fand ich mehrmals die Fährte eines starken Grizzlybären. Es war gegen Mittag und ich saß am Rande einer tiefen Schlucht und rauchte meine Mittagszigarette. Über mir in geringer Höhe zog ein Steinadler in langen Windungen seine Kreise. Lange saß ich da und sah dem stolzen königlichen Vogel zu. Da dachte ich unwillkürlich an die Heimat. Dort saß ich auch oftmals und freute mich an den schönen Flugspielen des Bussards. Und wie oft dachte ich dann manchmal: ach, wenn ich doch mal einen Steinadler sehen dürfte. Dort oben im hohen Norden Kanadas, in den Hochgebirgen des Yukon, sah ich den königlichen Vogel täglich, oftmals ein Dutzend zu gleicher Zeit. – Mir war es, als ob in dem Steingeröll auf der anderen Seite der Schlucht sich etwas bewegt hätte. Mit dem Glase suchte ich die Gegend ab. Da schob sich ganz langsam ein starker Grizzlybär hervor. Er nahm scheinbar Blätter und Beeren von einer Art Preiselbeere auf. Ich hätte von meinem Platze gut den Bären schießen können. Aber vor mir lag eine tiefe Schlucht und falls es „klappte", wäre ich mit der schweren Decke die steilen Wände nicht heraufgekommen. Auch hinunter konnte ich nicht in die Schlucht. Ich saß unmittelbar am Rande der Schlucht und überlegte. Endlich kam mir ein Einfall. Vorsichtig kroch ich hinter einen großen Stein zurück. Ich quäkte mit voller Kraft den Todesschrei des Hasen auf meiner Hand hinaus. Langsam hob der Grizzly seinen mächtigen Kopf und sah nach mir herüber. Bald fing er wieder zu äsen an. Wieder quäkte ich. Wieder hob der Bär nicht sonderlich interessiert den Kopf und äugte in meine Gegend. Nach einigen Sekunden fing er wieder an, an den Beeren zu äsen. Ich war etwas ärgerlich, dass der Bär meinen lieblichen Tönen so wenig Interesse schenkte. Noch einmal ließ ich den Todesschrei mit voller Kraft hören. Anschließend schlug ich leicht mit der rechten Hand in dem Beerenkraut, eben nur so laut, dass es der Bär hören konnte, um so das Schlegeln eines Hasen vorzutäuschen. Der Bär sicherte und als er das „Schlagen" vernahm, richtete er sich auf die Hinterläufe und äugte herüber. – Es war ein schönes Bild wie der Bär, der auf einer Erhöhung stand, sich gegen den Himmel abhob. Hin und her ging der massige Kopf, auf und nieder fuchtelte der Windfang. Endlich siegte seine Neugier und er musste sich, um der Sache auf den Grund zu gehen, schon nach mir bemühen. Weit schneller als ich gedacht, hatte der Bär die Schlucht passiert, stand an deren Rand und äugte um sich. Unschlüssig trat der Bär hin und her. Als er etwa 100 Meter von der Schlucht entfernt war, trug ich dem Ahnungslosen die Kugel an. Im Knall fuhr er wütend herum, richtete sich auf die Hinterläufe auf, fuhr mit seinen mächtigen Pranken in der Luft umher und gab seiner fürchterlichen Wut und wohl auch den Schmerzen durch Gebrüll Ausdruck. Ich wagte es nicht, mein Gewehr in Anschlag zu bringen, um ihm ein Flintenlaufgeschoss anzutragen. Meine Bewegung hätte wahrscheinlich genügt, mich dem wütenden Bären zu verraten. Er hätte mich sicher angenommen. Endlich, mir schien es eine Ewigkeit zu sein, es war aber nur eine halbe Minute die der Bär aufgerichtet stand, ging der Bär wieder auf „alle viere", drehte sich hustend einige Male um seine eigene Achse und tat sich nieder. Er wurde still und schwer getroffen legte er sich auf die Seite und verendete. Ich blieb noch fünf Minuten sitzen und rauchte die Beruhigungszigarette, die mir unbedingt notwendig war. Dann ging ich hin zu dem Verendeten. Ein alter männlicher Grizzlybär in einem Gewicht von ungefähr acht Zentnern lag vor mir. Der Einschuss befand sich dicht hinter dem Blatt, Ausschuss war nicht vorhanden. Nach einer guten Stunde war die schöne dunkle und dichte Decke von dem feisten Bären herunter. Das Geschoss befand sich dem Einschuss gegenüber unter der Decke. Wie viele Jahre mochte der Bär gebraucht haben, um zu einer solchen Stärke heranzuwachsen. Dann kam ein Mensch, krümmte am „Feuereisen" den Schießfinger – und aus war es. Den Kadaver werden Adler, Füchse und Vielfraße hinwegräumen, die Decke wird noch viele Jahre von der Existenz eines Hauptbären der Gebirge des Yukon erzählen. – Die etwa 100 Pfund schwere Decke mit Schädel in mein Lager hinunterzubringen, bot keine großen Schwierigkeiten, da ich in fast gerader Richtung auf das *camp* zugehen brauchte und erreichte schnell mein Zelt. In der Nacht weckte mich die Kälte. In wenigen Stunden war die Temperatur vom Nullpunkt auf 20 Grad gefallen. Als ich mich an dem neu angelegten Feuer erwärmt hatte und mich wieder ins Zelt auf mein hartes Lager begab, fielen die ersten Flocken bei völliger Windstille. Es war 7 Uhr, als ich erwachte. Mein Feuerholz lag unter einer zehn Zentimeter hohen Neuen begraben. Ich freute mich über diese Änderung des Wetters. Olaf würde am selben oder spätestens am nächsten Tage kommen. Die Brunft des Bergschafes hatte eingesetzt und ich versprach mir in Gesellschaft mit meinem Freund Olaf einige herrliche Tage zur Jagd auf dieses herrliche Wild. Ich blieb im Lager und richtete die Bärendecke her. Am Nachmittage war die letzte Wolke am Himmel verschwunden.

Olaf kommt – gemeinsame Bergschafjagd in den tief verschneiten Steilhängen im Deazedeath-Gebirge

Es war Neumond. Am klaren sternenklaren Himmel stand die feine Sichel. Dicht saß ich am Feuer, „Dyk" lag an meiner Seite. Schon seit geraumer Zeit warf der feinsinnige Hund seinen edlen Kopf in die Höhe und seine feine Nase vibrierte in der Luft. Eben hob er wieder den Kopf und sicherte nach rückwärts. Angestrengt lauschte ich in die helle Nacht hinein. Da war es mir, als wenn in nicht weiter Entfernung ein Ast brach. „Dyk" sprang auf und wedelte freudig mit seiner Lunte und ließ ein Winseln hören. Er hatte seinen Herrn in der Nase. Es dauerte auch gar nicht lange, als deutliche Schritte im losen Schnee hörbar wurden und bald darauf trat Olaf in den hellen Schein des Lagerfeuers. Die anderen beiden Hunde zogen einen leichten Schlitten hinter ihm her. Wir freuten uns beide, dass wir beisammen waren. Olaf erzählte mir, dass er vor einer Stunde gegen 100 Bergschafe an den steilen Berghängen am Deazedeath-Fluss beobachtet hätte. Es sei gut, meinte er, wenn wir schon gegen 4 Uhr morgens aufbrechen, damit wir noch vor Tageslicht an den Fluss gelangen könnten, ehe uns die Schafe sehen. Wir besprachen noch, wie wir die Sache am nächsten Tage am besten anfassen wollten. Olaf sagte, wenn wir zehn Bergschafe schießen würden, solle ich ihn nicht als Fleischmacher ansehen, denn er bekomme im Winter sehr oft Besuch durch Indianer, die Felle bei ihm eintauschen und diesen Leuten müsse er immer zu essen anbieten. Da heißt es oft zugreifen, wenn sich die Gelegenheit dazu bietet. Olaf weckte mich gegen 3 Uhr morgens. Während ich das Frühstück bereitete, packte Olaf den Schlitten. Es war ein eiskalter Morgen. Die Temperatur war weiter stark gefallen. Die Hunde waren vollständig eingereift. Sie waren gewöhnt Sommer und Winter, Tag und Nacht im Freien zu liegen, angenehm empfanden sie aber immer eine windgeschützte Stelle. Es war bereits ½ 5 Uhr geworden, als wir das Zelt verließen. Die beiden Bärendecken und die dazugehörigen Schädel lagen fest zusammengeschnürt im Schlitten. Olaf „hing" am Schlitten, während ich im leichten Trabe dem Gespann folgte. Kurz vor 7 Uhr erreichten wir den vielarmigen Deazedeath-Fluss, den wir überquerten und dann aufwärts folgten. Dort, wo der Fluss ein weites Delta bildet, machten wir an einer dichten Fichtengruppe halt. Von oben her konnten wir vom Wilde nicht eingesehen werden. Zuerst wurden die Hunde ausgeschirrt und Olaf schlug starkes trockenes Holz, um das Feuer in Gang zu bringen. Nachdem das Feuer einen Platz ausgebrannt hatte, der groß genug für unser „Bett" war, schleppten wir auf den durch das Feuer erwärmten Boden grünes Fichtenreis heran. Darauf wurden Zeltleinen und Schlafdecken ausgebreitet. Es liegt und schläft sich auf einem solchen Lager für die erste Nacht sehr gut. Um 8 Uhr verließen wir unseren *camp* und stiegen in einer Rinne, die völlig frei von Baumwuchs war, hinauf. Um 10 Uhr war es hell genug, um die Berghänge mit dem Glase absuchen zu können. Nichts war zu sehen. Wir verließen den Graben und stiegen über eine tief vom Schnee verwehte Lehne nach einer Kuppe, von der wir besseren Rundblick erhofften. Der Schnee lag an der Lehne etwa vier Meter tief, war aber durch den festen Wind eisenhart festgepackt und gestattete ein bequemes Steigen. Fast hatten wir das Plateau des Kegels erreicht. Plötzlich kauerte sich mein Freund zusammen und deutete mit der Hand fast senkrecht nach oben. Richtig! Dort oben, etwa 800 Meter von uns entfernt, standen vier Bergschafe und hoben sich prächtig gegen den Himmel ab. Wir stellten fest, dass es Widder waren. Volle fünf Minuten standen diese prächtigen, schneeweißen Tiere auf dem hohen Felsgrat. Endlich kam Bewegung in das prächtige Wild, es stieg die schroffe und steile

Berglehne herunter. Sie folgten einem ausgetretenen Wechsel, der von unserm Standort aus deutlich zu erkennen war. Olaf war der festen Überzeugung, dass die Schafe auf dem im Schnee tief eingetretenen Wechsel, der in unserer unmittelbaren Nähe vorbeiführte, kommen würden. Der Wind pfiff ganz gewaltig auf unserer hohen Warte. Es half aber alles nichts, wir mussten ausharren. Wir bohrten uns in eine Schneewehe so tief ein, dass nur unsere Köpfe herausschauten und empfanden die mollige Wärme, die der Schnee spendete. Es verging fast eine halbe Stunde, ohne dass wir etwas von den Schafen zu sehen bekamen. Endlich zogen die vier kapitalen Widder, die wir nun genau ansprechen konnten, etwa 400 Meter oberhalb an uns vorüber, an der hohen Berglehne entlang. Besonders der letzte Widder war hochkapital, niemals sah ich einen so guten wieder. Olaf wollte schießen, ich drückte ihm aber seine Repetierbüchse herunter und erklärte ihm, dass es reiner Blödsinn wäre, auf diese Entfernung einen Schuss abzugeben. Olaf versicherte mir, dass er auf solche Entfernungen schon Schafe geschossen hätte. Das bezweifelte ich auch gar nicht, da er ein sehr guter Schütze war und die dünne Hochgebirgsluft gestattet schon einmal einen Weitschuss. Aber 400 Meter sind doch zu weit für einen sicheren Schuss. Die Widder verschwanden in einer seichten Rinne und wir benutzten die Gelegenheit, so schnell es nur ging an die Schafe heranzukommen. Als wir uns nach zehn Minuten ordentlich warm gestiegen hatten, erschienen die vier Widder weiter oben aus der Rinne heraussteigend. Plötzlich sicherten die Schafe, sie hatten uns eräugt. Wieder zeigte es sich, wie fabelhaft diese Tiere äugen können. Jetzt stiegen die Widder eilig auf einem sehr schmalen und steilen schneefreien Felsgrat immer weiter hinauf, der stärkste der Widder bildete den Schluss. Es ist erstaunlich, wie behände das Bergschaf im schwierigsten Gelände zu klettern versteht. Dabei erreichen die Tiere ein Gewicht von zweieinhalb bis drei Zentner. Am Ende des Grates verhofften die Widder noch einmal und zeigten sich uns noch einmal wie zum Hohne in ihrer ganzen Kraft und Stärke. Mit bloßem Auge war zu sehen, dass die kapitalen Schnecken fast zwei Windungen hatten. Olaf wollte schon weiter, aber ich sagte ihm, wir wollten doch warten, bis die Widder über den Kamm zur anderen Seite des Gebirges gingen. Wir waren fast steif gefroren, als die Tiere endlich oben waren. Dann verschwanden sie schnell. Ich weiß nicht, ob bei mir der Ärger des Misserfolges oder die Freude des Anblickes größer war. Ich bedauerte wohl, dass ich nicht wenigstens einen der kapitalen Widder schießen konnte, wiederum freute ich mich, dass es den alten Herren gelungen war, sich vor dem großen „Raubtier Mensch" in Sicherheit zu bringen.

Wir tasteten uns an der sehr steilen Berglehne auf dem hart getretenen Schafwechsel weiter. Wir mussten Stellen passieren, wo es schon mehr als halsbrecherisch zuging. Ein Fehltritt – und wir wären haltlos in die Tiefe abgestürzt. Nach einundeinhalbstündiger Kletterei kamen wir in eine tiefe Rinne. Es mochte bereits 2

Uhr sein. Die Sonne war schon hinter den Bergen verschwunden. Wir standen am Rande einer tiefen, steilwandigen Schlucht von ungefähr 50 Metern Breite. Etwa 100 Meter weiter oben an der anderen Seite der Schlucht türmten sich gewaltige Felsen auf. Dort tauchten plötzlich mehrere Schafe auf, die unruhig hin und her traten und nach rückwärts sicherten. Sie mussten etwas haben, was sie beunruhigte. Wir hätten wohl dort hinüberschießen können, aber leicht wäre ein getroffenes Stück in die tiefe Schlucht gestürzt. Wir wollten uns eben zum Abstieg anschicken, da fiel etwa 200 Meter von uns ein Schuss an der anderen Seite, dem weitere folgten. Die Schießerei steigerte sich zu einer wahren Kanonade. Mir ging ein Schreck durch alle Glieder und unwillkürlich entfuhr mir der Ausruf „Menschen?" Ich sah Olaf verdutzt an. Der lächelte nur. Er sagte, das könne nur „little Shorty" – der alte Indianer – mit seinen Partnern sein, kein Mensch käme sonst in die Gegend. Mehrere Geschosse pfiffen in nicht allzu großer Entfernung von uns in die Steine, so dass wir Deckung suchten. Auf die Schafe schossen die Indianer nicht, das konnten wir beobachten. Nach vorn und nach unserer Seite konnten die geängstigten Tiere nicht flüchten. Steile und senkrechte Wände verboten das. Die Schafe mussten von der Seite her, von der die Schießerei kam, schon vorher auf die Felsen gestiegen sein, denn dass sie nach Erkennen einer Gefahr auf solche isoliert stehende Felsen flüchteten, für so dumm konnten wir die sonst so überaus klugen und feinsinnigen Bergschafe nicht halten. Beim letzten Schusse sahen wir weit drüben am Aufgange zu den Felskegeln ein Schaf abstürzen und in schneller Fahrt die steile Berglehne hinabkollern. Dann trat vollständige Ruhe ein. Es fing an dunkel zu werden und wir mussten uns zum Abstieg bequemen. Nach zweieinhalb Stunden waren wir im Lager. Die Hunde benahmen sich sehr unruhig und aufgeregt. Sie hatten die Schießerei gehört und nahmen sicher an, dass wir nun wieder mal „viel Fleisch" hatten. – Olaf hatte von seinem Blockhaus ein Stück Elchkeule mitgebracht; er war an diesem Abend der Koch und verstand es meisterhaft, ein saftiges Elchsteak zu bereiten. Wir begaben uns bald zur Ruhe, denn am nächsten Tag wollten wir unser Glück noch einmal versuchen. Es war kaum Mitternacht vorüber, als wir aus unseren Decken kriechen mussten. Wir froren ganz jämmerlich, die Temperatur musste noch weiter gefallen sein. In kurzer Zeit war das Feuer wieder angefacht und wir zogen es vor, am Lagerfeuer liegend, den Rest der Nacht mit Erzählen zu verbringen. Ein jeder wusste genug zu berichten. Ich hatte erst vor neun Jahren Europa verlassen und so war es verständlich, dass Olaf, der vor 28 Jahren seine heimatlichen schwedischen Berge verließ, viel vom neueren Europa wissen wollte. Irgendwelche Beziehungen zu seiner Heimat hatte er nicht mehr und das, was er in Zeitungen las, glaubte er einfach nicht, dem stimmte ich ganz und gar bei. Besonders wissbegierig war er vom Weltkrieg zu hören. Auch da konnte ich ihm berichten, denn ich hatte den großen Krieg selbst drei Jahre mitgemacht. Er erzählte mir, dass er beinahe selbst in den

Krieg gekommen wäre. Im Anfange der Kriegsjahre war er für kürzere Zeit an der Westküste Kanadas in der schönen Hafenstadt Vancouver. Viele Werber für britische Soldaten trieben dort ihr Unwesen. Gleich welcher Nation wurden Leute unter rosigen Versprechungen geworben. Auch Olaf geriet in einer „Bar" in die Hände eines solchen Werbers. Als es ernst wurde erklärte Olaf dem Kerl, dass es ihm gar nicht einfiele für ein fremdes Land zu kämpfen. Er sei, Gott sei Dank, Schwede und denke gar nicht daran seine Staatsbürgerpapiere als Kanadier zu verlangen. Er sei Schwede und könne auch nichts anderes werden. Sein Vaterland sei nicht in Gefahr und er sehe keinen Grund, für ein anderes Land seine Haut zu Markte zu tragen. Ich freute mich natürlich sehr, in Olaf nicht nur einen grundehrlichen, immer hilfsbereiten Freund gefunden zu haben, sondern auch einen Mann, dem seine Heimat noch etwas galt.

Kein Lüftchen regte sich, als wir am nächsten Morgen um 8 Uhr das *camp* verließen. Blass leuchteten die Sterne, ein Zeichen, dass eine Stunde später das erste Tageslicht kommen würde. Die herrschende Kälte spürten wir nicht bei dem steilen Aufstieg in der Rinne. Schweigend gingen wir hinauf. Gegen 9 Uhr erreichten wir die Baumgrenze. Oben in den freien Bergen war es hell genug, mit dem Glase die Gegend abzusuchen. Olaf entdeckte als erster einen Trupp von etwa 40 Schafen. Wir warteten eine halbe Stunde auf besseres Licht. Die Schafe standen einige hundert Meter rechts von uns. Es waren etwa zehn Mutterschafe mit Lämmern. Nur zwei starke Widder waren dabei, die sich in respektvoller Entfernung hielten. Etwas oberhalb standen zehn junge, zwei- bis dreijährige Widder beisammen, die von den beiden alten Herren bei jedem Annäherungsversuche an die Mutterschafe fortgejagt wurden. Nach längerem Erwägen einigten wir uns dahin, dass Olaf in der Rinne rechts abbiegen sollte. Unterhalb der Schafe sollte er eine halbe Stunde warten, um dann gedeckt durch Geröll an die Schafe anzupirschen. In der Zwischenzeit hatte ich Zeit genug, in der Rinne, in der wir uns befanden, etwa einen Kilometer höher hinaufzusteigen. Über einen steilen Grat konnte ich über die Schafe gelangen. Die Regel ist, dass das Bergschaf in den allermeisten Fällen bergaufwärts flüchtet. Sollte Olaf nicht an die Schafe herankommen oder der Trupp durch seine ersten Schüsse flüchtig werden, dann mussten sie mir direkt kommen. Wir wünschten uns „*Good luck*" und gingen ein jeder seinen Weg. In der Rinne kam ich sehr gut vorwärts, aber den Grat hinauf war eine halsbrecherische Sache. Einmal kam ich an eine Stelle, wo ich kein Vor- oder Rückwärts mehr wusste, fand aber schließlich doch noch einen Weg. Meine Kletterei hatte viel längere Zeit in Anspruch genommen, als wir errechnet hatten. Eben schob ich mich vorsichtig über den Kamm hinaus, um in die Geröllhalde, in der die Schafe standen, zu sehen, als ich auch schon Olaf etwa 500 Meter weiter unten hinter großen Steinen an die Schafe kriechend gewahrte. Meines Dafürhaltens war er schon auf 50 bis 60 Meter heran. Ich konnte nicht weiter, sondern richtete mich ein. Kaum hatte ich mich zurechtgesetzt, als ich Olaf in Anschlag gehen sah. Kurz darauf sah ich das Mündungsfeuer seiner Repetierbüchse und der scharfe peitschenartige Knall brach sich in vielfachen Echo. Ein alter Widder brach zusammen. Einen Moment stutzten die Schafe – ein zweiter Schuss fiel und wieder brach ein Stück zusammen und kollerte den Hang hinunter. Nun kam Bewegung in den Trupp. Flüchtig jagten die Schafe, so schnell es nur die steile Lehne erlaubte, zu mir herauf. Olaf schoss noch mehrmals, ich konnte aber nicht sehen welchen Erfolg er hatte. Jetzt eröffnete ich auf 150 Meter das Feuer. Ein junger Widder brach zusammen und rollte den Hang hinunter. Eben war mein zweiter Schuss hinaus, da sah ich wie das von mir zuerst beschossene Stück in rasender Fahrt an Olaf vorbei verendet den Hang hinab sauste. Olaf musste regelrecht zur Seite springen, damit er nicht mitgerissen wurde. Die heraufkommenden Schafe hatten die Gefahr noch nicht erkannt. Unentwegt kletterten sie weiter nach oben. Mit dem dritten Schuss streckte ich noch einen jungen Widder, der ebenfalls die steile Berglehne hinabrollte. Immer näher kam der Trupp. Kaum 40 Meter an mir vorbei, sprangen, stiegen und flüchteten die Schafe in wirrem Durcheinander bergwärts. Je höher sie kamen, um so langsamer kamen sie vorwärts. Gut gedeckt kauerte ich auf dem Grat hinter einem Stein und gab mir redlich Mühe, von den Schafen nicht eräugt zu werden. Ich schoss nicht mehr. Drei bis vier Stück hätte ich noch bequem schießen können, aber Olaf hatte bestimmt auch einige. Ich muss offen bekennen, dass mich der Anblick der an mir nahe vorbei flüchtenden Schafe wenig erfreute. Man konnte auf die kurze Entfernung, die mich von den Schafen trennte, tatsächlich die „ängstlichen Gesichter" erkennen, besonders die Lämmer waren sehr verwirrt und einigen hing der Lecker aus dem Äser. Ich war froh, als die Schafe an mir vorüber waren. Die von mir zuletzt beschossenen Stücke lagen nur wenig unterhalb am Rande der Rinne mit tadellosem Schuss bereits verendet und ich rollte sie über den Rand der Schlucht nach unten. Dann ging ich weiter hinunter auf Olaf zu. Der suchte auch seine Schafe zusammen. Als ich mit ihm zusammentraf, sagte er mir, dass er sechs Stück habe, einen alten Widder und fünf jüngere. Nach kurzer Besprechung stieg ich so schnell wie möglich hinunter ins Lager und holte die drei Hunde mit den Geschirren und eine lange Leine. Olaf blieb oben und suchte die Schafe zusammen. Nach zweieinhalb Stunden war ich mit den Hunden zurück und traf Olaf bei den neun sauber aufgebrochenen Bergschafen. Da es steil bergan ging, hatten die Hunde im Anfang alle Kraft daran zu setzen, um die ersten drei Schafe, die aufgebrochen ein Gesamtgewicht von über fünf Zentner hatten, über die Schlucht zu bringen. Erst als es sehr steil bergabwärts ging, wurde es für sie leichter und an vielen Stellen mussten wir mit aller Kraft an den beiden Leinenenden nach rückwärts bremsen, damit die Wildkörper nicht über die Hunde rumpelten. Geschickt wich „Dyk" als Leithund dem vielen Steingeröll aus, damit ein Hängenbleiben vermieden wurde. Die Fahrt ging sehr schnell zu Tale und wir kamen dabei sehr arg ins Schwitzen. In der Ebene mussten die Hunde ihre letzte Kraft hergeben. Es war bereits finster als wir den Lagerplatz erreichten. Die Schafe wurden noch am selben Abend sauber zerwirkt, die Hunde bekamen so viel von den Abfällen wie sie nur vertilgen konnten. Auch wir taten uns gütlich. Am nächsten Morgen zwei Stunden vor Büchsenlicht stiegen wir wieder hinauf mit den Hunden. Es war hell geworden und wir konnten feststellen, dass zwei Füchse und zwei Vielfraße den Platz, wo die übrigen sechs Schafe lagen, umkreist hatten. Wir zogen die Schafe in eine lange Linie zusammen, banden eines hinter dem anderen fest und hängten die Hunde an alle sechs Schafe. Über Nacht waren die Schafe steinhart gefroren. Es war ein interessantes Bild, wie die Hunde anzogen und die Last hinunterschleiften. Wir hingen weit hinten an den Bremsleinen. Ich bedauerte nur, dass ich keine Platten mehr hatte, um eine Aufnahme machen zu können. Scheinbar hatten es die Hunde auch nicht schwerer wie tags zuvor, wie wohl sie diesmal eine doppelte Last im Schlepptau hatten. Die „Rutsche", die durch das Schleppen am Tage zuvor entstanden war, war hart gefroren und so konnten die Schafe in der gefrorenen Rinne nicht an den Steinen hängenbleiben. Gegen 11 Uhr waren wir schon im Lager zurück. Wir wollten noch am selben Tage nach Olafs Behausung. Während mein Freund alles zum Abmarsch bereit machte und ein ganzes Bergschaf sowie Wildbret nebst anderen Sachen auf den Schlitten lud, kochte ich Tee und erwärmte das am Morgen gebratene Wildbret. Nach dem Essen warfen wir Schnee auf die dicht zusammengelegten fünf Bergschafe, die wir vorläufig zurücklassen mussten, damit sie der Sicht der Kolkraben entzogen wurden. Um Raubwild für einige Tage abzuhalten, hängten wir eine Jacke Olafs und von mir ein Paar zerrissene Strümpfe über das Wild. Die Hunde freuten sich scheinbar auch, dass es wieder heimwärts ging, denn als wir sie in die Geschirre brachten, gebärdeten sie sich wie toll. Auf dem vom Schnee freigewehten blauen Eise des Flusses zogen die kräftigen Hunde den Schlitten spielend. Erst als wir den Fluss verlassen mussten und auf den *trail* kamen, den Olaf bei seinem Kommen gebrochen hatte, wurde es schwer. Aber die braven Tiere gaben ihre letzte Kraft. Wir halfen natürlich nach Möglichkeit und gönnten den Hunden öfters eine kurze Rast. Es wurde 7 Uhr, als wir am Blockhause Olafs ankamen. Wir waren alle froh, dass wir wieder einmal „zu Hause" waren. Olaf war sehr erfreut, dass alles so gut geklappt hatte. Er rechnete aus, dass das Wildbret der Bergschafe für ihn und seine ihn oft besuchenden Indianer bis in den April ausreichen würde. Ein alter Elch konnte ja hin und wieder für die Hunde geschossen werden. Ich freute mich, dass ich Olaf behilflich sein konnte, da ich ihm sehr viel Dank schuldig war. – Little Shorty musste uns haben kommen hören, denn kaum waren wir im Hause, kam er mit grinsendem Gesicht zu uns herein. Wir fragten ihn, ob er vor zwei Tagen auf Schafe am „Bend" geschossen hätte. Er erzählte uns in seinem sehr spaßigen Englisch, dass er am frühen Morgen des betreffenden Tages mit seinem jungen Partner mit dem Hundegespann flussabwärts gekommen wäre. Da hätten sie von unten aus die Schafe als winzige Pünktchen hoch oben im Gestein gesehen. Am Nachmittage gelangten sie in die Nähe der Schafe. Sie mussten fast senkrecht in die Höhe schießen und die durcheinander flüchtenden Schafe, fortwährend durch Steine gedeckt, gaben nur Augenblicke für einen Schuss frei. Ein einziges schwaches Schaf war die Beute der ganzen Schießerei. Wir hatten richtig gezählt, 19 Schüsse wurden abgegeben. Olaf machte Shorty den Vorschlag, er solle doch für ihn die fünf Schafe hereinholen, dafür könne er das stärkste behalten, außerdem wolle er ihm ein Pfund Tabak geben. Shorty sagte freudig zu und versprach, am nächsten Morgen mit seinen eigenen fünf Hunden drei Schafe hereinzuholen und am nächsten Tage den Rest. Olaf hatte das von Shorty nur aus dem Grunde verlangt, dass er mir sein Gespann für die nächsten Wochen leihen konnte. Diese Großzügigkeit mir gegenüber freute mich ungemein. – Shorty wurde von uns noch zum Abendessen dabehalten. Wir schliefen bis tief in den nächsten Morgen. Die Temperatur war weiter gefallen, das Thermometer zeigte 45 Grad *below zero*, das sind 75 Grad Fahrenheit. Wie gigantische weiße Riesen schoben sich die mächtigen Berge in unmittelbarer Nähe des Hauses in den blauen Himmel. Mit dem Glase konnten wir Bergschafe in den Steilhängen beobachten und im Stillen beneidete ich Olaf, dass er an einem so wundervollen Platze wohnen konnte. – Da ich am anderen Tage mit dem Hundegespann noch einmal mein Heil auf Schneeziegen versuchen wollte, gab es für mich Arbeit genug, dazu alles zurecht zu packen. Hosen und Strümpfe mussten auch noch ausgebessert werden. Auch die Bärendecken, die wir im Schlitten mitgebracht hatten, mussten vergiftet und zum Trocknen aufgehängt werden. Olaf machte mir den Vorschlag, doch von ihm einige Eisen mitzunehmen, er könne gut einige entbehren. Es wäre doch gut, wenn ich die Eisen auf dem Wege ins Gletschergebiet an geeigneten Plätzen aufstelle, bestimmt würde ich einen oder auch mehrere Füchse mit nach Hause bringen. Gern nahm ich den Vorschlag an. Im Geiste sah ich schon die guten Fuchsbälge, aber noch mehr die „schönen Dollars", die ich dafür bekommen würde. Mein Reisegeld für die bald bevorstehende Rückreise nach der Heimat hatte ich wohl bei der Bank deponiert, aber auch nur das bloße Reisegeld war es, einschließlich der ungefähren Frachtkosten, die ich für meine umfangreiche Sammlung entrichten musste. Kein Cent war drüber. „Anpumpen" wollte ich auch niemanden und von der Heimat konnte ich schwerlich etwas bekommen infolge verschärften Devisengesetzes. So blieb mir also nichts weiter übrig, als durch Fang einiger Pelztiere meine Kasse zu verstärken. Sechs Eisen wurden mitgenommen. Für mich nahm ich gefrorenes Fleisch mit, für die Hunde zwölf getrocknete Lachse.

Am nächsten Morgen zeigte das Thermometer nur 30 Grad *below zero*, 60 Grad Fahrenheit. Um 9 Uhr fuhr ich mit den Hunden ab und versprach Olaf, wenn ich mir mittlerweile nicht den Hals gebrochen hätte, in sechs bis acht Tagen zurück zu sein. Die Hunde waren frisch und arbeitsfreudig. So kamen wir flott vorwärts. Wie die Teufel jagten die Hunde auf dem frischen *trail* dahin. Ich hatte alle Mühe, mich auf dem Auftritt am hinteren Schlitten zu halten. Ich versuchte auch gar nicht durch Worte die Hunde zu langsamerer Fahrt zu bringen, mochten sie dahinjagen. Die feinen Eiskristalle schnitten mir ins Gesicht. Die Hunde gerieten in kurzer Zeit in Schweiß und bald war die ihrem Körper ausströmende Wärme in der eisigen Morgenluft zu Reif verwandelt. Kilometer um Kilometer ging es in dem flotten Tempo fort. Bald sah ich schwachen Rauch an jener Stelle im Uferwalde aufsteigen, wo die fünf Bergschafe lagen. Shortys Hunde schlugen an. Der kleine Shorty kam aus dem Walde und erwartete mich. Er lud mich zu einer heißen Tasse Tee ein. Das schlug ich natürlich nicht ab. Ich spendete dazu eine Rolle Keks und wir plauderten eine volle Stunde am Feuer und verzehrten unseren kleinen Imbiss. Ich half ihm noch, drei Schafe auf den Schlitten zu packen, dann verließ ich ihn. Meine Hunde gingen nun in gemäßigterem Tempo weiter. Noch vor Dunkelheit erreichten wir mein Zelt, wo wir die erste Nacht blieben. Am nächsten Morgen mit Tagesanbruch ging die Fahrt weiter. Die vielen Wasserarme des Kaskawulsh Rivers und des namenlosen Flusses, der aus dem Gletschergebiet kommt, waren zugefroren. Drei Kilometer vom Zelte fand sich ein guter Platz für ein Eisen. Dort standen mehrere Fuchsspuren. Ein kleines Eisen bettete ich sorgfältig vor eine kleine Fichte und band die Kette an dem Bäumchen fest. Als Witterung gebrauchte ich Bibergeil, womit ich an dem Stamm des Bäumchens etwas rieb. Einen Kilometer weiter wurde ein zweites Eisen gelegt. Weiter oben legte ich wieder ein Eisen an einen Schwemmholzhaufen. In unmittelbarer Nähe davon waren an einem offenen Wasserloch die älteren und frischeren Spuren von zwei verschieden starken Herzen zu sehen. Dort bettete ich ein Eisen in den Schnee und streute einige Krümel von getrocknetem Lachs herum. Als es zu dunkeln begann war auch das letzte Eisen gelegt. Bis zu dem alten Lagerplatz in der Nähe des Gletschers waren es noch etwa zehn Kilometer. Ich beschloss weiterzufahren und ließ den Hunden freien Lauf. „Dyk" wusste, wohin es ging. Er verstand es meisterhaft, die vielen Flusskrümmungen zu „schneiden". Kein Stern war am Himmel zu sehen. Nebel bildete sich und wurde von Minute zu Minute dichter. Es war mir nicht möglich, in der Dunkelheit und in dem dichten Nebel weiter als bis zum Leithund zu sehen. Ich vertraute ihm. Rechts von mir, hoch oben in den Bergen, heulte ein starkes Rudel Wölfe. „Dyk" hielt schon seit längerer Zeit die rechte

Seite des Flusses. Plötzlich bog er ganz scharf nach links ab und ging in schnurgerader Richtung dem anderen Ufer zu. In wenigen Minuten kreuzten wir den dort sehr breiten Fluss und rutewedelnd leitete „Dyk" den Schlitten in den Wald. Erstaunt gebot ich den Hunden „Halt" und konnte nicht umhin, alle drei mit Liebkosungen zu überschütten. „Dyk" hatte mich in der Finsternis und in dem dichten Nebel ohne zu irren an den Platz gebracht, wo wir vor langer Zeit einmal lagerten. Die Hunde hatten aber keine Zeit für Lobreden, sie wollten endlich ans Ziel kommen. Langsam brachten sie mich in der Rinne hinauf und in einer guten halben Stunde waren wir am alten Lagerplatz. Trockenes Holz hatten wir noch genügend für die Nacht. Sofort machte ich Feuer und als es in hellen Flammen brannte und ich Licht genug zum Sehen hatte, nahm ich den Hunden die Geschirre ab und machte sie an Bäumen mit den Ketten fest. Dann wurde der Schlitten entladen und hochgestellt, damit die glatte Unterfläche nicht am Schnee festbacken konnte. Mit Hilfe der Schneeschuhe, die im Winter immer mitgeführt werden, schaufelte ich den Lagerplatz vom Schnee frei und schüttete mir mit Fichtenreisig mein Lager auf. Ein jeder Hund bekam einen großen getrockneten Lachs, erst dann kam ich an die Reihe. Ich hatte mir eine Wildschafkeule mitgenommen. Davon hieb ich mit der Axt feine Späne herunter. Nachdem die Fleischspäne auf einem Stück Holz am Feuer getaut waren, wickelte ich sie in Mehl und setzte sie im Brattiegel mit Bärenfeist zum Braten an. In zehn Minuten war das Fleisch gar und mittlerweile auch der Tee fertig. Nach dem Essen lag ich noch zwei Stunden dicht am Feuer und rauchte eine Menge Zigaretten. Dann rollte ich mich in meine Schlafdecken. Ich hatte mir diesmal mehr davon mitgenommen. Kaum hatte ich mir die Decken über den Kopf gezogen, fing „Dyk" an zu winseln. Er lag dicht hinter mir an einen Baum gekettet, er wollte zu mir herüber. Er wusste es noch vom letzten Male an diesem Platze, wo er mit mir Seite an Seite liegen durfte. Das ging diesmal wegen der anderen Hunde nicht. Hätte ich „Dyk" allein zu mir genommen, dann wäre in der Nacht überhaupt keine Ruhe gewesen. Eifersüchtig hätten die Hunde die Nacht hindurch gewinselt und am Ende hätte noch eine wüste Beißerei entstehen können. Ich setzte das dem guten „Dyk" mit Worten auseinander und der kluge Kerl schien das auch zu verstehen. Resigniert warf er sich nieder in sein tiefes Schneeloch und stöhnte nur noch einige Male, dann war Ruhe und vier Lebewesen schliefen einen tiefen Schlaf in kalter nordischer Winternacht. – Etwas unsanft wurde ich aus dem Schlafe gerissen, da die drei Hunde knurrten und fortwährend ein kurzes „Wuff" ausstießen. Ich richtete mich hoch und sah, dass die klugen Tiere ihre stark bereiften Fänge nach unten in den Uferwald richteten. Das Auge an die Dunkelheit gewöhnt konnte ich erkennen, dass den Hunden die Rückenhaare gesträubt aufstanden. Ich beobachtete die Hunde und lauschte in die stille kalte Nacht hinein. Es war nichts zu hören und doch musste etwas in der Nähe sein was die Hunde beunruhigte. Ein Bär konnte es nicht sein, Petz schlief bei diesem kalten Winterwetter. Elche kamen auch nicht in Frage, da würden sie nicht so aufgeregt sein. Vielleicht waren es Wölfe und kaum hatte ich es gedacht, als keine 100 Meter unterhalb meines Lagers eine Rotte Wölfe einen Höllenlärm machte. Sehr bald konnte ich feststellen, dass es den Stimmen nach 12 bis 15 Wölfe sein mussten. Sie hatten bestimmt das Lager und die Hunde in der Nase. Mein Feuer war bis auf ein Stück glimmendes grünes Holz erloschen, der dünne aufsteigende Rauch hatte uns den Wölfen verraten. Der Wolf hat wohl keine schöne Stimme, auch begegnet man ihm nicht gern. Wer diese Wildgeißel erst einmal näher kennengelernt hat, der hasst sie. Und doch freute ich mich, als sie so dicht am Lager anhaltend heulten und bellten. Holz brach im Windbruch, einmal krachte und brach es ziemlich laut und aus dem Geräusch schließend nahm ich an, dass sich zwei Wölfe im dichten Holz treiben mussten. Ich fand es herrlich und wunderbar und dachte, wie schön es wäre, wenn ich ein „Märchenerzähler" wäre. Hätte das nicht den besten Stoff gegeben, die abenteuerlichste Sache zu schreiben? Wie hätte es den Leser fesseln müssen, wenn der Schreiber und Erleber berichtet hätte, wie die Wölfe in dichten Haufen das Lager überfallen hätten und ich mit Axt und Messer die Wölfe niedergeschlagen und gestochen hätte, immer neue Wölfe wären gekommen –, die Hunde wurden in Stücke gerissen. Nichts blieb übrig. Nur „Er". Er, der Held, stand mit der von den Wölfen zerrissenen Kleidung und rings um ihn lagen sie, die tollkühnen Angreifer. Ohne Zweifel, so etwas müsste sich gut lesen – wenn es wahr wäre. Die allermeisten Wolfsgeschichten – und das sind 99,9 Prozent – worin geschildert wird oder wurde, dass Menschen von Wölfen angegriffen wurden, sind Schwindel. Hätten die Schreiber die Geschichte angefangen: „Es war einmal ...", dann wüsste ein jeder Leser, dass es ein Märchen ist, was er aufgetischt bekommt. Der Wolf ist ein sehr feiger Geselle und ich weiß vieles zu erzählen über den Wolf und dessen Feigheit. Neun Jahre Wildnisleben haben mich über den Wolf manches gelehrt. Es kommt zuweilen vor, dass ein Mensch von Wölfen „belästigt" wird. Ihr feiner Instinkt sagt ihnen aber, dass der „Gestank", der von dem „langen Tier" kommt, doch etwas anderes ist, als was sie bisher kennengelernt haben. Sie werden das „Tier" meiden. Wie scheu der Altwolf dem Menschen gegenüber ist, davon weiß am besten der Trapper zu berichten, der jahraus, jahrein über seine Eisenlinien geht. Nicht oft kommt es vor, dass Altwölfe auf dem Fallensteige des Trappers folgen. In den allermeisten Fällen werden die Wölfe, die auf den Steig stoßen, entweder zurückgehen, oder aber in langen Sätzen darüber hinwegfallen. Sichtet man ein Rudel Wölfe und es ist die Möglichkeit für einen Schuss gegeben, so wird die Bande sofort auseinandergetrieben, sobald der erste Schuss gefallen ist. Den Beweis für die Richtigkeit dieser Gewohnheit können wiederum am besten die Trapper erbringen. Sie wissen, wie selten es vorkommt einmal einen „Timberwolf" zu schießen. – Ebenso war auch ich mir bewusst, dass, sobald ich dort unten in die spektakelnde

Bande eine Kugel setzte, sie erschreckt auseinanderstieben würden. Ich dachte aber gar nicht daran. Das Konzert war mir viel zu schön, als dass ich es hätte unterbrechen wollen. Unter den Decken sitzend, lauschte ich dem Treiben. Die Uhr zeigte mir, dass es schon 6 Uhr war. Ich hatte acht Stunden ununterbrochen geschlafen. Das war eine Leistung in Anbetracht der Kälte. Die Hunde wurden ruhig auf meine leisen Zurufe, saßen aber immer noch aufgeregt auf den Keulen mit gesträubtem Haar. Eine volle halbe Stunde währte der Spektakel. Dann hörte ich die Rotte dem Flusse zu bergabwärts fortziehen. Ich stand auf und machte ein großes Feuer und brach bald bei starkem Nebel auf. In der elften Stunde war es wirklich erst Tag geworden, trotzdem konnte ich keine zehn Meter weit sehen. Der Nebel hing beim Aufwärtssteigen noch dichter als unten im Tale. Ich stieg immer höher hinauf. Keine Schneeziegenfährten waren im tiefen Schnee zu finden. Das Wild musste an einem solchen nebeligen Tage in den höchsten Regionen stehen, das heißt also: vielleicht 4000 bis 5000 Meter hoch. Eine mächtige graue Felswand, die mir vom vorherigen *trip* bekannt war, tauchte aus dem Nebel. Und urplötzlich stand ich an einem gähnenden Abgrund. Etwas „betöppert" kroch ich zurück und ging unter der Felswand weiter. Aber hohe Steinberge musste ich dabei klettern. Um mich nicht im Nebel zu versteigen, entschied ich mich für den Abstieg und war heilfroh, dass ich dabei nicht in die Tiefe stürzte. Erschwerend war die hohe Schneelage, bei jedem Schritt musste ich erst tasten, was ich unter den Füßen hatte. Mit hartem Schuhwerk wäre es unmöglich gewesen, überhaupt in dem sehr steilen Gelände Fuß zu fassen, die weichen und dünnen Mokassins aber machten es leichter. Als ich von dem hohen Steinlabyrinth herunter war, stand ich wieder ganz plötzlich am Rande eines steilen und tiefen Abgrundes. Ich hatte genug für den Tag. Ich musste froh sein, dass mir bei der blödsinnigen Kletterei in dem dichten Nebel nichts passiert war. Schnurgerade hielt ich nach unten. Nach zwei Stunden kam ich an die Baumgrenze und musste dann noch zum Überfluss durch wüsten Windfall eine Stunde weiter klettern, bis ich endlich den Fluss erreichte. Ich stieß auf die verwehte Schlittenspur, befand mich also unterhalb des Lagers. Nach einer Viertelstunde kam ich an den *trail*. Nach einer Stunde erreichte ich das Lager. Zuerst suchte ich Feuerholz zusammen, damit ich nicht in der Nacht herumzusuchen brauchte. Über mein nutzloses Umherstreifen an dem Tage ärgerte ich mich nicht, sondern zog eine Lehre daraus, dass es falsch war im dichten Nebel auf steile Berge zu steigen. Einmal konnte ich ja überhaupt kein Wild sehen und dann konnte ich bei einem Fehltritt in den steilen Wänden abstürzen. Nach dem Abendessen saß ich noch einige Stunden am Feuer. Fortwährend musste ich mich drehen, denn der Nebel war so dicht, dass die Seite, die gerade dem Feuer abgewendet war, in kurzer Zeit völlig durchnässt wurde. Meine Schlafdecken hatte ich vorsorglicherweise mit einem festen Stück Zeltleinen bedeckt. Auch die Hunde mussten sich oft schütteln, um ihren Balg zu trocknen. Die Nacht war bedeutend wärmer als die vorhergehende und ich konnte die ganze Nacht hindurch schlafen. Es war schon fast 7 Uhr als ich erwachte. Ebenso dicht wie tags zuvor hing der graue Nebel im Walde. Meine Zeit war bemessen und ich hatte durchaus keine Lust, nutzlos herumzuhocken. Ich packte meinen Krempel zusammen und belud den Schlitten. Die Hunde waren erfreut als sie in ihre Geschirre kamen und ich endlich das Abmarschkommando gab. Es war fast 10 Uhr als wir die Rinne hinunter am Flusse anlangten. Es war nun Tageslicht geworden. Der Nebelschleier hob sich, wich aber nicht aus den Bergen. Ich konnte ganz gut bis auf 200 Meter sehen. Schon ärgerte ich mich, dass ich aufgebrochen war, aber oben in den Bergen konnte die „dicke Luft" noch für Tage anhalten. Die Hunde gingen flott, die Schlittenladung war leicht, so dass ich auf dem Schlitten stehen konnte. Eine Stunde glitten wir schon auf dem Flusse. Um eine scharfe Biegung kommend, sah ich an einem großen Schwemmholzhaufen einen dunklen Punkt im weißen Schnee. Dort lag ein Eisen und es musste sich etwas gefangen haben. Die Hunde waren ebenfalls schon aufmerksam und erhöhten das Tempo. Der Fuchs, als solcher entpuppte sich der dunkle Punkt, hatte uns schon kommen hören und zerrte an der langen Stange, an der das Eisen befestigt war. Als ich herangekommen war, legte ich die Hunde ab und ging den Fuchs auf Schrotschussnähe an und erledigte den armen Schelm mit einem Schuss. Ein kapitaler Rotfuchs war es, im Gewicht von über 20 Pfund. Der wundervolle, tiefrote Balg war herrlich. Kein graues Haar war darin zu sehen. Der Balg brachte später 27 Dollar. Der Rotfuchs des Küstengebietes von Alaska und den vorgelagerten Inseln ist der größte aller Füchse und sein Balg ist der wertvollste, ausgenommen sind die Spielarten wie Kreuz- und Silberfuchs. Der Alaskarotfuchs (*Vulpes alascensis*) erreicht ein Gewicht bis zu 25 Pfund. Der wertvollste Rotfuchsbalg ist der, der im Rücken kein graues Haar zeigt. Reichlich doppelt so lang ist das feine Haar eines dortigen vollwertigen Winterfuchses als das Haar eines europäischen Fuchses. Da ich den Fuchs nicht erst gefrieren lassen wollte, zog ich ihm gleich den Prachtbalg ab. Freudig gestimmt ging die Reise weiter. Nach kurzer Fahrt sah ich auf weite Entfernung den nächsten Schwemmholzhaufen, an dem auch ein Eisen lag. Als ich herangekommen war, sah ich, dass das Eisen noch unangerührt lag. Ich rieb nochmals ein Stückchen Holz mit Bibergeil ab und warf es hinter das kleine Eisen. Von dort aus führten mich die Hunde zum linken Ufer. An einem weit vorspringenden steilen Felsen machte der Fluss eine starke Biegung. Mit einem Ruck riss es mich zusammen. 300 Meter weiter unten standen drei Wölfe mitten auf dem Flusse an angeschwemmten Bäumen und Sträuchern und äugten flussabwärts. Mit leiser Stimme gebot ich „Dyk", nach links herumzuschwenken. Dicht an den Felsen heran drückte ich das Gespann und kippte den Schlitten um. Durch einige große Steine waren wir gegen Sicht gedeckt. Der Wind stand gut. Für einen Schuss war es zu weit und kurz entschlossen ahmte ich mit dem Munde durch die hohle

Hand das Mahnen eines Elchkalbes nach. Die Wölfe vernahmen trotzdem das schwache Mahnen auf 300 Meter. Sie fuhren herum und äugten in meine Richtung. Noch einmal mahnte das „Elchkalb". Langsam und unschlüssig setzten sich die drei Räuber in Trab. Sie kamen aber nicht direkt auf mich zu, sondern holten in großem Bogen aus, um in den Wind zu kommen. Das war gut so, denn ich war durch die vor mir liegenden Steine noch besser gedeckt. Es waren zwei graue und ein schwarzer Wolf. Langsam kamen sie näher. Auf ungefähr 150 Meter machten sie halt. Der Schwarzwolf stand breit und erhielt die Kugel. Im Knall fuhr der Getroffene herum, raste 50 Meter weiter, drehte sich mehrmals um seine eigene Achse und brach zusammen. Die andern beiden flüchteten in den Uferwald. Für meine Hunde war die Spannung zu groß; zitternd saßen sie um mich herum. Als der Schuss hinaus war, waren sie nicht mehr zu halten. Sie sprangen auf und wollten hinüber. Mit Mühe konnte ich mich am umgekippten Schlitten halten und die Peitsche aus dem Schlitten ziehen. Alles Reden und Rufen half nichts, die Hunde waren wie verrückt. Mit einigen wuchtigen Hieben mit der kurzstieligen, aus rohem Rentierleder geflochtenen Peitsche hieb ich in die Hunde. Das half. Aufheulend gingen sie nieder und beruhigten sich etwas. In dieser Situation konnte man aus ihren tückischen Blicken ihr Wolfsblut erkennen. Als ich herantrat, versuchte mich der junge „Wikels" zu fassen, doch ich war der Schnellere. Ein kräftiger Hieb mit der Peitsche genügte, ihn zurechtzuweisen. Der geflochtene Peitschenriemen war mit kleinen Bleikugeln gefüllt und hielt den Getroffenen in Schach. Es tat mir leid, dass ich die Tiere strafen musste, aber um „Herr" zu bleiben, musste ich es tun. Ich sprach den Hunden gut zu. „Dyk" und „Tommy" waren sofort zugänglich, aber „Wikels" lag, sein respektables Gebiss fletschend, da. Mit der Peitsche in der Hand richtete ich den Schlitten auf und gab „Dyk" die Richtung nach dem geschossenen Wolf an. „Dyk" und „Tommy" kamen dem Kommando bereitwillig nach, aber „Wikels" lag schnurrend im Schnee und wollte nicht weiter. Als ich zur Seite trat und zu wuchtigem Schlage ausholte, fuhren die anderen beiden Hunde auf den Dickschädel los. „Dyk" biss ihn in den Hals und „Tommy" in die Keulen. Diese Zurechtweisung genügte und tat Wunder. Er sprang auf und legte sich in die Riemen und ich hatte noch Zeit genug auf den Schlitten zu springen, in so rasender Fahrt gingen die Hunde über den Fluss. – Der Wolf war bereits verendet. Um bei Tageslicht die Eisen noch kontrollieren zu können, streifte ich den Wolf nicht, sondern rollte den etwa 150 Pfund schweren Burschen in den Schlitten. Das war Waidmannsheil! Es war nicht nur ein dunkler, sondern ein rein tiefschwarzer Wolf, wie er nur selten vorkommt. Der Kanadische Timber- oder Waldwolf (*Canis lycaon*) ist der größte Vertreter seiner Art. Er kommt in allen Spielarten vor, vom reinen weißen (*Canis Tundrarum*) bis zum rein schwarzen. Jedoch ist, wie schon betont, die tiefschwarze Färbung selten, meist haben die *Black wolves*, die Schwarzwölfe, nur dunkle Pfefferfarben. Bei der Weiterfahrt zeigte sich „Wikels" immer noch störrisch. Ich schlug nicht mehr nach ihm, für den hatte ich am Abend im Lager ein anderes Mittel, das ihn kurieren sollte. – Das nächste Eisen war wieder nicht besetzt. Bald war die offene Wasserstelle erreicht, wo ich ein Eisen für Nerz gelegt. Das kleine Eisen war verschwunden und hing an der langen Kette unter dünnem Eis. Mit der kleinen Handaxt schlug ich die zehn Zentimeter dicke Eisdecke durch und zog einen starken dunklen Nerzrüden heraus. Ich zog das Eisen ein, da weiter keine Nerzspuren in der Nähe waren. Eben wollte ich den Platz verlassen, da sah ich am Uferwaldrande eine breite Spur. Ich ließ das Gespann liegen und ging hinüber, um zu sehen, was für ein Tier die Spur zurückgelassen hatte. Ein Fischotter war es, der in der vergangenen Nacht dort in weiten Sprüngen flussauf-wärts in einen in den Fluss einmündenden Bach gesprungen war. Ich ging den tiefen Bach eine Strecke aufwärts. Dort standen eine Menge alter und frischer Otterspuren und ich fand auch eine Stelle am Ufer, wo der Otter schon mehrmals ins Wasser gefahren war. Mit einer Rute prüfte ich den Wasserstand und fand, dass er fast zwei Meter war. Für einen Fang sah es gut aus und ich holte vom Schlitten das kleine Eisen, in dem ich den Rotfuchs fing. Ich suchte mir einen flachen etwa acht Pfund schweren Stein, den ich mit starker Schnur am Eisen, das an der langen Kette hing, befestigte. Das Ufer fiel sehr steil ins Wasser, ich fand aber an der Rutsche eine Stelle, wo ich den am Eisen befestigten Stein am Ufer unter Wasser so tief legen konnte, dass das darauf zu liegen kommende Eisen zehn Zentimeter vom Wasser überspült wurde. Das Ende der Kette band ich an einer Wurzel fest. Erfahrung sagte mir, dass der Otter, sobald er mit einem Lauf zwischen die Bügel gerät, sofort das Wasser annimmt und taucht. Der untergelegte Stein musste dann ins tiefe Wasser gleiten und den Otter ertränken. Das Eisen war ein regelrechtes amerikanisches Fuchseisen mit doppelter ausliegender Feder und das „Dingelchen" wog etwa ein halbes Pfund. Nachdem alles noch einmal geprüft und die Spuren von mir entfernt waren, ging ich zurück zum Schlitten und fuhr weiter. Im nächsten Eisen hatte sich nichts gefan-gen. – Die Sonne war längst hinter den Bergen verschwunden. Die lange nordische Winternacht hüllte die einsamen Berge und Wälder in geheimnisvolles Dunkel. Wunderbar funkelten die Sterne am nächtlichen Firmament und nun, nachdem der Nebel gefallen war, konnte man im matten Scheine des Sternenlichtes die giganti-schen Bergmassive wieder sehen. Was mochte dort oben, hoch über der Baum-grenze, jetzt alles vorgehen? Dort war Leben. Die Brunft des Bergschafes war in vollem Gange. Und weiter unten im Walde, dort pirschten Füchse und Luchse auf Schneehasen und Wölfe suchten nach Elchwild. – Die Hunde griffen gut aus. Es war nicht kalt, es mochten etwa zehn Grad Celsius sein, aber lange konnte ich nicht auf dem Schlitten stehen, ich fror. Ich trabte hinter den Hunden, mich mit einer Hand an der langen Leine haltend, die am vorderen Ende des Schlittens befestigt war. Nordlicht setzte ein. Gespenstisch schossen die farbigen Lichtkegel am Himmel hin und her. Zauberhaft wurden von dem herrlichen Naturschauspiel die weißen Häupter der Berge abwechselnd in rote, grüne, gelbe und violette Farben getaucht. Ein leises Zeichen, hervorgerufen durch das Nordlicht, wurde hörbar. Nur selten ist es zu hören, meist schießen nur die Farbenblitze stumm am nächtlichen Himmel hin und her. Ich war in Gedanken. Da – mit einem Ruck stand der Schlitten und die Hunde äugten zurück nach mir. Die klugen Tiere hatten nicht vergessen, dass ich dort drüben an dem Felsen ein Eisen ausgelegt hatte. Das Gespann liegen lassend, ging ich hinüber. Schon auf zehn Schritt konnte ich sehen, dass etwas zusammengerollt auf dem Fangplatze lag. Erst auf fünf Schritt bemerkte mich der Fuchs. Mit einem Stock bekam er einen Schlag auf den Kopf und zwei weitere Schläge auf die Drossel. Das Eisen nahm ich mit, um es am anderen Tage an einem anderen Platze auszulegen. – Eine halbe Stunde flotte Fahrt brachte uns zum Zelt. Die Hunde wurden ausgeschirrt und nun bekam „Wikels" seine Strafe, weil er seinen Herrn angreifen wollte und auch den ganzen Tag wenig gearbeitet hatte. „Dyk" und „Tommy" wurden ganz dicht am Zelt angekettet, während „Wikels" 15 Schritt abseits kam. Mit einem grenzenlos dummen Gesicht sah er mich an, als ich ihm seinen Platz angewiesen hatte. Die Hunde bekamen je zwei mittlere getrocknete Lachse. „Dyk" und „Tommy" nahmen freudig sofort das Futter an, aber „Wikels" lag mit mir abgewendetem Blicke zusammengerollt im Schnee und dachte nicht daran die Lachse zu nehmen. Er war sich seiner harten Strafe wohl bewusst. Ich dachte auch gar nicht daran mit ihm ein Wort zu sprechen, während ich mit „Dyk" und „Tommy" sehr freundlich tat. Kein Hund kann eine härtere Strafe bekommen als Verachtung. Diese Art von Bestrafung habe ich schon öfters vollzogen und immer löste sie Wunder aus. Wie feinfühlig ein liebevoll gehaltener Hund sein kann, beweist nicht nur das Benehmen des jungen „Wikels", auch zeigten die anderen beiden, dass auch sie wussten, dass ihr Kamerad verurteilt war. Die beiden älteren Hunde schielten fortwährend zu „Wikels" hinüber und knurrten. Mir tat der arme „Wikels" leid, aber ich durfte nicht weich werden. – Das große helle Feuer brannte und nachdem auch ich mein Essen beendet hatte, ging es ans Streifen des Raubzeuges. Der Nerz, den ich aus dem Wasser gezogen hatte, war mit einer Eiskruste überzogen und hing in der Nähe des Feuers. Zuerst kam der starke, feiste Schwarzwolf daran, dann folgten die beiden Prachtfüchse und zuletzt der Nerz. Den Erlös für die beiden Füchse und den Nerz berechnete ich mir mit insgesamt 60 Dollar und später bekam ich auch den Preis dafür. Der Schwarzwolf wurde der Sammlung einverleibt und kam mit nach Deutschland. 60 Dollar ist ein schönes Stück Geld und ich freute mich sehr darüber. Wahrscheinlich kam noch etwas dazu, denn ich hatte ja die Eisen noch fängisch stehen und in drei bis vier Tagen wollte ich sie nochmals revidieren. Ein Laufbruch ist bei den leichten Eisen fast ausgeschlossen. Die Bügel sind nicht mit Wellen und Zacken versehen, sondern haben an den inneren Rändern eine Verdickung und

Abrundung, damit nach Möglichkeit keine Verletzung an dem eingeklemmten Lauf entstehen kann. Der Trapper muss nun mal zum Tellereisen greifen, um seinen schweren und harten Beruf ausführen zu können. Das oben beschriebene Tellereisen ist das humanste Eisen aller Fanggeräte, die aus Stahl und Eisen gefertigt werden. Mit Recht haben wir Deutsche das deutsche Tellereisen verpönt und Gott sei Dank auch abgeschafft, aber mit der Benutzung des Schwanenhalses ist gar nichts gewonnen. Auf dem Papier sieht so ein Ding gut aus. Große Bügelweite ist da, der halbe Fuchs kann zwischen die Bügel kommen und „totgeschlagen" werden. Aber nur der Jungfuchs oder ein besonders dummer Altfuchs wird seinen Kopf bzw. den ganzen Körper zwischen die Bügel des fängisch stehenden Schwanenhalses bringen. Der gerissene Altfuchs nimmt dort oben in der Eislandschaft auf keinen Fall einen „gefundenen Brocken" mit dem Fange auf. Nein. Er kratzt mit dem Vorderlauf danach und löst dabei auch den auf Abzug gestellten Schwanenhals aus. Die Folge davon ist, dass ein Lauf oder beide Vorderläufe sehr hoch oben gefasst werden und durch die Schwere des Eisens in Trümmer geschlagen werden. Stelle dir vor, lieber Leser, was ein solch armes Geschöpf ausstehen muss!

Es war fast Mitternacht, als ich mich endlich in meine Decken wickelte und im Zelte schlief. Schon um 4 Uhr wachte ich auf und musste Feuer machen. Die Temperatur war in wenigen Stunden stark gefallen. Schlafen legte ich mich nicht mehr. Um 7 Uhr hatte ich den Schlitten zurecht und spannte die Hunde ein. „Wikels" saß auf seinem Platze rutewedelnd, er wollte es wiedergutmachen. Freundlich sprach ich zu ihm und das tat ihm gut nach der harten Strafe. Als er gemerkt hatte, dass ich mich mit ihm wieder versöhnen wollte, nahm er, als ich ihn zum Schlitten führte, die beiden Lachse, die ich ihm am Vorabend gab, mit. Der feinfühlige Hund war so tief beleidigt, dass er nicht einmal sein Futter angerührt hatte. Ich gab ihm Zeit, die Fische erst zu verzehren, dann fuhren wir los und „Wikels" arbeitete für zwei. – Es war noch nicht Tag als ich am Deazedeath-Fluss an überhängendem Eise am Ufer eine Stelle fand, an der ein starker Otter durch das Doppeleis ins Wasser gerutscht war. Mit einem Gleitstein, ähnlich wie ich schon beschrieben habe, legte ich auch dort ein Eisen. Ich konnte nun kein Eisen mehr auslegen, da alle sechs Eisen, die mir Olaf geliehen hatte, fängisch standen. Die Hunde wussten, dass es „nach Hause" ging und sie liefen in flottem Tempo. Am Nachmittag, es fing bereits an zu dunkeln, kam ich zu Olaf, der aber nicht zu Hause war. Nachdem die Hunde versorgt waren, ging ich ins Haus, machte Feuer und begann das Abendbrot für Olaf und mich anzurichten. Mein Freund hatte eine Schafkeule im Hause. Kartoffeln fand ich im Keller. Von der Wildkeule schnitt ich feine Scheiben, klopfte sie mit einem breiten Hammer und in geriebenem Weißbrot wurden sie in Bärenfeist gebraten. Gerade war das Essen fertig, als Olaf kam. Freudestrahlend erzählt er mir, dass er die Bälge von zwei guten Kreuz- und einem Rotfuchs mitbrächte, es war sein erster Fang in diesem Winter. Auch freute er sich über meinen Erfolg, nachdem ich ihm die Bälge gezeigt hatte. Bei unserem Bärenhunger blieb von den reichlich zubereiteten Dingen nichts übrig. Auch etwas „Feuerwasser" fand sich noch, das den Abend erst so recht behaglich machte. – Am nächsten Tage blieb ich bei Olaf. Little Shorty kam und leistete uns Gesellschaft und sagte uns, dass er mit seinem Partner für zehn bis zwölf Tage an seine Eisenlinie wollte, um etwa 200 Eisen auszulegen. – Am anderen Tage ging ich mit dem Hundegespann, um die von mir ausgelegten Eisen einzuholen. Ich versprach, in drei Tagen zurück zu sein. Gleich am ersten Eisen, das ich für Otter gestellt hatte, fand ich Erfolg. Ich zog einen starken Otter heraus. Der starke Rüde wog etwa 25 Pfund. Der virginische Otter (*Lutra canadensis*), der dort oben vorkommt, ist, ausgenommen der Seeotter, der wertvollste und schwerste Otter. Es sollen alte Otterrüden im Gewichte bis zu 30 Pfund gefangen worden sein. Dunkel, oft fast schwarz, ist seine feine, lange Behaarung und ist das krasse Gegenstück zum weniger wertvollen europäischen Otter. Der Otter ist in Kanada und Alaska trotz des vorkommenden Fischreichtums durchaus nicht häufig. Woran das liegt, ist schwer zu sagen. Der lange Winter, in dem das Eis acht bis neun Monate auf Flüssen und Seen liegt, kann daran keine Schuld tragen, denn der Otter findet vom Ufer aus genug Stellen, wo er selbst im strengsten Winter ins Wasser gehen kann, um der Jagd auf Fische obzuliegen. – Noch vor Dunkelheit erreichte ich mein Zelt. Der Otter wurde am Lagerfeuer aufgetaut, getrocknet und gestreift. Reichlich fingerdick war der Kadaver mit öligem Feist überzogen. Im Magen fanden sich noch die Reste einer Forelle. – Zweimal musste ich in der Nacht aufstehen und mich am Feuer erwärmen. Es wurde Winter. Als ich am Morgen Olaf verließ, waren es 30 *below zero*, das sind 60 Grad Fahrenheit. Die Temperatur schien weiter zu fallen. Mit Anbruch des Tageslichtes fuhr ich mit den Hunden auf dem Eise des namenlosen Flusses hinauf, um die ausgelegten Eisen aufzunehmen. Gleich im ersten saß ein sehr guter Rotfuchs. Im nächsten Eisen war nichts. Ich nahm es weg und barg es im Schlitten. Der nächste Fangplatz war in dem Bache, wo der Otter hauste. Auch den hatte ich bekommen. Es war ein weniger wertvoller Balg, recht hell, aber dafür sehr gut behaart. Die nächsten und letzten drei Eisen waren nicht besetzt. Das stimmte mich aber nicht unzufrieden. Ich hatte einen Rotfuchs und zwei Otter im Werte von sechzig Dollar. Als ich das letzte Eisen aufgenommen hatte, war es 3 Uhr. Die lange Nacht brach bereits an. Ich fuhr mit den Hunden in den nahen Uferwald, machte ein großes Feuer und blieb zwei Stunden dort. Mann und Hunde wurden reichlich „gefüttert", dann traten wir wieder den Rückweg an. Abwechselnd auf dem Schlitten stehend und dann wieder hinter dem Gespann herrennend, trotteten wir durch die bitterkalte Nacht. Die Hunde waren völlig „weiß". Um 5 Uhr morgens erreichten wir das Zelt und bis 6 Uhr wurde geruht. Dann gab es ein reichliches Frühstück, für mich bestehend aus gebratenem Wildschaf und heißem Tee und die Hunde bekamen je fünf Pfund rohes Elchwildbret. Um 8 Uhr waren wir wieder marschbereit. Das Zelt hatte ich abgebrochen und nahm es mit, denn ich konnte dorthin nicht wieder zurückkommen. Mit Tagesanbruch kamen wir an den Deazedeath River. Aus trockenem Holz machte ich ein Feuer an und braute mir einen starken Tee. Von dem Platze aus konnte ich in einen breiten Gebirgseinschnitt sehen, durch den der erste weiße Mann, von der Küste kommend, in das Yukon-Territorium eingebrochen war. Dort hindurch führte der *Dalton trail.* Heute ist in dem betreffenden Gebirgsteil der *trail* nicht mehr zu finden, man hatte andere und bessere Wege gefunden, um in den Yukon zu gelangen. Ich blieb dort eine Stunde, um in das wundervolle Hochgebirge und in die romantischen wilden Täler blicken zu können. Ich musste Abschied nehmen von einer Gegend, in der ich mich zu Hause fühlte, Abschied nehmen für immer. Und war das nicht eine Stunde wert? Auf einem flachen Stein saß ich auf einer Decke und schaute hinauf in das weite Delta des Kaskawulsh Rivers. Dort hatte ich im Frühjahr den kapitalen Alaska-Braunbären geschossen und hatte manchen Grizzlybären in der fast drei Kilometer breiten Flussniederung beobachten können. Die Wasserarme waren jetzt zugefroren und ein einförmiges Weiß verhüllte die Flusslandschaft. Majestätisch reckten die Bergesriesen ihre weißen Häupter in den klaren blassblauen Winterhimmel. In westlicher Richtung erstreckte sich das weite Tal des Alsek Rivers, zu dessen Seiten mächtige Gebirgszüge standen und in weiter Entfernung, der Küste am Stillen Ozean zu, waren deutlich die zackigen Zinnen von *Black goat mountains* zu sehen. Man hat jenes schroffe Gebirge „Schwarzes Ziegengebirge" genannt, weil einige Indianer behaupten, dort einmal eine schwarze Schneeziege gesehen zu haben. Diese Angabe ist stark zu bezweifeln. Die linke Seite des Deazedeath Rivers säumt das gleichnamige Gebirge. Mit dem Glase suchte ich die nahen steilen Geröllhalden und Wände ab. Bergschafe waren an mehreren Stellen zu sehen. Noch einmal blieben meine Blicke in den weiten Tälern und den weißen Häuptern der Bergesriesen hängen. Eine unvergleichliche Pracht. – Die Hunde wurden unruhig, sie mahnten zum Weitermarsch. Ein letzter Blick in die Runde, dann drehte ich dem herrlichen Panorama den Rücken und trottete den ausgreifenden Hunden nach. Es ist doch eigentümlich wie wenig man das schätzt, was man besitzt. Erst dann, wenn man das, was man liebgewonnen hat, hergeben muss, wird man sich bewusst, was man besaß und sein Eigen nennen konnte. Und so war es auch hier. Mögen die Zeiten kommen wie sie wollen, Erinnerungen bleiben, niemand kann sie nehmen. An der großen Biegung des Flusses blieb ich doch noch einmal stehen und blickte zurück. Lebt wohl, ihr Wälder, ihr Flüsse und Berge. Ich habe eure Geheimnisse erfahren. Nie in meinem Leben werde ich euch vergessen und tausendmal Dank für alles das, was ihr mir gabt.

Olaf freute sich, als ich eintraf, er hatte auch wieder zwei Füchse gefangen. Zwei Tage blieb ich mit meinem Freund zusammen. Ich hatte Ruhe nötig und es gab manches vorzubereiten für den „großen *trip*", der bevorstand. – In den Abendstunden des zweiten Ruhetages kamen zwei Polizeibeamte aus Whitehorse mit einem Gespann von sieben starken Hunden. Vier Tage hatten die Männer gebraucht. Sie befanden sich auf einer Streife, die in jedem Winter einmal gemacht wird und hatten als ihr Endziel Burwash Landing an der Westseite des Kluane-Sees. Die zwei Polizisten blieben bei uns über Nacht. Wir gaben ihnen ein halbes Wildschaf, das sie noch am selben Abend in ihrem Schlitten verstauten. Die sieben Hunde wurden am Abend von unserem Elchwildbret gefüttert. Ich wollte am nächsten Morgen auch in Richtung Kluane-See abfahren und wir fanden es schön, dass wir zu dritt „reisen" konnten. Olaf und ich hatten uns vorgenommen, an dem Abend zeitig zu Bett zu gehen, aber daraus wurde nichts. Es gab viel zu erzählen und die Männer brachten allerhand Neuigkeiten mit. Der Regierungsagent aus Whitehorse hatte ein Schreiben durch die Polizisten an mich mitgegeben, in dem er mich bat, in einem kurzen Bericht über die Tier- und Vogelwelt des Yukon-Gebietes zu schreiben. Dieser Bericht sollte zum Ausdruck bringen, ob dieses oder jenes Säugetier oder dieser oder jener Vogel häufig sei oder nicht und ob ein Schuss für dieses oder jenes Wild notwendig erschiene. In einem Briefe an den Regierungsagenten versprach ich gern, mich dieser Arbeit unterziehen zu wollen. Der Brief blieb bei Olaf liegen, denn die Polizisten mussten das Blockhaus wieder auf dem Rückwege passieren. Diese zwei Beamten waren nette und liebenswürdige junge Menschen. Besonders der eine interessierte sich sehr für die Jagd. Olaf und ich gaben Erlebnisse zum Besten. Es wurde Mitternacht, als wir uns zur Ruhe begaben. Wir hatten den beiden die Betten angeboten, was sie aber bescheiden ablehnten. – Nach dem Frühstück wurde zusammengepackt und als wir uns dann beim Anschirren der Hunde vor dem Hause aufhielten, kam Olaf zu mir und sagte, dass er zwei Schafsrippen gut eingewickelt in meinen Schlitten geschoben hätte. Ich solle doch am Abend am nächtlichen Lagerfeuer die Rippen rösten, damit die „Redcoats" einmal etwas Neues kennenlernten.

Schlittenfahrt mit Polizeibeamten nach dem grössten Binnensee des Yukon-Gebietes

Endlich war alles klar zur Abfahrt. Es war bereits volles Tageslicht. Olaf legte es mir nochmals ans Herz, ja nicht länger als 18 Tage auszubleiben. Ich ginge in ein wildes Gebiet, wo Gefahren genug lauerten. Vor allem aber würde ich vielen Schneestürmen ausgesetzt sein. Sollte ich nach Ablauf von achtzehn Tagen nicht zurück sein, dann müsse er das Schlimmste befürchten. Ich versprach ihm, zur bestimmten Zeit zurück zu sein. *Good bye, Olaf, I wish you a good catch!* Auf Wiedersehen Olaf, ich wünsche dir guten Fang! Dann ließ ich das Kommando „Marsch" ertönen und aus zehn Hundekehlen machte sich freudige Erregung Platz. Mein Gespann übernahm die Führung, da „Dyk" ein guter, erfahrener Leithund war. In flottem Tempo rasten die Gespanne hintereinander her. Die sieben Hunde der Polizisten waren je mit drei Schellen in verschiedenen Tonarten an den Rückengurten versehen und diese 21 Schellen lösten eine wohltuende Musik aus. Weit war das vielstimmige „Bimmeln" in der kalten, klaren Winterluft zu hören. In kurzer Zeit waren die Hunde weiß vom Reif. Kilometer um Kilometer „fraßen" wir. Gegen Mittag machten wir halt. Während meine beiden Begleiter starkes trockenes Holz herbeiholten, startete ich das Feuer. Eis wurde aus einem nahen Bache geholt und im Teekessel zum Schmelzen über das Feuer gehängt. In einem großen Brattiegel briet ich Speck und tat Konservenbohnen dazu. Nach kurzer Zeit mundete uns das *dinner* herrlich. Nach der unvermeidlichen Nachtischzigarette und nachdem das Feuer gelöscht war, ging es weiter. Wir hatten beschlossen, nicht beim „Trader" am Kloo-See zu übernachten. Das wäre ein Umweg gewesen. Wir hatten vielmehr vereinbart, einen näheren *trail* zu benutzen. Die Nacht konnten wir im Freien verbringen. Es war 5 Uhr nachmittags. Klar funkelte der Sternenhimmel über uns. Wir befanden uns in einem stark bewaldeten windgeschützten Tal und beschlossen *camp* zu machen. Die Hunde wurden ausgeschirrt, dann fand sich jeder unbefohlen an seine Arbeit. Nachdem das Feuer richtig im Gange war, hing ich in zwei Kesseln Eis zum Schmelzen auf und stellte die beiden Schafrippen zum Rösten ans Feuer. Erstaunt fragten mich meine Begleiter, was das bedeuten solle. "*That is our Supper*" – das ist unser Abendessen – war die kurze Antwort. Weiter wurde nicht gefragt. Zuerst wurde ein Kübel Tee gekocht, damit wir etwas Warmes in den Leib bekamen, dann wurde Reis eingekocht, der später mit Zucker und Zimt als Nachspeise dienen sollte. Nach einer guten Stunde war das Essen zubereitet. Auf einer dichten Unterlage von grünem Fichtenreis, darüber ein Zeltleinen, saßen wir um das hell flackernde Feuer. Von jeder der beiden gut geschmorten Rippen löste ich ein Stück für mich und gab meinen beiden Begleitern ihre Teile. Voller Erstaunen sahen die beiden, wie ich eine Rippe in beide Hände nahm und mit meinem Mund dort hineinarbeitete. Mit grinsendem Gesicht folgten sie meinem Beispiel und ich sah an ihren Gesichtern, dass es ihnen köstlich mundete. Gesprochen wurde nicht. Als wir die beiden Rippen restlos aufgegessen hatten, fragten sie mich wie aus einem Munde: "*Have you some more along*?" Hast du noch mehr mit? Auch der Reis als Nachtisch schmeckte uns. Zwei Stunden waren nach dem Supper vergangen. Rauchend und erzählend saßen wir im Scheine des flackernden Lagerfeuers. Der eine Polizist hatte ein kleines Thermometer mit und das zeigte uns 40 *below zero*, das sind 70 Grad Fahrenheit! Es bestand die Aussicht, dass es noch bedeutend kälter werden würde. Plötzlich fuhren unsere zehn Hunde auf und schlugen kurz an. Wir stutzten. Erschrocken griff der eine Begleiter, der nur wenig jagdliche Kenntnisse hatte, zum nahestehenden Gewehr. Lächelnd gebot ich ihm, das Ding ruhig stehen zu lassen. Die Hunde äugten und windeten nach dem kleinen Bach, der an unserem Nachtlager vorbeifloss. Bald hörten wir auch, dass in jener Richtung Hunde winselten. Ich schloss daraus, dass Menschen mit Hunden kommen mussten und rief ein lautes „Hallo" in die Nacht. Sofort wurde geantwortet. Es dauerte nicht lange, da kamen zwei Hundegespanne auf dem Eise des Baches „angekrochen". Vollständig ausgepumpt kamen die müden und abgeklapperten Hunde über die Uferböschung und hielten vor unserem Lager. Ebenso matt wie die Hunde erschienen die beiden älteren Indianer. Wir luden sie ein über Nacht dazubleiben, was sie auch dankbar annahmen. Nachdem wir ihnen geholfen hatten ihre Hunde auszuschirren und an die Bäume zu ketten, fragten wir sie, woher sie kämen und wohin sie wollten. Es ward uns sehr schwer die Rothäute zu verstehen. Sie sprachen ein sehr schlechtes Englisch und ihre eigene indianische Sprache konnten wir nicht verstehen. Schnell genug bekamen wir heraus, dass sie nichts zu essen hatten. Auch die armen Hunde waren schon drei Tage nicht gefüttert worden. Wortlos ging ich an meinen Fischvorrat und fütterte die sechs ausgehungerten Indianerhunde. Gierig verschlangen sie die trockenen Lachse und blickten mich mit ihren müden Augen dankbar an. Einer meiner Begleiter war dabei, unseren beiden Gästen ein tüchtiges Stück Wildschaf zu braten. Als wir die wortkargen Rothäute satt gefüttert und mit heißem Tee gestärkt hatten, wurden sie weiter ausgefragt. Sie erzählten uns, dass sie vom Nordende der Aishihik-Seen kämen, wo sie mit ihren Familien wohnten. Sie wollten zu Olaf und bei ihm ihre Pelzausbeute gegen Lebensmittel eintauschen. Acht Tage seien sie schon unterwegs. An ihrem zweiten Marschtage hatten sie in der Ferne große Herden von Rentieren gesehen und waren mit den Hundegespannen in die Gegend gefahren. Am nächsten Tage mussten sie einsehen, dass sie an die Herden nicht herankommen konnten. Viel zu schnell wanderten die vielen Tausende der Tiere in nordwestlicher Richtung. Die Indianer änderten ihren Kurs wieder. Dabei gerieten sie in völlig offenes Gelände. Zwei Tage lang wüteten fürchterliche „Blizzards" – Schneestürme – und hemmten sie im Vorwärtskommen. Lebensmittel und Hundefutter gingen zu Ende. Nirgends war Wild anzutreffen, nicht einmal Schneehasen. In den letzten beiden Tagen hätten sie selbst keinen Bissen zu essen gehabt, nicht einmal Tee hatten sie. Sie versuchten uns klarzumachen, dass sie uns gern einen guten Nerzbalg dalassen wollten, wenn wir ihnen am Morgen nochmals etwas zu essen geben wollten. Den Nerz nahmen wir natürlich nicht an, erklärten ihnen aber, dass sie am Morgen noch unsere Gäste wären. Ich versuchte dann noch, über die wandernden Rentiere etwas von den Rothäuten herauszubekommen. Nachdem ich ihnen erklärt hatte, wohin ich fahren wollte um Rentiere zu jagen, sagten sie mir, dass ich bestimmt mit den Herden zusammenstoßen müsste. Der eine Indianer, der überhaupt kaum ein Wort an dem Abend gesprochen hatte, richtete seine stechend schwarzen Augen auf mich, sah mich einen Augenblick an und sagte in wirrem Englisch: "*No go, white Man, cold, big wind, storm, no man*". In Deutsch richtig übersetzt heißt das so viel wie: „Gehe nicht, ein weißer Mann friert, in der Gegend ist viel Wind, Sturm (Schneesturm) und es sind keine Menschen dort." Ich fragte ihn, ob Indianer dort oben wohnten. Er antwortete mit einem glatten „No". Ich gab mir große Mühe, ihm zu erklären, dass ich mich durchaus nicht fürchte, da ich viele Jahre in der Wildnis allein gelebt hätte. Er schien zu verstehen. – 16 Hunde lagen um unser Lager im weißen Schnee und schliefen nach harter Tagesarbeit einen gerechten Schlaf. Die Indianer wollten sich abseits vom Lager zum Schlafe hinlegen, wir befahlen ihnen aber bei uns zu bleiben. Seite an Seite lagen fünf Menschen, drei „Weiße" und zwei „Rote" und schliefen einzeln in ihren Decken. Noch im Einschlafen hörte ich das anheimelnde Knistern des Feuers – dann schlummerte ich hinüber. – Leises Flüstern und im Feuer knisternde Holzscheite weckten mich aus meinem festen Schlaf. Ich „pudelte" mich aus meinen Decken und sah die anderen vier „Traveller" am Feuer stehen. Sie waren schon eine halbe Stunde auf und hatten bereits Eis in den beiden Teekesseln zum Schmelzen aufgehängt. Die Uhr belehrte mich, dass es schon 7 Uhr war, ich hatte also sieben Stunden unter freiem Himmel in kalter nordischer Winternacht geschlafen. Eine tüchtige Portion Schafwildbret mit Speckscheiben wurde gebraten, Brot war auch noch da und alles schmeckte uns herrlich. Alle Hunde bekamen je einen halben getrockneten Lachs. Um 9 Uhr, es war noch finster, waren wir zum Abmarsch bereit. Wir trugen den Indianern noch Grüße an Olaf auf. Dann trennten wir uns mit Handschlag von den Indianern, die das Tageslicht erst abwarten wollten, ehe sie in entgegengesetzter Richtung weiterzogen. Unsere Gespanne setzten sich in flottem Tempo in Bewegung. Bald waren wir aus dem Tale heraus und kamen in höheres Gelände. Eine Summit, ein langer Höhenrücken, lag vor uns. Dort oben sahen wir, wie der Wind den Schnee vor sich hertrieb und wir hielten an, um unsere „Parkas" aus den Schlitten zu suchen. Die „Parka" ist ein Überzug mit Kapuze, meist aus dichtem Zeltleinen gefertigt und mit Pelzbesatz vom Vielfraß um das Gesicht, Handgelenken und Rocksaum benäht. Oftmals wird die „Parka" auch aus leichten Rentierfellen genäht. Eine solche „Parka" ist dort oben in offenem Gelände, wo der Wind fast dauernd den Schnee hin und her fegt, eine Notwendigkeit. Wir zogen die „Parka" über und fuhren weiter. Je höher wir hinaufkamen, um so dichter und häufiger wurden die hohen Triftbögen. Wie Wellenkämme sahen die hohen Schneewehen aus. Geschickt wusste der gute „Dyk", der immer noch leitete, den besten Weg durch die Wellen zu finden. Im Zickzack suchte er seinen Weg und doch behielt er seine bestimmte Richtung nach Westen. Der kluge Hund war im Vorjahre zweimal mit seinem Herrn im Winter am Kluane-See. Aber dazwischen lag doch fast ein Jahr und so war es doch wunderbar, wie er den „Weg" noch kannte. Der Wind blies ganz fürchterlich. Die Hunde sahen aus wie arktische Wölfe. Auch wir waren von den winzigen Schneekörnchen überzogen und wir waren froh, als wir zwei Stunden später die „Summit" überwunden hatten und in einen Talkessel kamen. Es war schon Mittag. Wir fanden es an der Zeit, einen Imbiss einzunehmen. Bald brannte ein lustiges Feuer. Wir zerschlugen ein gefrorenes Weißbrot mit der Axt in mehrere Stücke, um es am Feuer besser und schneller auftauen zu können. Wir wollten uns die Zeit nicht nehmen erst Fleisch zu braten, denn wir hatten noch einen langen Weg bis zum Kluane-See. Der eine meiner Begleiter, der der Vorgesetzte seines Partners war, hatte bereits, wie er selbst sagte, den „Kanal voll". Kein Wunder. Einmal hatte er wenig Sinn für die unberührte Natur und dann hatte er sich meist in Siedlungen herumgedrückt, wo er keine Strapazen zu überstehen hatte. Ich zog ihn in höflicher Form auf und erklärte ihm, dass das bis jetzt noch ein Kinderspiel gewesen wäre. Es könnte noch anders kommen auf dem See. Jawohl mein Lieber. Ihr sitzt drin im Geschäftszimmer und gebt den Befehl aus: Patrouille muss gemacht werden in so und so viel Tagen ohne Rücksicht auf das Wetter. Es schadet nichts, wenn auch ihr aus eurem geschützten Blockhause einmal auf den „Wintertrail" gesetzt werdet und einmal erlebt, was es heißt tage-, vielleicht wochenlang in fürchterlicher Kälte und im Schneesturm euren eigenen Mann stellen zu müssen. Ganz und gar „zerknittert" saß der armselige weiße Mann da und ließ die Reden über sich ergehen. Der andere aber, der ein zäher und geschickter, wildnisgewöhnter Beamter war, freute sich, dass ich mal seinem Vorgesetzten die Leviten las. Er zwinkerte mir ab und zu mit den Augen zu, als sagten sie: „Sage dem Stubenhocker mal richtig die wahre Meinung!" Aber auch der Vorgesetzte war ein lieber Kerl, er konnte ja nichts dafür. – Wir hielten uns nicht länger als nötig auf, sondern zogen bald wieder weiter. In dem gewundenen Talkessel kamen wir ganz gut vorwärts. Wir waren einigermaßen vom Winde geschützt. Aber bald gerieten wir in eine gefährliche Situation. Wir stießen auf einen Bach, der aus einer langen Schlucht rann. So wie wir den Bach mit unseren Gespannen angenommen hatten, wurde mir klar, dass wir vorsichtig sein mussten. Zu beiden Seiten des Talkessels konnte man unten an den steilen Felswänden, die die Ufer des Baches bildeten, einen bläulichen Streifen sehen, der sich etwa 50 Zentimeter über der Eisfläche des Baches abzeichnete. Wasser sickerte aus den Felswänden, der bläuliche Streifen war Eis. Mein Gespann hatte die Führung und ich glitt schon 50 Meter auf dem Bache. Ich stand auf dem Schlitten. Plötzlich stoppten meine Hunde. „Dyk" trat unruhig hin und her – ich wusste Bescheid. Mein langgezogenes Kommando „Tschuuu" brachte meinen Leithund sofort linksherum und wir verließen den Bach. Verdutzt hielten auch meine Begleiter, wollten mir aber nicht folgen. Es gab eine Auseinandersetzung, bei der ich erklärte, dass wir nicht auf dem Bach fortkönnen, da *Overfloat*, und zwar ziemlich hohe, auf dem Eise war. Mein Vorschlag, einen weiten Umweg zu machen, schien dem „Boss" nicht zu gefallen. Der eine erfahrene Polizist war natürlich auf meiner Seite. Er wusste welche Gefahr auf uns

Iauerte, falls wir auf dem Bache weiterfuhren. Es kostete mir viel Mühe, den Vorgesetzten zu überzeugen. Er schnallte sich die tennisschlägerartigen Schneereifen an und lief auf dem Bache hinunter. Nur wenige Schritte weiter von der Stelle, wo mein „Dyk" markierte, brach der naseweise Polizist durch und war bis über die Knöchel im Wasser. Wir beiden zurückgebliebenen lachten und freuten uns. Schnell zog sein Kamerad Strümpfe und ein Paar Mokassins aus dem Wäschesack und ich rannte zu einem nahen trockenen Weidenstrauch und hatte in wenigen Augenblicken ein Feuer. Der „Geleimte" machte natürlich sofort kehrt. Nur mühsam kam der Mann zu uns gekrochen und schleppte eine Eismasse von 40 Pfund an jedem Bein. Mit verzerrtem Gesicht und mit den Worten: «God damned, that is a hell of a country" – „Gott verdammt, das ist ein Höllenland" – kam er zum Feuer. Die Schneeschuhbindung musste, da sie ganz und gar vereist war, zerschnitten werden. Wir halfen ihm die Fußbekleidung herunterziehen und trockenen Ersatz hatte sein Kamerad schon bereit. Ich machte ihm allerlei Vorstellungen, was er wohl gemacht hätte, wäre er allein gewesen. Gewiss, auch der einzelne Mann kann sich helfen, aber dazu muss er sehr geschickt und erfahren sein. Bei solchen Märschen muss Ersatzfußbekleidung immer griffbereit sein. Wollte er erst lange im Gepäck herumsuchen, dann würde es wahrscheinlich zu spät sein. Bei einer Kälte von ungefähr 40 Grad Celsius hält es kein Mensch mit völlig durchnässten Füßen lange aus.

Nach einer halben Stunde verließen wir den Feuerplatz und holten weit zur Rechten aus. Mein „Dyk" wusste geschickt den besten Weg zu finden. Nach einstündiger Fahrt kamen wir nochmals an den Bach, der in großen Windungen nach dem Kluane-See führte. Wir mussten den dort etwa 20 Meter breiten Bach überqueren. Bevor wir das tun konnten, mussten wir erst sehr viele schwache Weidenäste mit der Axt schlagen und diese als Brücke über den Bach legen, denn auch dort war 20 Zentimeter Overfloat. Eine halbe Stunde Zeit ging beim Bauen dieser Behelfsbrücke verloren. Geschickt traten die Hunde mit ihren großen Pfoten beim Überqueren auf die Weidenäste, wir standen auf den Schlitten und gelangten gut hinüber.

Es fing bereits an zu dunkeln. Wir kamen wieder in höheres Gelände. Majestätisch hoben sich die weißen Monarchen in den immer dunkler werdenden Himmel. Von unserem Standort mussten es noch etwa 20 Kilometer bis zum See sein. Das Gelände wurde bedeutend besser. Bald brach die Nacht herein. Kein Lüftchen rührte sich, aber es wurde empfindlich kalt. Im gleichmäßigen Trott suchten die Hunde ihren Weg durch die verschneite Wildnis. Bald ging es leicht bergab, der Wald nahm uns wieder auf. Plötzlich wurden die Hunde lebhafter, sie hatten einen frischen trail. Ich ließ halten, ging vor meine Hunde und sah die frische Schlittenspur, der zwei leichte Männer gefolgt waren. Am selben Tage mussten jene durch den Wald in der Richtung nach dem See mit mehreren Hunden gefahren sein. Ich ließ meinem Leithund „Dyk" durchaus freien Willen und immer suchte er geschickt seinen Weg.

Nach zwei Stunden kamen wir an eine Lichtung und sahen ein Blockhaus, durch dessen niedere Fenster Licht schimmerte. Silver am Kluane-See war erreicht. Hundegebell empfing uns. Drei Männer traten aus dem Haus, hießen uns willkommen und baten uns, doch ins Haus zu treten. Diese drei Männer waren ein Vater und zwei Söhne. Die beiden Jungens wollten uns beim Ausschirren der Hunde behilflich sein, wir konnten deren freundliche Hilfe jedoch nicht annehmen, da sich unsere reinrassigen Huskys von keiner fremden Person anfassen ließen. Den „Boss" schickten wir ins Haus. An einem zerfallenen großen Blockhause, das in unmittelbarer Nähe stand, waren Stangen angenagelt, an denen wir unsere zehn Hunde mit den Ketten anschlingen konnten. Die arbeitsfreudigen treuen Tiere bekamen sofort ihre getrockneten Lachse, erst dann gingen wir beide nach dem Hause. Auf dem Wege dorthin sagte mir mein Begleiter: *"Man, if I could travel along with you! – and I thank you, you sure told the boss something!"* – „Mann, wenn ich mit dir ziehen könnte, ich danke dir, du hast dem Chef sicher etwas gesagt!" – Warum mir der Mann dankte, wusste ich nicht, aber dass ich dem Vorgesetzten etwas gesagt hatte, woraus er seine Schlüsse ziehen konnte, das wusste ich.

Wir traten in das geräumige Blockhaus. Der alte Herr stellte uns seine Frau, eine Halbindianerin, vor. Sie trug ein kleines Kind in den Armen. Außer den beiden erwachsenen Söhnen war noch ein zehnjähriger Junge und ein siebzehnjähriges, recht hübsches Trappermädel da. All das jüngere Volk waren die Kinder des alten Amerikaners. Wir zogen vorerst einmal unsere Parka herunter und tauten am großen Blechofen das Eis aus unseren Bärten. Die hübsche Siebzehnjährige richtete für uns drei Gäste ein Abendbrot, bestehend aus Elchfleisch, Kartoffeln und Brot. Dass die *Redcoats* in der Gegend auf einer Patrouille waren, wussten unsere Wirte, aber nicht, was ich dort wollte. Mit kurzen Worten erklärte ich ihnen, dass ich ein Deutscher sei, der im Auftrage von Museen für wissenschaftliche Zwecke allerlei Getier sammelt, und dass ich jetzt zur Jagd auf Tundrarentiere ginge. Das junge Mädchen sah mich mit leuchtenden Blicken an, was mir sehr auffiel. Das „Warum" fand erst später seine Erklärung. Das Essen war fertig. Als Tafelmusik spielte ein altes Grammophon „O, du lieber Augustin". Ich konnte mich des Lachens nicht erwehren. Auch in den Vereinigten Staaten musste ich es mir öfters anhören. Aber es mutete doch sehr heimatlich an und ich hatte meine Freude an der Musik.

Bald nach dem Essen kam das Gespräch auf politische Dinge, für die ich nicht das geringste Interesse hatte. Unser alter Wirt und meine beiden Begleiter redeten sich warm; ich suchte einen roh gezimmerten Lehnstuhl, der am Ofen stand, auf. Das junge Mädchen rückte scheu und bescheiden an meine Seite und fragte mich, ob ich ihr nicht mehrere Fragen beantworten wollte. Mit großer Freude vernahm ich von dem wildaufgewachsenen Mädchen, dass es großes Interesse an der Natur und deren Bewohner hatte. Und tatsächlich wusste sie von Dingen zu erzählen, die man selten, am wenigsten aber aus dem Munde junger Mädchen hört. Besonderes Interesse zeigte sie für Vögel und Schmetterlinge. Wenn meine entomologischen Kenntnisse auch nicht groß sind, so konnte ich ihr doch eine gute Anleitung geben und versprach ihr, dass ich ihr zwei Giftgläser in Whitehorse lassen würde, die sie ja später abholen könnte. Das Mädel freute sich sichtlich.

Schließlich kam das Gespräch aber doch wieder auf Dinge, von denen wir alle sprechen konnten und dann wurde die Weiterreise besprochen. Wir bekamen einen großen Schreck als der Wirt uns verkündete, dass wir nicht auf den See könnten, da die Eisdecke nur zwei Zentimeter stark sei. Er erzählte uns, dass vor einer Woche der fürchterliche Sturm das dicke tragbare Eis an den Ufern haushoch aufgetürmt hätte. Wenn kein neuer Sturm aufkäme, dann wäre in zwei Tagen das neue Eis auf dem See allerdings dick genug, um mit Sicherheit darauf fahren zu können. Das war eine schöne Bescherung. Der Amerikaner erklärte weiter, dass die beiden Polizisten, um ihr Ziel zu erreichen, 25 Kilometer um das Südende des Sees fahren müssten. Dort kämen sie an den *trail*, den die Goldwäscher am See angelegt hätten. Über Felsengrate, dann wieder an felsigen Ufern, an denen nun das Packeis lag, führe der Steig. Es würde eine harte Arbeit sein. Die *Redcoats* mussten es versuchen, denn der Befehl: „Die Streife ist sofort zu machen, ohne Rücksicht auf das Wetter" kam von „oben", aus den gemütlichen warmen Blockhäusern der Vorgesetzten.

Für mich sah es ganz trostlos aus. Der alte Amerikaner meinte, dass ich wohl zehn Kilometer am Ufer fort könnte, da dort das Eis nicht so hoch läge, dann aber kämen hohe Felswände, die steil in den See abfielen. Kein *trail* führe auf der Ostseite des Sees nach Norden. Auf meine Vorstellung, dass sich über Nacht die bereits zwei Zentimeter starke Eisdecke auf etwa sechs Zentimeter verstärken könne und mich tragen würde, ließ der „Alte" aber auch nicht gelten. Er meinte, das Eis friere nicht gleichmäßig auf dem tückischen See, er rate mir ab. Das junge Mädchen stand auf und ging hinaus. Freudestrahlend kam sie sofort wieder zurück und meldete mit erregter Stimme: *"Sixty below zero, mister, I hope for you, you may travel in the morning!"* 60 Grad unter Null (90 Grad Fahrenheit) Herr, ich hoffe, dass du am Morgen abfahren kannst. Beim Sprechen dieser Worte des Mädchens fiel mein Blick zufällig auf den Polizisten, der durch das Eis gebrochen war; ein frostiges Schütteln ging durch den Mann, als er die Kältegrade hörte. Und, offen gesagt, auch mir war es nicht einerlei. Ich möchte den Menschen sehen, der es ein Vergnügen nennt, bei 60 Grad Celsius viele Tage lang in der Bergwildnis herumzustreifen und dabei Nacht für Nacht am offenen Lagerfeuer liegen muss. Nur einen Trost hatte ich dabei: Das Eis auf dem See würde stark genug sein, mich und mein Gespann zu tragen.

Da mir der See noch völlig unbekannt war, ließ ich mir Näheres erzählen. Der Kluane-See ist der größte Binnensee des Yukon-Territoriums. Er hat eine Uferlänge von etwa 150 Kilometer. Selbst in gerader Linie sind es vom äußersten Süd- bis Nordende noch fast 100 Kilometer, seine Durchschnittsbreite wurde auf acht bis zehn Kilometer geschätzt. Er liegt 2500 Fuß hoch. Auftretender Sturm kann das große Gewässer in solchen Aufruhr bringen, dass es unmöglich wird sich mit einem Boot hinauszutrauen. Auch im Winter lauern Gefahren auf den einsamen Wanderer. Riesige Eisspalten, die oft mehr als einen Meter breit und nur mit dünnem Wasserschaum überfroren sind, sind zu fürchten. Aber auch der im Winter häufig auftretende Blizzard hat schon manchen Menschen gemordet. Wehe dem Unvorsichtigen, der sich bei einem Schneesturm, bei dem er keine fünf Schritt weit sehen kann, auf weiter Eisfläche befindet. Gut kann es noch abgehen, wenn er gute Hunde im Gespann hat.

Der alte Trapper erzählte auch aus seinem Leben. Über 30 Jahre war er schon im Lande. In früheren Jahren widmete er sich der Suche nach Gold. Später heiratete er eine Halbindianerin und hauste nun schon seit vielen Jahren als Trapper am Kluane-See. Er war schon zu alt, um größere *trips* zu unternehmen. Er stellte seine Eisen nur in der Nähe seiner Behausung, während seine beiden Söhne tagelang ausblieben, um Pelztiere zu fangen. Es waren die beiden Burschen, die am selben Tage vor uns aus den Bergen mit ihrem gemeinsamen Hundegespann durch den Wald zum See gekommen waren und deren hinterlassenen Spuren wir folgten. Sie hatten Glück gehabt und brachten von ihrer Eisenlinie einen Kreuz-, einen Rotfuchs und einen Nerz mit. Man sah es dem Alten an, dass er in seinem Leben viel gearbeitet hatte. Die harte Arbeit, das entbehrungsreiche Leben und die mörderischen Strapazen in der furchtbaren Kälte des nordischen langen Winters waren auch an ihm nicht spurlos vorübergegangen. Er war noch nicht 60 Jahre alt und doch schon ein Greis. Aber er behauptete, dass das Leben eines Trappers das schönste Leben sei. Ich gab ihm völlig Recht.

Es war lange nach Mitternacht, als wir endlich unsere Lagerstätten aufsuchten. In einem Nebenraum hatten uns die freundlichen Leute Platz gemacht. Ein kleiner Blechofen brannte lustig in der sauberen „Stube" und wir – die beiden Polizisten und ich – breiteten unser Schlafzeug auf dem Fußboden aus. Durch den Türspalt warf mir die „Schöne" noch ein kleines weißes Kopfkissen mit folgenden Worten zu: „*I wish you a good dream.*" – „Ich wünsche dir einen guten Traum." – Für dieses freundliche Wort musste ich mir noch eine arge Hänselei von meinen Schlafgenossen gefallen lassen. Uns brauchte niemand einzuwiegen.

Verabredungsgemäß wurden wir von den Wirtsleuten am Morgen um sieben Uhr geweckt. Das Frühstück stand schon auf dem Tisch. Beim Essen saß die Tochter des Hauses an meiner Seite. Wir wechselten kaum ein Wort. Die *Hotcakes and Ham* (Pfannkuchen mit Schinken) schmeckten ganz ausgezeichnet. Nach dem Essen plauderten wir noch eine Stunde. Dann zogen wir drei Gäste unsere schweren Wintersachen an und gingen den Viertelkilometer bis zum See, um das Eis zu prüfen. Mit einem Stock stellten wir fest, dass die Eisdecke am Ufer nur vier Zentimeter stark war. Bei vorsichtigem Gehen trug wohl das gesunde Eis, aber einer zu großen Last widerstand es nicht. Meine beiden Begleiter hielten es für ausgeschlossen, auf dem See mit dem Hundegespann zu fahren. Ich war gegenteiliger Meinung. Wenn die Hunde in schneller Gangart über die dünne Eisfläche gingen und ich im Schlitten saß, musste meiner Ansicht nach das Eis halten. Ich war entschlossen es zu versuchen. Die Polizisten konnten den *trail* um den See benutzen. Wir gingen zum Blockhaus zurück. Der Wirt riet von meinem Vorhaben ab, aber ich bestand darauf. Wir warteten Tageslicht ab und um zehn Uhr standen unsere Gespanne marschbereit. Mit den besten Glückwünschen von unseren gastfreundlichen Wirtsleuten verließen wir das Blockhaus. Die Polizisten fuhren nach links und ich fuhr auf den See.

150 Kilometer auf dem Eise des Kluane-Sees mit den Hunden im Schneesturm

Ganz dicht am Ufer liefen die Hunde hintereinander her, ich stand auf dem Schlitten. Nach halbstündiger Fahrt kamen wir an eine weit ins Land hineinreichende Bai. Die Bucht war etwa 150 Meter breit und da der Sturm hier das alte Eis nicht herausgehoben hatte, ging die Fahrt gut herüber. Auch weitere fünf bis sechs Kilometer kamen wir gut vorwärts. Dann wurde das Ufereis dünner. Bei jedem Tritt der Hunde bog sich die dünne Eisdecke. Mein Leithund „Dyk" versagte plötzlich. Er ging auf das Ufer zu, um in den aufgehäuften Eismassen den Weg weiter nordwärts zu suchen. Wir kamen aber nicht weit. Die Eisberge wurden so hoch, dass wir einfach nicht darüber hinwegkamen. Ich trat vor die Hunde und brachte sie zurück auf den See. „Dyk" wollte nicht. Ich versuchte die beiden anderen Hunde zum Führen, auch sie versagten. Umkehren wollte ich nicht und es blieb mir weiter nichts übrig, als selbst die Rolle des Führers zu spielen. Mit leichten Schritten lief ich vor den Hunden her, die mir auch, als sie ihren Herrn als „ersten" sahen, bereitwillig folgten. Wenn sich die dünne Eisdecke verdächtig bog oder ächzte, erschrak „Dyk" und wollte an das Ufer. Mit barschen Worten redete ich ihm zu. Ich wunderte mich, dass „Dyk" so ängstlich war und erfuhr später von Olaf, dass der kluge Hund in seiner Jugend mit dem Gespann auf demselben See durch das Eis gebrochen war und nur unter Lebensgefahr des Führers gerettet wurde.

Immer gefährlicher wurde die Fahrt. Es kamen Stellen, wo ich nicht mehr auf dem Eise gehen konnte. Über Eisblöcke kletternd, musste ich nun doch am Ufer meinen Weg suchen, behielt aber die Hunde auf dem Eise. Meine vierläufigen Begleiter waren leichter als ich. Der Schlitten war nicht schwer beladen. Ängstlich und zitternd folgten mir die Tiere. Mehrere Bais, auf denen noch das Alteis war, konnten wir schneiden und so unseren Weg verkürzen. Es war zu unserm Glück völlig windstill. Weit draußen im See in nördlicher Richtung sah ich feinen Nebel auf der Eisfläche. Dort mussten offene Wasserstreifen sein. Kurz nach Mittag wurde das Ufer sehr steil und bald ging es für eine Strecke von mehreren hundert Metern in steil abfallende Felsen über. An den Steilfelsen angekommen, legte ich das Gespann am Ufer ab und kletterte hoch oben über die Felsen vorwärts, um das Eis am Ufer übersehen zu können. Nirgends war eine offene Stelle zu sehen. Ich kletterte wieder zurück zu den Hunden. Aus dem nahen Uferwalde holte ich mir eine Weidengerte, da ich keine Hundepeitsche hatte. Als ich an die treuen Tiere heran kam mit der „Ersatzpeitsche", sahen sie mich mit scheuen Augen an, als wenn sie sagen wollten: „Warum, du grober Kerl, tun wir nicht unser Bestes?" Ich führte „Dyk" dicht an den Anfang der Steilfelsen. Unwillig folgten mir die Hunde. Sie konnten nicht nach dem Ufer ausweichen, sie mussten vorwärts. Auf mein sehr lautes Kommando „Marsch" sahen mich die Hunde ganz verstört an. Erst als ich nach der auf dem Schlitten liegenden Weidengerte griff, zogen die Hunde unwillig an. Ich feuerte die Hunde durch harte Zurufe an, sie gingen in schnelleres Tempo über. Ganz dicht an die Felsen gedrückt glitt unser Gefährt dahin. Das Eis bog sich wellenförmig. Nur nicht stehenbleiben. Die Hunde schienen das auch zu wissen und trabten leicht dahin. Ich stand auf dem langen Schlitten und mir kam es vor, als wenn ich mich im Boot auf schwankendem Wasser befände. Ungefähr zehn Minuten dauerte diese wagehalsige Fahrt, dann kamen wir auf das Alteis der Bai. Wie auf Kommando gingen die vorher eingeklemmten Ruten der Hunde wedelnd in die Höhe. Ich ließ sie halten und trat mit der Gerte in der Hand vor sie hin. Im großen Bogen warf ich die Gerte in den See hinaus, setzte mich auf das blanke Eis mitten unter die treuen Hunde und nahm deren Köpfe in meine Arme. „Dyk" legte sich auf meine ausgestreckten Beine, „Tommy" lag links und „Wikels" rechts von mir und sie ließen sich die Liebkosungen gern gefallen. Sie hatten die freundlichen Worte verdient. Was hätte ich ohne die Hunde angefangen? Niemals wäre ich allein über das dünne Eis unter dem Steilfelsen gekommen. Hunderte von Metern tief war sicherlich das Wasser. Aber wir waren hinüber, wir saßen sicher auf dem Eise der Bai.

Schnell waren wir über die 400 Meter breite Bucht. Bis dicht ans Ufer reichte der Wald. Ich fand berechtigten Grund, nach der ausgestandenen Angst mir einen Topf Tee zu kochen. Schnell brannte ein gemütliches Feuer und der Teekessel hing an einem grünen Weidenstock. Der leichte Wasserdunst lag weit draußen im See, so dass ich das Ende des Sees nach Norden nicht erkennen konnte. Ein noch weiter Weg lag vor mir, ehe ich das Ende des riesigen Gebirgssees erreicht haben würde. Aber was sind Entfernungen und Zeit in dem Riesenlande? Der Tee war fertig und ein Stück Brot am Feuer aufgetaut. Es schmeckte herrlich. Weiter fuhren wir.

Es fing bereits an zu dunkeln. Nach der Beschreibung des alten Trappers musste ich in der Nähe der Bai sein, an der ein einsames Blockhaus stand, das von einem alten Schweden bewohnt wurde. Nirgends war ein Zeichen zu sehen, aus dem man hätte schließen können, dass ein menschliches Wesen in der Nähe war. Weiter ging die Fahrt. Wieder wurden zwei Bais überquert. Wieder kam eine Bai, die aber höchstens 50 Meter breit war. Drüben konnte ich in der Dunkelheit hohe Felsen erkennen, die steil in den See abfielen. Diesseits der Bucht stand hoher Fichtenwald, in dem ich gut übernachten konnte. Ich ging mit den Hunden auf das Ufer, legte sie ab und ging allein einige hundert Meter weiter, um die Bucht einsehen zu können. Auch dort war kein Blockhaus zu sehen. Als ich mich umwandte, sah ich, dass mir mein Gespann entgegenkam. Ich wartete. Rutewedelnd schnüffelten die Hunde in der Bucht und ich sah sofort, dass sie etwas wussten. Wild konnten sie nicht in der Nase haben. Ich ließ den Hunden ihren Willen. In flotter Fahrt fuhren sie mich in die Bai hinein. Bald konnte ich ein kleines Boot, das an dem Ufer lag, ausmachen. Dort musste also das Blockhaus des alten Schweden sein. Es dauerte auch gar nicht lange, als drüben im Walde Hunde anschlugen. Bald standen wir vor einem ansehnlichen Blockhause und wurden von einem Manne begrüßt. Meine Hunde brachte ich windgeschützt im Walde unter. Aus dem Schlitten entnahm ich einige trockene Lachse und fütterte meine braven Begleiter, dann trat ich in das überwarme Blockhaus. Der Mann hörte schwer. Brüllend führten wir unsere Unterhaltung. Im Laufe einer Stunde hatte der alte Einsiedler zwei mehrpfündige Forellen gebraten und es ging ans Eisen. „Trocken" saßen wir auch nicht. Als ich dem Mann erzählte, dass ich oft mit Olaf, seinem Landsmann, zusammen war und mein Hauptquartier dort aufgeschlagen hatte, freute er sich sichtlich. Die beiden kannten sich gut. Sie hatten früher zusammen Gold gewaschen, eine Zeit auch zusammen „getrappt". Der Alte rühmte Olaf und bezeichnete ihn immer wieder als einen prächtigen Menschen. Das wusste ich und habe auf meinen Wanderungen nie einen Menschen gefunden, den ich mit meinem Freund Olaf hätte gleichstellen können.

Nach den üblichen Fragen über das Woher und Wohin erklärte der Alte kurz, dass ich am kommenden Tage wohl kaum weiterkönne. Er fragte: „Hast du nicht den Himmel in den letzten Stunden beobachtet? Hast du nicht die gelbliche Färbung gesehen?" Nein, das hatte ich nicht. Ich war etwas beschämt, denn mir entgeht in der Natur selten etwas. Sturm, vielleicht gar ein Schneesturm, war zu erwarten. Der alte Mann, der schon 40 Jahre ein Einsiedlerleben führte, suchte nicht mehr nach Gold. Im Winter fing er Pelztiere, der Erlös davon langte zu seinem bescheidenen Leben. Natürlich konnte er keine großen *trips* mehr machen, dazu war er zu alt. Von seinem Hause aus hatte er in drei Richtungen Eisenlinien in den Bergen angelegt. Am Abend konnte er immer in sein schönes Blockhaus zurückkehren. Der Mann fing dennoch ganz leidlich. Er hatte schon einige Kojoten oder Präriewölfe (*Canis latrans*) sowie einige Füchse, Nerze und einen Luchs erbeutet. Mit zwei Kastenfallen hatte er sich vor einigen Jahren mehrere Nerze lebend gefangen, die er in gut gebauten Anlagen hielt. Seine „Pelztierfarm" war auch ergiebig. Er hatte einen Besatz von über 100 Stück und rechnete damit, noch in demselben Winter 40 Stück zu töten. 40 feine dunkle Nerze bringen ein schönes Stück Geld; der Alte konnte beruhigt in die Zukunft blicken. Die Unterhaltung seiner Farm kostete ihn nicht einen Pfennig. Ungeheure Mengen edelster Fische birgt der Kluane-See. Seine Weißfische und besonders die feinschmeckende Binnenseeforelle (*Laketrout*) und viele andere Arten. Größere Stapel von getrockneten Forellen und auch Lachsen hatte er aufbewahrt, die besonders für seine drei Hunde bestimmt waren. Für die Nerze musste er das ganze Jahr hindurch frische Fische haben, deshalb fing er auch im Winter durch das Eis. Zwei Tage vorher hatte er mit einem Netz in einer benachbarten Bai 95 Seeforellen herausgezogen, von denen die schwersten etwa 15 und die leichteste vier Pfund wogen.

Noch am selben Abend ging ich mit dem Alten, mit einer Stahllaterne bewaffnet, in die Schuppen der Nerze. Diese intelligenten dunklen Raubtiere waren scheu, als sie ein fremdes Gesicht sahen. Von dem Alten ließen sie sich dagegen anfassen. Aus einem Eimer bekamen sie zerhackte aufgetaute Seeforellen. Ohne Scheu nahmen sie ihre Portion dem Alten aus der Hand. Wir gingen von Käfig zu Käfig. Alle Tiere waren gesund und wurden peinlich sauber gehalten. Der letzte Käfig war leer. Der alte Einsiedler drehte sich lächelnd zu mir und sagte: "*The old man is somewhere outside and he is working hard!*" – Der „alte Mann" ist irgendwo draußen. – Er erklärte mir dann folgendes: Der alte Nerz, von dem die Rede ist, war sein erstes Stück, das er fing. Gleich darauf fing er noch eine Fähe, und mit diesen beiden baute er vor sechs Jahren seine Farm auf. Später fing er noch mehr lebende Nerze, um fremdes Blut hineinzubringen. Die alte Fähe, die nie recht zahm wurde, warf keine Jungen mehr; er tötete sie, als der feine Winterpelz am besten war. Der alte männliche Nerz war dagegen noch sehr aktiv. Die jungen Nerzmännchen brauchten ihn nur zu wittern, um sofort erschreckt in die Ecken ihres Behälters zu stieben. Sie erkannten ihn als Herrn an. Der alte Nerz war vollständig zahm. Sein Käfig stand immer offen, er konnte ein- und ausgehen, wie es ihm beliebte. So auch an diesem Abend. Der alte Einsiedler erzählte mir weiter, dass er vor mehreren Jahren beobachtete, dass der alte Nerz, wenn er frei umherlief, fortwährend Fische von den Stangen stahl und sie verschleppte. Seit zwei Jahren trage er aber die gestohlenen Fische nicht mehr in den Wald, um nur an sich zu denken, er versorgte jetzt oft Hunde und junge Nerze mit Fischen.

Wir gingen zurück ins Haus, nahmen noch einen kräftigen „Zug aus der Flasche" und legten uns zur Ruhe, doch bald weckte uns ein fürchterlicher Sturm. Der Alte hatte recht. Angestrengt lauschten wir hinaus, ob knirschendes Eis zu hören war. Noch nicht! Es war erst vier Uhr morgens, wir versuchten weiterzuschlafen. Fortwährend wachte ich auf. Plötzlich kratzte es an der Tür. Der Alte sagte, es ist *old man*, der Nerz, er will herein. Mein Wirt ließ den kleinen Ruhestörer herein. Mit zwei Sätzen landete er auf dem Bett des Alten. Sobald ich aber meinen Kopf hob, verschwand der kleine Kerl mit kurzem, keckerndem Laut in dem Deckenhaufen seines Herrn. Immer und immer wieder wiederholte sich das Spiel. Sobald ich mit der Hand an die eine Seite der Decke griff, guckte der Nerz an der anderen Seite hervor und schimpfte. Wir spielten eine ganze Zeit zusammen. Er ließ sich von mir aber nicht anfassen, während der Alte alles mit ihm machen konnte. Als ich kurz darauf hinausging, stolperte ich über eine zehnpfündige hartgefrorene Seeforelle, die der Nerz vor die Tür gezerrt hatte. Später fanden wir noch einige am Hundezwinger und an den Nerzkäfigen.

Der alte Einsiedler hatte seinen Spaß an dem Tier. Immer wieder legte er ihm Fische hin, die er wegschleppen konnte. Auf meine Frage, wie lange er noch den Nerz behalten wolle, antwortete er mir, dass er ihn so lange halten wolle, bis er von selbst einmal eingehe. Ich freute mich über die große Tierliebe des Mannes. An unserem Frühstück nahm auch der Nerz teil. Er bekam eine kleine Schüssel Büchsenmilch, die er auf dem rohgezimmerten Tisch ausschleckerte.

Der Sturm hatte etwas nachgelassen und ich bestand darauf, weiterzufahren. Der Alte sagte mir aber, dass der Sturm noch viel zu stark wäre. Ich würde nicht weit kommen. – Zehneinhalb Uhr waren meine Hunde am Schlitten. Der Einsiedler wollte drei Kilometer mit mir kommen, um dann in den Vorbergen seine ausgelegten Eisen zu revidieren. Auf der Bai spürten wir den Sturm nicht so arg. Als wir aber an das lange Ufer des Sees kamen, konnten wir uns kaum auf den Beinen halten. Der Sturm kam von Norden und blies uns entgegen. Einen Kilometer kamen wir auf den See hinauf, dann ging es nicht mehr. Die Hunde konnten sich auf dem glatten Eise kaum halten. Der heranbrausende Sturm drückte die armen Tiere fortwährend seitwärts. Sie konnten den Schlitten nicht nachziehen. Die unübersehbare Eisfläche donnerte. Das Eis hob und senkte sich. Ein Donnern hallte durch die kalte Winterluft. Ich musste einsehen, dass ein Vorwärtskommen ausgeschlossen war. Wir schwenkten um und fuhren zurück.

Im Blockhause war es doch gemütlicher als draußen auf dem See im tobenden Sturm. Meine Befürchtungen, dass der See doch noch aufbrechen könnte, teilte der alte Einsiedler nicht. Wenn nämlich der Wind von Ost nach West ginge, würden in kurzer Zeit gewaltige Eismassen kommen. Ich hoffte, dass sich der Wind nicht drehe.

Da ich etwas kurz an Hundefutter war – ich hatte mehrere trockene Lachse den armen Indianerhunden gegeben, die wir vor dem Kluane-See trafen –, ließ ich mir trockene Forellen geben. Ich versprach ihm, das Wildbret von einem Rentier mitzubringen – falls ich überhaupt welche anträfe. Der Alte meinte, Rentiere würde ich zu Tausenden sehen. Diese Botschaft spornte meine Jagdpassion nicht wenig an.

Gegen Mitternacht, wir wollten eben unsere Lager aufsuchen, ließ der Sturm ganz plötzlich nach. Voller guter Hoffnungen legte ich mich nieder. Am Morgen in der sechsten Stunde weckte mich wiederum Sturm. Ich stand auf, bekleidete mich und prüfte draußen vor dem Hause die Windrichtung. Genauso wie am Tage vorher, der Orkan kam von Norden. Der Alte stand auf und machte Feuer. Vorerst nahmen wir einen *Eye opener* – Augenöffner – aus der Flasche und warteten noch mit dem Frühstück. Die bestimmt gutgemeinten Ratschläge meines Wirtes doch noch zu bleiben, schlug ich ab. Es war sicher ein gewagtes Stück, in dem Sturm auf den See zu gehen, aber die Zeit zum Abwarten fehlte mir. Ich hatte Olaf versprochen, auf keinen Fall länger als 18 Tage auszubleiben – ich musste entweder vorwärts oder rückwärts. Und zurück wollte ich auf keinen Fall. Ich hatte immer noch Hoffnung, dass sich der Sturm bis zum Tagesanbruch legen würde. – Der alte Nerz kratzte wieder vor der Tür und war sehr zutraulich zu mir. – Das Frühstück war längst vorüber.

Langsam wurde es heller. Ich zog die warme Winterkleidung an und streifte die Parka über. Um Hals und Kopf band ich noch einen dicken wollenen Schal. Ich nahm an, dem schneidenden Sturm trotzen zu können. Ich hörte nicht auf das Abraten und Schimpfen des alten Einsiedlers. Er sagte voller Zorn: *„You are crazy and if something will happen to you, it is your own fault!"* – Du bist verrückt und wenn dir etwas passiert, dann ist das deine eigene Schuld! – Er mochte recht haben, doch ich hoffte, dass eben nichts passierte.

Es war volles Tageslicht, als ich von dem einsamen Blockhause abfuhr. In der Bai fühlte ich den Sturm nicht so, als ich aber um die hohe Felsenklippe das lange Seeufer erreichte, wurde ich im wahrsten Sinne des Wortes „stürmisch empfangen". Die Hunde sahen mich dumm an, sie wollten in dem Wetter nicht „traveln". Es half nichts, wir mussten weiter. Um den Hunden Mut einzuflößen, trat ich vor sie und trabte voran. Der eisige Orkan wütete unerbittlich. Oft musste ich stehenbleiben und mich rückwärtskehren, damit das Gesicht, das aus der Parka herauslugte, mit einem Lappen warmgerieben werden konnte. Manchmal dachte ich, es wäre doch besser gewesen, wenn ich zurückgeblieben wäre. Aber weiter. Die Mittagszeit war vorüber, als ich den *long point* erreichte. Vor mir lag die acht bis neun Kilometer breite Bai am Gladstone River. In der Bucht lag noch das Alteis. Kein Stückchen Wald dehnte sich diesseits der weiten Bucht, wo ich Gelegenheit gehabt hätte, mir eine Tasse Tee zu kochen. Wohl oder übel musste ich weiterfahren. Ich gab „Dyk" die Richtung an, und schnurgerade schnitt er die Bai. Zur linken Seite, draußen im See, lag die mehrere Kilometer lange Insel Gladstone Island, die ich gerade noch erkennen konnte.

Bergauf und bergab ging die Fahrt über die zwei bis drei Meter hohen Schneewellen. Die Hunde griffen mächtig aus. Ich rannte nicht mehr vor den Hunden, sondern hinterher. Die Hunde hätten mich wohl darüber hinweggezogen, doch wollte ich die Tiere nicht überanstrengen. Sie hatten noch viel Arbeit vor sich. Weiter kamen wir in die Bai hinaus. Immer stärker wurde der Sturm. Wie mit Nadeln stach er mir im Gesicht. Als wir vier bis fünf Kilometer draußen und die weite Bucht zur Hälfte geschnitten hatten, entstanden plötzlich heftige Windwirbel, die den Schnee umherpeitschten. In wenigen Minuten war ich mit dem Schlitten von den feinen Eiskristallen völlig eingehüllt. Meinen Leithund „Dyk" konnte ich in dem dichten Wirbel nicht mehr sehen. Ich wusste nicht, in welcher Richtung wir fuhren. Nur auf „Dyk" konnte ich mich verlassen. Ich schenkte ihm volles Vertrauen und musste wieder einmal einsehen, wie gering doch der Mensch in der Natur ist im Vergleich mit einem hochintelligenten Tier. Unaufhaltsam fuhren wir im lebhaften Tempo weiter. Immer dichter wurde der Schneewirbel. „Dyk" ließ sich nicht beirren, in schnurgerader Linie behielt er seine Richtung. Plötzlich heulte ein starkes Rudel Wölfe in nicht weiter Entfernung. Mit einem Ruck standen die Hunde. Ich trat vor meine Hunde. Wie die armen Kerle aussahen. Bis auf die Haut waren die feinen Eiskristalle gedrungen. Die klugen Seher waren von einem Eiskranz eingerahmt, so dass sie kaum frei waren. Lange Eisbärte hingen den bedauernswerten Tieren von den Fängen herab. Aber ich sah auch nicht anders aus. Brennende Schmerzen, die das Sehen erschwerten, fühlte ich in den Augen.

Die Hunde lauschten knurrend in die Richtung, wo die Wolfsrotte ein mark-erschütterndes Konzert vollführte. Liebkosend glitten meine schwerbehandschuh-ten Hände über die klugen vereisten Köpfe meiner Kameraden. Ich beruhigte sie. Zwei Minuten standen wir und lauschten. Ohne Zögern fuhren die Hunde auf mein Kommando mit unverminderter Schnelligkeit weiter. Immer näher kamen wir den Wölfen. Nach viertelstündiger schneller Fahrt blieben die heulenden Wölfe hinter uns. Der Sturm ließ beträchtlich nach und ich konnte wieder sehen. Ein dunkler Schatten tauchte zur Rechten auf, der sich als Wald entpuppte. Es war schon 2 Uhr, die Dunkelheit brach schon herein. „Dyk" hielt von selbst auf den Wald. Wir kamen ans jenseitige Ufer der weiten Bucht. Ich hätte dem Leithund „Dyk" um den Hals fallen mögen. Er war es, der mich mit großer Sicherheit aus dem fürchterlichen Wet-ter in geschütztes Gelände brachte. An einem schützenden Fichtenwald blieb er ste-hen und sah mich rutewedelnd mit seinen treuen, klugen Augen an und wollte wohl sagen: „Na, bist du zufrieden mit mir? Komm, schirre uns aus, wir haben für heute genug getan." Ich selbst war froh, dass wir in Sicherheit waren. Wie in einer warmen Stube kam es mir im dichten Walde vor. Sofort wurden die Hunde ausgeschirrt und an dünne Bäume gebunden. Trockenes Holz lag in Mengen umher. Es dauerte keine zehn Minuten, bis das mächtige Feuer seine Wärme über uns alle vier strahlte. Die Hunde wälzten und schüttelten sich und es dauerte kaum eine Stunde, bis die Tiere sich vom Schnee befreit und am Feuer getrocknet hatten. Dann bekamen sie ihr wohlverdientes Futter. Eine Schafskeule hatte ich mir von Olaf mitgenommen und von dieser lebte ich. – Draußen in der Bai und auf dem See tobte der Sturm weiter. Ab und zu fiel ein alter Baumriese krachend zu Boden. An meinem Lagerplatz war kein Lüftchen zu spüren, so dicht war das Unterholz. Hinter einem hohen Erdausriss einer Fichte saß ich geschützt auf einer hohen Lage grünen Fichtenreises. Dicht bei mir im Feuerschein lagen die Hunde. Noch etwa 45 bis 50 Kilometer hatte ich auf dem Nordwestarme, dem *big arm* zu fahren, dann sollte es hinein ins Gebirge gehen. Gegen Mitternacht wärmte ich mir das übriggebliebene Fleisch auf, kochte noch einen Kessel Tee und ließ es mir noch einmal schmecken. Dann wickelte ich mich in meine Decken und schlief.

Es war 6 Uhr, als ich durch die Kälte, die an meinen Gliedern fraß, geweckt wurde. Das Feuer glomm noch und mit Hilfe des trockenen Holzes verteilte sich bald mollige Wärme über den Lagerplatz. Von dem wenigen Mehl, das ich mit hatte, machte ich mir einige *Hotcakes*, die im Brattiegel gebacken wurden. Der Schlitten wurde gepackt, die Hunde angeschirrt und weiter nordwärts ging es. – Es war noch vollkommen finster. Der Sturm war bedeutend zurückgegangen, aber die Fahrt war alles andere als ein Genuss. Es war fast 10 Uhr. Der Tag begann. „Dyk" hatte keine Lust das Ufer auszufahren, sondern schnitt von Point zu Point – von Uferspitze zu Uferspitze. Einmal fuhren wir auf dem rechten Ufer, dann wieder auf dem linken Ufer des drei bis vier Kilometer breiten Nordwestarmes des Kluane-Sees. Plötzlich tauchte ein Schatten halbrechts von uns auf. Der Schatten bewegte sich, hielt auf uns zu und entpuppte sich als ein Wolf. Sofort hatte uns der starke Altwolf weg und ging im Bogen um das für ihn unerkennbare „Etwas" herum. „Wikels" machte einen Satz nach vorn, fiel über mich und riss mich dabei nieder. „Dyk" fuhr knurrend auf den verrückten „Wikels" ein und wies ihn zurecht. Er legte sich sofort nieder und fletschte mich an. Der alte „Tommy" lag vollkommen ruhig auf dem Eise und äugte dem flüchtenden Wolfe nach. Ich ärgerte mich, dass mir der starke Altwolf, der eine sehr auffallende helle Färbung hatte, entkommen war. „Wikels" hatte die Zugstränge verfitzt, erst als alles wieder in Ordnung war, fuhren wir weiter.

Kurz vor dem nächsten Point sah ich oben dicht über der Baumgrenze ein starkes Rudel Schafe, es mochten etwa 30 bis 40 Stück sein. Als ich näher herankam, stiegen sie höher in die steilen Felsen. Gegen Mittag, ich befand mich am rechten Ufer, erreichte ich die Mündung eines starken Baches. In unzähligen Windungen suchte sich der Bach seinen Weg in dem weiten Tale. Bis dicht an das Ufer reichte der Wald, in dem ich einen Kessel Tee kochte und ein Stück trockenes, aufgetautes Brot aß. Eben wollte ich weiterfahren, als plötzlich meine drei Hunde aufgeregt hinauf in die Berge windeten. Bald entdeckte ich die Ursache. Überall in den Bodenfalten wurden eine Menge dunkler, beweglicher Punkte sichtbar. Rentiere! Ich blieb noch eine halbe Stunde am Feuer und beobachtete eine Herde Rentiere, die schätzungsweise 1000 bis 1200 Köpfe zählen konnte. Die Herde stand etwa zwei Kilometer oberhalb, über der niederen Baumgrenze und äste sich landeinwärts. Ehe ich durch den arg vom Sturm zerzausten Wald nach oben gekommen wäre, wären die Rentiere schon weit ins Land gewesen. Es war ein schöner Anblick, diesen Geweihwald an der kahlen hohen Berglehne ziehen zu sehen. Ich hoffte, bessere Gelegenheiten zu finden und fuhr erfreut weiter. Je weiter wir in dem Seearm nordwärts kamen, um so höher wurden die Berge beider Ufer. Der Sturm hatte sich gelegt. Es wurde finster und windstill. Unzählige Sterne blinkten vom klaren Himmel hernieder und der blasse Mond sah neugierig nach den einsamen nächtlichen Wanderern auf dem Eise. Kein Laut war hörbar. Nur das Pfeifen des Schlittens auf der harten Schneekruste und das tap-tap der Hunde klang in die prachtvolle nordische Winternacht hinaus. Mir kam es vor, als wenn der *big arm* zu Ende wäre. Gewaltige weiße Berge, die in dem fahlen Sternenlicht und im blassen Schein des Mondes wie große weiße Gespenster anmuteten, schoben sich quer über die weiße Eisfläche. „Dyk" blieb eine Zeit lang in der Nähe des linken Ufers, dann führte er wieder in den See hinaus. Ich hatte viel während der Fahrt auf dem Schlitten gestanden, musste mich aber durch Nachrennen warmhalten. Ich musste alles hergeben, um nachkommen zu können. Kilometer um Kilometer wurde „gefressen". – Wir waren dicht in der Nähe des rechten Ufers. Wir kamen um einen kurzen Point und mir war es, als wenn in der Ferne im Uferwalde zwei matte Lichter blinkten. Sie verschwanden wieder und tauchten wieder auf. Ich überließ „Dyk" seinem eigenen Willen. Wir waren durch den Bogen um eine Felsenspitze herumgekommen, als die Lichter ganz nahe aus dem Walde herüberblitzten und im selben Augenblick ging in deren Nähe ein wüstes Hundegekläff los. Dort mussten Menschen wohnen. Meine Hunde knurrten und fuhren im Eilmarsch den Lichtern zu. Über eine leichte Uferböschung fuhren wir hinauf und standen vor einem Blockhause, umringt von einer Anzahl abgemagerter Indianerhunde. Kein Mensch war zu sehen, wiewohl mattes Licht aus zwei niederen Fenstern schien. Ich kippte meinen Schlitten um, nahm „Dyk" aus dem Geschirre und hing ihn mit der Kette an das Hinterteil des Schlittens, um die hungrigen, frei umherlaufenden Indianerhunde abzuhalten. Dann ging ich an die Tür und klopfte. Mir wurde aufgemacht, aber im gleichen Nu flog die Tür wieder zu und ich stand draußen. Ich lächelte nur. Indianerfrauen waren allein, kein Mann war zu Hause. Kurz entschlossen drückte ich den Holzriegel herunter und trat unaufgefordert ins Haus. In dem Raum, in den ich eintrat, war kein Mensch zu sehen. Im nächsten Raum, der nur vom Feuerschein, der durch die großen Löcher eines alten Blechofens blinkte, erleuchtet wurde, wisperten Stimmen. Dort schritt ich hin. Ich sah zuerst nur eine ältere Frau in der Nähe des Ofens stehen. In der hinteren Ecke des Hauses auf Fellen saßen und lagen noch eine Menge menschlicher Körper, die ihre Augenpaare auf mich richteten. In englischer Sprache redete ich die am Ofen stehende Frau an und fragte, ob ich über Nacht bleiben könnte. Ein scheues „yes" war alles, was sie sagte. Das war ja vorläufig auch genug. Ein Junge kam aus dem „Haufen" gekrochen und stellte sich zu mir. „Tom-tom" sprach ganz leidlich englisch. Er zeigte mir, wo ich meine Hunde unterbringen konnte. Aus dem Schlitten nahm ich trockene Forellen und fütterte sofort die Hunde und dann zog ich den Schlitten in den unbewohnten Raum des Blockhauses, damit die herumlungernden Indianerhunde über Nacht nicht reinen Tisch machen konnten. Der älteren Frau im Hause erklärte ich, warum und zu welchem Zwecke ich in jene Gegend gekommen war. Als sie vernommen hatte, dass ich Rentiere jagen wollte, war sie durchaus nicht begeistert. Sie sagte mir, dass keine *Caribou*s da wären. In gebrochenem Englisch erklärte sie kurz: „nach Hause Rentiere". Das sollte bedeuten, dass die Rentierherden wieder zurückgewandert wären. Ich ließ mich aber durchaus nicht verblüffen. Am selben Tage hatte ich ja eine kleine Herde im Bachtale des *big arms* gesehen. Ich erklärte der Frau, dass ich ja nicht das „Fleisch" von den erlegten Tieren haben wollte, sondern ich sammelte nur Häute und Geweihe. Als sie begriffen hatte, dass ich ihnen gerne das Wildbret von den Rentieren geben wolle, die von mir in der Nähe geschossen würden, schlug sie um und erzählte, dass ihr Tom-tom erst gestern kaum drei Kilometer vom Hause etwa 500 Tiere gesehen hätte. Tom-tom bestätigte das auch. Wir waren also einig, ich kochte mir mein Abendbrot auf dem zerlöcherten Ofen. Zum Glück hatte ich zwei Wachskerzen mit, damit man wenigstens etwas sehen konnte. Olaf hatte mir etwa 15 Pfund Kartoffeln gegeben und ich setzte sie mit „Schafwildbretspänen" zum Braten an. Vor allen Dingen wurde ein mächtiger Kübel Tee gekocht. Ich wusste, dass alle Indianer, gleich ob jung oder alt, ganz versessen auf dieses anregende Getränk sind. Tee hatte ich genügend mit und damit wollte ich meine zahlreiche Wirtsfamilie freihalten. – Eine junge Frau, die in dem „Menschenhaufen" auf Fellen in der Ecke nach Indianerart auf den Knien gesessen hatte, kam an den Ofen. Dann ging sie an den Tisch, legte ein Stück Wachstuch auf, stellte Teller und Tasse hin und lud mich mit einer graziösen Handbewegung ein Platz zu nehmen. Vom Ofen nahm sie mein Essen selbst und servierte. Als der große Kübel Tee auf dem Tische stand, nahm sie ohne Aufforderung noch zwei Tassen vom Wandbrett und schenkte sich und der älteren Frau vom duftenden Getränk ein. Ich sagte ihr, dass sie auch den größeren Kindern davon geben solle. Ein Blechkübel, der ungefähr zwei Liter fasste, wanderte gefüllt in die Ecke zu dem „Menschenhaufen". Schmatzend sogen die kleinen Mäuler aus dem Topfe. Beim Essen setzte sich die junge Indianerin auf meine Bitte zu mir. Sie war eine große Schönheit und kaum älter als 25 Jahre. Als ich sie fragte, wie alt sie sei, zuckte sie mit den Achseln und sagte: „Vielleicht 20, vielleicht 25." Sie sprach nur sehr gebrochen englisch, aber trotzdem unterhielt ich mich mit ihr gern. Nicht so flackernd ruhten ihre tiefschwarzen Augen auf mir – wie das meist bei den Indianern der Fall ist – sondern mit einer gewissen Freiheit. Ich fragte sie, ob sie die große Tochter des Hauses sei. Sie lachte und zeigte mir mit Vergnügen ihre blitzend weißen Zähne. Nein, sagte sie, ich bin nicht die Tochter und sah dabei lächelnd auf die ältere Frau. Auch die lachte. Auf vieles Drängen erzählte mir die schöne Indianerin endlich, dass sie sowie die ältere Frau, die Frauen des *Nebjuh* – Mann – wären. Der *Nebjuh* hatte also zwei Frauen. Eine ältere und die schön gewachsene, junge Frau. Auf meine Frage, wieviel Kinder dort in der Ecke wären, lachten beide nur. Ich konnte es nicht erfahren. Mir war es aber als wenn mich zwölf Augenpaare anblickten, die anderen kleinen Würmer hörte ich nur. Der Mann war, wie mir mitgeteilt wurde, schon zwei Wochen an seiner Eisenlinie und wollte auf seinem Rückwege über Burwash Landing am Kluane-See kommen, von wo er Lebensmittel im Tausch gegen Pelze mitbringen wollte. Der Nebjuh war schon über seine Zeit geblieben und wurde jeden Tag erwartet. Zu essen war nichts weiter im Hause als eine ansehnliche Menge Weißfische und Forellen, die die beiden Frauen und der älteste Sohn mit dem Netze durch das Eis des Sees fingen. Sie lebten alle schon seit Wochen ausschließlich von gekochtem Fisch. Ich überlegte im Stillen, was ich von meinem Vorrat alles abgeben könnte. Den Rest meines Schafwildbretes, ein Pfund Tee, zwei Pfund Zucker, drei Pfund Mehl, einige Kartoffeln und etwas Salz kramte ich aus meiner „Futterkiste" und überreichte es den armen Indianern. Dankesworte fanden sie nicht, sie sind unter Indianern auch nicht bekannt. Aber dankbaren Blickes sahen mich die beiden Frauen an. Es war selbstverständlich, dass ich mit den armen Rothäuten teilte, und zwar ohne Aufforderung ihrerseits. Ich kannte die guten Sitten der Indianer, wusste, dass die Rothaut mit irgendeinem Menschen, der nichts hat, den letzten Bissen teilt. Und sollte ich als Kulturmensch unter jenen Kindern der Wildnis anders handeln? Von den Fischvorräten der Indianer holte ich mir eine große gefrorene Forelle, die ich zum Frühstück zu essen gedachte. Die Kerze hatte ich aus Sparsamkeitsrücksichten gelöscht. Der Raum war nur durch das helle Feuer, das durch die vielen Löcher des Blechofens hindurchschien, erleuchtet. Die zwei Frauen, Tom-tom und ich saßen an dem Ofen und unsere Unterhaltung drehte sich in der Hauptsache um jagdliche Dinge. Mir wurde erzählt, dass es schon der zweite Winter sei, in dem der Fang an Pelztieren gleich Null wäre. Es gäbe wohl Schneehasen, wovon die Füchse leben könnten, aber die großen Herden der Rentiere, die in das Land kämen und nicht nur durchwanderten, auch in den guten Äsungsgründen blieben, zögen ungeheure Mengen von Wölfen an. Finge sich wirklich ab und zu ein Fuchs, so würde er meist in kürzester Zeit von den vielen umherstreifenden Wölfen aus reiner Spielerei zerrissen. Hunger hatten sie nicht, denn die großen Mengen Rentiere ließen die grauen Bestien ja wie im Schlaraffenland leben. Unsere weitere Unterhaltung ergab, dass der kleine dreizehnjährige Tom-tom am Morgen mit mir für einige Tage ziehen wollte. Er kannte die Gegend gut und das Angebot war mir eigentlich recht willkommen. – Als wir nochmals den großen Kübel voll Tee gekocht und getrunken hatten und die beiden Frauen und ich von meinem Tabak eine Menge selbstgedrehte Zigaretten geraucht hatten, schlug ich vor, schlafen zu gehen. Wortlos verschwand die junge

Indianerin aus dem Hause und kam in kurzer Zeit mit zwei frischgegerbten Berg-schafdecken, einer Rentier- und einer Bärendecke zurück und legte sie im Neben-raum auf eine aus rohen Knüppeln gezimmerte Pritsche. Das war mein Bett für die Nacht. Ich war froh, dass ich unter einem Dach schlafen konnte und nahm die Gefahr, dass ich am Morgen beim Aufstehen nicht mehr allein war, in Kauf. Nicht nur einmal bin ich während meiner Wanderjahre unter Indianern verlaust. In jenem Hause sah es aber, ganz gegen die Gewohnheiten dieser Naturkinder, sauber aus. Beide Räume erfüllte eine mollige Wärme und ich schlief bald ein.

Als ich am Morgen aufwachte fror mich jämmerlich, ein wahrer Eishauch lag in den Räumen des undichten Hauses. Ich stand auf und ging in den Nebenraum, um Feuer zu machen. Als der erste Span brannte, sah ich, dass die junge Frau auf ihrem Lager saß, umgeben von einer Menge anderer Menschenleiber. Ich schob einige starke Scheite in den Ofen und legte einige Eisstücken, die die junge Frau von draußen hereinbrachte, in den kleinen Teekessel. Die anderen schliefen noch alle und wir beide wollten uns einen *Eyeopener* – einen Augenöffner – kochen. Es war erst 6 Uhr, zum Frühstücken noch zu zeitig. Ich wusste nicht was ich sagen sollte und so schien es auch der Indianerin zu gehen. Von Zeit zu Zeit sah mich die Schöne mit ihren stechend schwarzen Augen von der Seite an. Was sie damit sagen wollte weiß ich nicht. Der Tee war fertig. Wir setzten uns auf den Fußboden und rauchten zum frischen Tee Zigaretten. Endlich fragte sie, ob ich wüsste, wie kalt es wäre. Dabei schien sie am ganzen Körper zu frieren. Ich stand auf und trat vor die Tür. Mir versetzte es fast den Atem. Die eisige Luft schnitt wie ein Mes-ser. Keine zehn Meter weit konnte ich sehen. Schnell verschwand ich wieder ins Haus. Die Indianerin redete auf mich ein, dass ich nicht zur Jagd fahren, sondern dableiben sollte, um wärmeres Wetter abzuwarten. Das musste ich natürlich ableh-nen. Einmal stand mir die Zeit zum Warten nicht zur Verfügung, und dass ich in dem Hause nicht bleiben wollte, dafür sprachen auch noch andere Gründe. Der Menschenhaufen in der Ecke wurde lebendig. Kinder wimmerten. Die ältere Frau und Tom-tom kamen völlig bekleidet hervor und gesellten sich zu uns, während alle anderen Hausbewohner liegenblieben. Die junge Indianerin reinigte und zer-schnitt die große Forelle und steckte sie in einen sauberen Topf zum Kochen. Um 9 Uhr fand gemeinsames Frühstück statt, an dem die beiden Frauen, Tom-tom und ich teilnahmen. Die Forelle, die mindestens acht Pfund wog, vertilgten wir ganz und gar. Brot oder dergleichen Dinge hatten wir nicht. Nach dem Essen drängte ich zur Vorbereitung zum Abmarsch. Erstaunt und gar nicht lieb war mir, dass auch Tom-tom ein Hundegespann mitnehmen wollte. Ich konnte ihn aber davon nicht abbringen und musste ihm schon den Willen lassen.

Um 10 Uhr standen die beiden Schlitten vor der Tür des Hauses. Ich hatte meine drei bewährten Hunde, Tom-tom seine fünf armseligen, halbverhungerten Tiere mitgenommen. Die Schererei ging gleich bei der Abfahrt los. Während meine Hunde vor Eifer „trampelten", wollten die Indianerhunde nicht vom Hause fort. Das konnte ich auch den bedauernswerten Geschöpfen nicht verdenken. Wer weiß, wann sie ihr letztes Futter bekommen hatten. Meinen Vorschlag, dass ich voranfahren wollte, nahm der Junge nicht an. Ich war ja ein „Grünhorn" und hatte mich von einem Indianer – und wenn es auch nur ein Kind war – führen zu lassen. Es gelang aber schließlich doch, die noch sehr jungen Indianerhunde auf das Eis zu treiben, dann ging die Fahrt in flottem Tempo nordwärts. Ich folgte dem Indianergespann und nach viertelstündiger Fahrt hatten wir das Ende des Kluane-Sees erreicht. Wir schwenkten nach rechts und folgten auf dem Eise eines namenlosen Flusses. In unzähligen Windungen strebten wir dem Gebirge zu. In der furchtbaren Kälte, besonders in dem weiten Flusstal, war es ausgeschlossen, dass wir für längere Zeit auf dem Schlitten hätten stehen können. Wir rannten vielmehr hinter den Schlitten her und versuchten uns so warm zu halten. Zwei Stunden mochten wir vom Blockhause bereits entfernt sein, als plötzlich die Indianerhunde in Galopp übergingen und ehe Tom-tom den Schlitten erreichen konnte, waren sie fort, um die nächste Biegung des Flusses verschwunden. Ich hatte alle Mühe aufzuwenden meine Hunde zu halten. Aber „Dyk" gehorchte schließlich doch und blieb zitternd stehen. Tomtom lud ich auf den Schlitten, schwang mich hinten auf den Auftritt und jagte in schnellstem Tempo dem entflohenen Gespanne nach. Als wir um die Flussbiegung kamen, sahen wir die Hunde bergwärts einem kleinen Trupp Rentiere nachjagen. Die Beschaffenheit des Geländes ermöglichte es den hetzenden Hunden, ungehindert weiterzukommen. Tom-tom wollte seinen Hunden nachlaufen, ich befahl ihm aber, von dem blödsinnigen Unternehmen abzusehen. Auf diese Weise wäre er nie an seine Hunde gekommen. Wir fuhren weiter den Fluss hinauf. Der wenige Schnee auf dem Eise war von unzähligen frischen Rentierfährten vollständig zerstampft und als wir um die nächste Flussbiegung fuhren und guten Einblick in die Vorberge bekamen, bot sich uns ein Bild, das ich nie in meinem Leben vergessen werde. Tausende von Rentieren befanden sich in näherer und weiterer Umgebung auf dem Marsche westwärts. Einen einzigen Geweihwald zeigten die nur mit Moos bewachsenen lichten Berglehnen. In flottem Tempo strebten die Tiere alle einer Richtung zu, nämlich dem plateauförmigen Gebirgsrücken am Ostufer des Kluane-Sees. Nicht geschlossen, vielmehr in mehr oder weniger großen losen Verbänden zog die Herde dahin. Es war nur eine kleine Herde, vielleicht eine Vorhut des Gros.

Und doch schätzte ich mit schnellem Blicke, dass es 5000 bis 6000 Köpfe sein müssten. Die in der Nähe befindlichen *Caribous* waren alles weibliche Stücke, kein Kalb war zu sehen. Ob die Rentiere in weiter Entfernung männlichen oder weiblichen Geschlechts waren, konnte ich nicht erkennen. Etwa zwei Kilometer vor uns stiegen dichtere Trupps von den Bergen herunter. Wir setzten auf dem Flusse vorwärts. Die Hunde brauchten wir nicht anzueifern, sie hatten die Nase voll der lieblichen Rentierwitterung. Wie die Besessenen stürmten sie vorwärts. Doch wir kamen zu spät. Die Rentiere waren bereits über den Fluss in die Berge hinaufgezogen. Es hatte keinen Zweck, ihnen dorthin durch den schütteren Fichtenwald nachzugehen, denn das im Marsche begriffene Rentier hält ein schnelles Tempo inne. – Nur 100 Meter weiter von dem Platze, wo wir uns befanden, war das Gespann von Tom-tom über den Fluss in die jenseitigen Berge gejagt. Es war bereits ½ 2 Uhr. Eine halbe Stunde Tageslicht stand uns noch zur Verfügung. In der Nähe des Ufers standen mehrere Fichten dicht beieinander, trockenes Holz war auch genügend vorhanden und ich beschloss, an Ort und Stelle *camp* zu machen. Tom-tom wusste sehr geschickt mit der Axt umzugehen. In einer Stunde hatten wir einen großen Vorrat an Holz für die Nacht. Tom-tom holte mehrere Eisblöcke vom Flusse und ich startete das Feuer. Als Halt für das Feuer diente ein sehr starker grüner Fichtenstumpf, der die Nacht hindurch glimmen konnte. Als im *camp* alles zurechtgemacht war und auch meine drei Hunde sich am Feuer wohlfühlten, ging ich daran, die einzigen zwei Büchsen Cornedbeaf mit der Axt aufzuschlagen und im Brattiegel am Feuer aufzutauen. Meine Lebensmittel waren fast erschöpft. Ein wenig Mehl, Fett, Backpulver, sowie einige Pfund gefrorene Kartoffeln bildeten den ganzen Vorrat außer Tee und Tabak. Aber für den nächsten Tag bestand die sichere Aussicht, einige Rentiere schießen zu können. Hier im Tale des Flusses war der Dunst besonders dicht. Manchmal glaubte ich zu sehen, wie der Kältehauch, beschienen von den hellen Flammen des Feuers, wie Millionen von feinen Eiskristallen glitzerte. Fortwährend mussten wir uns drehen und einmal die Vorderseite, dann wieder die Rückseite unseres Körpers am Feuer wärmen, aber wir hatten wenigstens nicht unter Wind zu leiden. Aber die Kälte! In jener Nacht waren es, wie ich später anhand meiner Aufzeichnungen feststellte, 60 Grad Celsius! 60 Grad Celsius! Kann das ein Mensch ertragen? Jawohl, wenn er notgedrungen muss. Dort aber ist die Luft dünner als bei uns in Deutschland, die Kälte ist somit leichter zu ertragen. Aber große Vorsicht ist geboten. Tiefes, unvorsichtiges Atmen ist gefährlich. Ein Lungenschlag könnte die Folge sein. Mit geschlossenem Munde langsam atmen ist die Hauptsache. Der Körper ist geschützt durch entsprechende Kleidung. Ich habe mich nie gewundert, wie ein Mensch die furchtbare Kälte ertragen kann, sondern bewunderte vielmehr die Tiere, die solcher Kälte trotzen. Zum Beispiel die Hunde. Tief in den Schnee gebuddelt lagen sie bei uns und schliefen den Schlaf des Gerechten. Sie schienen nicht zu frieren.

Die Oberseite der Hunde war trotz der Wärme, die sie vom Lagerfeuer abbekamen, stark bereift. Die Tiere fühlten sich wohl und wir armen Würmer von Menschen froren am Feuer und befanden uns in höchst ungemütlicher Situation.

Es war gegen 9 Uhr, als die drei Hunde plötzlich aufwarfen und flussaufwärts windeten. Es währte nicht lange, da hörten wir ziehende Rentiere etwa einen halben Kilometer oberhalb den Fluss überqueren. Laut klapperten ungezählte Tierhufe auf dem vom Schnee freigetretenen Eis, sogar das eigentümliche Knacken der Afterhufe wurde hörbar. Fast zwei Stunden lang waren ziehende *Caribous* zu hören, dann trat wieder Stille ein. Ich verspürte Müdigkeit und auch Tom-tom jammerte, dass er müde sei. Ich suchte ihm klarzumachen, dass wir bei der Kälte nicht eine Stunde schlafen würden, trotz der warmen, aber unzweckmäßigen Decken, die ich mithatte. Oh ja, meinte er, wenn ich meine Decken hätte, würde ich die ganze Nacht hindurch schlafen. Über die Bemerkung „meine Decken" musste ich lachen, denn der arme Junge hatte zwei dünne „Lappen" auf dem Schlitten, mit dem die Hunde durchgegangen waren und diese dünnen Dinger nannte er Decken. Gut, Tom-tom, wir teilen. Wir legten meine starke Zeltbahn auf das Fichtenreis und noch eine Decke darauf und in die restlichen drei Decken wickelten wir uns ein. Der kleine, nicht viel über einen Meter große Tom-tom grinste und freute sich, dass ihm der große weiße Mann seine Decken anbot. Das Feuer wurde noch einmal mit starken Holzscheiten beschickt. Dann streckten wir uns zum Schlafe aus. Wir schliefen tatsächlich ein. Ich hatte mir ein zweites Paar reichlich großer Mokassins über die Füße gezogen und die Hände durch ein paar dicke wollene Handschuhe geschützt und darüber kamen noch lange schwere Pelzhandschuhe. Die Pelzmütze aus Murmeltierfell, die ich in der Wildnis selbst gefertigt hatte, zog ich bis ins Gesicht herein. Tom-tom weckte mich durch sein fortwährendes Wälzen später auf. Die Uhr zeigte 2 Uhr morgens. Das Feuer brannte noch. Ich stand auf und warf große Stammstücken hinein und dicht an die auflodernden Flammen tretend, wärmte ich den Körper durch. Tom-tom schälte sich auch aus den Decken und er gestand, dass er jämmerlich gefroren hätte. Er sagte, dass er in den Füßen kein Gefühl mehr habe. Mir wurde Angst. Hatte sich der kleine Kerl die Füße während des Schlafens erfroren? Das war durchaus möglich. Sofort musste er sich hinsetzen und seine Fußbekleidung ausziehen. Die Füße konnte ich der Form nach als solche ansprechen, nicht aber der Farbe nach, da sie dick von einer schwarzen Kruste, die man gewöhnlich als Dreck bezeichnet, überzogen waren. Kein Wunder, dass der Junge fror. Dort oben im Norden ist es nur ein paar Wochen möglich, in seichtem Wasser zu baden. Zu jener Zeit, so Anfang Juli, hatte wohl Tom-tom zum letzten Mal seine Füße gewaschen. Der kleine Kerl hielt seine gefühllosen Füße dicht an das Feuer. Erfroren waren sie nicht. Seine Fußbekleidung bestand aber aus weiter nichts als einem Streifen Bergschaffell, das er über die nackten Füße legte, und den Mokassins. Dass der Junge die große Kälte mit dieser ganz und gar unzureichenden Fußbekleidung aushalten konnte, war ein Wunder. Ich hatte drei Paar starke wollene Strümpfe und Mokassins an. Mit dieser Bekleidung fror mich noch an den Füßen, sobald ich nicht genügend Bewegung hatte. Aber wiederum sollte ich einmal etwas von Indianern lernen. Der Junge zog aus seiner Elchlederjacke eine Handvoll Rentierhaar, das am Unterhalse eines Tieres gerupft war, davon steckte er in jedes Nasenloch ein kleines Büschel. Er meinte, dieses Haar nehme keinen Frost an und sei der beste Schutz gegen Kälte. Wenn die Handschuhe feucht geworden seien, so brauche man nur an die bloße Hand etwas von diesem Haar zu nehmen, den Handschuh wieder darüber zuziehen und man würde bald eine mollige Wärme verspüren. Auch die damit verpackten Füße sollten dadurch sicher geschützt sein. Das glaubte ich durchaus und wollte es probieren, sobald ich ein Rentier schießen würde. Neckend fragte ich Tom-tom, ob wir uns nicht wieder schlafen legen wollten. Davon wollte er aber nichts wissen. Er sagte, dass er kaum ein Auge zugemacht hätte, solange wir unter den Decken gelegen hätten, aber auch mir war es zu kalt. So saßen wir am Feuer und kochten uns einen Kübel Tee. Ich ließ mir von Tom-tom erzählen. Er war der älteste Sohn. Mit seinem Vater ging er oft an die Eisenlinie und hatte schon viel gelernt von den Geheimnissen und der Kunst des Raubwildfanges. Er selbst legte Eisen nur in der Nähe des Blockhauses aus. Er hatte aber seit zwei Jahren wie der Vater nur geringe Erfolge gehabt. Raubwild war wenig vorhanden und das wenige gefangene wurde dann sehr oft von den vielen Wölfen zerrissen. So ging es ihnen seit zwei Jahren sehr schlecht. Während des Sommers und Winters lebten sie in der Hauptsache von dem, was ihnen die Natur gab. Fisch und Wildbret, Wildbret und Fisch, so ging es Tag um Tag, Woche um Woche und Jahr um Jahr. Wenn wirklich mal ein Fuchs, Luchs oder Nerz beim Trader am Kluane-See umgesetzt werden konnte, so wurden einige notwendige Kleidungsstücke eingetauscht. Über andere familiäre Dinge wollte ich den Jungen nicht ausfragen. Er erzählte aber offenherzig, dass die ältere Frau, die ich im Blockhause kennenlernte, seine Mutter wäre, die junge Frau sei auch eine Frau von seinem Vater. Die Kinder seien alle von der alten Frau. Auf meine Frage, wie viele Kinder denn in dem Hause wären, schwieg er lange. Endlich nahm er seine Finger zu Hilfe und fing an zu zählen. Nach längerer Zeit sah er mich lächelnd an und sagte mit verschmitztem Gesicht: *„May be fifteen".* Vielleicht fünfzehn. Dass es so viele wären, hatte ich nicht geglaubt. Mir war es etwas Neues, dass Vielweiberei unter den Indianern herrschte. Dass es der Indianer mit Frauen nicht genau nimmt, war mir ja bekannt, dass er aber unter Umständen eine zweite Frau mit in sein Haus nimmt, war mir neu. Und scheinbar lebten die beiden Frauen mit dem Manne in bester Harmonie, was mir auch der kleine Tom-tom versicherte. Freie Menschen! – Tom-tom hatte seine „Fußbekleidung" wieder angezogen und zwischen die Zehen etwas loses Haar von einem Rentierhals gesteckt. Einträchtig saßen wir beieinander und schauten in das knisternde Feuer. Eine unheimliche Stille lag in der Natur. Der feine Kälte-dunst lag fast undurchsichtig im Walde und auf dem Flusse. Wir beide wünschten, dass die Nacht bald vorüber wäre, damit wir wieder in Bewegung kämen. Auch die Hunde fühlten sich nicht mehr wohl. Öfters standen sie auf und schüttelten den Balg. Wie weiße Eisfiguren sahen die treuen Kameraden aus. Tief hatte sich der Frost und Kältedunst ihnen ins Haar gesetzt. Es war erst 4 Uhr und fast noch sechs Stunden mussten wir am Feuer hocken bleiben, bis endlich der langersehnte kurze Tag anbrach. Wir sprachen nicht mehr, saßen nur stumm da. Ein jeder hing seinen eigenen Gedanken nach. Tom-tom dachte vielleicht an den Vater, der hoffentlich etwas Gutes vom Trader zum Essen mitbringen würde. Ich aber war daheim. In Kürze wollte ich ja die Heimreise antreten. Je näher die Zeit der Abreise heran-rückte, um so mehr war ich in Gedanken bei den Meinen. Wie würde ich alles vor-finden? – Jäh wurde ich aus meinen Gedanken gerissen. Die Hunde sprangen auf, mit gesträubtem Rückenhaar und knurrend spannten sie flussaufwärts. Tom-tom sprang auch auf. Ängstlich fasste er mich an der Schulter und sagte: *„Wolves"* („Wölfe"). Und schon ging der Spektakel los. Eine sehr starke Rotte fing kaum 200 Meter oberhalb des Flusses an zu heulen, eine andere Rotte antwortete und weiter-hin noch eine und ganz in der Ferne, kaum noch vernehmbar, heulten ebenfalls Wölfe. Diese schauerliche Musik erfreute mich, während sie dem kleinen Indianer-jungen einen großen Schreck einjagte. Ich zog ihn nieder und machte ihm verständ-lich, dass für uns gar keine Gefahr vorhanden sei, die Wölfe zögen nur den Rentieren nach. Ängstlich sah mich der Kleine an und wollte mir nicht so recht glauben. Der Indianer ist eine ängstliche Natur. Ich habe einige kennengelernt, die keinen Schritt von Anbruch der Dunkelheit an weiterzubringen waren. Besonders von Wölfen und Bären erzählten die Alten dem jungen Volke die abenteuerlichsten Dinge und es ist kein Wunder bei der großen Leichtgläubigkeit der Rothäute, dass die Märchen auch geglaubt wurden. Allmählich verschwanden die Wolfsrudel in den Bergen. Bald wer-den die hungrigen Bestien die *Caribous* eingeholt haben. Mindestens ein Dutzend oder auch mehr der wandernden Tiere würden gerissen werden. Zur Zeit der Ren-tierwanderungen folgen die Wölfe dauernd den Herden. Vollgefressen ruhen sie ein bis zwei Tage, dann hetzen sie wieder den wandernden Rentieren nach. Jahraus, jahrein dasselbe Spiel. Ob die Rentiere dadurch gefährdet sind und abnehmen? Ich glaube kaum. Millionen von diesen interessanten Cerviden bevölkern den hohen Norden Kanadas und Alaskas. Was machen da mehrere Tausend von Wölfen geris-sene Tiere aus? Nichts. Durch die Wanderung, durch Eis und Schnee werden natür-lich Tiere krank. Und gerade jene Tiere sind es, die von den Wölfen gerissen werden. Ich habe mir von erfahrenen Indianern erzählen lassen, dass die Rentiere, die von Wölfen angegriffen werden, durchaus nicht verwirrt seien, sondern ruhig weiterzie-hen, wenn auch klagend einige ihrer Artgenossen niedergezogen werden. Ich habe das Erzählte zwar nicht mit eigenen Augen gesehen, aber die Spuren und Fährten-bilder erzählten mir alles. Einmal war ein Trupp von 300 bis 400 Rentieren über die steilen Uferberge auf einen großen See gelangt. Eine Rotte von elf Wölfen holte die Tiere ein, als sie auf der Eisfläche standen. Der wenige Schnee, der auf dem Eise lag, erzählte mir deutlich, dass die überraschten Rentiere nicht etwa panikartig die Flucht ergriffen, sondern einfach auf einem Haufen stehen blieben und sich angrei-fen ließen. Sechs Rentiere waren gefallen, das bestätigten mir die Schädel, Knochen-teile und Hautfetzen. Das Rentier ist neugierig, wie man dort zu Lande sagt. Von der „Neugier" des Rentieres wird noch weiter unten die Rede sein.

Jetzt trat Ruhe ein. Nichts regte sich in nächtlicher Wildnis. Um 9 Uhr frühstück-ten wir. Anschließend wurde der Schlitten gepackt, die Hunde wurden angeschirrt. Tom-tom schickte ich zurück zum Blockhause der Indianer. Ich wollte den Jungen in der furchtbaren Kälte nicht weiter herumschleppen. Ich machte ihn aber scharf, ja nicht nach seinen Hunden in den Bergen zu suchen, die würden den Weg allein nach Hause finden. Der Junge konnte in vier Stunden zu Hause sein und solange war Tageslicht. Ich sagte ihm, dass ich in zwei bis drei Tagen auch zum Hause seiner Eltern kommen würde. Wir trennten uns, er ging flussabwärts, auf demselben Wege den wir kamen und ich fuhr auf dem Eise des Flusses in nordwestlicher Richtung weiter hinein ins Gebirge. Bald kam ich auf den etwa 200 Meter breiten *trail* der Rentiere. Die Wolfsspuren auf dem *trail* konnte ich nicht ausmachen, fand aber mehrfach frische Losung. Eine Stunde war ich schon in dem nebelartigen Dunst auf dem breiten Flusse vorgedrungen und ich hielt es nicht mehr aus vor Kälte. Das kleine Stückchen meines Gesichtes, das aus der „Parka" herausschaute, war gefühl-los geworden. Einige trockene Bäume standen unweit des Ufers. Dort machte ich ein Feuer und wärmte mich auf. Dann ging es weiter. Gegen Mittag kam ich in ein weites Tal, das in westlicher Richtung dem Kluane-See zulief. Auf dem kleinen Bache, der in dem Tal seinen Weg suchte, fuhr ich weiter. Es war möglich, dass ich die Rentiere am Kluane-See antreffen konnte. Nirgends war etwas zu sehen, nur tausende von Fährten spürten sich. Es war bereits finster, als ich den Kluane-See erreicht hatte. An der Mündung des Baches zeigte sich ein guter, windgeschützter Lagerplatz. Ich überlegte, sollte ich dortbleiben oder zurück zu den Indianern fah-ren. Die Rentiere waren bereits über den weiten See und ob über Nacht weitere Herden kamen, war unbestimmt. Ich entschied mich für das letztere. Das warme, bequeme Blockhaus der Rothäute stand ungefähr 16 bis 18 Kilometer am oberen Ende des Sees, das konnte ich in knapp eineinhalb Stunden erreichen. Bei der wahn-sinnigen Kälte würden die Hunde schon das höchste Tempo einschlagen. Also los. Die Hunde waren sichtlich erfreut, sie wussten, wohin es ging. Mit dem üblichen Hundegekläff wurde ich bei den Indianern angemeldet. Ein älterer untersetzter klei-ner Mann trat vor das Haus und begrüßte mich. Erst schirrte ich meine Hunde aus, brachte sie in dem dichten Fichtenunterwuchs in der Nähe des Hauses unter und fütterte. Dann zog ich den Schlitten ins Haus und machte es mir bequem am Ofen und taute langsam auf. Die junge schöne Indianerin hatte schnell einen Topf Tee gekocht und als ich einige Tassen dieses anregenden Getränkes eingenommen und mehrere Zigaretten geraucht hatte, fühlte ich mich wieder als Mensch. Der „Nebjuh", der Herr des Hauses, war am frühen Nachmittage heimgekehrt. Er hatte Waidmannsheil gehabt und vier gefangene gute Rotfüchse sowie einen starken Luchs beim „Trader" gegen Lebensmittel eingetauscht. Auf dem Rückwege konnte er noch zwei Bergschafe erlegen, deren Fleisch er mitgebracht hatte. Nun war keine Not mehr im Hause und wir lebten gut beim Abendtisch. Ich hatte keinen Proviant mehr, mit Ausnahme von etwas Tee, Zucker und Tabak. Vor zwei Tagen hatte ich mit den Indianern geteilt, jetzt teilten sie mit mir. Das ist echte Kameradschaft. Der „Pascha" wollte doch auch mein Gewehr sehen. Als ich ihm meinen treuen Drilling in die Hand drückte, hub er ein großes Gelächter an. Hin und her drehte er die gute und bewährte Waffe in seinen Händen. Er kam aus dem Staunen und Lachen nicht heraus. Er fragte mich, wann ich wieder zur Rentierjagd gehen wolle. Als ich ihm entschlossen mit „morgen" antwortete, schlug er mir auf die Schulter und sagte, dass er mitkommen wolle, er wolle doch sehen, ob ich mit diesem Ding etwas erlegen könne. Er sagte, wenn wir beide morgen gehen, dann kommen wir bestimmt zu Schuss. Na, das hoffte auch ich. „Johny, der alte Pascha", war ein sehr intelligenter Kerl. Er sprach ziemlich gut Englisch und wusste viel zu erzählen. Weit war er im Lande herumgekommen. Er kannte auch meinen Freund Olaf und rühmte ihn. Weiter erzählte er mir, dass ich in diesem Jahre wenig Aussicht hätte, einen oder mehrere starke Rentierhirsche zu erlegen, da die vielen tausende von ihm beobachteten Rentiere in diesem Jahre alles weibliche Stücke seien. Nach seinen Beobachtungen – gestützt auf langjährige Erfahrungen – ziehen die Renhirsche allein, ebenso führende Tiere mit ihren Kälbern und Schmaltiere, sowie schwache junge Hirsche wiederum allein. Er erzählte mir, dass er mehrfach wandernde Tiere gesehen habe, die ihre Kälber auf dem Marsche ängstlich in der Mitte hielten. Vor zwei Jahren seien alles nur Hirsche gewesen. Es habe schön ausgesehen, wie viele Tausende ihre schweren, langen Geweihe geschaufelt hätten. Die erzählten Beobachtungen des „Paschas" ließ ich mir durch den Kopf gehen und fand darin nichts Absonderliches. Die immer kluge Mutter Natur weiß sich zu helfen. Angenommen, zehntausend Rentiere kommen in einer geschlossenen Herde und eistreibende Flüsse und Seen müssen durchschwommen, Gebirge und steile Felsen überschritten werden. Würde bei einer so dichten Masse nicht das schwache Zeug zertrampelt werden? Bestimmt gäbe es viele Verluste an schwachen Stücken durch die gesunden Artgenossen. Mutter Natur weiß Rat: sie lässt die gleichstarken Artgenossen in gesonderten Herden abwandern. Die großen Wanderungen der Tundrarentiere (*Rangifer arcticus*) sind bis heute noch ein Rätsel. Welch imponierender Anblick, wenn tausende dieser rätselhaften und anspruchslosen Tiere in geschlossener Formation stundenlang über große Seen ziehen, über alle Hindernisse hinwegschwimmen. Wenn sie über steile Felsen klettern und unbeirrt durch die verfolgenden Wölfe in einer bestimmten Richtung doch weiterziehen. Der bezaubernde Anblick eines solchen, oftmals unübersehbaren Geweihwaldes lässt sich nicht beschreiben. – Wir besprachen noch den nächsten Tag, wie wir jagen wollten. Tom-tom sollte auch wieder mit, und zwar sollte er bei den Hunden bleiben, sobald wir Rentiere zu Gesicht bekamen. Wir waren müde und gingen früh zu Bett. Ich war der erste, der aufstand und Feuer machte. Die junge Frau folgte mir sofort und stand mit denselben fragenden Augen wie ehedem neben mir. Was mochte sie wohl von mir denken? Wünsche? Ach nein. – Mir fiel ein, dass einer meiner Pelzhandschuhe einen Riss hatte, den ich auszubessern hatte. Als ich den fraglichen Handschuh von einer Schnur am Ofen zog und den Riss suchte, stieß mich meine schöne Nachbarin mit dem Ellenbogen an und bohrte ihre schwarzen Augen in die meinen. Ich verstand. Sie hatte den Schaden schon am Abend vorher gesehen und ohne dass ich etwas davon bemerkte, ausgebessert. Hinter uns regte es sich, der „Pascha" stand auf. Verächtlich blickte die junge Indianerin über ihre Schulter nach dem „Alten". Es war 7 Uhr und der „Nebjuh" drängte zum Aufbruch. Tom-tom wurde geweckt. Alles erhob sich in voller Bekleidung vom Nachtlager. Die junge Indianerin schnitt eine Menge Scheiben von einer Wildschafkeule, die im Hause hing, und briet sie. Bald saßen wir am Frühstückstisch. Ich erschrak über mich selbst, als ich bemerkte, wie viele Stücken Fleisch ich schon gegessen hatte. Daheim hätte das für drei Tage gereicht. Um 8 Uhr standen unsere zwei Hundeschlitten bereit. Die beiden Indianer hatten acht Hunde vor ihrem Schlitten, mein Gespann mit nur drei Hunden sah dagegen zwerghaft aus. Ich wusste aber, dass ich mit meinen drei Hunden ebenso viel leisten würde wie die Indianer mit ihren acht. Einmal waren die Meinen ganz bedeutend stärker, vor allem aber besser gepflegt. Da ich in „Dyk" einen erstklassigen Leithund hatte, überließ mir der „Pascha" die Führung. Tom-tom saß auf meinem Schlitten, er sollte mir die Richtung angeben, die der Vater in der Eingeborenensprache mit ihm vereinbarte. Wie die Besessenen stürmten meine Hunde vorwärts. Wir konnten nicht mehr auf dem Schlitten stehen oder sitzen, sondern mussten hinter den Gespannen laufen. Wir benutzten hier für eine Strecke den *trail* der Eisenlinie des alten Indianers. Der Weg war mit Löchern bedeckt. Es war nicht nur für uns Menschen ein sehr schlechtes Laufen in den „Niggerheads"; vor allem litten die Hunde. Wir waren froh, als wir auf das Eis eines größeren Sees kamen. Der Pascha ließ durch sein lautes „Hoo"-rufen die Gespanne halten. Er befahl Tom-tom, dass er eine halbe Stunde warten solle, während wir beide zu Fuß vorangehen wollten. Später sollte der Junge mit beiden Gespannen langsam folgen und am Ende des Sees, der ungefähr sechs bis sieben Kilometer lang war, ein Feuer machen, dort warten und erst folgen, sobald er Schüsse hörte. Mitten auf dem See war der Schnee in einer Breite von einigen hundert Metern von Rentieren vollständig zertrampelt. Eine Herde, die mehrere tausend Köpfe gezählt haben musste, war in der vergangenen Nacht über den See gezogen. Wir fuhren weiter. Am Ende des Sees fing wieder das ganz niederträchtige Gelände an. Eben wollten wir auf dem *trail* zurück, als mich „Pascha" an der Schulter fasste und weit nach vorn zeigte. Eine Menge Tierkörper bewegten sich etwa 1000 Meter vor uns in dem offenen Tale. Links von uns war ein niedriger bewaldeter Hang. Den benutzten wir als Deckung, um an die Rentiere zu kommen. So schnell wir laufen konnten, hielten wir auf die „Caribous" zu. Am Ende des Hanges angekommen, suchten wir mit meinem Glase das offene Tal ab, nichts war mehr zu sehen. Die „Tiernomaden" waren bereits durchgezogen und in den Vorbergen zur Linken verschwunden. Wir stiegen hinunter, überquerten einen kleinen Bach und feuerten auf einen langen Fichtenhorst zu, den wir als Deckung ausnutzten. Eben waren wir um eine Windfichtengruppe herum, als es uns beiden förmlich einen Ruck gab. 150 Meter vor uns kam ein kleiner Trupp Rentiere aus den Vorbergen zurück und hielt direkt auf uns zu. „Pascha" gab sofort Anweisung. Ich sollte, wenn die Tiere auf 50 Meter heran waren, die linke Seite der Tiere unter Feuer nehmen, während er von der rechten Seite des Trupps einige Tiere schießen wollte. Mehr als acht Stück sollten nicht geschossen werden, weil das Gelände für den Abtransport des Wildbrets sehr schlecht war. In leichter und wiegender Gangart kamen die weiblichen Rentiere Moos äsend auf uns zu. Die weißen silberfarbenen Halsmähnen leuchteten in der klaren Winterluft und bildeten einen straffen Gegensatz zu den dunkelschokoladenfarbenen Decken. Hell leuchteten die hellen Unterläufe und deutlich war schon das Knacken der Schalen zu hören. Es mussten, nach den Geweihen zu urteilen, alles ältere weibliche Tiere sein. In breiter Linie kamen die 84 Renntiere auf uns zu. 50 Meter waren sie heran. Die „Kanonade" begann. Unser erster Schuss ging fehl. Wir schossen auf die anlaufenden Tiere. Erschrocken machte die Herde halt und trat hin und her. Wir schossen weiter. Mit den nächstfolgenden vier Schüssen schoss ich vier Tiere, die alle auf dem Platze blieben. Der „Pascha" hatte drei geschossen, wovon zwei noch weitergezogen waren. Wir stellten unsere Schießerei ein, denn wir hatten genug. Ratlos standen oder traten die Tiere hin und her. Sie fanden sich scheinbar gar nicht zurecht. Bei einigen wurde die Neugier so groß, dass vier Stück in langsamem Schritt auf uns zukamen, scheinbar um zu sehen, was die „zwei langen Dinger" da bedeuteten. Auf des Indianers Vorschlag gingen wir frei die Herde an. Langsam bequemten sie sich auszuweichen. Dicht hinter den vier von mir im Feuer gefallenen Rentieren lag ein Fichtenhorst und ich wies den Indianer an, dort ein Feuer zu machen, was er auch sofort tat. In der kurzen Zeit des Schießens auf die Rentiere waren die Finger meiner bloßen Hände vollständig weiß gefroren. Es waren an jenem Tage 55 Grad Celsius. Ehe der Indianer das Feuer im Gange hatte, lüftete ich das nächstliegende Tier und steckte meine angefrorenen Hände in den Pansen. Die Dummheit, die ich dabei beging, rächte sich bitter. Eine halbe Stunde später setzten wahnsinnige Schmerzen in meinen Händen ein, dass mir förmlich die Tränen in die Augen traten. Ich hätte die Hände im Schnee reiben sollen und nicht in den heißen Pansen stecken. Das Feuer brannte. Ich rannte hinüber. Eins meiner beschossenen Rentiere saß im Wundbett und war noch nicht verendet, ebenso zwei Tiere, die der Indianer beschossen hatte. Ich bat ihn, doch sofort hinzugehen und den bedauernswerten Geschöpfen den Fangschuss zu geben. Ich konnte mit meinen schmerzenden Händen selbst kein Gewehr angreifen. Noch einmal hallten drei Schüsse und erlösten die Tiere. Wir sahen Tom-tom mit den zwei Gespannen ankommen. Er hatte seine liebe Not. Fortwährend kippten die Schlitten in dem buckligen, hartgefrorenen Moospolster um. Als die Beweglichkeit in meine schmerzenden Hände zurückgekehrt war, gingen wir zu dritt, um uns die geschossenen Tiere anzusehen. Es waren alles alte Gelttiere. Nur eins war dabei, dessen Balg ich für die Sammlung gebrauchen konnte. Die übrigen sechs Rentiere waren zu beiden Seiten in der Pansengegend, also dort, wo der Körper die größte Weite hat, vollständig abgescheuert. Wenn die Rentiere auf ihrer Wanderung in dichten Formationen kommen, dann wandert Leib an Leib, oft in uns übersehbarer Linie. In einer solchen zusammengedrängten Masse, wie das meist in Gebirgstälern usw. der Fall ist, scheuern sich die Tiere an den Leibern gegenseitig ab oder vielmehr „mahlen" das Haar ab. – Ich ging sofort an die Arbeit des Abbalgens des guten weiblichen Rentieres. Die beiden Indianer nahmen ihr eigenes Gespann und schleppten die übrigen sechs Tiere an den Feuerplatz, brachen die Stücke dort auf und packten zwei sofort auf ihren Schlitten. Mittlerweile war auch ich mit meiner Arbeit fertig und begab mich wieder zum Feuer. 14 Rentiernieren steckten an dünnen, grünen Weidenruten und rösteten im Feuer. Es war das erste Mal, dass ich ein derartiges Gericht essen sollte und ich kann sagen, dass es mir ganz ausgezeichnet geschmeckt hat. Nach dem vorzüglichen „Nierenessen" wurden auf meinen Schlitten ein Rentier in der Decke, das Wildbret des Stückes, das ich gebalgt hatte, sowie die Decke mit dem Schädel geschnallt. Die anderen drei Rentiere blieben am Feuer liegen und sollten am anderen Tage von den Indianern eingeholt werden. Es fing schon an dunkel zu werden, als wir den Rückweg antraten. Nach dreistündiger Fahrt mit unsäglicher Schinderei langten wir im Blockhause der Indianer an. Ein Rentier wurde noch am Abend an die Hunde verfüttert und ich sah darauf, dass die armen halbverhungerten Indianerhunde besonders bedacht wurden. Die junge Indianerin kochte noch am Abend die sieben Rentierzungen, die für das Frühstück bestimmt waren. Das Anerbieten der Indianer, mit ihnen weiter zu jagen, schlug ich ab. Ich wollte weiter nordwärts ziehen. Für einen vieltägigen *trip* wollte ich auch Tom-tom nicht mitnehmen. Ich entschloss mich allein weiterzuziehen. Für meine schmerzenden Hände wusste die alte Indianerin ein gutes Mittel. Der Bärenfeist, über Nacht auf die Hände gelegt, tat Wunder. Als ich am Morgen aufstand, fühlte ich eine ganz bedeutende Besserung. Nach dem Frühstück sagte ich den gastfreundlichen Indianern Lebewohl und versprach, nach sechs bis acht Tagen, wenn ich heil bliebe, dort vorbeizukommen und noch einmal um ein Nachtquartier zu bitten.

Allein bei wahnsinniger Kälte in der menschenleeren Bergwildnis

Es war noch finster, etwa 9 Uhr, als meine Hunde sich in Marsch setzten. Ich fuhr bis zu dem See, an dem wir tags zuvor waren. Dann bog ich in einen Bach in genau nördlicher Richtung ein. Ein Hochplateau lag vor mir. Nur ungern steuerte ich darauf zu, denn ich wusste nicht, wie lange sich die Hochebene ausdehnte. Um aber weiter nordwärts zu gelangen, musste ich wohl oder übel dort hinauf. Die Hunde hatten es nicht leicht, den Schlitten hinaufzuziehen. Oben angekommen, bot sich mir ein wunderbarer Fernblick. Gebirgszug reihte sich an Gebirgszug. Nur wenig Wald stand in den unendlich vielen Tälern der größeren und kleineren Flüsse. Weit in der Ferne konnte ich mit dem achtfachen Zeiss auf den Höhen der kahlen Gebirgszüge Rentiere ausmachen. Wie viel es sein mochten, war schwer zu sagen. Wohin das Auge reichte, überall auf diesem kahlen Gebirgsrücken kribbelte und krabbelte es. Tausende von Rentieren mussten es sein, die verstreut herumstanden oder weiterzogen und das Steinmoos ästen. Von dort ab, wo ich die Rentiere sehen konnte, in nördlicher Richtung bis zum Yukon River, waren die besten Wintereinstände. Unter mir lag ein weites Tal, in dem ich an einen größeren namenlosen Fluss, der in den Nisling River einmündet, gelangen konnte. Nachdem ich mir die Lage nach Norden von dem Hochplateau aus genau eingeprägt hatte, fuhr ich hinunter ins Tal. Unten fing es schon an zu dunkeln und ich fand bald einen mir geeigneten Lagerplatz. Ich war froh, als ich ein großes Feuer in Gang hatte. Bis auf die Knochen durchgefroren wärmte ich mich erst mal gründlich auf. Eine der drei Rentierkeulen, die ich mir mitgenommen hatte, stellte ich dicht an das Feuer; nach zwei Stunden war das Wildbret weich. Ein jeder meiner Hunde bekam ein tüchtiges Stück davon und es blieb nur für mich gerade genug für das Abendessen und Frühstück übrig. Von anderen Lebensmitteln hatte ich gar nichts mehr. Auch Zucker, Tee und Tabak waren fast aufgebraucht. – Wieder einmal war ich allein mit mir in der unendlichen Wildnis. An einen regelrechten Schlaf war bei der wahnsinnigen Kälte natürlich nicht zu denken. Eine Stunde Schlaf wechselte mit zwei Stunden Hocken am Feuer ab und ich war froh, als die neunzehnstündige Nacht endete und ich mir, hinter dem Gespann rennend, wieder Bewegung schaffen konnte. Nach zweistündigem Marsche kam ich zu dem schon erwähnten namenlosen Flusse. In unzähligen Windungen suchte er sich seinen Weg nach Norden. Kilometer um Kilometer ließ ich hinter mir. Wenn ich auf dem Schlitten stand, suchte ich die kahlen Berghänge und die Gipfel nach Rentieren ab. Nirgends war etwas zu sehen. Tausende von Fährten auf dem Flusse zeigten von Ost nach West. Der Tag verging. Es war fast 2 Uhr, als ich an eine windgeschützte Uferecke geriet, an der dichter Wald stand. Es war bereits etwas dunkel, als ich meine Hunde an geschützten Stellen festmachte. Ich ging zum Schlitten zurück, zog die Axt heraus, um damit Feuerholz zu schlagen. Plötzlich fuhren meine Hunde wütend auf und im selben Moment hörte ich ein Rauschen und dumpfes Klappern über mir. Erschrocken blickte ich hinauf in die Richtung, von der das Geräusch kam. Erstarrt stand ich einen Augenblick still, dann wusste ich Bescheid und hatte die Gefahr erkannt. Eine einzige dunkle Masse, ein Kilometer breiter Geweihwald wälzte sich zu Tal. Die Axt flog in den Schlitten, in Aufregung löste ich die Hunde und hastete sie in die Geschirre. Auch die Hunde waren kolossal aufgeregt. Mit schnellem Blick hatte ich erfasst, dass die Masse der ankommenden Rentiere den Weg hinunterzog, von wo ich kam. Mein Ausweg lag also in entgegengesetzter Richtung. „Dyk" zog mit einem Riesensatze an, laut brüllte ich „Tschaa", gab den Hunden das Kommando „rechts". Mit eingeklemmten Ruten jagten meine braven Kameraden davon. Auf dem Eise des Flusses kamen wir schnell und unaufhaltsam vorwärts. Die ankommenden Rentiere fanden so viel Hindernisse, dass deren Marsch etwas verlangsamt wurde. Ich gewann dadurch Zeit, aus der Gefahrenzone zu entkommen. Worin die Gefahr für mich bestand? Man stelle sich vor: Eine Herde Rentiere, mehrere tausend Stück, kommt dicht gedrängt auf mich zu. Voran die Leittiere, die, gedrängt von den Nachkommenden, nicht ausweichen können und über alle Hindernisse, die kommen, gehen müssen. Darin liegt die Gefahr – die Gefahr, von der unaufhaltsam vorwärtsdrängenden Herde zertrampelt zu werden.

Während der Flucht vor den schätzungsweise vier- bis fünftausend Rentieren stand ich hinten auf dem Schlitten. Wenn ich in dem Zwielicht auch nicht die gesamte Ausdehnung der Herde übersehen konnte, so war es doch ein gewaltiger, atemstockender Anblick. Tausende dunkle Tierkörper, tausende silberweiße Hälse, tausende von Geweihen, tausende von Tierleibern schoben und drängten den Berg herunter, ihrem mir unbekannten Ziele entgegen. Weithin war das Knacken von tausenden von Afterhufen und das gegenseitige Anschlagen der Geweihe zu hören. Ich war doch glücklich, dem wunderbaren Naturschauspiel entronnen zu sein.

Fast noch zwei Stunden musste ich flussabwärts fahren, um einen geeigneten Lagerplatz zu finden. Als ich dann am Lagerfeuer saß, erlebte ich im Geiste noch einmal das großartige Naturschauspiel. Ich konnte in der wahnsinnigen Kälte nur wenig

Schlaf finden, immer sah ich die Rentiere. Selbst meine Hunde schienen unruhig zu sein. Nicht wie sonst lagen sie bei mir, schnarchten und träumten, sondern fuhren fortwährend auf und lauschten in die Nacht hinaus. Völlige Stille lag wieder in der Natur. Prachtvolles Nordlicht flackerte in bunten Farben am nächtlichen sternenreichen Himmel. Längst war Mitternacht vorüber, als mich doch die Müdigkeit übermannte und ich in Schlaf sank. Die Kälte weckte mich jedoch bald. Es waren etwa 60 Grad Celsius und ich sehnte den Tag herbei, wo ich wieder Bewegung hatte.

Es war zehn Uhr morgens, als wir das Lager verließen. In lebhafter Fahrt ging die Reise auf dem Flusse weiter nordwärts. Es war etwa elfeinhalb Uhr, als wir in den Nisling-River einmündeten. Der starke Fluss zieht sich in einem weiten Tal hin, das von sanft ansteigenden kahlen Gebirgen eingesäumt ist. Wir waren vielleicht fünf Kilometer den Nisling hinunter, als zu beiden Seiten des Flusses in den Berglehnen Rentiere sichtbar wurden. Überall standen kleine Trupps herum und ästen Steinmoos. In einer tiefen Buhne des Flusses legte ich das Gespann im dichten Uferwalde ab und stieg einige hundert Meter den Berg hinauf. Im gesamten Gesichtsfeld standen etwa 2000 weibliche Rentiere herum und ästen. Mir am nächsten stand ein Trupp von ungefähr 80 Stück in einer Entfernung von 400 Metern. Die steinige Berglehne war vollkommen kahl und bot mir keine Deckung. Ich hielt es für ausgeschlossen, an die Tiere heranzukommen. Doch da fiel mir etwas ein, was mir der alte Indianer, der „Pascha", erzählt hatte. Hinter einem Stein, der mir sitzend Deckung bot, machte ich es mir bequem und fing an zu „operieren". An die Mündung meines Drillings band ich ein buntes Taschentuch. Ich schob den beflaggten Drilling senkrecht in die Höhe, so hoch ich nur reichen konnte. Langsam schwenkend und drehend bewegte ich die „Gewehrfahne". Es dauerte nicht lange, als zwei Rentiere nach mir äugten. Sie hielten mit Äsen inne und äugten starr herüber. Nach fünf Minuten stand der ganze Trupp still und sah unverwandt nach mir herüber. Endlich kam das Leittier geraden Weges auf mich zu. Unschlüssig folgten alle anderen Tiere. Auf einen Stein hatte ich mir einige Kugelpatronen griffbereit hingelegt und wartete, bis der Trupp nahe genug heran war. Als die Tiere auf 50 Meter neugierig nach mir äugend stehenblieben, ließ ich langsam den Drilling hernieder und auf dem Stein aufgelegt fuhr der erste Schuss heraus. Ein Stück brach im Feuer zusammen und blieb schlegelnd liegen. Schnell schob ich eine andere Patrone in den Lauf und laut brüllend rief ich den rechts seitwärts fortbrechenden Trupp an. Verdutzt blieben die Tiere stehen. Der zweite Schuss fasste ein Rentier, das mit Kreuzschuss im Feuer blieb. Die Rentiere warfen sich herum und flüchteten nach links zurück. Vor dem immer noch schlegelnden, zuerst beschossenen Stück blieben sie wieder stehen, um dann ratlos hin und her zu treten. Ich hatte Zeit genug, mir ein weiteres Stück auszusuchen, dessen Haar an den Pansenseiten nicht abgescheuert war. Auf den Schuss tat sich das Stück langsam nieder und sank schwerkrank mitten unter seinen ratlos herumstehenden Artgenossen.

Ich hatte genug und wollte nicht mehr schießen. Bequem hätte ich noch mehrere Tiere erlegen können und ich habe mir von dem alten Indianer erzählen lassen, dass mit diesem Manöver eine ganze kleine Herde aufgerieben werden kann. Von meinem Sitz aus schoss ich jedem der drei kranken Stücke eine Kugel auf den Träger und kürzte so die Leiden ab. Selbst nach den letzten drei Schüssen waren die vollkommen ratlosen Tiere nicht wegzubringen. Ich erhob mich und meine volle Erscheinung ließ die Rentiere wie erstarrt stehenbleiben. Mit dem Gewehr schwenkend und mit dem linken Arm in der Luft herumfuchtelnd brachte ich sie schließlich doch weiter. Unschlüssig, fortwährend stehenbleibend und zurückäugend, gingen die Tiere 100 Meter weit, blieben verstreut stehen und während der Zeit, in der ich die Decken von zwei guten unbeschädigten weiblichen Rentieren streifte, standen sie noch neugierig herum.

Als meine Arbeit getan und das dritte Stück aufgebrochen war, ging ich die wenigen hundert Meter hinunter zum Gespann. Ich entlud den Schlitten und fuhr mit den Hunden und dem leeren Schlitten hinauf. Das Rentier, das eine stark abgescheuerte Decke hatte, zerteilte ich mit der Axt und verfütterte es an die Hunde, soviel als in sie hineinging. Das frische Wildbret mitsamt der Decke musste ihnen eine besondere Delikatesse sein, denn es blieb weiter nichts übrig als Kopf, Hals, der abgenagte Rücken und die Knochen der Läufe. Es ist geradezu erstaunlich, was ein so großer Schlittenhund aufräumen kann. Die Keulen, Blätter und den Rücken der anderen beiden Rentiere lud ich auf den Schlitten, ebenso die beiden zusammengerollten Decken und die zwei Köpfe mit den prächtigen Geweihen. Alles andere blieb liegen.

Es war noch hell genug, einen Rundblick in die Ferne zu nehmen. Zu diesem Zweck stieg ich, die Hunde zurücklassend, einige hundert Meter höher hinauf auf einen turmartigen Felstegel. Von meiner hohen Warte konnte ich nach allen Seiten sehen. Nach Norden reihte sich ein Gebirgszug an den anderen, Welle um Welle kahler Berge, soweit das Auge reichen konnte. Dicht unter mir, jenseits des Höhenzuges, auf dem ich mich befand, stand der beschossene Rentiertrupp, der in der Zeit, wo ich das Gespann holte, dorthin gezogen war. Nordwestwärts hatte ich einen Einblick in das weite Tal des Nisling-Rivers, der sich in vielen Windungen durch das Gebirge zwängt und in den Donjek-River einmündet. Ganz in der Ferne waren die hohen kahlen Uferberge des letzten Flusses zu sehen. In westlicher Richtung türmte sich das hohe, ewig weiße Gebirge an der Ostgrenze Alaskas auf. Und so weit das Auge reichte und noch weit, weit darüber hinaus, gehörte alles mir, war mein Jagdgebiet. Allein stand ich – in den weißen Bergen und dankbar gedachte ich meines Schöpfers! Wie viel Wild mochte wohl in dem Bergreiche, das meine Augen übersehen konnten, stehen? Ungezählte tausende von Rentieren, viele Elche, im Westen Bergschafe, in den bewaldeten Tälern der vielen Flüsse Schwarz- und Grizzlybären in ihrem Winterlager, unzählige Wölfe und andere Raubtiere. Nur ganz selten kam ein Mensch und störte den Frieden der Bergwildnis.

Ich stieg hinab zu meinem Gespann. Die Hunde hatten mittlerweile die Knochen des Rentieres abgenagt. Wir gingen mit der Ladung wieder hinunter, um im schützenden Uferwalde das *camp* herzurichten. Die Hunde waren zu „voll" des saftigen Rentierwildbrets, um am selben Tage noch den Rückmarsch anzutreten. Faul und zufrieden lagen sie die Nacht über am Lagerfeuer. Wie immer in letzter Zeit fand ich wenig Schlaf in der langen Nacht. Die furchtbare Kälte hielt gleichmäßig an. Aber schließlich musste doch die Nacht dem kurzen Tag weichen und ich konnte fort. Auf demselben Wege, auf dem wir gekommen waren, kehrten wir zurück. Etwa 70 Kilometer fuhren wir, nur durch einen einstündigen Aufenthalt unterbrochen. Abends elf Uhr machten wir im dichten Fichtenwalde *camp*. Am nächsten Morgen zehn Uhr mit Anbruch des Tages ging es weiter. Kurz vor Mittag kamen wir an eine größere Herde Rentiere. Weit verstreut ästen sie in den kahlen steilen Bergseiten eines Baches. Es mochten etwa 1000 Stück sein und auch diesmal waren es alles weibliche Stücke, die nicht führten. Ich befand mich höchstens zehn Kilometer von dem Indianer-Blockhause am Ende des *big arm* am Kluane-See. Da ich noch etwas Wildbret gebrauchen konnte, beschloss ich, ein Stück zu schießen. Die Hunde ließ ich einfach auf dem Eis des Baches am Schlitten liegen und pirschte an eine kleine Gruppe Rentiere auf 150 Meter an das Wild heran. Da bemerkten sie mich plötzlich und ich musste schnell handeln. Auf den Schuss zeichnete das beschossene Stück waidwund und ging mit krummem Rücken talab, um sich keine 100 Meter vom Bache, auf dem mein Gespann lag, niederzutun. Die anderen Rentiere blieben stehen und äugten nach mir. Erst als sich ein größerer, mehrere hundert zählender Trupp in Bewegung setzte und bergauf ging, bequemten sich die Tiere ebenfalls zum Abziehen. Ich stieg sofort hinunter und erlöste das im Wundbett sitzende Schmaltier mit einem Schuss auf den Hals. Bis zum Schlitten waren es nur 200 Meter. Ich ging zurück und holte das Gespann. Der Schlitten musste entladen werden, um das gesamte Wildbret gut unterzubringen. Die ganze Schlittenladung betrug nun weit über fünf Zentner. Um durch einen Wald bis zum See zu kommen, hatten die Hunde schwere Arbeit, aber, willig wie immer, schafften sie es. Noch vor Dunkelheit erreichten wir das einsame Indianerblockhaus. Der „Pascha" war nicht zu Hause, sondern an seiner Eisenlinie. Ich war kein Fremder mehr bei den Rothäuten und wurde mit großer Freundlichkeit aufgenommen. Stolz erzählte mir der kleine Tom-tom, dass er am Tage zuvor drei Rentiere ganz dicht am Hause mit seinem kurzen Winchesterkarabiner geschossen habe. – Ich war froh, dass ich wieder mal ein Dach über meinem Kopfe hatte und schlief die ganze lange Nacht hindurch, ohne nur einmal aufzuwachen.

Rückmarsch, das neunte Weihnachten in der Wildnis

Um acht Uhr morgens stand mein Gespann bereit vor dem Blockhause. Beim Abschied überreichte mir scheu die junge schöne Indianerin zwei Löffel, die aus dem Horn der Bergschafschnecken kunstvoll mit dem Messer geschnitzt waren. Dankend nahm ich das Geschenk an und als Gegenleistung gab ich ein gutes deutsches, mehrteiliges Taschenmesser und drückte ihre schmale Hand länger, als es der Anstand, vom Gesichtspunkt eines Weißen aus gesehen, gestattete. Gute Wünsche von beiden Seiten, dann ließ ich den unruhigen Hunden freien Lauf und war bald im Dunkel der Nacht verschwunden.

Der feinkörnige, sandartige Schnee knirschte unter dem Schlitten und machte es den Hunden sehr schwer. Trotz der schweren Last behielten die Hunde gleichmäßigen Trott. Von *point* zu *point* schnitt der kluge Leithund „Dyk" und verkürzte den Weg nach Möglichkeit. Längst war der Tag angebrochen, die Mittagszeit nahte. Die Hunde waren müde von ihrer schweren Arbeit und so rasteten wir.

Eine gute Stunde saß ich am Feuer, verzehrte etwas Rentierwildbret, das ich wegen vollständigen Fehlens von Fett nur kochen konnte und trank meinen Tee. Es war mein letztes bisschen Tee. Die Hunde lagen neben mir und man konnte es ihnen ansehen, dass sie stark abgearbeitet waren. Wir konnten nicht dortbleiben und mussten weiter. Immer langsamer wurden die müden Tiere, zuletzt gingen sie nur noch im Schritt. Wir konnten nicht bleiben, kein Baum, kein Strauch wuchs an den nackten felsigen Ufern. Ein langgestreckter *point*, eine weit in den See hinausreichende Landzunge, war in noch beträchtlicher Entfernung silhouettenhaft sichtbar. Dorthin mussten wir auf alle Fälle. Dort war die einzige Übernachtungsmöglichkeit im dichten Walde. Auch „Dyk", der Leithund, wusste wohl, dass wir dorthin strebten, denn in schnurgerader Richtung hielt er auf den kaum erkennbaren Landstreifen zu.

Die Fahrt nach dort schien kein Ende nehmen zu wollen. Oft blieben die Hunde stehen, sie drohten schlapp zu machen. Die lange Handleine, die am vorderen Ende des Schlittens befestigt war, löste ich, befestigte sie am Geschirr des Leithundes und half mitziehen. Je näher wir unserem Ziele kamen, um so langsamer ging die Fahrt und um so häufiger legten sich die Hunde nieder. Mit hängenden Köpfen lagen sie da und müde und vorwurfsvoll sahen mich die treuen dunklen Hundeaugen an. Bei diesem Anblick tat mir das Herz weh. Immer wieder sprach ich auf die Tiere aufmunternd ein, was scheinbar auch verstanden wurde, denn immer wieder rafften sie sich auf und schleppten sich weiter. Ich hätte wohl durch Abwerfen von Wildbret die Last erleichtern können, doch ich sagte mir, von dem langen Landstreifen sind es höchstens sechs Kilometer bis zum blanken Eise, wo die Last ein Nichts bedeutete. Ich wollte dem alten Schweden, sowie auch der Familie am unteren Ende des

Sees Wildbret abgeben, dann wurde die Ladung ohnehin leichter. Wenn die Hunde ruhten, versuchte ich einige Male mit Hilfe der langen Handleine den Schlitten zu ziehen, was mir trotz aller Anstrengung nicht gelang. Und diese Tiere schleppten den schwerbeladenen Schlitten schon seit dem frühen Morgen hinter sich her.

Es war vier Uhr nachmittags, seit Stunden schon Nacht, als wir schließlich doch an die Landzunge kamen. Über die sanfte Uferböschung, die zum Walde führte, kamen wir aber nicht. Ich versuchte es gar nicht, die abgemarterten Tiere irgendwie anzuspornen, sondern schirrte sie aus, nahm die Hundeketten und die Axt aus dem Schlitten und ging, gefolgt von den müden Hunden, in den dichten Fichtenwald. Nachdem ich die Hunde gut geschützt festgemacht hatte, startete ich ein Feuer und erst, als ein wahrer Scheiterhaufen hellauf flammte, ging ich ans Ufer, entlud den Schlitten, schleppte einzeln die Lasten zum Lagerplatz herauf und schließlich auch noch den Schlitten. Eine Keule und ein Blatt vom Wildbret stellte ich nahe ans Feuer. In einer reichlichen Stunde war das Fleisch getaut. Ein jeder meiner treuen Gehilfen bekam eine tüchtige Portion von dem saftigen Wildbret und auch für mich bestimmte ich ein gutes Stück, das in einem Kessel kochte, leider aber ohne Salz, das ich nicht mehr besaß. Kein Tee, seit mehreren Tagen keinen Tabak, nichts, gar nichts war vorhanden, nur rohes Wildbret.

Es war acht Uhr abends, als ich mein Abendbrot verzehrt hatte. Ich saß auf meinem Deckenbündel am lustig flackernden Campfeuer, sah nichts von meiner Umgebung, dachte an nichts und doch saß ich nicht stumpfsinnig. Mein Hirn war beschäftigt mit Dingen, die weit, weit zurücklagen, ich dachte an ein Land, das weit, weit fort von mir lag. Dort in jenem Lande, in dem meine Gedanken weilten, feierte man das schönste Fest – Weihnachten. Und die, an die ich dachte, die waren enttäuscht. Hatten sie doch mein Versprechen, dass ich nun endlich nach neun Jahren wieder ein Weihnachtsfest gemeinsam mit ihnen verleben wollte. Aber es kam anders. Heiliger Abend! So sprach ich laut vor mich hin, so dass die müden Hunde aufschauten. Der neunte Heilige Abend fern der Heimat, fern von Frau und Tochter. Meine Gedanken gingen zurück an alle die Weihnachtsabende, deren ich mich erinnern konnte. Keiner war darunter, an dem ich so trostlos und so verlassen in furchtbarer Kälte unter freiem Himmel saß. Immer wusste ich mir die hohen Festtage so zu gestalten, dass sie ein Fest wurden, selbst die letzten in kanadischer Wildnis. Lange, lange saß ich versunken, dann raffte ich mich auf. Ich wollte nicht murren. Mein Los war selbstgewählt.

Dichter Kältedunst legte sich in den Wald. Draußen riss das Eis. Krachend und donnernd entstanden Sprünge in der starken Eisdecke auf dem großen See. Ein Kessel mit Wildbret hing zum Kochen über dem Feuer. Ich versuchte nicht zu schlafen, ich konnte mich, am Feuer sitzend, kaum warmhalten. Mitternacht war vorüber. Immer dichter wurde der Dunst und immer ungemütlicher meine Lage. Um ein

Uhr stand der Entschluss bei mir fest, dass ich nicht stundenlang warten wollte bis zum Tagesanbruch. Ich verspeiste das gekochte Wildbret und machte zur Weiterfahrt alles fertig. Die Hunde hatten fast zehn Stunden geruht und als sie sahen, dass ich die Geschirre am Schlitten auslegte, standen sie auf, reckten und dehnten sich und verrieten durch ihr Rutewedeln Arbeitsfreude.

Um zwei Uhr war das Feuer mit Schnee gelöscht und mit neuem Eifer zerrten die Hunde den Schlitten aus dem Walde auf den See hinaus. Alles war in einen dichten grauen Schleier gehüllt. Nur undeutlich war der Leithund zu sehen. Ihm überließ ich die Führung. Wie weit wir draußen auf dem See waren, wusste ich nicht. Rings um uns ein großes Dunstmeer. Barst irgendwo die gewaltige Eisdecke, verspürte man deutlich eine Erschütterung. Stunde um Stunde verging. Plötzlich hörte der Schnee auf. Wir glitten auf die blanke Eisfläche. Mit mehr als verdoppelter Schnelligkeit ging es nun vorwärts. Die schwere Schlittenlast glitt auf der glatten Fläche leicht dahin. Ohne die Hunde zu überanstrengen, konnte ich wieder von Zeit zu Zeit auf dem Schlitten stehen.

Es war etwa neun Uhr morgens, als „Dyk", der Leithund, scharf nach links führte und in dieser Richtung fuhren wir nun in sehr schnellem Tempo eine gute halbe Stunde. Wir mussten uns also sehr weit draußen auf dem Eise befunden haben. Langsam kam der Tag herauf. Links wurden im grauen Schleier Felsen sichtbar, bald auch rechts. Die enge Bai, eine solche konnte es nur sein, kam mir bekannt vor und ehe ich mir so recht klar wurde, wo wir uns befanden, erklang dicht vor uns Hundegebell. In zwei Minuten standen wir mit dem Gespann vor dem einsamen Blockhause des alten Schweden. Als ich in das Haus trat, kam der schwerhörige Mann eben aus dem Bett und empfing mich mit den Worten: „Marry Christmas[28]", und mit „Marry Christmas" – frohe Weihnachten – dankte ich ihm.

Während der Alte im Hause Feuer machte, brachte ich meine Hunde unter und als das geschehen und ich wieder ins Haus trat, holte der gastfreundliche Mann eine Flasche unter dem Bett hervor, die er mir mit den Worten *„freshly importet from Sweden"* – frisch importiert von Schweden – überreichte. Von Schweden kam die Flasche mit dem Inhalt bestimmt nicht, der Inhalt war aber kunstvoll von einem Schweden destilliert worden. Das „Feuerwasser" tat gut.

Beim Frühstück musste ich erzählen. Der Alte freute sich sehr, dass er von mir das Wildbret eines Rentieres bekam. Er hatte wohl versucht, selbst Wild zu erlegen, es war ihm aber nicht gelungen. Er war zu zerbrechlich, um in höheren Lagen des Gebirges auf Bergschafe zu jagen und Elchwild, das sich in den bewaldeten Tälern aufhielt, war von Wölfen vertrieben worden. Der Schwede sah mir an, dass ich sehr müde war. Seit vielen Tagen war ich beständig im Freien. In der großen Kälte ver-

---

28   Anm. des Verlags: Eigentlich „Merry Christmas".

spürt man die Müdigkeit nicht besonders. Nun saß ich in einem warmen Hause und die vielen schlaflosen Nächte der Ietzten Zeit hatten mich stark mitgenommen. Der Körper verlangte sein Recht. Der Alte ging hinaus, versorgte die Hunde und Nerze und entlud meinen Schlitten. Ich legte mich schlafen.

Am Abend wurde ich geweckt. Der Alte erzählte mir, dass das Wetter umschlagen würde. Das Barometer sei gewaltig gestiegen, es seien nur dreißig Grad. Draußen ging ein leichter Westwind, der wärmeres Wetter anzeigte. Der Tisch war gedeckt und wir setzten uns zum Essen. Mein Wirt hatte frisches Rosinenbrot gebacken, das mich an den heimatlichen Christstollen erinnerte. Ein saftiges Stück geschmorte Rentierkeule, eingekochte Heidelbeeren und selbst hergestellter Heidelbeerwein bereicherten die Tafel. Wir saßen noch lange nach dem Essen bei Tabak und Wein. So verging die Zeit schnell. Es war Mitternacht als wir uns schlafen legten.

Der Wind war stärker geworden und im Stillen flehte ich, dass der Wind nicht zum Sturm anwachsen möchte. Der alte Schwede weckte mich am Morgen. Ich hatte so fest geschlafen, dass ich nicht einmal den zahmen Nerz im Zimmer herumtollen gehört hatte. Es war bereits neun Uhr, ich musste mich beeilen. Das Frühstück stand fertig auf dem Tisch. Der Alte war schon seit sechs Uhr auf den Beinen, hatte auch schon meinen Schlitten gepackt und die Hundegeschirre daran ausgelegt. Er versicherte mir, dass er sich freuen würde, wenn ich noch einige Tage bleiben könnte. Ich war ohnehin schon einen Tag über die festgesetzte Zeit ausgeblieben. Dann erzählte er mir von einem Fall, wo er auch auf seinen früheren Partner wartete, der nie wiederkam.

„Es ist schon 25 Jahre her", so erklärte er mir, „da hatte ich einen Partner. Wir waren noch kräftige Männer, wir kreuzten die Wildnis in allen Richtungen und hatten immer nur das eine Ziel vor uns, eines Tages doch große Goldschätze zu finden. Heute habe ich längst eingesehen, dass nur selten einem Menschen das Glück, größere Goldfunde zu machen, winkt. Drüben an der Westseite des Sees hatten wir ein kleines Blockhaus. Eines Tages ging mein Partner im Spätherbst allein mit einem kleinen Boot am Rande des Sees hinauf. Er wollte etwa 50 Kilometer oberhalb auf Bergschafe jagen und versprach, in zehn Tagen zurück zu sein. Es war gegen Ende Oktober und schon empfindlich kalt. Der See konnte aber noch nicht zufrieren, da fortwährend ein starker Wind wehte, der das Wasser in steter Bewegung hielt. Zehn Tage waren vergangen und der See fror schließlich doch zu. Mein Partner war nach Ablauf von zehn Tagen noch nicht zurückgekehrt. Es vergingen 14 Tage, er kam nicht. Ich machte mir Sorgen um meinen Freund. Ich hatte damals ein sehr gutes Gespann von fünf starken Hunden und eines Morgens ging ich aus, ihn zu suchen. Wenn auch die Aussichten gering waren, meinen Freund im Gebirge irgendwo zu finden, so wollte ich doch nichts unversucht lassen und vertraute einem Zufall. Er hatte mir genau beschrieben, in welchem Gelände er jagen wollte. Die jungen, starken Hunde griffen mächtig aus, schnell kamen wir vorwärts. Es war kurz vor Dunkelheit, als ich ein Boot weit ab am Ufer in Eisschollen eingepackt stehen sah und als das unserige erkannte. Eine gewisse Unruhe packte mich. Ich kam heran an das Boot, das fast bis zum Rande mit Eis ausgefüllt war. Ein Gewehrlauf, sowie Schlafdecken sahen durch das Eis im Boot. Bis zum Uferwalde waren es etwa 20 Schritt. Dort ging ich hin und brauchte nicht lange zu suchen. Eine zusammengekauerte Menschengestalt, von einer leichten Schneedecke überzogen, lag neben einem zusammengetragenen Holzhaufen. Steif und starr lag mein Partner. Als ich meinen toten Freund vom Schnee befreit hatte, stellte ich fest, dass seine Bekleidung bis zum Oberkörper total vereist war. Er musste, im Boot sitzend, Wasser gefasst haben und ehe er dann an Land kam und trockenes Holz für ein Feuer zusammengetragen hatte, musste eine Zeit vergangen sein. Die vereisten Handschuhe von ihm kratzte ich am Holzhaufen unter dem Schnee hervor, ebenso die mit Eis überzogene Streichholzschachtel. Das Unglück musste auf dem Wege zum Jagdausflug passiert sein, denn später schlug ich aus dem Eise im Boot Lebensmittel und andere Dinge. Zwei Wochen lag mein Freund erfroren und ich hatte keine Ahnung davon. Es kostete mir viel Mühe, den Toten fortzubringen. Nicht sein schwerer Körper war es, der mir diese Mühen verursachte, sondern die Hunde. Beim Anblick des Toten wurden sie störrisch und immer, wenn ich den erstarrten Leichnam auf den Schlitten zu ziehen versuchte, wollten die Hunde fort. Aber es gelang schließlich doch. Ich brachte den toten Freund nach dem Blockhause und nachdem er aufgetaut und langgestreckt war, beerdigte ich ihn hinter dem Hause. Ein schlichtes Holzkreuz steht noch heute dort."

Nach dieser traurigen Erzählung saßen wir eine Zeit schweigsam, ein jeder hing seinen Gedanken nach.

Der Tag brach an. Nach kurzem Abschied fuhr ich weiter und war bald in den See hinaus. Immer noch, wie am Vorabend, blies der Wind. Es waren, als ich das Blockhaus verließ, nur 35 Grad Celsius, also nicht sonderlich kalt. Aber der eisige Wind, der über den weiten See fegte und seine Schneekristalle aufwirbelte, wurde zur Qual. Auf dem Schlitten konnte ich vor Kälte nicht lange stehen. Die Hunde hatten ein Tempo, dem ich nur mit Mühe zu folgen vermochte. Die Last auf dem Schlitten hatte sich bedeutend verringert. Die ausgeruhten Hunde wussten genau, dass es heimwärts ging. Sobald der Wind für eine kurze Zeit aussetzte und kein wirbelnder Schnee die Sicht nahm, waren in der Ferne schon deutlich die gigantischen Bergesriesen und der Gletscher des Slim zu erkennen. In schnurgerader Richtung, weit draußen auf dem See, hielt „Dyk" auf „Silver", das Blockhaus des Amerikaners, zu. Meile um Meile, Stunde um Stunde verrann, immer näher rückte der tiefe Einschnitt, an dessen Ende das Blockhaus am See stand. Kurz vor Dunkelheit erreichten wir das Haus.

Die Bewohner kamen heraus und freuten sich über meinen Erfolg, mehr aber wohl noch über das Rentierwildbret, das ich ihnen mitbrachte. Während ich die Hunde unterbrachte, entlud die schöne Tochter des Hauses meinen Schlitten. Dann saßen wir beisammen im gemütlichen Blockhause und ich musste erzählen von meiner Fahrt. Die Leute hatten nicht geglaubt, dass ich der furchtbaren Kälte wegen so lange aushalten würde. Die beiden erwachsenen Söhne des Amerikaners hatten am Morgen den Bau verlassen und gedachten in vier bis fünf Tagen von ihrer Eisenlinie zurück zu sein. Auf meinen Wunsch wurde zum Abendessen eine große Forelle gebraten; ich hatte lange von Wildbret gelebt und eine Abwechslung war mir willkommen. Wie üblich, suchte ich mein Lager auf dem Fußboden der „guten Stube" auf.

Schon um sechs Uhr wurde ich auf Wunsch geweckt. Es war noch finster, da stand ich fertig mit meinem Gespann vor dem Hause, ebenso waren die Bewohner anwesend, um mir gute Fahrt zu wünschen. Nur eine fehlte – die schöne Tochter des Hauses. Als ich nach ihr fragte, trat sie in warmer Winterkleidung aus dem Hause. Eine schmucke, aus Murmeltierfellen gefertigte Pelzmütze zierte ihren schönen Kopf und gut kleidete sie die Parka aus Rentierfell. Frei sah sie mich an und ebenso frei erklärte sie, dass sie einige Meilen mitkommen würde, um ihre Fallen zu revidieren. Das ließ ich mir gefallen. Mit kurzen Worten verabschiedete ich mich, dann fuhr ich ab, gefolgt von meiner schlanken Begleiterin.

Es ging langsam bergan. Das junge Mädchen begann die Unterhaltung, die sich nur um jagdliche Dinge drehte. Sie erzählte mir, dass sie am *trail* zehn Eisen stehen habe, und zwar schon seit November, gefangen habe sie aber nur einen Nerz und einige Hermeline. Bald kamen wir an eins der Eisen. Ein Fuchs hatte den Fangplatz umkreist, war aber nicht herangegangen. Ich ließ mein Gespann halten, nahm das Eisen aus dem Lager und richtete einen neuen Fangplatz vor. Interessiert hat mir das Mädchen zugesehen und meinen Erklärungen gelauscht. Weiter ging die Fahrt. In einer Wasserrinne stand ein Eisen für einen Nerz, der aber nicht in die Falle ging. Im Astwerk eines Strauches hing der Kadaver eines Nerzes und das Mädchen erklärte mir, dass dieser Kadaver der ihres ersten und letzten Nerzes sei, sie habe den edlen Pelzträger damals an Ort und Stelle gestreift und den Kern einfach dort hineingeklemmt. Ich holte den gefrorenen Kern und zeigte dem Mädel die Drüsen unter dem Schwanzansatz und sagte ihr, dass sie in Zukunft von gefangenen Nerzen diese Drüsen sammeln solle, weil sie die beste Witterung für den Nerz seien. Das Eisen, das sie, mit Fisch beködert, gestellt hatte, nahm ich fort und schob es unter eine Wurzel am hohlen Ufer des Grabens. Hinter das Eisen steckte ich einige feine Splitter der Drüsen und sagte ihr, dass sie in den nächsten Tagen bestimmt ihren starken Nerz, der sich frisch in der Nähe spürte, holen könne. An dem schönen Mädel war ein Trapper verlorengegangen, sie zeigte so viel Interesse und wurde

368

des Fragens nicht müde. Schließlich fragte sie schüchtern, ob wir nicht Tee kochen wollten, wir seien doch schon fast zwei Stunden unterwegs. Gern sagte ich zu. Ich machte das Feuer. Sie holte Eisstückchen und bald hing ihr kleiner Teekessel über dem Feuer. Sie war ein rechtes Kind der Wildnis. Ihren Teekessel, eine kleine Handaxt, Tee, Zucker und die Kleinkaliberbüchse führte sie bei Tagesstreifen immer mit sich. Zwei Scheiben gebratenes Rentierwildbret, das sie mitgenommen hatte, briet sie an einer Weidengerte geschickt am Feuer auf und teilte mit mir.

Eine Stunde saßen wir am Feuer beisammen. Viel hat sie von mir über den Raubwildfang erfahren. Mir war es ein Genuss, mit diesem unverdorbenen Menschenkinde, das so viel Interesse an der Natur zeigte, zu plaudern. Bei dieser Gelegenheit erinnerte ich mich manches Mädchens, dem ich in meinem Leben begegnete und keine von jenen hielt einen Vergleich mit dem *Child of the woods* – Kind des Waldes – aus!

Wir fuhren weiter. Am letzten ihrer Eisen trieb sich ein starker Luchs herum, der sich auch wieder frisch spürte. Auch dieses Eisen legte ich zurecht. An einem starken Fichtenstamm steckte ich in einem Kreise halbmeterhohe fingerstarke Stöcke in den Schnee. In dem *Pen*, der einen Durchmesser von dreiviertel Metern hatte, ließ ich einen 20 Zentimeter breiten Eingang, in den ich das Eisen legte. 30 Zentimeter hinter dem Eisen hing ich einen Fichtenhuhnflügel, den „meine Trapperin" als Hermelinwitterung mithatte, an einen Zwirnsfaden etwa 50 Zentimeter hoch auf. An dem dünnen Faden war der leichte Flügel fortwährend in drehender Bewegung. Der Luchs ist neugierig, er muss mit dem Auge alles untersuchen. Der erfahrene Trapper weiß diese Schwäche des Luchses auszunutzen und meist ist ein Erfolg sicher.

Wir waren etwa acht Kilometer vom Blockhause am Kluane-See fort. Das Mädchen musste wieder zurück. Wir verabschiedeten uns und wünschten uns gegenseitig *Good luck*. Durch offenes Gelände ging meine Fahrt weiter; lange noch stand das Mädel und winkte mir nach, erst als der *trail* in hohes Weidengestrüpp führte, entschwand sie meinen Blicken.

Die erste *Summit*, den langen Höhenrücken, erreichte ich noch vor Dunkelheit und zwei Stunden später kam ich in ein kleines dichtbewaldetes Tälchen, in dem ich das Lager aufschlug. Es war bei weitem nicht mehr so kalt wie in den Tagen vorher. Als ich am Morgen das Blockhaus verließ, waren es nur 50 Grad und mir kam es vor, als wenn am Abend die Temperatur noch gestiegen war.

Die Nacht verging. In den Morgenstunden verließen wir den Lagerplatz zur Weiterfahrt. Es schneite unaufhörlich, wenn auch nicht stark. Als ich am Nachmittag die zweite *Summit* erreichte, lag dort der Neuschnee schon 20 Zentimeter hoch. Ich musste die Schneeschuhe anschnallen, um damit den Hunden den Weg zu bahnen. Schwer zogen sie an der Last im losen Schnee und mit Anbruch der Dunkelheit musste ich eine einstündige Ruhepause für die Tiere einsetzen.

Es war neun Uhr, als wir am Blockhause Olafs endlich ankamen. Er hatte uns kommen hören und stand vor dem Hause. Er machte mir Vorwürfe, dass ich einen Tag über die Zeit geblieben war, doch als ich ihm alles erklärte, verstand er mein zu langes Ausbleiben. Nachdem die Hunde versorgt und der Schlitten entladen war, gingen wir in das gemütliche warme Blockhaus. An Gesprächsstoff mangelte es nicht. Olaf hatte mehrere Füchse gefangen. Von meiner neunzehntägigen Jagdfahrt wusste ich genug zu erzählen. Noch am selben Abend besprachen wir meine Rückreise nach Whitehorse. Wir wurden uns einig, dass wir die Hunde, die abgearbeitet waren, drei Tage ruhen lassen wollten. Olaf versprach, mich mit dem Gespann selbst zurück in die Zivilisation zu bringen. An dem Abend saßen wir nicht lange, sondern suchten bald die Betten auf. Ich war so hundemüde, dass ich mich kaum mehr auf den Beinen halten konnte. Bis zum Mittag des nächsten Tages schlief ich, ohne nur einmal aufzuwachen.

In den folgenden zwei Tagen, in denen ich noch einmal die große Kameradschaft meines Freundes genießen konnte, ordnete ich meine Beutestücke und machte alles fertig zur Abreise. Viel zu schnell vergingen diese schönen Tage. Wie zu Hause fühlte ich mich bei dem hochherzigen Schweden und mir bangte vor der Trennungsstunde. Selten, ja sogar sehr selten findet man im Leben Menschen, die man als Freund und Kameraden bezeichnen kann. Wenig gesprächig und in mich gekehrt verrichtete ich am letzten Tage meines Aufenthaltes im Blockhause am Mount Doecelli meine Arbeiten. Bei jedem Gehörn oder Geweih, bei jeder Decke oder jedem Balg durchzuckte mich etwas, was ich nicht beschreiben kann. Ein jedes dieser Dinge gemahnte mich an die Trennungsstunde, an die Trennung von einem Lande, in dem ich zu Hause war, in dem ich so viele Waidfreuden genießen konnte. Wenn ich gerade draußen vor dem Hause war und mich mit etwas beschäftigte, sahen mich die geheimnisvollen Bergesriesen fragend an. Ich verfiel in regelrechte Träumerei. *Trails*, die ich in diesem Lande Hunderte von Kilometern gezogen war, tauchten vor mir auf, *trails*, über die zu kommen ich Wochen gebrauchte, standen in Sekunden vor meinem geistigen Auge. In Minuten erlebte ich kurz das noch einmal, wozu ich in der Wirklichkeit viele Monate gebrauchte.

Zurück in die Zivilisation – Ende meines neunjährigen Wildnislebens

Schon früh waren wir am bestimmten Abmarschtage auf den Beinen. Das Wetter schien umschlagen zu wollen. Das Barometer war gestiegen und der Wind kam von Westen, vom stillen Ozean herein. Olaf hatte Bedenken. Er, der das Land seit fast einem halben Menschenalter gut kannte, meinte, dass wir aller Wahrscheinlichkeit nach von

Tauwetter überrascht werden würden. Auf alle Fälle nahmen wir doppelte Lebensmittelration mit. Wir hatten dann etwas zu beißen, falls Olafs Voraussetzungen zutrafen. Es war noch völlig Nacht, da zogen die treuen Hunde an. Vollgepackt war der lange Schlitten. Geweihe und Gehörne ragten hoch über die Ladung. Infolge Platzmangels hatte ich mein Schlafzeug zurückgelassen. Wir mussten die kommenden Nächte mit den Decken Olafs auskommen. Der erste Marschtag war verhältnismäßig gut. In einem kleinen bewaldeten Talkessel machten wir *camp*. Am anderen Tage trat tatsächlich leichtes Tauwetter ein. Bis gegen Mittag zogen wir auf dem *trail* dahin, dann konnten die Hunde nicht mehr weiter. Der Schlitten klebte fest am Schnee. An einem breiten Bach machten wir Halt und richteten ein Lager. Auf dem Bache stand schon zehn Zentimeter Tauwasser und Olaf schlug vor, eine Brücke über den Wasserlauf zu bauen. Während Olaf Stämme schlug, die als Brücke dienen sollten, suchte ich in einer unweit gelegenen Weidenfläche mit dem Kleinkaliber auf Schneehasen. Mit Anfang der Dunkelheit kam ich mit neun Schneehasen zurück, die in der Hauptsache als Hundefutter dienen sollten. Gegen 7 Uhr legten wir uns am großen Lagerfeuer für einige Stunden zum Schlafe. Olaf glaubte, dass es gegen Mitternacht kälter werden würde und wir die Nacht hindurch fahren wollten. Alles ging nach Wunsch. Es fing in der Nacht an zu frieren. 11 ½ Uhr stand wieder alles zur Weiterfahrt bereit. Olaf hatte den Hunden Mokassins über die Pfoten gezogen, damit sie sich in der harten und scharfen Schneekruste die Ballen nicht wundlaufen konnten. Diese Hundemokassins, die aus sämisch gegerbtem Elchleder gearbeitet sind, findet man unter den Trappern häufig; zumindest bei denen, die auf ihre Hunde bedacht sind. Diese etwa 20 Zentimeter langen Ledersocken werden den Hunden über die Pfoten gezogen und oben verschnürt und die Hunde wissen das zu schätzen. Bei jedem Tritt brachen die Hunde und wir durch die Schneekruste und kamen nur langsam vorwärts. Während der Nacht mussten wir noch an drei Bächen Brücken bauen, da Wasser auf der Eisfläche rann. Gegen 9 ½ Uhr morgens wurde wieder Halt gemacht. Der Schnee fing an am Schlitten zu kleben. Die Hunde konnten nicht weiter. Einige Stunden saßen wir am Lagerfeuer beisammen. In den Nachmittagsstunden schossen wir mit der Kleinkaliberbüchse 15 Hasen. Gegen Mitternacht zogen wir weiter. Diese Nacht und auch die nächste Nacht zogen wir durch die Wildnis, während wir am Tage ruhten. Wir erreichten Champagne, den Handelsposten der beiden Halbindianer. Der dort stationierte Beamte der *Mounted Police* war anwesend. Drei Tage blieben wir dort. Am dritten Tage unseres Dortseins fiel das Barometer ganz gewaltig und am Abend waren es bereits 30 Grad *belo zero*[29]. Über Nacht fiel etwa zehn Zentimeter Neuschnee und das gab für uns das schönste Marschwetter. Ungefähr 100 Kilometer auf dem Wintertrail hatten wir noch bis Whitehorse und wir legten diese Entfernung in zwei Marschtagen zurück. Abends 9 Uhr kamen wir ungesehen in die

---

29   Anm. des Verlags: Eigentlich „below zero".

Stadt. Kein Mensch war auf der einzigen wirklichen Straße zu sehen. Und das war auch kein Wunder. Das Thermometer am Hotel zeigte 60 Grad Celsius an. Olaf hatte in Whitehorse ein schönes Blockhaus, in dem blieben wir die Nacht. Am nächsten Tage erkundigte ich mich beim Postamt, wann ein Küstendampfer südwärts ginge und erfuhr, dass ich 16 Tage warten musste. Im Winter verkehren nur zwei Dampfer im Monat, oftmals auch nur einer zwischen Alaska und den südlicheren Staaten. Mir war die Wartezeit recht, hatte ich doch so reichlich Zeit, meine umfangreiche Sammlung zu ordnen und zum Versand in die Heimat fertig zu machen. Ich quartierte mich wieder bei dem alten Deutschen, bei dem ich schon vorher gewohnt, ein. Der größte Teil meiner Sammlung lag auch bei ihm. Olaf fuhr nach dreitägigem Aufenthalt wieder zurück. Noch einmal sahen wir uns in die Augen und drückten uns die Hände. Gesprochen haben wir nichts, wir wussten, dass wir uns nie wiedersehen würden. Lange sah ich dem treuen Freunde und seinen Hunden nach. Vorbei!

16 Tage in Whitehorse. Jene Tage werden mir unvergesslich sein. Mein Quartier bestand aus zwei Räumen, in jedem derselben stand ein Ofen. Meine Mahlzeiten kochte ich mir selbst, und zwar aus Sparsamkeitsrücksichten. Das schienen mehrere Einwohner der freundlichen Stadt zu wissen, denn gleich am ersten Tage kamen zwei Kinder und brachten mir als Geschenk ihrer Eltern Brot und Kuchen. Am Nachmittage, es war ein Sonnabend, lud mich die Frau des Regierungsagenten zum Abendessen ein. An diesem Abend lernte ich einen älteren Herrn deutscher Abstammung kennen, der ebenfalls zum Essen gebeten war. Seine Eltern kamen aus dem Rheinland nach Amerika, als sie noch junge Leute waren. Der alte Herr, von dem hier die Rede ist, wurde in den Vereinigten Staaten geboren. Ein langes Menschenalter lebte er schon auf dem amerikanischen Kontinent, aber er war Deutscher geblieben, wiewohl er von Geburt her Amerikaner war. Mit einer Begeisterung sprach er vom Deutschtum, dass ich aus dem Staunen nicht herauskam. Eine neue Zeit war in Deutschland angebrochen. Das Dritte Reich war erstanden. Wie ein Kind freute sich der alte vornehme Mann über den Aufstieg Deutschlands. Ich muss offen sagen, dass ich damals noch sehr wenig wusste, was in der deutschen Heimat vorging, da meine Postgelegenheit eine sehr schlechte war. Nur brockenweise erfuhr ich durch Briefe meiner Angehörigen, welch gewaltiger Umschwung sich in der Heimat vollzogen hatte. Der alte Herr war der erste, der mir Genaueres berichten konnte. Die Deutschlandmeldungen am Radio verpasste er nie. Er hatte seine deutsche Muttersprache als kleines Kind gelernt, in seinem späteren Leben aber wieder verlernt. Ein junger Österreicher, der am Orte wohnte, musste ihm alles übersetzen. Er ließ es sich nicht nehmen, die Radiomeldungen niederzuschreiben. Wie ein Kind freute er sich, dass der Deutsche sich besonnen hatte, wieder Deutscher zu werden. Aber auch der irische Regierungsagent wusste uns Deutsche zu rühmen. Er hatte den Feldzug mitgemacht. Der Zufall wollte es, dass wir, er bei

kanadischer Infanterie, ich bei der deutschen Infanterie, beide bei fliegenden Divisionen, fast auf gleichen Abschnitten zu gleicher Zeit sechs Monate lang uns gegenübergestanden hatten. Später kam er zu der Besatzungstruppe nach Köln, Aachen und anderen deutschen Städten. Er war voll aufrichtigen Lobes über Deutschland. An diesen Unterhaltungen, über das große Völkermorden, nahm auch die Frau des Agenten großen Anteil. Ich erfuhr, dass sie ihren einzigen Bruder in Zypern verloren hatte. Er war von der einstürzenden Kathedrale verschüttet worden und fand dabei den Tod. Ich konnte nicht zurückhalten, ich musste ihr erzählen, dass ich in demselben Abschnitt vor Zypern lag. Ich konnte ihr Näheres erzählen über die Kämpfe, die in jener Zeit um Zypern stattgefunden hatten. Nach dem Kriege war sie selbst am Grabe ihres Bruders, und meine Erzählungen über jene Gegend taten ihr wohl. Der „Feind" saß ihr gegenüber, aber nicht als „Feind" betrachtete sie mich. Wir taten nur unsere Pflicht. Mitternacht war längst vorbei, als ich das gastfreundliche Haus verließ und gern denke ich an den schönen Abend zurück. – Schon am nächsten Tage kam eine andere Einladung und so ging es fort, Tag für Tag. Ich war aufgenommen in eine große Familie, anders kann ich die Bevölkerung der freundlichen Stadt nicht nennen, wurde als einer der ihrigen betrachtet. Aus Kanadiern, Amerikanern, Norwegern, Schweden, Deutschen, Österreichern, Dänen, Finnen, Franzosen, Chinesen, Engländern, Irländern, Isländern, Halb- und Vollindianern bestand die Bevölkerung der etwa 200 Einwohner zählenden Stadt und alle, mit nur wenigen Ausnahmen, waren Menschen, die das Wort „Gemeinschaft" nicht nur als Wort kannten, sondern auch ausübten. Auf meinen langen Reisen hatte ich viel Gelegenheit, den Menschen und seine Charakterbildung kennenzulernen. Dort, wo der Mensch dicht zusammengepfercht in den Steinhaufen der Großstädte ein armseliges Dasein fristet, dort ist Lug und Trug, ein ewiges Hasten, Knebelung von Artgenossen, Falschheit und Bosheit. Dort, wo ein kleines Städtchen im entlegenen Norden, abgeschnitten von der „Kultur" oder besser „Unkultur" ist, wo eine Handvoll Menschen im ewigen Kampfe mit der Natur ein bescheidenes Leben fristet, dort werden Menschen zu wirklichen Menschen erzogen. Ein solcher Ort der Gemeinschaft ist jenes Städtchen Whitehorse. Die Leute sind zwar dem Fremden gegenüber zurückhaltend, da sie den Neuling prüfen, ihn auf seine Aufnahmefähigkeit in die Gemeinschaft erst kennenlernen wollen. Neun lange Jahre hatte ich die Gelegenheit, solche entlegenen „Menscheninseln" zu besuchen, konnte mich unter diese Pioniere der Zivilisation mischen und lernte so diese Menschen genau kennen. Nur die allerwenigsten verleugnen ihr Mutterland, sie bekennen sich frei und offen zu ihrem Heimatlande. Sie gehören zusammen und stehen zusammen. – Die Tage vergingen. Die Zeit meiner endgültigen Abreise kam heran. Meine Sammlung, in zwei großen Kisten verpackt, im Gesamtgewicht von elf Zentnern, hatte ich am Tage vor meiner Abreise zur Bahn gebracht. Sie war durch den Panamakanal nach

Deutschland bestimmt. Am letzten Abend in Whitehorse, im Hause eines Finnen, fand ich mich mit einigen Gelegenheitstrappern zusammen. Bis spät in die Nacht währte die kleine Feier. – Die Stunde der Abreise war gekommen. Morgens 8 Uhr sollte der Zug nach der Küste fahren. – Eine Viertelstunde vor Abfahrt war ich am Bahnhof. Trotz der wahnsinnigen Kälte waren viele erschienen, um mir ein letztes „Good bye" und „Good luck" zu sagen. Ein ansehnlicher Stoß von Post wurde mir übergeben, der für Europa bestimmt war. Diese Post sollte ich auf dem Ozeandampfer abgeben. Das Händeschütteln wollte kein Ende nehmen – doch einmal musste es sein. Zwei Damen, die mit dem Flugzeug von Dawson am Abend vorher gekommen waren, und ich waren die einzigen Fahrgäste. Wir nahmen Platz im bequemen Wagen. Der Zug setzte sich in Bewegung und fuhr schnaubend und pustend den Bergen zu. Als die versammelten Menschen am Bahnsteig längst meinen Blicken entschwunden waren und nichts mehr von der schönen nordischen Stadt Whitehorse zu sehen war, schloss ich das Fenster und machte es mir bequem. Die beiden Damen, die einzigen Mitreisenden, hielten mich anfangs bestimmt für einen wortkargen Gesellen.

In mich gekehrt saß ich im behaglichen Sitze des Wagens, dicht an das Fenster gedrückt. Starr stand mein Blick in die wundervolle, bezaubernde Bergwelt. Fast volle vier Stunden saß ich auf meinem Platze – ohne jemals aufzustehen. Die Augen lagen auf den vereisten und verschneiten Bergen des Küstengebirges, aber meine Gedanken weilten in den Jagdgefilden. In jenen vier Stunden erlebte ich noch einmal alles das, wozu ich in Wirklichkeit neun Monate gebraucht hatte. Über 3000 Kilometer hatte ich in dem dreiviertel Jahr zurückgelegt, zum größten Teil zu Fuß und mit dem Hundegespann. Wieder einmal, wie schon so oft, musste ich lernen, dass das Erleben erst nach dem Erleben kommt. Die Gefahren, denen ich auf meinen Märschen im unwirtlichen Hochgebirge, auf Seen, Flüssen und in Urwäldern ausgesetzt war, kamen mir erst später zum Bewusstsein. Im gemütlichen warmen Wagenabteil erlebte ich noch einmal die Bärenjagden, gefahrvolle Kletterpartien im Hochgebirge, Fahrten auf Seen, durch wilde Stromschnellen mit dem kleinen Ruderboot, Schneestürme, lange Nächte in furchtbarer Kälte am Lagerfeuer, alles erlebte ich noch einmal. Alle die Strapazen waren vergessen, nur das Gute und Schöne blieb in Erinnerung. Und so ist es immer. Wie oft stand ich fluchend und schimpfend in der Bergeinsamkeit, verwünschte mein selbstgewähltes Los, wenn es einmal gar nicht mehr weiterzugehen schien, wenn ich bei den mörderischen Strapazen unter übermenschlichen Lasten auf den gemarterten Schultern zusammenzubrechen drohte. Es wurde vergessen, es blieb nur die Erinnerung an das große, gewaltige Erleben.

Gegen Mittag kam unser „Zügle" in der kleinen Station Bennet an. „Dinner ready, forty minutes stop" („Essen bereit, 40 Minuten Halt") – wurde vom Zugführer ausgerufen. Die beiden Damen verschwanden in dem Speisesaal der Station, ich aber watete durch den Schnee etwa 100 Meter nach einem erhöhten Felsvorsprung. Dort oben stand ich während des Aufenthaltes und ließ meine Blicke in die Runde schweifen. Zum letzten Male.

Majestätisch lag das grandiose Hochgebirge vor mir. Begünstigt durch den klaren, kalten Wintertag, waren auch die höchsten Spitzen der Bergesriesen gut erkennbar. Überall in der Runde weiße Häupter, graubraune Steilfelsen, blaugrüne Gletscher, tief dunkelgrüne Fichtenwälder in den Tälern. Besonders in nordwestlicher Richtung, in den höchsten Teilen des Landes, blieben meine hungrigen Augen hängen. Dort, weit, weit in der Ferne, standen die himmelanstrebenden, ewig weißen Berge, wovon viele von ihnen kaum jemals von Menschen erstiegen worden sind, wovon viele noch nicht mit Namen bedacht wurden. Dort standen die Monarchen des St. Elias Ranges, dort standen sie mit ihren stolzen, weißen Häuptern gegen den blassblauen Himmel. Dort standen sie, die mich mit ihren Geheimnissen bekannt machten. Ein eigenartiges Gefühl beschlich mich. War es Wirklichkeit, dass ich Monate dort drüben in den wilden Gebirgsregionen gehaust hatte? Ehrfurchtsvoll sah ich zum letzten Male zu ihnen hinüber. – Das schrille Signal des Zuges, das zur Weiterfahrt mahnte, riss mich aus tiefem Sinnen. Ich musste mich losreißen von dem wunderbaren Fernblick. – Resigniert nahm ich wieder im Wagenabteil Platz und weiter ging die Reise. Nach einer Stunde war der höchste Punkt erreicht. Der weiße Pass.

Viele Meter tief lag der Schnee. Fast eine Stunde Fahrt lagen zu beiden Seiten des Zuges die hohen Schneemauern. Überall waren Männer auf den Geleisen, die fortwährend Schnee von den Schienen schaufelten. Dann ging es abwärts. Wir kamen nach Südalaska, hatten das Yukon-Territory hinter uns. Die Maschinen bremsten mit aller Kraft, ohrenbetäubend war der Lärm, den die quietschenden Bremsen vollführten. Je weiter wir hinunterkamen, um so wärmer wurde es. Sonderbare Gegensätze. In Whitehorse, kaum 180 Kilometer entfernt, wurden 62 Grad Kälte gemeldet. – In Skagway herrschte reges Leben. Die Prohibition – das Alkoholverbot – in den Vereinigten Staaten war aufgehoben, das sich natürlich auch auf Alaska erstreckte. In den Bars ging es hoch her. Goldgräber, Trapper und dergleichen „ergötzten" sich an dem „Fusel".

Um Mitternacht verließ die „Norah" den Hafen, brachte mich und noch einige andere Reisende südwärts. Ich befand mich wieder unter Menschen. Mein neunjähriges Wildnisleben war abgeschlossen – gewaltsam. Pflichten riefen mich. Ob ich mich freute, wieder unter „Menschen" in die „Zivilisation" zu kommen? Nein, nein und nochmals nein! Auch heute noch nicht. Mein Traum, einmal ganz allein mit der Natur verbunden zu sein, er war in Erfüllung gegangen. Der Traum wurde zur Wirklichkeit – und doch war es nur ein Traum! Ausgeträumt! Halali[30] …

---

30   Anm. des Verlags: Signal, das das Ende einer Jagd anzeigt.

Ungezählte Bergschafe fristen in diesem Teil der
St. Elias Mountains ihr bescheidenes Dasein

SCHLUSSWORTE

Kanada ist wohl heute das Land, das dem Jäger wie auch dem Naturfreund das meiste zu bieten hat. Selbst die östlichsten Provinzen, die die bevölkertsten sind, weisen heute noch einen verhältnismäßig reichen und vielseitigen Wildbestand auf. Viele Jäger kommen jährlich nach der stark bewaldeten Provinz Ontario. Alljährlich wird dort von Herrenjägern, auch aus dem Auslande, die Jagd auf den Elch während der Brunft ausgeübt. Auch ein guter Bestand des weißschwänzigen Virginiahirsches (*Odocoileus virginianus*) ist in den einsamen Wäldern, an den bergigen Ufern der vielen größeren und kleineren Seen zu finden. Selbst das durchaus nicht häufige Waldrentier (*Rangifer caribou*) erfreut den Jäger in den meilenweiten Muskegs. Schwarzbär, Timber- und Präriewolf, sowie Luchs, Rot-, Kreuz- und Silberfuchs, Nerz, Biber, Marder, Fischer (*Martes pennanti*), Otter, Waschbär, Skunk und Hermelin bevölkern die Urwälder. Zur Zugzeit im Frühjahr und Herbst ziehen Hunderttausende von Wildgänsen verschiedener Arten über jenes Land. Hasen und auch Kaninchen findet man fast überall. Waldhühner aller Arten sind sehr häufig. Je weiter man durch das Riesenland Kanada westwärts gelangt, um so reichlicher und vielseitiger wird der Wildbestand, bedingt durch die Abnahme der Bevölkerung. Die beiden wildreichsten und westlichsten Provinzen sind Alberta und British Columbia. Diese beiden Länder, besonders aber British Columbia, sind zum großen Teil gebirgig. Das Bergschaf, die Schneeziege, Wapiti, das Bergrentier (*Rangifer osborne*), Grizzlybär und auch der Berglöwe (*Felis concolor hippolestes*) sind dort beheimatet. Der nur im Osten beheimatete Weißwedelhirsch wird durch den starken und prächtigen Langohrhirsch (*Odocoileus tremionus*) ersetzt. An der Küste Britisch Kolumbiens kommt noch der Schwarzwedelhirsch (*Odocoileus columbianus*) vor. Nördlich des 60. Breitengrades sind die Northwest Territorys. Nur selten dringt ein Jäger in jene fast menschenleeren Gebiete nordwärts. In diesem ungeheuer großen Teil des Landes mit seinen unheimlich stillen Tundren und Seen, nimmt die Vielseitigkeit des Großwildes vom Osten bis zum Makenzie River ab. Dort ist die eigentliche Heimat des rätselhaften Tundrarentieres (*Rangifer arcticus*). Auch der Moschusochse ist dort noch zu finden. Der Reichtum an Wassergeflügel jenes Landesteiles, besonders der Tundren und Binnenseen, die an das nördliche Eismeer grenzen, ist kaum zu beschreiben. Wenn ich auch jene Gebiete nicht besucht habe, so kann ich mir doch von dem Reichtum und der reichen Artenverschiedenheit ein Bild machen. Besonders in der Zugzeit des Herbstes konnte ich in südlicheren Lagen für viele Jahre meine Beobachtungen anstellen. Tag und Nacht ziehen dann im Herbst Gänse und Kraniche dem Süden zu. Hunderttausende dieser prächtigen Vögel in geordneten Formationen, im blauen Äther ziehend, lassen das Herz eines

Naturfreundes höherschlagen. Der nordwestlichste Teil Kanadas ist das Yukon-Territorium. Das ist der Teil Kanadas, der mit seinem Wildreichtum und seiner reichen Artenverschiedenheit, besonders an hohem Wilde, nicht nur auf dem nordamerikanischen Kontinent, sondern überhaupt in der ganzen Welt einzig dasteht. Es liegt noch gar nicht so viele Jahre zurück, dass dieses Wunderland für einen geregelten Verkehr erschlossen wurde. Dort, nur wenig abseits der Bahnlinie und des Wasserweges, dem Yukonstrom, zieht noch der urige Elch in großer Anzahl durch die einsamen Urwälder. Tundra- und Bergrentiere, Bergschafe in verschiedenen Färbungen, Schneeziegen, Grizzly-, Braun-, Schwarz- und Gletscherbären, haben dort ihre Heimat. Auch an Pelztieren ist kein Mangel. Große Mengen von Wölfen, Nerzen, Vielfraßen, Ottern, Rot-, Kreuz- und Silberfüchsen – im nördlichen Tundragebiet auch Blau- und Weißfuchs –, sowie Marder, Hermeline, Luchse, Biber und Bisamratten werden von den verhältnismäßig wenig Trappern alljährlich auf den Markt gebracht. Wenn ich hier von „Mengen" der Pelztiere spreche, die alljährlich von dem Pelztierjäger auf den Markt gebracht werden, so soll der Leser aber nicht glauben, dass man dort sich nur ein Haus in die entlegene Wildnis zu bauen brauche, sein Eisen dort auslegt und dann Tag für Tag die edlen Pelzträger herauszunehmen braucht. Das wäre eine falsche Vorstellung. Die Arbeitsleistung eines Trappers um – sagen wir – in einem Winter 50 Füchse zu fangen ganz abgesehen von klimatischen Schwierigkeiten, wie dem langen nordischen Winter, der furchtbaren Kälte, der Schneestürme usw. – ist geradezu ungeheuer. Er kann nicht nur seine Eisen in der Nähe seines Blockhauses auslegen. Da würde er geradezu eine lächerlich geringe Strecke erzielen, sondern er muss eine lange Eisenlinie anlegen, deren regelmäßige Begehung viele Tage in Anspruch nimmt. Es gibt Trapper, die eine solche Linie von mehr als 100 Kilometer haben. Die hier genannten Pelztiere sind in ihren Arten nicht in ein und demselben Gebiet zu finden. Der Luchs hält sich nur in dichtem Walde, der Fuchs in mehr offenem Gelände, Otter und Nerze an Flüssen, Biber und Bisam an Flüssen und Seen auf und so muss der Trapper die Tiere in ihrem Gebiete aufsuchen. Um nun vom dichten Walde in Vorberge, an mehrere Bäche und Flüsse, Seen und Sümpfe zu kommen, braucht der Mann unter Umständen viele Tage. Dazu wandert das Raubwild sehr weit umher, denn das Land ist groß. Der Gewinn, den der Trapper aus der Pelztierjagd löst, ist ein Nichts für seine Arbeitsleistung. Wie oft konnte ich Leute kennenlernen, die nur in den Urwald kamen, um möglichst schnell „reich" zu werden. Diese Leute hatten irgendwo vom Pelztierreichtum des kanadischen Nordens gehört und gelesen, hatten im Schaufenster die hohen Preise von Edelpelztieren gesehen und glaubten, nun in kurzer Zeit ein Vermögen zusammenfangen zu können. Leute dieser Art sind alle wieder – und zwar möglichst schnell – gegangen. Sie haben am eigenen Leibe erfahren, wie schwer der Trapper arbeiten muss und welche Selbstkasteiung er sich aufbürdet, um sich behaupten zu können. Der Materialist auf diesem Wege wird niemals auf seine Kosten kommen, wohl aber der Idealist. Ich habe viele kennengelernt, die aus Passion das Leben eines Pelztierjägers führen und dabei auch auf ihre Kosten kommen. Wenn sich im Herbst die Blätter vom Grün in bunte Farben verwandeln, dann kribbelt und krabbelt es in allen Gliedern. Dann, wenn das Laub fällt, wenn das Treibeis in den Flüssen rinnt, längst der letzte Kranich- oder Gänseschrei verklungen ist und „Mister Petz" sein molliges Winterlager aufgesucht hat, dann hat das mit Geduld ertragene „Warten" ein Ende. Die Hunde werden bepackt – sofern noch kein Schnee für die Benutzung des Schlittens vorhanden ist – und hinaus geht es auf den *trail*. Nach ein bis zwei Wochen kommt der Trapper vom ersten Streifzuge zurück und bringt die ersten Pelze mit nach seinem Blockhause. Ich kenne sie – die schöne Zeit – und auch ihre Strapazen – herrliche Zeit! – Ähnlich verhält es sich auch mit der Jagd auf Großwild. Es ist dort nicht so wie bei uns, wo um 8.05 Uhr abends der Bock austritt und um 4 Uhr am Morgen wieder zu Holze zieht. Ein Erlegen ist dann ein Kinderspiel. Wenn dieses Beispiel auch etwas übertrieben ist, so ist doch sehr viel Wahrheit dabei. Wir wissen ja meist, oder sollten es zumindest wissen, wo wir unser Wild zu suchen haben. Anders dort oben – oder überhaupt wohl in allen Urwäldern. Wenn auch einige Wildarten regelmäßig Wechsel halten, so dauert es doch Tage, unter Umständen Wochen, ehe sie in den betreffenden Revierteil zurückkommen. Eine Ausnahme bildet der Elch in der Feistzeit. Besonders der alte Schaufler wird sich dann in mehr offenem Gelände aufhalten und hält stand. Sobald aber die Brunft einsetzt, dann wandert er meilenweit, auch in der übrigen Jahreszeit, die außer der Feist liegt. Alle Rentierarten sind am unzuverlässigsten in Bezug auf Wechsel und Einstand. Diese Tiernomaden sind eigentlich immer auf Wanderschaft, wenn sie auch im Sommer und Herbste nur kleinere Gebiete durchziehen und demzufolge öfter anzutreffen sind. Allerdings werden gute Äsungsgründe dauernd besucht, es sind aber in den allermeisten Fällen immer wieder andere Tiere, die man in einer längeren Zeit zu Gesicht bekommt. Selbst die Bergschafe durchstreifen weite Gebiete. Kommt ein Trupp oder ein Rudel an einen guten Äsungsplatz, dann stehen sie oftmals mehrere Tage dort. Plötzlich ziehen sie in einen anderen Gebirgsteil, vielleicht auch nur an die jenseitige Berglehne, um erst nach Wochen wieder zurückzukehren. Auch die Bären sind sehr unstet. Nur im Spätherbst halten sie Stand. Sobald sie aber im Frühjahr aus dem Winterlager kommen, dann zigeunern sie im Lande umher. Um Erfolg auf der Jagd auf Großwild zu haben, gehört sehr viel Zeit und wenn der Jäger landesunkundig ist, ein guter Führer. Ein wirklich guter Führer ist nicht oft zu finden und wenn der Jäger wirklich einen in allen Sätteln gerechten Mann gefunden hat, dann soll er den verhältnismäßig hohen Führerlohn auch gerne zahlen. Der gute Erfolg der Jagd hängt von einem guten Führer ab. – Von dem ungeheuren Fischreichtum jenes Landes kann sich der Fernstehende sein Bild machen! Die Seen sind vollgestopft mit Fischen aller Art. Auch die größeren Flüsse sind äußerst fischreich. Zur Zeit des Lachszuges im Frühjahr kommen Millionen dieser Salmoniden aus dem Stillen Ozean und wandern in den Flüssen weit ins Land. An günstigen Plätzen kommt es oft vor, dass ein kleiner Fluss während der Wanderung so vollgestopft ist, dass nichts mehr darin Platz hat. Die Fische drücken sich dann förmlich an die Ufer. Welch weiten Weg der Lachs oftmals zum Laichplatz macht, ist geradezu erstaunlich. Sehr viele Lachse kommen aus dem Meer den Yukon-Fluss herauf bis in seine Anfangswässer. Und das sind mehrere tausend Kilometer. Dieser interessante Fisch macht diesen langen und beschwerlichen Weg nur um zu laichen – und zu sterben. Während des Zuges nimmt der Lachs keine Nahrung zu sich. Dem Sportfischer ist also keine Gelegenheit gegeben, diesen Fisch mit der Angel zu fangen. In den Seen und Flüssen bietet sich aber reichlich Gelegenheit, mit der Angel zu fischen. Kapitale Hechte, See- und Bachforellen, Pickerels (ein großer, barschähnlicher Fisch), Weißfische, Wels und Grauling sind in Mengen vorhanden. Auch die Jagd auf Wildgeflügel ist sehr gut. Dem einheimischen Jäger – das ist eine jede Person, die mindestens zwölf Monate im Lande gelebt hat – (*Resident*) ist nach Bezahlung seines jährlichen Waffenscheines = 1 Dollar die Jagd auf Hoch- und Niederwild und Wildgeflügel, ebenso der Fischfang, frei. Der Jäger, der noch keine zwölf Monate im Lande ist (*nonresident*), gleich welcher Nationalität, zahlt für seinen Jagdschein 100 Dollar und darf nur in Begleitung eines einheimischen Führers und Jägers jagen. Jagd auf Wildgeflügel und Fischfang sind mit eingeschlossen. Der Besitzer eines großen Jagdscheines (100 Dollar) darf im Jahre folgende Trophäen erlegen und ausführen: einen Elch, ein Bergschaf, eine Schneeziege, zwei Rentiere (*Caribou*), sechs Bären und zwei Hirsche (*Deer*). Der Hirsch kommt im Yukon nicht vor. – Bei Extrazahlung von 25 Dollar je Kopf kann der fremde Jäger weiter noch erlegen und ausführen: einen Elch, ein Bergschaf, eine Schneeziege, zwei Rentiere und zwei Hirsche (gibt es dort nicht).

Eine Jagdreise von Deutschland nach dem Yukon ist eine mehr oder weniger kostspielige Sache, je nach den Ansprüchen, die der Reisende in Bezug auf Transportmittel und dergleichen stellt. Dafür wird er aber auch auf das beste entschädigt. Abgesehen von den wirklich guten Trophäen, die dem Jäger als Lohn für seine strapazenreichen Märsche durch die Urwälder, über grandiose Gebirge, über Flüsse und Seen winken, ist es vor allem die unberührte Wildnis, die ihn fesselt. Und sollten wider Erwarten die erhofften Trophäen von der launischen Göttin Diana nur sehr sparsam verteilt worden sein – was durchaus auch vorkommen kann –, so wird und muss der Jäger – sofern er nur einigermaßen ein solcher ist – hochbefriedigt in sein Alltagsleben zurückkehren. Wochenlange, vielleicht monatelange Märsche haben ihm ein Land erschlossen, desgleichen kaum ein anderes in der Welt zu finden ist. Ein Gebirgszug – mehr oder weniger hoch – reiht sich an den anderen.

Wald, Wald, Wald wohin man in den Tälern sieht. Bezaubernde Bergseen, Flüsse und Bäche in ungeheurer Anzahl. Waschechte Indianer, die noch sehr wenig mit der weißen Rasse in Berührung gekommen sind, findet man an Seen, Flüssen, in geheimnisvollen Gebirgstälern in ihren *Teepees*. Das sind Indianer, die noch nach altem Brauch nur von den Erträgnissen der Jagd und der Fischerei leben, wiewohl auch sie Pelztiere beim weißen Manne gegen nützliche Sachen eintauschen. Wer sich nebenbei noch für Zoologie interessiert, wird dort besonders auf seine Kosten kommen. Gold ist noch immer zu finden – es ist allerdings nur dort, wo man es findet! Ungeheuren Reichtum an Silber und geradezu verschwenderisch gab Mutter Natur das Kupfer dem Yukon.

Glücklich derjenige, der über Zeit verfügt und auch einen Winter in der Berg-wildnis im Yukon erleben kann. Das ist allerdings nur für den, der es nicht als Stra-paze empfindet, wenn er nicht eine jede Nacht sein schönes warmes Federbett hat. Sieben bis acht Monate hält dort oben der herrische Winter alles in seinem wei-ßen Bann. Fürchterliche Kälte, Schneestürme und schier unendlich lange Nächte erwarten dich, lieber Leser. Aber schön ist ein solcher nordischer Winter. Wenn das Nordlicht flackernd und zischend am blassblauen, sternenreichen Himmel bizarre Formen in den allerschönsten Regenbogenfarben zaubert, wenn krachend der Frost die Rinde der Bäume reißt und die Eisdecke auf Flüssen und Seen durch die oft wahnsinnige Kälte donnernd berstet, dann sitzt es sich schön am anheimeln-den Lagerfeuer im Urwalde. Glücklich, wer allein in der weiten Wildnis sitzt ʃ dem Wunder der Natur lauschen kann. Dann, lieber Leser, bist du deinem Schöpfer am nächsten. Jener Jäger, der nicht nur den Erfolg im „Totschießen" sieht, sondern sich mit den weit wichtigeren Dingen abfindet, die ihm die gütige Mutter Natur gibt und zeigt, der ist ein glücklicher Mensch. Nie in seinem Leben wird er das große Erleben vergessen können.

Möge dieses Märchenland noch lange in seiner Urwüchsigkeit erhalten bleiben!